輯校萬曆起居注

南炳文 吳彥玲 輯校

貳

天津古籍出版社

萬曆
十五年

萬曆十五年正月庚寅，朔。

十一日庚子，上御文華殿講讀。

大學士申時行等題："爲纂修書籍事。先蒙欽命臣等纂修《大明會典》，今已編輯、繕寫完備。查得先朝纂修舊例，須有御製序文冠於編首，以垂萬世。臣等謹擬撰序文一通，隨本進呈，伏乞聖明裁訓。謹題請旨。"

十三日壬寅，大學士申時行等題："昨該山東巡撫李戴報稱：東昌府有賊一夥，及東阿、陽穀等各州縣約有二三千人，招集亡命，往來密謀，期以舊歲迎春日據城舉事。幸有夥賊一人出首，當即擒拏首惡六、七名。其餘尚在緝捕解散，因勘數未的，不敢輕率具題，先行揭報等因。據此，臣等看得，東昌與臨清相連，乃南北往來咽喉，漕糧必經之地，若果有變，即道路阻絕，糧運不行，關係非小。幸賴皇上威靈，撫院、道府俱各盡心任事，隨發隨捕，未至猖獗，此誠國家之福，地方之幸也。但今年歲荒歉，人民流離，饑餓切身，起爲盜賊，乃理勢之必然者。不獨東昌一處爲然，聞陝西、山西、河北、直隸，村坊市店，搶掠公行，未至日晡，商旅斷絕①，此等蕭條景象，大有可虞。若從此雨雪不調，青②黃不接，又不知當作何狀也。臣等前擬敕旨，通行各該地方官，申嚴保甲，緝捕盜賊，非不嚴切，然地方遼遠，有行有不行，官職衆多，有稱有不稱，甚至有隱匿而不報者。夫有盜而不能擒，又不以報，則盜賊無所忌憚，嘯聚必多，養癰潰隄，爲害滋大。臣等以爲宜立稽查之法，凡前項災傷地方，撫按官巡③各州縣，保甲有無通行，盜賊有無生發，雨雪有無霑足，人民有無逃竄，每月一次奏聞，有司官如能捕盜安民，實心任事者，即於奏內開報，以憑優敘顯擢。如有不職，照例不時參論。其所報有賊地方，止照捕盜條格施行，賊雖捕獲未盡，而無嘯聚形跡，地方安寧者，亦不苛責。若隱匿不報，而盜賊嘯聚在其境內者，於條格之外加重處治。撫按若扶同隱匿，虛文塞責者，以不職論黜。庶不至於

① 絕　明抄本、日本本皆作"紀"。通行本作"絕"。
② 青　明抄本作"首"。日本本、通行本作"青"。
③ 巡　日本本"巡"下有一"問"字。明抄本及通行本無此字。

萬曆十五年

六三七

坐視因循，養成禍亂。臣等又惟，醫家治病，緩則治本，急則治標。捕盜者，治標之說也。治本之道，在使民得食。頃者皇上大發帑銀，遣使分賑，恩至渥矣。然賑銀有限，而饑民無窮，即如山西，饑民在冊者六十餘萬人，以六萬賑銀分散，人得一錢，止三四日之食耳①。過此則空手枵腹如故，朝廷烏②得人人而濟之？惟是鄰近協助，市糴通行，米穀③灌輸，不至乏④絕，乃可延旦夕之命。近聞河南等處往往閉糴，彼固各保其境，各愛其民，然天下一家，自朝廷視之，莫非赤⑤子矣⑥。民既缺食於本土，又絕望於他方，是激之爲變也。臣等以爲宜禁止遏糴之令，講求平糴之法，各該地方聽商民從宜糴買。河南則糴於江淮，山陝則糴於河南，各撫按官互相關白接迎⑦轉運，不許閉遏，其糴本或於各布政司，或於南京戶部，權宜措處。河北直隸四府，則以臨德二倉之米平價發糶，則各處皆有接⑧濟，百姓皆有仰給，或不至嗷嗷待斃，洶洶思亂也。臣等奉職無能，救荒無策，日夜憂懼，寢食不寧，故声其一得之愚⑨，以救一時之急者如此。若夫挽回和氣，聯結人心，又有根本切要事宜，容臣等深思極慮，另行陳請。謹擬傳帖一道進覽，伏乞聖裁施行。謹具題以聞。"次日，諭戶兵二部："近聞各災傷地方，劫掠公行，民生不安。前有敕旨，着各處申嚴保甲，緝捕盜賊。即今保甲有無通行，盜賊有無寧息，雨雪有⑩霑足，流民有無復業，各撫按官每月一次從實奏報。司道、有司有能弭盜安民，及曠職廢事者，不時甄別，具奏賞罰。不許規避隱匿⑪，誤事養亂。又聞各處積有米穀地方，閉遏鄰境糴買，殊失朝廷愛民均一之意，着各該撫按官曉諭禁約，務今通融協助。其接濟糴買事宜，戶部從長計議來行。"

十五日甲辰，大學士申時行等題："照得重修《大明會典》編纂已完，例該進呈。查得進書舊例，《實錄》、《會典》於皇極殿進，《玉牒》、《通鑑》等書於文華殿進。今次重修《會典》，或於皇極殿，或於文華殿，臣等未敢擅擬，伏乞聖明裁定。俟有成命，行欽天監擇日，臣等另具儀進呈。未敢擅便，謹題請

①耳 日本本作"具"，通行本、明抄本作"耳"。
②烏 日本本作"焉"。通行本、明抄本作"烏"。
③未穀 明抄本、通行本作"未穀"，誤。日本本作"米穀"，是。
④乏 日本本誤作"之"。通行本及明抄本作"乏"，是。
⑤赤 日本本誤作"亦"，明抄本、通行本作"赤"，是。
⑥矣 日本本作"災"，明抄本、通行本作"矣"。
⑦迎 日本本作"遞"。通行本、明抄本作"迎"。
⑧按 日本本作"接"，是。明抄本、通行本誤作"按"。
⑨愚 日本本誤作"遇"。通行本、明抄本作"愚"，是。
⑩有 日本本"有"下有"無"字，是。通行本、明抄本無此字，誤。
⑪臣 "臣"似當作"匿"。

旨。"得旨："着於皇極殿。"

十八日丁未，大學士申時行等題："恭請宸斷並舉建儲封王吉典以慰人心以承天祐事。昨等①該言事諸臣，屢請建儲，道路流傳，妄有窺測。臣等心竊非之，以爲皇上親灑宸翰，諭示臣等，明旨昭然，布告四方，聖志何嘗不定？而乃設不然之慮，爲此紛紛。以故逡巡待命，踰年於茲矣。及自新歲以來，則臣等亦有不容已於言者。蓋聞自古帝王，或遇天象有警，民生可虞，則必深思遠圖，多舉吉祥善事，以慰悦羣情，導迎和氣。臣等仰稽星象，俯察輿情，竊謂今日吉祥善事，無如建儲闈、封王爵，以正綱常，明典禮，敷恩澤，庶幾人心咸悦，天意自孚，而言者尚未之及也，臣等請畢陳其愚。夫國家有大綱常，若父子兄弟，倫序一定而不可易者是已，有大典禮，若建儲、封王，彝章具在而不可廢者是已。昔我太祖高皇帝三年四月之詔有曰：'朕聞帝王之子，居嫡長者必正儲位，其衆子當封以王爵，分茅胙土。'大②哉聖謨，爲其綱常典禮計至精備，真萬世聖子神孫所當遵守而不違者。伏惟皇長子，聰明岐③嶷，睿盾非凡④，前此誕生之年，即已詔告寰區，奏聞郊、廟，今屆六齡矣，天序既已默定，人心又皆僉從，此聖祖所謂宜正儲位者也。又惟皇弟⑤三子，祥徵艮索，序屬宗盟，雖未及勝衣趨拜之年，亦已有礪山帶河之重，此聖祖所謂宜封王爵者也。查得本朝故事，成祖以永樂二年立仁宗爲皇太子，即封趙王。英宗以天順元年立憲宗爲皇太子，立即封德、崇等王。世宗嘉靖十八年，東宮二王俱在幼冲，亦同日受册。載在寔錄，歷⑥歷可考。臣等繹思，列聖傳家世守之法，仰体皇上愛子均一之情，竊謂皇長子宜正位東宮，皇第三子宜即分封大⑦國，一時並舉，尤爲盛事。《詩》曰："文王孫子，本支百世。"又曰：'穆穆皇皇，宜君宜王。'蓋言成周之盛也。今已⑧凰有歸，磐石有輔，長幼之倫既正，本支之傳益隆，在祖宗列聖在天之靈豈不燕喜？皇上春秋鼎盛，胤祚方興，而皇嗣一已升儲，一已受爵，子貴則父益尊，後昌則福益大，在皇上聖衆⑨豈不悦懌？且使內而

① 等　日本本作"年"，是。明抄本、通行本誤作"等"。
② 大　明抄本作"夫"，誤。通行本、日本本作"大"，是。
③ 岐　明抄本誤爲"妓"。通行本、日本本不誤，作"岐"。
④ 凡　明抄本誤作"几"。通行本及日本本不誤，作"凡"。
⑤ 弟　通行本誤作"弟"。明抄本、日本本皆作"第"，是。
⑥ 歷　日本本脱此"歷"字。明抄本、通行本不脱。
⑦ 大　明抄本作"夫"。通行本、日本本作"大"。
⑧ 已　明抄本作"匕"。通行本、日本本作"已"，誤。
⑨ 衆　明抄本、通行本皆誤作"衆"。日本本誤作"哀"。當作"衷"。

六宮，外而百官，遠而四海九州六軍百姓，無不懽忻踴躍，其以慰安人心，斡旋天意，豈曰小補而已？臣等職在輔弼，國家休戚同之，故綱常一日未明，典禮一日未備，臣等之心亦有一日不能自安者。故敢不避煩瀆，輒效其愚。伏望皇上俯察邇言，蚤定大計，將册立册封吉①典，敕下禮部，查照②累朝事例，擇日具③儀上請，及時奉行，庶使外廷諸臣無所庸其議論，亦不至於屢瀆天聽矣。臣等無任激切祈望之至。"得旨："覽卿等奏，知道了。候旨行。"

是日，以祭告南郊、北郊、社稷、神祇壇收回酺醢果酒，賜三輔臣三卓。

二十四日癸丑，上御文華殿講讀。

大學士申時行奏："爲遵例自陳不職乞賜罷斥以清政本事。該吏部題奉欽依，考察庶官，大臣則自陳以俟宸斷。臣待罪輔弼，例應自陳。竊惟官秩有崇④卑，則責任有小大⑤。百司庶僚，各守一職，即有不稱，不過巨室之一榱，車⑥之一輻耳。若閣臣不職⑦，上曠天工，下乖人望，譬則棟橈軸敗，爲害匪輕。方今欲甄別簡汰，宜無先於閣臣者。臣本以庸愚⑧，遭逢上聖，拔實密勿，十載於茲矣。其在諸臣之中，冒寵獨多，竊位獨久，非不欲殫竭駑鈍，圖报涓埃，而學術迂疏，才能譾劣，始⑨砂礫在後，則悠悠伴食，莫展一籌，繼以糠粃⑩居前，則矻矻窮年，殊無寸補。即今朝綱未肅，士習未淳，吏治未興，民生未遂，水旱徧於寰宇，奸宄伏於萑⑪苻，財計有匱竭之虞，疆圉鮮綢繆之寔，則臣之匡濟無能狀⑫，可見於此矣。仰惟皇上神明獨攬，剛斷無私，豈容優游瘝曠之臣，尚在心膂股肱之地？伏望聖明，將臣特賜罷免，別選名碩，以贊樞機，庶幾黜陟大明，人心僉服。臣不勝悚息待罪之至。"得旨："卿以元輔，表率庶僚，清忠端亮，茂著勞績。朕方推心倚任，豈可引例求退？宜益殫精誠，保民體國，贊朕於至理。不允所辭。吏部知道。"

是日，文書官劉成口傳聖旨："今日午朝，不曾具有儀注起

①吉 日本本誤"吉"爲"言"。通行本、明抄本不誤。
②照 通行本作"照"，是。明抄本、日本本皆誤爲"昭"。
③具 日本本誤"具"爲"其"，明抄本、通行本不誤。
④崇 日本本作"宗"，誤。明抄本、通行本皆作"崇"，不誤。
⑤小大 通行本及明抄本作"小大"，而日本本作"大小"。
⑥車 日本本作"完車"，明抄本、通行本作"車"。
⑦職 通行本作"職"，明抄本作"則"，皆誤。日本本作"職，則"，是。
⑧愚 日本本作"遇"，誤。明抄本、通行本不誤，作"愚"。
⑨始 日本本、明抄本作"始以"，是。通行本作"始"，脫"以"字。
⑩糠粗 日本本作"糖粃"，通行本、明抄本作"糠粗"，應爲"糠粃"。
⑪萑 日本本漏"萑"字。明抄本、通行本未漏。
⑫狀 本作"贊襄狀"，通行本、明抄本作"狀"。似應爲"贊襄無狀"。

數，如何這等驚擾？着禮部、鴻臚寺回將話來。"

二十五日申寅，大學士許國奏："爲時當大計自陳不職乞賜罷黜以清政本事。該吏部題奉欽依，六年一次考察京官，四品以上俱令自陳，此明例也。若臣之所陳請，則非真爲例而已。蓋臣先以屢疏乞身，未奉俞旨，上固責臣以大義，見謂廢公務而徇私情，臣故不敢復言。今當計吏之時，正朝廷行法之際，而於①公務分毫無補，雖及四載，靡所短長，算計見效，徒然伴食，譬之黔驢，技止此耳。有臣如此，將安用之。夫②大計者，計其功能而去留之也。有功者留，無問崇卑，有能者留，無問遠近。今臣據崇依近，而切③眇能薄，若復靦顏就列，是法行於卑遠，而遺於貴近也。不獨臣心未安，又何以服人？且人之知臣，固不若臣之自知。數年以來，奉職無狀，聖明洞燭之，大小臣工備悉之矣。乃昏昧迂疎，健忘④恍惚，精神智慮盡失故常，耳目手足不堪役使，此則人不及知，臣⑤自知之者。得⑥以考察之條，老疾、不及，臣皆有之，概觀在廷諸臣，幽而當黜莫有過於臣者。伏望皇上察臣遜避，本出於誠心，計臣僥倖。有妨於，公典。將臣罷斥，別簡賢才，人將曰居崇如某⑦，尚不得以無功素餐，處近如某，尚不得以無能竊位，則人心益惕，國法益明，時賢之路既闢，而夾輔弘多，政本之地自清，而樞機增重矣。臣不任惶恐待命之至。"得旨："卿輔弼重臣，誠慎端亮，茂著忠勞。朕倚任方殷，豈可引例求退？宜益殫猷爲，贊成治理。不允所辭。吏部知道。"

大學士王錫爵奏："爲察典屆期遵例自陳不職乞賜罷免以肅臣工事。臣惟國家六年考察之典，所以澄汰九流，訓齊百職。而廷臣中之有閣臣，乃總笯樞機，非常之任也。閣臣中之有臣，則又拔起淪廢，非常之知也。夫非常之任，豈宜以常人居？而非常之知，又豈宜以常理報者哉？臣於此時，即日月奏功，頂踵效命，揆之塵忝，尚有餘慙。今待罪兩涉年矣，進不能納誨輔德，抒自靖之忠，退不能推賢讓能，廣交修之益，上責之以主持國是，而臣望輕不足以鎮俗，上責之以贊襄化理，而臣識

①於 日本本"於"字之上有"臣"字，是。通行本、明抄本無此字。
②夫 日本本誤作"失"。明抄本、通行本不誤，作"夫"。
③切 日本本作"力"。明抄本作"切"，通行本作"功"。
④忘 明抄本及日本本作"忌"，誤。通行本作"忘"，是。
⑤臣 日本本"臣"上有"而"字，通行本、明抄本無。
⑥得 日本本作"律"。通行本、明抄本作"得"，誤。
⑦某 日本本、明抄本皆誤作"其"，通行本作"某"，是。

萬曆起居注

① 時 通行本及日本本作"時"，是。明抄本誤作"特"。

② 靖 日本本作"清"。通行本、明抄本作"靖"。

③ 己 "己"當作"巳"。

④ 該鹵簿駕 日本本作"設鹵薄駕，"其"薄"當作"簿"。通行本、明抄本作"該鹵簿鶩"，其"該"當作"設"，其"鶩"當作"駕"。

⑤ 陛 "陛"當作"陞"。

閣不足以通方。臣竊自審，於羣臣中負知曠職，無如臣者。惟是硜硜摯瓶之智，碌碌抱檠之能，苟幸無事，粗足自守。今歲比大旱，帑無宿儲，道謹不收，塞候時①警，此豈臣養愚藏拙之時？而亦豈皇上納污容垢之日哉？且臣聞之，官先論相，所以清化源而風有位也，法先論貴，所以肅政紀而示至公也。臣雖駑冗，以法以官，不當在庶寮之後，若使明主為臣而惜法，則天下必有因臣而議法者矣。故臣願以不肖之身，道俟斥免，不惟邇列肅靖②，公典加重，亦便在廷博聞方正之士，得闢門遵路而入，臣之無狀不久妨賢，天下亦或有諒其晚節者。臣不勝悚息待罪之至。"得旨："卿輔弼重臣，公忠直亮，清望素隆。朕簡任方殷，豈可引例求退？宜益殫獻為，贊成治理。不允所辭。吏部知道。"

二十八日丁己③，大學士申時行等上進呈《大明會典》儀注：前期一日，設表案於皇極殿丹墀東，設書案於丹墀中，設寶輿香亭於史館前，教坊司設中和韶樂及大樂，如常儀。是日早，錦衣衛該鹵簿駕④，纂修官具朝服，捧書置寶輿中。上具皮弁服，御中極殿。鴻臚寺官道迎寶輿，用鼓樂、繖蓋，纂修官後隨由二橋行至皇極門，由左門入，至丹墀，於輿內捧書置於案。樂止，寶輿香亭退。鴻臚寺官奏執事官行禮訖，奏請陛⑤殿，導駕官前導，樂作，上御皇極殿，文武百官各具朝服侍班。樂止，鳴鞭，纂修官入班。樂作，鴻臚寺官贊鞠躬，四拜，興平身。樂止，贊進書。樂作，序班舉書案，由中道升，班首官由左階升，序班以書案置於殿中。樂止，班首官由殿東門入，至案前，贊跪，纂修皆跪。樂作，贊俯伏，興，平身。樂止，班首官復位，贊進表。樂作，序班舉表案置於殿中。樂止，贊宣表，贊跪，鴻臚寺官展表。宣訖，贊俯伏，興。樂作，贊四拜，興，平身。樂止，序班舉表案、書案置於殿內稍東，進書官退於東班，侍立，文武百官入班行禮，如常儀。得旨："是。該衙門知道。"

萬曆十五年二月庚申，朔。

六日乙丑，大學士申時行等題："昨日起更時分，臣等望見皇城東北角有火光，不勝驚愕，比①因昏夜，探問②未真。今早進朝，始知司設監失火，燒燬連房，隨即救息。近日火星留天廷中，其應或在於此。但暮夜之間，皇城之內，火光照耀，近徹宮庭，人語喧傳，或廑宸慮。臣等犬馬私念，寔切悓悓。伏望皇上寬聖懷以保聖躬，謹天戒以承天眷。臣等不勝瞻戀之至。謹具題恭候起居以聞。"得旨："覽卿等奏慰，朕知道了。"

十一日庚午，大學士申時行等題："今日該文書官李興傳免經筵。臣恭問起居，始知聖體連日動火，時作眩暈。臣等不勝瞻戀。仰惟皇上春秋鼎盛，正精神充溢之時，於茲春令方申③，適木氣升騰④之候，又因勵精宵旰，臨御勤勞，以致肝火上炎，發為眩暈，惟在清心寡欲，養氣寧神，自然邪沴不侵，真元益固。若夫藥餌之進，過多或至於傷脾，輕試或難於對証，尤望皇上倍加慎重，專以靜攝為主，則聖躬康豫，福神⑤騈臻。臣等尤不勝仰望之至。謹具題恭候萬安以聞。"是日，命南京國子監祭酒趙志皋為詹事府少詹事，兼翰林院侍讀學士，掌管本府印⑥信。

十五日甲戌，大學士申時行等題："今日該文書官李思口傳：'聖體偶因動火，服涼藥過多，下注於足，生有小疙瘩，搔破，見貼膏藥，朝講暫免。欽此。'臣等竊惟。春水⑦之氣，上行於頭目，則火邪方升，下行手足，則火邪已降。仰知聖體康寧，勿藥有喜，臣等不勝欣慰。但謹疢之方，當嚴於小愈，養心之要，莫善於靜存。伏望皇上慎節起居，珍調服膳，以迓淳和之祉，以延罩厚之禧。臣等尤不勝瞻戀仰祈之至。謹具題恭候萬安以聞。"

十七日丙子，日講官吏部左侍郎兼翰林院侍讀學士沈一貫，

萬曆十五年

① 比　明抄本及日本本皆作"彼"，通行本改"比"，是。
② 問　日本本誤作"間"。通行本及明抄本作"問"，不誤。
③ 申　日本本誤作"中"。通行本、手抄本不誤，皆作"申"。
④ 騰　日本本明抄本皆作"勝"。通行本改作"騰"。
⑤ 神　日本本作"祉"，通行本、明抄本作"神"，誤。
⑥ 印　日本本誤作"即"。通行本、明抄本不誤，作"印"。
⑦ 水　日本本作"木"。通行本、明抄本作"水"。

上疏給假省親，得旨："沈一貫日侍講讀，効勞年久，准給假省親，馳驛去，賜路費銀二十兩，紵絲二表裏。還依限前來供職。吏部知道。"

十八日丁丑，大學士申時行等題："該臣等欽奉聖諭：'重修《大明會典》書成，總裁等官例當加恩，擬敕來行。欽此。'臣等莊誦綸音，不勝悚愧。伏念臣等猥以庸愚，誤蒙拔擢，既濫高華之秩，復承優渥之恩，揆之分涯，已為踰溢，即負艱荷重，不敢言勞，即隕首隕軀，不足①為報。況此鉛槧編摩之力，皆出於文學侍從之臣，臣等不過總其綱維，稍加潤色。乃欲分功於史局，稱續於綸扉，則閣臣之職業謂何？人臣之分義安存？臣等深懷踧踖，萬不敢當。除副總裁、纂修等官容遵旨敍錄，另行題請外，所有臣等加恩，未敢議擬。伏望皇上俯察下情，停止臣等恩命，則朝廷之寵數不為濫施，而臣等之愚忠亦獲少慰矣。不勝激切懇辭之至。"得旨："《會典》書成，卿等總其綱維，勞績可嘉。不准所辭，宜遵前諭，議擬來行。"

十九日戊寅，大學士申時行等題："先於本月十五日，該文書官口傳，以聖躬靜攝，暫免朝講。于②今五日矣，每文書官送本到閣，臣等恭問起居，皆云萬安，臣等不勝欣慰，未敢具疏塵瀆。但臣等忝備輔弼，為密勿親近之臣③，連日不奉天顏，私心殊切瞻戀。伏望皇上順乘時令，葆嗇天和，於凡起居食息之間④，常存受護節宣之意，則聖躬日益康豫，壽祉日益昌隆。臣等尤不勝祈望之至。謹具題恭候萬安以聞。"

大學士申時行等題："為《會典》告成遵諭敍錄効勞諸臣以彰激勸事。該臣等欽奉聖諭：'重修《大明會典》書成，總裁等官例當⑤加恩，擬敕來行。欽此。'除臣等備員輔弼，受恩深厚，不敢議擬，另行具辭外，所有副總裁、纂修諸臣，俱各効有勤勞，相應敍錄。看得禮部尚書兼翰林院學士沈鯉、吏部左侍郎兼翰林院侍讀學士朱賡、禮部左侍郎兼翰林院侍讀學士王弘誨，先充副總裁，久効勤勞，所當優敍。禮部右侍郎兼翰林

① 足　通行本及日本本作"足"，是。明抄本作"是"，誤。

② 于　日本本作"子"，誤，通行本、明抄本作"于"，是。

③ 臣　日本本、明抄本皆無"臣"字。通行本增此字，可刪。

④ 間　通行本及日本本作"間"，是。明抄本作"問"，誤。

⑤ 當　通行本及日本本作"當"，明抄本誤為"官"。

院侍讀學士張位、于慎行、詹事府詹事兼翰林院侍讀學士徐顯卿，後充副總裁，續効勤勞，所當併敘。其纂修官右春坊右庶子兼翰林院侍讀趙用賢等，俱分曹編輯，各効勤勞，所當分別陞敘。臣等謹定擬次第，開坐上請，伏乞聖明裁奪，敕下吏部遵行。再照原任副總裁官吏部左侍郎兼翰林院侍讀學士掌詹事府事周子義，專職管理，効勞獨多，書成在先①，病故在後，似應追敘，合無先與贈官，仍給卹典？其侍講曾朝節、檢討顧紹芳，俱完稿在先，守制在後，合候服闋之日，另請陞敘。國子監祭酒李長春、司經局洗馬管司業事盛訥②供③先充纂修，勞亦難泯，合量與陞俸一級。伏乞併敕該部，一體查照施行。臣等未敢擅便，謹題請旨。

　　計　問④

　　副總裁官：禮部尚書兼翰林院學士沈鯉、吏部左侍郎兼翰林院侍讀學士沈一貫、朱賡、禮部左侍郎兼翰林院侍讀學士王弘誨，已上四員擬各加本品官銜，給与應得誥命。禮部右侍郎兼翰林院侍讀學士張位、于慎行、詹事府詹事兼翰林院侍讀學士掌院事徐顯卿，以上三員擬各陞俸一級，與⑤應得誥命。

　　纂修官：右春坊右庶子兼翰林院侍讀趙用賢，以上一員已陞南京國子監祭酒，今擬加俸一級，給與應得誥命。左春坊左諭德兼翰林院侍讀劉虞夔、右春坊右諭德兼翰林院侍讀劉元震，以上二員擬各陞左庶子，仍兼侍讀。右春坊右諭德兼翰林院侍讀孫繼皋、翰林院侍讀黃洪憲，以上二員擬各陞右庶子、仍兼侍讀。翰林院修撰劉楚先、張應元，以上二員擬各陞洗馬兼修撰。編修陸可教、馮琦，以上二員擬各陞本院侍講。編修楊起元、莊履豐、蕭良有、王庭譔、檢討余繼登、沈自邠，以上六員擬各陞本院修撰。"得旨："沈鯉加太子少保，沈一貫、朱賡、王弘誨俱太子賓客，張位、于慎行、徐顯卿併趙用賢，各⑥俸一級，都與應得誥命。劉虞夔等陞左庶子，孫繼皋等右庶子，各仍兼侍讀，劉楚先等洗馬，各仍兼修撰，陸可教等侍講，楊起元等修撰，周子義准與贈官、卹典。其餘依擬。該部知道。"

　　大學士申時行等題："爲纂修事循例敘錄効勞人員以彰激勸

① 先　通行本作"先"，是。日本本、明抄本皆誤爲"光"。

② 訥　明抄本、通行本誤作"納"。日本本作"訥"，是。

③ 供　日本本、明抄本、通行本皆作"供"。當爲"俱"。

④ 問　日本本、明抄本、通行本皆誤爲"問"，應爲"開"。

⑤ 與　日本本、明抄本"與"上皆有"給"字。通行本脱此字。

⑥ 各　日本本"各"下有"陞"。明抄本、通行本無此字。

事。照得《大明會典》重修已完，副總裁、纂修諸臣已經題請敘錄，其催纂、謄錄人員，亦各効有徵①勞，相應併敘。臣等謹將官生員役職名，分別等第，議擬開坐上請，伏乞聖明裁奪。再照原任參議、今致仕劉大武，原任郎中、今開②住陳珩，原任署丞、今降一級調外任吳子像，各因考察去任，但書完在先，考察在後，亦應少加敘錄，以酬其勞。今擬劉大武以加③授散官致仕，陳珩以原職致仕，吳子像免降止調外任，合無敕下吏部④，一體遵照施行？臣等俱未敢擅便，謹題請旨。

　　　計　開

催纂官：太僕寺少卿兼司經局正字徐繼申、光祿寺少卿兼司經局正字馬繼文、工部虞衡清吏司郎中兼司經局正字成楫，以上三員，徐繼申近因考滿陞職，難以再加，擬陞俸一級，給與應得誥命。馬繼文擬陞太僕寺少卿，成楫擬陞光祿寺⑤卿，兼官各照舊。

收掌官：管典籍事大理寺右寺右寺正兼司經局正字何初、管典籍事大理寺右寺右寺正吳果、中書舍人王佩，以上三員，何初擬陞郎中，吳果擬陞員外郎，王佩擬陞評事。

謄錄官生：大理寺右寺右寺正顧祖源、中書舍人李傳、趙應宿、孫⑥説、光祿寺大官署署丞湯應龍、鴻臚寺主簿章如鋌、鴻臚寺署丞孫承爵，以上七員，顧祖源擬陞員外郎，李傳擬陞主事，趙應宿、孫説擬各陞評事，湯應龍擬陞通政司經歷，章如鋌擬陞光祿寺署丞，孫承爵擬陞通政司知事。大理寺右寺右評事包漸林、汪民敬、通政司使⑦知事沈雲慶、鴻臚寺主簿李尚珍、張大續、方崙、署丞章伯輝、序班鮑佐、丘登，以上九員，擬各陞一級，內包漸林、汪民敬、章伯輝，仍各加俸一級。四夷舘譯字官劉尚賓、徐可行、李憲、李懷珍、成九皋、冠帶儒士包容、儒士吳子敬、羅萬英、史鑑、劉世隆，以上擬授在京從九品官職，內成九皋候服滿除授。監生孫胤奇、吳馳、許立綱、王國棟、藩雲驥、王益、程啟元、張恩⑧學，以上擬授在京從七品官職，內張恩⑨學候服滿除授。

一等効勞當該官吏：書办官唐仲和、范尚文、石榛、周大

①徵　通行本及明抄本作"徵"，誤。日本本作"微"，是。
②開　日本本作"閑"，是。通行本、明抄本作"開"，誤。
③加　明抄本作"如"，誤。通行本、日本本作"加"，是。
④部　通行本及明抄本有"部"字，日本本無"部"字。
⑤寺　日本本、明抄本"寺"下皆有"少"字，通行本脫此字。
⑥孫　明抄本無"孫"字，誤。通行本有此字，是。
⑦使　"使"字似爲衍文。
⑧恩　明抄本、日本本皆作"思"。通行本作"恩"。當爲"思"。
⑨恩　明抄本、日本本皆作"思"。通行本作"恩"。當爲"思"。

堨、邵崐、錢冲①元、魏希曾、景奇、蔡忠、單文邦、葉宗大、吏朱信，以上擬各於本等資格上陞一級，授在外官職。內唐仲和仍應憂處。

二等効勞當該吏：黃時來、潘德懋、陳應麟、許文科、黃椿、胡從禮、姚芝、張朝賢、許元相、起復候補吏申應科、翰林院承行吏黃時亨，以上擬各照資格授在外官職，內黃時亨候當該滿日除授。聽補當該吏楊大壯，擬扣當該滿日，免考冠帶。"得旨："徐繼申陞俸一級，給與應得誥命。馬繼文陞太僕寺少卿，成楫光祿寺少卿，各照舊辦事。其餘陞職、加俸、除授等項，俱依擬。吏部知道。"

二十日己卯，敕吏部："茲重修《會典》書成，內閣總裁，効有勤勞，例當加恩。元輔時行，着兼支大學士俸。次輔國，進兼吏部尚書、建極殿大學士，餘官如故。次輔錫爵，加太子太保、兼武英殿大學士，尚書如故。各給與應得誥命。如敕奉行。"

二十一日庚辰，大學士申時行奏："爲辭免恩命以明臣節事。准吏部咨：該本部欽奉敕諭：'茲重修《會典》書成，內閣總裁，効有勤勞，例當加恩。元輔時行着兼支大學士俸。如敕奉行。欽此。'備咨到臣。祗奉恩綸，不勝惶悚。竊惟明主因事而責功，忠臣先勞而後祿。臣之不肖，忝爲弼臣，其任最隆，其職最鉅，皇上如課臣以事，則臣以功，則所以清②獻対揚，固自有在矣。若夫編摩纂輯，舘局之臣寔任之，臣不敢引以爲事，攘以爲功也。況臣僥冒恩私，躐躋崇顯，勳階品秩已極矣，褒封蔭祿已多矣，祿食奉賜久③已厚矣。即承命總裁，固且日費尚方之筆札④，月糜大官之廩饌，揆之常職，祗屬素飡，本無分寸之勞，而又益以五品之祿，此又臣之所大懼也。夫非其事而冒其功者，謂之竊，無其勞而安其祿者，謂之貪。有⑤一於斯，難以就列⑥，兼是二者，能無靦顏。伏望皇上俯察下情，收回成命，容臣辭免加俸，庶聖恩不爲濫及，而愚分亦得以少

①冲 日本本作"坤"，通行本、明抄本作"冲"。

②清 日本本、明抄本皆作"靖"。通行本作"清"，誤。

③久 日本本作"又"。明抄本、通行本作"久"。

④札 日本本作"札"，是。通行本、明抄本誤作"礼"。

⑤有 明抄本誤作"自"。通行本、日本本作"有"，是。

⑥列 日本本誤作"例"，通行本、明抄本作"列"，誤。

安。臣不勝激切懇祈之至。"得旨："卿以元輔，總裁大典，勞績獨茂。朕體卿辭讓至意，加俸原無過優。宜遵成命，所辭不允。吏部知道。"

大學士許國奏："爲揣分彼忱懇辭恩命事。本月二十日，准吏部咨：節奏敕諭：'兹重修《會典》書成，内閣總裁，効有勤勞，例當加恩。次輔國進兼吏部尚書、建極殿大學士，餘官如故。給與應得誥命。欽此。'臣假寵如天，酬恩無地，戴履高厚，跼蹐靡①寧。伏念臣向侍講帷，偶逢開局，徒以文史末技，得從總校之後塵。討論分屬於吏官，筆削獨成於元輔，臣惟伴食，事本因人，耗費大官，蠹已踰於一紀，網羅舊事，勞奠効於寸長，甚慚葆②引之儔，空濫吹竽之數，縱竭鉛槧之力，猶爲職分之常，有何功能，可當榮寵？春卿誠忝，況均四海而統百官？殿直尤親，復依紫垣而近華蓋。封樹既光於先子，聖③綸敢覬其重申？器小受多，則滿而必謚，基薄累厚，則高而易傾④。此臣所以撫己省循，仰天控懇。蓋欲逃罪，非故辭榮。伏望皇上鑒亮愚誠，收回成命，庶功寡明而不奪於浮淫之蠹，分義稱而不失其⑤足之宜矣。臣無任惶恐待命之至。"大學士王錫爵奏："爲揣分量功辭免非常恩命事。准吏部咨：該本部欽奉敕諭：'兹重修《會典》書成，内閣總裁，効有勤勞，例當加恩。次輔錫爵加太子太保、兼武英殿大學士，尚書餘官⑥如故。給與應⑦誥命。如敕奉行。欽此。'臣聞命自⑧天，跼蹐流汗，罔知所指⑨。竊念臣斗筲末品，犬馬病身，本非受爵祿之器。皇上既過誤用之，而頃之大計陳免，又過誤留之。臣之自揣，無論贊大政、決大疑，不足仰稱任使之萬一，即姑以纂修一事言之。先是萬曆改元之四年，有詔重修《會典》，臣雖備員副總裁，然此時正屬諸司文案未齊，該局義例未定之日，史臣無一事可藉手者。數年之後，始漸次屬草，會臣又以乞身久廢，始再起爲今官，而書之成者已十八九。臣按籍茫然，第能粗涉事迹，稍正句讀耳已。由前言之，則臣乃無事而食，由後言之，則臣乃不耕而獲。今署名卷尾，亦已厚幸，而殊爵顯賞，反⑩加衆人之前，臣復何心可以安之？何顏可以受之？且夫官階一

① 靡　日本本誤作"摩"。通行本、明抄本不誤，作"靡"。
② 葆　日本本作"操"。通行本、明抄本作"葆"。
③ 聖　日本本作"璽"。通行本、明抄本作"聖"。
④ 傾　日本本作"顧"，誤。通行本、明抄本作"傾"，是。
⑤ 其　疑"其"下應有一"知"字。
⑥ 餘官　日本本無"餘官"二字。明抄本、通行本有此二字，誤。
⑦ 應　日本本、明抄本"應"後皆有"得"字，通行本脱此字。
⑧ 自　明抄本作"旨"，誤。通行本、日本本作"自"，是。
⑨ 指　當爲"措"，但通行本、明抄本、日本本皆作"指"。
⑩ 反　通行本、日本本作"反"，是。明抄本作"及"，誤。

品，班已籩於孤①卿，殿學兼銜，寵更貤於四世，自昔佐命鼎畫之臣，有積資累考而不得者，臣草莽升朝，一旦躝躐至此，器既滿不可復酌，負方重不可復載，此臣之所爲懼也。職在政事，無所裨益潤色，而但與槧工墨史分尺寸之勞，每當披校至兵馬錢穀之昔贏而今耗，文墨議論之昔簡而今繁，禁旅之濫籍日增，上供之年例日溢，臣乃罪之不任而獨功之任，又臣之所大愧也。伏惟堯舜在上，賞必當功，名必效寔，豈可曲私左右之臣，重爲鉅典之等②？臣之愚怯，委不自安，所有前項恩命，懇祈賜免。惟皇上哀而許之，乃不惟爲國家惜名器，亦所以爲臣惜福也。臣無任感激戰悚俟命之至。"俱得旨："卿總裁大典，茂著勤勞，書成加恩，累朝彝典。宜遵成命，不允所辭。吏部知道。"

　　二十四日癸未，大學士許國、王錫爵各具疏再辭恩命。國疏云："昨該臣辭免加恩，未奉俞旨，更荷溫綸，不勝感戴，不勝惶懼。竊惟哲後懋賞酬功，以示勸也，志士感恩報效，以明義也。故必量其前功，事果稱也而後敢承，計其後效，力有餘也而後敢承。若臣同事二臣，所謂前功能稱，後效有餘者也。乃臣則無之。光③該臣以從一品歷三年考④滿，於時褒寵已渥，勳秩已崇，澤及幽冥，光生封樹。乃⑤今又重以隆施異數，臣恐叨冒愈盛，則報稱愈難。伏念臣本衰病之人，入春以來，痰嗽不止。方欲乘休沐之暇，乞不肖之身。今縱未能乞身，而又何可受賞？且臣時行日贊萬幾，止兼閣學五品之俸，臣錫爵協恭兩歲，始進儲宮三太之銜，而臣由宗卿遽躋宰秩，官稱首於九列，位次並於元臣，蓋臣所取，視二臣已奢矣。況二臣及時有爲，事主之日長，而勳望方來，臣過時雲邁，報國之日短，而伎倆已盡，臣如朽株駑駕，何敢望二臣？故在二臣，似不必辭，辭亦爲過，而臣未可同日語也。又念臣自庚辰南雝君⑥入，即與故大學士余有丁朝夕同事，竊見儲曹事務煩冗紛雜，一切芟潤大半，悉經其手，今有丁既以先逝，不在敍錄之中，而臣國乃以倖生，獨被恩命之重，臣勞何有？臣心何安？伏望聖明

① 孤　日本本無"孤"字。通行本、明抄本有"孤"字。

② 等　日本本作"辱"，是。通行本、明抄本作"等"，誤。

③ 光　疑應爲"先"。作"光"誤。

④ 考　通行本有"考"字。明抄本、日本本皆無此字。

⑤ 乃　日本本"乃"前有"臣兢兢夙夜，懼無以對揚，休命"十二字。明抄本有"休命"二字。日本本是。通行本此十二字全脱。

⑥ 君　日本本作"召"，是。通行本、明抄本誤作"君"。

察臣樸衷，憐臣悃款。無已，則除所加殿直不敢再辭外，容臣止以舊官仰承新命，其吏部尚書職銜，特准辭免，使臣明無人非，幽無鬼責，是臣之感恩更深於受命也。"錫爵疏云①："臣一介草茅，上荷我皇上非常特達之眷，報未申而恩復至，辭方控而旨愈溫。臣雖至愚，蓋亦知彝典之爲重，成命之當遵矣，況纂修衆人之事，何苦而必欲矯情立異，以博遜讓之名哉？惟是前疏所陳，原據在館、在閣月日功次，與同官二臣終始効勞者不同，而二臣止於本品量兼俸秩，臣以二品躐躋一品，二臣自當受，臣自當辭，乃事理人情之必不容冒昧者。夫抱關一命，梓匠賤工，上不可②以苟榮，下不可以苟食，此自古國家綜覈至嚴之典，大臣所宜率先庶僚共効功者也。臣伏自前年奉召入國門，首以廟堂裁恩澤、士大夫重廉恥爲忠告第一義，言未絕口而身自開僥倖之門，源之不清，流將安止？蓋臣嘗聞祖宗③三揚學士，在內閣最親最久，而官品不加，然至今論者猶容④豔三臣之得君何？則樞機重地，帷幄親臣，正⑤不必累資而計遷，循爵而論貴也。臣今見以尚書辦事，品高祿厚，遠過三臣在成祖時。皇上儻必欲按行累朝彝典，加優臣等，法宮廣殿一日賜之三接，令得陳見聞、效得失於前，臣之榮籍且以萬倍，何必拜官加賞，然後爲隆眷哉？臣誠知煩言黷聽，無所逃罪，顧心之所不安，不敢避嫌而遂止，義之所不可，不敢從衆而常辭。此所以彷徨夙夜，怵迫肺肝，而冒譴哀祈於君父之前者也。伏望皇上憐臣之苦誠，惜臣之微節，特寢成命，免其再有干⑥煩，則臣亦當仰體天慈，不敢盡虛恩賜。請量受二品應得誥命，以榮臣親，雖賞不及期，總爲叨冒，而罪均逃重，尚可苟安。臣不勝丹誠懇款啣恩委命之切。"上皆不允，命文書官持二臣疏至閣，令票擬如故。隨該大學士申時行題："今日該文書官李浚將下臣許國、臣王錫爵辭本，口傳聖旨：不准辭，令臣擬票。臣謹欽遵票擬進覽。又該二臣懇切向臣言，聖恩高厚，叨冒已多，委寔惶恐，具辭萬無矯飾，強臣再擬准辭一票，以俟聖裁。如蒙皇上俯察二臣悃誠，准辭一事，以遂其謙退之意，則二臣之辭恩與受恩，其感⑦激無二也。伏惟聖明裁察。"於是，上深

①云 日本本誤作"去"。明抄本、通行本作"云"，是。

②可 日本本佚"可"下"以苟榮，下不可以苟食，此自古國家綜覈至嚴"十八字。明抄本、通行本未佚。

③宗 明抄本、日本本"宗"下有"朝"字。通行本脱此字。

④容 日本本作"咨"。通行本、明抄本作"容"。

⑤正 明抄本作"止"，誤。通行本、日本本作"正"，是。

⑥干 明抄本、通行本作"干"，是。日本本作"千"，誤。

⑦感 日本本作"惑"。通行本、明抄本未誤，作"感"。

嘉二臣謙讓，准國辭禮部尚書，錫爵辭太子太保，改太子少傅，以成其美。其餘皆令勉承勿辭。

命翰林院庶吉士范醇敬授本院檢討。

二十五日甲申，大學士時行等題："先於本月二十日，臣等具題恭候起居，茲復五日矣，伏聞聖體康寧，勿藥有喜，臣等不勝欣忭。但連日不奉天顏，犬馬微忱不能自已，尤望皇上慎加調護，以迓①鴻禧。臣等不勝瞻戀之至。謹具題恭候萬安以聞。"

① 迓　日本本誤作"迂"。通行本、明抄本不誤，作"迓"。

萬曆十五年三月庚寅，朔，大學士申時行等題："爲纂修《玉牒》事。先該臣等題奉欽依，將嘉靖四十五年以後《玉牒》照例續修。除文册該宗人府陸續造到，及纂修等官臣等照常題補供事外，臣等看得，紀載宗支，事體重大。先朝成化、弘治年間，《玉牒》止是二册，正德年間四册，嘉靖九年八①册，二十四年增至三十餘册，萬曆四年至七十册。迨今宗支愈益綿衍，册籍念②益繁多，比之弘、正間不啻百倍，必須設法定限，分委責成，庶不至於耽延歲時，妨誤重典。臣等謹將合行事宜，遂③一開款上請聖裁施行，臣等未敢擅便，謹題請旨。

　　計　開

一、分館。舊例纂修《玉牒》，止有東閣南房二間，今册籍既多，不便書寫，合分爲四館，纂修官仍住東閣南房，其校對、書寫，查有東閣以比④會典館見在空間，相應分撥，在内供事。

一、纂修。舊例纂修官用二員，今照舊。仍該臣等提調。

一、校對。近年校對《玉牒》，於書寫官内委用一員。今册本繁多，不彀⑤供事，合再添二員，容臣等具題委用。仍責令校對官，將各册草本，照臣等所定張數，依限寫完，每月朔望送閣查驗，然後發寫。

一、書寫。查得見在制、誥兩房官，止有十四員，又各有本等謄錄事務，不彀書寫。今照《會典》書完，遺下謄錄官，堪以選用。容臣等於内選取數人，題留在館，與同兩房官一體書寫。

一、吏役。近年開館修書，俱有當該吏役，今《玉牒》既已分館，一應啟閉館門、收掌文册，宜有專責，合行吏部撥當該吏三名，一名專司啟閉，二名專管收掌，如有誤事，參送另撥。其更部原撥會典館貼寫吏十名，相應改撥玉牒館謄寫草稿。

一、供給。先年謄錄各官，因有纂修日給酒飯，《玉牒》量加米八合，肉一斤。今《會典》書完，《玉牒》既有專館，一應供給酒飯，合照纂修事例開支，其量加米肉相應停止。"得旨："是。該衙門知道。"

①八　日本本誤作"入"，通行本、明抄本不誤，作"八"。

②念　日本本作"愈"。通行本、明抄本作"念"。

③遂　通行本、日本本作"逐"，是。明抄本誤作"遂"。

④比　"比"當作"北"。

⑤彀　日本本作"穀"誤，通行本、明抄本作"彀"，是。

五日甲午，命會典館遺下謄録官試中書舍人等官孫胤奇等員，留玉牒館供事。

九日戊戌，文書官李浚口傳聖諭："十三日出朝。經筵、日講候另傳。"

十日己亥，命南京國子監祭酒趙志皋，陞詹事府少詹事、兼翰林院侍讀學士，署掌詹事府事。

是日，文書官李浚口傳聖諭："說與吏部。近日降的御史，如何不與補官，容他遷延在京？着便補他去。"

十三日壬寅，上視朝。時聖體初安，百官致詞稱賀。畢，上召三輔臣至皇極門煖閣。時行等奏："仰惟聖躬萬福，臣等瞻睹天顏，不勝慶忭。"上曰："朕偶有微疾，不得出朝。先生每掛心。"時行等叩頭謝。上於袖中出二疏，手授時行，乃主事王德新、員外顧憲成疏也。上曰："如今用人，那一個不是朕主張？二主事肆言，卻說不是朕獨斷。好生狂妄。"時行對云："皇上天縱聰明，乾剛獨運，即今朝廷政事，各衙門章奏，無一件不經御覽，無一事不出聖裁。司屬小臣，不知妄言，原無損於皇上聖德。"上曰："臣下事君上也，有個道理，他每把朕全不在意。朕非幼冲之時，如何說左右簧鼓？先生每擬的太輕，還改票來。"時行奏云："二臣狂妄，罪實難逭。但臣等仰見皇上明並日月，量同天地，區區小臣不足以褻雷霆之威。即外論疑及臣等，寧使臣等受誣蒙謗，不必輕動聖怒。"上曰："先生每是朕股肱①，與別的不同，須要爲朕任怨。若祗要外邊好看，難爲君上。"時行對："臣等受皇上厚恩，雖犬馬無知，也當圖報，敢不任怨？"上曰："他每說話，必有主使之人，着追究出來。"時行對："建言的也有幾樣。有忠實的人，出自己見，不知忌諱者。有愚昧的人，不諳事體，道聽途說者。未必出於主使。"語未竟，上曰："還是沽名賣直的多。若不重處，不肯休歇。前有旨各衙門戒諭司屬，通不遵依，也問他。"時行等欲再

① 肱　日本本、明抄本皆無"肱"字。

爲申解，上遽云："先生每便將去改票來。"時聖躬新愈，未耐久坐，時行等不能畢其説，乃叩頭退。是日初見，天顔開霽，詞旨①甚温，至語及二臣疏，聲色頗厲，而諄諄亹亹，玉音琅然。三輔臣退而歎息上之聰明英斷如此。

是日，輔臣申時行等題："今日伏蒙皇上召臣等於皇極門煖閣，面諭臣等，今將王德新等本從重改票。臣等仰承嚴諭丁寧再三，且命臣等爲國任怨。臣等雖犬②馬無知，豈敢恤一身之利害，而忘國家之大體，避衆人之怨謗，而負君上之大恩？謹將原本遵諭改票③外，但臣等看得，二臣雖同爲司屬，同爲出位，而詞指各異。王德新謂事非宸斷，情出揣摩。顧憲成但成④浮詞，意尚和緩。且其規切臣等，頗有藥石之言，與干犯皇上者不同，似當少有分別。謹各擬票進覽。伏乞聖裁。謹具⑤以聞。"

以聖體康寧，賜輔臣申時行銀三十兩、綵段三表裏，許國、王錫爵每銀二十兩、綵段二表裏。

諭内閣："與吏部説：今後欽降官員，都着補遠處地方用。"又諭兵部："事體重大，嚴尚書着馬上差人上緊催來。"

十四日癸卯，大學士申時行等題："今日該文書官李浚將下揭帖，内開《大⑥明會典》書完，自臣等總裁以下，俱有賞賜。此係皇上特恩，臣等不勝感激。但臣等查得閣中修書舊稿，惟實録有陞有賞，其《玉牒》有賞無陞，至於《會典》書成，或止有陞官、陞俸等項，未見開有賞賜事例。臣等竊以爲，人臣分職任事，各欲自盡，何敢希望敍勞？況皆加⑦俸陞官，既已蒙恩，不必又行頒賞。雖聖恩每從優厚，不拘常例，但今内庫缺乏，歲用不敷，例外之賞，似應裁節。臣等未敢仰承，所有各官賞賜，亦未敢分給。伏乞皇上收回成命，以重恩典，以節財用。臣等職分當言，不敢隱默，非故有虚聖恩。伏乞聖明裁察。"上不允，特賜時行銀四十兩、紵絲四表裏、新鈔五千貫，國、錫⑧爵各銀三十兩、紵絲二表裏、新鈔三千貫，副總裁沈鯉等、纂修官趙用賢等、及謄録等官，各銀幣、寶鈔有差。

①旨 日本本作"者"。通行本、明抄本作"旨"，是。
②犬 日本本誤作"大"。通行本、明抄本未誤，作"犬"。
③票 日本本誤作"家"。通行本、明抄本不誤，作"票"。
④成 通行本作"成"，誤。日本本、明抄本皆作"遲"，是。
⑤具 日本本、明抄本"具"下皆有"題"字。通行本脱此字。
⑥大 明抄本佚"大"字。通行本、日本本未佚。
⑦加 通行本及日本本作"加"，是。明抄本誤爲"如"。
⑧錫 通行本作"錫"，是。日本本、明抄本皆誤爲"賜"。

萬曆十五年四月，朔①。

十日巳己②，諭刑部："如今天氣暄熱，兩法司並錦衣衛見監罪囚，笞罪無干證的放了，徒流以下便減等擬審發落，重囚情可矜疑並枷號的，都寫來看。"

十一③日辛未，大學士申時行等題："本日早，臣等候皇上臨御經筵，隨奉旨傳免。適文書官李浚送本到閣，臣等恭問起居，始知聖體因喉咽動火，偶進湯藥，遂免經筵。臣等犬馬微誠不勝瞻戀。特當孟夏，序屬盛陽，伏望皇上順時保和，怡神養氣，以迓康寧之祉。臣等不勝祈望之至。謹具題恭候萬安。"

十四日癸酉，諭禮部："朕見今春雨雪降少，入夏以來，風霾屢作，需澤未沾，三農失望。爾禮部行順天府，於各宮廟絜誠祈禱。"

十六日乙亥，上視朝畢，駕興，命錦衣衛、鴻臚寺查點常朝文武官員不到者，共四百四十三員，罰住祿俸各二個月。
是日，傳諭禮部："宗伯乃典禮之官，襲爵引禮如何不到？朕視朝早，臣下亦當伺候着。回將話來。"

十八日丁丑，文書房口傳聖旨："前日視朝，六科奏事，西邊有一員倉忙上御路跪、不言語的，也着鴻臚寺查來。"

二十四日癸未，諭兵部："司禮監太監黃勳調內官監太監，着太嶽太和山提督，兼分守湖廣行都司等處地方。寫敕與他。該衙門知道。"

二十五日甲申，大學士申時行等題："爲請黃④軍職貼⑤黃事。據左春坊左庶子兼翰林院侍讀劉虞夔揭稱：先該臣等題奉欽依，令本官前去會同兵部、都察院堂上官，清理貼黃，續該

① 朔 "朔"上應佚"庚申"二字。
② 巳己 "巳己"二字應作"己巳"。
③ 一 "一"字應為"二"。

④ 黃 "黃"當作"理"。
⑤ 貼 "貼"當作"貼"。

臣等將本官題充日講官，一向帶管。查得近年講讀諸臣，例不兼別差，前項事務，相應題請另差管理。等因到閣。據此，看得左庶子劉虞夔既題日講官，清黃事務委難兼理。臣等查得翰林院修撰張元忭起服到任，資序相應，堪以差用。合候命下，令其前去與同兵部、都察院堂上官，清理軍職貼黃。臣等又查得，節年清黃俱用翰林、坊局堂上官。今張元忭原與劉虞夔等同科進士，先充會典館纂修官，効勞日又①，止因回籍守制，進書之日未及蒙恩。而本官初授修撰，至今十有七年，並未陞遷，資俸最深，亦應議處。合將本官量陞左春坊左諭德，兼翰林院侍讀，以便行事。合無敕下吏部，查照施行？臣等未敢擅便，謹題請旨。"得旨："是。吏部知道。"

是日，諭禮部："朕女未封四公主，於萬曆十五年四月二十五日巳時薨逝。合行事宜，照靜樂公主例行。"

① 又 "又"似當作"久"。

五①月己丑，朔。

二日庚寅，以端陽令節，賜三輔臣申時行等每象牙邊骨畫面扇三把、墜三個、紅羅織金扇袋一個、字扇二把、蟒縧二條、銀間鍍梁篋袋一個、百索一副、小貼金艾虎一封、紙畫艾虎二對，及講官朱賡等五員各畫扇、百索、緑②縧、艾虎有差。

六日甲午，大學士申時行等題："兹者天特元③陽，雨澤鮮少，沴氣所感，疫病盛行。貧窮小民不得醫藥，有闔門傳染、枕藉就葬者。臣等奉職無狀，不能感召和氣，匡濟特艱，然觸目驚心，恫瘝特切。仰惟皇上仁同天覆，德協春生，每聞四方災傷，憂形於色，不惜帑藏之儲，以全溝壑之命。至於壽宮營建之所，亦念軍民力作之難，特施藥材，以療疾疫。謳歌歡忭，萬口一詞。臣等不勝踴躍。惟是京城之內，閭閻之間，亦皆祈一視之仁，以冀並生之幸。查得祖宗以來，設有惠民藥局，皇祖世宗屢旨舉行，至今傳誦。伏望皇上仰稽成憲，誕博弘仁，敕下禮部，劄行太醫院多發藥材，精選醫官士生，分投於京城內外，診病施藥，庶幾有所全活，以廣皇上博施之恩，以佐天地好生之德。臣等尤不勝祈望。如蒙聖裁俯允，容臣等另擬傳帖施行。謹具題以聞。"

八日丙申，諭禮部："朕聞近日京城內外災疫盛行，小民無錢可備醫藥。你部裏便行太醫院，精選醫官人等，多發藥料，分投診視施給，以稱朕救民疾苦之意。仍照嘉靖年間例，每家量給與銀錢一次。"

二十日戊申，大學士申時行等題："今日蒙發下文書，內有講官張位告病一本。臣等看得，本官日侍講讀，學行素優，簡在聖恩，方殷委任，乃遽引疾乞歸，本難輕許，但本官註籍已過三月，陳情亦已三次，所據病久未痊，乞歸懇切，情非得已，似應准從。臣等謹擬票進覽，伏乞聖裁。謹具題以聞。"

① 五 "五"上當有"萬曆十五年"五字。

② 緑 "緑"當作"綵"。

③ 元 "元"當作"亢"。

① 秋　"秋"似應爲"耿"之誤。
② 一本　"一本"二字似爲衍字。
③ 董　"董"似應爲"重"之誤。
④ 鳴　似在"鳴"下佚一"鳳"字。

二十一日己酉，講官禮部侍郎張位告病，得旨："張位准回籍調理。伊係日講官，着馳驛去。仍賜路費銀二十兩、紵絲二表裏。該部知道。"

二十六日甲寅，大學士申時行等題："該文書官李興將下都察院會勘吳鳴鳳事情、及刑部侍郎秋①定向一本②、大理寺少卿李尚思各一本，口傳聖旨：陸志孝不該饒他，令臣等改票，欽此。臣等看得，吳鳴鳳招稱事情，都察院會勘本內俱已明悉。若使陸志孝果曾受賄，則當以贓論，使已成招結正問枉吳鳴鳳，則當以失入人罪論，臣等亦當深惡而董③處之，豈肯姑息？今二者皆無之。鳴鳳口稱原無送賄，前件事情尚未問結，則行城檢屍及用刑考訊，乃法司問刑之常事，難以爲罪也。聖祖設立刑部，專堂刑法，若斷獄已成，不公不明，自有應得之罪，若以一犯人投揭稱冤，將未結之事遽罪問官，則將來人命重情，法司官畏首畏尾，推諉了事，其有刁猾奸徒輒先捏情誣陷，把持問官，則法司不敢問，是使冤獄愈多，犯法愈衆也。據李尚思本，惟恐鳴鳳問革。今都察院會勘內稱，鳴鳳免引律例，稍示懲創曲全，則鳴鳳原未問革，法司之議平，而尚思之言誤矣。臣等連日復聞鳴④遞揭同鄉、同年及科道官，務欲加罪志孝，以泄其忿，萬一處之不平，則承望之言紛紛而至，奸頑之徒悻悻自得，此臣等所深慮也。且志孝係問刑官，鳴鳳係犯事幸人，自有相臨體統。鳴鳳既寬，而志孝反欲加罪，則體統陵夷，紀綱倒置，豈盛世之宜有哉？臣等不爲一司官惜，而惜法司問刑之體統，不爲法司一衙門惜，而惜國家以上臨下之紀綱。故敢輒陳其愚，仰塵天聽。如蒙皇上詳察，俯從臣等所擬，則國法、人情兩得其當。如以志孝考訊過嚴，則乞量行罰俸，以警將來。臣等未敢擅便，謹擬二票進覽，伏乞聖明裁定施行。謹具題以聞。"及得旨："志孝竟從罰俸。"

二十八日丙辰，以祭告南郊、北郊、社稷、山川、雲雨、風雷等壇收回脯醢酒果，賜三輔臣每二卓。

六①月己未，朔，文書官李浚口傳聖問："工部前抄沒張居正房屋，曾否有人居住？如何久不賣去？"

六日甲子，上視朝。

是日，文書官李浚發錦衣衛所護宗室朝唯本，命禮部謄真來奏。

八日丙寅，大學士申時行等題："今日蒙發下文書，內有工科題請停減增織一本，該文書官劉成口傳聖旨："如令②三宮及各項賞賜、外夷求討，俱不足用，織造雖多，原着陸續織進，不是一時就完的，令臣等擬票。欽此。先該內庫題派急缺段疋，臣等未查數目多寡，已遵諭票擬發行。令③將該科本及復着④詳，始知派數甚多，為費甚鉅，科臣所言關係國計民生甚切。臣等忝備弼臣，亦同有為國為民之責者，若知其言之可從而不為皇上明之，是不忠也，故敢不避煩瀆，冒昧進言。臣等查得，累朝定制，歲造段疋不過三萬餘疋，上用賞賜俱在其中，雖有急缺題派，不過間一舉行，未有如近年之頻數者。前此各部錢糧頗有贏餘，各處庫藏頗可搜括，亦未如近年之匱乏者。今前項織造至十二萬有餘，費以數十萬計，欲取之戶部，則戶部之歲出已多，欲取之工部，則工部之興作方急，欲派之民間，則饑寒困苦難以復加，欲括之府庫，則十處九空，無從那借。且前此御前織造，尚無完期，提督內臣尚未復命，又加以此項織造，縱明旨嚴切，地方必不能供，縱寬展期限，有司必不能辦。是詔令為空言，而上供無實用也。故臣等亦以裁減數目為便。查得萬曆四年題派，該科臣有言，奉旨減去三分之一，萬曆七年題派，又以科臣言奉旨減半織造。伏望皇上深惟邦本，俯察邇言，念民窮財盡之時，當為保國恤民之計，特霈德音，大加減省，一以昭受言之美，一以弘惠下之仁，則宗社幸甚，臣等不勝激切懇祈之至。謹擬票進覽，伏乞聖斷施行。"隨於科本內批云："你每說財匱民窮，朕非不軫恤，但近來三宮歲用及賞賜等項不敷，織造委非得已。着查照原題減三分之一派造。合用

萬曆十五年

① 六 "六"上當有"萬曆十五年"五字。

② 令 "令"似應作"今"。

③ 令 "令"似應作"今"。

④ 及復着 "及復着"應作"反復看"。

錢糧，工部從長議處，毋得困累小民。"

二十一日己卯，大學士申時行等題："先該文書官劉愷將原進《大明會典》發下，口傳聖旨：'看①發與禮部刊印頒行。欽此。'隨該臣等具題將發下御覽原本，與副本再行校對精確，然後發與禮部上板刊刻，校對完日，仍將原本繳進。今照前項書籍校對已完，陸續發與禮部訖，所有御覽原本，謹用繳進。再照《會典》一書，我國家二百年之典章法度、與諸司見行之條例章程，纖悉具備，伏望皇上於宮中燕聞②，時加省覽，用以考求故實，裁決萬幾。諸凡越例陳請，非時徵派，查《會典》所不載者，一切釐正停止，乃可以一政體，服人心，尤望聖明留意。謹具題以聞。"

二十三日辛巳③，大學士申時行等題："今日該文書官李興送本到閣，臣等因連次奉旨免朝，恭問皇上速④日起居，始知聖體偶進湯藥，暫免朝參，臣等不勝瞻戀。竊惟炎暑薀隆之候，又當霖雨大沛之時，濕熱交蒸，易侵脾胃，必須清心靜攝，自然邪沴不干。伏望皇上順時調護，加意節宣，庶臻勿藥之休，茂迓康寧之祉。臣等不勝仰祈之至。謹具題恭候萬安。"

二十六日甲申，大學士申時行等題："為科舉事。據禮部手本開稱：萬曆十四年進士，例該國子監立石題名等因具題，奉聖旨：'是。欽此。'開送到閣。所有題名記文，相應題請命官撰述，伏乞欽定。臣等未敢擅便，謹題請旨。"得旨："着卿時行撰。"是日，題⑤："為懇乞遵制題名以厲士風以隆聖化事。先該題前事，進士題名碑記自隆慶辛未以後各科，未經撰文鐫石等因，奉聖旨：'三科題名記文，卿等各補撰。欽此。'又該臣等具題，萬曆十一年進士題名記文，請乞命官撰述，奉聖旨：'着卿有丁撰。欽此。'除臣時行、臣國各欽遵將辛未、丁丑二科進士題名記文撰完、另題進呈外，尚有甲戌、癸未一⑥科俱係欽命先臣余有丁撰，至今尚缺未補，所有前項記文通應補撰，

① 看 "看"似應作"着"。

② 聞 "聞"當作"閒"。

③ 巳 "巳"當作"巳"。

④ 速 "速"似應作"近"。

⑤ 題 "題"上當有"又"字。

⑥ 一 "一"似應作"二"。

以昭盛典。伏乞欽命改撰。臣等未敢擅便，謹題請旨。"得旨："卿錫爵撰。"又題："爲進呈事。先該臣等遵制題請命官撰隆慶辛未等科進士題名記文，奉聖旨：'三科題名記文，卿等各補撰。欽此。'臣時行、臣國欽遵將辛未、丁丑二科記文撰完，恭錄進呈御覽。但臣等未識淺陋，未能發揚盛典，伏望聖明裁訓發下，轉發上①部鐫刻施行。謹具題以聞。"得旨："是。"

① 上 "上"當作"工"。

七①月戊子，朔。

二日己丑，大學士申時行等題："兹以孟秋之朔，恭遇皇上親享太廟，臣等遵例不敢陪祀，於廟門外恭候聖駕。隨該文書官李浚口傳聖旨：'以昏夜入禩，遺②長隨三人護視。'臣等及祭畢駕回，又該司禮監大③監張誠傳奉聖諭：'先生每辛苦。欽此。'仰惟皇上精誠，假廟大孝饗親，在聖躬尚不言勞，豈臣等敢自暇逸？乃荷溫綸之慰藉，載令中使以維持，即進退之無虞，幸顧復之有賴。恩施望外，感④由衷，當擔摃⑤夙夜之身，用仰答乾坤之造。臣等不勝感戴天恩之至。謹具題謝恩。"

十六日癸卯，大學士申時行等題："連日節奉聖旨免朝，臣等不勝⑥天顏，心切曠戀。今日因文書官李浚送本到閣，臣等恭問起居，隨該本官回稱，理進藥⑦。臣等犬馬微誠，伏望皇上順乘時令，慎節起居，於凡食息動作之間，常存保護珍調之意，似迓純嘏，以慰羣情。臣等不勝祈望之至。謹具題恭候不⑧安。"

十九日丙午，命詹事府掌府事少詹事兼翰林院侍讀學士趙志皋、國子監祭酒田一儁、左春坊左諭德兼翰林院侍讀張元忭，俱充經筵講官，翰林院修撰楊起元、編修李廷機、周應賓、方從哲，俱充展書官。

① 七 "七"上當有"萬曆十五年"五字。
② 遺 "遺"應作"遣"。
③ 大 "大"應作"太"。
④ 感 "感"下似應有"激"字。
⑤ 摃 "摃"似當作"負"。
⑥ 勝 "勝"字疑為"奉"之誤。
⑦ 理進藥 "理進藥"一句當有誤文或脫文。
⑧ 不 "不"疑為"萬"字之誤。

八月①戊午，朔。

三月②庚申，上視朝畢，退御煖閣，召三輔臣入。上曰："朕見各處奏報災傷，小民不得安生，心甚憂憫。事有關於吏弊、有切於民生的，卿等深思詳議來行。"時行等對："臣等竊見近日以來，各處奏報災傷，如陝西亢旱，江南大水，江北又有蝗蟲，河南一帶又被黃河衝決，委的災傷重大。皇上聖德方隆，豊③宜有此？這是臣等奉職無狀所致。除臣等痛加修省外，伏望皇上深恩邦本，少留聖心。"上曰："近來有司官貪墨，不恤百姓，又刑獄多有冤枉，撫按官亦不為伸理，這都傷害和氣。如今懲貪墨，理冤獄，是第一要緊的事。着該部院行與在外衙門知道。"時行對："有司為民父母，若是貪贓壞法，百姓果然不得安生。若民間果有冤抑，不得伸雪，委的有傷和氣。聖見高明，深切吏弊民生，臣等不勝仰服。但臣等一得之愚，竊謂今日救荒之政，還有兩件。一是蠲免，一是賑濟。"上曰："雖是蠲賑，有司官多侵剋了，祗充自己囊橐，小民不沾實惠。"時行對："有司有不才的，祗在上官稽察。朝廷恩澤，自不可已。如錢糧出自田地，田地既荒，百姓沒了喫的，如何又辦得錢糧？就日推箠楚，終不能辦。皇上若施曠蕩之恩，大賜蠲免，人心纔得少安。如今藏④空虛，經用不足，蠲免固難輕議。然古人有言：百姓足，君孰與不足？目前雖不足用，那百姓還在，田土還在，一年耕獲，便可出辦錢糧。民皆皇上之民，財皆皇上之財，何憂匱乏？"上曰："災傷須分別輕重，使實惠及民。"時行對："以災傷之重輕，定蠲恤之分數，此在按臣覈實奏報，該部照例施行。聖見允當。"上猶諄諄言有司虛應故事，親詔令如故紙。時行奏："皇上有此德意，申令既嚴，有司當不敢違犯。臣等尚有賑濟之說。蓋無田無食之民，蠲免所不及者，若不加賑，則餓死道路，趁食地⑤方，強暴之徒，起為盜賊。"上曰："有司刻剝百姓，百姓極⑥了，怎得不做盜賊？"時行對："為今之計，須查各處倉庫見貯銀穀，或散與穀子，或煮與粥喫，亦可救旦夕之命，賑濟也不容已。"上曰："先生每到閣，該行的

萬曆十五年

六六三

①八 "八"上當有"萬曆十五年"五字。

②月 "月"當作"日"。

③豊 "豊"似應作"豈"。

④藏 "藏"字上似應有一"庫"字。

⑤地 "地"疑為"他"之誤。

⑥極 "極"似應作"急"。

萬曆起居注

校記
① 思　"思"當作"恩"。
② 行時　"行時"應作"時行"。
③ 容　"容"應作"災"。
④ 載　"載"應作"或"。
⑤ 之　此"之"字當爲衍字。
⑥ 禾　此字不清。似應爲"加"字方通。

議擬來行。"時行又奏：'蠲賑事情，若出自臣下所請，則思①歸於下，惟自皇上獨斷，則恩出自上，人心必然感悦。容臣等撰擬手敕，上請聖裁施行。"上曰："然。"行時②等乃叩頭退。

是日，大學士申時行等題："本日恭遇皇上視朝畢，召臣等於皇極門煖閣，節奉皇諭：'朕見各處災傷重大，心甚憂憫。凡有關於吏弊、有切於民生的，卿等深思詳議來行。今天下有司，多貪殘害民，朝廷雖有蠲、賑，但虛應故事，祇充自己囊橐。又民間有冤抑事情，撫按官不爲伸理，以致上干天和。如今要懲貪墨，理冤獄，以安民生，卿等到閣議擬該行的來看。欽此。'至於語蠲免，則欲分別容③傷輕重，語賑濟，則慮實惠不及於民，聖謨睿益，度越尋常，非臣等愚昧所能仰贊萬一，宗社生靈不勝大幸。臣等退而深惟，竊以爲百姓之有災傷，如人身之有疾病，緩則治其本，急治其標。聖諭所云懲貪墨，理冤獄，此治本之説，萬世不可易之常道也。臣等所陳蠲、賑二端，此治標之論，一時不容已之微權也。惟皇上兼舉並行，則溝壑之民，有來蘇之望矣。臣等謹以聖諭之所及者，繹而陳之。夫貪墨之吏，苟得無恥，或以徵收錢糧多扣羨餘，或以問理詞訟多收紙贖，載④侵欺倉庫官物，或嚇取富民之貲財，此等踪迹敗露，怨聲流傳，司道官得察舉之，撫按官得論劾之。之⑤近日申令甚嚴，計亦少有漏網者。然吏弊尚有不止此。有罷軟無爲、因循歲月者，有專弄虛文、不幹實事者，有炫耀才能、阿承取悦者，有饋遺交結、奢侈靡費者。向來雖有嚴禁，未見看實奉行。此當並禾⑥懲創者也。民間獄情，多有冤抑，或以偏私鍛鍊，或以疑似羅織，或人命有微曖不明之情，或强盜有攀害無辜之弊。此等事雖結正，情可矜疑，則巡按一年審錄，恤刑官五年審錄，多從輕減，猶不至有覆盆者。然冤抑尚不止此。有以匿名文帖發人陰私者，有以訪察逾窩陷人大罪者，有刁徒教唆起威狡诈多端者，有罪人飾詞越奏連累多人者，其類不一，其冤則同。此又當併加詳察者也。夫貪墨懲，則民無徵求需索之苦，冤獄理，則民無咨嘆怨歎之聲，所以弭災召和，或在於此。至於臣等所稱蠲、賑之説，則昨年已蒙皇上特諭舉行，今日當遵照前例推廣聖澤。若聖諭所謂分別輕重者，尤爲喫緊。如果災傷重大，顆粒無收，則當酌量起存，通融停減。其災輕去處，不得混冒。仍查發見在倉庫，或散穀，或煮粥，以濟極貧之民。則海內蒼生皆知君上之恩，不至有流離逃竄、起爲盜賊者矣。以上數事，條議雖在臣等，奉行則在諸司，尤望皇上親渙德音，頒示特敕，使知王言之崇重，而不敢以止①虛文相蒙，使知聖志之憂勤，而不敢以怠緩廢事。臣等謹擬手敕二道，一敕吏部、都察院，一敕戶部，進呈仰②覽，伏乞聖裁施行。謹具題以聞。"

敕諭吏部、都察院："朕奉天子民，惟恐匹夫匹婦不得其所。乃者南北水旱，災沴頻仍，百姓何辜，罹此酷罰？朕心閔焉不寧。守令爲民父母，以宣上德、達下情爲職。乃者貪墨之吏，剥下罔上，肥己瘠民，或罷軟廢事，炫耀博名，侈費傷財，阿承取悅。朝廷雖有蠲賑，實惠不及於民。其問斷獄情，每多冤抑，撫按官亦不爲虛心聽理，淹禁日久，干連多人，以致弊③獄，情尤可矜，所以傷和致災，皆由於此。爾部院今後選擇守令，毋用匪人，毋從不職。仍嚴飭各該撫按官，務在懲貪墨、理冤獄，舉察所屬，有犯必治，以稱朕計安元④、克謹天戒至意。一應合行事宜，次等⑤修舉。其欽承無忽。故諭。"

敕戶部："朕見南北異常，水旱特災報日聞，小民流離困窮，殊可矜憫。《書》不云乎'民惟邦本，本固邦寧'？若民生不寧，國計何賴？各該災傷地方，蠲賑宜委⑥舉，但須分別輕重，務使實惠及民。爾戶部查照累年事例及節次明旨，如果災重去處，斟⑦起存本折減免分數，從優議恤，仍查見貯倉庫銀穀，放賑煮粥，許以便宜行事。災輕地方，止照常格，不得混報妄援。各該撫按、有司，毋得玩視民艱，壅閼德意。其欽承無忽。故諭。"

十日丁卯，大學士申時行等題："近該虜酋扯力克襲封順義王，酋婦三娘子授封忠順夫人，感激聖恩，遵例具表文、馬匹稱謝外，隨該宣大總督尚書鄭洛揭稱：虜王夫婦仍送臣等各馬

① 以止 "以止"當作"止以"。
② 仰 "仰"應爲"御"。
③ 弊 "弊"當作"斃"。
④ 元 "元"下當有"元"字。
⑤ 等 "等"應爲"第"。
⑥ 宜委 《明神宗實錄》卷一八九，"宜委"作"委宜亟"。
⑦ 斟 據《明神宗實錄》卷一八九，"斟"下應有"酌"字。

① 争　"争"應作"事"。

一匹。據此。先該萬曆十二年黃台吉嗣封，曾送臣等馬匹，具題請旨，伏蒙聖恩，令各收受，以慰外夷之心，臣等雖已勉承，殊深愧惕。今次虜王嗣封，曾屬軍門諭阻。據總督鄭洛稱：虜中以先王舊例爲詞，仍復送進。臣等不勝跼蹐。仰惟皇上仁恩徧覆，聖武布昭，使絕域穹廬，奉藩歸款，且當萬壽呼嵩之日，四夷獻寶之期，誠近古稀聞，太平盛爭①。至於饋及臣等，則竊有未安。雖遠夷出自誠心，因難於峻拒，而人臣自有分義，每戒於私交。用是具實上陳，應否辭受，伏乞聖明裁奪。惟復俯順夷情，亦乞將原送馬匹收入内監，或發京營騎操，以全臣等硜硜之節，尤不勝幸荷。謹題請旨。"得旨："外夷向化，乃卿等運籌贊襄，豈可拒絕？宜收受以慰外夷之心。"

十四日辛未，大學士申時行等題："昨該臣等以虜王扯力克饋送馬匹，未敢私受，奏請聖裁，奉聖旨：'外夷向化，乃卿等運籌贊襄，豈可拒絕？宜收受以慰外夷之心。欽此。'竊惟虜酋慕義來王，稱臣奉貢，祖孫已閲三世，先後實無二心，此皆宗社神靈之所感乎，皇上盛德之所詟服，臣等有何籌策，能效贊襄？既分天厩之餘，載荷恩綸之錫，感深鏤刻，寧殊剪拂之榮？報矢捐糜，當竭驅馳之力。臣等不勝盛戴天恩之至。除遵旨收領外，謹具題謝恩。"

九①月丁亥，朔。

　　五日辛卯，大學士王錫爵奏："爲夙疾成痼痊可無期懇乞天恩俯容休致以延殘喘事。昨該臣以患病給假，荷蒙恩允，仍諭以痊可即出輔理。續又蒙遣内臣頒賜酒米蔬饌等物。伏念臣猥以采薪末疾，久卧私蒙②，咫尺清光，莫遂瞻依之願，駢蕃寵錫，祇憎尸素之羞。臣之引領望痊，跂足思起，不待皇上之敦諭也。且大恩未報，末路有幾？臣出山初志謂何？忍遽言去哉？緣臣年近六旬，病非一證。自先臣見背之後，内則以死喪怵惕向傷其神，外則以進退狼狽而撓其慮，以致舉體氣血無一處不虛，項背腰脊胃脘之間無一處不痛，而復瘧痢時作，痰涎上壅，吞酸食噎，漸成關隔。臣一向與同官二臣言之，非至今日昏暈始稱病也。惟是徼天之幸，方内小安，北虜或南尚稔，民勞或主不憂，故臣得以衰罷俛仰其間，在公無過以當職業，退食安寢以當藥餌。今則南北災傷幾無完土，公私困急日抱隱憂，臣備位弼丞，縱無疾病，猶當按古人災異策免故事，牝馬棧車以失職待譴，矧一疾侵尋，百方未效，豈敢使政本變和之地，而尚容痝殢不祥之人？班行大衆之中，而屢見傾跌失容之事乎？據醫官朱儒、徐春甫等胗臣之脉，僉謂臣病由鬱生，必須屏事忘情，方可望愈。夫爲臣而至於屏事忘情，此復何補於國家？而亦豈所宜言於君父前者？然念皇上苟責臣異日之報，則必愛臣今日之生，苟寬臣失職之誅，則當全臣知止之分。若但以簪履舊物，未忍棄捐，俾日飽大官，坐擁虛位，則臣職業愈曠，憂病愈深，縱未即死，向幽何以辭神理之罰？明何以謝當官之謗？然則皇上與其他日以譴去臣，孰若聽臣今日以疾而自引去也？與其外存體面而留臣之身，又孰若内推腹心而保臣之命也？伏惟天地至大，堯舜至仁，疾痛呼號，何所不察？儻蒙早垂聖斷，許以坐③還，則臣獻畝未盡之年，孰非啣結報恩之日？臣不勝悚切祈懇之至。爲此具本，謹具奏聞，伏候敕旨。"得旨："卿忠誠直亮，朕所眷知，經國濟民大計，正資協贊，豈可以小疾求去？宜慎加調理，痊可即出，以副至懷。所辭不允。吏部

①九　"九"上當有"萬曆十五年"五字。

②蒙　"蒙"當作"寓"。

③坐　"坐"當作"生"。

知道。"

九日乙未，皇第四子生。

以重陽令節，賜三輔臣上尊珍饌。

是日，大學士申時行等題："本日欽奉聖旨：'萬曆十五年九月初九日午時，朕第四子生。禮部知道。欽此。'仰惟皇上德孚玄昊，仁覆蒼生，歡心式洽於寰區，瑞氣獨鍾於宮禁，芝房孕秀，欣瞻三索之符，菊月呈祥，適應重陽之候。識天顏之有喜，占帝祚之彌昌。臣等忻忭私忭，倍萬恒品，不勝踴躍懽戴之至。謹稽首頓首恭賀以聞。"

十日丙申，聖諭："着光祿寺取銀二十萬來。"

以皇子誕生，賜元輔申時行大紅雲紵絲二疋、金脚花二枝，次輔許國、王錫爵每大紅雲紵絲二疋、銀抹金脚花二枝，講官朱賡等五員，每大紅雲紵絲一疋、銀脚花一枝。

二十二日戊申，大學士王錫爵奏："爲再陳久病危誠乞恩俯賜骸骨還鄉以圖後報事。昨該臣以患病乞休，奉聖旨：'卿忠誠直亮，朕所眷知，經國濟民大計，正資協贊，豈可以小疾求去？宜慎加調理，痊可即出，以副至懷。所辭不允。吏部知道。欽此。'伏惟皇上之於臣，天地也，其恩則父母也。無論深知特拔，千載難逢，小人之分，久知死所，即今疾痛支離之中，皇上之憂臣、慰留臣、任臣，亦豈臣之所宜自棄而自外也？連日以來，臣之羹牆痞癟，無一日不在皇上之側，而屏遠百事以專醫藥，坐臥重帷以避風寒，亦無一日不爲早出見皇上之計。則臣之志其亦可憐矣。顧病根深錮，茫無措手，方徒試而不靈，神欲寧而愈亂。見今宮闈大慶籍普天，而臣稱賀不在班，受賞不能謝，則臣之力已窮、而氣已竭，其人可悲矣，敢更避煩瀆之嫌，冒寵榮而虛職事哉？臣伏自蒙恩登用，久閱歲華，積過滋多，無功可紀。每服老氏知止之訓，慨然有概於心，以爲人臣有二宜止。以道事君，不可則止，此大臣立朝之節也。陳力就列，不能者止，此庸臣量己之明也。臣，庸臣也，當官輔理之效，既碌碌如彼，而負薪犬馬之愛，又奄奄如以①，斯真所謂不能則止之時，臣之所宜自量也。夫主恩浩蕩，何涯之有？然高爵厚祿猶可以勉承，而國計民生不可以卧理。皇上兹責臣以經國，勉臣以濟民，乃是更增臣一重病，案臣之不能抑又審矣。又臣門祚單子，一身一子之於②，並无以次人丁，而先塋未安，待臣歸王③，母衰日甚，待臣終養。凡此皆臣一生未了之事，不可委之他人。雖身賤鴻毛，而義關九鼎，此所以病馬思軒，雖期於效苑，而巢烏反哺，終冀於生還者也。臣今曠職已久，病中萬緒，何念不生？然國恩未酬，猶幸將來之可補，閣務不理，尚希聖主之能寬。患病已深而強出，情既若而諱言，則臣先無此身，安能致身？負君身④親，寧可復贖？伏望皇上憫臣病痛，呼天出於誠懇，察臣嘍⑤蟻，惜命匪博名高。特賜俞允，俾就故鄉水土醫藥，以終天年，則臣之死生進退，總荷幷幪，夫亦愈知所以爲報矣。臣無任激切祈請之至。爲此具本，謹具奏聞，伏候敕旨。"得旨："卿起家未久，正當忘身報國，共濟時艱，況聞疾已小愈，何忍再疏求去？宜遵前旨，出輔理。還着鴻臚寺官宣諭朕意。該部知道。"

　　二十三日己酉，大學士申時行等題："照得皇第四子誕生，例應賜書各王府，並頒給禮物。該禮部題奉欽依，備行到閣。查得萬曆十四年皇第三子生，該臣等題照皇祖親定事例，賜各王府禮儀，止分三等，俱用衣襲，伏⑥蒙允行。臣等看得，今次賜書各王府，合仍照前例，謹擬上書稿、禮物等第進覽，伏乞聖裁，發下施行。其王書查舊規，該用金箋二十五張書寫，乞命司禮監如數查發。具題以聞。"

　　二十六日壬子，上視朝。
　　是日，大學士申時行等題："十月初九日，恭遇皇子彌月之期。臣等查得，嘉靖十二年皇祖欽定，皇子以三月剪髮，百日命名。隆慶二年，皇考欽定剪髮滿月，命名百日。迢⑦萬曆十

① 以 "以"當作"此"。

② 於 "於"疑爲"外"字之誤。

③ 王 "王"字當誤。

④ 身 "身"當作"負"。

⑤ 嘍 "嘍"當作"螻"。

⑥ 伏 "伏"當作"伏"。

⑦ 迢 "迢"當作"迨"。

年、十四年皇長子生、皇第三子生，俱奉旨遵行。今照皇第四子彌月之期將近，其剪髮之禮，或照近例行於彌月之日，或仍候至三月。臣等未敢擅擬，理合預請，伏乞聖裁。謹具題以聞。"得旨："照三子例行。"

十①月丙辰，朔，以孟冬時享太廟。

五日庚申，大學士申時行等題："臣等猥以庸陋，誤蒙皇上任使，待罪內閣，惟是看閱文書，票擬旨意，以候聖明裁斷，下之諸司，布之四方，此朝廷之政體，臣等之職業也。竊見累朝故事，凡題奏本上，次日即發閣擬票，又次日即御批發行，其軍機邊務及緊要事情，有當日發票批行者。恭遇皇上御極以來，總攬獨斷，剖決如流，百司廩廩以受成，海內喁喁而望治，臣等方切慶幸，以為天縱聖明，非臣等愚昧所能仰贊萬一。乃至近日，則諸司章奏間有停留，近者踰旬，遠者經月，亦有三、二月未發者。此必聖心再三籌度，慎重周詳，非臣下所能窺測。但部院科道諸臣以公事相見，必詢問所由，若責臣等以因循誤事、輔導失職者。臣等靦顏愧心，不能措對。竊以為人主言為綸綍，令若風霆，固當慎重而不輕，尤貴宣通而無滯。以皇上神明英斷，少秉清暇，特垂省覽，即一日萬機，可以立決，何至淹以旬月，使諸司未知嚮往，妄有揣摩？此臣等所以惓惓仰望而不容默默者也。伏望皇上俯察臣等所言，將御前見在章奏即賜覽裁，逐一查發，令各衙門遵奉施行，則朝廷政事日益修明，而臣等愚忠亦獲少書②。臣等不勝激切之至，謹具題以聞。"

九日甲子，大學士申時行等題："今日該文書官李浚傳諭臣等：'聖躬一向動火，勉強出朝，見今心口不寬，飲膳不甘，欲暫免朝講。欽此。'臣等連日未奉天顏，方切企戀，茲聞聖諭，不勝瞻依。仰惟皇上性禀乾剛，春秋鼎盛，茲欲暫加靜攝，固當即獲康寧。但臣等犬馬微悰不能自已，伏望皇上寡欲養心，寧神固氣，法宮清暇無忘甘嗜之規，燕寢雍容務保和平之福。臣等無任仰戴之至，謹具題恭候萬安。"

二十日乙亥，大學士申時行等題："竊照國家運道全賴黃河，河從東注，下徐、邳，會淮入海，則運道通，河從北決，

① 十 "十"上當有"萬曆十五年"五字。

② 書 "書"疑當為"盡"。

萬曆十五年

六七一

徐、淮之流淺阻，則運道塞。此咽喉命脉所關，最爲緊要者也。先年河嘗北決張秋，決金龍口等處，皆命大臣往治，夫役錢糧動以數十萬計，然後成功。嘉靖以來，河之衝決多在徐、沛以南，自朱衡開南昌①新河、潘季訓②塞崔鎮、築高堰以後，河道安流，糧運無阻，故近年以來惟見下流之通，而不虞上流之害。河南一帶地方，修防疎弛、堤岸卑簿③者，間亦有之。今年河流散漫，自開封、封丘、偃師等處，及直隸東明、長垣地方，多有衝決，失今不治，明年河水再至，勢將北徒④，正流不下徐、淮，則運道甚可憂慮，此不可不亟爲之圖也。查得先年設有河道都御史，凡河南、山東、南北直隸河漕經行之處，皆屬統轄，近來裁革此官，分屬各巡撫管理。責任既分，事權不得歸一。今黃河衝決，多在河南地方，而餘流所及，又在直隸。若衝安午⑤曹濮，又在山東。各該巡撫雖已委官相視，畫地修築，然或彼此不相照應，痛癢不相關涉，萬一推諉，必致誤事。臣等愚見，謂河道未至大壞，不必復設都御史，但差風力老成給事中一員，前去河南⑥處踏看衝決處所，稽察各該管河官員，就便催督興工。各處錢糧，會同巡撫官隨宜調發，期以初春起工，夏間畢事，既伏秋水發，河流不至北徒⑦，徐、淮以下自然安流，而運道可保無患矣。此係緊關事情，謹擬傳帖一道進覽，伏乞聖明即賜裁決施行。"是日，即傳諭工部："朕聞河南等處地方黃河漫流，先年舊堤多被衝決，即今曾否修築未見奏報。着各該巡撫官督率管河官員，用心經理，還選差風力老成給事中一員，前去各該地方踏看，並催督工程。如有怠玩曠職，推諉誤事，以致妨害運道的，即便指名參奏，拏來重治。工部知道。"

二十二日丁丑，諭內閣："朕昨日朝謁聖母，因奉聖母面諭説：'皇帝，我聽得人言，先年所造胡良、巨馬二橋，今被大水衝去，馬頭搏岸，行人甚苦。因恐此二橋乃天下之要路，今説與皇帝，我本宮發銀，你可差廉幹之人，同本宮管事龔代、牌子馬臣以董其事，還着工部照先年選官一員，兼管其役。其錢

① 昌 "昌"當作"陽"。
② 訓 "訓"當作"馴"。
③ 簿 "簿"當作"薄"。
④ 徒 "徒"當作"徙"。
⑤ 午 "午"當作"平"。
⑥ 南 "南"下當有"等"字。
⑦ 徒 "徒"應作"徙"。

糧等項，俱不必費用該部的。爾可以承吾言，贊吾之德意。'朕言：'恭承聖言。'今乃諭卿等知道。卿等可傳與該部，查照先年事例行，庶見朕敬奉聖母仁民濟物之意。"大學士申時行等因具題言："伏惟聖母仁同坤載，軫念民艱，皇上孝篤大經，順承親志，且費用不煩於將作，向往來稱便於通衢，悅以使人，功能濟物，大小臣工皆翕然忻誦慈恩之廣被，聖德之弘敷。臣等不勝仰戴之至，當即恭錄聖諭，傳示工部訖。所有原奉御筆，理合進繳，謹具題以聞。"

二十七日壬午，文書官劉成口傳聖旨："往天壽山去一帶道路，近因雨水衝壞，着工部委官修墊。其運料車輛及人馬往來，俱由兩邊行，不許作踐。"

十①一月丙戌，朔。

二日丁亥，大學士申時行等題："先該遼東撫鎮官報稱，虜賊十萬餘騎由鎮夷之清二堡入犯。該臣等竊料，此時遼東收斂已畢，各城堡防禦甚周，虜不久即當遁去。而數日以來，不聞消息，臣等心切憂欵。今早據該鎮總督等官塘報，虜賊已於二十四等日出境去訖。是舉也，斬獲之功雖少，而保全之功甚多。今歲以裏，雖不免零竊之寇，而可保無大舉之衆矣。謹將塘報封進，仰塵御覽，以慰聖明東顧之懷。謹具題以聞。"

五日庚寅，大學士申時行等謹題："今日蒙發下文書，內有給事中鼓國光參論遼東巡撫顧養謙本，該文書官劉成口傳聖諭：'這本內說有功則首敘，有罪則諉之人也。說的是。巡撫也該處他。欽此。'仰惟皇上明達治體，洞悉事情，欲審功罪，覈名實，甚盛心也。然使爲撫臣者，如果有功則自任，有罪則推諉，此乃功②猾之人，雖重治之亦不爲過。但科臣不知邊鎮事體，不審前後情節，其言則是，其論顧養謙則非。臣等忝備輔臣，事關邊鎮，有不敢不明言於皇上之前者。竊謂國家以安邊爲急，邊臣以任事爲難。今遼東三面皆虜，四時皆防，於九邊之中，最爲勞苦，爲遼東撫臣者最難其人。養謙以邊才推用，撫遼二年，整飭邊務，皆有條理，能與李成梁同心協力，共保衝邊，即今虜騎千萬入邊，城堡皆晏然無恙，此邊臣中之最有才能者也。至於開原事情，臣等頗知一二。蓋海西屬夷，乃開原之藩蔽，而仰、逞二奴，乃海西之讎敵，今二奴侵凌海西，其勢日強，恐他日遂爲開原之患，故養謙與李成梁議主於剿，前已具題請旨，令相機行事矣。王緘係邊方兵備，分有信地，應屬巡撫調度，乃其議論互有異同，始則因循，力主撫諭之說，後因難處，復爲支吾之辭，故養謙參論，以示警戒。臣等且以養謙爲任勞任怨，正得邊方撫臣之體，至於參論王緘，亦不過降調，其拏問則出自宸斷，乃天威不測，非養謙原論之意也。科臣止爲王緘不平，遂論養謙，既以爲失事，又以爲推諉。今二奴未

① 十 "十"上當有"萬曆十五年"五字。

② 功 "功"當作"工"。

嘗入犯，開原未嘗被兵，原無失事，其請勦二①在先，參論王緘在後，原無推諉。科臣所言，與彼中事情，全不相合，若遽將養謙議處，則邊臣聞之皆將避怨畏禍，不敢至②張一事，不敢參論一人，皆營營自保，而邊事益壞矣。臣等所慮者邊事之重，所惜者人才之難，非敢為養謙曲庇也。伏惟聖明垂察，謹擬票進覽，伏乞聖裁施行。"上允之，令養謙仍舊供職。

十日乙未，賜延慶長公主金冊，並駙馬王昺冠帶袍服。

是日，文書房③口傳諭刑部："先年嚴尚書在部也，曾着人聽記。如今為何不容？若從公問理，沒有私弊，何怕人聽記？"時以太常寺參大興知縣王階擅責樂舞生事情，下法司問，上密遣校尉二人偵之，因令聽記招詞以奏。二校④初見尚書李世達，世達婉謂之："人犯未齊，尚未審問，且事必先經該司而後呈堂，明日當來聽記耳。"次日，巡風主事孫承榮以故事無法司問理獄情而校尉入視者，如奉密旨則當潛聽竊訪，豈得公行入視？且真偽未可知，因拒卻之。二校⑤還奏，且言王階青衣乘馬，隨從多人，揚揚入法司狀。上怒，令文書官傳諭閣中，欲以其事挈回鎮撫司鞫問，並傳旨云云也。而世達等謝罪。居數日，上意乃解，第罰司官俸二月，仍以其事屬法司問云。

二十九日甲寅，大學士申時行等題："今日該文書官劉成將下鎮撫司問過王緘本，口傳聖旨：'本內招稱，先年開原地方貪功生事，多殺無辜。還將任天祚、宿振武等拏來，與王緘質對。欽此。'朝廷行法，功罪不可以不明，邊方馭夷，剿撫不可以不慎。先年開原地方，屬夷王杲為患，賴有海西王台擒獲王杲，獻俘闕下，邊境始安。及王台既死，王杲之子結連仰、逞二奴為父報讎。子⑥是李成梁提兵出塞，擒殺王杲之子。後仰、逞二奴見王台二子微弱，欲行虐害，於是李成梁又擒殺仰、逞二奴。其事情始末，兵部具有功次卷案，臣等之所知也。然則海西諸夷順即當撫，叛即當剿，其理甚明。據王緘招內，亦云屢撫不聽，欲殺其有罪達子。則緘亦已知二奴之不當撫矣，而又

萬曆十五年

六七五

① 二 "二"下應有"奴"字。
② 至 "至"應為"主"。
③ 房 "房"當為"官"。
④ 校 "校"下似應有"尉"字。
⑤ 校 "校"下似應有"尉"字。
⑥ 子 "子"當作"于"。

① 特 "特"當作"持"。

② 遺 "遺"當作"遣"。

③ 以 "以"當作"此"。

④ 村 "村"當作"材"。

不敢言剿，其似特①兩端，此所以致巡撫之參也。若王緘自明其無他，原未失事，以祈皇上寬恩，則可耳。若欲自脱其主撫之失，而反追咎主剿之非，以驅除凶孽爲貪功，以斬馘夷衆爲妄殺，則朝廷賞罰、邊境安危所係，臣等竊以爲不可也。且王緘自以兵備官員，不與調遺②，則任天祚亦兵備耳，即使拏到面質，一以爲有，一以爲無，豈肯輸服？必須行彼處巡按御史，將前項功次查勘明白，然後真僞始明，功罪始定。顧臣等猶有説焉。今九邊事情，獨遼東爲難，九邊將官忠勇，獨李成梁爲最。數年以來，無歲不戰，無日不防，可謂竭盡心力矣。至於用兵之際，遇有夷虜，豈能一一審問而後誅殺？至謂種田百姓，則邊外之田，原非我有，屬夷所在，原無民居，萬無殺及良民之理。今以其血戰之功爲妄，以其報國之忠爲欺，則將官隳心解體，任夷虜之縱橫而不敢言剿，邊臣亦鉗口結舌，任邊事之廢壞而不敢參論，其爲害豈淺淺哉？今任天祚已考察降官，宿振武已革任，二人亦何足惜？但剿夷出塞，原係李成梁之事，而以一人偏辭，多生枝節，盡没李成梁之功，以③則臣等之所深惜也。邊務至重，將村④至難，伏望皇上特賜體察。臣等職在輔導，軍國大計不敢不盡其愚。謹擬二票進覽，如蒙皇上止寬王緘，不究往事，尤爲妥當。伏候裁奪。謹具題以聞。"

十①二月乙卯，朔。

六日庚申，先是，上嘗念京師饑民甚衆，無所得食，遺②文書官問閣臣："今五城見在煮粥賑饑否？如猶未也，則擬旨行之。"閣臣對："前已題奉欽依，於各寺觀煮粥，第未知所發穀米之數，及煮粥處所。當令戶部開報。"是日，開報各寺觀所領米石，及日賑飢民之數。上復令文書官傳旨："五城賑濟貧民，難以限定人數，今後着不拘多寡，但有來到就食的，便捨與他。"

十五日已巳③，大學士申時行等題："今日該文書官李興口傳：聖體偶因動火，玉音不清，出朝不便，發旨諭臣等知。欽此。臣等連日不睹天顔，正切瞻戀，因見昨日紅本多出御批，仰知聖體康寧，未敢具題恭問。茲蒙傳諭，臣等犬馬之私，不任惓惓。近時天氣嚴凝，寒風觱栗，當此閉藏之令，宜加調護之功。伏望皇上葆養元神，導迎和氣，茂膺康祉，俯慰下情。臣等不勝瞻望仰祈之至。謹具題候萬安。"

二十三日丁丑，大學士申時行等題："爲懇乞聖明勤御講筵以聯聖學事。茲當年終放假，例應輟講，該臣等照常具題外，但今歲自開講一次之後，未蒙皇上再御日講，雖燕閒溫習，或不廢於深宮，而開導敷陳，則久疎於廣廈。臣等以輔導啓沃爲職，事關聖學，安敢緘默不言，上負聖恩，下慚職業？竊聞宋儒有言：明君以務學爲急。夫人主日臨羣臣，躬親庶政，一民失所，則若恫瘝，萬幾未理，則當兢業，而必以務學爲急者，何哉？蓋學者，所以學爲治天下之道也。自古帝王修齊治平之理，具在經傳，廢興存亡之迹，具在史書。人主日覽經傳，討論義理，恍然有神悟焉，則治平之效可坐而致矣。人主日覽史書，覽觀成敗，惕然有深思焉，則危亡之轍可永無蹈矣。臣等不暇遠引三代及漢、唐、宋諸賢君，即以本朝故事明之。我太祖經營草昧，創建規模，晚朝畢而入，清晨星存而出，載在

萬曆十五年

六七七

①十 "十"上當有"萬曆十五年"五字。
②遺 "遺"當作"遣"。
③已巳 "已巳"當作"己巳"。

①傅 《明神宗實錄》卷一九三作"博"。
②寶 "寶"當作"實"。
③開 "開"當作"聞"。
④侍 "侍"當作"待"。
⑤眷 "眷"當作"春"。

《祖訓》，勤勞可知也。然日與儒臣宋濂、陶安、王禕、朱升等，講《易》，講《書》，講《大學》、《論語》、《孟子》。至洪武二十九年，聖壽幾七十矣，猶命傅①士許存仁進講史書，此皆紀之《寶②錄》，歷歷可考者。近年皇祖世宗，經筵日講之外，復講《大學衍義》，蓋臨御二十餘年，聖齡幾四十，未嘗間也。於特朝政清明，聖德純粹，至于今稱頌不衰。仰惟皇上，聰明天縱，睿哲性成，春秋當鼎盛之期，幾務多燕閒之日。伏望皇上以二祖為法，自明歲春和以後，留神經史，勤御旃帷，務日就月將之功，嚴一暴十寒之戒，則聖學日益淵邃，聖志日益清明。由是以決庶政，皆合於義理之中，以聽羣言，自得其是非之實，其於聖德、聖政，裨益不淺矣。臣等又惟，學問之功，必涵育薰陶，乃為有益，君臣之際，必從容浹洽，乃能有常。今日講必以清晨，則聖躬不無勤勞，臣等接見必以日講，則情意不無間隔。伏望皇上臨御講筵，不拘時刻，即辰巳以後，亦無不可。或有政事下問臣等，不拘日講及御門之日，隨便宣召，亦無不可。蓋臣等之事皇上，猶子之事父，期於隨事納忠，盡心圖報，萬不敢以空言塞責，虛文了事也。伏惟聖明鑒察，臣等不勝激切仰祈之至。"次日，上以手敕賜時行等，曰："朕昨覽卿等所奏，悉見忠君之心。奈朕前入年以來，屢屢動火，眩暈不時，非朕偷逸自荒。又常思啟沃開導，日開③讜言，乃治國之要。今以歲暮，侍④新春稍豫，與卿等講習。知道了。"時行等因具言："臣等猥以疏庸，備員輔弼。自謂謀猷入告，無可當於宸聰，惟茲經史敷陳，粗有裨於聖學。且講求義理，討論古今，不惟為決幾聽政之資，亦可為寡欲養心之助。是以忘其固陋，輒有請祈。仰惟皇上聖德謙光，睿懷虛受，特渙頒乎明諭，許講習於新眷⑤。若虞舜之決江河，雖邇言而必察，如高宗之喻酒醴，期訓志以交修。臣等捧誦綸音，不勝忻忭踴躍之至。所有原奉聖諭，謹尊藏閣中，以彰皇上典學受言之美。謹具題以聞。"

三十日甲申，歲暮，上親享太廟，行大祫禮。

萬曆
十六 年

萬曆十六年正月己酉，朔，上御皇極殿，百官朝賀。

是日，賜三輔臣上尊珍饌。

二十六日庚戌，上視朝畢，駕興，命錦衣衛、鴻臚寺查點不到文武官，共八十二員，各罰俸二個月。

二十八日壬子，文書官宋坤口傳聖諭："前日出朝，看見御史朝上站的，轉身吐痰。這等的怎糾得人？"

二十九日癸丑，大學士申時行等題："今日恭遇聖母仁聖懿安康靜皇太后聖旦，該臣等五鼓入朝，恭候皇上御門稱賀間，隨該文書官李恩口傳聖旨：'草場失火，係是天災，免稱賀。欽此。'臣等昨見總督倉場侍郎及科道官題稱，該場草束蒸有煙氣，已設法搬移，隨即止息。不意積薪之下，屑火復燃，且地逼禁城，震驚不免，事關積貯，耗損寔多，殆天戒之昭垂，致聖衷之警惕。臣等分憂無術，召沴有由，不勝惶懼。除席藁待罪外，即今煙燄已息，風氣益和，當慈闈燕喜之辰，在幾務繁勞之暇，伏望皇上順承天佑，少紓聖懷。臣等不勝瞻戀仰慰之至。謹具題以聞。"

萬曆起居注

① 十 "十"上當有"萬曆"二字。明抄本有。通行本無。

② 三 "三"當作"二"。

③ 止 明抄本作"正",誤。通行本改"止",是。

十①六年二月甲寅,朔。

三日丙辰,上御皇極殿,傳制遣大學士許國祭先師孔子。

五日戊午,祭太社稷,遣定國公徐文璧代。

十三②日乙丑,上御經筵畢,閣臣出至文華門,文書官遽止③之。有頃,同禮監太監張誠,持《貞觀政要》出,謂閣臣云:"上問先生每,魏徵為人好不好。"閣臣對:"魏徵事唐太宗,能犯顏諫諍,補過拾遺,亦一時之賢臣也。"誠云:"上說魏徵先事李密,後事建成。建成為太宗所殺,又事太宗。這等忘君事讎的人,不見得好?"閣臣云:"皇上以人臣大義責備魏徵,果是大節虧玷。但其事太宗,卻能盡忠。當初伊尹五就桀,五就湯,後來佐湯伐夏,成了大功業,就是商之元聖。管仲初事公子糾,齊桓公殺子糾,管仲又事桓公,一匡天下,孔子遂稱其仁。太宗初定天下,延攬英賢,但能忠於所事,即加信用。自古創業之君如此者甚多。即如我太祖開創之時,元朝舊臣未嘗不用,如劉基、陶安、詹同輩,都是元臣。顧其人可用否耳。魏徵諫太宗,如'十思'、'十漸'等疏,皆是忠言讜論。孔子說:'不以人廢言。'如《政要》所載魏徵之言,亦可備皇上採擇。"誠以閣臣言入奏,上復命誠傳諭云:"唐太宗脅父弒兄,家法不正,也不見得好。"閣臣對:"太宗於倫理上果有虧欠,閨門亦多慚德。獨有納諫一節,為帝王盛美,所以稱為賢君。皇上以家法不正責之,誠為確論。家法第一要緊,如我太祖家法,貽之聖子神孫,萬世無敝,真是度越千古,此皇上所當謹守遵奉者。若論前古帝王,惟堯、舜、禹、湯、文、武,纔是聖人,毫無可議。願皇上以二帝三王為法,區區唐太宗,委不足言。"誠云:"上說'《貞觀政要》不講罷。我曾看《禮記》,着以《禮記》進講。'"閣臣云:"古稱為國以禮,《禮記》中多有格言,進講甚好。但宋儒曾說,人主讀經則師其意,讀史則師其迹。史鑑亦不可不講。記得孝宗時,曾命閣臣纂輯《通鑑》

一部，名爲《通鑑纂要》，此書原備經筵進講。若將《通鑑纂要》與《禮記》間講，可以知古今成敗得失，爲修省鑑戒之助。又宋儒真德秀有《大學衍義》一書，世宗嘗命儒臣進講，候《尚書》講完，再講《大學衍義》，則經史格言皆在其中。謹請聖裁。"誠入奏，上復命誠傳諭云："臣之事君，猶子事父，父不幸有難，爲人子的豈得背父而逃？爲臣的忘君事讐，大節壞了，縱有善言，亦是虛飾，何足採擇？魏徵不是好人，《政要》不必講，今後只講《禮記》。"是日，誠傳上命，往復再三，侍班、講讀等官，候宴良久，聞上留意經史，評論古今，莫不歎服稱慶云。閣臣退而具題："今日恭遇經筵，講畢，該司禮監太監張誠將下《貞觀政要》一本，傳奉聖諭，評論唐太宗多有慚德，及唐臣魏徵大節有虧。該臣等回奏，復奉聖諭：以後講《禮記》，停止《貞觀政要》。欽此。仰惟皇上天縱聰明，日新學問。其於剖折①義理，權衡又②物，是非賢否，卓有定評，是非臣等愚昧所及。臣等竊聞之，論人於三代之上，不可不嚴，論人於三代之下，不得不恕。如唐太宗，開基創業，身致太平，史稱其平隋之亂，比迹湯武，致治之美，庶幾成康，猶③可稱者，納諫如流，改過不吝，亦三代以下之賢君也。至於脅父殺兄，閨門慙德，如聖諭所評，則深中太宗之失，視古帝王誠有愧矣。魏徵事有爲之主，當不諱之朝，知無不言，言無不盡，王珪稱其恥君不及堯舜，以諫諍爲己任，其'十思'、'十漸'之疏，後世皆以爲讜言，亦三代以下之直臣也。至於失身隱太子，忘君事仇，如聖諭所訾，則切當魏徵之罪，其於人臣大節，信有虧矣。故君必如堯、舜、禹、湯、文、武，而後爲聖君，臣必如皋、夔、契、稷④、伊、傳⑤、周、召，而後爲純臣。臣等至愚極陋，不敢希望古人之萬一，至於惓惓效忠之心，惟願皇上以二帝三王⑥爲必可師，唐虞三代之治爲必可復，日慎一日，新而又新，宗社臣民不勝幸甚。今日講⑦諸書，如《孟子》稱述唐虞三代之德，《尚書》備載唐虞三代之事，除照常進講外，至於《禮記》，雖多漢儒之附會，寔本聖經之微言，臣等謹遵奉聖諭，以後分派進講。臣等抑又聞先儒有言，人主讀經則

萬曆十六年

六八三

① 折 "折"疑當作"析"。
② 又 通行本作"又"，誤。明抄本作"人"，是。
③ 猶 通行本作"猶"。明抄本作"尤"。
④ 契、稷 通行本作"契、稷"，誤。明抄本作"稷、契"，是。
⑤ 傳 明抄本作"傅"，是。通行本作"傳"，誤。
⑥ 王 明抄本無"王"字，誤。通行本有"王"字，是。
⑦ 今日講 明抄本作"今日講所"。通行本作"今日講"。《明神宗實錄》卷一九五作"今所講"。應從實錄所記。

師其意，讀史則師其迹。蓋史書所載，乃古今治亂興古之迹，善可爲法，惡可爲戒，皆在其中。弘治間，孝宗命閣臣纂集《通鑑》，以備進講，名曰《通鑑纂要》，其刻見在內府。世宗朝，於日講之外，仍講《大學衍義》，兼載經史，於①德治道，甚有裨益。臣等之愚，猶②望皇上將此二書相兼進講。合無將《禮記》與《通鑑纂要》間日一講，或候《尚書》完日，將《纂要》、《衍義》接續進講？臣等俱未敢擅便，伏候聖明裁定，臣等遵奉施行。謹具題以聞。"次日，諭時行等曰："朕昨覽卿等奏朕論太宗、魏徵之失，有中彼過。朕又思：人之思，人之得失善惡，無如五倫之重。五倫失一，復可得而爲人乎？又何取小節而掩大義，飾惡而圖善？正所謂失大取小，終不可掩人耳目。朕又思，九經亦聖賢所作，其可不知？若《大學衍義》一書，全明修齊治平之道，至於鑑書內③善惡得失之事，有若明鏡而照妍媸，《書經》乃爲君之至要，豈可一日不溫習哉？朕於三書，朝夕常看。今可先將《禮記》代《貞觀政要》，鑑書書經④完日，接續而講。"時行等因具言："竊惟綱常倫理，乃自古帝王所以立國，臣子所以立身，不可一日而不明者。綱常廢墜，則國事日非，倫理虧缺，則他美莫贖。伏承聖訓昭然，若揭日月而垂星辰，將來書之史冊，播之寰區，可與成周之《洪範》、宣廟之《全書》，後先並耀。臣等不勝仰服。至於《大學衍義》備修齊治平之方，《通鑑》一書載善惡得失之事，皇上特與《尚書》時常省覽，猶⑤見聖志之高明，聖功⑥之勤敏。臣等猶⑦不勝忻慰。今將《禮記》撰寫講章，次第進講，其鑑書謹遵聖諭，候《尚書》完日接講施行。所有聖諭一道，謹遵⑧蔵閣中，以彰皇上典學惇倫之美。謹具題以聞。"

十四日丁卯，上御文華殿講讀。是日，大學士申時行等題："據日講官左庶子劉虞夔稱：'今日恭遇皇上臨御講筵，該職輪講，緣新換《禮記》，演習未熟，以致臨期倉惶，字句斷續，合當待罪。'據此。隨該文書李浚口傳聖諭：'以後講書官要溫習熟些。欽此。'仰惟皇上，緝熙聖學，日御講惟，臣等方切忻

① 於 明抄本"於"下有"君"字，是。通行本脫此字。
② 猶 明抄本作"尤"。通行本作"猶"。
③ 鑑書內 據《明神宗實錄》卷一九五此三字作"《通鑑》書"。明抄本、通行本作"鑑書內"。
④ 鑑書書經 明抄本作"鑑書經"，通行本作"鑑書書經"，皆誤。據《明神宗實錄》卷一九五，應作"《通鑑》候《尚書》"。
⑤ 猶 明抄本作"尤"。通行本作"猶"。
⑥ 功 明抄本"功"上有"明"字，當爲衍字。通行本不衍此字。
⑦ 猶 明抄本作"尤"。通行本作"猶"。
⑧ 遵 通行本及明抄本皆作"遵"，似應作"尊"。

慰，各講官亦莫不踴躍思奮，敬畏自持。劉虞夔平日素稱小心，臨時偶爾失措，幸蒙皇上俯從寬宥，不加譴責。不惟諸臣感恩圖報，即臣等仰見聖度之宏，亦莫不共失①捐糜，以期稱塞。謹遵明諭，傳示諸臣，今後務加功溫習，用心講讀外，臣等不勝仰戴之至，謹具題以聞。"

十九日壬申，大學士申時行等題："今日該文書官李浚口傳聖諭：'連日動火，聲音不清，免朝講幾日。欽此。'先該臣等恭親皇上於文華殿召醫診脉，犬馬下情，不勝瞻戀。後侍日講，仰見天顏和晬，聖體康寧，即不勝欣躍。乃今日復承宸諭，此蓋春氣尚寒，偶有微感，火鬱在内，未能宣通。伏望皇上加意燮調，順時珍護，於凡起居、飲膳之類，萬分致謹，以臻康豫之休。宗社臣民不勝幸甚。謹具題恭候萬安。"

二十五日戊寅，大學士申時行等題："爲恭進聖祖御②筆以備清覽事。洪惟我太祖高皇帝，聖神首出，文武兼資，巍乎功烈，光被於寰區，焕乎文章，昭垂於簡策。其在寶訓、實錄及《御製文集》者，臣等皆③得莊誦而仰窺之。至於御書墨妙，則未之睹也。近該臣等檢閱書籍，伏見太祖御筆尚有尊藏閣中者，凡爲御批、敕諭及詩文，共七十六道，或片楮短劄，或累牘長篇，朱書墨書，真體草體，燦然備具。臣等盥手跽讀，拭目竦觀，則歎以爲聖祖天生上智，聖又多能，吮墨揮毫，獨超於古法；從心應手，妙奪乎天功，有非前古帝王所能髣髴者。蓋自國初至今二百餘載，而奎章宸幹④宛然若新，其殆聖靈之所憑依，以爲鎮世傳家之寶，神物之所呵護，以爲書林冊府之光者哉？乃令典籍吳果等裝潢成册，註寫釋文，而臣等不揣陋，敬跋數語於末。謹用進呈，仰干睿覽。恭惟皇上學務緝熙，孝隆繼述，留神卷帙，不忘遊藝之功，繫念羹牆，每切紹庭之志。如以萬幾餘暇，特賜省觀，則手澤具存，有若劍舄衣冠之舊，而音容怳接，不啻天球琬琰之陳者矣。臣等又繹而思之，我聖祖經營⑤草昧，總攬樞機，當其時代言非乏人，而載筆之士非

① 失　明抄本作"矢"，是。通行本作"失"，誤。

② 御　明抄本無此字，誤。通行本有此字，是。

③ 皆　明抄本"皆"下有"皆"字，當爲衍字。通行本無此字。是。

④ 幹　明抄本、通行本皆作"幹"，似應作"翰"。

⑤ 營　明抄本作"菅"，通行本改"營"，妥。

闕員也，然猶勤勞若此。則是聖祖之精神，無一日不流於海宇，其意念，無一息不在於政務，宏綱細目，無一事而不周詳，大廷深宮，無一時而自暇逸。其所以開創基圖，貽聖子神孫萬世之安者，豈徒①負扆凝旒、拱揖指麾而已哉？真有日昃不遑、夙夜匪懈者矣。伏望皇上於語言文字之中，求聖祖之精蘊，於陟降著存之頃，法聖祖之憂勤，此又臣等區區芹曝之誠，願爲勸②揚之一助者也。伏惟聖明留意，謹具題以聞。"得旨："聖祖御筆留覽，還着查取累朝寶訓、實録稿來進。"

①徒　明抄本在"徒"字下有"聖子神孫萬世之安者，豈徒"十一字，爲衍字，通行本刪，妥甚。
②勸　明抄本作"觀"。通行本作"勸"。似當作"觀"。

十①六年三月甲申，朔，大學士申時行等題："先該臣等題《爲恭進聖祖御筆以備請覽事》，奉聖旨：'聖祖御筆留覽，還着查取累朝寶訓、實錄稿來進。欽此。'又該文書房官宋坤口傳聖諭：'裝潢寶訓、實錄，尚冠恭看一徧，請去皇史宬②安。如再請來，不尚冠不敢恭看。'查有累朝纂修事例，凡纂修寶訓、實錄已完，正本於皇極殿恭進，次日送皇史宬尊藏，副本留貯內閣，其原稿則閣臣會同司禮監及纂修各官，於西城隙地內焚燬，蓋崇重秘書，恐防漏洩故也。今奉旨查取原稿，臣等無憑查進。臣等查得，嘉靖年間，曾將皇朝寶訓、實錄一③徧，見今藏奉皇史宬。其原先舊本，則隆慶年間曾聞先任閣臣云，皇考嘗一取視，收藏道心閣，後又送入皇史宬。如皇上留神繼述，時欲覽觀，乞命該管人員查取恭進。至於閣中副本，節年以來，屢因開館纂修各官考究翻閱，時有汙損，一時未能整頓。皇上如欲朝夕披閱，除武宗以前見有皇史宬原先舊本，可以取進④外，其世宗、穆宗兩朝訓錄，或容臣等查取謄錄各官，督令謄寫便覽書冊、陸續進呈，以備御覽。臣等未敢擅便，伏候聖裁，令臣等遵奉施行。謹回奏聞。"

三日丙戌，大學士申時行等題："伏蒙聖諭，命臣等擬撰思政軒、養心齋、省心齋、樂志齋四箴，臣等謹欽遵撰完，錄呈睿覽，恭候聖明裁訓。仰惟皇上，念切憂勤，統承精一，出入起居之際，不忘乎政幾，存養省察之功，特嚴於心學，淵衷純粹，蓋日新而又新，聖志清明，惟無逸而乃逸。伏望顧名思義，謹始慎終，臣等不勝幸甚。

《思政軒箴》：惟皇睿聖，光嗣丕基。弗寧燕處，有儼若思。厥思伊何？萬幾一日。千里應遠，謀之几席。惟皇立政，欽若昊天。奉厥無私，覆彼八綖⑤。曰雨曰暘，思其或愆。惟皇立政，憲於列祖。金科玉條，具在故府。是訓是行，思繩厥武。四海惸嫠，政是用康。一夫不獲，我視如傷。何以庀之？行葦甘棠。殊方卉辮，政是用輯。一夫不戒，作我螫⑥賊。何以靖之？包⑦桑磐石。萬方玉食，思及鉏犁。袞服在御，思及杼機。

萬曆十六年

六八七

① 十 "十"上當加"萬曆"二字。

② 宬 明抄本無此"宬"字。通行本有此字，疑衍。

③ 一 明抄本"一"上有"重錄"二字。通行本脫此二字。

④ 進 明抄本"進"下有"其"字，誤，通行本將此字刪去，是。

⑤ 綖 明抄本作"綖"，通行本也作"綖"，誤。當作"埏"，見《明神宗實錄》卷一九六。

⑥ 螫 《王文肅公文集》卷一作"蛋"。

⑦ 包 《王文肅公文集》卷一作"苞"。

征輸罔藝，乃政之疵。筐篚之恩，用思有式。尚方之需，費思有極。濫出無經，乃政之慝。任思弗貳，或蔽其聰。去思弗疑，或撓其公。毋昵厥比，衡平鑑空。言逆於耳，思或爲利。言遜於心，思或爲戾。毋恣厥情，虛心執契。勿謂已明，察見淵魚。勿謂已斷，決事庭除。思古哲王，用人有餘。勿謂予喜，賞或爲僭。勿謂予怒，刑或爲濫。思古哲王，監於成憲。朝以出政，則思其終。紛更之戒，畫一之從。夕以修令，則思其始。毋徇窾辭，毋眩多指。是之爲思，規萬世安。天命不易，爲君實難。人亦有言，日中則昃①。無疆惟休，無疆惟恤。思之②思之，鬼神通之。戶牖有箴，矇史誦之。

《養心齋箴》：億兆之衆，環拱一人，則君爲民心。耳目之官，率從大體，則心爲身主。夫心也，斂之方寸，曾不盈掬，是在所養，曰惟寡欲。消長靡常，譬彼山木。日夜所息，雨露所滋，平旦之氣，萌蘗幾希。惟此幾希，豈勝攻鬪？憧憧往來，與接爲構。淫聲冶色，伐心之斧斤，毋亦却聽收視，以培吾直③。靡麗玩好，收④心之牛羊，毋亦守素抱樸，以葆吾光。神以恬愉，而沈湎則搖，形以安適，而馳騁則勞。存以恭嘿，居以逍遙。優遊於道德之途，偃息於仁義之圃。無間十寒，無咻羣楚。衆欲退聽，惟敬作所。天君泰然，乃有寧宇。昔在帝堯，允執厥中。舜禹相授，精一其功。明明皇祖，丕闡敬一。心問是傳，心箴是釋。我皇端居，獨觀昭曠。澄澈本原，屏除諸妄。以虛爲室，以靈爲臺。宥密退藏，重門洞開。清明在躬，貫穿今古。遠紹帝學，近繩祖武。敬稽首而獻⑤箴，願諰⑥於庭戶。

《省心齋箴》：道心惟微，人心惟危。詎云三省？厥有萬幾。既有其幾，又有其康。休咎省歲，率作省成。是猶省事，未若省心。人惟此心，易逸難伏。辨之在早，慎之在獨。內省不疚，闇然而章。其究千里，其端毫芒。防於未萌，察於方朕。克艱厥後，克念乃聖。莫見乎隱，莫顯乎微。若終日言，退省其私。無有作好，無有作惡。若虞機張，往省於度。聽講則肅，視朝則嚴。相在爾室，不遐有愆。無有師保，如承賓祭。此心何如？操之弗替。胡然焦火，胡然凝冰。有欲思窒，有忿思懲。勿曰

---

① 昃 明抄本、通行本皆作"昊"，誤。當作"昃"。
② 思之 明抄本無此"思之"，誤。通行本有此二字，妥。
③ 直 《明神宗實錄》卷一九六作"真"。
④ 收 明抄本作"牧"，是。通行本作"收"，誤。
⑤ 獻 明抄本誤作"戲"。通行本改作"獻"，是。
⑥ 諰 《明神宗實錄》卷一九六"諰"上有"顧"，是。

予尊，人莫予違。一念之泰，百度之隳。勿曰予聖，人莫予若。一息之矜，終身之怍。溢水可捧而志難寧，覂駕可調而氣難馴。凛若馭朽，惕若持盈。於穆斯齋，神明之舍。几牖有銘，盂盤有誡①。近臣進規，瞽②御誦箴。我其夙夜，上帝是臨。

《樂志齋箴》：聖人作《易》，次《豫》於《謙》③。喜起之歌，始以敕天。我皇鑒止，弗懈於位。有毖斯齋，惟以樂志。其樂伊何？匪敖匪遊。其志伊何？樂而不流。樂有從理，亦有從欲。安危之機，辨之獨④。何以辨之？惟志之特⑤。志一常安，志定常怡。大昕視朝，向晦宴寢。起居雍容⑥，適⑦於馳騁。目玩墳典，耳聽法言。穆然清風，潤於管弦。玄酒為酌，大羹⑧為味。式燕以衎，飫於甘脆。前疑⑨後丞，左諤右諏。都俞一堂，美於曼柔。時惟幾暇，無逸乃逸。兩宮奉歡，四海承德。于以鼓琴，于室之陽。被之薰風，虞絃是張。于以矢詩，由庚⑩既醉。黄髮載賡，和聲四暨。是謂至樂，君子攸居。如登春臺，如游華胥。既登既遊，保之不易。無已太康，職思其懼。願言九扈，易災而禳。願言重譯，來享來王。以答疇咨，以紓旰食。此樂此志，萬年無斁。"

三日丙戌，大學士申時行等題："臣等先奉聖諭，以聖體偶因動火，暫免朝講幾日，連日以來，每文書房官送本到閣，臣等恭問起居，俱稱萬安，下情不勝欣慰。但臣等不奉天顏，半月有餘，經筵、常朝，多從傳免。臣等切念，聖躬雖已康豫，尚未耐勞，聖志雖切憂勤，猶須靜攝。犬馬私心，寔深瞻戀。伏望皇上順乘時令，保養太和，以迓天庥，以慰衆志。臣等無任仰祈之至。謹具題恭候萬安。"

五日戊子，大學士申時行等題："先該臣等恭進太祖高皇帝御筆，奉聖旨：'聖祖御筆留覽，還着查取累朝寶訓及實錄稿進。欽此。'該臣等回奏，乞於皇史宬查取舊本。昨該文書官宋坤口傳聖諭：'前日說累朝寶訓、實錄，皇史宬打點不曾有，恐世宗請去西城萬壽宫被災。今自太祖起，及累朝訓錄，都謄寫

萬曆十六年

六八九

① 誠 明抄本作"誠"，誤。通行本改"誠"，妥。
② 瞽 明抄本作"瞽"。通行本改作"瞽"。《明神宗實錄》卷一九六作"贄"。
③ 謙 明抄本作"謐"，誤，通行本改正作"謙"。
④ 獨 《明神宗實錄》卷一九六"獨"上有"幽"字，是。明抄本、通行本皆脱此字
⑤ 特 明抄本、通行本作"特"，誤。《明神宗實錄》卷一九六作"持"，是。
⑥ 雍容 《王文肅公文集》卷一作"于于"
⑦ 適 《王文肅公文集》卷一作"快"
⑧ 羹 明抄本作"羮"，通行本作羹。當作"羹"。
⑨ 疑 《明神宗實錄》卷一九六作"凝"，誤。明抄本、通行本作"疑"。
⑩ 由庚 《王文肅公文集》卷一作"臮鷥"。

① 帙　"帙"當作"帙"。

裝潢進覽。有幾部就進幾部來。欽此。'臣等查得，嘉靖十三年重書寶訓、實錄，降敕開館，及用校對、謄錄等項官生數多，蓋皇祖世宗欲以祖宗謨烈閟之金匱玉函，以傳萬世之信，所重在於尊藏。今皇上特命謄寫，是欲以累朝典故，置之法宮秘殿，以備乙夜之觀，所重在於便覽。故臣等竊謂，訓、錄舊本式樣寬濶，今宜稍斂，改從書冊，舊本簡帙①繁多，今宜併省，不拘卷數。其謄錄官員，除兩房並玉牒館見在供事外，不敷之數，相應查取先次會典館謄錄後回原衙門各官，前來供事。合用紙劄，於司禮監陸續關取。筆墨、卓橙等項，照例於各衙門支用。校對官於翰林院差委。圈書監生於國子監、收管吏於吏部，各取撥。一應事宜，容臣等查照節年事例，題請施行。臣等未敢擅便，謹題請旨。"上是之，即降手敕，諭申時行等曰："前者卿等所進聖祖御筆，朕恭睹其睿藻弘謨，真乃天授，非純聖至神而何？因思祖宗訓、錄，乃今朝之史鑑，豈可不潯而知之？前命卿等將稿來進，乃見卿等回奏，即命查取舊本。無有，乃命卿等將在閣累朝訓、錄副本，謄裝成書帙，以便朝夕觀覽。庶可以知我祖宗治國治家之法，修身勤政之要，非圖袞玩別意也。故諭卿等知。"時行等復奏曰："仰惟我太祖至神上聖，度越古初，睿藻弘謨，真由天授。皇上特垂省覽，深致揄揚，仰見皇上契悟之精，覲揚之孝，臣等不勝欽服。至於因覽御筆，而欲觀訓、錄，以知祖宗治國治家之法，修身勤政之要，尤見我皇上志存法祖，念在紹庭，切近精實之功，光大高明之識，非臣等愚昧所能仰贊萬一者也。謹欽遵明諭，容派各官，將副本謄寫，裝成書帙，以便御覽外，所有原奉聖諭一道，謹尊藏閣中，以彰皇上法祖曲學之美。謹具題以聞。"

九日壬辰，大學士申時行等題："今日蒙發下文書，內有禮部覆司業王祖嫡復建文年號、改正景皇帝實錄本。臣等看得，建文年號，因成祖靖難之日，詔今年仍以洪武三十五年為紀，其建文年號相傳以為革除。然查得《靖難事蹟》內，亦稱元年、二年、三年、四年，則是未嘗革除也，但不稱建文耳。《英宗實錄》修於成化初年，在景皇帝未復位號之先，故仍稱郕戾王，而景泰七年事蹟，遂附於《英宗實錄》之内。該部查覈已極詳明，其欲請復年號，改正實錄，亦爲正當。但事體重大，年歲久遠，如欲更定，須自上裁。今景皇帝位號已復，不過於實錄内改正，其理本順，其事亦易。惟建文年號自成祖靖難以來，並未有請復位號、請修實錄者，事由創舉，未經會議，臣等擅難定擬。謹擬二票進覽，伏乞聖斷施行。"得旨："景皇帝位號已復，實錄候纂修改正。建文年號罷。"

十四日丁酉，大學士申時行等謹題："連日以來，臣等不奉天顔，殊切瞻戀。正欲具題恭候間，該文書官李興口傳：'聖體因動火，夜間睡少，龍音未清，免朝講幾日。欽此。'仰惟皇上以鼎盛之年，元神獨王，當春生之候，壯火易升，以故暫爾違和，即當勿藥有喜。但保身之道，以清心寡欲爲先，攝生之方，以固氣寧神爲要。伏望皇上珍調飲膳，慎節起居，以凝宇宙之和，隊陰陽之珍。犬馬下情，不勝瞻仰懇祈之至。謹具題恭候萬安①。"

① 安　明抄本無"安"字，誤。通行本補"安"字，是。

四①月甲寅，朔，上親享太廟。

二日乙卯，大學士申時行等題："今日臣等恭候皇上臨御經筵，該文書官劉愷口傳：'聖躬尚未全安，以昨日廟享行禮過勞，心體未快，經筵暫免，照舊酒飯。欽此。'除臣等伴食素餐，恭詣會極門叩頭領宴謝恩外，仰惟皇上崇嚴廟祀，不辭登降之勤，以致順勞聖躬，少失起居之節，臣等犬馬下情不勝瞻戀。伏望凝神葆嗇，加意珍調，以迓天和，以綏景福。臣等不勝懇祈之至。謹題恭候萬安。"

五日戊午，大學士申時行等題："今日蒙發下兵部會同兵科參看雲南冒功事情本，該文書官李興口傳聖旨：'本內李材、陳嚴之等，都着差官校扭解來京。欽此。'臣等先曾票擬御史蘇酇本，下部院參看，蓋亦欲重懲欺罔，以明國法，不敢姑息也。今將部科覆疏反復看詳，蓋此項功次，原系蠻莫罕送拒敵緬兵之功，事在土夷，止宜從實奏報。乃劉天俸既貪其功以爲己有，李材又張其功以報上官，陳嚴之附會飾虛，宋儒、陳克候扶同結勘，其罪委不可宥。至於沐昌祚、劉世曾，雖會本報捷，原請行御史覆勘，蓋一時輕信之失，先次功有可錄，今次情有可原，罪當未②減。臣等謹分別擬票，恭候聖裁。臣等又思，雲南萬里，耳目難真，欲張大其功，固易於稱誇，欲文致罪，亦易於謗毀。先年該省因循養患，以致緬寇猖獗，近年選將用兵，擒獲岳罕，邊境始安，蓋由皇上委任邊臣，使得展布之明傚③也。今處分過重，則土司環視，皆有輕侮邊臣之心，邊臣畏事避嫌，務爲苟且推避之計，將來誰肯擔當出力者？其於邊方關係亦不細也。臣等以爲，李材、陳嚴之既已去任，即革職爲民，亦不爲輕，劉天俸等行巡按提問重治，亦不爲縱。若官校四出，一往雲南，一往江西，一往福建，往來數千萬里，大駭聽聞，臣等亦竊有未安者。伏望皇上少霽威嚴，俯垂憐憫，姑從革斥，特免挐解，則皇上至仁至明，中外無不仰戴矣。臣等謹擬二票進覽，伏乞宸斷施行。"上惡其欺罔，竟黜劉世曾爲民，奪沐昌

① 四 "四"上當加"萬曆十六年"五字。

② 未 明抄本作"末"。通行本作"未"，誤。

③ 傚 "傚"當作"效"。

祚祿米一年，而逮繫李材、陳嚴之等於京，蓋獨斷云。

六日己未，上視朝。取行①翰林院編修鄧以讚於家，充起居注館編纂章奏官。

九日壬戌，大學士申時行等題："今日發下文書，內有講官沈一貫告病本。臣等看得，本官先因告假省親，後以患病乞在籍調理，再奉明旨：'不允，着前來供職。'今據本官復奏稱，沿途調治未痊，情詞懇切，諒非假託，相應暫准回籍，不妨起用。但系日講官員，臣等未敢擅定，謹擬票進覽，伏乞聖裁。"上許之，命病痊之日，撫按官具奏起用。

十日癸亥，大學士申時行等題："臣等竊惟，窮民不可不恤，所以收拾人心；亂民不可不懲，所以消弭禍釁，二者不可偏廢也。近該各處災傷重大，人心嗷嗷，皇上惻然哀憐，大施恩澤，請賑則賑，議蠲則蠲，不靳庾粟帑金，以佐百姓之急。雖流離困苦之狀未能盡蘇，而生全拯救之方，蓋不遺餘力矣。至於市井惡少，山澤亡徒，藉口饑荒，公行劫奪，良民受害，所在騷然，則豈可不為之禁治哉？近據直隸、江浙撫按官奏報，如南通州則數百人邀搶米麥人船，餘干縣則數百人搶劫民間糧食，昌國衛軍人因放糧稍遲，即將衛官圍擁，倉官捆射，慈谿縣生員童生二三百人擁入士夫之家，迫脅借買。夫迫脅不已，必至搶奪；搶奪不已，必至劫掠；劫掠不已，必至叛亂，其害有不可勝言者。今撫按官雖嘗查訪究治，但以時值饑荒，事干人眾，未奉明旨，不敢以重法繩之。人有玩心，漸不可長。臣等以為，宜責成撫按，假以便宜，令督率兵備、巡捕等官，平時操練兵勇，緝捕賊盜，遇有鄉村城市聚眾搶掠者，即將首惡數人擒拏，梟示正法，具實奏聞，無得苟且養奸，姑息②釀患，庶幾人知畏憚，地方安寧，不至貽宵旰之憂也。再照，減價平糶之說，惟官府可行，而民間不可強行。今官府既無糧食可減糶，而徒責民間，則積裕③之家皆深藏而不敢市，是趣之增價

①取行 明抄本作"行取"，是。通行本作"取行"，誤。

②息 明抄本作"且"。通行本改"息"。

③裕 明抄本作"穀"。通行本改"裕"。

也。閉糴之禁，原有明旨，而各處奉行不一，地方官各私其土，本管之外，漠不相關，不知朝廷視之，普天莫非赤子，此五霸之所恥爲，而況四海一家，全盛之日乎？臣等以爲，平糴徒足擾民，無益事實，遏糴爲最厲民，有傷治體，皆宜一體申明禁飭。臣等謹擬傳帖一道進覽，伏乞聖裁施行。"

諭戶、兵部："朕念各處災傷，小民困苦，節次蠲免錢糧，賑濟銀穀，一應救荒事宜，已敕所司着實舉行。近來無籍①奸徒，往往借言饑荒，聚衆搶奪，有司莫能禁制，漸不可長。各該撫按官，務要督率兵備、巡捕官，遇有此等亂民，即時擒拏首惡，梟示正法。前有旨，朝廷惟恤窮民，不宥亂民，撫按官各宜遵奉，許便宜行事，毋得苟且養奸，姑息釀患，仍要督察有司，嚴禁科尅，輕省差徭，減削浮費，多方處賑，以安地方。其民間米價及往來販糴有無通融，聽從民便，地方官有如抑勒減價、閉遏糴買者，以故違明旨論。南北災傷地方，通照季報事理，撫按官依期奏來。戶、兵二部便行與他每知道。"

十一日甲子，升國子監司業王祖嫡爲司經局洗馬兼翰林修撰，充玉牒纂修官。

十二日乙丑，上御經筵。賜三輔臣及日講官鮮藕。

十二日乙丑②，大學士申時行奏爲："爲竊祿有年奉職無狀懇乞天恩特准休致以全臣節事。臣草茅賤士，幸以章句筆札，周旋世、穆兩朝，暨事皇上，不自意蒙誤過之寵，拔之講幄，濫廁綸扉，揚簸居前，次第承乏，十有餘年於茲矣。臣才最下，秩最崇，望最輕，恩最重，豈敢邇圖私便，仰負聖明？顧臣叨一品六年，屬當考績，殿最有成課，黜陟有舊章，而臣自考甚真，當去已審，若猶昧知止之義，苟逃失職之章，非所以昭至公、重政本也。故敢冒干天聽，乞其不肖之身，惟聖慈察焉。臣，弼臣也，燮理贊襄，寔臣之責。而頃者天鳴地震，水潦旱乾，歲屢不登，人至相食，流民因而劫奪，悍卒每有譟呼，綱紀之陵替可虞，習尚之傾危難挽。臣日與本兵憂盜，計部憂民，

① 籍　明抄本作"藉"。通行本作"籍"。

② 十二日乙丑　"十二日乙丑"五字應改爲"是日"。

而拊膺自傷，束手無措，徒有瘝曠之咎，曾無匡濟之能，臣之不職可見於此矣。況臣稟受素薄，氣血早衰，五十以前，須髮盡白，今踰五望六，從白得老，怔忡多悸，恍惚善忘。近因膿耳不痊，漸成重聽，聰明既失，意氣自隳，其何以贊佐萬幾，仰承清問，當難①鉅劇繁之任乎？夫疎庸如臣，而久濫樞機則誤國，聾瞶如臣，而久戀名位則辱國。揆之分義，質之憲典，臣之當去，較然甚明。如蒙皇上察其悃誠，憐其疲羸，特准臣休致，俾終餘年，一以遏微臣持祿保位之譏，一以彰聖明覈實課功之當。臣不勝激切懇祈之至。爲此謹具奏聞，伏候敕旨。"得旨："卿歷一品，方乃②六年，恪秉忠誠，勤襄政務，正倚匡弼，共濟時艱，豈可無故輒自引去？宜即出輔理，用副眷懷，慎勿再辭。吏部知道。"時行再疏云："臣本以拘方陋識，寡與孤蹤，行能無述於官評，名實不孚於物望。皇上如天覆冒，擢臣於最疎最賤之中，如日照臨，全臣於多懼多變之地。至於歷試罔效，積戾已深，猶然不即棄捐，更加優獎，臣何緣厚幸，有此遭逢？籍③令犬馬無知，尚當感恩圖報，豈敢復曉曉君父之前，以必去爲潔哉？顧臣仰思國體，俯循臣節，宜去不去，於臣愚竊有未安者。國家量能授任，因事責功，其在諸司，亦須綜覈，而況密勿之地，表率之司乎？以臣虛庸，久處非據，是樞機重任，碌碌可以尸居；丞弼具瞻，容容可以自保，將使物情滋玩，政本益輕。此臣之當去者一也。材具短長，器局小大，稟賦一定，難以強爲。臣無他技能，謬當繁鉅，居常坐守，已覺④難以強爲臣無他技能謬當繁鉅，居常坐守，已覺難支，況於時事孔艱，臧虞畢集，非有卓犖恢弘之略，何以成扶危濟變之功？至於覆餗僨轅，而後治臣之罪，則已晚矣。此臣之當去者二也。人臣之義，罪莫重於妨賢，恥莫甚於貪位，訑莫大於不知止。即臣束髮聞教，澡心奉公，不敢犯天下之公議。然臣叨冒已久，官階已極，福量已盈，天下將有據臣之迹而疑臣之心者。臣進不能樹功宣力，退猶可免於三者之譏，以無爲聖明知人之累。此臣之所當去者三也。臣自受事以來，絕不敢無故自引，以虛文瀆天聽。今茲陳乞，寔出悃誠，伏望皇上俯垂

① 難　明抄本作"艱"，通行本作"難"。

② 乃　明抄本作"及"，通行本作"乃"。

③ 籍　明抄本作"藉"。通行本作"籍"。

④ 覺　通行本"覺"下衍"難以強爲，臣無他技能，謬當繁鉅，通常坐守，已覺"十九字。明抄本未衍此十九字。

照察，允臣致仕。臣生當含哺以詠聖澤，死當結草以報聖恩。不勝懇切控籲之至。"得旨："卿爲元輔，公忠清慎，茂著勳勞，朕所眷倚。先年首臣有歷六七考尚留者，今纔兩考，精力方强，何忍遽爾言去？即遵前旨，即出佐理，以稱朕任賢勿貳之意。吏部知道。"次日，上特遣文書官吳忠齋手敕，至時行私第諭之，曰："四方水旱爲災，人民相食，父子流離，乃朕之愆，非卿之過。卿清公端謹，碩德元輔，正賴贊襄朕躬，以匡濟時艱，朕方切倚毗，豈可捨朕累疏求退？卿宜即出輔理，不必再有所辭，以副朕勉留至意。"又屬忠口傳聖旨："如今天下災傷，正要先生匡濟時艱，如何累疏求去？再不必辭了。"時行乃上疏稱謝，曰："伏念以蓬茅賤士，章句陋儒，因緣明聖之知，冒濫樞機之地，叨躋一品，虛歷六年。曾微啟沃之嘉謨，終鮮匡襄之善術，惟是愆尤累積，以致災沴頻仍，瘝曠爲慚，省循知懼。駑駘力盡，深思末路之難，鼫鼠技窮，彌切後車之戒。在聖主尚側身而引咎，況微臣敢竊位以妨賢？爰布腹心，用祈骸骨。君恩罔極，雖去國而難忘，天聽蓋高，屢叩閽而未遂。幸逭譴呵①之及，更蒙渙汗之頒，天語春温，三接恍承於晝日，宸章霞爛，十行驚墜於雲霄，再煩敕使之丁寧，益荷聖慈之眷注。臣何緣何幸，被此殊私？何德何能，勝兹異數？臣敢不祗承巽命，仰體淵衷，繹清公端謹之褒，務拳拳而佩服，率匡濟贊襄之訓，期勉勉以持循。珍襲綸音，尚永作鎮家之寶，捐糜頂踵，矢無忘報國之忠。臣不勝感戴天恩之至。除赴鴻臚寺報名廷謝，謹具本奏謝以聞。"

十七日庚午，命太子賓客禮部左侍郎兼翰林院侍讀學士掌詹事府事王弘誨，不妨府事，專管教習庶吉士，升左春坊左庶子兼翰林院侍讀劉虞夔，爲太常寺少卿，兼翰林院侍讀學士，掌管本院印信，經筵日講照舊。

是日，賜元輔臣②申時行銀綵扇五把、銀釘鉸扇十把、砷磲扇二十把，次輔許國，王錫爵每銀綵扇三把、銀釘鉸扇十把、砷磲扇二十把，及講官朱賡等五十員每銀鉸扇三把、砷磲扇三把。

① 譴呵 明抄本作"譴河"。通行本改爲"譴呵"，是。

② 臣 明抄本無"臣"字，是。通行本有"臣"字，衍。

二十三日丙子，上視朝。

二十四日丁丑，以大學士申時行一品六年考滿，賜銀五十兩，紵絲四表裏，內大紅織金胸背斗牛一表裏，原封鈔五千貫，茶飯卓五卓，羊三隻，酒三十瓶，遣文書官李興齎送私第。時行疏謝，曰："伏念臣才識虛庸，性資柔闇，薦沐高厚之造，謬膺艱鉅之司，叨逾久玷於三孤，荏苒遂更乎六載。匡襄啟沃，曾碌碌以無奇，調劑解紛，殆惛惛而不辨，徒有憂國愛君之念，殊乏安民濟世之猷。自知積釁之難湔，豈謂微勞之可錄？屬茲考課，例有黜幽，在愚臣當以不稱伏辜，在聖明宜以不私明法。而猥蒙矜貸，復荷眷留，幸逃鈇鉞之誅，特拜經綸之寵。方愧分涯之已溢，詎期恩數之加隆？襲綺兼金楮鏹，仍分於內帑，上尊肥胙肴羞，更出於天庖。儼然敕使之臨，庶矣康侯之錫。臣靦顏就列，已切兢慚，稽首登嘉，彌增感涕。念欲少酬於鴻渥，惟當勉策其駑庸。鏤腑刻肝，報德敢忘於啣結？摩頂放踵，奉公永矢於捐糜。臣不勝感激忻戴之至，謹具本恭謝以聞。"

二十六日己卯，大學士申時行奏："為披瀝愚誠辭免殊常恩命事。臣以一品六年考滿，該吏部①題奉聖旨：'元輔申時行佐理有年，恪恭匪懈，忠誠清介，積久愈彰。茲六年考滿，特加左柱國，仍兼支尚書俸，蔭一子做中書舍人，給與應得誥命，還賜宴禮部，以見朕優禮賢輔至意。欽此。'莊誦綸音，不勝兢惕，不勝惶愧。竊聞人臣立身立朝，莫嚴於進退之義，與辭受之節。量力之所不能則退，未聞以退干澤也。度分之所不安則辭，未聞以辭飾貪也。臣待罪密勿，歷有歲年，匡襄無補於涓②埃，建樹不聞於尺寸。自以曠官竊祿，積詬叢愆，以考績則當黜幽，以禳災則當避位，以履滿則當知止，乃敢控辭求退，乞其不肖之身。臣之悃誠，天日共鑒。伏惟聖恩高厚，眷命優隆，宸翰為臣親御，內侍為臣特遣，責臣以匡濟，勉臣以贊襄。臣激於深知，不敢忘君父之恩，而必行其志，迫於大義，不敢後國家之急，而私便其身。是以靦顏就列，伏聽③吏議，得無

①部　明抄本"部"下有"知道"二字。通行本刪之，是。

②捐　明抄本、通行本皆作"捐"，誤。應作"涓"。

③聽　明抄本"聽"下有"於"字，通行本刪此字。

褫職,已屬至榮,復此徽恩,殊爲非望。夫左柱崇勳,尚書厚祿,封蔭、賜宴,皆爲特典。此累朝彝章之所慎重,當代名德之所逡巡。而臣以至愚,一朝並獲,循涯省分,寔所不堪。且臣方量力求退,懼負恩也,而恩愈隆,再疏陳辭,懼縻祿也,而祿愈厚。既不能解其所本有,而又益之以所本無,則是以退干澤,而以辭飾貪,臣之心有大不能安者矣。伏望皇上察臣言出由中,情非矯飾,特准收回成命,俾臣得少安分義,勉效馳驅。是皇上任使保全之恩,即九淵不足爲深,九鼎不足爲重也。臣不勝激切企望之至。爲此謹具奏聞,伏候敕旨。"得旨:"卿殫心體國,秉正奉公,佐理勤勞,已及再考,酬庸懋賞,國有彝章,宜遵成命,所辭不允。該部知道。"時行再疏辭曰:"仰惟聖旨高厚,君命崇嚴,臣敢不以蒙被爲榮,順承爲敬?所有左柱國及誥命、蔭子,謹已祇受,不敢瀆辭,容臣報名廷謝外,至於三俸兼支,部宴再錫,則臣愚犬馬心有萬不能安者。國家設官分職,皆有常祿,或因事酬勞,則有加俸,然未有兼支者。而臣先以三年考滿,奉旨加支正一品俸,續以《會典》書成,奉旨兼支大學士俸,上比三公,下兼五品,臣之濫叨廩餼,不啻厚矣。本朝故事,閣臣惟九年考滿,乃得賜宴禮部。而臣當初考,即奉特恩,臣之過被優禮,不啻渥矣。籍①令程功而授食,於臣則已浮,度德而施恩,於臣則已褻。而又增給尚書之祿,再叨部宴之榮,使臣仰愧素餐,俯虞覆餗,凛若水淵,不知所措。今災傷迭見,饑饉薦臻,太倉之積貯日虧,光祿之供應大窘。似此冗食冗費,宜首加裁節,爲天下先,且民方啼饑,而臣益祿,民方哀鳴嗷嗷,而臣飲食衎衎。下之不能佐百姓之急,上之不能分聖主之憂,則何以稱弼臣、居表率之地乎?此臣之所以兢惶跼蹐,不容已於控辭者也。況勳誥錄蔭,臣之所受者多,俸宴二端,臣之所辭者寡,情非矯飾,言出悃誠。伏望聖慈俯垂鑒察,將兼俸、部宴允臣所辭,則皇上信臣之深,榮於三錫,待臣之厚,重於九遷,臣當竭節酬知,沒齒無憾。臣不勝懇切控籲之至。爲此謹具奏聞,伏候敕旨。"得旨:"卿以時艱再辭,具見勞謙,部宴准辭,仍賜折宴銀五十兩、綵段四表裏。加俸宜遵前旨勉承,以副朕優眷。該部知道。"

① 籍　明抄本作"藉",通行本作"籍"。

萬曆十六年

五①月戊午②，朔，以端陽節，賜元輔申時行金書黃符四道、金書紅符四道、金艾葉四副，次輔許國、王錫爵各金書黃符二道、金書紅符二道、金艾葉二副，講官朱賡等五員各金書黃符一道、金書紅符一道，金艾葉一副。

二日甲申，上將御經筵，偶傳免，仍賜宴。大學士申時行等題："今日該文書官李浚口傳聖旨：'說與臣等，今日皇上已起，頭目眩暈，聖體酸倦，龍音不清，免經筵，酒飯照常。欽此。'除臣等與同侍班各官叩頭領宴外，臣等犬馬愚忱，伏聞聖體違和，不勝瞻③戀。竊惟皇上聖躬，乃宗社之所憑依，臣民之所仰戴，理宜萬分寶護，茂迓純禧。邇來方幸萬安，復聞動火，此殆盛陽之月，氣候難調，抑或清燕之中，保和未至。臣等宜關心膂，情切瞻依。伏望皇上葆嗇元神，節宣動止，永享康寧之福，以慰朝野之心。臣等不勝懇祈之至，謹具題恭候萬安。"

命翰林院修撰蕭良有充起居館④，編纂六曹章奏。

三日乙酉，上視朝。大學士申時行等題："先該禮部題准，萬曆十六年各處歲貢生員，共一千三百二十四名，開送翰林院考試。臣等會同太常寺少卿兼翰林院侍讀學士掌院事劉虞夔，出題彌封，嚴加考試，取中文理平通上卷十二卷，文理亦通中卷一千三百零⑤五卷，俱應准貢。其文理不通下卷七卷，合送禮部、轉發該學肄業，仍將各該提學官，遵照先後題奉欽依事理，分別查究。謹將各試卷進呈御覽，伏乞聖裁，發下臣等欽遵施行。其發回肄業生員內，有年力衰遲、地方遙遠、不願起送復試者，合無查照臣等先次題准事理，比照嘉靖十三年願告官冠帶⑥之例，許各生自行陳告，該部題請給授施行？奉聖旨："是。禮部知道。"

五日丁亥，賜三輔臣上尊珍饌。

---

① "五"字上當有"萬曆十六年"五字。
② 戊午 "戊午"當作"癸未"。
③ 瞻 明抄本無此"瞻"字。通行本加此"瞻"字，是。
④ 館 據《明神宗實錄》卷一九八，"館"下應有"官"字。
⑤ 零 明抄本無"零"字，通行本有此字。
⑥ 帶 明抄本無"帶"字，通行本加此字。

六日戊子，上視朝。

九日辛卯，上御皇極門。鴻臚寺宣奏遼東捷音，百官致詞稱賀。以祭告郊、廟收回脯醢果酒，賜三輔臣三卓。

十九日辛丑，上視朝。

二十三日乙巳①，諭禮部："朕見入年以來，天意疊現，春則草場煨燼，昨又雷火倉廠。軍糧草束，乃國家之重務，軍民之至要者，今天下災傷重大，民窮時艱之日，又上天警戒示②。禮部便行內外諸司，痛加修省，擇日來行。"

二十五日丁未，上御皇極殿。太常寺奏夏至祭地於方澤。
大學士申時行等題："先該臣等欽奉聖諭，謄寫累朝寶訓、實錄，陸續進覽。今該各官寫完《太祖高皇帝寶訓》十五卷、《成祖文皇帝寶訓》十五卷，裝潢成帙，共為二套，謹用進呈御覽。伏望皇上置之座右，時賜省觀，臣等幸甚。謹具題以聞。"

①巳 "巳"當作"巳"。
②示 "示"為衍字。

[萬曆十六年]六月癸丑，朔。

四月丙辰，大學士申時行題："該臣等奉聖諭，謄寫累朝訓、錄，已將二祖寶訓進呈訖。見今陸續償寫，章葉數多，圈書監生四名，不轂供事。今據各生稟稱，科場在邇，各生有志上進，乞准分班進館，以便肄業等因。臣等看得，原撥監生人數本少，其各生乞要分班進館，似應俯從。合無仍於國子監及吏部文選司再行取撥，以後分爲二班，責令日逐在館圈書，庶無缺誤，其在館日月，作爲坐監日期，扣滿之日，起送歷事上選，如願在館效勞者，書完之日，另爲題請施行？臣等未敢擅便，謹題請旨。"奉旨："是。"

初八日庚申，大學士申時行等題："臣等連日不睹天顏，殊切瞻戀。今日該文書官李浚送本到閣，臣等恭問起居，少頃本官到閣傳諭：'連日聖體稍弱，聖腹不調，見進湯藥。欽此。'竊見數日以來，多雨少晴，乍寒忽熱，氣候不一，調攝爲難。且當修省之時，方切憂勤之念，以故宸衷未暢，天和少違。臣等犬馬微忱，不勝戀仰。伏望順時珍護，加意節宣，以保聖躬，以綏景福。臣等不勝戀切祈望之至，謹具題恭候萬安。"

十日壬戌，大學士王錫爵奏："爲恭謝天恩事。本月初八日，伏蒙聖恩，以臣歷正二品俸三年考滿，特遣牌子陳朝齋賜原封鈔二千貫、羊一隻、酒十瓶，臣謹焚香叩頭祗領訖。伏念臣猥以屑庸，擢自發隱，沐浴大造，思塵露以何裨？荏苒流光，感歲月之易得。茲當滿考，積有餘咎，上無弼諧蹇蹇之忠，下鮮弘濟元元之略，糜大官之月俸，涯量已逾；書執秩之年勞，心顏滋靦，豈意未捐之舊物，更廑蕃錫之殊恩？發上幣於漢庭，寶鎛倍千緡之算，分大烹於周鼎，珍牢兼九醞之甘。謹稽首以登嘉，重拊躬而愧惕。小人屬厭，誓不存溫飽之私；天惡盈願，益持止足之戒。臣不勝感激天恩之至，除赴鴻臚寺報名廷謝外，謹具本奏謝以聞。"得旨："覽卿奏謝，朕知道了。禮部知道。"

① 六 "六"上當有"萬曆十六年"五字。

十二日甲子，大學士王錫爵謹奏："披瀝悃誠辭免殊常恩命事。臣以二品三年考滿，該吏部題奉聖旨：'王錫爵簡任密勿，恊贊忠勤。茲當考滿，勞績茂著。着加太子太保，餘官如故，蔭一子入監讀書，照新銜給與誥命。欽此。'臣聞命自天，不勝彷徨感慄，萬愧集衷。伏念臣通籍二紀，在告七年，愚拙之分，誓捐草野。臣之始望，原不至今官，而又以質褒於蒲柳，病痼於膏肓，前後六章避位，累息焦腸，僅支隙昝①，臣又豈望至今日哉？伏惟聖主之恩，不可勝量，臣之徼幸，不可勝慚。三年以來，曠官尸祿之咎，不可勝紀。然上已過而私臣，主爵之吏且隨而譽臣。臣無以自考焉也，姑就②目前時事徵之。北乾南潦，軍③訌民咨，河決火妖，所在告警，臣曾有一籌消彌之效否乎？維時明主方勤罪己之言，元臣屢控辭恩之請，而近又會百官奉諭修省之期。臣備位弼丞，義均休戚，今縱不能以區區腐身餒肉療饑、炙臂分痛，猶庶幾惜福可以禳災，知止可以不殆也。乃茲明廷奏課，既諠黜幽，中使匪頒，且叨素食。若更偃然受爵於待放之時，蒙寵於主憂之日，上天方怒，豈復貰臣？朝野清議，又誰原臣？臣不惟身之隕越是懼，而且上為國家羞，下為名器惜矣。臣雖狷駿，業已躐足功名，何敢更沽廉讓？但以宮階上簉乎孤卿，命秩兼貤乎累世，往歲書成類敘，猶愧因人，矧今歲滿特加，彌當量己。此所以三復溫綸，一字一汗，而不得不備瀝循牆之悃，以干轉圜之聽者也。今④甲庭臣滿考，次日即當移部引奏，而臣延至逾月之久，又不敢借援元臣預辭之例，此肝腑至誠，委屬惶恐，與故事陳讓不同。伏乞皇上特准收回成命，以待臣桑榆末路，粗有一事可以塞責者，而後申詔有司，平其賞罰，庶清朝之課典不輕，微臣之官謗可逭乎？臣無任嚦恩激切引分祈懇之至。"得旨："卿公忠亮直，佐理勤勞。考績加恩，國家彝典。宜遵成命，不允所辭。吏部知道。"

十九⑤辛未，上視朝。

二十二日，甲戌，大學士申時行等題："先該吏部題准，願告教職歲貢生員，行移翰林院考試。臣等欽遵，會同太常①寺少卿兼翰林院侍讀學士掌院事劉虞夔，出題彌封，嚴加考試，取中文理平通上卷十二卷，文理亦通中卷九百九十卷，俱堪授教職。臣等謹將試卷封進，伏乞聖裁發下，開送該部，查照臣等先後題准事理施行。謹題請旨。"得旨："是。吏部知道。"

二十三日乙亥，大學士申時行等題："今早臣等進閣候朝，該文書官李浚口傳：'皇上已起尚袍，偶因感暑，腹痛頭暈，遂傳免朝。欽此。'竊惟炎暑欝蒸之候，在天時固爲難調，而節宣保護之方，在聖體倍宜加慎。臣等犬馬私衷，不任惓惓瞻戀之至。謹具題恭候萬安。"

① 常　明抄本無"常"字，誤。通行本加此字，是。

閏①六月壬午，朔，賜輔臣及日講官鮮筍。

二日癸未，大學士申時行等題："臣等竊惟，人君講學窮理，則治道益明，溫故知新，則問學益進。皇上聖由天縱，學務日新。先是臣等得與講讀諸臣時獻箴規，冀有裨補。頃以聖體靜攝，天氣炎蒸，每及講期，多從傳免。臣等犬馬私願，既以保養聖躬爲重，不敢煩勞起居，又以緝熙聖學爲先，不欲因循歲月。竊以爲法宮清燕，便殿雍容，亦可以寓目簡編，遊神經術，使溫習之功無替，則涵養之益自多。臣等擬令講讀諸臣，將逐日講章照常撰寫，雖遇免講，仍進講章。皇上特賜覽觀，就便溫習。俟金秋涼爽，玉體康寧，時御講筵，接續進講。庶聖學無暴寒之間，而諸臣亦得效其啟沃之忠。伏乞聖明裁允，令臣等遵奉施行。"上乃劄諭時行等曰："昨覽卿等所奏，悉見忠愛至意。且自古帝王，非講學窮理，則修齊治國之要何由而知？迨朕自入今春以來，心肝二經之火屢屢發動，甚至頭眩不能強起，目黑視物不真，心雖勉而不能，非朕安逸廢於講習。既卿等所奏，講章着不論朝講日期，日日寫來進，以備朝夕溫覽。待於秋涼，朕疾少愈，仍赴講筵，講章還從接續而講。"

命左春坊左庶子翰林院侍讀劉元震，充日講官。

三日甲申，賜輔臣及日講官枇杷果。

四月乙酉，大學士申時行等題："昨該臣等題，擬令講官撰進講章，以便皇上宮中溫覽。今日欽奉聖諭云云。欽此。臣等猥以虛庸，備員輔弼。竊思講明治道，啟沃聖心，乃臣等職業之最大者。惟是入春以來，聖體每因動火，時有間輟。臣等犬馬微忱，猶②願皇上靜攝珍調，以享康寧之福，故不敢遽以出御講筵爲請，而先以撰進講章爲言，蓋欲聖躬既便於保養，聖學不廢於緝熙，此臣等款款之愚衷而不自知其冒昧也。茲蒙皇上俯採瞽言，特頒溫諭，仰見聖衷兢業不懈於燕閒，聖志謙虛，猶③勤於聽納。臣等不勝欣仰，當即傳示講官，每日撰進講章，

①閏 "閏"上當有"萬曆十六年"五字。

②猶 明抄本作"尤"。通行本作"猶"。

③猶 明抄本作"尤"，通行本作"猶"。

以備御覽外，所①有聖諭一道，謹尊藏閣中，以彰皇上典學容言之美。謹具題以聞。"

七日戊子，以題寫世廟端惠安榮靖妃盧氏銘旌，賜輔臣申時行等每銀二十兩、紵絲二表裏，及中書官徐繼申等二員銀鈔有差。

十日辛卯，以南薰殿視寫世廟端惠安榮靖妃盧氏香冊文，賜輔臣申時行等銀二十兩、紵絲一表裏，中書官成楫等四員銀鈔有差。

十三日甲午，上視朝。

十八日己亥，命翰林院修撰朱國祚，編修李廷機、周應賓、鄒德博，俱充起居館②，編纂六曹章奏。

二十日辛丑，賜輔臣及日講官鮮鰣魚。

二十一日壬寅，大學士申時行等題："昨該臣等票擬安國亨本進覽，今日該文書官口傳聖旨：'着出旨兩怪他。欽此。'臣等看得，前項事體，關係國家紀綱，遠人觀望，未可輕率。以其獻木始末爲皇上陳之。先該播州宣慰使楊應龍，進獻③大木，給有欽賞，安國亨聞之，乃亦具本獻④木，臣等見其本內列銜是宣慰使，心竊疑之。國亨在先朝因抗殺官軍，革去職事，止稱土舍，後因悔罪立功，始復冠帶耳，不知何年復官，遽稱宣慰使？意欲擬票詰問，因彼時獻⑤木輸誠，已蒙皇上傳諭給賞，遂不深求。今其辯本列銜，仍是冠帶⑥，具奏而後尋木，昭然可知也。及貴州三運木起解時，驗無本酋大木，故巡撫參論，彼時伊果有木，自可隨幫而進，何至半年之後，方稱起解、今尚在途？則是前本無木而今始有木，又昭然可知也。商人深入土司地方採伐大⑦木，前後左右莫非國亨之人，豈商人遽能搶

① 所 明抄本無"所"字，通行本加此字。

② 館 "館"下似應有一"官"字。

③ 獻 明抄本誤作"敵"。通行本改正作"獻"。

④ 獻 明抄本誤作"敵"。通行本改正作"獻"。

⑤ 獻 明抄本誤作"敵"。通行本改正作"獻"。

⑥ 帶 明抄本"帶"之下有"土舍，與原本不同，則前之敵（敵爲獻之誤——校者注）木爲倉卒捏寫，先"十八字。通行本漏此十八字。

⑦ 大 明抄本誤作"木"。通行本改"大"，亦誤，當刪此字。

木先運？萬無是理。今巡撫參論上官，土官即反參，巡撫參土司商人魏良海，土官即參撫院委商何貴。恃強凌抗，逞辭裝誣，是非徒辱商人，乃辱巡撫也，非輕巡撫，乃輕朝廷也。以一土司而敢玩弄天朝，蔑視紀綱，即不能究，已爲大恩，況可行其言以驕其志乎？且國亨凶狡之迹，備在《隆慶實錄》，臣等所熟知，其獻①木之情，前後具有左驗，臣等所灼見，若又因其言併怪巡撫，是失朝廷之體，漸生遠人之心，萬不可也。惟是何貴是否木商，曾否與魏良海爭搶，事在彼中，難以懸斷，今奉明旨，擬令彼處查問，謹改擬進覽，伏乞聖裁。事有關係似輕而實重者，臣等知而不言，恐誤國事，故敢直陳，尤望聖明亮詧。"上乃降旨如閣臣所擬。

二十三日甲辰，上視朝畢，駕興，命錦衣衛、鴻臚寺查點不到文武，共七十一員，各罰祿俸二個月。

二十六日丁未，以寫篆世廟端惠安榮靖妃盧氏神主壙志，賜輔臣申時行等每銀十兩、原封鈔二千貫，及中書②官徐繼申等二員銀鈔有差。

二十七日戊申，上御皇極殿。太常寺奏孟秋請享太廟。

① 獻　通行本作"獻"。明抄本誤作"敵"。

② 書　明抄本無"書"下十一字（自"官"起，至"差"止）。通行本有此十一字。

七①月壬子，朔，以孟秋上親享太廟。

三日甲寅，上視朝。

四月乙卯，命左春坊左庶子兼翰林院侍讀劉元震、司經局洗馬兼翰林院修撰劉楚先，充應天府考試官。

十四日乙丑，大學士申時行等題："今日該禮部接出聖旨：'朕第四子於萬曆十六年七月十四日寅時薨逝，合行事宜，照邠哀王例行。禮部知道。欽此。'臣等不勝驚愕。仰惟皇上，聖德格天，洪仁昌後，螽斯蟄蟄，疊徵宗簞之祥，麟趾振振，方啟河山之誓。至如皇第四子，生當九重，長近一朞，雖襁褓之齡，隱有藩垣之重，痛彼麟之不永，悵笙鶴之難攀，其在聖衷，能無軫切？但降年修短，昊穹之數難知，而錫祉綿延，胤嗣之昌未艾。伏望皇上，順承天佑，少慰聖懷。臣等不勝懇祈之至。謹具題恭慰以聞。"

十九日庚午，上視朝。

二十四日乙亥，賜輔臣及講官楊梅。
是日，以恭視皇第四子沅懷王銘旌，賜輔臣申時行等每銀十兩、紵絲一表裏，及中書官徐繼申等銀兩有差。

二十五日丙子，以恭視皇第四子沅懷王謚册文，賜四②輔臣申時行等每銀三十兩、紵絲二表裏，及中書官湯應龍等二員銀幣有差。

二十六日丁丑，上視朝。

二十八日己卯，以册封沅懷王，命大學士申時行充副使捧册，賜銀五十兩、紵絲四表裏。

---

① 七 "七"上當有"萬曆十六年"五字。

② 四 "四"似為"三"之誤。時閣臣為申時行、許國及王錫爵三人。

八①月壬午，朔。

四日乙酉，命左②春坊右庶子兼翰林院侍讀黃洪憲、盛訥充順天府考試官。

六日丁亥，遣大學士王錫爵祭先師孔子。

八日己丑，以萬壽聖節，賜大學士申時行金③萬壽字四副、金篆字十個、金書黃符二道、金書紅符二道，許國、王錫爵每金萬壽字二副、銀萬壽字二副、金篆字八個、金書黃符一道、金書紅符一道、銀書黃符一道，講官朱賡等五員各金萬壽字一副、銀萬壽字一副、金篆字三個、金書紅符一道、銀書黃符一道。

十日辛卯，以萬壽聖節，賜大學士申時行銀六十兩、綵段四表裏，內斗牛胸背二表裏，許國、王錫爵每銀五十兩、綵段四表裏，講官朱賡等六員每銀二十兩、紵絲一表裏。

十一日壬辰，命翰林院修撰朱國祚、編修鄒德博，充經筵展書官。

十二日癸巳④，上御經筵。

十三日甲午，皇第六女生。

十四日乙未，大學士申時行等題："今日禮部接出聖旨：'萬曆十六年八月十三日亥時，朕第六女生。禮部知道。欽此。'仰惟皇上，丕承天眷，茂衍繁禧，皇女誕生，宮闈洽慶。臣等不勝忻忭，謹稱賀以聞。"

十五日丙申，以中秋節⑤，賜大學士申時行膳九品、秋露

① 八 "八"上當有"萬曆十六年"五字。
② 左 明抄本作"右"，是。通行本誤作"左"。
③ 金 明抄本無"金"字。通行本有"金"字。
④ 巳 "巳"當作"巳"。
⑤ 節 明抄本"節"上有"令"字，通行本脫此字。

白酒五瓶、月餅五個，許國、王錫爵每膳七品、秋露白酒三瓶、月餅四個。

十七日戊戌，萬壽聖節。上御皇極殿，百官行慶賀禮。賜大學士申時行膳十一品、壽麵全、長春酒五瓶，許國、王錫爵每膳九品、壽麵全、長春酒三瓶。

二十二日癸卯，以皇女誕生，賜大學士申時行紅雲紵絲二疋、銀抹金腳花二枝，許國、王錫爵每紅雲紵絲一疋、銀腳花一枝，講官朱賡等五員每紅雲紵絲一疋、銀腳花一枝。

二十三日甲辰，上視朝。

二十六日丁未，上視朝。

二十七日①，大學士申時行等題："今日蒙發下文書，內有刑部等衙門再擬李材等罪名本，該文書官劉愷口傳聖旨：'這招情輾轉支吾，有功則歸於己，有罪推與別人。着問他斬罪。欽此。'仰惟皇上，明同日月，威若雷霆，欲重懲欺慢之臣，以警惕人心，振揚國憲，甚盛心也。臣等職在贊襄，亦知仰體德意。前見刑部擬李材等罪，止於徒配，臣等亦竊怪其輕縱，改擬邊衛充軍，然已非律文正條，特於法外重擬，不啻足矣。若於充軍之上，更欲加重，則法例有所未合，情罪有所未當，臣等不敢不爲皇上明之。蓋邊方軍務，惟失陷城寨，失誤軍機，則有斬律，其他若妄割被殺首級，冒功掩敗等項，皆量其輕重，或降級，或充軍，此見行法例也。今細閱法司招情，則獲功是實，發兵是實，止是多報首級、希圖冒功一節爲可惡耳。若論割屍，則有下手之軍士，論故縱，則有領兵之將官，李材之罪終當末減，坐以處斬，不無過重。昔世宗朝，邊臣亦有被拏問斬者，此時皆臨陣失機，無功有罪之人，若原曾獲功，止於虛報首級，則未有加此刑者也。今若以妄報功級論斬，則失陷城寨者何以

① 日 "日" 下當有 "戊申" 二字。

加之？以割屍論斬，則妄殺平民者又何以加之？臣等參之律例，察之事情，以爲邊遠充軍，亦足盡法。伏望皇上少霽天威，深詳律意，將李材、劉天俸姑與免死，押發邊遠充軍，庶國法既伸，而邊臣亦皆心服矣。臣等非爲李材曲解，蓋爲邊方遠慮，爲朝廷明法，故敢仰乞天恩，少從寬宥，以昭聖明解網之仁。伏惟皇上垂察焉。臣等不勝跂望之至。謹擬票進覽，恭候聖裁。"上不允，竟引官員說謊例擬斬，蓋獨斷云。

九①月辛亥，朔，禮官進大祀日冊，上御皇極殿受之。

四日甲寅，以誕生皇女，賜輔臣申時行銀五十兩、紵絲四表裏，許國、王錫爵每銀四十兩、紵絲二表裏，及講官朱賡等五員有差。

六日丙辰，以扈駕閱視壽宮，賜輔臣申時行銀五十兩、紵絲二表裏、大紅雲紵絲二疋、銀腳花二枝，許國、王錫爵每銀三十兩、紵絲二表裏、大紅雲紵絲二疋、銀腳花二枝。

八日②戊午，以扈駕閱視壽宮，賜輔臣申時行等每員大紅綵織金蟒衣羅一表裏、綠羅一表裏。

九日己未，以重陽令節，賜輔臣上尊珍饌。

是日，以元輔申時行扈從聖駕閱視壽宮工程，特賜金喜字大紅紬一疋，仍命製衣，於駕閱之日穿用。

敕武清伯李文全、都察院左都御史吳時來："朕茲恭詣天壽山閱視壽宮，特命爾等居守，統率守門守城等項文武官員，嚴督京營並巡捕官軍、五城兵馬夫甲人等，譏察奸盜，防備火燭，用保無虞。各官如有怠玩不率，應參奏者聽樂等指名參奏，應拏問者逕自拏送法司問理。其有緊要事務，即便差人奏聞。欽哉。故敕。"

十日庚申，辰刻，上率后妃發京師，居守大臣及文武百官於德勝門外送駕。

駕次清河行宮，賜元輔申時行膳九品、手盒二副、竹葉清酒二瓶，次輔許國、王錫爵每膳七品、手盒一副、竹葉青酒二瓶。

駕次鞏華城駐蹕，從官行禮畢，昌鎮總兵張拜③奇及昌平州官吏師生耆老人等，朝見於行宮。賜元輔申時行膳九品、竹葉清酒二瓶，次輔許國、王錫爵膳七品、竹葉清酒二瓶，定國

萬曆十六年

七一一

① 九 "九"上當有"萬曆十六年"五字。

② 日 明抄本誤爲"月"。通行本作"日"。

③ 拜 明抄本作"邦"，是。通行本誤作"拜"。

公徐文璧、臨淮侯李言恭共甜食一盒。

十一日辛酉，駕發鞏華城，午刻駐蹕感思殿。從官及守臣朝見。賜輔臣時行膳九品、竹葉清酒二瓶，國、錫爵每膳七品、竹葉清酒二瓶。

十二日壬戌，上率后妃恭謁長陵、永陵、昭陵畢，上親閱壽宮。從官於殿前東廂叩頭畢，上起，命輔臣及在工大臣隨行，歷閱寶成、玄堂。畢，坐幄次，進茶。定國公徐文璧等叩頭致詞稱賀。上曰："卿等勞苦，朕知道了。"隨傳旨各賜酒飯，仍賜三輔臣珍饌各一分。是日，上登降周覽，天顏溫懌，回視諸臣、召前隨行者再。駕還感思殿駐蹕。

大學士申時行等題："仰惟皇上，親動鑾輿，臨觀壽域。規模宏壯，經營悉出於聖裁，風氣美完，旋斡總由於玄造。且神祇默佑，霽色天開，民庶子來，歡聲雷動。克配永陵之預建，式增烈祖之休光。此誠本支百世之丕基，而福祿萬年之慶典也。臣等幸叨扈從，倍切忻愉，不勝踊躍之至。"上報聞。

十三日癸亥，駕發感思殿，至鞏華城行宮，免從官及守臣朝見。是日，駐蹕功德寺行宮。賜元輔申時行膳九品、竹葉清酒二瓶，次輔許國、王錫爵每膳七品、竹葉清酒二瓶。

十四日甲子，駕幸石景山，欲觀渾河，道中遣內侍數輩，趨召輔臣時行等三人、及定國公文璧、臨淮侯言恭，飛騎而至。上御河崖①幄次，諸臣叩頭。畢，上赴乘橋。橋樑木爲二道，諸臣從②上，異道而行。上呼使同道後隨。上臨流縱觀，目時行使前，示之曰："朕每聞黃河衝決，爲患不常，殊未得見，故欲一觀渾河。今水勢洶湧如此，則黃河可知。"時行對云："渾河來自西北，古所稱桑乾河是也。從此盧溝橋至直沽入海。其流果是洶湧，聞水漲時，亦有衝決之患。至如黃河，發源於崑侖，自積石、龍門③以下，合百川之水，會淮入海。甚湍悍洶

① 崖　明抄本作"岸"。通行本作"崖"。作"岸"是。

② 臣從　明抄本作"從臣"，通行本作"臣從"。

③ 門　明抄本無"門"字，通行本加"門"字。

湧，比之渾河不啻數倍，近河堤岸，土疏易崩，每一決時，闊常數十丈，遠至數十里，防禦甚難。今日徐州至淮安，又是運道，關係最重。"上曰："河道官該着實用心。"時行對："近日屢奉詔旨委任責成，各官皆知警惕，不敢不盡心經理。"上曰："經理須要得人。"時行對："近蒙皇上留意河道，拔用舊人，該部亦仰體聖心，一時推選調用，都是曾任河道、諳練事體之人，不敢輕率誤事。"上首肯。又言"須得人"者再。時行曰："誠如聖諭。"上佇立良久，乃從橋下，命從臣先行功德寺候駕，仍賜酒飯。蓋上一豫一遊，常留心政治如此。

十五日乙丑，駕發功德寺行宮還京。居守大臣及文武百官俱於城外迎駕。

十六日丙寅，大學士申時行等題："本月十二日，恭遇皇上親閱壽宮，該臣等隨侍幄次，伏蒙聖諭：'工程已有次第，在供事內外官員人等，着各該衙門開寫職名來看。欽此。'臣等欽遵，當即傳示工部，令其逐一備查開報，以憑回奏去後。今據該部將各職名開送到閣，謹將原來印信手本二個，封進御覽。臣等看得，預建壽宮，事體尊崇，工程浩大，各該在工人員，奔走趨事，夙夜奉公，勤勞似不可泯，委應敍錄，以酬勞績，以昭聖恩。至如臣等，專職樞機，未嘗與工作之事，而受恩深厚，特異於在工之臣，且工完不敍，輔臣先已奉有明旨，乃該部亦將臣等職名開列在內，臣等不敢刪削更易，然於私衷寔有未安。伏惟聖明裁鑒，免敍臣等，猶①不勝感激之至。謹具題以聞。"

是日，大學士申時行等題："恭遇皇上特紓宸躔，親閱壽宮，洽兆姓之歡心，培萬年之景福，臣等私衷忻忭，倍百恒情。謹已具題恭賀外，惟是鑾輿往返，頗涉修途，岡阜登臨，頻煩玉趾，雖神明自然呵護，在聖體未免勤勞。臣等犬馬微忱，不勝瞻戀。猶望順乘體暇②，慎保興居，丕凝宇宙之和，俯慰臣民之望。謹具題恭候萬福以聞。"

① 猶　明抄本作"尤"。通行本作"猶"。

② 猶望順乘體暇　明抄本作"尤望順乘休暇"。通行本作"猶望順乘體暇"。

萬曆起居注

①次 通行本作"次"，誤。明抄本作"決"是。

②北 通行本作"北"，是。明抄本作"比"，誤。

③爲 明抄本作"甚"。通行本作"爲"。

④者 明抄本無"者"字。通行本有"者"字。

⑤斤 明抄本"斤"下有"應用"。通行本無此二字。

十七日丁卯，大學士申時行等題："本月十四日，臣等隨侍聖駕幸石景山，臨觀渾河，伏蒙皇上召臣等前至橋次，示以水勢洶湧，因言：'黃河每有衝次①，經理須在得人。'臣等恭承面諭，不勝欣躍。仰見皇上一豫一遊，莫不以國事爲心，民患爲慮，即堯舜其咨之憂，俾乂之命，不過是也。但臣等倉卒應對，未及周詳。兹敢以河道利害爲皇上悉陳之。按渾河來自西北，即古桑乾河，出盧溝橋，至天津直沽入海。當其泛漲之時，亦有衝決之患，然不關運道，亦不近城郭，猶未足爲深患也。至若黃河，發源昆侖，流入中國，至積石、龍門，已數千餘里。經陝西、河南，則涇、渭、伊、洛諸水皆入其中。又經徐州等處，至淮安，與淮水相合，而後入海。當其壅淤，則數丈之渠，一夕而成平地。及其潰決，則數里之堤，一瞬而成洪流。其湍激洶湧，比之渾河，不啻數倍。先朝時決時塞，皆命重臣經理，然後成功。然未有數十年無事者也。今之治河者，爲鳳、泗祖陵則防其西侵，爲漕糧運道則防其北②徙，爲淮揚數郡生靈則防其南決。其工力甚鉅，其責任爲③艱，亦未有不得其人而能成治河之功者④也。皇上得人之諭，其於治河要務，可謂一言以蔽之矣。然臣等雖親奉德音，而在廷及河道諸臣或未能仰知德意，臣等欲乞皇上特降明旨，宣示該部，令其轉行河道諸臣，則大小臣工皆曉然知聖主憂勤之意，而有事於河渠者，亦皆惕然有夙夜奉公之心矣。謹擬傳帖一道，進呈御覽，伏乞聖裁施行。"次日奉聖旨："朕聞黃河衝決爲患不常，欲觀渾河以知水勢。昨見河流洶湧，因念黃河經行處所，經理防禦倍宜加慎。河道官員還行文與他，都着用心任事，務一勤永逸，勿勞民傷財以爲故事。自今推選委用，務在得人。吏、工二部知道。"

二十日庚午，大學士申時行等謹題："照得內閣書寫制敕等項文書，併四夷館教習官生，年例該用炭二萬斤。合無照例於內府惜薪司、工部各支一萬斤⑤？未敢擅便，謹題請旨。"得旨："是。"

是日，大學士申時行等謹題："本月十四日，該臣等扈從聖駕臨觀渾河，及回鑾之次日，該文書官劉成口傳聖諭，令臣等作詩，欽此。臣等自惟淺陋不文，無以鋪張盛美，對揚明命。謹撰扈駕觀渾河歌三首，錄呈御覽。伏惟聖裁訓明。謹具題以聞。"

二十四日甲戌，聖諭："朕親閱壽宮，工程已有次第，朕心嘉悅。諸臣脅力效勞，特加典①以酬。元輔時行歲加錄②米五十石，賞銀五十兩、綵段四表裏，還蔭一子與做尚寶司司丞。次輔國、錫爵各賞銀四十兩、綵段三表裏，各蔭一子入監讀書。該部知道。"

又諭："朕閱壽宮，工程已有次第。各官効有勞勤。徐文璧歲加祿米三十石，給與應得誥命。李言恭加太子太保。劉守有加太子太傅。各給與應得誥命。許茂橓、曹應魁、孫如津，各升一級。兵部知道。"

又諭："壽宮工程已有次第，朕心嘉悅。內監在工等官，久効勤勞。張誠著蔭弟姪一人，與做錦衣衛指揮僉事，還賞銀五十兩、紵絲四表裏。張鯨蔭弟姪正千戶，賞銀四十兩、紵絲四表裏。張禎蔭弟姪副千戶，劉濟蔭弟姪百戶，各賞銀三十兩、紵絲三表裏。馬良、張清、王昇各加恩二等，賞銀二十兩、紵絲二表裏。兵部知道。"

又諭："朕閱壽宮，工程已有次第。各官供事日久，勤勞可嘉。石星加太子少保，曾同亨陞本部尚書，照舊提督工程，仍各蔭一子入監讀書。李輔已陞了，還加俸一級。沈鯉賞銀內③四十兩、紵絲三表裏。王一鶚加太子少保。傅希摯俸一級。楊俊民與正二品服俸。于慎行、徐顯卿、蕭大亨，各賞銀二十兩、紵絲二表裏。穆來輔、洪聲遠候五品相應京堂缺推用。常居敬已陞了。還與陳與郊、陳效各賞銀十兩、紵絲一表裏。原任尚書何起鳴，着遇缺推用，仍蔭一子入監讀書。王友賢加俸一級。趙煥、朱賡、王弘誨、魏時亮各賞銀二十兩、紵絲二表裏。王敬民、田大年、李載陽各十兩、一表裏。其前後效勞司屬等官，着工部掌印提督官，會同監工科道，分別等第，議擬來看。該部知道。"

① 典 "典"當作"恩"，或其上當有一"恩"字。
② 錄 通行本作"錄"，誤。明抄本作"祿"，是。
③ 內 "內"疑為"衍"字。

十①月辛巳②，朔，以孟冬時享太廟。

是日，上御皇極殿，欽天監進萬曆十七年《大統曆》，傳制給賜百官，頒行天下。賜三輔臣每曆日一百本，講官朱賡等六員每五十本。

三日癸未，上視朝。

四日甲申，以閱視壽宮，賜元輔申時行銀五十兩、紵絲四表裏。次輔許國、王錫爵每銀四十兩、紵絲三表裏。

是日，又以中宮千秋令節，賜三輔臣上尊珍饌。

五日乙酉，大學士申時行等題："爲作養人才事。萬曆十四年六月內，該臣等題奉欽依，考選得進士李啟美等二十二名，改翰林院庶吉士，併一甲三名，俱在院教習讀書，及每月二次考試外，經今三年，臣等驗其所學，頗有成效。照得舊例，庶吉士教習有成，應授翰林院等官，隨查萬曆十三年閏九月內該臣等照例行題准，將庶吉士季道統考試授官訖。今次合無俯容臣等，查照前例，於本月初八日，將見在庶吉士十八名，從公考試，評品文字高下，擬開等第名次，封卷上進，恭候聖明裁定施行？謹題請旨。"得旨："是。"

八日戊子，大學士申時行等謹題："臣等今日於東閣前糊名考試評品，得庶吉士上卷文理優長八卷，中卷文理亦順十卷，謹進呈御覽。伏乞欽定、發下臣等，拆③卷填名，查例上請銓除官職。其丁憂李啟美、吳之望，給假王德完，候服滿、病痊之日，另行題請。謹具題以聞。"得旨："是。"

九日己丑，上視朝。

十日庚寅，大學士申時行等題："臣等查得舊例，庶吉士授官，上卷照依原中進士甲第銓註翰林院編修、檢討，其中卷量

①十 "十"上當有"萬曆十六年"五字。
②巳 "巳"當作"巳"。
③折 通行本作"折"，誤。明抄本作"拆"，是。

除科道等官。臣等茲謹拆卷填名上請，伏乞敕下吏部，查照施行。謹題請旨。

　　計　開

　　銓註翰林院編修、檢討八名：林承芳、吳應賓、袁宗道①、全天敍、蕭雲舉、王圖、彭𤊹、黃汝良。

　　量授科道等官十名：李沂、劉弘寶、王孟煦、薛三才、劉爲楫、林祖述、趙標、曾礦、胡克儉、王道正。"次日，得旨："是。吏部知道。"

　　十五日乙未，大學士申時行等題："爲日講事。照得日講官太子賓客吏部左侍郎兼翰林院侍讀學士朱賡，近奉欽依，陞禮部尚書訖，所有員缺合當推補。臣等推得日講官禮部左②侍郎兼翰林院侍讀學士張位，先因患病給假，回籍調理，今已病痊，堪補前缺。合無敕下吏部，行取本官，馳驛來京，令其照舊日講供事？再照本官既已補任，相應填註衙門。查得詹事府原有協管官員，合無即以本官協管詹事府事？其見掌本府印信太子賓客禮部左侍郎兼翰林院侍讀學士王弘誨，資望已③深，相應量改吏部職銜，照舊掌印。乞敕吏部一併查照施行。"得旨："是。"

　　二十三日癸卯，大學士申時行等題："近日以來，每遇御朝日期，多奉旨傳免。臣等仰企天顏，不勝戀戀。今日該文書房官劉愷送本到閣，臣等恭問起居，始知聖體偶因動火，臣等犬馬微忱不勝惓惓。即今時向隆冬，氣方嚴肅，伏望皇上順時調護，加意節宣。臣等猶④切仰望之至。謹具題恭候萬安。"

　　二十七日丁未，賜三輔臣鮮藕。

　　二十九日己酉，上御皇極殿。太常寺奏請冬至大祀天於圜丘。

①袁宗道　明抄本作"袁道宗"，誤。通行本作"袁宗道"，是。

②左　通行本作"左"，誤。明抄本作"右"，是。

③已　明抄本作"以"，通行本改"已"。

④猶　通行本作"猶"。明抄本作"尤"。

萬曆起居注

①十　"十"上當有"萬曆十六年"五字。

②許　通行本有"許"字。明抄本無"許"字

③聖　明抄本"聖"字前有"是日，以"三字，通行本無此三字。

十①一月庚戌，朔，上御皇極殿。以大祀皇天於圜丘，傳制誓戒百官。

四日癸丑，冬至，大祀天於圜丘，遣公徐文璧代。

五日甲寅，冬至令節。是日免朝。三輔臣詣會極門行五拜三叩頭禮。賜三輔臣上尊珍饌。
是日，以祭三皇於景惠殿收回祭設，賜三輔臣三卓。

十二日辛酉，諭內閣皇第六女命名。次日，內閣恭擬上進，上點用"軒姚"。

十四日癸亥，以聖母慈聖宣文明肅皇太后萬壽聖節，賜元輔申時行銀五十兩、紵絲三表裏，次輔許②國、王錫爵每銀四十兩、紵絲三表裏，及講官徐顯卿等五員各銀二十兩、紵絲二表裏。

十五日甲子，大學士申時行等題："伏蒙欽點皇第六女名，臣等恭視中書官用印，邊龍箋寫進。所有頒賜吉期，恭候欽定，填入原蒙發下揭帖一本。謹用進繳。"

十六日乙丑，上視朝。聖③母慈聖宣文明肅皇太后萬壽聖節，賜三輔臣申時行等每金萬壽字三副、金篆字八個、金書黃符二道、金書紅符一道，及講官徐顯卿等五員每員各金萬壽字一副、金篆字三個、黃符一道、紅符一道。

十八日丁卯，皇第六女命名。賜元輔申時行銀十五兩、紵絲一表裏，次輔許國、王錫爵每銀十兩、紵絲一表裏，及中官徐繼申等五員每銀五兩。

十九日戊辰，聖母慈聖宣文明肅皇太后萬壽聖節，上御皇

極殿，百官致詞稱賀畢，三輔臣仍詣隆宗門行叩頭禮。賜三輔臣上尊珍饌。

二十六日乙亥，大學士申時行等題："今日臣等接得御史馬象乾揭帖《爲國法未伸羣疑鼎沸懇乞聖明亟賜裁斷並申責閣臣共成聖德事》。臣等反復看詳，不勝慚愧，不勝悚惕。竊見連日以來，臺諫諸臣論劾張鯨，無非爲刑部問罪已明，皇上聖斷未決，人情洶洶，議論滋多，臣等以左右近臣，聖明自有定鑒，進退予奪，取自上裁，不敢輒有議擬，乃今言官以國法爭是非，以失職責臣等，委係愚昧無知。依違順旨，失職之罪，誠無所逃，容臣等自陳候旨外，謹即刻出閣，席藁待罪。具題以聞。"

二十七日丙子，大學士申時行等奏："爲自陳不職乞賜罷斥以伸公論以清政本事。昨見御史馬象乾揭帖，以太監張鯨未奉處分，請亟賜裁斷，並責臣等依阿不言，令自陳回話等因。臣等見之，不覺流汗浹踵，措躬無地。竊聞密勿之任，謂之代言，要在主張議論，潤色謀謨，使主德光於堯舜，國是定於斧鉞，斯可以稱職而免過也。臣等猥以菲①才，擢在此位，受事以來，每遇百司章奏，庶政機宜，未嘗不相與虛心評議，據法票擬，以求稱皇上任使之意。惟是張鯨被論事情，臣等愚昧，以爲皇上明如日月，無私如天地，其於肘腋之地、親近之臣，察之必真，處之必當，不待臣等言而定也。及法司之奏既上，臺諫之章愈多，而鯨亦內不自安，辭任辭廠，又竊謂皇上必於裁斷之中，寓保全之意，以示宮府之一體，以息衆論之紛紜，亦不待臣等言而決也。以故伏聽聖裁，未敢定擬。此臣小心畏事之過，未及深思朝綱之所在、職業之所關。及見象乾指切，乃始憫然自失，其所引劉健等持章不下，委爲大臣任事執法之體，臣等但知懲張居政②擅權自用之覆轍，而不能法劉健等弼違補過之忠謀，但知咕嚅屏息，仰聽皇上不測之恩威，而不知事久不決，反以虧損皇上之明斷。緣臣等皆章句書生，闇陋無識，以致羣疑鼎沸而不能定，衆情憤欝而不得伸，委屬依阿，委爲局促。

① 菲　明抄本作"非"。通行本作"菲"。

② 政　明抄本、通行本皆誤作"政"，應作"正"。

政本之地，代言之官，焉用此碌碌尸素、無所短長之人爲哉？夫臣等方被指摘，既不敢委曲調停，以犯衆論之公，而力難主持，則豈可竊祿苟容①，以貽清朝之玷？臣等惟有引過乞身而已。伏望皇上，俯察羣情，特施乾斷，將臣等罷斥，以徽失職，庶不至於上誤國事，下起羣疑。臣等無任悚息待罪之至。謹具奏聞。"得旨："張鯨之事已處分了，這廝每見朕未允所奏，故逞私臆，波及卿等。近來諸司章奏票旨，皆朕親覽裁決，誰所不知？非②卿等阿從失職。卿等忠謹昭著，公清素聞，豈詎因小人之言求退？有失朕倚輔之意。卿等可即出贊理，共成化工。不准所辭。吏部知道。"

是日，吏部尚書楊巍等奏《爲懇乞聖明伸公論正國法以慰羣情以宏聖治事》，得旨："卿等所奏，朕知道了。輔臣被謗，朕已③洞知，勉留了。卿等可即出理事，不准所辭。吏部知道。"

是日，河南道御史馬象乾奏："爲國法未伸羣疑鼎沸懇乞聖明亟賜裁斷並申責閣臣共成聖德事。先是，職接得邸報，見貴州道御史何出光等論列東廠太監張鯨，有旨着鯨策勵供事。續該刑部問勘，有旨鯨候處分。比刑部再勘覆請，則供事如故，處分不聞。當與雖懲，而元凶漏網矣。職不勝駭異，不勝痛憤。竊謂皇上英明不世出，往時馮保怙藉寵靈，操弄威福，一發其奸，棄之如脫屣，然中外臣民既快心於保之去，又共頌我皇上之明。今鯨之惡，不在保之下，而皇上之去鯨不如去保之斷，職誠不知其故。豈鯨日夜以微④勞陳乞，以卑詞求容，皇上遂過聽之歟？職因反覆思之，至嚴莫如朝廷，至信莫如法令。今元惡大憝，盤據宮闈，千人指之不能去，萬賄坐之不能動，是何朝綱？堂堂三尺，止行於貪官污吏、廝役販夫，而不行於貴近，是何法紀？一人之事，一時之言，忽而報行，又忽而報寢，是何詔令？至治之時，極辯之世，不能勝一狐媚猿援蔘之夫⑤，上虧聖德，下貽後憂，是何景象？臣等小臣，何能爲？所賴力清君側、善成聖德者，則二三閣臣，非異人任。連日以來，職且累息而望，延頸而候，謂閣臣中必當有言者，而久之無聞也。

① 容　通行本作"客"，誤。明抄本作"容"，是。

② 非　通行本作"非"，是。明抄本作"昨"，誤。

③ 已　通行本作"已"。明抄本作"以"。

④ 微　明抄本作"徵"，誤。通行本作"微"，是。

⑤ 猿援蔘之夫　據《明神宗實錄》卷二〇五，當作"蔘養之奸"。

則又謂臺諫之交章，秉筆票旨者當分別是非，以少塞衆怒，而又無聞也。古者陰陽不調，方外有警，猶且責歸宰輔，況禁廷之近，贅[①]御之徵[②]，昭昭目前者，若危而不持、顛而不扶，則將焉用彼相哉？昔武宗朝，逆瑾擅權，維時內閣有劉健等，九卿有韓文等，尚能叩閽力爭，持章不下，使逆瑾皇怖，乞閑乞南而不許，以此激成其邪。諸臣即懲往轍，量與曲全，勸皇上遠其人而不誅，奪其權而勿籍可也，何至以依阿順旨爲調停，以局促避怨爲忠厚？目今言者紛紛，皇上且發閣臣票擬，若猶一則曰有旨，二則曰有旨，使四海疑謗盡歸朝廷，虧損聖明，欝積衆憤，無論非宰相之事，亦非張鯨之福也。伏望皇上以職之言下內閣，責其自陳回話，又察羣臣中章疏，亟出鯨罪，遠近傳聞，史冊紀載，將謂我皇上明斷過尋常萬萬。職不勝戰悚待罪之至。"

二十八日丁丑，大學士申時行等題："臣等昨見御史馬象乾因論張鯨事情指及臣等，臣等惶懼待罪間，今日伏睹御批，加罪象乾，令鎮撫司打問，臣等不勝驚愕。竊念臣等奉職無狀，負罪難辭，言官不過因事指陳，爲切磋規正之語，未嘗論及臣等私罪，誣以他事也。今聖明震怒，重處言官，則臣等既以失職仰負聖眷，又以拒諫累及言官，臣等乃萬世罪人，百口何以自辯？臣等寧甘與象乾同赴鎮撫司就問，萬無復出靦顏在位之理。且不見近日張居正之事乎？皇上始爲居正譴責言者，卒之公論不容，身受惡名，家被顯禍。若象乾得罪，臣等異日即居正之續耳。皇上如欲臣等再出，乞俯宥言官，以昭聖度。如欲罪象乾，乞先將臣等罷斥，以正國法，不得伏望闕廷矣。伏乞聖慈鑒察臣等一生名節，免臣等異時禍患，臣等不勝激切仰望之至。謹將御批馬象乾本封上，並具題籲懇以聞。"

二十九日戊寅，大學士許國題："今日發下御批三本，傳示到臣，有御史馬象乾本，奉旨：'馬象乾這廝見同類參本未允，輒逞私臆，牽及輔相，好生無理。着拏送鎮撫司打看究問了來

①贅 《明神宗實錄》卷二〇五作"贄"。
②徵 《明神宗實錄》卷二〇五作"人"。

説。欽此。'臣等不勝驚愕，不勝悚懼。夫言官言事，乃其職耳，宗祖①以來，尚以風聞雖誤不究，況據事直陳，又何究乎？臣爲講官時，曾見朝廷爲居正奪情撻辱言官，於時天地晦冥，風霾四塞，臣心痛憤，恨不及食居正之肉，徒以非臣職事，不敢②言。豈以今日從居正之後，乃顧蹈其覆轍，使旁觀者復欲食臣等之肉？如天下萬世譏笑何？賈山有言：'開道而求諫，和顔色而受之，用其言而顯其身，士猶恐懼而不敢自盡，又況折辱之③乎？自古言官言及乘輿，則天子改容，事關臺閣，則宰相待罪。今日正臣等待罪之時，豈可以使負職之名，又加以愎諫之罪？何顏面立於朝堂？是上欲留臣等，適以驅之使去耳。夫欲之入而閉之門，人何從入？故臣寧伏斧鑕以死，不欲罪及言官。即落一級、奪一俸，尚以爲過，況下鎮撫司究問乎？彼言得其職，有何可究？近日論張鯨疏，不知其幾上，悉置之不問，今乃獨爲臣等發憤究問言官，是使臣等得罪於天下萬世，又甚於鯨也。上勿謂明旨已出，不可復改，先朝封還詔旨，往往有之，此無損於皇上之明，益足以見轉圜從善之美。不然，即留中者多矣，併此留之，亦何不可？今日此舉，乃臣等去留之幾，伏惟聖明幸察。臣無任激切祈望之至。"

是日，大學士王錫爵題："昨該臣等以御史馬象乾論臣等阿從失職，臣等當即出閣，具本自陳待罪，此非矯飾，蓋真服其義正詞嚴，乃臣等之益友，皇上儻賜採行，歸責臣等，使人知前後詔旨俱出臣等票擬之手，原非上意，則人情自定，聖德有光矣。今日元輔時行忽傳御批勉留臣等，將象乾拏送鎮撫司打問，臣不勝感懼，不勝愧苦，已該同官連名具揭陳救外，臣錫爵竊伏自念，臣之進用，原與在閣二臣不同，雖拔擢自天，薦舉由衆，而推本虛名所自，則實以先年張居正爲奪情遷怒沮擊言官，臣於其時號能出頭，誚讓居正，回護言者，以此居正敗而臣得進用。夫皇上本以忤居正用臣，而及今又即以處居正之事處臣，臣之不才，縱不能道揚主德，維持國論，何忍見朝堂之上，再有此異常舉動，使天下萬世謂臣，外援忤權之名以進身，內使④當權之勢以沮衆？臣今日即死，上何以見九廟在天之靈，下何以見劉健等於地下，明何以謝舉朝士大夫之公論，而幽何以辭張居正之鬼責哉？夫微臣一身，輕於一羽，使萬萬①蒙詬而有益於皇上，臣之所不敢避也。今身既以不肖，有連累言官之名，而又併累皇上有爲臣等咈諫之名，臣不惟不可一日立朝，而且一日不可爲人矣。臣連日以來，因哭亡女成疾，正思乞骸，偶見人情洶洶，黽勉出閣，思爲皇上紓憂解紛，而事機不意至此。是固臣命卒之時也。伏乞皇上哀臣聽臣，使臣得苟全平生以去，臣有餘榮，皇上亦有餘恩。若不然，則衆怒如火，流言滿途，皇上之留臣等，實趣之使就必窮之地，永無再出之日耳。臣不勝危苦痛切之至。謹具題以聞。"

① 萬 《明神宗實錄》卷二〇五作"世"。

萬曆起居注

十①二月己卯，朔，諭元輔："昨覽卿等所奏，悉見雅量。但朕怒此輩紛紛擾奏，不遂輒逞私臆，借言排擊卿等，甚失國體，故重治究問其狂妄之罪，非卿等累及。朕已知道了，本留中，以全卿等之美。卿等可體朕勉留至意，即出輔理，不必再有所陳。並諭二次輔知。又朕因覽次輔錫爵題帖，内説亡女一事。朕未知道，卿可代朕諭勿悲惜過度，恐失治生之道，並諭以勿再有所託陳，有負朕倚協輔至意。"

是日，大學士申時行等奏："爲恭謝天恩事。昨該臣等以御史馬象乾論劾張鯨，規責臣等，因待罪自陳，伏蒙明旨勉留，臣等不勝感激，理宜即日廷謝，赴閣辦事。緣臣等揭救象乾，未奉聖裁，是以伏藁待命，未敢即出。茲者欽奉御札云云，欽此，該文書官李文輔恭捧到臣時行私寓，臣謹焚香叩頭祗領，並即傳示同官臣國、臣錫爵訖。伏念臣等猥以庸陋，忝備弼臣，過有萬端，愚無一得，自知竊祿尸位，有負皇上任使之恩。而頃者因事惕衷，省躬思咎，蓋衆論宣騰，人情詭譎，而不能鎮服，朝政有闕，主德未喧，而不能匡維，雖無阿從之心，而有阿從之迹，既有失職之罪，而幸逃失職之誅，此公論所以不與，而言官所以相規也。乃蒙皇上不即棄損，仍令在列，而聖慈天覆，宸諭春溫，俯從臣等之愚，曲貰敢言之士，仰見皇上轉圜之度，止輩②之風，將流譽寰區，垂光史册，豈臣等得專其美而已？至於臣錫爵亡女私懷，亦蒙軫念，仰惟皇上眷綏之渥，不啻家人父子之情，臣等義激銘肝，感深雪涕，即捐軀隕首，不足以報聖恩之萬一。除即日赴鴻臚寺報名，次日廷謝外，臣等無任激切感戴之至。所有聖諭一道，謹尊藏閣中，以彰皇上容言禮下之美。謹具本奏謝以聞。"

是日，大學士申時行等題："今日伏蒙皇上特遣司禮監太監陳政到臣私寓，口傳聖諭：'張鯨侍奉多年，他家用的人做壞了事，他未必知。如今都下法司問過重罪了，張鯨着他私家閒住。這不爲章奏紛紛處他，只爲近方③四方災傷，民間疾苦，着他訪奏，他都不以實聞，故此處他。欽此。'又傳諭：'朕欲召見先生每、偶因動火未安，待朕體全愈，即出召見。欽此。'臣恭

---

① 十 "十"上當有"萬曆十六年"五字。

② 輩 據《明神宗實錄》卷二○六，"輩"當作"輦"。

③ 方 《明神宗實錄》卷二○六作"年"，是。

奉德音，不勝踴躍。惟進退用舍，乃朝廷大紀綱，不可以近而或忽。訪問災傷，乃朝廷大政事，不可以遠而或遺。皇上天縱英明，日親幾務，猶欲訪求民瘼，通達下情，而張鯨不能仰體聖心，不以實奏，壅蔽之罪，誠無所逃。且內外臣工，皆當守法奉公，檢身戢下，而張鯨任用匪人，犯法壞事，以致法司盡暴其罪，言官交斥其非，疎縱之愆，亦自難免。皇上特垂宸斷，出之私家，匪爲人言紛紛，姑以塞盈廷之議，乃由聖心獨斷，用以儆失職之幸。此真至明至公，同符堯舜，非臣愚昧所能仰窺萬一，惟有播之在廷，書之史册，使萬世稱頌聖德而已。臣不勝欣慰感仰之至。謹囘奏以聞。"

　　二日庚辰，大學士申時行等題："臣等鰓以奉職無狀，待罪乞休，何①蒙溫諭勉留，聖慈優渥，臣等不勝感激。除具本陳謝外，今日恭詣午門前朝見，即赴閣辦事訖。謹具題知。"

　　是日，大學士申時行等題："昨該給事中李沂論劾張鯨事情，奉聖旨：'這事情已有旨了。這廝每欲與張居正、馮保報復，私意不遂，故挶汙君父，好生無理。着拏送鎮撫司，好生打着究問了來說。不許縱情賣法。欽此。'臣等聞之，不勝驚愕。竊意張鯨之事，言官交章論劾，何獨李沂一人獨干聖怒如此？今日因取其疏閱之，委係疎狂，失於檢點。緣李沂係庶吉士，授官未及兩月，新進書生，不識忌諱。若張居焉、馮保在日，彼猶未入仕途，原無恩讐，何爲報復？其疏中之語，不過誤聽風聞，隨衆建白，心實無他，似不必於深罪也。且昨馬象乾所言，止關臣等一身名節耳，皇上猶爲臣等曲全，褒臣等雅量，況皇上天地之量，何所不容？無知小臣，不足苛責。如蒙曲從矜貸，則聖度益廣，聖德愈隆，當萬世傳誦，豈特臣工仰戴而已？臣等昨已申救象乾，不宜復有煩瀆，然皇上方曲成臣②等之美，而臣等反不能將順皇上之美，則是爲己重而爲君輕，豈不負皇上勉留眷任之至意哉？故不敢不盡其愚，惟聖明裁察。謹具題以聞。"

① 何　明抄本作"荷"，是。通行本作"何"，誤。

② 臣　通行本作"臣"，是。明抄本作"等"，誤。

萬曆起居注

① 奉　"奉"當作"奏"。

　　五日癸未，鎮撫司打問過給事中李沂奉①本奉御批："李沂既刑究明白，着拏在午門前，着實打六十棍，革了職爲民。"文書官劉成將本到閣，閣臣申時行等大驚，欲具疏救，且留御批不發，劉成不可，逕持去，而上已遣太監張誠等出，監杖於午門。時行等惶遽具題："前日給事中李沂上干聖怒，已蒙下鎮撫司打問，死生尚未可保，今又奉旨拏到午門前打六十棍，革了職爲民，臣等惶駭，魂不附體。竊見累朝以來，言官得罪，未有既下鎮撫司打問，又行廷杖者，今重復加刑，恐萬無得生之理。言官死於無罪，恐仰累聖德，關係不小，臣等不能匡救，必難靦顔在列。伏望皇上少霽天威，俯全言官垂死之命，止令革職爲民。臣等不勝急切哀懇之至，恭詣會極門候旨。"有頃，上語太監張誠等，令諭閣臣云："先生每說話，依得的依了，依不得的也難依。如前日馬象乾，就依了。李沂放下各處貪官汙吏不說，卻說我貪，這等捏汙君父，豈可輕恕？"時行等言："廷杖言官，不是好事，況已下鎮撫司打問，又行廷杖，兩事並行，先朝從來無此舉動。我輩忝爲大臣，親見皇上如此舉動，不敢不盡言匡救，若救正不得，便是尸位素餐，豈得靦顔在列？"誠等言："聖意難回。我等亦不敢再去覆奏。"遂出監杖，時行等亦還閣。

　　八日丙戌，大學士申時行等題："爲起送事。該吏部手本開送庶吉士王德完，係萬曆十四年進士，改庶吉士，於翰林院讀書，十五年九月給假，送幼子還鄉，十六年十一月到部，行移到院。臣等查得，同科庶吉士林承芳等俱已奏除翰林、科道等官，彼時王德完未蒙除授。今臣覆考得本官才識疏通，堪任諫職。合無敕下吏部，查有六科給事中員缺，將王德完除補供職？臣等未敢擅便，謹題請旨。"得旨："是。吏部知道。"

② 庚　明抄本作"唐"，誤。通行本改"庚"，是。

③ 猶　明抄本作"尤"。通行本作"猶"。

　　十二日庚②寅，大學士申時行題："連日以來，不奉天顔，因見時值隆冬，風寒凜冽，仰思聖體調攝，猶③宜萬分珍重。適文書官李浚送本到閣，臣因恭問起居，隨據本官回稱，聖體連日動火，頭目胸腹少有未安。臣愚犬馬下情，不勝瞻戀。伏望皇上法黃①帝之凝神，師仲尼之謹疾，順時保嗇，加意節宣，以臻康豫之禧，以慰臣民之望。謹具題恭候萬安。"

是日，大學士許國奏："爲輔理無狀仰累聖明乞賜罷歸以懲失職事。臣本愚戇，誤荷恩私，簡置左右，垂及六載，優禮隆遇，迥異百僚。區區一念，本圖致君堯舜，使一毫訾議不得而及焉，此臣之心，亦臣之分也。昨廷杖李沂一事，臣備員輔弼，既不能潛消衆議，調護於先事，以清主上之德，又不能披豁微誠，挽回於臨時，以霽主上之威。致使聖心焦勞，外觀震駭，而臣一詞莫措，一籌莫施。是且得罪於羣臣，遺譏於萬世，失職之罪，莫此爲甚。伏望皇上，將臣罷斥，別選忠賢，列在樞機，共濟治平，宣揚盛美，臣雖跧伏田野，猶仰瞻闕廷也。臣無任席②藁懇祈之至。"奉旨："卿輔政多年，忠勤端亮，正賴分猷弼違，豈可遽自引退？宜即出輔理，不允辭。吏部知道。"

是日，大學士王錫爵奏："爲奉職無狀乞賜罷斥兼陳忠悃以裨聖德事。伏念臣之遭遇拔擢，四年於茲矣，中間屢辭屢留，再陞再蔭，如天之恩且不能縷舉。即如近日③一女之事，而特廑手札傳慰，藹然家人父子之情，且諭以勿再託陳，有負倚任。臣感恩伏泣，涕洟未收，此時縱有必不忍害割之情，必不可起之疾，已遵諭一切棄捨不敢言矣。願念大臣立朝，期於盡節，小人懷惠，期於圖報。皇上尚以子視臣，恤其家事，而臣不以父事皇上，國論紛起而不能持，袞職有闕④而不能補，非立朝之節也。臣前疏謂⑤犬馬之身，輕於一羽，皇上尚惟其疾之憂，何況皇上天地祖宗付託之身，而連日止爲委恭⑥風聞之口，書生蠢直之言，疾威震怒，起居未免失常，臣喑無獻替，上⑦辦哀啼，非報恩之道也。臣負此二罪，謹席藁自陳，伏聽罷斥。惟是至情大義，不忍恝然自顧身名，遂忘國事，輒有區區芹曝之獻，可以防未然、備虛問者。凡人君有內愧之真情，深謀之密事，而臣下矢口觸之，則有所不堪。若如近日金寶等項訛傳，則事無蹤影，心無愧怍，正足資皇上一笑，而必不怒也。凡聽言之道，先虛其心，次辨其理。心虛則芻蕘皆可擇，心實則肝

萬曆十六年

七二七

①黃　明抄本作"皇"，通行本作"黃"。

②席　通行本作"席"。明抄本作"藉"。

③日　明抄本"日"下有"麼"字。通行本刪此字。皆誤。《明神宗實錄》卷二〇六作"幺麼"，是。

④關　明抄本、通行本皆作"關"，誤。據《明神宗實錄》卷二〇六，當作"闕"。

⑤謂　明抄本此字不清。通行本作"謂"，是。

⑥恭　《明神宗實錄》卷二〇六作"巷"，是。

⑦上　明抄本作"止"，是。通行本誤作"上"。

膽皆可疑。然疑在理内，猶可説也。若張居正、馮保報讐之疑，則理外矣。且皇上不見先年抗疏攻居正之艾穆，非即居正之同鄉乎？以此推之，足知中外言讐黨，俱非公論，不可信也。凡臺諫事，欲動上聽，往往至於過激，要在明主折衷處斷，以服其心，降色優容，以養其氣。即如張鯨之事，皇上恩威操縱，業已兩全，使自此旋霽風雷，別無根蔓，則朝堂豈更有一事者？東隅雖往，將來尚可收也。凡廷杖，非正刑，先朝雖間一行之，亦未有逮鞫、廷杖並於一人一時者。臣每在閣中，見犯人下鎮撫司旨意，惟强盜大逆則有好生打問字樣，今如加之言官，而又行廷杖，則似於强盜大逆之上，更加一等，竊恐未安。聞張居正擅權時，要箝人口，故將世宗晚年遺札盡行進御，名雖效忠，其實有導皇上刑辱言官自爲己地之意。今皇上必欲法祖，則自有良法美意可師，而居正乃萬世罪人，豈可既發其奸，而又行其志也？凡閣臣受心膂之託，於外廷疏，而於皇上親近者，臣等每事調解，原不爲臣市恩，亦不爲一身逃謗，誠恐言壅反潰，事激反傷，欲以明覆載之無私，示宮①府之一體耳。皇上儻諒其心，則不必疑其言，儻疑其言，則不必用其人。此政本重地，不當但爲臣等姑息體面而已也。諸如此類，皆急時難諍，平時可思，言時無味，用時得力。聖人舉動，不可再誤，天下人心，不可再咈。愚臣垂死諄諄之言，不可再瀆。伏望皇上垂日月之明，先將臣罷斥，以正失職之罪，然後虛心平氣，採納臣言，則寵逾十札，恩藉再生，臣首丘骸骨，死且不朽。不然，皇上先年之召臣，止召一償轅之牛，而今日之留臣，止留一慕羶之蟻。臣之身名不足惜，而如聖德何哉？如國事何哉？臣不勝恩深義激、待罪請命之誠。"奉旨："卿公忠直亮，敷陳讜言，朕方嘉納眷倚，豈可遽自引退？宜即出輔理，不允辭。吏部知道。"

十六日甲午，大學士申時行等題："爲閣臣服闋懇乞聖明及時召用以資輔理事。臣等竊惟密勿之地，任重責艱，必集衆思，乃廣忠益。先該臣等與同原任大學士王家屏在閣辦事，後因家

① 宮 明抄本作"官"，誤。通行本改爲"宮"，是。

屏回籍守制，臣等兩請增置閣臣，未蒙俞允，以故至今虛席，不敢再有瀆陳。近該宣大總督尚書鄭洛、巡撫都御史王基、巡按御史林文英，各題稱輔臣家屏服制已滿，奉聖旨："吏部知道。欽此。"臣等看得，官員丁憂，例得起復，大臣服闋，例得會推。惟是內閣輔臣，必由聖恩特召。竊見臣家屏，德器宏雅，學識深淳，十載講帷，啟沃之功最茂，兩年政地，經綸之業方新，臣等忝與同官，皆自以為不及。今服制已滿，相應及時召用，光佐聖明。且官必擇人，人惟求舊。上得忠賢，以資謨明弼諧之益，下得僚寀，以成同心共濟之功。此臣等薦賢為國之愚忠，而亦以人事君之職分也。伏望皇上，俯垂鑒允，將家屏特賜召用，容臣等撰擬手敕，下吏部施行。臣等不勝懇切祈望之至。謹題請旨。"得旨："是。卿等撰擬手敕來行。"

十八日丙申，大學士申時行等題："該臣等題《為閣臣服闋懇乞聖明及時召用以資輔理事》，奉聖旨：'是，卿等撰擬手敕來行。欽此。'臣等看得，原任閣臣王家屏，先以吏部左侍郎入閣，在任二年，及昨年《會典》書成，近日壽宮加恩，本官皆未蒙敘錄。且同時講官如朱賡，已陞禮部尚書。本資敘在先，相應加秩召用。臣等欽遵明諭，謹撰擬手敕進覽，伏乞聖裁施行。謹具題以聞。"

敕吏部："原任大學士王家屏，着陞禮部尚書，仍兼東閣大學士，照舊入閣辦事。便差官行取馳①驛來京。如敕奉行。"

十九日丁酉，以年節頒賜輔臣申時行銀五十兩、綵段四表裏，次輔許國、王錫爵每銀四十兩、綵段二表裏，及講官徐顯卿等五員有差。

二十三日辛丑，大學士申時行等題："照得本年十二月二十四起，例放除夕假，連年節、上元假，至新年正月二十日方滿。先奉欽依，於正月上旬先擇吉開講一次，仍暫輟講，至二十日以後，照常日講。臣等查得，上旬吉日於祭祀之期有礙，節假

①馳　明抄本作"驛"，誤。通行本改"馳"，是。

以後即係下旬，容臣等於二月上旬另擇日恭請皇上開講，以後接續日講，謹題知。"

二十五日癸卯，以正旦令節，頒賜輔臣等每員吊屏、門神、箋紙葫蘆等物，及講官徐顯卿等五員，各賜有差。

二十七日乙巳①，大學士申時行等題："先該臣等欽奉聖諭，謄寫累朝寶訓、實錄、陸續進呈。先於五月內寫完《太祖高皇帝寶訓》十五卷，已經進呈御覽。今又責令各官寫完《太祖高皇帝實錄②》，自壬③辰歲二月起，至洪武三十一年閏五月止，凡二百五十七卷，共計七十三本，裝潢成帙，共爲八套，進呈御覽。謹題以聞。"

二十九日丁未，以祭告太廟祧廟收回脯醢果酒，頒賜輔臣等三卓。

① 已 "已"當作"巳"。

② 録 通行本、明抄本皆作"祿"。當作"録"。

③ 壬 明抄本作"任"，誤。通行本改作"壬"，是。

萬曆
十七年

萬曆十七年正月己酉，朔，以日食免百官朝賀。

以正旦令節，賜輔臣上尊珍饌。

二日庚戌，大學士申時行等題："恭遇元旦令節，禮當慶賀，伏奉聖旨：'上天示警，正當痛加修省，賀儀着暫免。欽此。'仰惟皇上克謹天戒，特免常儀，臣等仰體聖心，同加修省，不敢於本日稱賀。但臣等備員輔弼，受恩深厚，與在廷諸臣不同，犬馬私衷不能自已。臣等謹於今日恭請① 會極門行五拜三叩頭禮，稱祝聖壽，以少伸臣子慶忭② 之誠訖。謹具題知。"

二十二日庚午，大學士申時行等題："爲日講事。先該臣等題，每年開講日期俱於正月上旬，今歲於祭祀之期有礙，節假以後即係下旬，容臣等於二月上旬另擇日恭請皇上開講，以後接續日講。奉聖旨：'是。欽此。'今將屆朝，臣等謹擇二月初二日吉，恭請皇上臨御講筵，照常日講。伏乞聖裁。謹具題知。"得旨："是。"

二十三日辛未，上視朝。

是日，六部、都察院、科道衙門糾劾來朝官員，奉旨："你每説的是，且都饒這遭，着回任用心供事。在外的行文與他每知道。"

是日，大學士王錫爵奏："爲無端爲子蒙疑大辱國體乞賜先行罷斥以公試典事。該臣昨日在閣，接得禮部郎中高挂揭帖一紙，內稱摘發順天鄉試中式可疑者八人，其第一名玉③ 衡，係臣之子，人情疑信相半，要將臣子同茅一桂等覆試，以明心迹。夫茅一桂等之卷，臣未及見，不知文理果是如何。知子莫若父，臣男之才不才，臣知之矣。果才耶？而臣爲④ 曲避嫌疑，是以鬼魅待世界也。果不才耶？而臣爲之營求進取，是以盜賊自待也。故高桂權衡疑信之間，請但行覆試，爲臣解疑，而又稱臣子之多才，可以自致青雲。則其愛臣⑤ 甚，而不知臣男亦不爲

① 請 "請"當作"詣"。
② 忭 明抄本誤作"汴"。通行本改"忭"，是。

③ 玉 "玉"爲"王"之誤。
④ 爲 據《王文肅公文集》卷三三"爲"下有"之"字。
⑤ 臣 明抄本"臣"下有"已"字。通行本刪此字，誤。

萬曆起居注

①而不知臣男亦不爲深矣　據《王文肅公文集》卷三三，此句當爲"而其知臣男亦不爲不深矣"之誤。

②幄　"幄"當作"握"。

③頗　明抄本作"顧"。通行本作"頗"，誤。

④治　明抄本作"治"。通行本改"冶"，是。

⑤籍　明抄本作"藉"，通行本作"籍"。

深矣①。然臣顧反而思之，臣男試則當試，疑則不當疑。夫科場之事所以紛紛至今日者，壞之自張居正始。然必當居正之時，皇上冲年，盡委之國柄，處居正之地，百官之命，盡懸之掌幄②，而後可以頤指考官，無不如意也。乃臣碌碌贅員，權勢不能及居正萬分之一，而臣男中式名次，反在居正諸子之前，不知考官媚臣至此，將何以望臣？又將以何德哉？臣雖不才，素服先臣清白之訓，所生一兒，祗今二十九歲，日夜提耳教之，頗③誠冀少立身名，粗傳弓治④，而不圖更以臣官爲累也。世語悠悠，何至此極？見今雖幸有覆試公典，上可告天日，下可明臣心。乃臣之所隱衷疾首者，堂堂清朝，明主臨之於上，而謂在廷無一可信之輔臣，輔臣無一向上之子弟。臣則已矣，臣男亦已矣，獨奈何輕朝廷、辱天下之士如此哉？臣竊羞之，竊痛之。古稱世臣，社稷之衛。即今我朝二百年來，大臣子弟彬彬取高科膺仕。當世不以爲嫌，何獨至臣等，必欲盡錮其讀書應舉之途，流言蜚語，使天下謂老成決賤於少年，委巷決公於朝論？此豈太平景象也？臣竊憂之，竊危之。又臣見諸司章奏，皆滌慮專思、反覆再四而後上，其間尚多訛謬，何況草莽章縫之士，風簷千萬言中，而必責其一字不訛，一語不苟，而後爲無弊，此孔、顏復生或能之，臣不能也。然則富貴子弟，生於今日，捨蛩蛩然囊酒飯、守妻子之外，無路可自免者矣。臣又竊苦之，竊憐之。今高桂謂科場壞盡，臣亦謂士風、國體壞盡，有志之士將來斷有掉頭發憤，恥由是途以進者，而臣等閣臣與考官，將來斷有不敢可否一事，去取一人，以避狗鼠盜賊之嫌者。但臣自是山中無用之器，不合誤膺國爵，臣男自是乳下未離之樸，不合誤投臣胎，而臣之先臣又不合教臣男讀書應舉，以致今日無端受辱至此。皇天在上，后土在下，臣亦何顏可以齦齦瑣瑣，苟恬榮利？重使書生弄其文墨，妻子嗤其苟賤，不亦辱乎？伏惟皇上先年本以行誼召臣，則在今亦必以不欺信臣。趁此覆試未行之日，先將臣罷歸田里，使嘵嘵者更無可籍⑤口，而後復試之典始公，覆試之論始定。臣男之或黜或留，臣總當率之見先臣於地下，必無愧色。皇上慎毋再爲臣體面計，而不爲臣生平計也。臣不勝籲天泣血愧苦唧控之誠，爲此奏聞，伏候敕旨。"得旨："卿當世人望，心事明白，衆所共知。卿子爲舉首，原無別議，豈待覆試而後明？宜速出贊襄，以副朕懷。該部知道。"

是日，大學士申時行奏："爲庸劣招疑有愧重職乞賜休致以全晚節事。臣在閣辦事，接得禮部郎中高桂揭帖《爲科場大壞欺罔成風懇乞聖明大奮乾斷等事》，內稱順天府中式舉人鄭國望等字迹文義可疑，欲通行議處。至於指斥考官，有'勢在從勢'、'因親及親'等語，則微詞隱諷，意在於臣。蓋因內一名李鴻，原係臣婿，今臣女已亡，鴻已別娶，人猶不知而疑之，若謂考官以臣之故有意收錄者。臣不勝驚愕。近年科場之事，議論繁多，法令嚴密，天日在上，非惟不敢行私，亦有不得而私者。李鴻原卷具在，是否堪中，一字筆誤，是否關節，硃卷搶失，是否作弊，臣一聽於公論，不敢干與外，惟是疏中稱引往事，似以一丘之貉疑及於臣，臣非木石，豈得佯爲不知，偃然在列？臣之不肖，自受事以來，心知畏慎，事皆歛縮，與前要寵擅權者不同。考官黃洪憲、盛訥皆講僚詞臣，素有時望，與前人趨炎附勢者不同。況婿之與子，親疏自別。臣男舉人，兩科不令會試，其避嫌至矣。若婦翁在位，女婿不許應舉，則自有科場以來，無此禁例。如欲自保祿位，絕人進取，此則大不近於人情，臣不爲也。夫大臣居位，能奉公守法，自信於心，不能使人必信，獨念爲世路險傾，人情變幻，在混濁之際，則皆噤口結舌，以私爲公，當清明之時，則又吹毛求疵，以真爲贋，將使賓興之役，日爲禍穽，人皆懼而思逃，密勿之司，視爲射的，人益輕而肆侮，如公道何？如國體何？緣臣行能淺劣，望實輕微，叢謗招疑，固其自取，若不見幾引退，無以杜塞人言。除李鴻聽候覆試處分外，伏望皇上允臣休致，使得優遊田里，歌詠太平，臣去有餘榮，死且無憾。不勝激切懇祈之至。謹具奏聞。"得旨："卿以忠慎無私，表率百官，朕久鑒知，有何嫌疑，輒自引避？機務繁重，宜即出輔理，豈可因小臣影響之言，使朕失信任大臣之體？慎勿再辭。該部知道。"

二十五日癸酉，大學士申時行等奏："爲懇恩覆試以昭公道事。昨該禮部郎中高桂論奏科場事等情，奉聖旨：'這草藁不全，事在簾外，硃卷混失，事在場後，字句訛疵，或出一時造次。有無弊端，着該部科一併查明來說，不必覆試。自後科場只照舊規嚴加防範，毋滋紛紛議論，有傷國體。禮部知道。欽此。'除有無弊端，聽候該部查明覆請外，惟免覆試一節，臣等猶跼蹐不安。夫兩京各省解到試卷，發部科看詳，原係題奉欽依事理。今禮部司官不糾摘南京各省，而獨摘順天，不通摘三場，而止摘字句，殆有深意。即謂字迹可疑，文理紕謬，及疑信相半，則必待會官覆試，而後有無真僞，耳目難掩，果紕謬可疑，則當嚴行黜革，使知朝廷無可逃之法，果非紕謬，果無可疑，則當明示存留，無使諸生抱不白之冤。然後行法公平，持論歸一，臣等之心事可白，諸人之疑謗可杜。揆之法體，亦當如此。若但徼聖慈寬宥，免行覆試，則在皇上祇惜輔臣之體，而屈法以施恩，臣等祇爲文飾之詞，而僥幸於苟免，將使疑者愈衆，而言者無休時，臣等惟有以去而已。伏望皇上特賜宸斷，敕下禮部，會同都察院及科道官，公同覆試，以彰公道，以息羣疑。臣等無任激切籲懇之至。謹具奏聞。"得旨："卿等懇請覆試，具見公慎。高桂本內有名舉人，着部便會同都察院及科道官，當堂覆試，看閱具奏。錦衣衛還差官與高桂一同巡視。"

二十六日甲戌，大學士王錫爵奏："爲辱國具臣不堪鞭策再乞天恩放歸田里以全廉恥事。伏念祖宗簡置內閣之臣，所使表正羣寮，平章萬務。皇上不以臣之不才，擢在此地，四年於茲，雖非其人，然朽株腐槕，業已責黃於梁柱之間。皇上重臣，臣何忍不自重？所以父子相爲師友，臣一言差錯，惟恐臣男之知，而臣男一步跛倚，亦惟恐臣之知，臣母每戒臣父子青①望之過，而不知其激於君臣遭際之奇也。使直道果行，人心相信，則臣雖學叔向薦子，亦有何憨？而近者臣男偶然一雋，臣酹酒先臣之前，而訓之二事：一、莫忘家教，如先臣之教臣，先鄉行而後世名②。一、莫辱知己，如臣之事座主馬自强、翟景淳，重

①青　據《王文肅公文集》卷三三，"青"爲"責"之誤。

②世名　據《王文肅公文集》卷三三，"世名"爲"名世"之誤。

道義而疎禮節。當時了不憂人間嫌忌之事，以世非鬼蜮，人有秉彝，斷無謂貞女淫者。今突然出一高桂，既稱臣子之多才，乃偏不分臣之有才子，既稱人情疑信相半，乃偏不從其信，而後其疑，將臣信口估價，信乎①調籌。此明知臣平日氣高，欲以激怒臣而逐臣。然聖志自明，臣男亦自有覆試公案，臣何怒之有哉？獨念臣男之被疑爲臣，臣之蒙恥爲官，而先臣因教臣男，以榮爲辱，考官因取臣男，以分②爲私，推本所由，皆臣入山不深，見幾不早之咎也。臣被召以來七疏乞骸，皆以上恩不能引決，以至辱國、辱親、辱身、辱子，而又復依依，則稚子弄臣影，卒徒笞臣皆③，莫不有詞，而臣男亦安認此不識羞恥之父爲已？臣嘗竊歎，方今功利薰人之心，機巧刺人之骨，鱗甲被人之面，實欲以狗馬未盡之年，幸上之饗臣，懸的後生，首抑奔競鑽刺之路。而今身爲耐彈之綿花，名籍乞墦之丐子，臣雖復留，不但一籌難展，而張居正地下之靈，亦將有戟手反唇、借臣以爲口實者。臣以此自甘暴棄，必不可留，惟望皇上開天地之心，亟放臣奉母還鄉，以全晚節，臣雖死之日，猶生之年。不勝痛哭流涕愧苦哀祈之切。爲此，謹具本奏聞，伏候敕旨。"得旨："卿清望直節，朕所倚信，覆試已從卿請，公論自明，豈得以小臣妄言，懇詞求去，負朕特簡至意？宜即出輔理，慎勿又辭。吏部知道。"

二十九日丁丑，大學士申時行等題："今日恭遇聖母仁聖懿安康靜皇太后萬壽聖節，奉旨免朝。臣等備員輔弼，受恩深重，與外廷諸臣不同，犬馬之忱，不能自已，謹赴會極門行五拜三叩頭禮，以少伸祝願之誠訖。謹具題知。"

賜輔臣三臣上尊珍饌。

①乎 通行本作"乎"，誤。明抄本作"手"，是。
②分 通行本作"分"，誤。明抄本作"公"，是。
③皆 據《王文肅公文集》卷三三，"皆"爲"背"之誤。

萬曆起居注

二①月戊寅，朔。

二日己卯，上御文華殿講讀。

六日癸未，大學士申時行等題："制敕房辦事管典籍事禮部主客司郎中兼司經局正字何初，近因患病，註籍調理，原管職務，難以久曠。請以誥敕房辦事試中書舍人王國棟管典籍事。其何初准令回制敕房辦事。"奉旨："是。"

七日甲申，以禮部右侍郎兼翰林院侍讀學士田一儁、翰林院侍讀馮琦，充經筵講官，禮部祠祭司員外郎管曲籍事吳果，充寫講章官。

以祭三皇於景惠殿收回祭設，頒賜輔臣三卓。

是日，大學士王錫爵奏："為辱子心迹已明不願會試乞恩退回廕籍因陳愚論以雪士冤以維世道事。臣伏惟臣男衡，學未成章，謬辱高桂多才之許，今覆試卷發下，見經多這，會擬第一，皇上欽准存留會試，臣之心迹明矣。顧念祖宗二百年來，輔臣子見疑而覆試自臣始，祖宗二百年來，北京解元見疑而覆試自章禮與臣男始。臣老且入地，揶揄踐踏，總自甘心。若臣男未離赤子，而一旦使班於章禮權門狗盜之列，此為誰辱？而臣又可使再辱乎？然覆試且就，而會試不就，則少年又以為避讒畏譏，徒中其阻辱忌媢、一網打盡之計，而形容得人情世界偪側蕭條、塵霾澒洞至此，此臣之所②不能甘也。若狼狽忍辱，苦求一第，則科目愈貴，臣等愈賤，讒夫更以為無恥之笑臣，考官且以為不祥③而避臣，又臣之所不能受也。連日思之再三，為兩全之計，一面遵旨令臣男照例納卷，不敢以感憤意氣為諸生倡④，一面令臣男稱疾罷試，以為今日乞恩張本。夫臣男本係官生，縱不中第，將來亦得二品蔭官，借階尺寸，儘堪自立，何必科場為妙選，翰墨為高勳乎？古人貲郎筦庫，尚有鱗次取卿相者，豈有任子世官，偏不堪作養之理？伏望皇上特允臣奏，將臣男退回蔭籍，候坐監歷事滿日，照資量授一官，別圖補報。

① 二 "二"上當有"萬曆十七年"五字。

② 所 明抄本"所"下有"以"字。通行本刪此字。

③ 祥 明抄本作"詳"。通行本改"祥"，是。

④ 倡 明抄本作"倡"，是。通行本誤作"但"。

如此，則青天白日何鬼可迷？廣陌長衢，何路可阻？使天下謂皇上受臣以德不以官，以心不以迹，謂臣之抑子以意氣，不以嫌疑，於國體未甚辱也。然臣又有一說。臣男既就別途，則考官自無嫌可避，而臣身在事外，亦自可昂首伸眉，極談科場之事。夫文章自古號無憑據，彼亦一是非，此亦一是非，雖前輩名家，各持堅白，尚未識真是真非所在。乃今新進初學之徒，反公然據堂上之坐，家立一門户，人操一斧斤，以經史故實字句小訛，盡被之關節至醜之名，無事可指，無人可證，以此求服人心，難矣。而又必欲以此求入人罪，則幽不有鬼神，明不有公論乎？夫考官惟患其專弄程文，不親校閱，而今搜及落卷，便爲舌端，名桂①勢家，遂當穀觫。則何不盡廢科場，使一二唱籌點名之吏，信手拈閱，掩日②射覆之爲公且當乎？又何不盡驅天下士子，使投筆從軍，入錢補吏，尚可以顯功名於天下乎？國家養士二百餘年，而士之遭際至此，此亦因近時不才大臣與輕薄文士有以自取之。然盜賊、良民原非同類，文體關節自是兩途。如朝廷欲懲張居正之覆輒③，則真贓實犯不惜重處，欲復弘治以前之文體，則僻字險語量行戒飭，人誰得而議之？豈可因噎廢食，以目疑心，盡誣天下清白之士，書奪翰林文字之權，盡行讒口羅織之謀，盡枉科目英雄之穀，使堂堂天朝，皎皎白晝，而開告訐之門，起莫須有之獄？臣誠不曾見自古有此淳美風俗、治安世界也。昨者覆試卷發下，三臣細閱，多官所擬亦通，第八卷文從理順，正合禮部新行文式，而高桂苦爭，置之劣等，都御史吳時來但付之長歎，而不敢執，禮部堂上官且爲之解紛而不能主，即此景象，已不成紀綱。臣爲一身父子則當忍，爲國家大體則當爭，所以昨日先擬輕處高桂，不敢遺皇上拒言之名，而今日始進其謷言，欲少捄下斯文之厄。伏望皇上敕下各該衙門，虛心評議，要見朝廷論官，當從臣等老成恬退之教，當從蘇張范蔡片言捷徑之謀？科場論士，當信衆目衆耳聞見之公，當信無形無影暗昧猜疑之口？士風幸甚，世道人心幸甚。爲此謹具本奏聞，伏候敕旨。"得旨："卿心迹既明，不必過於退避。奏內科場事宜，着吏、禮二部會同看議了

① 桂　明抄本作"挂"，是。通行本誤作"桂"。
② 日　明抄本作"目"，是。通行本誤作"日"。
③ 輒　"輒"當爲"轍"之誤。

來説。"

八日乙酉，大學士王錫爵奏："爲恥與讒口争勝乞容避位以聽公論事。該臣昨日具疏，爲乞恩改蔭，因而少效愚忠，頗關世道，方候旨間，接得刑部主事饒伸揭帖《爲邪臣朋奸欺君徇私減法懇乞聖斷以培公道以快人心事》，大意主高桂之説，而其攻臣猶①力。如云爲人飭非疵②黨恃勢，則高桂尚未忍以此加臣，而伸且攘臂而攻矣。如云輔臣子一第不足爲重，居然舉首，則高桂尚在疑信之間，而伸且指名而坐矣。此臣狹量戇口麤心浮氣之所招，伸之責臣殊乏相度，臣實無詞。至以科場私弊天不容地不載之事，而取證於臣祁奚舉子之一言，以前年考察有議原係本堂同鄉尚書舒化之公舉，而反歸怨臣等，以爲排擠忠臣賢士，似此無影而射，不風而波，理之支而難通，詞之泛而不切，明是賈堅争言，脱空白賴之語，臣羞與之辯，而亦不足辯也。惟是人臣之惡，莫重於欺君，大辟之刑，莫嚴於奸黨。臣一生砥礪，垂老遭逢，何至狼狽瓦裂不能成人如此。伏惟三光百神，豈無靈鑒？人心天理，豈盡陸沉？我皇上九重明見萬里，目前豈憂豐蔀？顧臣之所信者子，子③之所信者科場，科場所信者覆試，至於覆試不足信，而臣之舉頭觸穽，置足無所，礙臣者不去不安，言臣者不去不止矣。即以臣之自計，而曖昧無根之謗，不去不明矣。臣聞自古正人指邪人爲邪，邪人亦指正人爲邪，君子以朋黨二字屏小人，而小人亦以朋黨二字傾君子，此是非疑似之間，不容毫髮，惟君子易退而正人不辱，則有可以自信者。伏望皇上憫其戇直之性不便後生，察其危苦之誠難期末路。先將臣罷歸田里，然後以饒伸所論事情明白體勘，使少年之意氣既平，則舉朝之公論漸出，而臣出山以來有無妬賢嫉能，是否附下罔上，皆昭然於天日之下矣。臣不勝疾痛慘怛呼天待罪之至，爲此，謹具本奏聞，伏候敕旨。"得旨："卿忠貞直亮，世所共聞，覆試既明，心迹已白，豈可以小人浮言求退？宜即出輔理，慎勿再辭。吏部知道。"

①猶 明抄本作"尤"。通行本作"猶"。
②疵 通行本誤作"疵"。明抄本作"庇"，是。
③子 明抄本無此"子"字。通行本增此"子"字。

九日丙戌，大學士申時行奏："爲尸位日久蒙訽滋深懇恩特賜罷免以全臣節事。本月初七日，臣在閣辦事，接得刑部主事饒伸揭帖一本。内論科場事情，大抵主高桂之説，蓋以科場爲不足信，而謂之私弊，又以覆試爲不足信，而謂之奸欺。其於歷詆大臣，詞尤峻激，至臣則不指其名而列其事，若以臣爲勢高故人皆趨附者。臣惶愧無措，即欲待罪出閣，緣臣錫爵已乞避位，臣國典試入場，閣中事務，無人辦理，以故臣戴罪領職，忍恥待命。既而反復思維，則有不能自安者。臣之不肖，承乏内閣十有二年，即爲二臣穰秕，列在顔行，亦七年矣。如臣果欺公蔑法，則事皆有弊，何必科場？臣果作弊營私，則人皆可指，何待今日？然數年之間，幸免重劾，苟逭嚴誅，則皇上有所以知臣，士大夫有所以信臣者，不遂以爲不肖而棄之也。臣方忝竊在位，見謂勢高。然人所趨附者，或擅作威福，可以頤使百司，或巧説智數，可以籠駕豪傑。而臣皆無之，予奪聽於聖明，事權歸之部院，臣謹奉繩墨從事而已。人之趨臣附臣，欲以何利？且如都御史吳時來嘗論嚴嵩，以風節矯矯負天下之望，内外交章推轂，而後起之田野，置之巖廊，其功名足以自致，今又附臣，欲以何爲？夫伸，刑官也，假令鞫問罪人，亦必真贓實犯，衆證明白，而後以律例斷之，未有深文故入，鍛鍊成獄者。兹不信士子之文字，而以影嚮之疑執爲私弊，不信衆人之耳目，而以僉同之議目爲奸欺，言出小臣，則字字皆實，事由大臣，則人人皆邪。如此而曰公論，曰義憤，欲以莫須有報天下，臣竊以爲未也。今多官覆試已畢，該部查勘已明，有無私弊，是否奸欺，下有公評，上有宸斷，臣何敢嘵嘵置辯，如賈豎女子爭言，失大臣之體？惟是邪臣者，天下之公惡，欺君者，人臣之大僇，如伸以是目臣，則當肆諸市朝，投諸魑魅，以快天下之公憤，況可以居密勿之司，任心膂之寄乎？臣不去，無以謝言者，皇上不聽臣去，無以昭至公。伏望聖恩特賜罷免，別選正直無邪、忠實不欺之臣，使贊機務，則皇上有任賢去邪之明，臣亦免妨賢病國之罪矣。臣無任惶悚待罪之至，謹具本奏聞。伏候敕旨。"得旨："卿負贊多年，忠誠貫日，矢心爲國，

① 諸　明抄本作"請"，誤。通行本改正作"諸"。

② 抵　明抄本作"祇"。通行本改"抵"。

朕久鑒知，豈可因小人妄言，輒欲求退？閣務至重，即宜輔理，慎勿再辭。吏部知道。"是日，時行於私家待命，不敢入，文書官仍以諸①司章奏送票。時行對言："臣已具疏乞休，不敢與聞機務，惟上親裁。"因以原發章奏封進。上驚問左右，曰："閣中竟無一人耶？甚非國體。"乃手批時行、錫爵疏，而特處饒伸。時已日暮，三疏併下，皆出宸斷云。

　　十日丁亥，大學士申時行謹題："臣以奉職無狀，素行不孚，致被訛誣，恩干天聽。昨者待罪乞休，豈不知葵藿傾陽，犬馬戀主，而敢仰辜恩眷，自便身圖？良以小臣見攻，危言踵至，不獨關臣等之去就，而實係國體之重輕，是以席藁杜門，俯躬待命。仰惟皇上，神明離照，剛斷乾行，念臣夙有微勞，特加優獎，察臣素無顯過，不即棄捐，仍罪小臣，以全大體，使樞機之地頓起榮觀，樗櫟之材，再霑恩露。臣感深雪涕，義激銘肝，即使糜骨捐軀，莫能報稱萬一。緣昨日抵②暮奉旨，不及報各廷謝，而閣中事務無人辦理，臣又不敢偷逸私家，妨廢職業，已先行到閣，照常辦事。容即日赴鴻臚寺報名，次日於午門前補謝外，謹具題恭謝以聞。"

　　十一日戊子，大學士申時行等題："為懇乞聖明薄罰小臣以博聖恩以慰人心事。該刑部主事饒伸奏《為邪臣朋奸欺君等事》，奉聖旨：'科場之事，屢經各官條議，積弊已革，王衡等又經覆試，若有弊，同閱科道豈無言者？饒伸這廝，出位妄言，排擊大臣，刁污輔相，好生無理，顯是黨護高桂，朋奸逞臆，甚失國體。饒伸著拏送鎮撫司，究問朋黨主使來說。欽此。'臣等聞之，不勝兢惕。竊謂朝廷有大體，天下有公論，皇上優禮大僚，不欲令狂妄小臣排擊刁污，所以全大體也。若臣等待罪輔弼，一舉一動，人皆知之，如果奸邪欺罔，即寂無人言，不能免天下之公非，如實非奸邪，本無欺罔，即伸等一二輩醜語相詬，亦不能淆天下之公是。臣等以國家之公身，付之天下之公論，惟願一雪誣枉，少白臣等之心，不敢尤懟言者，益重臣等之過也。前日高桂所言，已經多官覆試，禮部覆查明白，臣等猶以其風聞誤信，似無成心，故力勸同官臣國從輕擬票。今饒伸狂妄，與桂不同，又蒙宸斷親裁，聖怒有赫①，臣等亦豈敢仍事姑息，曲爲祈免？但饒伸所誣，止是臣等，未嘗言及乘輿，即使薄從降處，亦足以懲警妄言矣。至於詔獄考究，不無過重。皇上爲臣等震怒，則衆情不服，必移怒於臣等之身，饒伸以臣等得罪，則人情愈疑臣等，反爲饒伸分罪。是以冒昧乞恩，伏望聖慈將饒伸止從降調，免行鎭撫司究問，則聖度寬容，等於天地矣。臣等不勝懇切祈望之至，謹具題以聞。"得旨："覽卿等奏，悉見優量。饒伸誣謗大臣，撓亂是非，因②加重處，以重國是，以存大體，何足申救？卿等所奏，朕知道了。"

是日，大學士申時行題："今日該文書官李浚口傳：'聖體偶因動火，明日暫免經筵。欽此。'臣犬馬下情，不勝瞻戀。竊惟春令方中，正萬物發生之候，陽明用事，亦火邪易熾之時。必須葆固元神，乃可導迎和氣。伏望皇上順時調攝，加意節宣，茂臻康豫之禧，永介恆升之祉。臣不勝祈望懇切之至。謹具題恭候萬安。"

十二日己丑，大學士王錫爵奏："爲受知受察愧苦難勝四③乞天恩俯容休致以免再辱事。該臣昨又以主事饒伸論及，懇求避位，奉聖旨：'卿忠貞直亮，世所共聞，覆試既明，心迹已白，豈可以小人浮言求退？宜即出輔理，慎勿再辭。吏部知道。欽此。'臣山林之朽樗，時俗之方枘也。而所犯者少年不可測之怒，所蒙者曖昧不可聞之言，皇上深居九重，何以知臣之必是，人之必非？而肝膽之孚，乃逾於目見，君臣之信，有過於曾母，臣受知受察，且感且慚。因自念出山一場，不曾効得分毫之報，而節年既以乞休稱病，蒙皇上眷留，今日又以啟侮招非，動皇上震怒，此皆臣薄福之所不能消，萬死之所不能贖者也。至此而尚爭意氣，倖倖求歸，天地間豈有此負心之人哉？願明旨謂臣忠貞直亮，衆所共聞。夫不欺之謂忠貞，而欺至於關節，極矣，不阿之謂直亮，而阿至於朋黨，極矣。以極惡之事，出在

① 赫　明抄本作"嚇"，通行本改"赫"。

② 因　明抄本作"固"，通行本改"因"。

③ 四　明抄本作"肆"。通行本改"四"。

廷極近之口，而望世人共聞，爲臣解疑，此臣之所爲愧且苦也。臣又有大愧大苦者。夫閣臣之職，謂之代言，今臣等雖兢兢守署，一聽威福於上，而密勿調停，其事隱，詔令傳布，其迹彰。如饒伸之旨，皇上霆轟電照，超然發中，而臣等連次懇救，竟未賜允。如此等事，外廷豈盡知者？恩怨之地，事事可爲讒端，官府之情，人人不可户說。猝有横空鬼矢，射影蟲沙，更循前日之轍，則臣尚可與聞一事，與論一人乎？此臣之大愧大苦一。皇上先年本以直道知臣，而臣今亦以直道報主，事有獻替，彌見交孚，語及箴規，乃成一德，此微臣一時之遇，實青史萬年之光。而人情喜事，或反有以爲蹈瑕抵隙、奇貨可居者，臣雖復留，終不忍懲羹而吹，遂負天地，竊自恐將來草木之皆兵，風波之更劇，此臣之大①愧大苦二。臣於去年，爲臣母憂疾，已決告歸之計，會舊寮臣家屏新起未至，束裝以待，正欲有言，而婁斐已及其躬，殆辱且遺之母，爲臣不才，爲子不肖，此臣之大愧大苦三。伏惟聖恩垂眷，豈有終極？保全禮遣，即同慰留。且妄言者既未見矜原，則被言者又何顏苟禄？臣之區區至此有萬不得已者，敢再乞犬馬之身，仰累始終之造，臣不勝感激恩知、哀祈誠懇之至。謹具本奏聞，伏候敕旨。"得旨："卿爲朕股肱，倚毗特重，若以讒口底誣，堅欲引退，甚褻國體。宜即出輔理，以副眷知，毋得又有所陳。吏部知道。"

十三日庚寅，大學士王錫爵題："該臣昨蒙溫旨慰留，感激具疏，欲再有陳請，會聞饒伸見拏鎮撫司打問，天威不測，乃先同首輔時行連名具揭伸救，庶幾伸得末減，而臣乃可別議去留，此臣之私，亦所以爲國體、爲同官也。不意今日旨尚未下，而都御史吳時來適又送到救伸揭帖，内稱皇上發怒似專爲臣，臣流汗戰慄，不能自已。夫伸疏攻臣雖力，而臣三復其指，乃專以相度不弘坐臣之罪，以爲人飭非摧臣之口，若言及科場、畢竟不能摭一事實，則其本心自明，天理自在，臣且恥與人争辯矣，而皇上又何必爲②臣發怒乎？臣等昨日連名揭中，寬解聖心，折衷伸罪，其言已盡，其法似無可加者，惟皇上幸霽威

① 大　明抄本無"大"字。通行本增此字。

② 爲　明抄本無"爲"字。通行本增"爲"字，是。

而聽之。臣奇偏之賦受，既下戾於物情，危敗之魂魄，又上驚於聖怒，靜言三思，真無死所。皇上今日但知臣、信臣，則自可以愧伸等之言臣者，而臣之今日但求皇上之心安，則臣之身亦安矣。臣不勝感激誠懇之至。"

十八日乙未，大學士申時行謹題："近該主事饒伸詆斥臣等，臣等具疏求退，荷蒙聖恩温諭勉留，且譴責言者。仰惟皇上至仁至明，爲國家定公是，爲閣臣存大體，德意甚盛，臣雖捐軀糜骨，無以仰報鴻慈於萬一。但鎮撫司本封進數日，未奉處分，猶是臣等未了公案。臣欲退而俟命，則閣中無人，不敢偷安。欲照常辦事，則未測聖意，不勝惶恐。臣連日以來，進退維谷，寢食不寧。伏望皇上特垂宸斷，俯從臣等初請，將饒伸輕處薄罰，早賜發行，則臣等之事始結，臣等之心始安，而臣亦不敢以退避私情屢干天聽矣。臣無任激切懇祈之至，謹具題以聞。"

十九日丙申，大學士王錫爵奏："爲母病身危五乞天恩容令休致以全骸骨事。臣自被言乞休，已連上四疏，詞已煩而可厭矣，而皇上爲之洗雪盗名，表章公論，温旨嚴諭所加於臣者，亦且極其隆重諄篤，而無復可再瀆之理矣。先是科場議興，茫如捕影，一時賢士大夫知臣愛臣之説，有以爲當如歐陽修之於蔣之奇，力求追究事因者，又有以爲當如文彦博之於唐介，一切引咎不辯者。以臣觀之，則言者既無事可追，而臣亦無咎可引。今磨稜國是，以外博長厚之名，裂眥人言，以陰行報復之計，此男子青天白日心事，皆所不爲也。臣以此自信於皇上，信於士大夫，何必一去以爲高，累疏以聒聽哉？顧臣母子身命見在危苦，去年假給①疏中，已略引其端矣。彼時所以未即引退者，徒以家門私故猶可理遣，朝來無譁尚恬色養。今則聖主爲臣等而動威，諸司爲臣等而聚訟，臣母雖在病中，每夜必索邸報觀之，問臣高桂之謗何自而興？饒伸之獄何久不解？而臣不能對也，則但有母子孫相持飲泣以思先臣，累息愧汗以懺宿

① 假給　據《王文肅公文集》卷三三，"假給"爲"給假"之誤。

業已耳①。夫臣之出山與男臣②之應試③，上則爲君，下亦爲母。今母驚爲臣，母憂爲臣，連日以來，一盂之食必三噎，一夕之夢必三魘，此其爲年老七情之證無疑，臣之寒心慘骨，何恃而能不危哉？又④人親壽夭盛衰雖有天數，然必使身處安地，耳不聞惡言，則子孫之情，可以一切任命而無憾。若内憂纏其念，外侮辱其名，猝有風露不測之虞，則隱忍一時，悔恨萬世，蒼蒼者誰復爲臣分責也？臣今愧情方集，血氣都平，再不敢及毁譽一字，惟是區區念母私衷，天知、地知、母知、子知，而一身犬馬疾痛，自頂徹踵，亦恐侍母之日短矣。伏望皇上早賜放歸，保全臣母子二命，臣誓以終身一坐不敢背闕，一飯不敢忘君，明明天日，表臣此心而已。臣不勝情苦聲嘶、百叩哀切之至。謹具本奏聞，伏候敕旨。"得旨："卿累疏求去，已屢旨勉留，如何又有此奏？朕眷知特至，豈憸人妄言所能淆惑？着鴻臚寺官宣諭即出，以副至懷。吏部知道。"

二十一日戊戌，大學士王錫爵奏："爲恭謝天恩事。該臣昨以母病身危，五疏乞休，奉聖旨：'卿累疏求去，已屢旨勉留，如何又有此奏？朕眷知特至，豈憸人妄言所能淆惑？着鴻臚寺官宣諭即出，以副至懷。吏部知道。欽此。'臣聞命自天，措躬無地，已於私家供設香案，望闕叩頭訖。伏念臣碌碌凡庸，硜硜狷狹，身欲修而人不信，名未立而謗已隨，止棘青蠅，愧屢煩於曲照，依巢烏鳥，恐再及於危機，爰抒至懇之誠，冀枉蓋高之聽，而温綸續被，命使專臨，收之三釁三浴之餘，示以勿貳勿疑之信，遺簪在御，真以辱而爲榮，駑馬當軒，庶策功而補過。臣唧恩刺骨，引義激衷，必不敢偃蹇以虚至懷，亦何所退怯以避浮議？偶緣病腦，暫阻趨朝，除另日報名廷見外，爲此，謹具本恭謝以聞。"得旨："覽卿奏謝，朕知道了，禮部知道。"

二十五日癸酉⑤，大學士王錫爵題："臣近者再及謗書，五申辭款，既有悉腹心之遇，且自覺言語之煩。荷蒙皇上屢旨慰

①已耳 明抄本作"耳已"。通行本作"已耳"，誤。
②男臣 "男臣"當作"臣男"。
③試 明抄本作"舉"。通行本作"試"，誤。
④又 通行本作"又"。明抄本作"凡"。

⑤癸酉 "癸酉"當爲"壬寅"之誤。

留,專官宣諭,臣不一感激,不勝惶恐。理當聞命疾趨,用圖補報,偶緣連日積憂傷肺,衃血支離,心雖切於瞻依,力未堪於拜起。茲調理差愈,勉於本日恭詣午門外見朝,隨赴閣辦事。風波末路,矢方寸以猶丹①,環草微酬,畢此生而未已。謹具題以聞。"

① 丹 明抄本作"舟"。通行本改作"丹",是。

三①月戊寅②,朔。

四日辛亥,以誥敕房辦事試中書舍人管典籍事王國棟、鴻臚寺序班劉世隆、補制敕房辦事,史館謄錄試中書舍人許綱、王益、鴻臚寺序班羅萬英、史鑑,補誥敕房辦事。

八日乙卯,以司經局洗馬管國子監司業事余孟麟,陞南京翰林院侍讀學士,掌管本院印信。

九日丙辰,大學士申時行等題:"今日該文書官李文輔口傳:'皇上一向動火,聖體酸軟,龍音不清,因少出朝,起數積多,不耐久勞。欽此。'臣等竊見連日以來,每遇朝期,多從傳免,久不奉睹天顏,下情不勝瞻戀,正擬敷陳微悃,恭候起居,今適有此傳諭,臣等始知聖心兢業,非無勤政之思,祇以幾務繁勞,恐失珍調之節。臣等犬馬私願,伏望皇上順時保護,加意節宣,茂臻康豫之禧,以慰臣民之望。謹具題恭候萬安。再照謝恩、見辭人員,應合候面者,除陞任出京等項,已奉有明旨,各遵行外,其在京陞授例應面恩者,如候過免朝三次,似應令其具本奏知,不必再補,庶起數不至於壅積,而聖躬亦免於久勞。自茲玉體康寧,可以如期視事,照常聽講,不惟廷臣得遂瞻仰之懷,儒臣得效開陳之益,而臣等備員輔導,亦竊有光榮,不勝慶慰矣。謹擬傳帖一道進覽,乞諭鴻臚寺遵照施行,謹附奏以聞。"是日,傳奉聖諭:"說與鴻臚寺,朕近因動火免朝,起數積多,今後在京陞授等項官員應面恩的,如候過三次,着具本奏知,不必再補。"

十五日壬戌,殿試禮部中式舉人。制曰:"朕惟自古帝王立綱紀移風易俗,一稟於禮法,使尊卑有等,上下相承,然後體統正於朝廷,教化行於邦國,所以長久安寧,有此具也。當周之隆,天子總六官,六官總百執事,分職率屬而萬國理,朕甚嘉之,甚慕之。是操何術而臻此?迨其季叔,先王之遺澤固在

① 三 "三"上當有"萬曆十七年"五字。
② 寅 "寅"當為"申"之誤。

也，何以陵夷若是？其興衰得失之故可指而言歟？至漢文時，有以棄禮義，捐廉恥長太息者，神爵中有以述舊禮，明王制爲本務者，宋嘉祐間有諭審勢稱殷之先罰者，有疏謹習比唐之季世者，或謂西漢貴刑名而闕於禮文，宋盛聲名而疎於法制。然則諸臣之言，果皆應古誼，合時誼者歟？我太祖高皇帝用夏變夷，敷政立教，嘗諭侍臣曰：'禮法明，則人志定，上下安。'有曰：'制禮立法非難，遵禮守法爲難。'乃集爲《禮制》，著爲定式，頒《律令》、《大誥》於天下，洋洋聖謨，布在方策，可得而揚厲歟？朕以冲昧，嗣守鴻業，十有七年，夙夜兢兢，惟成憲舊章是監是率。間者深詔儒臣進講《禮經》，重輯《會①典》，使諸司有所遵守，庶幾紹休聖緒，以興太平。乃世教寢衰，物情滋玩，習尚亦少敝焉，其甚者士伍辱將校，豪右凌有司，宗庶訐親藩，屬吏傲官長，陵替若此，何以消其悖慢，使就約束歟？貪黷敗節，奢侈踰制，讒說殄行，虛聲貿實，詭異壞心術，傾危亂國是，澆漓若此，何以救其頹靡，使還雅道歟？今詔書數下，申令既嚴，而簾②陛之間，輦轂之下，猶有壅閼不行者，無乃禮教不修，法度不飭歟？抑風會日流而不返，積習已成而難變歟？將朕闇於大道，無能率作省成而示之極也？兹欲禮達而分定，法舉而令行，綱維振肅，習俗淳美，以觀揚聖祖之光烈，而遠追成周之隆，何施而可？爾多士其悉抒所蘊，詳著於篇，稱朕意焉。毋有所諱。"

十九日丙寅，上御皇極門。潞王面辭，上降座臨堦，目送如儀。

是日，大學士申時行等題："今日恭遇皇上以潞王殿下之國，御門行禮，伏睹聖情眷戀，禮意殷勤，重瞳屢回，天顏不懌，大小臣工無不感動。仰見皇上愛鍾一體，仁篤因心，即漢帝之禮東平，唐王之親歧薛，不能彷彿萬一，臣等無任欣仰。但今潞王新就藩國，遠別慈闈，晨昏之間日疎，顧復之情殊切，在聖母之心必有戚然而不能已者，皇上仰體慈衷，俯念同氣，回燕喜於悲思之際，慰孔懷於契闊之初，在皇上之心亦必有惻

① 會　明抄本無"會"字，誤。通行本補"會"字，是。

② 簾　明抄本作"廉"。通行本作"簾"。

然而不能解者。然臣等犬馬下情，竊以爲分藩樹屏，祖宗之舊章，建國啓家，朝廷之慶典，當視爲吉祥善事，上奉慈歡，不當以違別常情，輒嬰宸慮。伏望皇上恭慰聖母，並寬聖衷，臣等不勝瞻戴之至。謹具題以聞。"

二十九①丙子，大學士申時行等題："臣等訪聞近京地方，先因地土濕潤，種過黍麥，頗望發生。緣自入春以來，雨澤鮮少，每當雲合，輒起大風，三農有旱熯之憂，二麥有乾枯之慮。仰知皇上留神邦本，軫念民艱，臣等不能黽勉職司，遵迎和氣，深切惶悚。合無敕下禮部，行令順天府官，竭誠祈禱，以徼天祐，以慰人心？謹擬傳帖一道進覽，伏乞聖裁施行。謹具題以聞。"

① 九 "九"下當有"日"字。

萬曆十七年

四①月丁丑，朔，上親享太廟。

四日庚辰，大學士申時行等題："照得制敕房辦事中書舍人袁表、盧仲謩、崔采等三員，該吏部陸續各陞任戶、工二部主事去訖，所有一應事務，缺人辦理，合當題補。查得嘉靖四十四年等例，俱於會試下第舉人內考選②送用。合無敕下吏部，於告選舉人內，考選文學頗通，字畫端楷者三四名，題請授以試中書舍人職銜，送赴制敕房供事，庶於職務有所補益？臣等未敢擅便，謹題請旨。"奉旨："是。吏部知道。"

十日丙戌，大學士申時行等謹題："臣等竊聞，自古國家之患有二：曰水旱災傷，曰盜賊竊發。然災傷止於一歲，猶可撐持，竊發止於一方，猶可撲滅，患未甚也。惟水旱而先後接踵，盜賊而彼此效猶③，至於民生窮蹙，國計空虛，師旅繹騷，人心搖動，則其患有不可勝言者。伏睹近日④三四年間，山、陝、河南及真、順等府，屢有旱災，江、浙、直隸、蘇松等處，屢有水災，荷蒙皇上特採廷議，捐內帑之金，發水次之粟，蠲逋賦，折漕汎⑤，所以賑恤之具，無不備至，是以孑遺垂斃之民，寧甘溝壑而不至於亂者，以仰戴聖恩，人無怨心故也。然而帑藏之蓄積已罄，閭閻之困苦未蘇，譬諸大病之人，初起骨立，不可復病矣。乃今自春徂夏，雨澤愆期，臣等每問南來官員，皆云湖廣、江西、浙江、南直隸，及河南、山東，以至京師，俱少雨澤，二麥枯槁，萬民驚惶。近雖奉旨祈禱，不聞甘澍之應。從茲不雨，則四方大半皆被旱災，此臣等所大慮也。異時山西之礦賊、陝西之囉賊、江南之湖賊，皆以荒年乏食為名，嘯聚出沒，幸地方有備，隨起隨滅，不至延蔓。然蘄黃安慶之間，劉汝國等二三逋賊耳，殺二武臣、一州官、郡縣為之騷動，至會省直之兵，調播州之卒，督責撫臣，嚴飭將吏，僅乃克之。近該贛州、南雄等處，又有妖僧圓朗之事，假令東桃不守，府城襲破，江東二省，豈得晏然？今瓊州又以珠賊報矣，李茂、陳德樂皆以劇賊聽招目為撫民，今雖就擒，而徒黨甚眾，聯艘

① 四 "四"上當有"萬曆十七年"五字。

② 選 明抄本作"先"，誤。通行本改"選"，是。

③ 猶 通行本作"猶"。明抄本作"尤"。

④ 日 "日"疑當作"來"。

⑤ 汎 明抄本作"凡"，通行本作"汎"。《明神宗實錄》卷二一〇作"糧"。作"糧"是。

出海，殆數百人，方且攻破所城，挾求賊首，察情觀勢，求可①以旬月蕩平，此又臣等所大慮也。昔賈誼有云：'厝火積薪之下而寢其上，火未用然，因謂之安，當今事勢，何以異此？'乃今災沴薦臻，盜賊時有，則厝火且然，又不特如賈誼之所憂者而已。臣等才識無奇，伎倆有限，不能建銷彌制馭之策，爲皇上紓宵旰之懷，無所逃罪，然願皇上一加聖心焉。目今雨澤未霑，宜嚴飭百官，痛加修省，祈禱舊例，命禮部查照舉行，其彌盜事宜，敕兵部通行各撫按等官，用心防範，猶②望皇上體仁愛譴告之心，務恐懼修省之實，朝講以時臨御，勿至闊疏，章奏逐日覽裁，勿令壅滯。夫上有兢業萬幾之志慮，則下莫不憂勞以奉公，上有聯屬四海之精神，則下莫不鼓舞以從事，此又感孚天意，維係人心之大端，臣等之所惓惓願望而不容默者也。昔魏相數以水旱上聞，李沆每以憂勤儆戒，臣等雖不及古人，然區區效忠之心，亦出於此。伏惟聖明亮察，並擬傳帖一道進覽，恭候裁定施行。謹具題以聞。"

二十二日戊戌，大學士申時行等題："今日該文書官劉成口傳：'聖體酸軟，頭暈痛，爲此傳免經筵。說與臣等知。欽此。' 竊惟經筵聽講，所以緝熙聖學。入春以來，未蒙臨御，講讀、侍班諸臣企望殊切，臣等方欲懇請，茲奉傳諭，乃知聖體未康，理宜靜攝，臣等不勝瞻戀。夫旒纊③尊嚴，宮闈邃密，皇上起居動靜，非外庭所能測知。然區區犬馬之忱，惟願寡欲以清心，平情以養氣，適寢興之節，以順陰陽之令，防非僻之干，以迎天地之和，庶幾萬福攸同，一人有慶，朝講之勞可習，臣民之悅無疆。臣等不勝仰祈之至。謹具題恭候萬安。"

二十三日己亥，大學士申時行等題："照得原任吏部左侍郎兼東閣大學士今陞禮部尚書仍兼東閣大學士王家屏，欽蒙聖恩差官行取來京，入閣辦事，本月二十二日，該本官見朝於外廷，行禮訖，今日適遇免朝，本官尚未面見，不敢謝恩到任。查得近年陞任京堂官員未獲面見者，本衙門題請先令到任管事，後

①可 明抄本作"有"。通行本改"可"。

②猶 明抄本作"尤"。通行本作"猶"。

③纊 明抄本作"礦"，通行本改"纊"。當作"纊"。

補面恩。本官係輔弼之臣，合照前例，先行謝恩，到閣辦事，恭候皇上御門之日，仍補面恩。謹題請旨。"奉旨："是。"

二十六日壬寅，大學士王錫爵題："爲瀝陳報恩忠悃以光聖德以釋羣疑事。伏念臣猥以遭逢，起蒿萊①而廁丞弼，臣有疾痛，皇上憂之，臣有死喪，皇上恤之，臣之愚不知止，老不耐事，以及於風波妬媚之塲，皇上矜之、察之、生之、全之，皇上之於臣，真父母也。夫父母之恩，人子當何以爲報哉？灑掃負薪，皇上不必賴臣之力，起居上食，皇上不必賴臣之養。臣之區區，獨有赤心苦口，知無不言，欲以增主德之休明，保皇躬於康固，使百神無怨恫，四海無流言，而臣乃庶幾酬知補過之萬一耳。頃者竊見今年二月以來，皇上僅一出朝送潞王殿下，再出行太廟時享，其餘常朝日期，盡行傳免，經筵、春講至今未開。臣等猶幸每日因散本近侍以覼聞音旨，恭候萬安，若外廷百司，緬想清光於九天萬里之遠，耳目不接，誰能無疑？疑則訛言生焉，晝居却事，或曰不如向晦之安，酒醪袪疾，或曰不如勿藥之喜，燕婉當御，或曰不如前疑後丞之嚴，玩好充陳，或曰不如左圖右史之樂。夫以小人窺聖人，以外廷測宮禁，臣之所不敢知也。而皇上苟欲明其不然，則莫如勤御朝講，日親外臣，使晬穆之天顏，緝熙之聖學，人人得以望下風而承休問，則天下幸甚。其或以天氣漸暑，聖躬宜以靜攝，則宮中十二時中，以六時宴息，三時遊衍，一時定省慈闈，二時看閱章奏，罷曲宴，捐細娛，專精神、滌煩懣，使羣下曉然知上意在尊生，不在厭事，在色養，不在佚樂也，則天下亦幸甚。又或以天工人代，不必事事身勤，則深惟社稷之安，早定根本之計，升儲出閣，發旨自中，然後委諸事於閣部，付煩言於芻狗，則天下亦幸甚。此三策者，臣之犬馬愚忠以爲苟效其一，則皇上有辭於天下，而臣等亦有辭於皇上。今留中諸疏，動至經時，册建吉期，杳無明示，臣初猶盛氣持將順之說以捍流言，而至是形影無驗，心膽亦孤。因竊以身自譬，臣之么麼，何等人也？而近日曖昧之謗，尚若②自明，悆③之言，屢溷高聽。何況皇上配

①萊　明抄本作"菜"。通行本改"萊"。

②若　明抄本作"苦"，是。通行本誤作"若"。

③悆　明抄本"悆"下有"捐"字。通行本無此字。兩者皆誤，"悆"下當有"悁"字。

天罔極之尊，比玉無瑕之德，而忍使纖芥疑端，不白萬世，簀土未覆，竟虧九仞？則皇上腹心遇臣，曾不得其彌縫匡救一分之助，而臣垂老，遭際以來，止辨得完全體膚，保守祿位，清夜自思，皇恐如此，亦尚何顏何面、悻悻争世上之毁譽是非爲哉？又閣臣職親地邇，密勿輔養之外，別無事任，乃臣等徒直其地，食其食，而兼旬累月不接威顏，不承顧訪，則又何顏面、揚揚冒榮矜寵、立羣臣之上爲哉？人主雖至尊，天下雖至大，宫闈雖至深，自古恃安而不致危、積微而不成著者，蓋昔我皇祖世宗，間亦嘗齋居西内，與外廷隔絶矣，然肆拾載神明不衰，萬幾無曠，則以屏聲遠色，糲飯澣衣，手不操奇贏之算，躬不狎馳騁之勞，慮不忘稼穡之苦，此所以能終始盛德，保身而保民也。皇上即今動法世宗，何不試取《實訓》、《實録》觀之？當時邊庭警報、大吏陞除、與夫稽古考文、祈年憂旱等事，手批或一日而數下，口宣或一人而數及。臣以爲如此則不必亟見羣臣，血脉通矣。當穆廟在邸時，人情頗亦危疑，然加冠、出封已判然長幼之序，而宫闈無別子，筦簟無私御。臣以爲如此則不必更議册立，大本定矣。夫法祖不師其心，而先襲其迹，世人蚩蚩，又誰能於迹外信心者？此臣之所以爲皇上慮也。且今天下多事，正不減世宗朝，諸邊苦虜，内地苦盗，百姓苦年荒、吏急，皇上以聖人之明，昧爽思憂，何所不悟？以聖人之勇，旰食思政，何所不勤？矧帝王萬世之大業，父子天性之至親，而更有待外臣之苦争敦勸者乎？臣聞自古朝廷，各有一代之家法。漢唐家法原不正，故子孫得出入其間。若我朝立國在此，則守之亦必在此，皇上即有隱軫難割之愛，萬萬不忍以家法爲私，臣等即有承望無恥之心，萬萬不敢以家法爲市。今皇長子倫序久定，皇上三年前明旨已宣付史官，播傳天下，册立之舉去年未行，猶曰年未及也，今年未行，猶曰潞王未之國也，過是皆無説矣。而猶拱默遷延，日復一日，不早下九卿臺諫之議，以順臣民瞻①戴之情，以塞道路揣摩之口，此臣之所以日夜拊膺流涕而出血者也。祖廟固有靈，忠臣固有心，惟皇上念之。臣母子衰殘之命，朝露不圖，報恩負恩，決在今日，亦惟

① 瞻　明抄本作"膽"，誤。通行本改正作"瞻"。

皇上哀之。臣不勝懇款激衷冒昧隕越之至。爲此謹具本奏聞，伏候敕旨。"得旨："覽卿所奏，悉見讜言。但朕自去冬以來，動火頭眩，輒不耐勞煩，故以靜攝，非安逸怠荒。這所奏，朕知道了。"

萬曆起居注

①五　"五"上當有"萬曆十七年"五字。
②"節"下當有脫文。
③吉　"吉"下當有"士"字。
④猶　明抄本作"尤"。通行本作"猶"。
⑤准題　"准題"當作"題准"。
⑥理　"理"當為衍文。
⑦非　明抄本"非"字下有"聖意遂耽於安逸，乃"八字。通行本脫此字。
⑧弼　明抄本無"弼"字。通行本加此字。
⑨夏　"夏"當作"廈"。

　　五①月丁未，朔。

　　二日戊申，以端陽令節②。

　　十日丙辰，夏至，祭地於方澤。命定國公徐文璧恭代，恭順侯吳繼爵、臨淮侯李言恭、大學士許國、王家屏分獻。

　　十六日壬戌，大學士申時行等題："為作養人才事。照得儲才待用，乃國家首務，而庶吉③之選，猶④儲才之最重者。查得萬曆十四年，該禮科都給事中王三餘條議，該吏部覆'凡遇科年考選庶吉士，率以二十餘人。儲養成才，留授翰林院官，無過七八輩。其餘酌量才品，分授科道、部屬，着為定例，永遠遵守'等因，奉聖旨：'是。欽此。'除欽遵外，茲又遇皇上開科取士之年，查有前項事例，應將今科進士考選作養，以備皇上他日任使。合無准照節年舊規，限年四十以下，各部院等衙門從公諮訪器識端雅、文學優長者，開送吏部，查照准題⑤事例，理⑥按名閱審，果無違礙，疏名奏聞，恭候命下，臣等題請欽定考試日期，遵照先年題奉欽依條件施行？臣等未敢擅便，謹題請旨。"奉聖旨："是。吏部知道"。

　　二十一日丁卯，大學士申時行等題："臣時行等不睹天顏，幾及兩月，臣家屏自蒙召用，尚未面恩，犬馬下情不勝瞻戀。緣該文書官屢傳聖諭，及臣錫爵近日奉有明旨，仰知皇上以動火頭眩，暫欲靜攝，非⑦聖躬未耐乎煩勞。臣等仰體宸衷，俯懷忠悃，亦願皇上及時調護，計日康寧，以故日候朝講，而未敢瀆請也。乃奉旨以來，又幾一月矣，在廷諸臣皆詢問臣等，或責以輔弼⑧失職，臣等惶恐流汗，莫知所對。仰惟皇上春秋鼎盛，天表豐盈，固已臻勿藥之休，納無疆之祉，即以清明平旦視事朝門，以須臾燕閒聽講旂夏⑨，其於玉體未為甚勞，而所以光昭聖治，慰悅人心，實係於此。即今時方溽暑，未敢過煩清蹕，日御經筵，稍待秋涼，未為不可。而至於臨朝聽政，則以尊朝廷之體統，聯堂陛之精神，尤大小臣工之所延頸而須，六軍萬姓之所拭目而睹者。皇上試覽兩都諸臣之奏可知也。臣等職在匡襄，義不容默，伏望皇上特垂採納，亟出視朝，以副輿情，以弘化理，臣等幸甚，天下幸甚。不勝懇切祈望之至。謹具題以聞。"

二十四日庚午，諭內閣："朕昨覽卿等所奏，朕知道了。朕意欲與卿等一見，但朕自前月服平肝清心之劑，至今頭尚眩暈，眼黑，心滿，脅脹，食飲少思，寢不成寐，身體尚軟。朕豈敢以荒逸怠厥志？若朕疾少愈，即先出御門，後聽講。今諭卿等知。卿等可傳與諸司衙門，務各盡心乃職，不可因朕疾久以廢政事。"

是日，大學士申時行等題："昨該臣等以皇上久未視朝，下情不勝瞻戀，又該兩京諸臣屢有陳請，企望懸懸，乃敢輒進瞽言，仰干天聽。茲奉聖諭：'朕昨覽卿等所奏，朕知道了。朕意欲與卿等一見，但朕自前月服平肝清心之劑，至今頭尚眩暈，眼黑，心滿，脅脹，食飲少思，寢不成寐，身體尚軟。朕豈敢以荒逸怠厥志？若朕疾少愈，即先出御門，後聽講。今諭卿等知。卿等可傳與諸司衙門，務各盡心乃職，不可因朕疾久以廢政事。欽此。'臣等莊誦綸音，仰窺聖意，蓋憂勤惕勵之念本篤於淵衷，而起居動息之間尚須乎靜攝，朝講暫輟，原非得已。臣等義先憂國，固欲仰贊聖德之光昭，而心切憂君，猶①欲仰祈聖躬之康豫。伏望皇上須時崇護，加意珍調，遄臻勿藥之休，茂介無疆之祉。容臣等恭錄聖諭，傳示諸司，令各盡心政事，以副宵旰之懷。所有聖諭，謹遵藏閣中，以昭盛美。謹具題以聞。"

二十八日申②戌，以雨澤大霈，告謝天地神祇，遣定國公徐文璧於南郊，恭順侯吳繼爵於北郊，臨淮侯李言恭於太社稷，駙③馬許從成，伏羌伯毛登，宣城伯衛國本，文④成伯王應龍於山川，雲雨風雷，太歲、東嶽等壇廟，各處行禮。

二十九日乙亥，以雨澤大霈，告謝南北郊、社稷、山川等神。

① 猶　通行本作"猶"。明抄本作"尤"。

② 申　應作"甲"。

③ 駙　明抄本作"附"。通行本改"駙"，是。

④ 文　明抄本無"文"字，通行本增"文"字。

六①月丙子，朔。

三日戊寅，定國公徐文璧，太②學士申時行等題："先該臣文璧，臣時行於萬曆十二年十一月內，恭遇壽宮③預建，伏蒙欽降敕諭一道，命臣等知建造事。今該工部奏稱：'大工工程已可刻期就緒，前項敕書應否進繳？'奉聖旨：'是。知建造事等敕先着繳進。欽此。'備咨前來。所有臣等原奉敕書一道，理合進繳。謹具題知。"

九日甲申，大學士申時行等題："先該臣等欽奉聖諭：'朕昨覽卿等所奏，知道了。朕意欲與卿等一見，但朕自前月服平肝清心之劑，至今頭尚眩暈，眼黑，心滿，脅脹，食飲少思，寢不成寐，身體尚軟。朕豈敢以荒逸怠厥志？若朕疾少愈，即先出御門，後聽講。今諭卿等知。卿等可傳與諸司衙門，務各盡心乃職，不可因朕疾久以廢政事。欽此。'除臣等謹將宸諭傳示諸司，恭候萬安之日視事聽講外，今奉諭之後浹旬有餘，仰知聖體珍調，必已茂膺萬福，但臣等以宮闈邃密，不得與聞起居，時月曠違不獲親承顧問，犬馬私願無任瞻依。竊惟養心之道，以寡欲為先，調氣之方，以平情④為要，況災蒸之月，燥火易升，夙夜寢興，猶⑤宜加慎。伏望皇上順乘時令，保養太和，早迎康豫之禧，茂介恒升之祉，庶大廷臨御，可卜瞻天就日之期，廣廈雍容，允諧造膝承顏之願。臣等不勝懇切瞻戴之至。謹具題恭候萬安以聞。"

二十八日癸卯，諭內閣："朕自前者以疾未愈，已諭卿等暫輟朝講，欲靜攝服藥，其疾可瘳，迨今將及九旬，頭眩未止，肝心二經之火未降。近又中暑濕，腹瀉身軟，飲食不思，動走無力。嘗思朕自得疾以來，每致聖母憂顧，屢差人諭朕以'用心靜養，務期速康，以慰吾懷'，朕尊承慈命，急欲少痊，面謁聖母，庶可以盡子職而少紓慈念。朕又思孟秋時享在邇，朕力疾難行，恐致跌仆，反失誠敬，今次暫遣官恭代。卿等可傳與

①六 "六"上當有"萬曆十七年"五字。
②太 明抄本作"大"，是。通行本誤作"太"。
③官 明抄本作"官"，誤。通行本作"宮"，是。
④情 明抄本作"清"。通行本改作"情"。
⑤猶 明抄本作"尤"。通行本作"猶"。

遣官及倍①祀官員，務各秉②虔潔。故諭卿等知。"

是日，大學士申時行等題："臣等前奉特諭，傳示諸司，仰知聖體違和，暫須靜攝，猶③冀天心篤佑，早獲康寧，庶朝講有期，臣民胥慰。乃茲再蒙宸翰，因悉起居，則向者肝心之火尚有未瘳，而茲焉暑濕之傷，又復爲沴，在聖躬之調攝未已，致聖母之憂念方殷，臣等犬馬下情，不勝瞻戀，不勝震惕。竊聞之，人子身體髮膚，受之父母，不敢毀傷，故敬其身者，所以敬其親也。人主動靜呼吸，通於祖宗，無有間隔，故保其身者，所以保其宗祀也。皇上既承聖母慈命，急欲少痊，以盡④子職，又慮太廟時享力疾難行，反失誠敬，即此聖明一念，近足以慰聖母恩勤罔極之懷，遠足以孚祖宗陟降如存之鑒，其於寧親之孝，尊祖之誠，可謂兩得而兼至矣。臣等恪遵明命，謹擬傳帖，暫遣官恭代，並傳示遣官及陪祀官秉⑤虔潔以承大祀外，猶⑥望皇上常以聖母之心爲心，益加調攝，以紓慈念，常以祖宗之心爲心，不忘兢業，以保聖躬，則臣等幸甚，天下臣民幸甚。所有聖諭一道，謹專藏閣中，以昭聖德。謹具題恭候萬安以聞。"

是日，傳奉聖諭："朕體尚須靜攝，廟享恐難成禮，今次暫遣公徐文璧恭代，分獻改命侯李言恭，遣官及陪祀官仍宜各秉虔潔，以供祀事，毋得怠忽。禮部知道。"

①倍 通行本作"倍"。明抄本作"陪"。
②秉 明抄本作"稟"。通行本改作"秉"。
③猶 通行本作"猶"。明抄本作"尤"。
④盡 通行本作"盡"。明抄本作"職"。
⑤秉 明抄本作"稟"。通行本改作"秉"。
⑥猶 明抄本作"尤"。通行本作"猶"。

七①月丙午，朔，孟秋時享太廟，遣定國公徐文璧恭代。

五日庚戌，大學士申時行等題："臣等竊惟，國家政務莫先②於馭軍治民，而軍民之所以得安其生者，則以俯仰有資，豐凶無患故也。況根本之地，猶③係觀瞻，災傷之年，猶④難撫戢，臣等私憂過計，有不能一日安者。竊見近日以來，自南京地方至浙直等處，俱遭大旱，河井乾涸，禾苗枯死，羣情洶洶，衆口嗷嗷。蓋連數千里之地。數萬萬之生靈，有朝夕不保之慮，此非細故也。且南京軍士，驕悍成風，噪呼易起，先年振武營之事⑤可爲明鑒。近因放糧之時米色稍惡，幾至激變，雖稍懲一二魁宿，未能讋服其心。臣等以爲節制貴於素明，恩威宜於并濟。假令資儲不乏，散給以時，如此而猶干制逆節，誅之可也，竄之可也。若糧不足支，米不堪食，彼方救死不贍，而安能使之帖然無譁？故今日所當亟處者，則南京倉糧是已。臣等訪聞彼中軍糧，不穀二年，又廠造低窪，米多浥爛，尚有不堪放支者。今歲江南重災，南糧多不能辦，若舊廩既已空虛，新糧不能接續，當此之際，可爲寒心。宜敕南京户部會同科道官，通將見在倉糧盤驗明白，要見足穀⑥放支，是否俱堪食用，如有不堪，作何區處，如無解到，作何預備。務從長計處停當，奏請施行。至如各處災傷，宜俟巡按御史勘到之日，户部覆請優恤。然非明旨丁寧，亦無以見朝廷子惠困窮、憐憫災傷之意，所以安人心、固根本，計無急於此者。謹擬傳帖一道，進呈御覽。伏乞聖明裁斷，發下遵行。謹具題以聞。"

是日，諭户部："朕聞南京地方荒年，軍士貧苦，見在倉糧足支幾年？如有不敷，作何處補？着南京户部便會同科道官查驗明白，計議停當具奏。其各處災傷，候巡按御史勘到，從優議恤，務稱朝廷憫念軍民之意。"

十一日丙辰，大學士王錫爵奏："爲病苦計窮不能及遠懇恩姑假目前生路以圖後報事。臣錫爵病逾四旬，乞骸之疏已至三上。皇上一留再留，皆本情援義，非泛然體面之言，而及是則

---

① 七 "七"上當有"萬曆十七年"五字。
② 先 明抄本此字不清。通行本作"先"。
③ 猶 明抄本作"尤"，通行本作"猶"。
④ 猶 明抄本作"尤"，通行本作"猶"。
⑤ 事 明抄本"事"下有"而"字。通行本無此字。
⑥ 穀 明抄本"穀"下有"幾"字。通行本刪此字。

又以家鄉災傷疾疫，爲之遥計利害，深中委曲，臣初猶謂是閣中擬旨，出寮寀相戀之私，既而問知，言言内傳，讀之有不悲感痛哭者，非人也。臣今未論家國之重輕，且思君親之恩誼，拊摩鞠養，顧惜哀憐，有一毫不相似者乎？人生受恩之地，何忠非孝？仕官得意之時，何吏非隱？乃臣之所以汲汲如狂，嘵嘵獨①聒者，知其目前必不能全母，而且終負皇上也。蓋故鄉雖災疫，臣之病母病身苟得所欲而去，則安危尚未定，可以再卜報主之期，若淹留旅邸，喘息待盡，侍母既不能強笑，哭妹又不敢出聲，望闕則有遠顔咫尺之憂，拊躬則有曠日尸素之恥，而臣母見臣如此，其怔營内熱且愈甚，此萬萬必無全理明矣。臣前於去年十二月中，蒙恩給假侍母，時臣母已病就牀，流涕執臣手而諭曰：'聖恩如此，吾兒不可欺一毫之心，但直陳父死未葬，母病思歸，聖人大孝至仁，近且爲一女幼喪垂問，何況言及父母，而豈有不感動也？'此言元輔時行亦嘗聞而悲之，勸其且從容伺間陳情。今日之形勢輔臣②，時行亦宜爲臣言矣。臣近又於前月莊誦聖諭，一則曰聖母憂顧，一則曰遵承慈諭。乃知惟疾之憂，母心同然，皇上之愛身，即所以愛聖母也。而臣之爲母乞身，不亦有可憐者乎？且臣聞仁主一言③即爲和氣，今皇上累詔諸司，爲東南議蠲、議賑，即此是湯林之膏雨，舜殿之南薰，臣雖福薄，豈不在大廈一人之數乎？及歸而延見父老，奉宣德意，何災之不可禳？何疾之不可起也？願皇上勿復憂臣，臣之得請，不但母子二人命可保目前，且使史書萬載之下，仰頌皇上如天好生之仁，因心錫類之孝，而清時有知己知止善始善終之臣，亦何虧於國體哉？若必不得已，則在京大小官員見有給假送親還鄉事例，臣之情極，亦欲援例乞恩，止求歸路扶攜之便，不敢望終身田畝之安。其異時老馬罷牛儻再能報恩與否，則非臣之所知，而皇上姑憐其心可矣。臣不勝百計無聊感悚哀迫之至。爲此具奏以聞，伏候敕旨。"得旨："卿以母老思歸，累疏陳請。祗着卿男扶侍還鄉，仍差官護送馳驛去。閣務繁重，宜一心體國，勉出輔理，毋得再有所陳。吏部知道。"

① 獨 《王文肅公文集》卷三四作"强"。

② 輔臣 明抄本作"輔急"，通行本作"輔臣"，皆誤。《王文肅公文集》卷三四作"轉急"，是。

③ 一言 明抄本無"一言"二字。通行本增此二字。

萬曆起居注

十四日己未，大學士王錫爵奏："爲母子感激異常恩眷力疾暫留乞免差官以安愚分以悉下情事。昨日臣乞歸第四疏下，奉聖旨：'卿以母老思歸，累疏陳請。祇着卿男扶侍還鄉，仍差官護送馳驛去。閣務繁重，宜一心體國，勉出輔理，毋得再有所陳。吏部知道。欽此。'竊念臣猥以薄劣，向荷我皇上自家召起，班於四輔，垂及五年，未有毫髮可報稱者，而徒聞歲歲乞骸之章，卧病日多，服事日少，譬之頑金躍冶，甘自暴棄，此天地之所不能仁也。重以愚不知諱，急不擇音，前後瑣屑上聞者，皆家人兒女刺刺①不可了之情，楚楚不可見之狀，此日月之所不能照也。而皇上居高聽下，因親及人，既爲臣權情義之重輕，且爲臣母思去留之利害，臣三讀溫旨，感涕未收。適同官時行等又備宣皇上反復傳諭之言，鄭重遣官之意，臣之么麼，何意仰累君父縈懷繾綣一至此極？不惟臣五內如焚，百身可碎，即臣母亦爲之持臣伏地而泣，口不忍言病矣。顧念非常之寵，常人之所不能勝，非常之情，常理之所不能遣，見今臣母以本階受封常祿供養，猶自嫌福薄，常懷盛滿之憂，若儼然屈皇華之使而爲之四千里護行，殷天重地，震驚耳目，則臣母之隕越道路無疑，而臣亦豈願臣母之有此也？此愚分難勝者一。昨太醫院使朱儒胗臣母脉，見其臂肉盡脱，驚而問臣，臣因此撫心嘗膽，愈怵愈危，當此之時，就令弟妹再生，妻兒可託，而臣屬毛離裏②之身，原從何來？豈有可倩人代憂分身解痛者？臣之不能一日捨母而獨留明矣。此私情難遣者二。臣前疏云'仁主一言即爲和氣'，小人望近，持此便欲驗之目前，今且勉遵屢旨，暫息歸念，以觀臣母病勢如何。若惠徼生成之福，氣體日康，飲食少進，則臣尚可挽留臣母，共承恩眷，顧不審世緣天命意何如耳？至於犬馬軀見在病困，以臣母之命較之，其輕如毛，以皇上之恩臨之，真直一死。故臣今日再不敢及一身之計，而直陳啣恩請命之誠如此。伏乞聖慈收回遣官成命，姑容暫留侍母，異時行止相依，庶免後悔。臣之此疏，實臣母泣而授語，皇天后土當知臣舉家感激之念也。爲③此具奏以聞，伏候敕旨。"得旨："卿能體朕眷倚至意，奉母留京，朕甚嘉悦。差官

① 刺刺　明抄本作"剌剌"，通行本作"刺刺"。

② 裏　《王文肅公文集》卷三四作"裏"。

③ 爲　明抄本作"惟"。通行本作"爲"。

准辭免。仍宜遵屢旨，即出輔理①。該部知道。"

十九日甲子，大學士申時行等題："今日蒙發下文書，內有進士薛敷教一本，專論都御史吳時來黨護南京都御史耿定向，而末後有二三輔臣等論，侵及臣等，以爲故峻諸司，共繩庶寀，若謂臣等務伸大臣而抑小臣，此政體所關，綱紀所在，臣等不敢不爲皇上明之。聖祖建立都御史及十三道御史②，出差回道，俱聽都御史考察，明有堂屬之分。北京御史但有章疏，本日即送堂官揭帖，南京御史有疏，發行三日後送堂官揭帖，原係相沿舊規。惟南道御史王藩臣不送揭帖放於耿定向，定向因而參劾，且謂其論人不當。是以堂官而論屬官，未爲過也。乃料臣以爲阻塞言路，故吳時來因而申明，是爲堂官存體面，亦未爲過也。臣等以堂屬名分朝廷紀綱，擬從時來等之言，將藩臣罰俸二月，已進覽批行。是臣等之所擬，亦未爲過也。今如薛敷教所言，則御史可以恣意橫行，凌侮官長，都御史不得明目張膽指摘屬官，如名分何？如紀綱何？賈誼有云：天子之尊譬如堂，羣臣如陛，眾庶如地，簾遠③則堂高。此善喻也。若大臣之體褻，則朝廷不尊，將有以下犯上，以卑凌尊之弊。今欲使臣等不論賢否，專抑大臣隳祖宗之法，亂國家之制，則豈敢哉？敷教既刺臣等，臣等亦當避嫌，不當擬票，但恐以煩言瑣事仰勞聖心，且臣等忝備弼臣，不欲與新進小生爭長競短，分剖是非，故擬從輕處分，進呈御覽，庶九卿大臣皆得安位行志，而無知小臣尚可改過自新。伏乞聖明裁察，謹具題以聞。"

二十日乙丑，大學士申時行等題："爲作養人才事。查得節年事例，教書官合用二員，臣等推舉得原任吏部左侍郎兼翰林院侍讀學士④田一儁俱堪任，恭候命下，行令二臣專管教習庶吉士。每月終教書官將批改各文課原本，類送內閣看驗，臣等仍照例每月二次出題考試，以觀進益。其有怠肆不率教者，亦聽教書官呈送臣等，以憑參奏，請旨處治。再照沈一貫原以伊父老疾給假省親，因而告病在籍調理，今訪得本官病已全愈，

萬曆十七年

七六三

① 理　明抄本作"政"是。通行本改"理"。《王文肅公文集》卷三四作"政"。

② 史　明抄本"史"字下有"御史"二字。通行本脫此二字。

③ 遠　明抄本"遠"下有"地"字，是。通行本將"地"字刪去，誤。

④ 士　明抄本"士"下有"沈一貫、禮部左侍郎兼翰林院侍讀學士"十六字。通行本脫此十六字。

父亦康健，正宜及時效用，豈得無故在閒？且前日奉旨予告，既遂其將父之懷，則今日聞命急趨，乃爲盡事君之禮。合無敕下吏部，行令該撫按官，敦促本官馳驛前來供職，不得再有託陳？臣等俱未敢擅便，謹題請旨。"得旨："是。吏部知道。"

二十一日丙寅，大學士許國奏："爲輔理失職貢舉非人懇乞賜罷仍宣德意以明公是以挽頹風事。本月十九日，伏蒙發下文書，內有刑部辦事進士薛敷教一本，論都御史吳時來護耿定向，語侵輔臣，極其詬訛，不勝駭愕。臣等日侍幃幄，鑒在聖心，平生行事，上所洞察，臣何庸辨？從古以來，尊卑相臨，大小相制，如身使臂，如臂使指，是謂紀綱。六①順之世，君義臣忠②，父慈子孝，兄愛弟敬，而天下治。六③逆之世，賤妨貴，少凌長，遠間親，新間舊，小加大、淫破義，而天下亂。是謂風俗。故諸司各有長，體統自峻，非臣等故峻之也。庶寀各有屬，禮法自繩，非臣等強繩之也。《易》列卑高貴賤之位，《禮》標分職率屬之文，蓋天下之所爲，非人之所設也。新進小生，粗通經義，未諳政體，臣何庸與辯？獨念臣國濫叨恩厚，伴食有年，而敷教者又臣今春所舉焉也。使其言是耶？則臣之輔理爲失職，失職，臣當罷。即其言非耶？則臣之貢舉爲非人，非人，臣亦當罷。且臣之駑鈍，百不如人，寬厚不如時行，直亮不如錫爵，簡重不如家屏，而犬馬之齒又長於三臣，是三臣皆能舉其職，原無可指摘，而敷教所指摘，臣實當之，其爲不職，寧當不爭不斷而已？然竊思之，君子之爭，非其得已，若志同道合，原於事理，無有乖違，何必爭？新進妄言，抵冒長上，曾不別白，尚爲包容，此其爲不斷耳。目④平津曲學，曾道諛阿世否？金陵險詖，曾政法害民否？陰圖登壟，曾左右望而罔利否？臣年六十有三，老矣，夫今正敷教勵志之日，而臣愚頹顏之秋也，乃併諸大臣目以此曹謂復⑤有人心，臣竊恥之。伏望皇上大奮乾綱，將臣罷斥，屏歸田里，別求和而能爭如韓范、謀而能斷如房杜者，俾與三臣共事，則政本以清，而後進之心服，國家⑥是以定，而尚言之風息矣。再照邇年以來，建言成

① 六 《萬曆邸鈔》作"大"。
② 忠 《萬曆邸鈔》及明抄本作"行"。通行本改作"忠"。
③ 六 《萬曆邸鈔》作"大"。
④ 目 《萬曆邸鈔》無"目"字。
⑤ 復 《明神宗實錄》卷二一三"復"作"無"。
⑥ 家 《萬曆邸鈔》無"家"字。

風，可以要名，可以躐秩，又可以掩過，故人爭趨之以爲捷徑，機套變幻，操柄倒持，老成歛手，猶以爲專擅威權，輕俊搖脣，猶以爲阻塞言路，此風既成，莫可救藥。故今京師訛言，東南赤旱，加以疫癘，因以寇攘，臣不爲憂，而獨此之亟。亟者，蓋彼誠目前之急，而此則世道之慮也。更願聖明深惟根本之圖，亟講挽回之術，敕下九卿、科道，各陳要務，紀綱何爲而正，風俗何爲而淳，取自聖裁，着爲絜令，昭示有位，謹守職業，無敢冒踰，使廟廊之士，咸得所持循，而衿佩之徒，亦知所嚮往，臣民幸甚，宗社幸甚。臣無任惶悚待命之至。爲此具本，謹具奏聞，伏候敕旨。"得旨："卿奏內欲正紀綱、厚風俗，深於世道有裨。今後各官務查照節次諭旨，着實遵守，毋得玩視禮法，沽名干進。妄言的已有旨了，卿爲輔臣，奉公持正，方當共扶國是，豈可引咎乞休？宜安心輔理，不允辭。該部知道。"

二十三日戊辰，大學士申時行等題："先該臣等於萬曆十六年二月內欽奉聖諭：'朕昨覽卿等奏朕論太宗、魏徵之失，有中彼過。朕又思，人之得失善惡，如無①五倫之重。五倫失一，復可得而爲人乎？又何取小節而掩大義？飾惡而圖善，正所謂失大取小，終不可掩人耳目。朕又思，九經亦聖賢所作，其可不知？若《大學衍義》一書，全明修齊治平之道，至於鑑書內善惡得失之事，有若明鏡而照妍媸，《書經》乃爲君之至要，豈可一日不溫習哉？朕於三書，朝夕常看。今可先將《禮記》代《貞觀政要》。鑑書候《書經》完日接續而講。欽此。'除欽遵傳示講官，將《尚書》講章每日進呈外，今《秦誓》已完，相應遵奉聖諭，將鑑書進講。臣等查得《通鑑纂要》一書，乃弘治年間孝宗命閣臣纂輯、以備進講者，昨年蒙發下一部，見今收藏在閣。臣等擬令講官分撰講章，接續《書經》之後，日每進覽，庶幾燕閒觀省，可以知善惡得失之歸，朝夕討論，可以鑑治亂興亡之迹，其於聖學不無少補矣。臣等未敢擅便，謹題請旨。"得旨："是。"

① 如無 "如無"應爲"無如"之誤。

萬曆起居注

八①月丙子，朔，大學士申時行等題："先該臣等於五月內欽奉聖諭，許以聖體萬安之日，先出朝，後聽講，故臣等再不敢瀆陳，而但延頸舉踵，候望清蹕，蓋兩月餘矣。乃今時值中秋，天開萬壽，遠方藩臬之臣，四夷恭獻之使，雲集闕廷，皆恩②瞻睹天顏，祝延聖算，而在廷諸臣近亦紛紛奏請，無非欲增光聖政，慰悅人心。臣等職在匡襄，豈容緘默？伏望皇上仰承天慶，俯察羣情，及茲進表官員入城朝見之日，特出御門視事，經筵、秋講如期舉行，則內外遠邇臣工，無不踴躍歡呼，歌誦聖德，而狂瞽芻蕘之言，亦不至於煩瀆天聽矣。臣等不勝③。"

四日己卯，大學士申時行等題："該文書官李文輔口傳：'聖體稍弱，頭眩，調理幾日出朝講。欽此。'近該臣等以萬壽屆期，羣情瞻企，特請朝請④，以慰人心。茲奉德音，宣示臣等，則臨朝、聽講可以計日而須，於時仰睹天顏，恭承清問，不惟臣等懽忭踴躍，凡大小臣工、四夷貢使，亦莫不舉首加額，稱祝聖壽於無疆矣。臣等無任⑤。"

六日辛巳⑥，大學士王錫爵題："該臣前於六月中患病，不能進閣，欽蒙准假調理，續因臣母久病思鄉、再聞家難，萬不得已，累疏陳請乞休，重蒙我皇上出溫旨於禁中，體孝思於望外，大義激臣之心，大恩鏤臣之骨，已經具疏奏謝，不敢瀆陳，臣母亦許爲臣暫留就養矣。連日以來，臣母病雖未痊可，而身病尚可支持，誠恐久曠職業，再廑聖懷，勉於今日恭詣午門外朝見訖，隨進閣與同官相見。私問皇上起居，乃知聖躬尚在靜攝，臣之區區羹牆見聖之恩，葵藿傾陽之念，又有百倍於恆情者。伏望皇上善養天和，早臻康豫，使臣得與陪官辟趨蹌之列，快睹九重晬穆之容。臣不勝⑦。"

十四日己丑，大學士申時行題："前以巨馬河石橋工完，該文書官傳命臣等撰擬碑文，以紀其事，臣時行謹欽遵撰完進呈，

①八 "八"上當有"萬曆十七年"五字。
②恩 "恩"當作"思"。
③勝 "勝"下當有脫文。
④請 明抄本作"講"，是。通行本作"請"，誤。
⑤任 "任"下當有脫文。
⑥巳 "巳"當作"巳"。
⑦勝 "勝"下當有脫文。

伏望聖明裁訓發下，轉行該衙門鑴刻立碑，以昭示永久。臣未敢擅便，謹具題以聞。"

十五日庚寅，大學士申時行等題："先該臣等恭請皇上御朝，屢干天聽，幸蒙俞允，未睹舉行，臣等款款之愚，不勝延企。竊以爲尋常視朝，猶可暫輟，至於聖節稱賀，則與常朝不同。蓋萬壽方隆，百祥咸集，當電繞虹流之旦，正嵩呼嶽祝之辰，此天人之大慶也。萬國來同，四夷畢貢，奉冕旒於宸極，集冠裳於殿廷，此國家之大禮也。況皇上乃上帝之所篤生，聖母之所鞠育，當兹聖節，正宜躬承大慶，親行大禮，以迎上帝之隆眷，以懌聖母之慈衷，此萬萬不可已者。即今臺諫諸臣紛紛陳奏，無非欲增光聖德，慰悅人心，臣等忝備弼臣，亦不敢避再三之瀆。伏望皇上俯垂清聽，博採羣言，特於萬壽聖節之日，御殿受賀，不惟在廷臣子、在京軍民，歡忭踴躍，即傳之四方萬國，亦莫不幸聖體之康寧，樂太平之景象矣。臣等不勝①。"次日，諭內閣："朕昨覽卿等所奏，具見忠懇。朕於明日力疾陞殿受賀，以慰羣情。今諭以②卿等知，可傳與鴻臚寺知道。"

欽③此。'臣等恭逢聖誕，快睹天顏，屢有懇祈，極知煩瀆，然廷臣之延企已久，中外之屬望甚殷，荷蒙皇上特賜允俞，如期受賀，不惟臣等趨蹌殿陛，得以少遂稱祝之忱，即萬國臣民、四夷貢使，樂觀大禮之成，亦莫不踴躍而稱慶矣。臣等欽遵，當即時④示鴻臚寺訖。所有原奉聖諭，理合進繳，謹具題以聞。"

二十三日戊戌，大學士王錫爵題："臣於六月中患病給假，欽蒙聖恩頒賜豬羊粥米等物，臣已於本月初六日赴午門前，行五拜三叩頭禮謝恩訖，例當候補而⑤恩。緣皇上久未御門，今已候過三次之外，誠恐起數積多，煩勞聖體，況時值聖節之後，禮當門御⑥之初，慶典方新，輿情快睹，臣謝恩致詞內應有患

① 勝 "勝"下當有脫文。
② 以 "以"字當爲衍文。
③ 欽 明抄本"欽"字上有如下五十八字（通行本脫此五十八字）：十六日辛卯，大學士申時行等題："本日欽奉聖諭：'朕昨覽卿等所奏，具見忠懇。朕於明日力疾陞殿受賀，以慰羣情。今諭以卿等知，可傳與鴻臚寺知道。
④ 時 "時"當爲"傳"之誤。
⑤ 而 明抄本作"面"，是。通行本作"而"，誤。
⑥ 門御 "門御"當爲"御門"之誤。

病字樣，猶①當廻避，謹遵諭旨具本陳謝以聞。"

二十六日辛丑，上視朝。

先是，大學士王家屛奏："爲朝講久輟章疏稽留敬效忠規上干聖聽以隆政體以慰羣情事。臣自往年守制回籍，叩辭天顔，歸伏苫②廬者三載，叨蒙起召，再玷③朝行，朽質衰材，寔慙稱塞。所恃聖明在上，賢哲居前，或可勉循舊職，將順休德，助宣下風。乃自入京以來，已踰三月，尚未獲一瞻天表，一奉玉音，私心徬皇，良用悚仄④。以臣庸鄙，雙鳧乘鴈飛去飛集，何足有無？誠未敢徼一顧之恩爲寵。獨念堂陛之交，所恃以存其體貌者，惟有朝講，軍國之政，所恃以集其謀議者，惟有章疏。臣往年恭侍朝講，竊睹皇上宵衣聽政，日昃⑤橫經，無時少懈，至勤也。乃今皇儀闕於展究，聖學倦於緝熙⑥，勤勵大有間焉。原其初偶以聖躬靜攝，暫時傳免耳，及其安恬之久，日延一日，遂至册封遣官，郊廟奏祭事有關於典禮之大者，亦皆傳免而不親，法宫深邃，下臣賤吏知起居之如何？而妄意揣摩，訛言蜂湧，上下隔閡⑦，則疑議易生，必然之理也。目今聖壽届期，捧表入賀者雲集，萬國之所屬目也，尚可端居大内而不一出乎？一出而羣疑之洶洶盡消，頌聲且遠播矣。臣往年參預樞機，竊記皇上煖閣咨詢，郊壇宣諭，無言不納，至斷也。乃今章疏頻留而不下，内閣不得票擬，外廷無由稟承，省决殆少疏焉。原其初偶以聖意未愜，間一留覽耳，及其停閣之多，事積一事，遂至官職遷除、刑章輕重、疏有關於政令之大者，亦皆遲回而後發。萬幾殷湊，是非可否，知宸斷之如何？儻佞人睥睨，阿意從事，宫府隔閡，則釁端難詰，此又不然之慮也。目今皇儲虚位，上書力請者鱗次，四海之所傾心也，尚可留疏禁中而不亟定乎？一定而衆口之曉曉自息，國本且不摇矣。蓋皇上之法象⑧，猶日月也，及萬方仰照之辰而宣其光，照臨彌遠，皇上之命令猶風霆也，乘羣情欝積之時而施其聲，鼓動彌迅。故臣願皇上亟御朝講，無違祝聖之期，畢發封章，首下建儲之議，誠冀舉一時之曠典，快萬方之睹聞，爲聖聽計，爲國

①猶 明抄本作"尤"，通行本作"猶"。
②苫 明抄本作"苦"。通行本改"苫"。
③玷 明抄本誤作"點"。通行本改"玷"。
④仄 明抄本作"歹"。通行本改作"仄"。
⑤昃 "昃"當作"昃"。
⑥熙 明抄本作"熙"。通行本作"熈"。當作"熙"。
⑦閡 明抄本作"閡"。通行本改"閡"。
⑧象 明抄本作"衆"，誤。通行本改正作"象"。

萬曆十七年

體計，非便臣一人瞻奉之私而已也。臣不勝隕越待罪之至。"是日①，文書房官李文輔口傳聖諭："王閣老忠愛之心，已有旨②了。昨陞殿，頭眩，坐不久。"家屏復回奏言："臣恭承聖諭，不勝感激，不勝欣忭。竊念臣頃具疏，恭請聖上視朝，蔡③藿之心雖特專於向日，而犬馬之誠實未足以動天。伏蒙皇上於聖壽之辰已展陞殿之禮，茲常朝之日又舉御門之儀，此固百寮庶寀祈望之同情，非臣一人忠愛之私悃也。得蒙嘉納，已彰聖度之能容，猥辱褒嘉，敢謂此心之既竭？伏願皇上慎起居之節，茂迓天庥，擴虛受之懷，益弘聖德。既於朝講之請，略見諸施行，更於章疏之陳，數勤於省覽，庶微臣忠愛之念得以少伸，皇上採納之恩不爲徒悅矣。臣不勝④。"

二十七日壬寅，大學士許國奏："爲臺官忿爭綱紀陵替望輕取侮波及有由懇乞罷斥以謝人言事。臣聞唐韓愈有言：善醫者不視人瘠肥，察其脉之病否而已矣，善計天下者不視天下之安危，察其紀綱之理亂而已矣。夫紀綱者，大臨小，卑承尊，如陛九級，級累則堂高，如車三十六輻，輻湊則輪轉，自古所以立國者，恃有此綱紀耳。昨見南京浙江道御史王麟趾疏，謂臺官不堂⑤禀白臺長，都御史吳時來不當助耿定向，且牽連及臣與副都御史詹仰庇，以論進士薛敷教也。臣覽之錯愕不解。所謂夫臺端，綱紀之原，都御史，臺官之長。不禀白，則不成其爲屬，不相屬又何以都御史爲也？是尚爲有綱紀否耶？且臺官可以不白都御史，則部郎亦可以不白尚書，是陛無級，何以視尊？輪脫輻，何以行遠？上替下陵，殊非政體。且彼既知定向意在憐才，併及臺綱，則定向言是矣，又何以科臣攻之者爲是，時來助之者爲非？復謂臣，閣臣，當定國是於廟堂，仰庇，憲臣，當表風裁於朝著。則臣與仰庇之論敷教，正所謂國是，所謂風裁也，奈何不容其定且表耶？一言不合，必起而遽爭，不爭不休，一事不能，必強而求勝，不勝不止。已奉明旨矣，而必不肯遵奉於臺，將視明旨爲何物？已號臺長矣，而必不得絷罰其屬，將置臺長於何地？爭兩月之俸，廢百年之規，是尚爲

①是日　明抄本作"至是"。通行本作"是日"。
②旨　明抄本無"旨"字。通行本增此字。
③蔡　明抄本作"葵"，是。通行本作"蔡"，誤。
④勝　"勝"下當有脫文。

⑤堂　"堂"當爲"當"之誤。

①大 明抄本作"太",是。通行本誤作"大"。

②臣 明抄本作"其"。通行本改"臣"。

有綱紀否耶？至於敷教，乃臣所取士，方在仕進之初，而箋視臺閣，横口詆欺。臣有一日之長，因致鳴鼓之攻，蓋所以嚴示箴規，亦所以自明心迹。曾未言及臺中之曲直，稟白之是非，何關彼事，而呶呶若不堪耶？又謂言出於大臣，則爲珠玉，羣而和之，言出於小臣，則爲糞土，羣而排之，以此責人，何不以此反觀？夫聽言者，當察其理之是非，不計其官之大小，今小臣不開口，不必其是，便以爲風節，大臣一開口，不必其非，便以爲朋黨。小臣百詆大臣，輒以爲不可屈而抗威權，大臣一侵小臣，便以爲不能容而阻塞言路。大臣之言果珠玉否耶？小臣之言果糞土否耶？夫黨有上下，而皆足以害國。如唐之八黨，宋之三黨，是黨在上也，而國以衰。漢之後廚顧及宋之大①學諸生，是黨在下也，而國以亡。彼目大臣輒以爲黨，曾不省小臣如此獨非黨耶？臣恐大臣無權，未必成黨，而小臣恃衆，真黨也哉？世道至此，亦可慨矣。徒使小臣奮臂而揚眉，大臣緘口而結舌。且彼之争，豈不自負敢言之氣耶？而時來，仰庇獨非前時敢言之臣哉？顧於仰庇，尚稱有時望，乃於時來，則極其醜詆，謂其意有所爲而節不克終。是何忍毁其敢言之名，而自阻其進言之路也？向使仰庇之疏先於時來，又將移其詆時來者而詆仰庇矣，不謂之黨同伐異，可乎？蓋自癸、甲以來五六年間，既無言責者，往往舍其職事而以建白爲奇，貌其官長，而以恣睢爲快，無而爲有，是而爲非，士習以成風，世艷以成俗，以至饒伸、薛敷教，極矣。乃一言饒伸，而少年輒非之，一言薛敷教，而少年輒又非之，則小臣之言糞土耶？珠玉耶？此不待辨矣。一人其毂，雖盗蹠亦伯夷，一和其聲，雖謗書亦名教，使賈誼生今之時，不知何如其嘆息也。獨臣②以碌碌，百不如人，才匪濟時，品同伴食，分量已溢，物望不歸，六十無聞，良用自恥，乃一時抗論偶與負時望者符合，得從今昔名臣竝在麟趾所數中，亦云幸矣。第碌碌者以之受職居官且不可，況絲綸密勿之地、師尹具瞻之任乎？今聖明御宇，耆碩滿朝，而以碌碌者參其間，至爲小臣所侮玩，不亦輕朝廷、羞當世之士、且爲同事諸臣辱乎？伏望皇上察臣悃誠，將臣罷斥，無使如敷教者再數以此曹無人心，如麟趾者再數以碌碌無時望，則政本之地始重，而微臣之愚分亦安矣。臣無任惶恐隕越之至，爲此具本謹具奏聞，伏候敕旨。得旨："卿力持綱紀正論，有稗治體，豈可以妄言波及，遽自引退？宜安心輔理，不允所辭。吏部知道。"

是日，大學士王錫爵①："爲自明求去初心以祈聖覽事。昨該御前發下文書內南京給事中徐桓一本，稱近有山②匿名揭帖傳至南京，謗臣傾險至甚，疑臣近者累疏乞骸爲此而發。此蓋科臣知臣之素，欲以激臣之留，其憂在士風，在國論，不在臣也。而臣之所憂乃在此心之不明，不在公論之不定。蓋臣聞天下之事，真是真非者不必辨，似是而非者不得不辨。如春中科塲之謗，臣之心事雖天知地知，然從來原有此欺天罔人之大臣，世上原有此踰牆鑽穴之士子，此似是而非，不得不辨者也。其在今日，則匿名投揭者爲山人，山人之遷怒爲逐客，逐客之流謗不傳於耳目顯證之京師，而傳於影響不接之南都，此造言傾險之人，其心術、其人品，不待考問已自招承，而臣一生自守之微操，幸不爲壬夫狎客所容，皇上問孰惡臣，則亦可以知臣矣。此真是真非，臣雖有褊心不能怒，雖有多喙不足辯者也，臣昌爲以此求去哉。今則③後乞骸之章見在，彼時山人私揭原未有聞，原無讒謗可避，臣一言一字，俱出肺腑，瀝血至誠，原無訴託。今憎臣者故以及相反之事誣臣，欲其必去，愛臣者更以及疑似之言激臣，欲其必留，臣之苦甚矣。臣出山五載，日與同官共事，首尾一身，而人情自爲矛盾，爲薛進士之說者，嫌其不爭，爲山人之說者，誣其有爭。政事之地如此，左難畫圜，右難畫方，而尚有可展布一籌者乎？則臣之苦又甚矣。然臣既已許身皇上，萬苦不辭，但連日見母子疾病展轉難支，誠恐一旦再有溘潰，愈疑觀聽，以此不得不自明此心，冀皇上之始終衷④察耳。至於朝堂之上私揭亂行，市井匹夫皆有意窺緣宮禁，刧脅大臣，則臣不知人心世道何以一變至此？轉移之計，惟皇上圖之。若臣之一身，乍賢乍佞，了無關於國體之重輕，而反足爲臣困心衡慮之助，不敢更望皇上爲之多索讒黨，致傷

①爵 "爵"下當脫"奏"字。
②山 明抄本"山"字之下有一字模糊不清，當爲"人"字。通行本無此字，誤。
③則 明抄本作"前"，是。通行本誤作"則"。
④衷 明抄本作"哀"，是。通行本作"衷"誤。

善類也。臣不勝激切誠懇之至，爲此具本親齎謹奏以聞，伏候敕旨。"得旨："覽卿所奏，朕已洞鑒。匿名造謗的，別有旨禁緝了，卿不必介懷。該部知道。"

九①月乙巳②，朔。

三日丁未，大學士許國奏："爲自揣迂庸力辭恩命以安愚分事。先該臣以再考蒙恩，具疏辭免，伏奉聖旨：'卿秉正奉公，忠勤茂著，再考加恩，國家舊典，宜遵成命，不允所辭。吏部知道。欽此。'該部移咨到臣。臣竊伏自念，犬馬微誠不能動天，冒昧再陳，仰煩聰聽，無所逃罪。臣聞一辭爲例，再辭爲力，三辭爲固。臣縱未及固辭，亦何敢爲例辭？顧此隆渥之榮，駢繁之錫，臣何德以堪？何功以報？臣不勝愧懼。且臣叨居密勿之司，謬陪耆碩之後，既爲人所訾議，乃憪然就列，仍受上賞，妨賢辱國，莫此爲甚，臣雖謭劣，心實不安。今世變風移，上下異意，上以爲公正，下或以爲私邪，上以爲忠勞，下或以爲欺冒，既屬舊典，亦謂私恩，臣雖百口何能自解？況東南赤旱，民不堪命，天之降罰，或專爲臣。臣雖策免，不足以謝天下。伏惟皇上察臣悃誠，特賜罷免，俾以原官獲從休致，既逃斧鉞之誅，復寬削奪之罰，已爲厚幸，夫復何求？此餘年皆上所賜，將長林豐草得偕麋鹿之羣，與野老山農共詠雍熙之化，臣不勝披瀝懇禱，顏靦汗浹之至。爲此具本謹奏以聞，伏候敕旨。"得旨："酬勞勸忠，朝廷彝典，豈得過於謙讓？卿宜勉承朕命，慎勿固辭。吏部知道。"

十六日庚申，大學士申時行等題："先該臣等欽奉聖諭，謄寫累朝寶訓、實錄，陸續進呈。先次寫完《太③祖高皇帝寶訓》、《實錄》、《成祖文皇帝寶訓》，已經進呈御覽訖，續該臣等督令官生寫完《成祖文皇帝實錄》，自奉天靖難事蹟起，至永樂二十二年八月止，凡一百三十卷，共計四十六本，裝潢成帙，共爲六套，進呈御覽。謹具題以聞。"

是日，又題："爲謄寫訓錄事。先該臣等題奉欽依纂修玉牒，續又欽奉聖諭，謄寫累朝寶訓、實錄，該臣等督令官生相兼書寫，已將陸續恭寫太祖、成祖《寶訓》、《寶錄》進呈御覽外，竊惟玉牒、訓錄，皆國家重典，一時並舉，册籍繁多。查

①九 "九"上當有"萬曆十七年"五字。
②巳 "巳"當作"巳"。
③太 明抄本作"大"。通行本作"太"，是。

得謄錄官程啟元陞任，顧祖源、吳馳、潘雲驥、王益、包容，各丁憂給假去訖，見在人數書寫不前①。據各館圈書監生沈霖等十名呈稱，在館圈書，尚有餘功，願將前項書籍一併謄錄。臣等看得，各生字畫端楷，准令在館不妨圈讀，與謄錄各官一體供事，其制敕房辦事試中書舍人汪一元、張天秩，例應題補謄錄官。及照起復史館辦事通政司知事張大續、鑄印局儒士范可愙，近該吏部題奉欽依，開送前來，原係會典館謄錄人數，相應仍留在館。通行開具上請，合候命下，令各欽遵供事。臣等未敢擅便，謹題請旨。"得旨："是。"

是日，又題："為纂修玉牒事。照得玉牒校對官例用三員，今止二員供事。查有制敕房辦事試中書舍人鄒迪，堪委校對，合候命下，令其赴館供事。臣等未敢擅便，謹題請旨。"得旨："是。"

二十二日丙寅，以寫篆靈丘王神主壙誌，欽賜元輔時行銀二十兩、紵絲二表裏、原封鈔三千貫，次輔國、錫爵、家屏，每銀十五兩、紵絲一表裏、原封鈔二千貫，及中書官徐繼申等六員有差。

二十九日癸酉，諭禮部："朕連日服藥，火疾未平，又頭痛身軟，廟享恐難成禮。今次暫命國公徐文璧恭代，着竭虔行禮。侯吳繼爵、李言恭各分獻。禮部知道。"

三十日甲申②，大學士申時行等題："臣等不奉天顏又踰一月，竊意孟冬頒曆、太廟時享必當親煩聖駕，少慰臣工瞻仰之私。昨該文書官傳諭，以聖體偶有未安，廟享恐難成禮，命官代行。臣等犬馬下情，不勝企戀。伏望皇上順承時令，頤養天和，諸凡起居飲食③之間，不妄④愛嗇樽節之意，則真元益固，玉體自康。臣等不勝⑤懇切瞻戴之至。謹具題恭侯萬安以聞。"

①前 "前"字疑誤。

②申 "申"當為"戌"之誤。

③食 明抄本作"饍"。通行本作"食"。

④妄 通行本作"妄"，誤。明抄本作"忘"，是。

⑤勝 明抄本無"勝"字以下十五字。通行本有此十五字。

萬曆十七年

　　十①月初七日辛巳②，大學士申時行等題："爲比例乞恩冠帶事。據史館謄錄監生茅聞詩呈稱，於萬曆十二年七月，蒙內閣題奉欽依、吏禮二部會同考送史館、謄錄《大明會典》，十三年閏九月丁憂回籍，十六年六月起復赴館，蒙收謄錄累朝寶訓實錄，先後効勞連閏計三十三個月。查得史館舊例，凡監生供事三年而書未告成者，俱得先給冠帶，隆慶二年十月內謄錄監生包漸林以効勞三十三個月，比照監生喬承華事例，題給冠帶，詩今③事體及供事月日亦與漸林相同。又蒙④史館謄錄⑤《大明會典》，至十四年二月丁憂回籍，十七年六月蒙收謄寫累朝寶訓、實錄，前後効勞通計三年。查得萬曆十三年四月有同選進館儒士包容，以原係禮部食糧人數，比照先年史館謄錄《永樂大典》儒士程道南事例，亦蒙題給冠帶，授與包容事例相同，伏乞照例題給冠帶等因。臣等查得隆慶二年十月內監生包漸林、萬曆十三年四月內儒士包容，各比照舊例請給冠帶，已經題奉欽依冠帶去後，今茅聞詩、范可慢在館供事俱各三年，委與包漸林、包容等事體相同，合無照依前例，給與冠帶，各照舊在館供事，敕下吏部查照施行？臣等未敢擅便，謹題請旨。"奉旨："是。吏部知道。"

　　九日癸未，奉聖諭："朕見各處奏報災傷，恐刑獄有冤，致傷和氣。兩京及各省今歲都着暫免行刑。法司知道。"

　　十五日乙⑥丑，大學士申時行等題："爲大典告成遵諭敍錄効勞諸臣以彰激勸事。先該臣等於十五年二月題爲前事內稱，侍講曾朝節等俱完稿在先，守制在後，合候服闋之日，另請陞敍等因，節奉聖旨：'依擬。欽此。'今侍講曾朝節起復到部，該吏部題奉欽依復除前職，臣等謹遵照前旨，將曾朝節擬陞左春坊左諭德，兼翰林院侍讀，伏乞敕下吏部查照施行。臣等未敢擅便，謹題請旨。"奉旨："是。吏部知道。"

　　二十日甲午，文書官李相口傳聖諭："朕因動火向進湯藥，

① 十　"十"上當有"萬曆十七年"五字。
② 巳　"巳"當作"巳"。
③ 今　明抄本作"令"，誤。通行本改正作"今"。
④ 蒙　"蒙"字當爲"據"之誤。
⑤ 錄　明抄本"錄"字下有"儒士范可慢呈稱，授係禮部鑄印局食糧儒士，亦於萬曆十二年七月遇蒙考送史館謄錄"三十五字。通行本脫此三十五字。
⑥ 乙　"乙"當作"己"。

①火 明抄本無"火"字，通行本增此字。

②選 "選"當作"撰"。

火①猶未降，欲出朝，身軟不能耐勞。傳與九卿每知道。"

是日，大學士申時行等題："今日該文書官李相口傳聖諭：說與臣等，聖體向進湯藥，火猶未降，欲出朝，身軟不能耐勞，令臣等傳與九卿每知道。欽此。仰惟皇上一身，乃天地、祖宗之所憑依，百官、萬姓之所仰戴。自孟冬時享奉旨，以火疾未平，遣官恭代，大小臣工莫不仰祈康豫，候望天顏。今又再旬矣，九卿大臣皆皇上所任以股肱、與圖政事者，其言蓋宗社大計，臣子至情，與臣等犬馬私衷適相吻合。伏願加意珍攝，使聖躬蚤獲康寧，朝講照常修舉，是乃所以安九卿大臣之心，而慰四方萬國之望，不獨臣等欣忭踴躍已也。謹具題恭候萬安以聞。"

是日，以重建巨馬河橋工完，擬選②碑文，賜元輔申時行銀五十兩、紵絲四表裏，次輔許國、王錫爵、王家屏每銀三十兩、紵絲二表裏。

十①一月乙巳②，朔。

七日辛亥，大學士申時行等題："先該河南撫按官周世選等，據知縣李賦秀訐原任知府周思宸侵冒興造王府錢糧，題參前來，已該工部覆請，臣等擬票，兩月以來未奉處分。又該周世選參論李賦秀，因自陳求罷。又該吏部覆該省撫按本，調新任衛輝知府何繼高於江西。俱未蒙宸斷。已該部科具題催促，又向臣等質問所以，且責臣等不能仰贊皇上，使章奏壅滯，事體停閣。臣等惶愧流汗，無以應之，有不得不仰瀆天聽者。臣等連日訪問，衛輝一府因知府議調，同知被訐，滑③縣知縣又經參題，一府一縣事務無人管理，錢糧不催徵，詞訟不理斷，盜賊不緝捕，已三閱月矣。夫該府該縣，皇上之府縣也，府縣之百姓，皇上之百姓也。府縣無官，百姓無主，儻有不逞之徒乘間竊發，要害之地，可為寒心，朝廷豈得棄此地於化外乎？又興造錢糧，乃皇上之財賦，百姓之脂膏也，如果④知府冒破，當究問治罪，以懲奸貪，如果知縣裝誣，亦當究問治罪，以正體統。若貪吏不懲，刁風不禁，則法紀何在？名分何存？朝廷亦豈得置此事於度外乎？又巡撫既已自陳，便當閉門待罪，不出理事，此皇上所以寄一方撫綏⑤軍民者也，今請事不報，求罷不答，豈可謂地方巡撫為無用之官乎？凡此皆關係國家政事，朝廷紀綱，地方利害，臣等日夜憂惶不能自寧者。緣部科屢已有言，未敢隨眾塵瀆，今部科之疏又復不行，則臣等義不容默，時不可緩矣。伏望皇上俯垂聽納，將前項本章特賜裁斷。如臣等所擬未當，則乞御批更定，或明示臣等改擬，但求事體穩當，章奏疏通，臣等不憚於數易也。伏惟聖明亮察，臣等不勝激切懇祈之至，謹具題。"

十四日戊午，冬至，大祀於圜丘，遣公徐文璧恭代，侯吳繼爵、李言恭、次輔許國、王家屏各分獻。

十九日⑥，大學士申時行等題："昨日該文書官李恩口傳聖

① 十 "十"上當有"萬曆十七年"五字。
② 巳 "巳"當作"巳"。
③ 滑 明抄本作"波"。通行本改作"滑"，皆誤。應作"汲"，參見《明神宗實錄》卷二一五萬曆十七年九月甲戌條記事。
④ 果 明抄本作"破"。通行本改"果"。似應作"被"。
⑤ 綏 明抄本誤作"緩"。通行本改正作"綏"。
⑥ 日 "日"下當有"癸亥"二字。

萬曆起居注

諭："說與臣等，明日出朝受賀，常朝暫免。欽此。"臣等久不睹天顏，一奉德音，不勝欣喜。今日隨班行禮稱賀既畢，見大小臣工莫不忻忻相告，以爲皇上特以聖母萬壽，臨視羣臣，既能萃萬國之歡心，自當受上天之景福。舉朝稱頌，萬口一詞，蓋皇上特一舉趾之間，一視朝之頃，而增光聖孝，鼓舞人心，咸在於此。臣等忝備輔臣，猶①不勝踴躍。至於常朝一節，皇上或以隆冬盛寒，欲深居靜攝，即暫行傳免，一月之中止二、三次，少遂羣臣瞻仰之私，亦無不可。臣等亦豈敢拘執故事，煩勞聖躬？惟是諸司章奏，關系國家政事、朝廷紀綱。譬如人身之有血脈，若血脈壅滯，則百病叢生，必多方求藥以治之矣。今章奏停閣，使下情不達，上意不宣，或妄生窺測，別起事端，或倡造訛言，橫生議論，傳之遠邇，必致驚疑，其爲政事、紀綱之害不淺，此臣等之所以日夕憂惶、不能自寧者也。伏望皇上少乘清燕，將御前本章亟賜裁斷，則政事疏通，紀綱振飭，雖間一視朝，不爲廢事，而臣等亦可免於曠官之責，惟願一加聖心焉。臣猶②不勝③。"

是日，文書官李文輔口傳聖旨："今日行禮畢，東邊吏科等科不侍班，鴻臚寺不朝上站，都着回話將來。"次日，吏科都給事中陳與郊等、鴻臚寺卿楊宗仲等，各具奏認罪回話。奉旨："既認罪，姑各罰俸一個月。"

二十三日丁卯，大學士申時行等題："先該河南撫按官據知縣李賦秀訐知府周時宸事情，參論前來，該工部題覆，又該潞王參本相同，臣等已經擬票進呈御覽，未奉批發。近具揭申請，亦未蒙明示。今又該工部再錄原題，復請宸斷，蒙發下臣等票擬。臣等看詳反復，措詞兩難。若擬云'已有旨了'，則前次票本尚未批行，若擬'明白處分'，則與前次所擬又似重復。謹擬二票進覽，伏乞皇上特賜裁決。或通將前本批發，則用'有旨'一票，或止將此本先行，則用'明白處分'一票。伏候聖斷施行。謹具題以聞。"奉御批："已各有旨了。"其實前次所擬處分尚未下也。

①猶 明抄本作"尤"。通行本作"猶"。

②猶 明抄本作"尤"。通行本作"猶"。
③勝 "勝"下當有脫文。

二十四日丁卯①，大學士許國奏："爲恭謝天恩事。先是萬曆十四年八月內，該臣以從一品三年考滿，是時臣父贈少傅鈇、臣母贈一品夫人汪氏，俱未安葬，臣因具疏陳情，辭恩請恤，伏蒙聖恩賜臣父母祭葬，如贈官例，遣中書舍人殷盤前往造葬。又以臣祈身歸葬，特令臣子中書舍人立功給驛代其行。既逾年，又以卜未得吉，復命所司移文寬其假。臣不勝感恩流涕，及今事竣，謹具本稱謝者。恩綸追恤，洽闓澤於九京，使命告成，奕榮光於三世。瞻依情切，感激涕橫。竊念臣險釁孤生，單微遠族，一經脫逹，二澤先違，夙昧形家，重違治命，多徇青鳥之拘忌，遂成丹旐之遷延，竊食大官，莫展涓塵之報，懸情淺土，竟稽蓬累之期。忠孝謂何？哀慼莫比。偶緣滿考，敢布私情，冀假視息之軀，少盡樹封之事。皇上仁隆及朽，義切推心，追帷蓋於先年，既以慰臣之微抱，付松楸於弱息，復以代臣之自行，給小馹以還鄉，從大行而寬假。不意曲全之恩重，遂令求退之詞窮。凡在同朝，咸驚異數，謂賜魚得地，服章不啻乎生存。矧執紼有孫，棺附如親乎誠信，萬分體悉，曠世褒榮。臣自省何人，輒膺私典？雖蓼莪之恨，莫會離魂，而京兆之阡，已聞寧魄。感深暴露，憑天語以昭蘇，創甚劓黥，賴春溫而補息。自非木石，敢悖生成？即令父母之有知，必矢子孫之共報。而臣素忱空切，華髮漸衰，資父事君，祇自明於方寸，立身行道，終不逮於初心，徒以效薄鴻毛，德崇鼇首，姑緩旦夕首丘之請，冀代先臣結草之圖。願末路之難籌，每中宵而三歎，即筋疲狗馬，猶託意於箕裘，庶骸乞山林，或有顔於墳墓。臣不勝感戴天恩之至，爲此具本親齎奏謝以聞。"得旨："覽卿奏謝，朕知道了。禮部知道。"

①丁卯 "丁卯"當作"戊辰"。

十①二月甲戌，朔。

二十七日庚子，大學士許國奏："爲面恩事。本年七月十六日，該臣以少傅兼太子太傅、禮部尚書、建極殿大學士六年考滿，伏蒙恩欽賜羊酒鈔錠，九月初五日，吏部題奉聖旨：着進兼太子太師、吏部尚書，餘官照舊，蔭一子中書舍人，給與應得誥命。臣不勝感戴，隨赴鴻臚寺報名，次早於午門外五拜三叩頭謝恩訖。自後節經免朝，未奉天顏。先是本年三月初九日欽奉聖諭：'說與鴻臚寺，朕近因動火免朝，起數積多，今後在京陞授等項官員應面恩的，如候過三次者，具本奏知，不必再補。欽此。'臣伏念伴食樞機，受恩深重，不敢概同於諸臣，每懸晉接之思，莫已泰交之願。今歷月者四，逾時者三，天運將周，歲事且改，過此以往，雖遇朝期，然臘盡齋居，春初休沐，時當御殿，事已隔年，上不敢瀆當寧之清嚴，下不敢駭同朝之觀聽。謹遵明旨，具本奏知，無任感戴惶悚之至。原係面恩補謝事理，爲此具本親齎奏謝以聞。"

二十九日壬寅，奉聖諭："朕體偶未安，廟享恐難成禮。暫命公徐文璧恭代，侯李言恭分獻。各該陪祀執事官員，毋得怠忽。"

是日，大學士申時行等題："今日該文書官李相口傳：聖體欠安，廟祭遣官恭代。臣等欽遵，謹擬傳帖進覽訖。竊惟祫享大祀，至爲崇嚴，必聖駕親臨，乃爲誠敬。且臣等曠違已久，企戀猶②深，期以假廟之辰，獲遂瞻天之願，不謂復因靜攝，竟遣代行。臣等下情不勝惓切。仰惟皇上春秋鼎盛，神采豐盈，當三陽開泰之時，正萬福來同之日，聖躬勿藥，不佔有乎。顧廟中承祭，則登降祼獻，不無煩勞，或艱於成禮，而殿內受朝，則高居端拱，不過時刻，無礙於珍調，且元旦、新春，一時湊合，此蓋萬壽無疆之慶會，百年難遇之昌期也。伏望皇上暫紆宸畢③，照常受賀，以迓天人之祉，以慰臣庶之心。臣等猶④不勝祈懇之至。謹具題以聞。"

①十　"十"上當有"萬曆十七年"五字。
②猶　明抄本作"尤"。通行本作"猶"。
③畢　明抄本作"蹕"。通行本作"畢"。
④猶　明抄本作"尤"。通行本作"猶"。

萬曆
十八年

十①八年正月甲辰，朔，立春。

大學士申時行等題："恭遇元旦令節，禮當慶賀，該鴻臚寺奉旨傳免。竊念臣等備員輔弼，受恩深厚，與在廷諸臣不同，犬馬私衷不能自已。臣等謹於本日恭詣會極門，行五拜三叩頭禮，稱祝聖壽，以少伸臣子慶忭之誠訖。謹具題知。"

是日，以正旦令節及立春，賜上尊珍饌者再。

上在毓德宮，召閣臣申時行、許國、王錫爵、王家屏四臣入見於西室。御榻東向，時行等西向跪，致詞云："元旦、新春，仰惟皇上萬壽萬福，臣等不勝欣賀。"因叩頭。又奏云："臣等久不瞻睹天顏，下情不勝企戀，恭候起居萬安。"又叩頭。上曰："朕之疾已痼矣。"時行等對云："皇上春秋鼎盛，神氣充盈，但能加意調攝，自然勿藥有喜，不必過慮。"上曰："朕昨年為心肝二經之火時常舉發，頭目眩暈，胸膈脹滿。近調理稍可，又為雒于仁這本肆口妄言，觸起朕怒，以致肝火復發，至今未愈。"時行等奏："聖躬關係甚重，祖宗神靈、兩宮聖母皆憑藉皇上，當倍萬珍護。無知小臣狂戇輕率，不足以動聖意。"上以雒于仁本手授時行，云："先生每看，這本說朕酒色財氣，試為朕評一評。"時行方展疏，未及對，上遽云："他說朕好酒，誰人不飲酒？若酒後持刀舞劍，非帝王舉動，那有是事？又說朕好色，偏寵貴妃鄭氏。朕祇因鄭氏勤勞，朕每至一宮，他必相隨，朝夕間他獨小心侍奉，委的勤②勞。如恭妃王氏，他有長子，朕着他調護照管，母子相依，所以不能朝夕侍奉，何嘗有偏？他說朕貪財，因受張鯨賄賂，所以用他。昨年李沂也這等說。朕為天子，富有四海之内，普天下莫非王土，天下之財皆朕之財，朕若貪張鯨之財，何不抄没了他？又說朕尚氣。古云少時戒之在色，壯時戒勇、戒鬥，勇即是氣。朕豈不知？但人孰無氣？且如先生每，也有僮僕家人，難道更不責治？如今内侍宮人等，或有觸犯、及失誤差使的，也曾杖責。然亦有疾疫死者，如何說都是杖死？先生每將這本去票擬重處。"時行等對云："此無知小臣，誤聽道路之言，輕率瀆奏。"上曰："他還是出位沽名。"時行等對云："他既沽名，皇上若重處之，適成

① 十 "十"上當有"萬曆"二字。

② 勤 "勤"當作"勤"。

其名，反損皇上聖德。惟寬容不校，乃見聖德之盛。"時行以其疏繳置御前，上沉吟答云："這也說得是。到不是損了朕德，却損了朕度。"時行等對云："皇上聖度如天地一般，何所不容？"上復取其疏再授時行，使詳閱之，室中微闇，認字難真，時行稍閱大意。上連語云："朕氣他不過，必須重處。"時行云："此本原是輕信訛傳，若將此本票擬處分，傳之四方，反當做實話了。臣等前見疏久留中，在閣中私相頌歎，以爲聖度寬容，超越千古。臣等愚見，謂照舊留中爲是。容臣等載之史書，傳之萬世，使萬世稱皇上是堯舜之君，此乃盛事。"復以其疏返御前。上復云："如何設法處他？只是氣他不過。"時行等云："此本既不可發出，亦無他法處之。還望皇上寬宥。容臣等傳語該寺堂官，使之去任可也。"上首肯，天顏稍和。因云："先生每是親近之臣，朕有舉動，先生每還知道些，那有是事？"時行等對云："九重深邃，宮闈秘密，臣等也不能詳知，何況疎遠小臣？只是輕信訛言，不足計較。"上曰："人臣事君，該知道理。如今沒個尊卑上下，信口胡說。先年御史有個党傑，也曾數落我，我也容了。如今雒于仁就和他一般，因是不曾懲創，所以又來說。"時行等對云："人臣進言，固是忠君愛國，然須從容和婉。如臣等常時不敢輕瀆，惟事體有不得不言者，纔敢陳奏。臣等豈敢不與皇上同心？這小臣臣等亦豈敢回護？只是以聖德聖躬爲重。"上曰："先生每尚知尊卑上下，他每小臣却這等放肆。近來只見議論紛紛，以正爲邪，以邪爲正，一本論的還未及覽，又有一本辯的，使朕應接不暇。朕如今張燈後看字，不甚分明，如何能一一徧覽？這等的殊不成個朝綱，先生每爲朕股肱，也要做個張主。"時行等對云："臣等荷蒙皇上任使，才薄望輕，不能鎮壓人情，以致章奏紛紜，煩瀆聖聽，臣等有罪。但臣等因鑒前人覆轍，一應事體，上則稟皇上之獨斷，下則付外廷之公論，所以不敢擅自主張。"上曰："不然。朕就是心，先生每是股肱。心非股肱，安能運動？朕既委任先生每，有何畏避？還要替朕主張，任勞任怨，不要推諉。"時行等因叩頭謝云："蒙皇上以股肱腹心優待臣等，犬馬猶知報主，況臣等受皇上高厚之恩，敢不盡心圖報。任勞任怨四字，臣等當書之座右，朝夕服膺。"語畢，時行復進云："皇上近來亦進藥否？"上曰："朕日每進药二次。"時行等云："皇上須慎重揀選良藥。"上曰："醫書朕也常看，脉理朕都知道。"時行等又云："皇上宜以保養聖躬為重。清心寡欲，戒怒平情，聖體自然康豫矣。"時行等又奏云："臣等久不瞻睹天顏，雖有芻蕘之見，不能一一面陳。今日幸蒙宣召，臣等敢不傾吐？近來皇上朝講稀疎，外廷日切懸望，今聖體常欲靜攝，臣等亦不敢數數煩勞起居。但一月之間，或二三次，或三四次，間一臨朝，亦足以慰羣情之瞻仰。"上曰："朕疾愈，豈不欲出？即如祖宗廟祀大典，也要親行，聖母生身大恩，也要時常定省。只是腰痛脚軟，行立不便。"時行等又云："冊立東宮，係宗社大計，伏望皇上早賜裁定。"上曰："朕知之。朕無嫡子，長幼自有定序。鄭妃亦再三陳請，恐外間有疑。但長子猶弱，欲俟其壯健使出就外，纔放心。"時行等又云："皇長子年已九齡，蒙養豫教正在今日，宜令出閣讀書。"上曰："人資性不同，或生而知之，或學而知之，或困而知之，也要生來自然聰明，安能一一教訓？"時行等對云："資禀賦於天，學問成於人，雖有睿哲之資，未有不教而能成者。語云：少成若天性，習慣如自然。須及時豫教，乃能成德。"上曰："朕已知之，先生每回閣去罷。"各賜酒飯一卓、燒割一分。時行等叩頭謝，遂出。行去宮門數十丈許，上復令司禮內臣追止之，云："且少候。上已令人宣長哥來，着先生每一見。"時行等復還至宮門內，立待良久。上令內臣覘視申閣老等聞召長哥亦喜否，時行等語內臣云："我等得見睿容，便如睹景星慶雲，真是不勝之喜。"內臣人①奏，上微哂頷之。有頃，上命司禮監二太監謂時行等："可喚張鯨來，先生責訓他。"時行等云："張鯨乃左右近臣，皇上既已責訓，何須臣等？"司禮監入奏，上復令傳諭云："此朕命，不可不遵。"有頃，張鯨至，向上跪。時行等傳上意云："爾受上厚恩，宜盡心圖報，奉公守法。"鯨自稱以多言得罪。時行等云："臣事君猶子事父，子不可不孝，臣不可不忠。"鯨呼萬歲者三，乃退。司禮入言上，上曰："這纔

①人 "人"當作"入"。

是不辱君命。"久之，司禮太監傳言："皇長子至矣。"皇三子亦至，但不能離乳保，遂復引入西室。至御搨①前，則皇長子在搨②右，上手携之，皇三子旁立，一乳母擁其後。時行等既見，因賀上云："皇長子龍姿鳳目，岐嶷非凡。仰見皇上昌後之仁，齊天之福。"上欣然曰："此祖宗德澤，聖母恩庇，朕何敢當？"時行等奏："皇長子春秋漸長，正當讀書進學。"上曰："已令内侍授書誦讀矣。"時行云："皇上正位東宫，時方六齡，即已讀書，皇長子讀書已晚矣。"上曰："朕五歲即能讀書。"復指皇三子："是兒亦五歲，尚不能離乳母，且數病。"時行等稍前孰視皇長子，上手引皇長子向明正立，時行等注視良久，因奏："皇上有此美玉，何不早加琢磨，使之成器？願皇上早定大計，宗社幸甚。"乃叩頭出。是日，時行等以傳免朝賀，特詣會極門行禮，忽聞宣召，急趨而入，歷禁門數重乃至毓德宫。從來閣臣召見，未有得至此者。且天語諄復，聖容和晬藹然，如家人父子，累朝以來所未有也。

是日，又③題："臣等曠違天顔，瞻企殊切。今日元旦新春，伏蒙聖恩召見，臣等至毓德宫暖閣，面賜温諭，真若家人父子。臣等自慶遭逢，不勝欣喜，不勝感戴。至如雒于仁，一介小臣，以道路訛言輕率煩瀆，上干聖怒。蒙皇上再三申諭，欲有處分，而又恐適成小臣之名，反虧聖明之度，竟從臣等愚見，特爲留中。此則乾坤之量大而能容，雷霆之威措而不用，臣等當紀之信史，傳之萬世，與堯舜並稱，非漢唐以下賢君所能及也。臣等已密告該寺堂官，代爲告病，候其本上，容臣處分，以俟聖裁。其册立大典，臣等乘間進言，伏蒙採納。又得恭睹皇子丰儀，龍種鳳雛，自與凡流迥別。昔商山四皓一見而太子之位定，臣等四臣雖不及古人，而幸遇聖明，特鍾慈愛，造膝之一見，賢於苦口之萬言，此又臣等非常之慶，所爲踴躍而不能自已者也。若臣等愚陋，曠職負恩，無所逃罪，又蒙聖慈不加譴責，命以任勞任怨，臣等敢不殫心竭力，盡忠補過，以答知遇之萬一？除各衙門傳帖，容臣等細加參酌，另日詳擬，恭清宸斷外，臣等不勝感荷天恩之至，謹具題稱謝以聞。"

---

① 搨 "搨"當作"榻"。
② 搨 "搨"當作"榻"。
③ 又 "又"上當有"時行等"字樣。

二日乙巳①，大學士申時行等題："昨該臣等欽蒙聖恩召見於毓德宮暖閣，天語諄諄，論及時事，謂諸司紛紛論奏，以邪爲正，以正爲邪，累牘連篇，不能徧覽，面諭臣等爲國股肱，當任勞任怨，無得推諉。臣等恭承特命，俯繹私衷，自惟才薄望輕，不能鎭壓羣嚚，統一衆論，以致紛紛章奏，煩瀆聖聰，曠職瘝官，無所逃罪。幸蒙聖慈寬宥，不即譴訶，且訓誨丁寧，責其後效。臣等身非木石，情同犬馬，蒙皇上委以手足心腹之誼，待以家人父子之懽，而不矢志奉公，捐軀圖報，是木石犬馬之不如，何以靦顔於班行之上乎？竊謂今日事體，以皇上神聖聰明照臨於上，臣等雖不肖，亦知小心畏法，奉承於下，法度未至凌夷，政事未至廢弛。惟是威福聽於宸斷，是非歸於至公，奉法循理，協心體國，則體統自正，朝廷無事矣。乃近日士風少壞，人心益漓，不修實事，而專尚虛名，不秉公心，而各懷私意，因見臣等鑒於前轍，避權遠勢，遂加凌侮，轉相呼召，肆行擠排，臣等不知其何心也？夫臣等密勿近臣，賢愚邪正豈能逃皇上之洞察？使果負恩壞法，流放斥逐，亦所甘心。今既蒙皇上託以股肱，責之輔理，乃故欲阻撓，陰爲攻擊，呶呶未已，不勝不休，誠如聖諭所謂不成朝綱者。昨奉面諭，令臣等議擬傳帖，竊以爲言詞少簡，不足以闡發聖意，警動人心，謹擬敕諭一道，進呈睿覽，伏乞聖明裁定，發下謄寫，宣召各衙門發行。謹具題以聞。"

三日丙午，大學士申時行等題："爲恭承德意乞蚤賜宸斷册建儲宮以慰人心事。昨元旦新春，伏蒙皇上召見臣等於毓德宮暖閣，該臣等面奏：'册立東宮，係宗社大計，伏望皇上蚤賜裁定。'奉旨答云：'朕知之。欽此。'臣等又奏：'皇長子年已九齡，蒙養預教正在此時'，'語云：少成若天性，習慣如自然'，'雖有睿哲之資，未有不教而能成者'。又奉旨答云：'朕已知之。欽此。'又天語諄諄，謂：皇貴妃亦屢次奏請，朕無嫡子，自有長幼之序。臣等仰知聖心之久定，又知皇貴妃之賢明，不勝忻仰贊嘆。及臣等出，復命司禮監官追止臣等，並召皇子令

①巳 "巳"當作"巳"。

臣等入見。臣等伏睹皇長子龍姿鳳目，岐巍①非凡，皇第三子玉筍蘭芽，娟秀可念，仰頌皇上昌後之仁、齊天之福，而皇上則歸功祖宗之德澤、聖母之慈恩。維時天語春溫，聖容開霽，父子有親，長幼有序，歡然和洽於九重之中，而臣等幸魚水之遭逢，荷股肱之委託，藹然聚會於一堂之上，此自昔罕聞，於今獨盛者也。蓋臣等向聞道路之言，妄有窺測，外廷之議亦復紛紜，每以未奉玉音，久稽大典，不勝惓惓之望。乃茲皇上一言，如鎸金石，臣等一見，如睹日星，宗社大計，須臾立決，臣等惟有踴躍稱慶而已。然臣等仰承聖諭，似猶以為稍弱者。顧臣等伏見皇長子年齡已茂，氣體已充，正當就傅之時，非復嬰弱之日，外廷之引領，海內之係心，不啻雲霓之切矣。今皇上雖內斷於宸慮，聖心知之，外廷未之知也。臣等雖親承乎面命，臣等知之，海內未之知也。惟有亟渙德音，亟下明詔，以今春擇吉舉冊立之上儀，修出閣之故事，使天下知皇上篤子愛子，不出臣下之仰贊，而出於淵衷，皇上重於升儲，不由外廷之陳請，而由於持②詔，父道、君道兩得而俱全，即文王之止慈，武王之燕翼，何以過是？此臣等所以仰承德意，思佐下風，而竊有請也。臣等昨見皇子並侍膝前，未有章服，此皆以位號未正，故等威未隆，玉葉金枝豈宜若此？如蒙於皇長子冊立之日，並皇第三子冊封之禮一時舉行，一以行皇貴妃之言，一以慰皇貴妃之志，此尤臣等悃款之愚也。蓋皇上以家人父子之情俯遇臣等，故臣等亦敢以家人父子之言進，不敢以間於外廷。伏望聖明特賜御批，或容臣等恭擬聖諭，敕下禮部遵奉施行。臣等不勝懇祈之至。謹具題以聞，伏候明旨。"奉旨："覽卿等所奏，朕知道了。朕昨者已命卿等自見，外雖岐嶷，內本質弱，預教，朕知道了。冊立，還候旨行。不必再有煩擾，以間天性。"

七日庚戌，以孟春時享太廟，先奉聖諭："朕體眩暈酸軟，力疾不支，廟享恐難成禮，暫遣公徐文璧恭代，侯吳繼爵分獻。"

① 巍 "巍"當作"嶷"。

② 持 "持"當作"特"。

八日辛亥，皇帝敕諭六部、都察院、科道等官："朕惟國家選任賢能，布列在位，部院修政肅紀，爲庶僚表儀，科道繩愆糾邪，爲朝廷耳目，所委以分猷共念安利國家者也。朕總攬乾綱，圖惟化理，孜孜不怠。近因心肝之大①，時觸輒發，深居靜攝，未即痊安，所以視朝稍稀，章奏間有停留，從容斷決。若使朕躬復舊，祖宗廟祀大典，豈不欲身親對越？聖母鞠育深恩，豈不欲朝夕定省？惟一時偶疾，未能遂心，非朕倦勤而自偷逸也。至於左右近臣，不過承旨辦事，朕皆獨斷，縱有一二徇私壞法，朕自有處治，豈敢爲奸？近來諸司官員，多有不務本等職業，不畏祖宗法度，或輕信訛言，沽名賣直，誣訕君上，或妄生議論，擾亂國事，排擠端良，或窺探觀望，扇惑人心，或邀結附和，顛倒公論。言路原無阻塞，動輒借口，詔旨方行禁革，公然違犯，彼奏此辯，甲是乙非，章奏滿前，使朕不能徧覽。如此紛亂，是何朝綱？輔臣爲朕股肱，心非肢②肱，安能自運？朕已召見面諭，責以任怨任勞，爲朕主張，無得推諉。爾等受朕委託，各有職司，事有當行，不得顧忌規避，言務可采，不得混淆煩瀆。頻年天變民窮，其過豈獨在朕？爾等務要洗心滌慮，率職奉公，以副朕任人圖治至意。如負朕命，國有憲章。欽哉毋忽，故諭。"初閣臣撰擬敕稿進覽，上親更定數語，如"一二徇私壞法，朕自有處治"，及"沽名賣直"、"擾亂國事"，皆御筆添註云。

　　十九日壬戌，大學士申時行等題："爲恭承豫教明旨懇請欽示吉期以信宸斷以成睿德事。近該臣等幸睹元子，疏請册建儲宮以慰人心，伏奉聖旨：'覽卿等所奏，朕知道了。朕昨者已命卿等自見，外雖岐嶷，內本質弱。預教，朕知道了。册立，還候旨行。不必再有煩擾，以間天性。欽此。'竊惟父子者，天性之親，慈孝者，人倫之至。皇上念存貽燕，則必早建預教，養成德器，而後爲慈。皇長子體在繼承，則必視膳問安，躬修子職，而後爲孝。臣等懇請册立，良亦爲此。乃所以相成，而非所以爲間也。然已恪遵明命，仰體聖心，除册立恭候特旨，不

萬曆十八年

①大 "大"當爲"火"。

②肢 "肢"當作"股"。

敢煩瀆外，至於豫教一節，則臣等之愚忠既蒙採納，皇上之明諭亦已播宣，及時舉行，似不容緩，故臣等特以出閣吉期上請聖裁。蓋古者人生八歲則入小學，就外傅，夫非不知其幼弱而故勞之也，以爲作聖始於蒙養，貽哲在手[①]初生，過此則情竇漸開，性真易鑿，心已放則難收，習已壞則難救也。今皇長子睿齡方富，已蹈入學就傅之年，皇上俯允豫教，深應古義。然所謂教者，非但誦習句讀、摹寫字畫而已也，又非但處於宮闈、伴以內侍而已也。士庶之家苟知愛子，則必取聖經賢傳，講明義理，以發其聰明，必擇明師良友，朝夕游處，以端其趨向，而況天子之子、元良之重乎？臣等以爲宮中見聞，不若外廷之廣，內侍褻近，不若師保之嚴，讀書止習句讀，不若講論經旨可以溫故而知新，寫倣止習點畫，不若解釋字義可以旁通而博識。所以啟發睿資，養成令德，無急於此者。嘉靖中，伏睹皇考穆宗嘗於皇極門西廊講學，此時雖未正儲宮之位，而已具出閣之議，此近事之可證者也。伏望皇上明示吉期，容臣等查照舊例，酌乞[②]定禮儀，務在簡便可行，不致煩勞睿體。其選用講讀等官，容臣等次第陳請施行。臣等前面奏云：'常時不敢煩瀆，惟事體不得不言者，乃敢陳奏。'又蒙皇上責以任事。今茲事體，蓋宗社大計，於臣職業最爲關切，如復顧忌緘默，則當言而不言，當任而不任，是臣等面欺而負上命也。故敢輒盡其愚，伏惟聖明垂察允行。臣等不勝激切祈望之至。謹具題以聞，伏候明旨。"

① 手 "手"當作"乎"或"于"。

② 乞 "乞"似爲衍字。

二①月癸酉，朔，大學士申時行等題："先該臣等擬本月初二日恭請皇上開講，方候旨間，今日該文書官李相口傳：'聖體軟，龍音疼，頭疼，明日講不得書。欽此。'臣等自元旦之日快睹天顏，恭承溫諭，知聖體或時違和豫，尚欲珍調，然聖容自覺充腴，即當康復，且以元春首祚，不敢屢疏問安。茲奉綸音，不勝瞻戀。其開講日期，或容臣等另擇，或逕用經筵春講吉日爲始，候聖裁傳示外，伏望皇上順時葆嗇，加意節宣，以迓天庥，以庸景福。臣等不勝仰祈之至。謹具題恭候萬安以聞。"

二十四日丙申，祭歷代帝王，遣侯吴繼爵行禮。

二十六日戊戌，大學士王錫爵謹題："臣聞自古人君有一言一動之善，則爲之臣者相與導揚而將順之，使明示天下，昭垂罔極，況我皇上之聖德、聖度，百王讓美，而臣等又得於親見親聞、千歲一遇者手②？夫元日召對，業已宣付史官，君臣之親，自古未有也。先是外廷擾擾，有以儲宮未定爲疑者，自皇上手擁皇長子令臣等就前諦視，面承金石之言，然後人人曉然知父子之有親，長幼之有序，不必疑於聖德矣。又有以言路未開爲疑者，自皇上出雒于仁妄言疏於袖中，雷霆之威垂發而霽，然後人人曉然知矇瞍可以誦，蒭牧可以規，不必疑於聖度矣。乃連日以來，臣竊惟前疑方解，後疑復生，臺省紛然，異同之論，或露章顯諍，或屏立私語，不曰'册立、豫教之請何故不行？'則曰'鄒元標、姜應麟等諸臣推用之疏何故不發？'夫九重閟密之中，苟真有難明之心，難處之事，則天子姑③亦與二三近臣自信自知，而不必顧外人之議其後可也。若心本易明，事本易處，則皇上昭昭之天日，何苦而更自立於暧昧之地，以疑人心？臣等鑿鑿之見聞，又何忍更爲含糊之説，以負皇上哉？見今册立之典雖未舉行，然皇上自有長幼之説，在臣等執之有券，待之有期，不必更争歲月之早晚，以瀆聖聽也。若豫教一事，則不論皇長子、皇次子，年至九齡併當出閣，臣等今年爲皇長子請，亦將待後年爲皇次子請，乃輔導至急之務，亦國家

萬曆十八年

七九一

①二 "二"上當有"萬曆十八年"五字。

②手 "手"當作"乎"。

③姑 "姑"似當作"殆"。

① 就　據《王文肅公文集》卷三四，"就"當作"孰"。

② 念　"念"下漏一"召"字。

③ 囷　"囷"當作"圄"。

④ 勞　據《王文肅公文集》卷三四"勞"上有"能"字。

至公之典，不知於事體有何嫌疑，而皇上爲之久遲未決？此極易處之事，而故難之。道聽之人求其説而不得，則將曰皇上且託以萬年之業，而何靳於一日之教也？且並異日之册立而疑之。是皇上之明能照四海，而反蔽於目睫矣。臣伏見年來主仁臣直，人思進言，然就中狂妄抵觸則就①過雖于仁者？此而可容，何人不容？而當吏部之以姜應麟、黄道瞻、孫如法量移請也，不報。繼而以鄒元標補官請也，又不報。此極易明之心而故晦之。道聽之人求其説而又不得，則將曰皇上果樂聞其言，而何不樂用其人也？且並今日之受諫而疑之。是皇上之量能容百川，而反隘於勺水矣。臣庸瑣伴食，本不當獨言宮禁事，但念②對之日，皇上親注目顧臣，披心示臣，臣之一言，而皇上爲之轉囷③聽臣，臣雖至愚，其感激二天之恩，而矢圖國士之報，皇上宜亦察其無他腸矣。則何不試採臣言，霈然發旨，明示皇長子出閣定期，使秩宗具禮儀，臣等擇其官屬，以上成皇上愛而勞④之聖慈，下成皇長子蒙以養正之聖學，内安兩宮聖母孫謀燕翼之心，外安四海臣民主器元良之仰？豈不美哉？豈不快哉？至如鄒元標等諸臣，或甄録在前，理無追廢，或懲艾已久，法得敍遷，又或有言雖無當，而其人無他過，其意在納忠者，皇上既大開日月之明，則當盡收之覆載内，使之滌前譴而圖後功，亦今日剖疑定紛一助也。又如報功不實之李材，皇上赫然用不測之威，懲一警百，德意甚盛。但執引紅牌定罪，未免枉有司之平，而貽公論之惜，此亦宜稍爲寬減，以示聖心太虚，無溢喜，無留怒，無當斷不斷之事情，無宜發不發之章奏，而臣庶景從，萬方和會矣。臣言至此，誠見今日傳聞日杂，議論日生，主德愈隆，則羣下之望德愈備，邇臣不言，則遠臣之煩言愈多，皇上雖躬爲堯舜之主，而世鮮湯穆之風，事必極明極順，心必極恕極公，然後可以見信於天下。故臣願皇上推廣元日召對之旨，使聖德聖度始終爲天下所信。而不願使天下知其言出於臣，爲此密以揭帖進覽，皇上儻賜施行，不必更煩批發，亦見臣純心爲國爲主、狗馬一念之至誠也。謹具題以聞。"

萬曆十八年

二十九日辛丑，大學士申時行等題："臣等竊惟，今國家之事，有視之若可緩而實係國家之重輕，舉之甚無難而實關人心之向背者，則朝講是也。臣等不暇援引書傳，請以俗說譬之。且如士民之家，大小事務雖各有童僕分理，然使主僕不相見，上下不相親，即有紀綱之僕可以信託，然情意不浹，威令不行，一家之人始則生怠玩之心，久則有奸欺之弊，未有不召侮生變、敗壞其家者也。皇上爲天下之主，臣等猶紀綱之僕，雖不敢不仰承面諭，任怨任勞，然大臣小官千百其衆，薄海內外億兆其人，政事則千緒萬端，人情則千態萬狀，其所以安分守法、不敢輒肆而爲亂者，以皇上臨之如天，照之如日月耳。若朝著講筵不聞清蹕，經時累月不睹聖顏，則堂陛之交日疏，中外之情日隔，積久成玩，積玩成欺，蠹弊因而叢生，政事爲之隳廢，臣能①何能補救萬一？況今天災疊見，民生困窮，財計空虛，邊備單弱，謂之太平無事臣等未敢以爲然，此正皇上勵精宵旰之時，非端拱深居之日也。臣等曾於元旦面請朝講，及今兩月，未敢瀆陳者，一則以聖躬尚欲珍調，一則以天氣尚厲②寒冷，故遲遲有待。今特③當春暮，氣已溫和，仰知玉體必漸臻康豫。如以須臾之燕，臨朝聽講，不爲勤勞，且一月之中次數多寡，但隨聖意，不爲煩數，惟使羣臣得以仰瞻天表，竦聽玉音，則朝綱自然整嚴，人心自然鼓舞，而臣等叨備輔臣，亦得少盡贊襄之責，此所以惓惓企望於皇上，而不容默默者也。伏惟聖明俯鑒，亟賜施行。至於豫教元子，已該臣等合詞敦請，及臣錫爵特揭懇陳，並乞皇上早垂聖斷。此皆朝廷大計，臣等職業，非敢爲喋喋也。臣等不勝激切仰祈之至，謹具題以聞。"

①能 "能"當作"等"。

②厲 "厲"似當作"屬"。

③特 "特"當作"時"。

萬曆起居注

三①月壬寅，朔。

十三日甲寅，大學士申時行等題："昨日臣等出閣，伏聞前一日晚，皇上宣召太醫院官診脉，已而詢問院判徐文元等，始知聖體偶感風寒，少違康豫。臣等下情不勝惓切。即令②春令屬木，肝氣難平，寒暖不常，風邪易入，聖躬起居尤宜慎重。伏望順乘時令，熙養天和，早收勿藥之功，永保無彊③之祉。臣等不勝瞻戀之至，謹具題恭候萬安。"

二十一日壬戌，命起原任南京禮部右侍郎韓世能，改禮部右侍郎，兼翰林院侍讀學士，教習庶吉士。

---

① 三 "三"上當有"萬曆十八年"五字。

② 令 "令"當作"今"。

③ 彊 "彊"當作"疆"。

萬曆十八年

四[①]月壬申，朔，以孟夏時享太廟，先奉聖諭："朕因微感風寒，連日服藥，雖然稍瘳，朕體尚弱，孟夏廟享遣公徐文璧恭代，侯吳繼爵、李言恭分獻。"

六日丁丑，遼東報捷。

七日戊寅，大學士臣王錫爵謹奏："爲乞恩給假調理母病事。臣母吳氏，見年七十六歲，素有痰疾，日久未痊，已具臣節次陳情疏中。然猶恃脾氣未衰，可以支持飲食，臣亦可以不妨公事，一面侍親調理。不意今春二月以來，痰涎轉壅，寒熱時作，粥湯少進，醫藥無功。臣母子之情既不忍於暫離，公私之務又不可以兼理。爲此，萬不得已懇乞天恩，暫予數日之假，以便晨昏省視，料理湯藥。俟臣母疾勢稍安，即當黽勉赴閣，不敢久丐寬恩，以虛職業，亦不敢遂謀引決，以負眷知也。臣不勝激切祈望之至。爲此，謹具本奏聞，伏候敕旨。"得旨："卿欲侍奉母疾，准給假數日，即出輔理。"

九日庚辰，大學士申時行等謹題："竊聞漢儒董仲舒有言：天心仁愛人君，必出災異以譴告之，又不覺悟，而殃咎乃至，蓋天人之際，甚可畏也。臣等見昨歲災傷殆半天下，至於江西之鄱陽，湖廣之洞庭，江南之大[②]湖，皆從古所稱臣[③]浸，忽皆淺涸，尤爲怪異。臣等日夜憂惶，惟恐變生不測。幸賴皇上蠲租給賑，大溥仁恩，猶足以收拾人心，潛消禍患，此亦天幸，不可恃也。乃今春以來，災異疊見。近則保安、順德，遠則甘肅、湖廣，俱報地震。山東、北直隸則報風災。山西代州等處則報星隕、大光、天鼓鳴嚮。而河南之報災尤甚，黑風四塞，晝晦如夜，人畜損壞，房屋傾頹，樹木拔起以千萬計。此皆耳目所未嘗聽睹者。臣等調燮無方，贊襄失職，傷和召沴，寔此之由。除伏藁待罪以聽鈇鉞外，然又以爲皇上者，天之子也，子之事父，當其詞色不善，志意非常，則必深自刻責，曲爲承順，未有恝然不加之意者。古之賢君，凡遇天變，或減膳徹樂，

[①] 四 "四"上當有"萬曆十八年"五字。

[②] 大 "大"當作"太"。

[③] 臣 "臣"當作"巨"。

側身修行，或省愆思咎，下詔罪己，所以爲感格之方、消弭之術者，無所不致。《詩》曰'敬天之怒，無敢戲豫'是也。臣等竊謂，皇上修實應天、所當亟舉者三事：一日① 勤視朝以修聖政，二曰教元子以重國本，三曰恤刑獄以召和氣。此三者當今之急務也。臣等先於正月有冊立元子之請，冊立未許，乃請豫教。又於三月有朝講之請，日講未御，專望視朝。詞已覺其頻煩，意已屬於遷就，蓋臣等區區圖報之心，亦至苦矣。今皆未蒙裁答，未見舉行，然欲慰人心、仰承天意，莫切如此。至於人命最重，獄情難知，若用法不平，多有冤抑，其怨氣菀結，亦足以上干天和。古有一婦含冤、三年不兩②者，此不可以爲細故也。今聖躬偶因動大③靜攝，計日萬安，乞示御門之期，使羣臣得瞻天表。信豫教之旨，使元子得養聖功。及今熱審屆期，特下明詔，令兩京法司及各處問刑衙門，將見在輕重罪囚，虛心研審，如可矜疑，亟爲伸雪。其餘大小政務，乞敕部院等衙門，加意講求，務在滌慮省躬，修職任事，如有應興應革事宜，小則就便施行，大則奏聞定奪，期於仰承仁愛，旋幹④太和，常存憂勤惕厲之心，毋襲怠緩悅從之弊。此臣等之所慄慄憂危、惓惓願望者也。伏惟聖明裁察允行，臣等不勝慶幸。謹具題以聞。"

十二日癸未，大學士申時行等謹題："查得節年孟夏天氣暄熱，例該審錄京師罪囚。今四方災異頻仍，合照萬曆十三年例，大溥仁恩，伸理冤獄，以應天變。南京各省亦當一體通行。庶可以慰安人心，感孚天意。謹擬傳帖一道進覽，伏乞即賜宸斷施行。謹具題以聞。"

諭法司："近來災異疊見，雨澤愆期，朕衷深用警惕。恐刑獄冤濫，上干天和，兩法司並錦衣衛見監罪囚，笞罪無干證的放了，徒流以下便減等擬審發落，重囚情可矜疑着虛心鞫審，並枷號的都寫來看。南京及各省一體通行。"

十四日乙酉，奉諭內閣："昨覽卿等所奏，其⑤見忠懇。朕

① 日 "日"當作"曰"。

② 兩 "兩"當作"雨"。

③ 大 "大"當作"火"。

④ 幹 "幹"似爲"斡"之誤。

⑤ 其 "其"當作"具"。

萬曆十八年

因去歲動火,屢服涼藥過度,以致下部虛軟,雖然尚可支持,自新春以來,心肺二經之火上攻,兩目澀瘴,不能遠視,怕見風日,非朕偷逸,前以①着人傳示卿等知之。待朕疾少瘳,即與卿等面晤。卿等今說人命至重,獄情冤抑,狴犴菀結,以皆刑法不中,百姓困苦。朕雖有矢②感格之方,亦皆諸諸司奉職乖戾。卿等還傳示刑部、都察院,着行文與南北兩京並天下諸司問刑衙門,今後務要虛心審理,勿致枉直不分,以干上天和氣。又見卿等所擬其③傳帖,甚合朕意。豫教一節,朕知道了,還候旨行。"

是日,大學士申時行等題:"昨該臣等因見四方奏報災變異常,私心憂惶,莫知所措,既待鈇鉞之譴,且進芻蕘之言。今日伏奉聖諭:'昨覽卿等所奏,其④見忠懇。朕因去歲動火,屢服涼藥過度,以致下部虛軟,雖然尚可支持,自新春以來,心肺二經之大⑤上攻,兩目澀瘴,不能遠視,怕見風日,非朕偷逸,前以⑥着人傳示卿等知之。待朕疾少瘳,即與卿等面晤。卿等今說人命至重,獄情冤抑,狴犴菀結,此皆刑法不中,百姓困若⑦。朕雖有失感格之方,亦皆諸司奉職乖戾。卿等還傳示刑部、都察院,着行文與南北兩京並天下諸司問刑衙門,今後務要虛心審理,勿致杠⑧直不分,以于⑨上天和氣。又見卿所擬其⑩傳帖,甚合朕意。豫教一節,朕知道了,還候旨行。欽此。'臣等莊誦綸音,仰窺聖意,蓋已上畏天戒,下憫人窮,而深詔所司審理冤獄,尤欽恤之心,好生之德也。臣等不勝慶慰,不勝悚服。至於聖躬動火,未即康寧,心肝之邪上攻頭目,臣等雖不知方脉,以愚見度之,惟在寡欲清心,平情養氣,精神既復,邪沴自消,玉體萬安計日可俟。目今深宮靜攝,臣等敢不仰體,乃欲勤勞聖躬?惟望萬安之日,俯從臣等所言,間一視朝,以慰羣情之瞻仰。其豫教一節,候旨已久,亦望特賜舉行,臣等尤不勝幸願。所有聖諭一道,謹尊藏閣中,錄示外廷,以宣播德音。謹回奏以聞。"

十七日戊子,以祈禱雨澤祭告,遣定國公徐文璧於南郊,恭

① 以 "以" 當作 "已"。
② 矢 "矢" 當作 "失"。
③ 其 "其" 當作 "具"。
④ 其 "其" 当作 "具"。
⑤ 大 "大" 當作 "火"。
⑥ 以 "以" 當作 "已"。
⑦ 若 "若" 當作 "苦"。
⑧ 杠 "杠" 當作 "枉"。
⑨ 于 "于" 當作 "干"。
⑩ 其 "其" 當作 "具"。

順侯吳繼爵於北郊，臨淮侯李言恭於山川，伏羌伯毛登於雲雨風雷壇，各行禮。

二十六日丁酉，大學士申時行等題："今日蒙發下文書，內有刑部題熱審罪犯李材、劉天俸並覆科道各官本，未奉聖諭處分，該臣等看詳票擬。臣等看得，二犯報功失寔，誠屬有罪，皇上特從重處，以懲警有位，臣等亦仰服聖諭，豈敢曲爲祈免？但臣等參酌事情，訪聞衆論，皆謂孟養貢夷見在禮部，二犯出兵救援，招來久叛夷人，功有可錄。其所報首級止是數目不對，原參止云割死屍，未曾殺平人，罪亦可原。且二犯監禁已及二年，以巡撫、總兵與重犯死囚爲伍，其辱已極，其苦已甚，情尤可憐。今見監重囚，但有一綫可生，當此天恩曠蕩之時，皆有出死入生之幸，而獨二犯嘗備驅使，久禁囹圄，此道路之人所爲流涕，而臣等亦爲酸心者也。臣等謹擬二犯與矜疑罪囚一體發遣，伏望皇上弘開天地之量，普垂日月之明，使枯荄復春，覆盆回照，則舉朝臣工歡呼踴躍，非獨臣等忻戴而已。伏乞聖慈裁允施行。不勝懇切祈望之至。謹具題以聞。"

二十九日庚子，冊封衡府等府衡世子常㴐等並妃王氏等，遣官前去各王府行禮。

萬曆十八年

五①月辛丑，朔。

三日癸卯，大學士王家屏奏："爲起用踰年尸素無補自劾請罷以避賢路事。臣聞之《書》曰：'無曠庶官，天工人其代之。'言人君代天理物，宜分任庶官，不可使一官或曠。一官曠，則一事廢矣。一事之官且不可曠，況陪輔弼之任者哉？臣起田間，再從同官三臣後參預大政，一年於此，居官甚寵，受祿甚厚，所叨大官供饌、上方賚賜甚豐，乃程功計能，曾不得比一官之職。臣藏其拙，而使三臣獨任其勞，臣誠不勝惶汗愧悚。夫署銜伴食，無所事事，古之爲亞相者多有之，顧在清淨寧一之時則可，非所以語於國事艱危之日也。有器於此，三人舉之而以不勝爲患，益一人馬②力不加多，則益者慚矣。天下事豈但一器之任已哉？昔人有言，宰相上佐天子，理陰陽，順四時，下育萬物之宜，外撫四夷，內附百姓，使卿大夫各得其職，其任之重永③易舉也如此。今時則更難矣。天鳴地震、星隕風霾、川竭湖涸之變，疊見於四方，水旱蟲螟凶荒之患、天昏札瘥瘋④疫之殃，交叢於累歲，天時物候乖沴如此，則調燮之難。套虜蜂屯於陝，土蠻猖獗於遼，貢市諸夷復虎嘷狼貪於宣大，虛內以事外，內已虛矣，而外患未休，竭民以供軍，民已窮矣，而軍餉積缺，此邊腹併潰之勢，兵農俱困之時也，民生國計匱乏如此，則均節之難。至若奉公優⑤國之臣，盡忠竭節之吏，師師濟濟，布滿中外，如臣之庸劣不勝任者，誠鮮其人。然而議論紛紜，罕持大體，簿書詳致，只飾彌文，綱維廢弛⑥而玩愒之風已成，名實渾殽⑦而僥倖之途漸啟，士風吏治惰窳如此，則董正之難。以至重之任，當至難之時，使三臣蒿目而憂、刳心而畫⑧，而臣愚智不能贊一籌，爲⑨不能效一臂，則安用臣爲哉？將令臣具員侍從、備顧問之末行而已。亦必皇上假清燕之間，臨御外廷，或延見使⑩殿，臣雖不敏，猶可以隨執經荷索⑪之班，陳伏蒲⑫造膝之誨。乃今皇上深居靜攝，朝講稀臨，計臣一歲間，僅僅於去年八月一奉朝參，今年元旦一奉召對而已，自餘月日，求一膽充冤之容不可得。間嘗一進瞽言，略蒙慰諭，

① 五 "五"上當有"萬曆十八年"五字。
② 馬 "馬"當作"焉"。
③ 永 據《明神宗實錄》卷二二三，"永"當作"未"。
④ 瘋 據《明神宗實錄》卷二二三，"瘋"爲"癘"之誤。
⑤ 優 "優"當作"憂"。
⑥ 廢弛 《明神宗實錄》卷二二三，"廢弛"作"屢弛"。
⑦ 殽 《明神宗實錄》卷二二三，"殽"作"淆"。
⑧ 畫 "畫"當作"畫"。
⑨ 爲 "爲"當作"力"。
⑩ 使 "使"當作"便"。
⑪ 索 "索"似爲"紫"之誤。
⑫ 滿 "滿"當作"蒲"。

萬曆起居注

八〇〇

① 衍 "衍"似當作"術"或"行"。
② 執 "執"似當作"孰"。
③ 面 "面"當作"靦"。
④ 該 "該"似當爲"誤"。
⑤ 永 "永"當作"未"。
⑥ 而 "而"當作"面"。
⑦ 抱 "抱"似應作"桴"或"枹"。
⑧ 壯湖 "壯湖"當作"北胡"。

竟與諸司章疏事關規諫者並寢不行，臣自是遂不敢復有塵瀆。蓋臣自量，德望舉衍①執②與三臣？以三臣佐政久，受知深，猶且抱忠而不得施，告猷而不見納，如臣之鄙，乃欲以犬馬之誠動天，蚍蜉之力撼岳，計終不能感格高厚，廻旋分毫。此臣所以上負恩慈，中慙同列，而下面③顏於庶官百執事者也。目今驕陽爍石，飛塵蔽空，小民走望不寧，號呼愁痛之聲殷天震地，而獨未徹九閽之內，上軫皇情。恭憶曩年齋居修省之誠，郊壇步禱之典，敬天一念昔何以虔，今何以懈乎？臣即不能與巫尫併暴，導上欽畏之忱，而尚貪官爵之榮，優遊逸豫，《詩》曰：'天之方蹶，無然泄泄。'此豈臣泄泄時耶？臣用是自列罪狀，冒瀆宸嚴，冀賜罷歸，以避賢路，庶少逭曠官之愧，免干該④國之誅。臣無任戰慄待命之至。爲此謹具本奏聞，伏候敕旨。"奉旨："災異頻仍，朕深知警省。卿爲輔臣，忠慎素著，正當贊襄實政，豈得引咎乞休？宜照舊輔理，不允辭。吏部知道。"

四日甲辰，大學士王錫爵奏："爲因災省己自陳不職以祈罷免事。念臣本迂愚，不適世用，過蒙皇上拔之草野之中，寄之腹心之任。應召在途，會犬馬病甚，欲乞骸骨者屢矣，而時值方內小安，明主憂勤於上，暖閣召對，郊壇步禱，澍雨旋應，謠誦日勝，臣竊不自揆，以爲邁此上下泰交之遇，永⑤必無涓塵之有補於天地者。即使臣唯唯隨行，默無獻替，而仰依皇上日月之末光，械樸兔置易爲吉士，天下後世未必遽以臣爲罪首也。而今則有俯仰皆慚，心口自愧，欲頃刻安而不可得者。臣之在事滿五年矣，撫今追往，猶記萬曆十三年以六月十二日見朝。是日微雨，皇上猶旰食聽講。至二十三日而⑥恩，是日酷暑，皇上猶雞鳴視朝。今五年之內，朝講一月疏一月，一年少一年，皆臣入京以後事也。臣又記起家時，一路所閱南北光景，桑麻彌野，抱⑦鼓不驚。今五年之內，四方無歲不災，壯湖⑧南寇在在生心，此又臣入京以後事也。臣又記太倉藏錢廩粟，前戶部官開數示臣，而支數年之用，今五年之內，枵然一空，而各邊請餉，各省請賑，茫無措處，此又臣入京以後事也。臣又記丙戌之歲，羣臣紛紛以册立上請，臣時於會試場中，傳讀聖諭，知大計之久定。乃五年内竟未舉行，連豫教最急之務亦尚停閣，此又臣入京以後事也。臣伴食同官三臣之後，職業不修，票擬不當，尚可分謗於人。若此四事，乃皆當臣之身目見，天時人事化和氣爲氣棖①，國計民生轉豐亨爲蹙迫，而臣曾無一籌補助其間，此亦可使三臣任其咎乎？臣才力之下所受於天，惟是日恪位署②，畢命奔走，猶可將動③補拙，而復不勝爲④鳥之私，歲歲乞歸，時時丐沐，什二在私，什一在⑤，皇上試觀三臣中，復有如臣之潦例遲頓、尸祿負恩者乎？中書何地？此日何⑥？臣奈何以鼎鼎樞衡之重，而懷退⑦維谷之思？當凋殘榾杭之秋，而營陸沉仕隱之便？縱皇上能寬而貰之，其如臣出山狗馬之初念何哉？見今京師亢旱風霾，人情洶洶，求其召災之故而不得，則有妄傳宫庭舉動、歸過皇上者。臣誼屬股肱，職叨輔養⑧，君⑨常毋⑩念古忠臣令誹在己、譽在上之義，爲之怛然愧心，況兹天譴在上，人言在下，主德之未光，則臣不肖之身寔累之，萬萬無安心素餐之理矣。伏望皇上察臣無狀，首賜罷免，銳然與二三輔臣屬⑪精更始，使病臣退安無能之分，而猶得遥詠太平之澤，是即所以保全臣之始終也。臣無任悚息待罪之至。爲此，謹具本奏聞，伏候敕旨。"奉旨："災異疊臻，朕方切警惕。卿輔弼重臣，素秉忠亮，正賴竭力贊襄，豈可引咎求去？宜即出佐理，不允辭。吏部知道。"

　　六日丙午，大學士申時行等題："近該同官王錫爵、王家屏各因災異自陳，昨蒙發下文書擬票，内止有錫爵一疏，其家屏之疏尚留未下。臣之⑫爲之跼蹐不安。臣等叨備輔臣，蒙皇上腹心之寄，犬馬猶知戀主，葵藿尚爾傾陽，豈敢輒負恩私，自圖身便？但因近日四方奏報災異甚多，臣等職在燮調，不能消弭，誼當席藁待罪，避位禳災。外廷之臣多有以此責望臣等者，臣等常於閣中痛自刻責，方授⑬次第陳請，而臣家屏先有此奏，臣錫爵繼之，故臣等未敢一時並舉。蓋言雖發於二臣，而實臣等公同之議，意惟在於引咎，而非若廷臣建白之章。且均爲閣

萬曆十八年

八〇一

① 棖 "棖"當作"祲"。
② 署 "署"當作"著"。
③ "動"當作"勤"。
④ 爲 "爲"當作"烏"。
⑤ 在 "在"下似脱一"公"字。
⑥ 何 "何"下似脱一"時"字。
⑦ 退 "退"上當有"進"字。
⑧ 養 "養"當作"弼"。
⑨ 君 "君"當作"居"。
⑩ 毋 "毋"似應作"每"。
⑪ 屬 "屬"當作"厲"。
⑫ 之 "之"字當爲衍文。
⑬ 授 "授"似當爲"擬"字之誤。

① 覥 "覥"當作"靦"。

② 恭 "恭"當作"暴"。

③ 乞 據《王文肅公文集》卷三四，"乞"下有"恩"字。

臣，事同一體，臣家屏之疏宜與臣錫爵一同批發，乃見皇上優崇輔弼至意。臣等濫竽政地，亦有光榮。若一留一發，則彼此相形，觀聽滋惑，不惟臣家屏進退無據，而臣錫爵亦勢難獨留，外廷亦在輕視閣臣，有覥①面目矣。伏望聖慈容宥，同賜處分，以存國體，以勵臣節。臣等不勝懇祈之至，謹具題以聞。"

八日戊申，大學士申時行等題："今日臣等到閣，聞昨暮宣召太醫院官進內診視聖脉，臣等隨問院判陸得元等，始知其詳。臣等犬馬下情不勝瞻戀。仰惟皇上春秋鼎盛，神氣充盈，小有違和，即當勿藥。然據得元等所稱，聖脉有肝氣不平之論。蓋木能生火，肝常生怒，則今日戒恭②怒以抑燥火，懲小忿以養天和，此尤調攝之要務也。皇上博覽方書，精通醫理，必能自得於心，不待臣等之仰贊。伏望皇上加意珍調，茂膺景福。臣等不勝慰幸。謹具題恭候萬安以聞。"

是日，大學士申時行等題："前日臣等為同官臣家屏請討原疏，連日祗候，未蒙允發，臣等愈切惶悚。蓋使家屏官非閣臣，疏非求去，雖或留中，臣等豈敢煩瀆？然不容不為之請者，非得已也。皇上深居九重，以天下事委臣等辦理，臣等才望雖輕，而地位則重，所以鎮壓人情，撐持國事者，惟賴此區區體貌耳。今家屏之疏既已停留，臣等之請又復寢閣，則不惟家屏不足為有無，臣等之言不足為軒輊，而內閣之體貌亦甚輕矣。內閣輕，則諸司無所忌憚，朝廷之體統亦輕。故臣等諄諄之請，非為家屏，為內閣之體也，非為內閣，為朝廷之體也。臣等有去位之日，而閣臣無不設之時，閣臣有不必備之員，而國家無不理之事。臣等言及至此，良亦苦矣。惟皇上深思洞察，俯允臣等之言，將臣錫爵、家屏二疏一同批發，臣等不勝感激之至。謹具題以聞。"

九日己酉，大學士王錫爵奏："為乞③給假調理事。該臣昨以災異自陳，奏乞罷免，奉聖旨：'災異疊臻，朕方切警惕。卿輔弼重臣，素秉忠亮，正賴竭力贊襄，豈可引咎求去？宜即出佐理，不允辭。吏部知道。欽此。'臣之奉職無狀，心口不能自諱，皇上不以臣之罪罪臣，而及①以臣之戀知臣，報非常之遇易，報非常之知難。臣於此時，即不能仰副皇上霖雨之思，亦願身爲犧牲，以分主憂，以答天譴，此豈優遊稱病之時哉？而會臣於本月初四日陡發寒熱，轉藥轉病，頭不能支枕，廷②不能扶牀，羣醫拱手，莫能名狀。臣既以樗材無用，尚未贖於前愆，又恐蒲質易凋，終難圖於後效。必須寬假旬日，觀病勢進退何如，乃可以定臣之去就耳。然臣一月之間，爲母爲身頻乞休沐，臣誠不勝悚惕。蓋因③福過，病逐憂生，力不從心，豈其獲已？伏望聖慈矜察，准臣暫假，以便調理，庶幾可望痊安。臣無任悚息待命之至，爲此謹其④本奏聞，伏候敕旨。"奉旨："卿偶疾，暫准給假，宜善加調攝，痊可即出輔理。該部知道。"

十日庚戌，以祈禱雨澤祭告，南郊遣定國公徐文壁⑤，北郊恭順侯吳繼爵，社稷臨淮侯李言恭，山川伏羌伯毛登，雲雨風雷成山伯王應龍，各壇行禮。

是日，大學士申時行等題："伏蒙皇上以祭告南郊、北郊、社稷、山川等壇收回脯醢果酒，頒賜臣等三卓，臣等頓首祇領。不勝感戴天恩之至，謹具題謝恩。"

十六日丙辰，上視朝。

是日，大學士申時行等題："伏自今春以來，未遇朝參，廷臣之望甚殷，而臣等之心尤切。茲者皇上側身天戒，留意朝綱，特以今月令辰御門視事，大小臣工莫不舉手加額，懽忻鼓舞。是皇上一臨下之頃，而臣庶之觀聽自新，一舉趾之間，而朝廷之精采自倍，所以聯屬人心，修明國政，莫大於此，臣等不勝喜躍之至。但臣等竊睹皇上下座入門之際，步武尚艱，則聖躬雖已安和，而肢體猶須調攝。尤望皇上倍加珍護，茂迓康禧，使玉體全安，常朝不廢癈⑥，無拘旬月，間一舉行，臣等尤不勝惓惓顒望。謹具題以問⑦。"

是日，大學士申時行等題："今日該文書官李文輔口傳：聖

①及 "及"當作"反"。

②廷 《王文肅公文集》卷三四"廷"作"足"。

③因 《王文肅公文集》卷三四"因"上有"災"字。

④其 "其"當作"具"。

⑤壁 "壁"當爲"璧"。

⑥癈 "癈"當作"廢"。

⑦問 "問"當作"聞"。

萬曆起居注

體猶未全愈，左膀痛雖好，左足尚覺麻木，勉強出朝，其各處災傷或蠲或賑，令臣等議挺①，欽此。仰惟皇上祗畏天戒，軫念民生，雖步履之尚艱，猶勉強以視事，且諭臣等議蠲賑事宜，此文王視民如傷之心，宣王遇災而懼之心也。臣等敢不仰體聖懷，悉心計慮？竊聞旱災甚廣，自北直隸地方至河南、山東、江北，夏麥俱已全枯，秋禾未能布種。如此災傷，委宜優恤。但夏災奏報例在五月間，真保撫臣最近奏報已至，其餘必當陸續奏聞。待巡撫奏到已齊，巡按御史勘寔之後，酌量公②數，另行題請。然小民冀望聖恩，甚於飢渴，若不待奏報先布德音，尤足以收拾人心，消弭禍亂。至於饑荒之際，盜賊易於竊發，亦宜通行申飭，以備不虞。臣等謹捉③傳帖二道，一發戶部，一發兵部，令其遵奉施行，庶使聖心之憂動④，播於海宇，聖恩之浩蕩，施及黔黎。伏惟聖恩裁奪，謹具題以聞。

  傳 帖

  朕念小民貧苦，今歲又罹旱災。各該被災地方，着撫臣上緊其⑤奏，巡按御史勘寔前來，查照分數蠲免。其積有穀石去處，便從宜放賑。重災地方，還多方設處賑恤。戶部知道。

  朕念各處災傷地方，盜賊易起，所司往往避事偷安，不行用心緝捕，甚則隱匿不言，玩寇養亂。各該撫按官還嚴行稽察，務督率所屬，申飭保甲，寔練兵壯，潛消禍本，無得疎懈。兵部知道。"

  十七日⑥，大學士申時行等題："先該同官臣家屏再疏乞體，候旨未下，今日該文書官李相口傳聖旨：着臣等傳與家屏，令到閣辦事，欽此。臣等欽遵，當即傳示本官訖。仰惟皇上虛己任賢，推誠逮下，以臣等之庸劣，皆因備員密勿，時荷恩私，時或敷陳，並蒙褒答。惟家屏之疏獨有停留，故瀝悃再陳，伏藁待罪。昨過⑦聖駕臨朝，本官既不敢出，又不自安，故另具疏以深致欣喜之誠，兼乞處分之旨。今蒙皇上遣官傳諭，仰知聖明不棄簪履之盛心，臣等亦皆感激。但家屏求去，廷臣共知原疏未奉聖裁，本官猶當待命，難以即出，徒令進退無據，憂懼交增而

① 挺 "挺"當作"擬"。

② 公 "公"當作"分"。

③ 捉 "捉"當作"擬"。

④ 動 "動"當作"勤"。

⑤ 其 "其"當作"具"。

⑥ 日 "日"下脫"丁巳"二字。

⑦ 過 "過"當作"遇"。

已。伏乞皇上將家屏之疏即賜發下，容臣等擬票，責以臣子大義，令其速出，其於事體更屬妥當。惟聖明俯允施行，臣等幸甚。謹具題以聞。"

是日，大學士王家屏奏："爲感患宿疾不能赴閣乞恩給假調理事。本日該文書官李相口傳聖旨，着臣到閣辦事。臣間①命自天，不勝感激。即當匍匐趨朝，勉供職事。緣臣具疏自陳，未蒙聖斷，正在席藁之時，況昨日聖駕臨朝，未獲隨班，尤切向隅之恨，加以憂思過度，驚悸傷心，鬱火上炎，宿疴暴作。見今委頓牀蓐，羸憊不支。此殆臣福盡禍生之辰，命畢緣窮之日也。謹此伏枕哀鳴，上於慈惻，將臣亟賜罷免，俾得生還，或暫賜假期，准容調治。臣無任戰慓②控籲之至。爲此謹具本奏聞，伏候敕旨。"奉旨："卿偶疾，暫准給假調理，痊可即出輔政。該部知道。"

是日，命翰林院修撰王廷譔、編修周應賓、檢討季通統編纂六曹章奏。

二十一日辛酉，夏至，祭地於方澤，命定國公徐文璧恭代，恭順侯吳維爵、臨淮侯李言恭、大學士許國、禮部尚書于慎行分獻。

二十八日戊辰，大學士王錫爵奏："爲病勢危篤懇乞天恩早容休致以遂生還事。臣之給假幾一月矣。方病初發時，猶謂是常年寒熱虛暈之證，按方調理，可再圖僥倖，復見天日。不意綿延日久，壯熱未退，冷汗如沐，口苦不能辨味，耳聾不能辨聲，聞人語則暈，聞穀氣則嘔，右體痿廢，鎮夜不復交睫。藥之愈病，不藥亦病。人以所若關③臣，臣不能自言，臣以所由病問醫，醫不能爲臣言。病勢至此，則首丘之念不得不切，而呼天號父母不得不呶矣。臣之至愚，不知何因遇知明主，言聽諫④行，真千載一會。而小人福薄，不能消受，一旦遂有朝露之憂，此天實厭臣，而臣何敢更爲戀寵計也？臣伏枕流涕而占此疏，病憒之中，思瀝⑤言蹇，萬苦不能自列。惟望皇上表⑥其

① 間 "間"當作"聞"。

② 慓 "慓"當作"慄"。

③ 關 "關"當作"問"。

④ 諫 "諫"當作"諫"。

⑤ 瀝 《王文肅公文集》卷三五作"澀"。

⑥ 表 "表"當作"哀"。

懇款不欺之心，察其痼廢難起之狀，時①准致仕，回籍調理，外庶②無職事之羈，內適水土之便，不惟臣垂死之殘息可甦，而臣母相依之老命亦可保矣。臣不勝困苦哀祈之至。爲此，謹具本奏聞，伏候敕旨。"奉旨："卿疾宜鎮③加調理，痊可即出。機務重大，朕方切倚毗，豈可遽求休致？所辭不允。吏部知道。"

① 時 "時"當作"特"。
② 外庶 "外庶"當作"庶外"。
③ 鎮 "鎮"當作"慎"。

六①月辛未，朔。

二日壬申，大學士王家屏奏："爲滯疾難痊乞恩放歸田里以延殘鳴②事。臣頃以患病給假，伏蒙聖恩准臣調理，仍頒賜猪羊酒米瓜茄等物。臣感激洪慈，委身醫藥，固冀少收調惕之效，仰答生全之恩，此臣之至願也。乃今旬日以來，憂生之念愈危，而心之大③愈熾，攻疾之藥愈力，而脾土愈傷，食飲不④而即停，漸成關格，形神離而不屬，是處頑麻，當盛夏以猶寒，或通宵而少寐。不但臣自憐其困篤，非鍼石之可投，即醫亦訝其沉綿，謂歲月之難保也。盡⑤臣福量本淺，淺則滿而易傾，病根已深，深則痼而難拔。及今休退，尚可望其生還，儻復遷延，將恐上辜恩造。況樞庭密勿之地，一日二日萬幾殷湊，官未可以暫虛，乃霄衣勤勵之時，一朝再朝屢策不前，心曷安於偃卧？伏望皇上憐臣淹病，勢已侵尋，察臣苦衷，詞非推託，早准休致，容假息於丘樊，別簡名賢，俾分猷於惟⑥幄，庶輔相得人而重，可無充位之羞，微臣處已而安，獲免妨賢之僇。臣无任伏枕哀鳴控籲之至，爲此，謹具本奏聞，伏候敕旨。"奉旨："卿方憂國獻忠，正合盡心匡濟，豈可引疾乞休？宜即出輔理，以副倚任。毋得再辭。吏部知道。"

四日甲戌，大學士申時行等題："伏蒙皇上以雨澤大霈，告謝南郊、北郊、社稷、山川等神，頒賜臣等祭品三卓，臣等頓首祇領，不勝感戴天恩之至。謹具題謝恩。"

五日乙亥，大學士王家屏奏："爲感奉恩綸力疾陳謝並抒愚悃事。該臣以患病在告，具疏乞骸，伏奉聖旨：'卿方憂國獻忠，正合盡心匡濟，豈可引疾乞休。宜即出輔理，以副倚任。毋得再辭。吏部知道。欽此。'臣竊自念，草上殘⑦人，久甘淪棄，謬蒙恩造，拔置周行，夙夜積思，誓捐糜此身，仰酬知遇。同此臣之志也，亦臣之分也。乃升朝一歲，上之無以輔相德抒行致立⑧之忠，下之無以神贊配爲佐⑨匡時之略，臣之虛庸不任

萬曆十八年

八〇七

① 六　"六"上當有"萬曆十八年"五字。
② 鳴　"鳴"當作"喘"。
③ 大　"大"當作"火"。
④ 不　"不"字疑誤。
⑤ 盡　"盡"當作"蓋"。

⑥ 惟　"惟"當作"帷"。

⑦ 上殘　"上殘"疑當作"土賤"。
⑧ 德抒行致立　"德抒行致立"五字疑當作"德行抒致立"。
⑨ 配爲佐　此三字疑有誤文。

之狀，已見矣①此矣。會時亢旱，引罪乞休，未即准從，旋嬰疢疾，社②門奄踰一月，卧蓐亦已經旬，偃仰私居，久曠閣直，臣之羸憊不支之狀，又見於此矣。由前言之，失職當罷，由今言之，抱病更當罷。國未有未病而求去、已病而及③留有也。況頃皇上宵衣聽政，御幄再臨，而臣不獲隨仗下之班，手敕恤災，德音四達，而臣不獲預帷中之議。是皇上有轉圜之度，而臣將順之未周，皇上有求瘼之懷，而臣助宣之無序。臣之愚戇淺陋之罪，又見於此矣。皇上幸寬譴斥，復賜眷留，且嘉其憂國之誠，謂有獻忠之志，勗之盡心匡濟，效輔理之勤，戒其引疾再辭，副倚任之重。臣捧讀神疎④，感激涕零。自惟惷⑤腫之材，曷勝褒飭，駑疲之力，久怯驅馳。情莫遂於乞骸，勢必至於折足。此所以旁皇趑趄，懼前愆之莫贖，憂後效之難期者也。顧身輕命重，豈再四之敢辭？但神憊形羸，非旦夕之可出。儻少寬於時日，或免竭於周旋。更願皇上勵精匪懈，受諫能容，擴一念之憂勤，慎其終務如其始，集眾思之獻贊，用其身必行其言。臣無任感激祈望之至。為此，謹具本奏謝以聞，伏候敕旨。"奉旨："覽卿奏謝，朕知道了。閣務繁重，宜當寅畏即出，以副倚毗至意。吏部知道。"

十一日辛巳⑥，大學士申時行等題："先該吏部題准，願告教職歲貢生員，行移翰林院考試。臣等欽遵，會同詹事府詹事兼翰林院侍讀學士掌院事陳于陛，出題彌封，嚴加考試，取中文理平通上卷一十二卷，文理頗通中卷一千二十卷，俱堪授教職，文理不通下卷五卷，合發回吏部，照臣等即次題奉欽依事理施行。臣等未敢擅便，謹將試卷封進，伏乞聖裁。謹題請旨。"奉旨："是。吏部知道。"

十三日癸未，上視朝。

十六日丙戌，大學士王錫爵奏："為遵諭調理日久病勢轉加再乞天恩俯賜骸骨歸休事。昨該臣以病乞休，奉聖旨：'卿疾宜

①矣 "矣"當為"於"。
②社 "社"當作"杜"。
③及 "及"當作"反"。
④疎 "疎"當作"諫"。
⑤惷 "惷"當作"樗"。
⑥巳 "巳"當作"巳"。

慎加調理，痊可即出。機務重大，朕方切倚毗，豈可遽求休致？所辭不允。吏部知道。欽此。'臣再三伏讀溫旨，仰見皇上終始眄①臣之用，不忍棄世②，而復從容待臣之痊，不忍急臣。臣且感且慰，百念俱息，惟有專精神、強飲食，以冀旦暮早起，仰清光而奉大對耳。比者本月初旬，稍覺頭目清爽，能逯昧③扶行數步，羣醫就視，以爲半月後可梳洗，一月後可朝參。臣不勝之喜，隨報同宫④，同官亦莫不爲臣嘉⑤。詎意延至今日，舊疾未減，更加以胃口刺痛，大賜⑥遺脫，盜汗足腫等證，而氣息惙然，轉眄前路愈不知蹶起奮飛之日矣。皇上既寬臣，臣豈不欲勉強？但勉強已過四十日，而此四十日之中，適過⑦皇上躬勤大政，三出御朝，於時天人和氣，蒸爲甘雨，騰爲頌聲。臣之積年企有今日，乃偏以此時偃蹇牀褥，班行之内獨少臣一人，面目無光，羞對妻子，而官簿俸薪尚偃然從大夫之後，皇上謂臣心安否也？臣五載入官以來，無歲不云將母，今立身養志，毛髮未酬，顧反令風燭老親一夕再三起⑧，以憂臣之出處，皇上謂臣心安否也？臣今在病言病，語不及多。然皇上察臣心事如此，足知留臣未必能生臣，而慚苦躁鬱之中，顧及⑨重以益疾不可知矣。伏乞霈然發命，早賜放歸，此安臣之心，其恩勝於留臣之身無量也。若萬一以盛暑長途，憂臣隕越道路，爲之曲處，則臣請暫留旬日，先辭俸薪，庶猶可免曠官素食之愆，而臣之心亦安矣。臣不勝病甚情極、懇迫丐恩之至。爲此，謹具本奏聞，伏候敕旨。"奉旨："卿疾漸愈，宜安心調攝，以俟痊可即出。俸薪不必辭。該部知道。"

二十四日甲午，大學士申時行等題："爲大典告成遵諭敍錄效勞諸臣以彰激勸事。先該臣等於十五年二月題爲前事，内稱侍講曾朝節、檢討顧紹芳俱完稿在先，守制在後，合候服闋之日，另請陞敍等因，節奉聖旨：'依擬。欽此。'近該侍講曾朝節復除到院，已奉旨陞敍訖。今顧詔⑩芳起復到部，該吏部題奉欽依，復除前職，臣等謹遵照前旨，將顧紹芳擬陞左春坊左贊善，兼翰林院編修，伏乞敕下吏部查照施行。臣等未敢擅便，

萬曆十八年

① 眄 《王文肅公文集》卷三五"眄"作"盻"。
② 世 "世"當作"臣"。
③ 昧 "昧"當作"牀"。
④ 宫 "宫"當作"官"。
⑤ 嘉 "嘉"當作"喜"。
⑥ 賜 "賜"當作"腸"。
⑦ 過 "過"當作"遇"。
⑧ 起 《王文肅公文集》卷三五"起"下有"以憂臣之死生，一饋再三嘆"十一字。
⑨ 及 "及"當作"反"。
⑩ 詔 "詔"當作"紹"。

謹題請旨。"奉聖旨："是。吏部知道。"

二十七日丁酉，大學士申時行等題："近該陝西三邊督臣以虜憤①變動，邊患紛紜，餉饋空虛，備禦單弱，方條議上請及時整飭，下部議覆間，隨該陝西撫臣揭報：本年六月內，虜騎入境，攻圍舊洮州古爾占堡，見我兵漸集，遂四散搶番。該洮岷副總兵李聯芳分兵追逐，陷伏陣亡。臣等不勝驚愕。夫虜雖入境搶番，而城堡無恙，猶日②失事之小者，然將官兵寡力分，遂致喪敗，損威傷重，殊駭听間③。故敢以虜情邊計爲皇上陳之。先年俺答款貢，套虜吉能及松山西海諸部並聽約束，馴至於今，西鎮之不用兵殆二十年矣。及吉能父子皆死，其孫卜失兔幼弱，不能制馭諸部，而用事夷酋，如切盡黃台吉者，又相繼死，以故各酋渙散，不相統一。或以轉堡要賞於延綏，或以借路生事於甘肅，或受賞於東而竊掠於西，或罰服於此而狂逞於彼，或駐牧近邊，驅之則曰吾不犯內地也，或刁搶番族，問之則曰吾不擾漢人也。欲絕之，則彼以款貢爲詞，難於峻拒，欲撫之，則彼寔求索無厭，難以曲從。先因西寧將官一時償事，身既不保，虜益見輕，邊寡遂開，兵端不息。此西鎮虜情之大略也。顧邊疆事勢，軍旅機宜，譬之隨病製方，不能執一。今虜既桀點④無扶⑤，掠我屬番，殺我裨將，公背盟約，蔑視天朝，此其勢不得不戰。然一二小酋雖已猖獗，而大酋全部尚在羈縻，順義在西，猶稱平事，卜酋回套，猶聽調還，初未嘗聚連兵，合謀犯順，此其勢不得不撫。然或陽順而陰逆也，去而復來，雖嘗卤掠而或送還人畜，認罰無詞，雖有殺傷而或縛獻罪夷，誓不再犯。此其勢又不得不酌於戰與撫之間，而應之務得其情，施之務當其可。顧今久安之後，薦災之餘，卒伍之缺者未能召補，則無可用之兵，糧餉之逋者不能完解，則無可恃之餉。當事者既以臨渴掘井爲慮，又以無米煮粥爲憂。未及整頓，而虜患遽已剝膚，方欲經營，而人言更多掣肘。必須寬其文法，假以便宜，惟務責成，不爲中制，然後可以盡心展布，畢力安攘。此今日邊計之大略也。臣等書生，不閑軍務，然質

①憤　"憤"當作"情"。

②日　"日"當作"曰"。

③間　"間"當作"聞"。

④點　"點"當爲"黠"。

⑤扶　《明神宗實錄》卷二二四"扶"作"狀"。

之本兵，採之衆論，其梗概不過如此。容臣等趣令兵部，將督臣梅友松條陳作速議覆，其彼處失事，候巡按御史查覈奏到，另行議處外，仍乞天語下①寧，廟謨指授，使封疆之臣皆知皇上留神邊務，燭照夷情，凜然日鑒之常臨，而罔敢怠玩，肅然天威之遠播，而莫不奮揚，服虜安邊②。謹擬傳帖一道進覽，伏惟聖明裁定施行。謹具題以聞。"

諭兵部："虜酋款貢多年，各邊修守防撫，自應安靜無虞。近來陝西日③肅洮岷等處，如何數報虜寇，屢有損失？是否虜衆狂逞，渝盟犯順，及邊備久弛，制馭乖方？你部裏便行與該鎮督撫官查問，虜中作歹是何部落？近日失事是何信地？務要分別順逆，議覈功罪，明白其④奏。一應選將練兵，保番禦虜機宜，都要悉心籌畫，着實修舉。如戰守有備，處置得宜，事寧之日，論功優敍。其或苟且養患，及輕率債⑤事，必罪不宥。有應與宣大總督官計議的，也着協心共濟，毋得自分彼此。合行事宜，你部衷⑥酌議來行。"

二十九日己亥，大學士申時行等題："今日禮部接出聖旨：'朕右鬢生一熱毒，尚巾不便。孟秋廟享，暫遣公徐文壁⑦恭代，侯吳繼爵、李言恭分獻。禮部知道。欽此。'臣等不奉天顏，已及旬餘，下情不勝瞻戀。茲者時當炎暑，重以淫霖，濕熱交侵，最難謂⑧攝。恭聞起居禹⑨福，方切懽忻。不意熱毒偶生，有妨元服。仰知聖躬強固，即日有廖⑩。然臣等犬馬之忱，不能自已。伏望皇上順時葆護，加意珍調，以慰羣情，以承天祐。臣等不勝懇祈之至。謹具題恭候萬安以聞。"

①下 "下"當作"丁"。
②邊 《明神宗實錄》卷二二四"邊"下有"在此舉矣"四字。
③日 "日"當作"甘"。
④其 "其"當作"具"。
⑤債 "債"當作"僨"。
⑥衷 "衷"當作"裏"。
⑦壁 "壁"當作"璧"。
⑧謂 "謂"當作"調"。
⑨禹 "禹"當作"萬"。
⑩廖 "廖"當作"瘳"。

萬曆起居注

七①月庚子，朔，以孟秋時享大②廟，暫遣公徐文壁③恭代，侯吳繼爵、李言恭分獻。

十三日壬子，上視朝。

十六日乙卯，大學士王錫爵奏："爲四乞天恩矜全病廢餘生特准休致事。昨該日三疏乞休，言已煩矣，情已迫矣，乃下誠不能上達，隨奉嚴旨，責以體國大義，毋得堅意求去。臣伏枕欽誦感極涕零。因自惟登朝以來，體國之義，已三奉聖諭，而臣猶忉忉④如此，臣真愧死。然尚幸皇上以義責臣，臣猶可舉在廷之賢者代臣受責，有如皇上以恩責臣，則廷臣中更有如臣之拔泥升雲、從骨生肉、萬千辛負、咫尺未償者乎？臣今年五十有七歲，即死官下，叨幸已多，豈尚覬畫錦之榮，貪首丘之適。顧體國以心，而臣之魂驚魄⑤悸、憒眊昏塞，無可用之心矣，報恩以力，而臣之骨柴肌粟、遺脫痿痺，無可加之力矣。奉旨以來，又將半月，不惟舊疾綿綴，茫無愈期，而近又加以右體掣痛，小腹脹滿，種種備諸若⑥狀，有不可盡陳者。人誰無母？而獨臣之母則愈老愈慈，臣一餐不食，母亦不食，一夕不寢，母亦不寢。臣之累疏乞体⑦，臣母寔趣之，蓋親見臣呻吟枕蓆，知其災由福生，分當早退，又自以衰年獨子，形影蕭然，故於臣之死生出處，關情尤切耳。臣前疏中所謂身心交病，其苦寔在此。而自審其終不能體國報恩者，亦在此。皇上即今早放臣歸，使臣精神不耗於言詞，憂念不分於職事，萬一留得此身，爲太平閒民，終事老母，則舉家啣結之報，豈在一人？而盛世君臣之交，顧不全美手⑧？臣不勝泣血懇祈之至。爲此，謹具本奏聞，伏候敕旨。"奉聖旨："卿疾既未愈，須從容調攝，如何屢疏求去？宜體朕眷倚至意，毋得固辭。吏部知道。"

二十一日庚申，大學士申時行等題："今日該文書官吳忠口傳聖諭：將三邊總督梅友松奏報虜情本令臣等詳看，且詰責各邊督撫通不管事，但只推委⑨小官，以致邊務廢弛，又引嘉靖

①七 "七"上當有"萬曆十八年"五字。
②大 "大"當作"太"。
③壁 "壁"當作"璧"。

④忉忉 《王文肅公文集》卷三五"忉忉"作"呶呶"。

⑤魄 "魄"當作"魄"。

⑥若 "若"當作"苦"。

⑦体 "体"當作"休"。

⑧手 "手"當作"乎"。

⑨委 《明神宗實錄》卷二二五"委"作"諉"。

年間失事爲證，且諭臣等將各邊事務分理，應更換的更換，督撫也不要庇護他。欽此。仰惟皇上留神邊務，切責邊臣，欲以振國家之威靈，懲夷虜之桀驁，德音渙發，聖武布昭，臣等不勝欽服。顧臣等蒙皇上股肱之託，不敢不盡心，於邊事亦嘗講求，於虜情亦嘗咨訪，謹以大略爲皇上陳之。今日虜情與嘉靖年間不同，先年虜常侵犯，各邊惟一意拒戰而已。今虜方疑①貢，自宣大至於甘肅，不用兵者已二十年，雖犬羊之性不齊，豺狼之欲無厭，然部落有大小，情態有順遂②，不可以一部之作歹，而廢各部之羈縻③，不可以一邊之騷擾，而致九邊之決裂，如其背約，則當致討，如其輸服，則不窮追，此今日制馭之大略也。今洮州失事，明係火落赤作歹，罪止火落赤一④。其虜王過河刁搶番族，亦係火落赤邀請，然捏工川尚非內地，未敢公然犯邊，而宣大總督諭書及虜王頭目稟帖尚猶未至，果否背盟犯順，尚未可知也。今日之計，惟責成督撫，一面曉諭虜王，使無助送⑤，一面革絕火落赤撫賞，密圖剿處。而最急者在挑選精銳，措處兵糧，務伸中國之威，破點⑥夷之膽，以聯屬番族，保固封疆。如其處置得宜，戰守有效，則以功論，如其因循玩愒，虛文搪塞，則以誤事罪之。蓋朝廷大體，惟是用人責寔、賞功罰罪而已。若一有疎失，即大更張，撫臣既調，司道既斥，而又更換總督，使醜虜反得挾以爲重，必云我一作歹則邊官盡更，將益無所忌憚，而任事之臣皆垂首喪氣、莫能自振矣。臣等蓋爲邊事計，爲朝廷計，非爲督撫計，而故庇護之也。趙充國有言，兵難遙度，臣等亦粗陳梗概如此。容臣等傳亦⑦聖意，令本官於覆本內申飭各邊督撫，務整理邊備，毋得仍前廢馳，以仰副聖明拊髀側席之懷。謹回奏以聞。"

二十五日甲子，大學士王錫爵奏："爲五乞天恩放歸久病殘骸以終餘眷以免再瀆事。臣患病已幾三月，乞骸之流且⑧上，而皇上猶復依依顧戀，諭以從容調理，毋得固辭。此陽春之照，時雨之⑨外，而臣亦豈忘徼福於如天⑩，謝生於末路哉？但以自⑪前病勢觀之，臥牀至於夏秋未起，服藥至於妻⑫附亂投，計

萬曆十八年

八一三

①疑 "疑"當作"款"。
②遂 "遂"當作"逆"。
③縻 "縻"當作"縻"。
④一 "一"下當有"人"字。
⑤送 "送"當作"逆"。
⑥點 "點"當作"黠"。
⑦亦 "亦"當作"示"。
⑧流且 "流且"當作"疏四"。
⑨照，時雨之《王文肅公文集》卷三五此四字作"煦，時雨之濡，不忍棄朽株枯木於生成之"。
⑩天《王文肅公文集》卷三五"天"下有"時"字。
⑪自 "自"當作"目"。
⑫妻 《王文肅公文集》卷三五"妻"作"薑"。

時月已不勝其從容，論調理且無復有餘力矣。而病頑如石，有增無減，縱聖主未如①厭絕，閣務自有司存，而假滿三月之後，又可偃然掛名支俸乎？臣今至此，不惟自爲性命惜，亦當爲廉恥惜，皇上至此，不惟當破姑息以保臣之餘生，亦當裁恩數以全臣之微節矣。考之閣臣体②致，從前雖亦有累疏而後允者，顧臣連年前後乞骸之疏已不啻倍之，而所奉皇上節次勉留之旨，亦且十分破格，無復可加。況人材有良駑，情事有緩急，豈可概加望外之恩，以益病臣之愧也？臣愚無他長，所自信者此心。若年年言去，年年不去，乃明是要君市寵，爲樾馬驕斯③之態，以襲宋人王安石、賈似道之覆輒④，皇上其謂臣何？天下其謂臣何？即今奉旨未久，非不欲仰體慈眷，再加從容，但以疾痛不祥之事、絮繁可厭之言，恐遏⑤此月後，更無可上達者。伏望皇上慨然幸許，免其復有干瀆，則在皇上割恩正以全恩，而在臣釋負兼以釋愧，中外請⑥執事見臣母子生還，將亦有歌舞聖德、與⑦於忠孝者。臣不勝叩心稽顙忍死俟命之切。爲此，謹具本奏聞，伏候敕旨。"奉聖旨："國家有事，卿正宜竭忠贊襄，以副眷倚，如何懇切求去。既疾尚未愈，還遵前旨，從容調理，痊可即出輔政，不必再辭。吏部知道。"

二十六日乙丑，上視朝。

是日，上御門視事畢，召閣臣時行、臣國、臣家屏見於皇極門煖閣，上出陝西巡撫趙可懷奏報虜情本，于⑧授時行，且曰："朕近覽陝西督撫梅友松等所奏，說虜王引兵過河，侵犯內地，這事情是如何？"時行等對："近日洮州失事，殺將損軍，臣等正切憂慮，伏蒙聖問，臣等敢以略節具陳。洮河邊外都是番族，番該⑨有兩樣，中茶納馬的是熟番，其餘的是生番。先年虜騎不到，只是防備番賊，所以武備番⑩弱，倉卒不能堵遏。如今虜王過何⑪，是被大⑫落赤勾引，多爲搶番，又恐中國救護他，故聲言內犯。然虜情狡詐，不可不防。"上曰："番人也是朕之赤子，番人地方都是祖宗開拓的封疆。督撫官奉有敕書，受朝廷委託，平日所幹何事？既不能預先整理防範，到虜酋過

---

①如 "如"當作"加"。
②体 "体"當作"休"。
③斯 《王文肅公文集》卷三五"斯"作"嘶"。
④輒 "輒"當作"轍"。
⑤遏 《王文肅公文集》卷三五"遏"作"過"。
⑥請 "請"當作"諸"。
⑦與 《王文肅公文集》卷三五"與"作"興"。
⑧于 "于"當作"手"。
⑨該 《明神宗實錄》卷二二五"該"作"族"。
⑩番 "番"當作"單"。
⑪何 "何"當作"河"。
⑫大 "大"當作"火"。

萬曆十八年

河侵犯，纔來奏報，可見邊備廢弛。皇祖時各邊失事，督撫官都拏來重處，朝廷自有法度。"時行等對："皇上責備督撫以不能修舉邊務，仰見聖明英斷，邊臣亦當心服。如今正要責成他，着他選將練兵，及時整理。"上曰："近時督撫等官，平日把將官輕賤凌雪，牽制掣肘，不得展布，有事却纔用他。且如各邊，但有些功勞，督撫官有陞有賞，都認做自己的功，及至失事，便推與將官及此小武官，虛文搪塞。"時行等對："各邊文武將吏，各有職掌，功罪須要覈實。如總督、巡撫祗是督率調度。若臨戰陣，定用武官。武官自總兵以下有副總兵，有參將、遊擊、守備，各分信地，如有失事，自當論罪。"上曰："古時文臣如杜預，身不跨鞍，射不穿礼①，諸葛綸巾羽扇，都能將兵立功，何必定是武臣？"時行等對："此兩人都是名臣，古來絕少，人才自是難得。臣等遵奉聖諭，即當傳與兵部，轉諭督撫諸臣，盡心經理，以紓皇上宵旰之憂。"上曰："將官也要揀選好的，必謀勇兼全，曾經戰陣的纔好。"時行等對："將于②難得，如今都是選擇用的，但是款貢以來，邊將經戰陣的也少了。"上曰："重賞之下必有勇夫，要好的也有，只是不善用他，雖有關、張之勇也不濟事。"時行等對："近日科道官建言，要推舉將材，臣等曾對兵部說：及早題復③，着几④卿科道官會同推舉。"上曰："前日有御史薦兩個將官。"時行等對："薦的將官一個是王化熙，曾提督巡補⑤，臣等親見他，也是中常之才，只宜腹裏總兵。一個是尹秉衡，先年是個好將官，如今老了。"上曰："這不論他年老，趙充國也是老將，祗要有謀略。"時行等對："將在謀不在勇，聖見高明，非臣等愚昧所及。"上又曰："朕在九重之内，邊上事不能悉知，卿等爲朕股肱，宜替朕用心分理。知⑥今邊備廢弛不止陝西，或差有風力的科道，或九卿大臣前去，如軍伍有該補足的，錢糧有該措處的，着一一整頓。《商書》云：'事事有備無患。'趁如今收拾還好，往後大壞，愈難收拾了。"時行等對："當初許虜款貢，原爲内修守備，外示羈縻，祇焉⑦人情偷安，日漸廢他⑧，所以三年閱視，或差科臣，或就差彼處巡按御史。"上曰："三年閱視是常差，如今要

① 礼 "礼"當作"札"。

② 于 《明神宗實錄》卷三五"于"作"材"。

③ 復 "復"當作"覆"。

④ 几 "几"當作"九"。

⑤ 補 "補"當作"捕"。

⑥ 知 "知"當作"如"。

⑦ 焉 "焉"當作"爲"。

⑧ 他 "他"當作"弛"。

萬曆起居注

特差。"時行等對："臣等連日正在閣中商議，要推舉大臣一員前去經略，且重其事權，使各遣①聲勢聯絡，庶便行事。容臣等撰提②傳帖，恭請聖裁施行。"上曰："還提西個③來行。"已復言款貢事，上稱皇考聖斷者再。時行等言："自俺答獻逆求封，賴皇考神謨獨斷，許通款貢，已二十年，各邊係④全生靈何止百萬？"上曰："款貢亦不可久恃，宋家之事可鑒。"時行等對："我朝與宋事不同，宋時中國弱，夷狄强，原是敵國。今北虜稱臣納款，中國之體自尊，但不可因而忘備耳。"上曰："雖是不同，然亦不可媚虜。虜酋心驕意大，豈有厭足之時。須是自家修整武備，保守封疆。"時行對："今日邊事既未可輕於決戰，又不可專於主撫，祇是保守封⑤，據險守隘，堅壁⑥清野，使虜不得肆意侵掠，乃是萬全之策。皇上廟謨弘遠，邊臣庶幾有所持循。至於失事有大小，情罪有輕重，若失事本小而論罪過重，則邊臣觀望退縮⑦，虜酋反得挾以爲重，又非所以激勵人心。自今望尤⑧皇上寬文法，覈功罪。"上曰："如今失事也不輕了。"時行等對："賴皇上聖恩從寬處分，容臣等傳示邊臣，使之感恩圖報。"上復問："王次輔病安否？何如。"時行等對："臣錫爵委寔有病，屢疏求去，情非得已。"上曰："如今有事之時，正宜竭忠贊襄，如何要去？"時行等對："皇上注念錫爵，具見優厚輔臣至意，臣等亦知感激。但錫爵連年告病，臣等責以大義，遂不敢固辭。今次病勢果係纏綿，臣等親至其卧內，見其形體羸瘦，神思愁苦，亦不好强留他。"上曰："這等着從容調理，痊可即出供職。"時行等唯唯，因叩頭奏："臣等半月不睹天顏，今日視事，仰知聖體萬安，不勝欣慰。"上曰："朕尚頭眩臂痛，下步不方便，今日特爲邊事出與卿等商議。"時行等叩頭奏："伏望皇上萬分寶重。"上又曰："間⑨山西五臺一路，多有礦賊嘯聚劫掠，地方官如何隱匿不報？"時行等奏："近日間⑩河南嵩縣等處聚有礦賊，巡撫官督率官軍驅逐，已解散了。"上曰："是山西地方王⑪臺山，固⑫釋氏，故知之。"上恐時行等誤以爲失事也，復曰："釋氏，是佛家，曾遣人進香耳。"時行等對："地方既有盜賊嘯聚，該管官員乃隱匿不報，

① 遣 "遣"當作"邊"。
② 提 "提"當作"擬"。
③ 提西个 《明神宗實錄》卷二二五作"擬兩人"。
④ 係 "係"當作"保"。
⑤ 封 "封"下當有"疆"字。
⑥ 壁 "壁"當作"壁"。
⑦ 綸 "綸"當作"縮"。
⑧ 望尤 "望尤"當作"尤望"。
⑨ 間 "間"當作"聞"。
⑩ 間 "間"當作"聞"。
⑪ 王 "王"當作"五"。
⑫ 固 《明神宗實錄》卷二二五"固"作"因"。

其罪不止疎玩而已。容臣等傳示兵部，令查明具奏。"遂叩頭出。初，上切責督撫，聲色俱厲①。及論邊事又②天顏愈和，神未③煥發，語亹亹不休。時行等退而稱嘆："上留意邊防，益明習政事如此，宗社生民之福也。"

是日，大學士申時行等題："今日恭遇皇上御門視事畢，召見臣等於皇極門內煖閣。伏蒙面諭陝西邊事，惓惓以祖宗疆土中國藩籬爲言。且切貴④督撫諸臣平時失於預備，臨事不免疎虞，及牽制將領，廢馳邊務，皆當其辜。至於洞照虜情，則云貢市不可久恃。嚴飭邊臣，則云務要保守封疆。又引古謀臣、名將，欲令廷臣推舉將材。念九邊忘備，欲諭本兵申飭各鎮。天語從容，廟謨弘遠，超出尋常萬萬，非臣等愚昧所能仰贊萬一。臣等不勝欽服，不勝慶慰。臣等前次具揭，已略言虜情梗概，及制馭事宜。如別有管見，容臣等再行陳請外，目今惟宣布德意，傳示本兵，責成督撫，一面會推才望大臣前去經略，一面公舉堪用將材以備任使，最爲喫緊。其他合行事務，容兵部題覆各科道官本，詳悉開款，通行申飭。臣等欽遵面諭，先擬傳帖二道御覽，伏乞聖明裁斷施行。謹具題以聞。"

諭兵部：西鎮邊備廢馳，虜情狡詐，還用大臣一員前去經略。兵部使⑤會同九卿科道官推舉來看。其各邊將師⑥須要得人，也着會同推舉堪用的，以備緩急。近來督撫等官，不能選用將材，平時牽制掣肘，不得展布，及至失事，又諉罪於他，殊失用人之體。今後須加意鼓舞，使文武將吏同心僇力，共濟邊事，毋得仍襲敝套。

諭兵部：朕近覽陝西督撫奏報虜情本，殊用惕然。朕惟洮岷乃西鎮要害，諸番爲中國藩籬，祖宗開拓疆土，經畫邊備，具有成法，督撫官奉敕行事，須常時選擇將領，整搠兵馬，聯屬番夷。今虜衆猖獗，搶掠番族，侵逼內地。各官平時不能制馭，臨事不能堵遏，職守何在？豈不貽誤邊事，大負任使？朕已寬其罪罰，姑令策勵。其各邊武備廢弛，亦與西鎮相同，今須及時收拾，加意整頓，務要懲創凶逆，保守封疆，毋得狃於貢市，長⑦避怯懦，及虛文搪塞，因循怠玩。如有違誤，憲典

萬曆十八年

①厲 "厲"當作"厲"。
②又 《明神宗實錄》卷二二五作"久"。
③未 "未"當作"采"。
④貴 "貴"當作"責"。

⑤使 "使"當作"便"。
⑥師 "師"當作"帥"。

⑦長 據《明神宗實錄》卷二二五，"長"當作"畏"。

萬曆起居注

具存，必不輕宥。你部裏傳與各邊督撫官知道。又聞山西五臺一路，礦賊嘯聚，地方官如何隱匿不報？着查明奏來。

二十八日丁卯，大學士王錫爵奏："爲恭謝非常恩眷並陳極苦危誠以祈哀察事。昨該本月二十六日，恭遇皇上御朝，臣伏於枕上，自悲命薄。向者雖不及與陪仙伏①，猶幸耳中剽聞鍾②鼓之聲。今病久加聾。雖鍾③鼓亦不聞矣。天之錮臣何至此極。正流涕間，會同官時行等就臣榻前，告以本④召見煖閣，蒙面問：'王次輔病安否？何如？'時行等以臣真病真情對，蒙又諭：'如今有事之時，正宜竭忠贊襄，如何要去？'時行等又以親見臣形體羸瘦、神思愁苦、不可強留之狀對，蒙又諭：'這等着從容調理，痊可即出供職。'臣聞此不覺失聲慟哭，哀感三臣，蓋涕洟尚未收，而勉留之旨又下矣。主恩如此，寧不直臣捨命毀家圖萬一於報稱哉？且臣伴食垂五、六年，尸素曠瘝之效既如此，而乞骸累二十疏，偃蹇狼狽之狀又如彼，乃心自慚而身反進，天已厭而主偏憐，古來人臣之僥倖，未有過於臣者也。然從前雖奉旨屢留，而臣猶意皇上姑爲臣曲存股肱之體，重割蓋帷之愛，至於口宣面問，拊臣如慈父，責臣如嚴師，優臣以不名，望臣以早出，則臣一生之遭際，又未有過於今日者也。臣謹俛匍稽首百拜以謝。臣又惟主憂臣辱，昔賢炯戒。今邊虞孔疎，皇上且爲之旰食早朝，而臣無事則竊其榮，有事則逃其責，無論王言斧鉞，國史汗青，凜凜不可貸借，即臣飲食寢寐⑤，亦何以施面目、對妻子哉？抑嘗三復自審，人臣進而任職、竭其老謀壯力、以事君者，盡瘁⑥之忠也，其退而內省，精神力量必不可勉強、則不敢負乘以誤國者，不欺之忠也。今臣頭不能舉，足不能行，人皆知之，而雖以同官至親日夜盼臣之出者，至此亦不能爲臣諱矣。皇上以時方有事，責臣竭忠贊襄，此即臣先資致身之言，敢不自勉？然所貴於致身者，爲有益於國也，若衰⑦殘病廢，一籌莫展，而空以身殉⑧爵祿委溝渠，臣無足惜，如誤國何如？欺此心何？至於聖諭令臣從容調理，則臣惓惓戀主之念，亦豈不欲從容？但從容至於八月，則聖節將臨，

①伏 "伏"當作"仗"。
②鍾 "鍾"當作"鐘"。
③鍾 "鍾"當作"鐘"。
④本 據《王文肅公文集》卷三五，"本"下有"日"字。
⑤寐 "寐"當作"寐"。
⑥瘁 "瘁"當作"瘁"。
⑦哀 "哀"當作"衰"。
⑧殉 "殉"當作"殉"。

四方進表之官已至,當此時臣欲强出拜舞,則病力不任,欲仍前偃卧,則方寸何安?況日①前又有未開俸薪隨衆賞給一切覥面灼腸之事,皆足以益臣之疾,重臣之災,誠恐愈從容而皇上愈不能得臣之用矣。此臣極苦危誠,昨已面對三臣言,三臣亦爲之設身而處,相與尋思俯仰兩全之策,畢竟無可奈何。皇上試再問三臣,足知臣之懇懇,蓋亦兼有愛主、愛國、遠忌諱而讓賢能之意,非專爲螻蟻惜命而已也。臣謹匍匐稽首百拜以請,惟皇上哀之、放之,臣不勝萬感萬慚,一字一淚,懇款痛切之至。爲此謹具本奏聞,伏候敕旨。"奉聖旨:"覽奏謝,朕知道了。卿既愛主、愛國,何又懇切求去?宜遵旨調理,痊可即出,以副朕眷倚至懷。吏部知道。"

① 日 《王文肅公文集》卷三五"日"作"目"。

萬曆起居注

八①月庚午，朔。

六日乙亥，諭大學士王錫爵："近日西鎮屢報虜情，朕方切憂念，卿輔弼重臣，素秉忠義，正宜協恭體國，爲朕分憂，豈可引疾求去？茲間②卿疾已愈，特遣鴻臚寺官宣諭朕意，宜即出輔理，以副眷倚至懷。毋得又有所陳。"

是日，大學士王錫爵奏："爲恭謝特恩宣諭事。該本月初六日，蒙欽遣鴻臚寺卿楊宗仲到臣私第，宣讀御札：'近日西鎮屢報虜情，朕方切憂念，卿輔弼重臣，素秉忠義，正宜協恭體國，爲朕分猷，豈可引疾求去？茲聞卿疾已愈，特邊③鴻臚寺官宣諭朕意，宜即出輔理，以副眷倚至懷。毋得又有所陳。欽與④。'臣不勝慚懼，不勝感激，已恭設香案、叩頭接旨、謝恩訖。伏念臣本以冗散無用之材，抱下愚不移之性，自經拔擢，未效涓埃，而譴誅既後於羣臣，陳乞且幾無虛歲，譬之器已滿量，馬不受鞭。臣之前疏望皇上裁恩澤以全臣者，蓋肺腑真切之言，非姑爲退託也。不揆伍辭未允，重以暖閣召對之丁寧，使臣魂魄轉驚，心顔俱悚。連日正在躑躅進退、囁嚅語默之間，而十行札諭，九列傳宣，又儼然自天而下矣。伏惟草茅疲陋，何敢當忠義之褒？大⑤馬哀⑥殘，何敢受分猷之寄？臣以宿疾，負此深慚，豈復更有愈理？然皇上既以邊烽孔棘爲之焦勞，萬乘虛佇一籌，而臣尚敢驟言丘首之思、苦惜朝露之命哉？惟是目前足痺氣淺，乃臚臣親見，雖懷戀闕，尚阻趨朝。蓋臣今日所甚懼者，未暇及於皇上之嚴誅，而先自省此心夜氣之難安，所甚苦者，未暇及於徼外之多事，而先自虞玉階寸步之隕越。受恩之下，夫復何言？計惟有多方調理，努力支持，以期早出廷見，仰慰聖懷而已。至於協恭輔理之無效，則皇上異時親見其屑形弱骨、喘喘不堪，當自能哀臣、釋臣，不待臣之再陳也。臣無任感恩驚寵、涕汗悚慄之至。所有原奉御礼⑦，不敢付遣官進繳，時⑧用尊藏，永爲鎮家之寶。爲此，謹具本奏謝以聞。"奉旨："覽卿奏謝，朕知道了。禮部知道。"

①八 "八"上當有"萬曆十八年"五字。

②間 "間"當作"聞"。

③邊 "邊"當作"遣"。

④與 "與"當作"此"。

⑤大 "大"當作"犬"。

⑥哀 "哀"當作"衰"。

⑦礼 "礼"當作"札"。

⑧時 "時"當作"特"。

七日丙子，大學士申時行等題："近日以西鎮虜賊猖獗，仰廑聖懷，臣等日夜憂惶，側聽彼中消息。茲據督憮①官梅友松等揭報，臣等面審差來人役，始知虜酋火落赤犯搶河州和政驛，該總兵劉承嗣等與賊拒戰，斬級雖少，殺傷寔多，間②虜亦自悔深入，殺死引路番人，而零騎至洮河，亦不敢渡，未曾至臨洮城下等因。臣等看得，虜王雖過河而未敢深入，火酋雖深入而未得狂逞。初疑彼中備禦單弱，兵力不支，今則大將提兵相持，微有斬獲，軍威既振，虜膽自寒，計亦不至大舉長驅、蹂踐城邑也。今將總督原揭封進，以仰紓聖明西顧之憂。謹具題以聞。"

①憮 "憮"當作"撫"。
②間 "間"似當作"聞"。

八日丁丑，遣吏部尚書宋緟③祭至聖先師孔子。

③緟 當作"纁"。

十一日庚寅④，大學士申時行等題："竊惟勤政講學，乃帝王治天下之要務，不可廢也。仰惟皇上勵精圖治，虛已受言，前者臣等恭請視朝，幸蒙採納，數月以來，臨朝決事，親渙玉音，又蒙召諭臣等商確邊務，一時人心鼓舞，朝政精明，臣等不勝欣慰矣。惟是經筵、日講今歲尚未舉行。即今八月中旬經筵初啟，伏望皇上暫移清蹕，時御旗帷，俟聖節以後，時臨日講，使儒臣得效獻納之忠，聖學愈有緝熙之益，臣等尢⑤不勝惓惓願望之至。謹具題以聞。"

④寅 "寅"爲"辰"之誤。
⑤尢 "尢"當作"尤"。

是日，大學士申時行等題："今日該臣等恭請皇上臨御經筵，該文書官李相口傳聖諭：'龍音疼，頭目不清，身體軟，免經筵。欽此。'臣等近蒙召對，仰見天顏和晬，聖體充盈，竊謂秋講初開，可以暫移清蹕。茲蒙宸諭，始知聖體尚欲珍調，臣等不勝瞻戀。今萬壽廟⑥節百福來同，方凝宇宙之和，即獲康寧之慶，尤望皇上倍加崇護，茂迓純禧，俾內外臣工當流江⑦繞電之辰，獲遂祝華吁嵩之願。臣等不勝祈望之至。謹具題恭候萬安以聞。"

⑥廟 "廟"似爲"聖"之誤。
⑦江 "江"當作"虹"。

十六日乙酉，大學士申時行等題："今日該文書官口傳聖諭：以聖體弱，欲傳免慶賀。臣等不任瞻依。竊惟萬壽之辰，百祥咸集，自四方萬國、九夷八蠻，皆鱗集闕下，以伸呼嵩祝華之忱，此典禮之最重者。若聖體未耐勤勞，或令鴻臚寺官贊禮宣表稍從簡捷，則不過須臾之頃，而大體①告成，人心欣悅，亦不至久勞聖躬也。臣等犬馬愚誠，尤望皇上勉出御殿，以承天祐，以慰羣情。不勝激切懇之至。謹具題以聞。"

二十二日辛卯，大學士申時行等題："近該吏部會推薊遼保定總督及南京戶部尚書各二員，請旨簡用，今已十日，未蒙欽點發票。臣等看得，邊方總督，關係軍務夷情，責任甚重，南京戶部，適因倉糧鈌②乏，措處方殷，前項官員難以久缺。即部推未當聖意，或點用陪推，或另着推舉，亦無不可。惟皇上特垂省覽，早賜裁決，庶使諸司便於奉行，事體不至壅滯。臣等不勝祈望之至。謹具題以聞。"

二十三日壬辰，秋分，祭夜明於夕月壇，遣侯吳繼爵行禮，尚書不③星分獻。

是日，大學士申時行等題："近日虜犯洮河，我軍再被挫衄，臣等寔切隱憂。雖有經略大臣，一時未能遽到。道路遙遠，聲息稀傳，不知彼中虜賊曾否出境，地方④禦用何計策，臣等日夕不寧。合着兵部馬上差人傳典⑤督撫等官，今其三日一報，使邊疆動靜，朝廷皆傳間⑥知，不至阻隔。臣等亦得與本兵隨事商確，從宜調度。謹擬傳帖一通進覽，伏乞聖裁，速賜施行。謹具題以聞。"

是日，傳奉聖諭："洮河虜賊曾否出境？近日失事後作何整理、防禦？兵部便馬上差人傳與督撫官，着三日一報來，不許違誤。"

二十四日癸巳，大學士申時行等題："該文書官李文輔口傳聖諭，說與臣等：'前日因西邊虜情出朝召對，商量處置事宜。如今科道官都有本薦舉將才，兵部倒沒有本，王一鶚却又告病，

---

① 體 "體"似當作"禮"。

② 鈌 "鈌"當作"缺"。

③ 不 "不"當作"石"。

④ 方 "方"下當有"防"字。

⑤ 典 "典"當作"與"。

⑥ 傳間 "傳間"當作"得聞"。

這是何故？欽此。'臣等前爲西虜猖獗，邊事紛紜，方切憂慮，幸蒙皇上特賜召對，親浼王①音。廟算周詳，神威宣鬯，一時在廷臣工、各邊將吏，無不踊躍震竦。以故洮河之戰，我兵與虜相侍②，雖互有勝負，而虜騎終不敢長驅深入，今已出境遁去。此固皇上聖武有以攝③之，然亦本兵居中調度之力也。至於推舉將才，例該科道等衙門咨訪具奏，下部看詳，兵部方纔類總題復④，分別可用與否，以俟聖裁，此係舊例，非兵部獨無本也。王一鶚近蒙欽遣分獻，偶聞人言，理當待罪，不得不以病奏請改遣，原非託故告病。若皇上將御史參本蚤賜裁決，令其即出視事，亦自不敢不出也。臣等謹據實回奏以聞。"

二十五日甲午，大學士申時申⑤等題："昨蒙聖諭問及兵部尚書王一鶚告病緣由，臣等已據寔回奏。惟御史任應徵、王道顯參本未蒙聖裁，臣等不勝戀切。目今虜情叵測，邊患方殷，本兵任重責艱，不可一日而缺。王一鶚久歷邊方，素諳戎務，向在兵部，中外皆以爲得人。今以西虜犯邊，一方小警，輒加詆斥，似屬苛求。進退大臣，豈容輕率？伏乞皇上早賜宸斷。或將參本發下臣等票擬，以俟覽裁，使本官即出任事，本兵不致缺人，庶爲妥當。謹具題以聞。"

是日，大學士王錫爵奏："爲酌⑥陳安攘定計以分主憂事。臣於前月臥病中，間⑦西虜內犯，勢甚猖獗，續聞皇上召諭閣臣之語，所以策虜情邊事者，要若破的，明如觀大⑧。臣聾瞽餘生，知無以仰贊萬一，獨念皇上留臣，專爲憂虜，而責臣專以分憂，臣雖病不敢不極其愚慮，爲皇上一言。蓋臣惟方今文武內外之吏，名寔異同之間，與古事相反者三。古謀國之臣，無事則深憂，有事則不懼，故山濤、謝安迄安晉室，以經營之與鎮定，各富其時也。今則不然，自虜款二十年來，吏恬卒玩，甲敝戈朽，晏然無復守戰之備。及其一旦封象生心，鳴鏑內鬨，則當事者亡羊補牢亦猶未晚，而舉朝震怖惶擾⑨，止辦呶呶追尤首事，此一反也。古策虜之臣，縉紳守和親，介冑言征伐，雖各膠柱一偏，然文武隨其事任，勇怯量其膽力，廟堂自可折

①王 "王"當作"玉"。
②侍 "侍"似當作"峙"。
③攝 "攝"當作"懾"。
④復 "復"當作"覆"。

⑤申 "申"當作"行"。

⑥酌 《王文肅公文集》卷三五"酌"作"約"。
⑦間 "間"當作"聞"。
⑧大 "大"當作"火"。

⑨擾 《王文肅公文集》卷三五"擾"作"憂"。

衷用之。今則不然，武官在釁下求安，專藉款關之利，文吏在隙中觀鬥，爭談出塞之功，賈勇不在邊境，而在朝廷，懲①寇不以甲兵，而以文墨，此二反也。古當機制變之臣，或胡越使之相救，或父子不嫌異趣。今則不然，諸邊以彼此支吾為熟套，以日月玩愒為良謀，傳②相慕效，翕然同風，而獨遇緩急重難之事，則隔垣內外，便分爾我。如扯酋一人，在宣大則力保其無他，在甘肅則以之為誅首。犯邊一事，在西人委束③，則曰爾何不招？在東人委西，則曰爾何不戰？皆逃責於己，而稼④禍於人，此三反也。今經略大臣業有專遣，臺諫諸臣之疏且次第酌行，臣不敢再條便宜，猥瀆視聽，獨前所謂三反者，乃安危得失之大機，廟堂擇之不可以不精，持之不可以不定，而就中緊關切要之計，決當以經營、鎮定相兼而行。然所謂經營者，不在臨敵倥傯調兵易將，在知彼知己，知禽刻縱，毋示人以拙而已。所謂鎮定者，不在矯情倉卒，賭墅清談，在緩急有次第，措置有精采，毋示人以怯而已。臣竊觀目前跳梁之虜，惟大⑤酋一枝顯然逆天自棄，斷斷乎不可收拾。若其他或在陰陽逆順之間，或在觀望反側之際，形狀未露，則不妨廣布威信以招之，羽翼未成，則不妨多行間諜⑥以散之。雖良、平復生於今，日察彼己之勢，審禽縱之宜，其策必不出於此。而臣之所憂者，獨恐吏⑦以忘戰之久，而畏事之甚，苟聽要挾，急圖招撫，使驕虜反持中國之權，武吏反襲漢儒之論，則其患有不可言者。故必廟堂氣先定，謀先審，毋動搖於流議，毋怵惕於近憂，逆命之誅先首惡而後脅從，馳詞之使先約戰而後議撫，重懸賞罰，便⑧將官之勇氣先振，而從⑨使文吏策其便宜，嚴責推諉，使諸邊之血脉先通，而後使本兵課其功寔。經營在此，鎮定亦在此。如必以一鎮有事，便四鎮同時樹敵，一歲有警，乃盡掩二十歲保境息民之功，盡更將吏，盡絕諸夷，盡掃先朝大臣馬文昇、王瓊等老成持重必然之畫，則非病臣所敢持空喙而保借前箸而籌者也。方今諸邊戰士有幾？習虜敢戰之將有幾？安攘之計，獨有一面推擇新將，又一面策勵舊將，一面調集客兵，又⑩面招募鄉兵。然一時部署已竟落落難合，況轉餉詘於歲儉，發帑

① 懲 "懲" 當作 "禦"。

② 傳 "傳" 當作 "轉"。

③ 束 "束" 當作 "東"。

④ 稼 "稼" 當作 "嫁"。

⑤ 大 當作 "火"。

⑥ 諜 "諜" 當作 "諜"。

⑦ 吏 《王文肅公文集》卷三五 "吏" 上有 "將" 字。

⑧ 便 "便" 當作 "使"。

⑨ 從 "從" 當作 "後"。

⑩ 又 當在 "又" 下有一 "一" 字。

困於國虛，萬一諸酋瓦解，該邊囬①面大征，則我之拙形盡露，何以支撐？故臣以爲不如且從容寓戰於謀，藏拙於巧，威之以先聲，示之以不怯，莫遽爲張皇自擾之狀。其經略大臣既奉有特旨，全付之以諸邊重擔，則廟堂但當總其大綱，授以大指。如虜入則我之指麾當愈暇，虜去則我之隄備當愈嚴。虜驕而挾賞，則我之拒捍當愈堅，虜懼而乞哀，則我之牢籠當愈密。而至於瑣細節目，隱微情狀之間，則機關在彼中，功效在事後，自當一切寬假，以觀其運籌調度之何如，若預掣其于②足，而遥制其事權，適足爲邊臣藉口逃責之資爾。今之議者，動引宋人以和自愚之説，殊不知彼出③出關奉虜，此開關款虜，彼稱南北兄弟爲敵國，此稱臣納貢爲屬國，古今强弱之勢原自絕然不同。況彼以積威而致敗，此以懲敗而養威，有如自今日改絃之後，士馬誠練，糗糧誠充，修守誠設，斥堠誠謹，則國家之全力故在持尺一以受降幡，豈亦可與北庭歲幣、南宋偏安同日而語哉？此臣所以謬爲三反之論，而約以經營、鎮定之二言，蓋欲少省議論，使當事者可以措手，而不欲畫④廢責成，使避事者可以藉手，欲暫寬文法，使文武同心，人人可效死，而不欲遂墮軍寔，使文武相仗，人人可逃死。惟皇上留意裁擇，臣不勝幸甚。爲此，謹具本奏聞，伏候敕旨。"奉旨："覽卿奏，具見謀國忠慮。邊務重大，兵機秘密，須要臨事鎮定，及時經營，豈可倉皇紛紜，因循畏怯？這所議着各該經略督撫等官，查照舉行，毋得虛文推諉。兵部知道。"

二十九日戊戌，大學士申時行等題："今日發下文書，內有兵部覆陝西督撫官奏報虜賊出境本，該臣等看詳擬票訖。查得先該兵部覆御史崔景榮奏報河州失事本，臣等擬將總兵督撫俱住俸管事，通候事寧定奪，與今次覆本事體相關。前本尚在御前，未蒙批發。若先次本未下，後次本先下，則先後倒置，殊非政休⑤。伏乞聖明一併查發，令該部遵照施行。謹具題以間⑥。"

① 囬 "囬"當作"四"。

② 于 "于"當作"手"。

③ 出 此"出"字衍。

④ 畫 "畫"當作"盡"。

⑤ 休 "休"當作"體"。

⑥ 間 "間"當作"聞"。

三十日己亥，大學士申時行等題："該文書官劉宣將下吏部查革吏役本，口傳聖問：'這吏役各省直少，順天人獨多，這是何故？欽此。'臣寺①聞各衙門相傳國初以來，許各省直人於通州朝陽關納充吏役，通州乃順天府所屬，所以順天人獨多。具②寔各省直之人多有假借順天籍貫者，非盡皆順天人也。該部因查有奸弊，所以具題參革，相應俯從。臣等謹據所聞回奏。其吏部催發前本，合無一併批行？謹具題以聞。"

①寺 "寺"當作"等"。
②具 "具"當作"其"。

萬歷十八年九月庚子，朔。

三日壬寅，大學士申時行奏："爲謀國無狀橫被人言乞大集廷議以定廟算特賜罷斥以全臣節事。本月初二日，臣在閣辦事，接得山西道御史萬國欽揭帖《爲大臣互①黨誤國欺君致遺虜患等事》，内稱西事嚴急，而臣之意獨不在戰，不在絶和，以臣受邊臣之賄，爲之援引蔽護。臣不勝驚愕。臣叨竊日久，罪狀多端，既該言官指摘，自當席藁以待斧鉞，豈敢嘵嘵置辯？顧事關軍國，計在安危，不獨係臣一身名節而已，故敢披瀝爲皇上明之。臣本書生，不問②軍旅，然嘗逮事皇祖世宗之朝，竊聞嘉靖庚戌，虜騎入古北口，直薄都城下，及歲癸亥，虜人牆子嶺、至通州，皇祖爲之旰食。又見皇考穆宗改元之歲，虜寇大入，西則破石州，圍汾州、太原等處，無地無虜，東則犯薊鎮，直至昌黎、寶坻，城邑幾破。此時邊患誰則遺之？天厭夷禍，俺酋愛孫以内郤來降，虜感恩獻逆，稱臣奉貢。維時閣臣面請宸斷，乃錫封號，通關市，銷烽卧鼓殆二十年。堂堂天朝收北虜爲外臣，名義甚正，非宋家納幣屈膝之比。其減省邊費，計臣知之，保全生靈，邊人知之，非臣臆說也。惟是款貢之初，本欲乘間暇之時，修戰守之備。而時平易玩，歲久益偷，將吏因循，武備單弱，此則邊臣之罪耳。今虜情變動，自合相機用兵，何必追咎款貢之失策，而妄議皇考之宸斷？此則臣之所不敢也。近日火酋犯順，虜王助逆，洮河之役殺將損軍，凡有人心，孰不憤然、思一大創以雪讐恥？即虜王市賞已奉旨停革，臣何嘗主於不戰？但謂戰有次第耳。夫機不可以先洩，事不可以嘗試，臣之愚計謂，必使虜王歸巢，諸邊安靜，乃可以專力剿西虜，必使西事既定，邊備大修，乃可以全力制火③虜，先後不宜失着，臨事不宜倉皇，臣之疎拙所見如此。今不分順逆，不量彼己，必欲諸邊一時盡罷貢市而與之戰，使虜勢盡合，我力益分，東撐西支，乘危徼幸，未有如此而能得志者。方欲鑒南宋主和之失，而已蹈北宋熙河之禍，此亦臣之所不敢也。夫言事與當事異，言事之臣從旁揣摩，得則有功，失亦無罪，而

① 互　日本本誤作"之"，明抄本、通行本作"互"。

② 問　明抄本作"間"。通行本作"問"。

③ 火　通行本作"火"。明抄本作"大"，誤。

當事之臣規畫不當，至於釀禍償事，異時舉以爲罪，何說之辭？臣所謂當事者，故寧干衆人之怒，而不敢徼一戰之功，寧冒羣口之譏，而不敢忽萬全之慮，譬如嚼蘗，徒自苦耳。若謂臣過於畏愼，怯於擔當，臣將歛袵而拜之。今乃目臣爲奸欺，誣臣爲貪賄，臣有死不心服也。前月伏蒙召對商確邊事，臣之詞未終而玉音之答如響，臣與同官退而竊歎皇上聰明英斷，留意邊防，宜錄示本兵，使傳播外廷，以昭盛美。今舉反復問難之語，盡以爲發臣之奸。皇上於時，果以臣爲奸而折之乎？王一鶚久歷邊方，其任本兵由廷推簡用，何得爲臣私人？梅友松到任未久，即有虜患，臣以爲邊才難得，使功不如使過，故欲責以桑榆之功，總之爲邊事計也，臣與友松曾未識面，何得爲臣故知？臣謬在此位，乃不許用一人、主張一事，而遂以爲朋奸乎？臣立朝三十年，叨冒政地亦十有三載，殊無忠言奇績，可以仰答聖恩，惟是不欺不貪，頗亦硜硜自信，天地鬼神寔監臨之。如國欽言，則臣之平生掃地盡矣。王國勳等皆見在之人，賄至千萬，必有過送之迹，皇上試逮王國勳等，令多官廷鞫，如臣有一①沾染，臣即懸首剄尸，心亦甘之。夫以大臣被污惡之名，猶以處女蒙淫奔之誚，使心迹不白，則面目何施？緣臣負望素輕，見幾不審，久妨賢路，宜致人言，臣之去蓋已晚矣。惟是國論未定，邊患未寧，臣雖竄身，猶有餘罪。伏望皇上先將臣罷斥以謝言者，仍敕下九卿大臣及科道官，會集闕廷，從長計議，上請聖裁，使國家成安內攘外之功，臣異時亦免誤國欺君之戮。臣不勝隕越待罪之至。爲此謹具本奏聞。伏候敕旨。"奉旨："卿爲首臣，竭忠謀國，持廉秉公，頃籌畫邊情，具有次第，既遣大臣經略，付以便宜，責其成功，不必又議，以滋煩擾。其他誣衊浮言，原無影響，何足介意？朕方傾心信任，豈人言所②間？宜深體此意，亟出輔理，匡持國是，以慰朕懷。該部知道。"

五日甲辰，大學士申時行奏："爲再懇天恩放歸田里以全臣節事。近該臣以謀國無狀，被論自陳，伏奉聖旨：'卿爲首臣，

① 一 明抄本"一"下有"毫"字。通行本脫此字。

② 所 明抄本在"所"下有"能"字。通行本無此字。

竭忠謀國，持廉秉公，頃籌畫邊情，具有次第，既遣大臣經略，付以便宜，責其成功，不必又議，以滋煩擾。其他誣衊浮言，原無影響，何足介意？朕方傾心信任，豈人言所能聞？宜深體此意，亟出輔理，匡持國是，以慰朕懷。該部知道。欽此。'臣以疏庸失職，籌畫乖方，致被人言，橫加誣衊，仰惟皇上天地之量，日月之明，不即譴訶，更加褒美，臣愧深汗浹，感極涕零，雖椎髓塗膏，何足以仰酬恩造？豈敢以必去爲潔哉？然臣之所以控陳求去者，蓋國體所關，非獨爲臣私計也。今虜寇猖獗，邊境繹騷，一時馳驅在外、籌謀在中者，惟經略、督撫及本兵、及臣等內閣數人而已，而指摘紛然，攻訐不已，犬羊伺於塞上，戈戟起於朝端，使虜中聞之，必謂朝廷無人，中國無政，將益興狡焉之思。惟皇上特奮乾剛，大爲更易，先將臣賜罷，其餘悉從宸斷去留，然後耳目一新，精神自壯，此臣之當去一也。自古國家論事，爭是非，引當否，原不能無異同。然諺有之，耕當問農，織當問婢。即今西事，臣霄問之關陝士夫，及嘗爲督撫於邊者，乃敢折衷定謀，不欲孟浪言戰，而欲次第圖戰，今利害未判，是非未有所歸，而言者已目①之爲欺君、爲誤國矣。夫經略之遣，豈爲徒行？市賞之革，豈爲行媚？皇上試命閣中，通查臣所擬先後諭旨，何語爲禁人不戰？錄呈御覽可知也。籍②令臣靦顏復出，將遂變易前言乎？則自蹈於欺。將仍墨守初議乎？則人以爲欺。夫欺君誤國者，人臣之大惡，而法之所必誅也。臣既被其名，則何以復居其位？此臣之當去二也。臣束髮聞教，頗嚴於辭受取予之間，受事以來，不敢失墜。皇上重懲貪吏、欲挽③弊風，臣未嘗不極力贊襄，自謂惟次一長，可以昂首伸眉於班行之上。而今捃拾不湔之穢行，搜羅無影之訛言，欲敗臣一生，遺④臭百載，使臣自欺自疑，天理人心無復可信。此端一啟，將來何事不可以誣臣？何人不可以攻臣？身在政樞，乃爲射的，辱國滋甚，此臣之當去三也。伏望皇上赦臣積愆，察臣微悃，特准休致，以終餘年，毋使久妨賢路，有傷國體。臣又惟皇上容言納諫，聖度如天，即以雒於仁之狂戇，亦不加罪，而乃以臣故罪斥言官，是益重臣之戾

①目　明抄本誤爲"日"。通行本改正作"目"。
②籍　明抄本作"藉"，通行本作"籍"。
③挽　通行本作"挽"。明抄本誤作"挽"。
④遺　通行本誤作"遣"。明抄本作"遺"。

也。更乞俯從矜宥，或止調外任，免其降級。以昭宥過之仁。臣不勝惶悚俟命之至。謹具奏聞，伏候敕旨。"奉旨："朕知卿公忠清正，委以軍國大計，豈惑浮言？卿亦豈可堅執求去，負朕眷懷？宜遵前旨即出，慎勿再辭。妄言的，已體卿雅量，從輕處分了。吏部知道。"

六日乙己①，大學士許國奏："爲自揣衰庸不厭人望乞賜罷斥以謝人言事。本月初五日早，臣與同官入閣辦事，蒙發下文書，内有禮科給事中任讓一本，論臣庸鄙不職，當罷。臣聞之，惶恐趨出。竊念臣衰憊庸菲，每欲乞身之日久矣，徒②上恩，未忍遽決。今科臣論臣盡無人望，況當廟算正殷之時，猶非伴食得肆之日。其責臣甚當。又指臣耳聾目昏，頭搖足蹇，其狀臣甚真。夫以臣之庸，而當事機之旁午，又復衰老，頭足耳目皆非其故，臣自知舉朝共見之，斧扆之前亦必明照而洞察之，臣無容辯。獨其所列八事，有不盡然者，或出風聞之誤，而關名節之虧，臣不容無言。夫商賈星卜，賤技也，聲樂燕會，盛儀也，親戚故蓋，私交也，部木引鹽，公課也，子壻宗族，至親也，需索請託，大弊也。延賤技以盛儀，徇私交以公課，縱至親以大弊，此少知廉恥者所不爲，而況身列衣冠者乎？原任侍郎汪道昆，臣鄉先達，倜儻有文才，可比吳中王世貞，數列地方薦剡，臣偶舉所知，言之銓部，原未起用，以人事君，大臣之職，臣不明則有之，若通咫尺之書，昵鄉曲之情，呵叱司官，把持選法，臣雖愚昧，亦不爲此。今文選郎見在，可問也。李如松、許從誠，與臣舊識，臣知如松有膽略，善撫士卒，會衆舉將才，臣雖向人言之，原未薦用。若其苛勢剥軍、戚餽數千金，誰爲將送？有該鎮巡按御史在，可查問也。許從誠雖屬戚里，臣亦待罪鼎司，臣復何求而甘拜其門下？新進小生且羞爲之，縱有寶珠金幣③，誰爲將送？許都尉家見在京師，可查問也。臣家人弟姪，絕無中鹽長蘆、河東者，如果權賣橫行，掣肘號令，有巡鹽御史見在，可拏問也，臣男中書許立功，奉旨代臣歸葬，蓋冬始北來，賦性怯懦，又臥病舟中，清源咫尺，

①己 "已"當作"巳"。

②徒 明抄本"徒"字下有"變"字，似爲"戀"字之誤。

③弊 通行本及明抄本皆誤作"弊"。應作"幣"。

曾不須臾，乃遽打死驛丞，豈無姓名？難逃耳目，地方有司見在，可訪問也。臣本一介布衣，遭逢明聖，致位孤卿，本生名行，頗斤斤自守，上世家法，頗嗃嗃自閑，何至貪婪卑鄙如讓所云？見輕於當世？遺羞於士林，慚愧欲死，若復怙寵貪位，叱之而不去，驅之而猶蹲，即市朝之撻，莫過於此。伏望皇上察臣愚衷，衰臣朽質，褫其章服，特放歸田，毋使市井之行重玷樞機，昏瞶之態久尸密勿。庶官偶語，外夷目笑，則政本之地不輕，同事之臣不辱。臣無任戰慄待罪之至。為此，謹具本奏聞，伏候敕旨。"奉旨："卿密勿重臣，體國奉公，聞望素著。任讓妄奏事情，朕已洞鑒，有旨罰治了。卿宜即出輔理，以副委任。所辭不允。吏部知道。"

八日丁未，大學士申時行奏："為三懇天恩放歸田里以全晚節事。近該臣以人言再疏乞休，奉聖旨：'朕知卿公忠清正，委以軍國大計，豈惑浮言？卿亦豈可堅執求去，負朕眷懷？宜遵前旨即出，慎勿再辭。妄言的，已體卿雅量，從輕處分了。吏部知道。欽此'竊念臣么麼賤品，罪釁餘生，幸逭嚴誅，更叨温諭，其於褒稱之溢，委任之隆，蓋自古名碩之臣所不能得者，而臣獨得之於訛譏訕謗之時。伏惟聖主之恩，不可勝量，臣豈不欲為國忍恥，為主分憂？何敢仰負眷知，堅執求去？然臣義當知止，力難就列。此而不去，喪敗滋多，有不容靦顏復留者。臣前再疏陳乞，所明者國事，所惜者國體，而於臣之危衷苦情尚未之及也。臣敢復終言之。臣才非適用，學不通方，密勿之司，原非其任，祇以周旋旒廈，超躐樞機，始猶濫竽，繼而當局，非不拮据從事，竭蹶在公，然而康濟無能，匡襄寡術。實柔懦，故不敢操縱竊權，實陋愚，故不敢紛更壞法，實疎於料事，故不敢鹵莽倖功，實闇於知人，故不敢接納延譽。然而日處險艱之地，身當震憾之衝，譬之驚駘，力已①盡矣，譬之黠鼠，技已窮矣，以故二三年來，鬚髮盡白，兩耳漸聾，腰脛酸疼，手臂麻木，積憂成病，從損得衰，有苦不能自言，殆非久於人世者，尚可以躬劬勞之事，贊幾務之繁乎？且皇上所以留

① 已　明抄本作"以"。通行本改作"已"。

① 莫　通行本有"莫"字，是。明抄本無"莫"字。

臣，爲軍國大計也。今西陲未靖，醜虜方張，軍國之計莫①大於此。而臣稍持論議，即被詆譏，方事經營，遽遭訶罵，臣之素望輕微，不能仰贊大計，可見於此矣。皇上即不棄臣，將焉用彼相哉？臣之當去，自審已明，臣之欲去，自盟已決，伏願皇上霈然發德音，遂臣微志，臣去亦榮，死亦寧，不敢忘啣結之報。惟聖明憐察，臣不勝哀鳴控籲之至。謹具奏聞，伏候敕旨。奉旨："近以邊方多故，議論繁生，使當事大臣，人懷疑避，甚非政體。卿輔弼首臣，正賴率先庶僚，爲國任怨，豈就可因一人妄言，懇疏乞休？宜遵屢旨，即出贊襄機務，毋得又有所陳。吏部知道。"

九日戊申，以重陽令節，賜四輔臣上尊珍饌。

十日己酉，大学士許國奏："爲再乞天恩罷斥行勘以明愚心以重政本事。先該禮科給事中任讓論臣衰庸無望當罷狀，本月初七日奉聖旨：'輔臣贊國政多年，直亮端謹，朕所鑒知。任讓如何妄言輕詆？好生狂肆。本當重治，姑從寬罰俸半年。吏部知道。欽此。'隨該臣具本乞恩引退，初九日奉旨：'卿密勿重臣，體國奉公，聞望素著。任讓妄奏事情，朕已洞鑒，有旨罰治了。卿宜即出輔理，以副委任。所辭不允。吏部知道。欽此。'臣猥守章句，叨佐樞機，八年於茲，寸絲無補，冒居崇膴，實溢分涯，自知甚明，何待指摘？伏惟皇上照臣如日，覆臣如天。'直亮端謹'、'體國奉公'，謬承睿獎，徒有其心，素無其望，臣熟復内愧，感激涕零，雖披肝殞首，何能仰答？又重罰言官，以安臣心。竊念言官風聞言事，本不暇擇，況言及乘輿，天子改容，事關臺閣，宰相待罪，縱使狂肆輕詆，猶將容之，且臣伴食竊位，果若人言，其責臣庸劣，狀臣衰廢，頗中一二。至於八事，雖涉影響，上既覽知，且蒙洞察，臣幸甚矣，豈可比於誣衊之例，優以元臣之禮？即聖心猶以爲寬，在臣愚不勝跼蹐。獨八事中，如李如松有無歲餽數千金，倚勢虐軍？許從誠有無拜其門下，接受珠寶？臣男立功過清源，有無需索、打死驛丞？弟侄家人有無中鹽長蘆、河東，掣肘號令？此數事未明，臣宛不瞑。伏望皇上大施乾斷，姑免言官奪俸，先將臣褫職，放歸田里，仍敕下該部院，行各地方查勘有無虛實，具奏定奪，一以明朝廷之法，一以白愚臣之心。臣無任感戴天恩之至。爲此，謹具本奏聞，伏候敕旨。"奉旨："方今時事多艱，正賴卿協恭贊理。被誣事情，原無指實，何必行勘？宜體朕勉留至意，慎毋再辭。言官已從輕罰治了。吏部知道。"

是日，大學士王錫爵等題："今日該文書官李文輔口傳聖旨：'着鴻臚寺官催首輔入閣。欽此。'臣等連日在閣，私議元輔輔政多年，練達朝章，明習政體。今時方多故，正賴主持。而屢疏乞休，久不入閣。臣等資識寡昧，殊覺辦理不前。兹蒙皇上遣官傳諭，仰見慎重樞機、眷倚股肱至意。臣等謹遵旨恭擬傳帖一道，乞發下鴻臚寺官，令其前去宣諭，趣令即出，庶贊襄密勿，共欣輔治之有人，而皇上優禮元臣，益見任賢之勿貳矣。臣等不勝幸甚，謹具題以聞。"

十一日庚戌，諭大學士申時行："朕念國家事重，非卿碩望忠猷，不能匡贊政機，主持朝論。見今虜雖暫退，邊臣不知作何經營、預防後患，朕心方切隱憂。卿豈可止顧一身毀譽，不出料理？若朝廷信賢不專，大臣任事不勇，是政體先紊，邊境何由而安？今特遣鴻臚寺官宣諭，催卿即日進閣，以示朕始終信任至意。卿宜仰体，毋復再以浮言分懷，固求引避。"

是日，大學士申時行奏："爲恭謝天恩兼陳危悃事。本月十一日，欽奉聖諭：'朕念國家事重，非卿碩望忠猷，不能匡贊政機，主持朝論。見今虜雖暫退，邊臣不知作何經營、預防後患，朕心方切隱憂。卿豈可止顧一身毀譽，不出料理？若朝廷信賢不專，大臣任事不勇，是政體先紊，邊境何由而安？今特遣鴻臚寺官宣諭，催卿即日進閣，以示朕始終信任至意。卿宜仰體，毋復再以浮言分懷，固求引避。欽此。'該鴻臚寺卿楊宗仲恭捧到臣私寓，臣謹焚香叩頭、恭聽宣諭訖。伏念臣寒賤孤蹤，叨逾已極，衰殘末路，瑕釁易生。平時無經國之謀，臨事鮮奪人之氣。頃邊書之旁午，屬廷議之紛紜，雪恥除凶，非不欲快心於一戰，撫順剿逆，蓋求以制勝於萬全。乃致人言，妄干天聽，匪獨鑠金之可畏，殆將剚刃以相加，幸賴聖慈特從寬貸，鈇鉞既逃於司寇，絲綸載播於句臚，誦天語之春溫，激私衷而雨泣。念臣素非碩望，何以贊匡乎政機？雅乏忠猷，何以主持乎朝論？在邊吏，方力鑒東隅之失，必不敢怠於經營，在微臣，欲仰紓西顧之懷，亦豈敢忘於料理？惟是方摧之翼，不能奮飛，已蹶之蹄，奚堪驅策？驚魂未定，莫據前筯之籌，故步全乖，難免後車之覆。憂實深於誤國，念豈在於潔身？儻蒙終始以保全，誓當死生而啣結。容臣再申前請、懇疏乞恩外，有所①聖諭一道，謹用尊藏，以垂永久。臣不勝感戴天恩之至。謹奏謝以聞。"奉旨："覽卿奏謝，知道了。卿既體朕西顧之懷，便當竭忠料理，何又欲再申前請？宜遵諭即出，以副倚毗至意。吏部知道。"

十二日辛亥，大學士申時行奏："為四懇天恩放歸田里以全晚節事。近該臣三疏乞休，奉聖旨：'近以邊方多故，議論繁生，當事首②臣，人懷疑避，甚非政體。卿輔弼大③臣。正賴率先庶僚，為國任怨，豈可因一人妄言，懇疏乞休？宜遵旨④，即出贊襄機務，毋得又有所陳。吏部知道。欽此。'又蒙聖恩，遣鴻臚寺官恭捧聖諭，到臣寓所，召臣即出辦事。除臣具疏謝恩外，伏念臣至愚陋、無足比數，即奉身去國，若九牛亡一毛，何與輕重？而殊私渥眷不替有加，溫諭為臣屢頒，寺卿為臣特遣，臣感激流涕，即蹈鼎鑊甘之如飴，何敢事爭一言之是非，計一身之毀譽，而悻悻必去，自干衡命之皋⑤哉？顧臣仰怙聖慈如天如父，人有急則呼天呼父而控⑥籲之者亦情也，故敢再瀆宸嚴，希萬一之聽，惟聖主憐而察焉。臣叨竊政地十有三年，而當局受事者八年，以分則過，以時則久矣。災⑦傷疊見，疾疫盛行，地震天鳴，星隕湖竭，其咎皆在於臣，臣當去矣，而嫌於具文不敢言。今吏治日偷，民生日困，國計日窮，其責皆在於臣，臣當去矣，而涉於避難不敢言。乃今虜患方殷，道謀

---

① 有所 通行本及明抄本皆作"有所"。似當作"所有"。

② 首 明抄本、通行本皆作"首"。當為"大"，參見上文。

③ 大 通行本及明抄本皆作"大"，當作"首"。參見上文。

④ 旨 "旨"上當有"屢"字。參見上文。

⑤ 皋 "皋"當為"辠"之誤。

⑥ 控 明抄本作"空"。通行本改"控"，是。

⑦ 災 明抄本"災"上有"異"字，通行本刪此"異"字。

滋衆，誠如明旨所謂邊方多故、議論繁生者，而臣挈絣之守未厭人情，借筯之籌罔裨國是，下不能盡率先之責，上不能紓宵旰之憂，則臣無復補過之時，無復酬知之地，而臣始敢迫切言去，皇上亦可以諒臣之樸忠、矜臣之愚拙、而不以煩瀆罪臣矣。夫衣久則垢，器久則窳，鍾鳴漏盡，夜行不止，則人旁睨而竊笑之，今固臣知止知足之日也。藉令棲棲不去，則持祿保位，貪冒無恥，臣何以自解於天下？皇上亦安取於臣而用之？今者碩滿朝，忠賢待次，惟皇上之所任使，使臣歸老丘壑，槁死牖下，其啣恩載德猶①萬萬也。惟皇上哀臣聽臣，臣不勝大願。爲此激切控籲，具奏以聞，伏候敕旨。"奉旨："朕前面諭卿任事任怨，近復屢旨勉留，特札宣諭，眷倚正殷，卿何忍堅辭求去？宜即出輔理，毋負朕惓惓至懷。吏部知道。"

是日，大學士許國奏："爲三乞天恩引身推位以避賢路以尊國體事。先該臣因人言懇乞罷職行勘，奉聖旨：'方今時事多艱，正賴卿恊恭替理。被誣事情，原無指實，何必行勘？宜體朕勉留至意，慎毋再辭。言官已從輕罰治了。吏部知道。欽此。'臣之誣枉，聖明鑒知，臣可無辯，但臣一身之毀譽固無足惜，而國體之輕重大有所關。臣本豎儒，無足比數，謬參大政，陪從諸臣，事每因人，幸容藏拙，然技窮於發覆，肘露於捉衿，動有愆尤，致滋多口。方當代斲，偶一濫吹，竽未及唇，斤未及指，而偶語竊笑者固已盈庭矣。元輔閉門，尚有同寅二臣在，羔裘豹飾，何遽量臣之不任也？臣果如此，即平時且猶不稱，又何待廟算之亟，然後知伴食之難？該科之待臣已厚，而論臣已寬矣。此以庸誤國，一當去。臣年幾四十，乃得僥倖於科第，致身苦晚，精力早衰，今又踰二十年矣。夫密勿之地，日有萬幾，即耳聰目明，頭強足健，尚恐視聽之難給，趨承之未勝，況其年及致仕，昏瞶搖塞如此，莫逃舉朝之耳目，備在天日之照臨，乃猶使與樞機、伴參決，豈不誤國事而羞班行？此以衰辱國，二當去。臣嘗讀史，至盧懷慎伴食，蘇味道模棱，私心鄙之。不意當臣之身，而有模棱、伴食之誚，口未啟而默猜，足未前而暗哂，何者？望輕故也。昔中國相司馬，遼人戒邊史

① 猶 明抄本作"尤"，通行本"猶"。

無輕生事，楊綰同平章事，郭子儀爲減聲樂，崔寬爲毀第舍。彼何人哉？而臣獨匪人也？以今觀昔，能無厚顏？一訾於王麟趾，謂碌碌無時望，再訾於任讓，謂庸鄙無舊望，其爲人所鄙賤一至於此。堂堂天朝，濟濟名彥，豈無負天下之望，可以居具瞻之地者，而必臣爲也？此以無望辱國，三當去。夫庸者能薄而衆輕，衰者任久而衆厭，無望者名卑而衆侮，臣兼此三當去，縱使八事盡誣，其不堪輔弼亦明矣。儻臣不去復出，而與彼同列於班行，何施面目？向之偶語而竊笑者，又不知其當何如也。伏望皇上爲國擇人，因人簡任，容臣避位以讓賢才，則政本清嚴之地不至空虛無人，而朝廷之勢自尊，事幾旁午之時不至籌畫無助，而國家之體愈重，是臣之去乃勝於臣之留也。臣無任悚懼之至，爲此，謹具本奏聞，伏候敕旨。"奉旨："朕素知卿忠愼，且精力未衰，特勉留卿。若大臣以一言進退，豈不反輕國體。宜遵屢旨，即出佐理，不必又辭。吏部知道。"

是日，大學士申時行等題："今日該文書官劉宣口傳聖旨：'開礦一事，節經諸人題請，如何不見部裏覆來？'臣等仰見皇上留心國計，不勝欽服。竊惟天地生財，本以資國家之用，況今帑藏無餘財，山澤無遺利，則權宜開礦，亦是理財一策。但開礦必當聚衆，聚衆必當防亂。見今山西、河南間礦徒嘯聚，正議驅逐，若官自開煎，恐奸民乘機爭利，隱憂愈不可測。且朝廷一切事務，苟關大體，皆可不惜小費爲之，若開礦止於求利，必須計算工本，募徒之費若干，防兵之費若干，與開煎所得之利若干，果見出少入多，不爲虛費，而後可斟酌舉行，非造次可因民間私請，隔境遙度，而朝廷便可爲之出旨、差官議開者也。戶部所以遲回未覆之意，一者防患，二者惜財，三者恐差官騷動地方，四者亦不欲宣露國家空虛窘急之狀，使傳聞四夷，愈輕中國。既蒙聖問惓惓，臣等即當傳諭該部，使之即便題行各處撫按官，備查有砂處所，應否開煎？是否有利無害？管理所用何人，方不至騷擾？礦工處之何法，方不至侵盜？毋得先事張皇，使民間承望風聲，轉相煽動，利未得而先釀患，乃爲萬全。臣等愚見如此，伏惟聖明採擇施行。謹具題以聞。"

十四日癸丑，大學士許國奏："爲弱子無辜浮言波及法當抵罪據實明冤懇求避位事。先該禮科給事中任讓不堪輔弼八事，臣具疏乞罷，併請行勘，節奉聖旨：'被誣事情，原無指實，何必行勘？欽此。'臣伏蒙聖恩天高地厚，雖殫竭此生，何能仰報萬一？竊念八事中，獨所論臣男許立功，行過清源驛，打死驛丞，此其最大者，雖被誣事情幸已見察於上，而臣以傷弓之驚，不勝舐犢之愛，請詳據始末，呼天一控訴焉。臣男中書舍人許立功，萬曆拾叁年承蔭，拾肆年冬奉旨代臣馳驛歸葬，拾伍年春出京，臣諄諄戒諭慎勿騷擾。臣男年方穉弱，性復怯懦，臣雖乏家教，待子頗嚴，信其必非生事之人，沿途必無擾害之事。夫陰子非甲科，中書非尊貴，鞭笞夫役且不可，況職官乎？詈辱職官且不可，況打死乎？殺人抵命，律有明條，男果犯此常刑罔赦，清源孔道，經今踰年，何故一無所聞？又驛丞家豈無一親戚僮豎，控告地方有司？耳目豈能盡掩？道路豈免喧傳？心竊疑之。臣男方臥病，呼而問之，云：沿途並不曾需索一處，鞭笞一夫，實無此事。又拷訊其隨行僕隸，徧訪其同行侶伴，並爲力爭原無此事。臣因密查，得彼時驛丞錢元道，十三年十月除授，十七年四月陞梁山縣典史去。今驛丞庚守永，十七年四月除授，見今在任。而臣男立功往以十五年三月過清源，還以十七年十一月過清源，正值二丞在任，今二丞俱無恙，不知打死者爲誰？夫人命重情，尚輕率妄指如此，則疏中所指賄賂結納之類，其駕空無影可知。以此不揣瑣屑，再瀆宸嚴。乞准臣前奏，先罷臣官，仍敕下該部院，轉行山東巡按御史，嚴行地方有司，查實具奏。驛丞雖小，亦是職官，如果臣男打死，不獨男當抵償，即臣伏斧鑕，亦所甘心。臣干冒天威，不勝戰慄。爲此，謹具本奏聞，伏候敕旨。"奉旨："卿男事情，原係妄指，何待行勘後明？卿宜以君命國體爲重，安心輔理。吏部知道。"

十五日甲寅，大學士申時行奏："爲五乞天恩放歸田里以全晚節事。近該臣四疏乞休，奉聖旨：'朕前面諭卿任事任怨，近復屢旨勉留，特札宣諭，眷倚正殷，卿何忍堅辭求去？宜即出輔理，毋負朕惓惓至懷。吏部知道。欽此。'臣之懇切陳情至於數四，煩言瑣語，干瀆宸聽，豈不知塵瀆之爲罪哉？緣臣才識本劣，積力又衰，自被人言，益增憂懼，寢食俱廢，百病叢生，神已銷亡，志復隳阻，豈能復贊樞機之重，仰酬高厚之恩？且臣一入都門，幾三十年，亦知黽勉職事，未嘗敢求差請假。頃家難頻仍，死喪接踵，臣毋①遠思鄉井，令臣男送回，母子相離，憂懷萬狀，臣亦未嘗敢乞身自便。乃今則勢窮理極，不能復安其位矣。臣留一日，則增一日之罪，皇上早放臣一日，則全臣一日之生。情迫詞哀，毫無欺誑，使臣得出國門，得歸見臣母，臣即死無憾也。臣不勝籲天徽寵，激切待命之至。謹具奏聞，伏候敕旨。"奉旨："朕非不念卿爲國勞瘁，但閣務重繁，邊情緊急，大臣之義，當以致身爲忠，卿宜遵屢次諭旨，即日進閣任事，慎勿以私情固辭。吏部知道。"

十六日乙卯，大學士許國奏："爲四乞天恩披瀝血誠懇賜骸骨生還田里事。本月十四日，該臣三疏乞休，伏奉聖旨：'朕素知卿忠慎，且精力未衰，特勉留卿。若大臣以一言進退，豈不反輕國體？宜遵屢旨，即出佐理，不必又辭。吏部知道。欽此。'臣一介腐儒，本無輔弼之望，經濟之才，徒以帷幄舊人，擢在政府，及今八年，恩已厚矣，榮已極矣，分已過矣。頃者，東南災沴不常，西北風塵時驚②，國是搖奪，國計空虛，而臣莫展一籌，致滋多口，皇上不即數其罪過，置之斧鑕，乃更借溫綸，曲加獎予，謂臣忠慎有素，精力未衰，止臣又辭，趣臣即出，又教以大臣之義不當因一言進退，反輕國體，委婉周至，雖父母之訓子無以踰此，臣雖木石亦爲感動。顧自省循，有萬不得已者。蓋自近年以來，士習日異，主於搏擊，以爲名節，紀綱倒植，議論煩多，大臣含容而務爲退避，言官爭勝而不計直枉，其究也將使朝廷之上不得用一人，不得行一事，惟衆言之是聽。夫衆言固所當聽，假使虛心參酌，歸於畫一，亦集思廣益之道，有何不可？而人各有心，每私其見，堅執成心以爲

① 毋 明抄本作"母"。通行本作"毋"，誤。

② 驚 明抄本作"警"。通行本作"驚"。

公論，如同一人也，彼以爲正①，以爲否，同一事也，彼以爲是，此以爲非，而彼引又各自有唱和，要其究竟，將何適從？夫舉措興革，言官能言之而不得行，大臣能行之而不得擅，其敷陳旌別在言官，其折衷裁決在大臣，其主持威福在朝廷，而後國是乃定，此古今政體不可易也。今乃宜定而不定者何？其端在使庸鄙舊無人望如臣國之類，混於大臣之間，言不見信，行不見從，故人心不服而議論滋起。往時省臺議論不甚紛擾，而内閣諸臣自爲異同，今内閣諸臣頗稱同心，而省臺之間議論紛擾，臣誠不知其所終。故臣賞私論，元輔時行等三臣不可留，惟臣國不可不去。何者？年有壯衰，而望有重輕也。燭之武有言：臣之壯也，尚不如人，今老矣，無能爲也。則臣國之謂也。欲明舉措，請自臣國始。留三臣以定國是，振天下之頹風，去臣國以清②政本，行天下之公論，則輿情愜而朝廷重矣。不然，臣朝出而暮政，倚席未溫而彈③章隨至。以踰耆之年，積衰之病，而當衆口交訕，爲世大僇，臣有死而已矣，終不能保骸骨以歸田里。惟上憐而允之，臣愚幸甚，國體幸甚。情迫詞激，無任隕越之至。爲此，謹具本奏聞，伏候敕旨。"奉旨："覽卿奏，足見正論。但國是混淆，正賴卿等秉公主持，如何反欲避讒引去？所辭不允。吏部知道。"

是日，大學士王錫爵題："臣前於患病給假中，欽蒙聖恩頒賜豬羊粥米等物，又蒙遣官宣諭，雖經具本陳謝，尚未面恩，理當遵奉近旨，候過三次常朝日期，即行補本代面。緣臣忝職樞機，受恩深渥，未敢遽援前例，自同衆人。今則候過一月，所歷常朝之期，已至九次，恐繼此而皇上出朝，則起數煩多，有勞聖體。臣感恩之念雖無窮，而愛主之情爲猶④切，不得不避强聒之嫌，先行補本，以待造膝入見，叩首面陳。臣不勝感荷悚息之至，謹具題以聞。"

十八日丁已⑤，大學士申時行奏："爲六懇天恩放歸田里以全餘生事。近該臣五疏乞休，奉聖旨："朕非不念卿爲國勞瘁，但閣務重繁，邊情緊急，大臣之義，當以致身爲忠，卿宜遵屢

萬曆十八年

八三九

① 彼以爲正　明抄本無"彼以爲正"四字。通行本增此四字。

② 清　明抄本作"請"，誤，通行改"清"，是。

③ 彈　明抄本誤作"殫"。通行本改正作"彈"。

④ 猶　明抄本作"尤"。通行本作"猶"。

⑤ 已　"已"當作"巳"。

① 猶　明抄本作"尤"。通行本作"猶"。

次諭旨，即日進閣任事，慎勿以私情固辭。吏部知道。欽此。"臣每一控疏，輒奉溫綸，臣未嘗不感激殊私，潸然出涕。臣之有身，皇上寔生全之，何瘁之敢恤？臣之有今日，皇上寔覆育之，何私情之敢顧？臣非木石，亦安敢忘君父之恩，而忽致身之義哉？竊念皇上所以留臣，爲閣務也，爲邊情也，然臣受事以來，贊襄之績無聞，而瘝曠之辜日積，動而得過，言每招猶①，其於繁重之務，不能勝任明矣。自頃邊事搶攘，議論紛沓，臣不能奮請纓之志，圖橫草之功，方事經管，即遭指斥，其於緊急之情，不能運籌明矣。有臣如此，將焉用之？譬之牛馬，然方其壯也。可使負輌而載，可使啣勒而馳，及其病且衰也，則置之矣。臣不復能用於國家，皇上不復能得臣之用，儻蒙聖恩，以牛馬憐臣而置之乎？則臣雖病且衰，猶得與老癃罷疾，扶杖而歌太平，自今未死之年，皆皇上之賜也。臣至苦至迫，無所置詞，但仰首哀鳴，冀回天聽。伏惟聖明矜察，臣不勝激切控祈之至。謹具奏聞，伏候敕旨。"奉旨："朕覽卿奏，已特遣中官宣諭催卿，宜仰體優眷，勉濟時難，毋徒以潔身爲念。吏部知道。"

是日，大學士許國奏："爲望輕恩重寵過災生恭陳謝私併請給假事。先該臣爲子辯寃，懇求避位，伏奉聖旨："卿男事情，原係妄指，何待行勘後明？卿宜以君命國體爲重，安心輔理。吏部知道。欽此。"又該臣四疏乞休，兼及士習，奉旨："覽卿奏，足見正論。但國是混淆，正賴卿等秉公主持，如何反欲避讒引去？所辭不允。吏部知道。欽此。"臣男如孺子匍匐，井將入而猶包藏下石之心，臣愚如曾參喧傳，杼欲投而或講張慈母之聽，伏遇皇上臨之以怵惕之念，察之於疑似之間，慰以安心，褒以正論，一則曰事情妄指，何待行動？一則曰國是混淆，正賴主持。臣則何修，徼此寵靈？臣獨何心，尚猶愢蹇？敢不以國體爲重，君命爲尊，而必於去哉？但臣杜門籍藁數日以來，涼燠並侵，疑懼交戰，怔忡時作，寢處屢驚，左手麻木，百節酸楚，方伏枕席，有難亟趨，不揣籲天，更請假日，暫容調理，以覬生全。稍有痊可之期，敢後捐糜之報？臣俯伏仰瞻，不勝顛越。爲此具本，謹稱謝陳請以聞，伏候敕旨。"奉旨："覽卿奏，朕知道了。卿既偶疾，准假暫攝，痊可即出輔理。吏部知道。"

十九日戊午，大學士申時行奏："爲恭謝天恩事。本月十九日，臣欽奉聖諭：'見今邊方未寧，天下災傷，朕近因多病，正賴卿等與朕分憂。卿清慎忠謹，朕所洞悉，前已遣鴻臚寺諭卿入閣視事，如何因小人之言杜門不出，執意求退？奈朕何？奈天下蒼生何？且孔子至聖，尚招麑裘之謗，卿豈不知？妄言的，朕已薄罰了，卿不必介意，可即出佐理，以副朕懷。欽此。'該文書官吳忠恭捧到臣私寓，臣謹焚香叩頭祗領訖，臣不勝惶悚。伏念臣頃緣邊事，仰奉廟謨，將圖必勝之功，翻致不根之謗，幸蒙天鑒，遑恤人言。顧茲多凶多懼之時，宜安如止知足之分，欲讓賢而避位，遂徼寵以乞身。自謂唾核之已投，豈意遺簪之不棄？陳情五疏，屢廑若袞之褒，賜札十行，更荷如綸之渙。既遣鴻卿而致命，載煩中使以宣恩，臣跽讀未終，涕洟交下。竊惟譖人已甚，直生不免於盜金，疑事難明，曾母尚爲之投杼，而臣猥蒙醜詆，獨被殊私，浸潤不行，睿鑒明同日照，眷懷特至，天言藹若春溫，且勞御筆之親題，仰見聖慈之優渥。臣之遭逢若此，其於稱塞謂何？借欲逃持祿保位之譏，安可忘報德酬知之義？主憂臣辱，寧辭頂踵之捐？恩重命輕，敢負腹心之託？臣不勝感戴天恩之至。所有聖諭一道，謹用尊藏，以爲子孫鎭家之寶。謹具本奏謝以聞。"奏旨："卿已遵諭進閣，深慰朕懷。覽奏，朕知道了。禮部知道。"

二十日己未，大學士申時行題："臣奉職無狀，自致人言，累疏乞休，情非獲已。伏蒙聖明獨鑒，宸翰特頒，臣即鏤腑刻肝，未足言感，即捐軀隕首，未足爲酬。臣已欽遵於今日詣午門朝見，即進閣辦事訖。昨聞南部主事蔡時鼎有論臣之疏，本官不送揭帖，臣未知所言何事，臣亦當待罪伏聽處分。然方以趨命爲恭，不敢引嫌自避。臣不勝惶悚戴罪之至。謹具題知。"

二十一日庚申，大學士申時行等題："臣昨日到閣，查有已經發票未蒙批行二事。一、刑部審錄本，奉諭票擬停刑，今冬月已迫，遠方恐不能到。一、兵部覆陝西巡按御史崔景榮勘過臨河失事本，內擬總兵革任，邊患方殷，擇將爲急。二事俱屬緊要，伏乞皇上即賜覽裁，批下該部遵行。謹具題以聞。"

是日，大學士許國奏："爲感激天恩恭陳謝悃事。本月二十一日，伏蒙聖恩，以臣病准假，欽賜臣鮮豬一口、鮮羊一腔①、甜醬瓜茄一罎、白米二石、酒十瓶，遣御前牌子王成齎到臣第，臣謹焚香望闕扶病叩頭祇領。念臣方以素餐之久，致貽伴食之譏，內府尚方上尊珍饌叨賜者屢矣，項②又憐臣狗馬之疾，特分刀匕之餘，爰命大官，併勤中使，少牢兼具，甘茹③維嘉，才非公瑾而飲醇，德異鄭桓而授粲。有顏斯厚，無福可消，美芹之獻未伸，小人之心屬饜。伏枕力疾，正席先嘗，不勝感激之私，無任屏營之至。謹具本奏謝以聞。"奉旨："覽卿奏謝，朕知道了。禮部知道。"

二十七日丙寅，大學士申時行等題："今日該文書官李文輔，將下兵部覆御史崔景榮勘過洮河失事本，口傳聖諭，欲添設洮河總兵，令臣等改票，欽此。臣等反覆參詳，看得御史原題，因見近日洮河失事，兵力單弱，遂欲添置大將，以壯聲勢。然邊鎮所急不在少將，而在少兵，若使軍伍充實，訓練精強，即使副參領之，自足以振肅邊防，抗禦虜患。查得各邊，自遼東至甘肅，一鎮設一總兵，此祖宗定制，未有一鎮設二總兵者。自總兵而下，又有副總兵，欲加以協守職銜，則事權隆重，亦與總兵相等，如遼陽副總兵獨當河東一面是也。今兵未及添而但議添將，使兩將各分境界，不相統屬，事權既分，兵力愈寡，將焉用之？況總兵一設，則隨軍役使之人佔用必多，衙門供給錢糧糜費愈廣，似非長策。臣等以爲如兵部議便。茲仰承聖諭，將分守洮河副總兵改爲協守，如有虜警，則固原總兵往彼策應，庶將不加增，而兵糧亦不至糜費。謹改票進覽，伏乞聖裁。再照邊事緊急，前項處分不宜遲緩，更乞即賜裁奪發行，臣等不

---

① 腔 "腔"似當作"羫"。

② 項 "項"當作"頃"。

③ 茹 "茹"當作"茄"。

勝企望。謹具題以聞。"

二十九日戊辰，諭禮部："朕自入秋以來，頭痛目眩，兼及腰膀無力，非人夾持不能久站，恐一時顛仆，反不成敬。孟冬廟享暫遣公徐文璧恭代，侯吳繼爵、李言恭分獻。禮部知道。"

① 十 "十"上當有"萬曆十八年"五字。
② 己巳 "已巳"當作"己巳"。

③ 腔 "腔"當作"羫"。

十①月己巳②，朔，以孟冬時享太廟，遣公徐文璧恭代，候吳繼爵、李言恭各分獻。

是日，欽天監進萬曆十九年《大統曆日》，於皇極門給賜百官，頒行天下。又賜四輔臣各曆日一百本，日講官六員各六十本。

二日庚午，大學士申時行奏："爲乞恩給假調理事。臣於本月初一日早，正欲入朝恭候頒曆，一時頭眩下階，失足傾跌臥地，將腰腿閃挫，脛骨墊傷，見今痛楚呻吟，不能動履，伏乞聖恩准臣給假調理。如獲痊可，即出辦事。臣不勝激切懇祈之至。謹具奏聞，伏候敕旨。"奉旨："卿偶失足，准暫給假。宜善加調攝，痊可即出輔理，以慰朕懷。該部知道。"

四日壬申，以中宮千秋令節，賜四輔臣上尊珍饌。

五日癸酉，大學士申時行奏："爲恭謝天恩事。近該臣以患病給假調理，伏蒙聖恩遣御前答應牌子李虎齋賜臣鮮豬一口、鮮羊一腔③、白米二石、酒十瓶、甜醬瓜茄一罈，到臣私寓。緣臣病不能興，但伏枕叩頭祗領訖。竊念臣馬牛賤走，螻蟻微生，自知福量之已逾，宜致災殃之荐集。跌勿視地，遂嬰厥足之傷，疾則呼天，仰頭蓋高之聽。荷聖慈之憫念，遣中使以臨存，肥甘分御府之珍，精粲出天田之種，雖呻吟伏枕，未能正席以先嘗，然踴躍承恩，敢不拖紳而拜賜？儼奉威顏於咫尺，頓回起色於須臾。策蹇扶衰，儻籍生成之大造，分獻宣力，敢渝弼贊微忠？臣不勝感戴天恩之至，謹具本奏謝以聞。"奉旨："覽卿奏謝，朕知道了。禮部知道。"

六日甲戌，大學士許國奏："爲衰年多病痊可無期乞恩放歸以延餘喘事。先該臣九月中以病請假，伏奉欽依，隨遣中使齎賜豬羊酒米等物。臣不勝感激，懼負上恩，亟欲趨命，自是以來，徧訪明醫。迄今閱月，調治無效，兼之神怖重以脾泄，怔忡麻木視前轉加，如夢如醒，日復一日，耳益聾而不能聽，目益昏而不能視，頭益搖而不能正，足益蹇而不能行，徒具人形，無復生意。此在平時，尚難支撐，況當多事，豈堪輔弼？蓋臣等帷幄親臣，二三僚友，如鼎三足，一折則傾，如屋四楹，一攲則壞。而臣時行身居元輔，幾務專資，臣錫爵、臣家屏時方茂齡，謀獻協濟，三人缺一不可，獨臣以一衰病參其間，鼎折一足，屋攲一楹，得無傾且壞乎？試以犬馬齒計之，長時行者八年，長錫爵者七年，長家屏者九年，乃又一枝①無他，六旬餘老，始而衰也生其病，既而病也成其衰，病日益衰，衰日益病，此非調攝之所能回，醫藥之所能治也。夫政本非臥病之地，孤卿非優老之官，使臣居位，分毫無補於國家，聽臣歸田，萬一有關於風化，惟上所裁之。誠以爲愒寒倨傲，不共上命，生死在上，臣無所逃罪。爲此具本，謹具奏聞，伏候敕旨。"奉旨："卿精力未衰，偶疾易愈，機務繁重，朕方切眷倚，豈可遽求休致？所辭不允。吏部知道。"

　　九日丁丑，大學士許國奏："爲追省積曠兼抱沉疴再乞歸休以全晚節事。昨該臣以衰病伍疏乞休，奉聖旨：'精力未衰，偶疾易愈，機務繁重，朕方切眷倚，豈可遽求休致？所辭不允。吏部知道。欽此。'夫上不允臣辭，意將有以用之，而臣自揣實無可用者。臣故經生，以經事皇上於帷幄。聞之古三公論道經邦三孤貳②公弘化。師道之教訓。傳傳之德義。保保其身體。此輔弼之職，誠不易稱。嚮臣謬以豎儒，叨歷保傅二少之任，備青宮之師，待罪孤卿之地，迄今八年，算計見效，可考而知也，試數其一二。古平章之臣或與聞宮中起居，至使人主當遊樂而遽問其知否，以存警戒。今咫尺違顏，宮門萬里，臣從三臣之後，竟不能贊一辭，日懇懇以起居爲請，以保聖躬，甚慚於言終疏至者，其不堪輔弼可知也。古笋副之流，尚能視其君早朝晏罷，以成中興之名。今斧扆罕御，旂廈久虛，臣從三臣之後，竟不能贊一辭，日懇懇以朝講爲請，以昭聖德，甚慚於永巷脫簪者，其不堪輔弼又可知也。古山林之老，尚能一出而

①枝　通行本作"枝"。明抄本作"技"。

②貳　明抄本無"貳"字。通行本增此字。

羽翼皇儲。今皇長子年將就傅，主器及期，臣從三臣之後，竟不能贊一辭，日懇懇以國本爲請，以副人望，甚慚於商山採芝者，其不堪輔弼抑又可知也。他如災害薦至，戎狄橫行，朝議紛紜，國是搖奪，諸如此類，不可勝計，此揆之往者既無所效，即責之來者，復何能爲？夫人之所運用者，精神也，而神之所蓄養者，年力也。臣年已衰矣，神已耗矣，惟神日益耗，故病日益深。上蓋睹臣之貌而無由悉臣之衷，故以爲未衰，察臣之標而無由究臣之本，故以爲易愈。而臣衰實甚也，愈實難也，搖搖靡定，忽忽若遺，東行而迷其西，前瞻而忘其後。其旦夕之不保，何能襄贊萬機？其身家之不治，何能表率庶寮？即使捐軀可以報國，臣固甘之，竊恐徒捐其軀，而於國又無分毫之益，適爲天下笑耳。故上方以繁重而不棄臣者，此機務也，乃臣則以繁重而恐負國者，亦此機務也。且臣目前所欲自效而未能者，保聖躬、勤朝講、定儲貳。獨此三事關係最大，而臣奄奄餘氣，瑣瑣樸忠，惟願皇上先行此三者，而次及其餘。使臣之説行，是臣含哺擊壤，有以自盡，臣雖去猶留也。若臣之説不行，是臣衣御府，食大官，而不得自盡，臣雖留猶去也。惟宸衷所裁擇焉。屢干天威，不勝戰慄。爲此謹具本奏聞，伏候敕旨。"奉旨："覽卿奏，具見忠愛。卿既欲報國自效，何又屢疏求去？所辭不允。吏部知道。"

十一日己卯，大學士申時行奏："爲病廢難痊懇乞天恩放歸田里以全餘生事。先該臣以橫被人言，六疏陳乞，荷蒙皇上親灑宸翰，宣諭慰留，臣感激忘生，即已入閣辦事。臣於此時，但知君命爲重，身名爲輕，固未敢堅特①去志也。及本月朔日，病發仆地，腰足受傷，痛楚呻吟，不能動履，荷蒙聖恩予假調攝，仍遣中使勞問。此時臣但知君恩爲重，軀命爲輕，亦未敢復萌初愈也。然自旬日以來，求醫服藥，療治百方，至今腰不能伸，足不能舉，疲薾如故，漸成痿痺。連日以來，以聞南北大小九卿共請建儲，而閣中以臣在告，未即疏請，西鎮虜情雖暫寧息，而國威未震，人言滋多，借事見攻，危機可畏。臣抱

① 特 "特"爲"持"之誤。

此憂懼，晝夜不寧，外傷未平，內患復作，以致頭痛發熱，眩暈怔忡，臣之病不專在四肢，且在心腹矣。夫閣臣職任崇重，非優遊竊祿之官，幾務殷繁，非燕息養疴之地，而臣有殘廢之疾，無痊可之期，豈得復掛虛銜，妨誤國事？臣之籲鳴，良非得已，伏望皇上憫臣難愈之疾，察臣至苦之情，特准臣回籍調理，使得歸就醫藥，以終餘年。臣生當扶杖以歌太平，死當結草以酬恩遇。臣不勝激切祈控之至。謹具本奏聞，伏候敕旨。"奉旨："卿足疾調理多日，已漸痊可，朕方望卿早出，詔決大政，豈可久臥固辭？浮議紛紛，朕皆洞燭，卿再不必介懷。吏部知道。"

是日，大學士許國謹奏："為恭承明諭力疾專請早定宗社大計以協眾心并申初志事。先該臣六疏乞休，內列不堪輔弼三事，奉聖旨：'覽卿奏，具見忠愛。卿既欲報國自效，何又屢疏求去？所辭不允。吏部知道。欽此。'臣猥急蠢愚，屢煩聰聽，每承溫旨，特賜勉留，假寵自天，措躬無地。茲復責臣以報國自效，臣敢不竭其愚？臣前疏三事中，慎起居，勤朝講，知上方調攝，不敢復陳。竊聞南北禮官，九卿，科道，或運章，或專牘，各以建儲為言，是可見人心之同。旬日以來，企踵舉首，爭望批發，而竟不下，人心益疑。臣伏枕而思，仰屋而難，雖輾轉臥榻，亦與諸臣同心。從古以來，或平居溺愛而起疑，或臨時猝易而生辭①者，經史有明訓，祖宗有成法，臣不遑縷數。獨念儲貳者，宗社之本，十齡者，就傅之期，長幼者，天秩之序，愛立者，人望之歸。同事諸臣方列惟幄，面陳廷議，無所不可，而臣猶在告，無由造朝仰對天顏，故不避數煩，率爾冒瀆，上毋曰此乃家事，無與外人為也。天子以天下為家，當以天下臣民之心為心。今人心歸屬皇長子如此，上亦安得而違之？試呼途之人而問焉，有一不願為皇長子請者，臣甘寸斬，以謝天下。一念血誠，披瀝肝膽，此臣之所以報國而自效者也。願上察臣之悃，行臣之言，一旦順人情，採羣議，出乾斷，發德音，命有司具儀諏日，即於春初舉行，則臣愚去亦安，留亦安。有如不當聖心，亦冀明白曉示。方今第一義，莫大於此，若更

① 辭　明抄本作"亂"，通行本作"辭"。

與諸疏一切留中，則是臣據高位，食厚祿，言無可採，身無可效，國無可報，萬分無補於國家，雖留闕廷，亦復何用？固不若決去之爲安也。用是不揣庸鄙，敢以去就爭之，知臣者以臣爲愛國，不知臣者以臣爲要君。臣區區腰膂，不足以當斧鑕，惟上幸察焉。爲此具本奏聞。"

　　十六日甲申，大學士申時行奏："爲力疾申明邊計懇乞聖斷審定廟謨以息羣議事。先該臣以邊事橫被人言，累疏乞休，未蒙俞允，業已遵諭勉出，而災殃輳集，遭蹶受傷，伏枕杜門旬有餘日矣。傳聞南部主事蔡時鼎，南監司業劉應秋，皆有疏論臣，不知所言何事，臣方痛楚呻吟，死生不自保，何暇計一身毀譽？何能爭國家是非？蓋緘默以俟宸斷，而未有所聞也。近又接得南道御史章守誠揭帖《爲國是方淆言官被逐等事》，大抵以邊事責臣，而佐萬國欽之説。臣雖病困，矍然而起，以爲國是終屬未明，人言猶未盡息，是烏得嘿無一言？蓋諭者不諳國家之體，不明大臣之義，不察邊鎮之情，而唱於相隨，交口附和，臣不知諸臣識見議論何以至此？臣請得備陳之。自古國家臨制宇内，鞭撻四夷，莫不以名號示威重。漢之於匈奴，唐之於回紇，其始和親，後卒臣之，國勢甚壯。至宋乃始終議和，自處卑弱，方其盛時固已稱兄弟之國，爭獻納之字矣，而靖康之間，今日進兵，明日割地，汴京已陷而猶譴質講和，此真自愚者也。紹興以後，彼則詔諭江南，此則稱臣屈膝，忠臣良將翦除殆盡，遂不可爲，此真自愚者也。今國家一統輿圖，三犁沙漠，其於北虜，固禽獼而獸畜之。自已巳①之變，庚戌之警，虜勢日張，物力大困，至隆慶中而邊氓之禍已極，胡虜之運亦衰，先帝因其款誠，遂加臣屬，其貢則奉表稱臣，其市則以馬易貨，朝廷特撫賞之而已耳，敕諭之而已耳。今朶顏三衛不撫賞乎？遼東儲夷不開市乎？此與和親、納幣事體同否？而論者以爲諱和而言款貢，又謂以和自愚，則胡不取《宋史》觀之也？惟虜中乃稱和國，蓋門面文飾之詞耳。今以堂堂全盛之天下，而自比於偏安之朝，推高北虜而等之遼金，貶損本朝而夷之弱

① 已巳　"已巳"當作"己巳"。

宋，臣不如其解也。蓋論者之意，以爲不言和議，不足以激天下之憤，不言主和，不足以甚臣之罪，而不知款貢之議，寔先帝主之，先任輔臣，邊臣贊之，於時安得有臣？臣乃當積馳之後，欲經營收拾，如操漏舟，如室潰隉，蓋至難且苦矣。論者不察其苦，不諒其難，而徒欲甚其罪。臣即被惡名，受奇禍，身何足惜？如天朝大體何？此不諳國家之體，臣之不得不言者也。大臣造膝陳言，國事揆策，有倉卒奉對拙於言詞、而託之章奏者，有密勿贊襄效其愚計、而宣之詔令者。故朝廷之舉動，大臣之規畫，不在其商確未定之詞，而在其頒布已行之令。臣始奉對時，天威嚴重，天語淋浪，臣樸鈍之詞，於撫戰機宜尚未盡及，而絲綸渙發，即已更端，故一時記注主於宣揚聖意，警惕邊防，而臣等未竟之說，不敢輒增加一語。臣前疏固已言之矣。然臣以邊事初次揭奏，有曰：'虜既桀黠無狀，掠我屬番，殺我裨將，公背盟約，蔑視天朝，其勢不得不戰，然其他部酋未嘗聚衆連兵，合謀犯順，其勢不得不撫。'再次揭奏，有曰：'今日之計，惟責成督撫，一面曉諭虜王，使無助逆，一面革絕火酋撫賞，密圖剿處，而最急者在挑選精銳，措處兵糧，務伸中國之威，破黠夷之膽。'其揭帖具在御前，皇上可查閱而知，臣爲專主和議、專言不戰者乎？臣職在代言，初次恭擬傳諭，有曰：'一應選將練兵、保番禦虜機宜，都要悉心籌畫，着實修舉。'再次恭擬傳諭，有曰：'今須及時收拾，加意整頓，務要懲創凶逆，保守封疆，毋得狃於貢市，畏避怯懦，及虛文搪塞，因循怠玩。'此皆仰廑睿覽，親經御筆者。至於虜王市賞則已停革，宣大家丁則已遣行，凡臣所議擬，皇上所採用，具見節次明旨，歷歷可查，臣爲專主和議，專言不戰者乎？臣之揭奏，諸臣固未必知，至於諭旨宣布，中外奉行，是豈有不知者？今不於已行之令求其指歸，而於未定之詞搜其闕漏，是誠何心？蓋攻臣者借以爲名，而附和者信以爲實也。臣竊度諸臣之意，必以爲臣不稱上意，上不信臣，而乘機就事攻之，或更引他事攻之，去臣猶發蒙耳。不知君臣之間可否相濟，軍國大事計慮宜周。語有之：君行意，臣行事。夫整飭邊備，振揚國威者，皇上之意也，至於應撫應戰，相機決策，承上德意而濟國之大事，則臣等當酌而行之，豈但當阿順唯諾，如以水濟水，然後謂之稱意哉？此不明大臣之義，臣之不得不言者也。今諸臣汎然言戰，更不言何邊何虜，豈將使諸邊一時盡罷貢市，出塞而與之戰乎？抑但指西鎮狂虜，聲其罪逆，整兵而與之戰也？若概言諸邊，則臣不敢承，若但言西鎮，則臣固有成議矣。臣前疏中欲以專力剿西虜，以全力制火①虜，其說已具。至於邊鎮之情，猶有不能盡者，臣請得終言之。北虜鷙悍飄忽自其性，然款貢則利歸酋長，入掠則歸部衆，故諸部散夷聞當決戰，未有不踴躍思奮者。而我款貢日久，將吏偷安，武備單弱，士馬無飽騰之實，器甲有朽鈍之形，以久不習戰之兵，當致死奮之虜，則不待接戰而勝負已分矣。自非大修戰具，士勇邊實，立於不敗之地，則安能必勝？此彼己之當校者一。自宣大至甘肅，諸虜雖稱一家，然自俺答物故以來，勢亦漸渙，外有相奉之迹，而內有不相下之心。頃撦酋西牧傳調諸部，有應有不應，其威令可知已。故火酋犯順，則當聲罪以致討，撦酋助逆，則當革賞以示懲。而其他奉約不渝、逆節未著者，律以中國治盜之法，不行不得財，猶當末減，而況虜乎？今宜勿輕拒絕，姑與羈縻，我乃得一意西征，無牽北顧。此順逆之當別者二。西虜遠在河湟，尚有重關百二之隔，爲舉獸散，未有長驅深入之圖，而己訛言自驚，相顧失色，言如沸鼎，急在燎眉，況宣大屏蔽陵京，譬若肩背，地既密邇，虜復衆強，若兵端驟開，羽書紛至，虜起如蝟，我兵如刺②蝟，此時洶洶之情，曉曉之口，當百倍於今日，即使盡誅邊吏，盡易大臣，何益於事？徒足以遺君父之憂而已。故與其驟而激之也，毋寧徐而圖之。此緩急之當酌者三。凡言戰者，非能以虛聲喝虜，以空拳驅士，士又非能枵腹而往也。語云：興師十萬，日費千金。今災沴頻仍，公私耗竭，大農之見儲，不能支一鎮之年例，所恃者獨兵部馬價耳，而近時徵發已數十萬。邊郡糧草，費又不貲。設一舉而能殲虜，暫費永寧，猶可言也。如一鎮擊虜，他鎮復然，今年索馬價，明年復然，太倉之積既虛，太僕之儲且盡，是可不爲之寒心乎？

① 火　通行本作"火"。明抄本誤作"大"。

② 刺　明抄本作"刺"，誤。通行本作"刺"，是。

臣固非惜小費而忽大計也。嘗熟計之，各邊撫賞之費，歲不過四十餘萬，不能當薊鎮之什三，而可以羈制諸虜，令其毋動，我乃厚集芻餉，精選士馬，聲火真二酋之罪，搗莽捏二川之庭，使番族復完，虜益遠塞，兵費有限，國威亦伸，計無便於此者。若使兵連禍結，財匱力殫，時無桑孔之籌，國有熙河之釁，臣不能為計也。此贏絀之當權者四。凡臣之所以深思詳計，不欲孟浪言戰，而必欲次第圖戰者，大致如此。至於兵機貴密，不可以先傳，邊備當嚴不容於少懈，則又有不在多言，而在力行者。惟皇上以兵事責經略大臣，務使殫謀竭力，收執訊獲醜之功。以邊事責各該督撫諸臣，務使思患預防，為畜艾徹桑之計，仍敕下該部，將近日建議諸臣所稱各邊大害積弊，細加查訪，亟為汰除，務期實見於施行，毋徒致飾於文具，使根本既壯，備禦既周，操縱可以隨宜，戰守無不如志，然後徐觀虜勢，任其去來，則中國自尊，外夷自服，此長久安寧之術也。今設為利害相半之言，而操勝負不可期之算，欲嘗試而漫為，是何言哉？此不察邊鎮之情，臣之不得不言者也。今九卿大臣皆老成正直，明習國家事，惟皇上召集闕廷，質以臣言，使之議其可否，上請聖裁，斷而行之，庶幾國是始定，人言始息。若恐滋煩擾，曲示優容，臣雖以病去，猶有議其後者。伏望皇上聽臣之去，行臣之言，仍將萬國欽召復原職，以作言官之氣，臣不勝大幸。臣茲奏辯，殊覺費詞，然非為臣一身，實為邊事。神氣昏竭，不知所云，惟皇上哀而察之。謹具奏以聞，伏候敕旨。"奉旨："卿社稷元臣，安危所倚。這邊計既主張至當，何必疑慮？但念卿虛心為國，欲付公論，特准卿奏，便著九卿堂上官會同酌議來說。萬國欽已有旨了。該部知道。"

十七日乙酉，大學士申時行等題："近該兩京九卿科道，合辭懇請冊立東宮，各有揭帖先送臣等，責其不能力贊大計，早定國本，臣等不勝慚愧。竊惟臣等雖愚昧，亦知祖宗家法之至嚴，長幼人倫之至重，所以連年或面陳，或揭奏，或連名，或專請，每荷皇上溫旨優答，未即舉行，臣等方在企悚瞻望之間，而南北諸臣適有此奏，可見人心之所歸，即天意之所在，而一家之私愛，必不可心奪萬方臣庶之公心，一念之蓄疑，必不可以淆萬世帝王之大統，此誠皇上所宜早決，臣等所宜力贊也。且皇長子方始生之時，已渙頒大詔，明示四方，窮鄉小民皆知我皇上以宗祧社稷之重，爲之崇隆其禮，數弘霈其恩澤矣。今年至十齡，久逾皇上出閣之期，而師友未親，位號未定。以先後長幼之序而言，則不疑而反生疑，恐訛言日興，非所以信明詔也。以安危治亂之機而言，則當斷而久不斷，恐窺伺滋起，非所以固大業也。臣等職均輔理，義切股肱，區區愛君憂國之私，不宜在衆人之後。伏望皇上早降明旨，傳諭禮官，擇日舉行，以承天意，以安人心。則不惟聖德光於唐虞，宗社固於磐石，而臣等與謀議之末，亦可以徼榮而免罪矣。臣等不勝情迫詞危，引領俟命之切，謹具題以聞。"

十九日丁亥，大學士申時行等題："爲瀝誠懇請建儲以安宗社以定中外人心事。臣等備員輔弼，竊念當今第一大計，無如册立元子，而臣等第一職業，亦無如建儲一事。故自數年以來及今春歲首，請册立，請豫儲教章已數上矣。雖蒙嘉納，未見舉行。近該南北兩京文武大臣及卿寺科道寺官，合詞同請，臣等以爲大衆之公言，必能感動天聽，蓋日夜跂望俞旨，而猶未下也。及皇貴妃親弟鄭國泰亦有特疏，乃外訪輿情，內顧家族，已蒙發下擬票，臣等又謂皇貴妃之密語，必能啟發聖心，蓋時刻跂望俞旨，而又未下也。臣等乃敢嘔心畢吐，苦口直陳，懇請於皇上之前。夫祖宗家法，傳畀萬世，列聖相承，儲位未有不歸元嗣者，皇上纂祖宗之緒，須守祖宗之法，皇長子當正儲位，萬萬不可動搖，一也。臣等竊記，先年奉旨云：立儲以長幼爲序。今年又奉旨云：父子至親，長幼有序。元旦之辰，皇上親挈元子，令臣等諦觀，又親諭臣等：長幼自有定序。言猶在耳，皇上豈得失信於天下？失信於臣等？二也。向來道路訛言，皆謂皇貴妃獨蒙眷注，屬意所生，京師百萬軍民頗倡後議，臣等不信，以爲元日親奉玉音，謂皇貴妃每勸册立，安得有此不根之言？乃今國泰之疏既上而不報，已票而不行，則外間又生疑議，以爲皇貴妃姑令國泰塞責，皇上姑爲皇貴妃解紛，使疑在宮闈，憂在宗社，何以杜百萬軍民之口，副四海九州之心？三也。臣等竊謂，祖宗一定之家法，決不可不遵；皇上已出之綸音，決不可不信；皇貴妃未白之心事，決不可不明，皇上何不早發德音，定以明春册立元子，敕禮部具儀擇日，立決大計，盡釋羣疑？使臣等得關其忠，得行其説，則何爲曉曉强聒，自外於心膂股肱之託也？臣等之言盡於今日，臣等之去就決於今日，惟聖明鑒察，即賜裁斷。臣等不勝伏地籲天激切祈懇之至。謹具題以聞，伏候敕旨。"

是日，諭內閣："朕昨覽卿等所奏揭帖固是，但皇子體脆質弱，再少俟時月，朕自有旨。其於長幼之序，豈有搖亂？內雖皇貴妃之嘗贊言以定名分，以免疑議，朕前已面諭卿等知之，今卿等又來陳奏，朕豈不知？朕意必待朕自處，不喜於聒激耳。豈有謠言而惑朕哉？卿等可看，兩京大小文武自十四年至於今日，有一年一月一日之不聒激者？蓋此輩心懷無父，志欲求榮，不思君上之疾，但慮身家之望，固於此時欲激君上之加疾，以遂己之心志。朕度此輩，意欲離間父子之天性，以成己買直圖報之逆志耳。其安心甚遠，其立意甚詳，可見其沽名悖逆之甚耳。卿等可思，子乃朕子，豈有父子無親之理？豈有越序亂定①之理？朕又思，安有子不望於君父之旨，而私結人心，以言激君父成②？孰理乎？孰否乎？而爲臣者以言激之，其爲忠乎？其求榮乎？欲朕之疾劇乎？朕固於所陳奏一概留中不發者，朕惟其聒激瀆擾，歸過於上，要直於身耳，非有別故。至於鄭國泰之奏，朕欲留中，恐卿等不知，故與卿知之。又思我朝戚臣未敢有言於國政者，而國泰出位妄奏，甚非禮制，朕姑且容之耳。其建儲之事，還候旨行，不必又有陳瀆，徒費紙筆。卿等可安心贊襄，協獻共治，不可以學此輩，以激言之事，虛文塞責。"

二十日戊子，大學士申時行等題："今日該文書官李浚，齎

① 越序亂定　明抄本作"越序定"。通行本作"越序亂定"。《明神崇實錄》卷二二八作"越定序"。
② 成　明抄本"成"下有"者"字。通行本脱此字。

捧聖諭一道至閣，臣等讀之，其詳至數百言，蓋無非欲以明聖志之久定，息道路之訛言，臣等敢不欽遵傳示？然而文武諸臣之意，實亦無他，止爲宗社大計，無如此事之要緊，而累年懇請，未蒙允從，又見元子年及十齡，正宜豫教，祖宗以來立儲訓儲未有如此之緩者，故懇切進言，無非忠愛之意。又見京師軍民妄傳謠言，人心危疑，亦不可不慮，故願皇上早定此舉，以安人心耳。至於臣等，尤股肱心膂之臣，見得大小臣工之意懇切如此，百萬軍民之心顒望如此，款款之愚，竊謂此舉一日不定，則流言一日不息，其意實望皇上早出自中之聖斷，以杜後來之恥激。所以不請發外廷之疏，而輒票鄭國泰之旨者，蓋以言出戚臣，則盛美皆歸之宮禁，而外廷自無所要功，正見臣等不學衆人，不沽名譽，赤心忠愛之忱也。今聖諭雖切，臣等一二親臣雖亦能仰信皇上心事，但外間人衆口多，臣等安能以二三人之口吻，暴明上意，解釋羣疑？且如疎遠之臣，可以言離間，而國泰乃皇貴妃之親弟，豈有反離間自家之骨肉者乎？新進後生可以言圖報求榮，而九卿大臣年皆已長，位皆已尊，更將何所扳援圖報、求望於後日之榮乎？臣等竊恐此諭一下，人情未必心服，而煩言愈起。皇上既受外人恥激，欲塞其口，莫若先令元子出閣讀書，庶臣等可上爲皇上解疑，而下亦可以職業自解，不至紛紛無已，言者愈煩，聽者愈厭矣。臣等不勝爲君爲國憂慮懇切之至。所有原奉聖諭，除抄錄傳示外，謹具本繳進，並再申區區微悃以聞。"

二十一日己丑，大學士王錫爵奏："爲自陳贊襄無狀懇款未伸乞恩亟賜放歸以免誤國事。臣錫爵夏秋一病，已不望活，豈復望留？乃茲尸居餘氣，再點朝班，竊位素餐，又將歲暮。臣之所以不羞病顏，不恤病力，而黽勉鞭策之下者，誠念皇上恩重如天地，愛深如父子，義不敢負，情不忍負，而亦謂犬馬愚忠或有可補闕遺，佐思慮之萬一也。乃連日以來，同官申時行、許國相繼杜門，臣寔代爲之領事，文書票擬既苦於故事之生疎，德意奉行且撓於衆言之淆亂，臣之無狀，自知審矣。而目前更有宗社第一安危之計，皇上第一安危①之心，使禁廷果有韓琦、李泌其人，必能爲主解紛，爲國定策，而臣不能也，則皇上又安用臣爲哉？夫建儲一事，前有皇長子始生之明詔，後有臣等節年所奉之屢旨，公有兩京各衙門之合奏，私有皇親鄭國泰之專請，近有滿京委巷之流言，遠有四方萬姓之屬望，而上則臨之以九廟之神靈、兩宮之慈訓，此皇上豈可差舉一念？而臣等亦豈可苟順一言者？臣近從同官密進三揭，不惟不見允行，且適奉聖諭，極詆諸臣爲悖逆，爲離間，爲求榮，爲買直。夫此四罪者，使皇上以此加臣，臣可信之於心、信之於天而不辯；若以此加羣臣，則羣臣有喙有耳者，方謂接本在臣，擬旨在臣，臣不能封還內降，以明忠臣孝子之心，三襯有餘辜，萬死有餘責，而皇上又安用臣爲哉？大抵國家之事，人君事事可以獨斷，惟冊立慶典則前代皆以天子謙讓、臣下固請而後從。茲皇上以故事謙讓爲言，則無不可，若謂必當自處，而外廷有請，即謂之無君、無父、心懷悖逆，然則漢文即位之元年，而羣臣首以建儲請，豈非不祥之甚？悖逆之尤者哉？而文帝從之如響。其後享國最長。由此觀之，建儲何妨於聖躬②，抑何利於羣臣之身家也？且聖諭又謂子不望於君父之旨，而私結人心，以言激君父。夫元子年未十齡，便防其私結人心，則自此日長月壯，羣臣愈當避私結之嫌，永不敢再求冊建，再議出閣，此豈君臣父子之間所宜有，而臣等又安所逃萬世依阿誤國之名哉？天下者，祖宗之天下也。天下之人心，上天所寄命之人心也。皇上臨御以來，何一日不言謹天戒？何一日不言守祖法？令忽以天所寄命萬萬人之公心，謂之歸過而不患，以祖宗傳序萬萬年之定典，謂之不祥而當講。苦哉，臣錫爵，自此目不能收淚，口不能下食矣。百官至衆，百姓至愚，至衆之口不可以一人禦，至愚之心不可以獨見曉。今皇上即自謂心無搖亂，皇貴妃密有贊言，此暗室無影之事，臣等奉何憑據曉諭外廷？而天下亦豈有因此遂解疑息囂之理？臣適又聞外間喧傳中宮有疾，嫌疑之間，甚而以小人極曖昧之心窺皇上，臣竊痛之。且世俗澆漓，人情但有節外尋枝，誰能暗中揭日？臣以小膽病怯之人，猥受

萬曆十八年

八五五

① 安危 《王文肅公文集》卷三六"安危"作"未明"，是。

② 躬 《王文肅公文集》卷三六"躬"作"德"。

萬曆起居注

① 詞　明抄本作"訶"。通行本作"詞"。

② 二十一日己丑　"二十一日己丑"當作"是日"。

③ 中　《王文肅公文集》卷三六"中"下有"蒙"字，是。

皇上赤心肺腑之託，而聞此竊竊洶洶之語，欲言則口軟，欲默則心傷，安得不戰汗股慄而欲逃也？即今邊境繹騷，羽書輻輳，臣不爲憂，朝堂聚訟，煩言詆詞①，臣不爲辱。臣之所憂，主德不光、宗社不安而外，寧且有內憂也？所辱者言不見信，忠不見明，而人非兼有上責也。且即使上未必責臣，而倍加恩於臣，則愈使臣倍受責於天下，臣之憂與辱顧方大耳。方今英賢滿朝，遺逸滿野，皇上儻欲求逢迎遷就之術，則不必留臣，儻必欲留臣，則臣方寸惟有此一腔血，目中惟有此一行淚，知其必不當上心，而持國是無疑也。伏望皇上念臣宿疾之難支，憫臣報恩之無地，特准骸骨還鄉，然後從容察臣母子強留之身欲以誰報？旦暮且朽之骨欲以誰攀？斷然行臣之言，使國本永安，人心大定，則臣雖去而亦榮矣。臣不勝忠愛激切、昧死乞憐之至。"

二十一日己丑②，大學士王錫爵等題："適蒙發下首臣申時行乞休本，臣等詳其詞雖稱病，而意寔爲南京國子監司業劉應秋、吏部主事蔡時鼎、御史章守誠之疏未發，不得不以病求去。除守誠本見有揭帖送閣，已經時行疏請九卿會議外，其應秋、時鼎本臣等未見，以理度之，必亦乘召對籌邊一事，揣摩上意，以爲不信時行，巧撼中傷，欲其必去。而皇上所以留之未發者，蓋陰察時行之忠，洞知道言者之妄，而一切付之不理，謂可以安危疑而定紛亂也。然以臣等愚見言之，天下止有一理，理在言官，則大臣自當虛心引罪，不可爲之曲諱，理在大臣，則明主亦當分別是非，雖謗書盈篋，流言三至，不妨使天下共知而共辨之。若惡其言而遂削其迹，知彼之妄而不明此之忠，則我皇上任賢勿貳之心可以自諒矣，而遠聽之人安知不有謂上意已動、虛遮體面者乎？又安知不有謂臣等從中③蔽、屏不上聞者乎？臣等竊觀，時行本以避權招侮，秉公見忌，天理人心自難泯沒。至於近日紛紛，乃專爲籌邊爭勝，是非利害尤甚瞭然。聞其疏中亦頗規及臣錫爵，士大夫如此識見，如此心腸，則臣方願與時行同去，不敢避黨名而誤國事也。緣三疏尚在御前，而時行乞休之疏已至累上，臣等未知聖意之所在，不敢擅便票擬，謹用封進。伏望皇上念首臣心迹之當明，思國論是非之當定，一併將原本發下裁示施行。臣等不勝企悚俟命之至。謹題以聞。"

二十二日庚寅，大學士王家屏題："今早文書官李文輔發下首輔臣時行本，令臣擬票。臣昨與同官臣錫爵，曾具揭請發主事蔡時鼎等論時行疏，今未蒙明示，未敢擅擬。獨念臣猥以譾庸，忝聯內閣，向來閣務寔賴三臣在前，臣時行總持其綱，臣國、臣錫爵分理其緒，臣是以得蒙成處伕，掩拙藏疎。頃因時行與國稱疾杜門，殆將兩月，止有錫爵與臣在閣，重任併負，已覺不勝，而錫爵忽於昨日又復不入，樞機要地，遺臣一人。發下本章，無論事體茫然，莫知擬議，而顧瞻禁直，寂闃蕭條，有臣若無，成何景象？擴三臣所以不出，在時行與國則因人言屢至，國是未明，有錫爵則因儲位久虛，國本未定。律以大臣之義，雖無所逃，原其求去之心，良有所激。蓋人主所託以繼體者，莫如元子，故諭教貴蚤，所賴以共治者，莫如輔臣，故信任貴專。皇上於元子，亦既明示其長幼之序矣，乃廷臣屢請冊立，未既允從，反責其求榮買直，在皇上若欲少待時月，而百官萬姓因聖意之久不決也，輒造妄傳訛，猜議橫起，錫爵見以爲社稷安危所繫，故不得不以去就爭，所謂涕泣而道，一惓惓忠君愛國之至情也，豈得已哉？皇上於輔臣，向嘗面諭以股肱之託矣，乃小臣屢疏譏評，未即剖決，概置之停閣不行，在皇上若欲悉屏煩囂，而後進小生因諸疏之留不下也，將乘間抵隙，侮玩愈滋，時行等見以爲主心疑信難明，故不得不以骸骨請，所謂讒言則退，一惴惴憂讒畏譏之苦抱也，亦豈得已者哉？皇上誠察三臣迫切之衷，念一體相成之誼，廻旋聖慮，霈發德音，遣官慰諭三臣，趣令即日赴閣，相與咨謀大計，鎮戢羣囂，務使國本不搖，人心僉定，庶幾彰皇上優禮輔臣之體，副臣民遠邇屬望之情。不然，三臣求去之章陳乞未已，章章裁報，日日慰留，不惟旨意頻繁，有勞批答，而閣務叢委，疇克贊襄？臣不揣潛踰，恭擬諭旨一道，連首輔時行併次輔國原本上進，伏惟皇上裁定，遣命鴻臚寺官傳諭施行。臣不勝懸跂待命之至。謹具題以聞。"

二十三日辛卯，聖①諭："朕倚②任閣臣贊襄治理，所賴分憂共念，一德相成。頃者西陲不寧，煩嘵沸起，一切妄言，朕悉置不省。昨已從首輔所奏，命廷臣會議軍國大計，正須卿等主持。至若册建元儲，倫序已定，少待時日候旨舉行，亦須卿等決策。乃卿等杜門不出，交章乞休，但知潔身，其如致主何？今特遣鴻臚寺官宣諭卿等，尚念股肱之託，共圖羽翼之功，勉爲國留，亟出任事，勿復疑阻，負朕眷懷。故諭。"

是日，大學士申時行奏："爲恭謝天恩事。本月二十三日欽奉聖諭：'朕倚閣臣贊襄治理，所賴分憂共念，一德相成。頃者西陲不寧，煩嘵沸起，一切妄言，朕悉置不省。昨已從首輔所奏，命廷臣會議軍國大計，正須卿等主持。至若册建元儲，倫序已定，少待時日候旨舉行，亦須卿等決策。乃卿等杜門不出，交章乞休，但知潔身，其如致主何？今特遣鴻臚寺官宣諭卿等，尚念股肱之託，共圖羽翼之功，勉爲國留，亟出任事，勿復疑阻，負朕眷懷。故諭。欽此。'該鴻臚寺卿楊宗仲等到臣私寓，恭捧宣讀，臣病不能興，謹令臣男署員外郎主事申用懋代臣迎接，臣力疾伏枕，望闕叩頭謝恩訖。伏念臣始被人言，曾控章而引退，繼蒙宸諭，即遵命以趨蹌，固將專意於匡襄，豈復嬰情於毀譽？祇緣薄③德，自召多凶。初因肢體之傷殘，有妨動履，重以憂思之菀結，遂至纏綿。知痊可之無期，故哀鳴而未已。方仰祈天鑒，曲賜矜憐，乃更荷聖慈，特頒訓告，遣臚卿而趣召，臨私第以傳宣，謂邊事未寧，適會官集議，以國本既定，欲待期舉行，勉臣等以致主之忠，責臣等以任事之義。臣捫膺涕泣，矢志對揚，豈如木石之頑，自負乾坤之造？實以抱痾殊劇，應召猶難，再徼寬假之恩，庶有生全之望。儻瘡痏復起，終當殫力以馳驅，若瞑眩弗瘳，尤冀垂仁而憫恤。所有手敕一道，謹送閣中尊藏，以垂永久。臣不勝感戴天恩之至。謹具奏謝以聞。"奉旨："覽卿奏謝，朕知道了。邊事會議已明，

① 聖 明抄本"聖"字前有"奉"字。通行本脫此字。
② 倚 明抄本此字誤作"朕"。通行本改正作"倚"。
③ 薄 明抄本作"簿"。通行本作"薄"。

具見卿忠謀遠慮。微疾調理痊可，宜遵諭旨即出賛襄，以副朕眷倚至意。吏部知道。"

是日，大學士許國奏："爲恭謝天恩兼陳愚悃事。本月二十三日伏承聖諭：'朕倚任閣臣賛襄治理，所賴分憂共念，一德相成。頃者西陲不寧，煩嚻沸起，一切妄言，朕悉置不省。昨已從首輔所奏，命廷臣會議軍國大計，正須卿等主持。至若册建元儲，倫序已定，少待時日候旨舉行，亦須卿等決策。乃卿等杜門不出，交章乞休，但知潔身，其如致主何？今特遣鴻臚官宣諭卿等，尚念股肱之託，共圖羽翼之功，勉爲國留，亟出任事，勿復疑阻，負朕眷懷。故諭。欽此。'該鴻臚寺卿楊宗伸等，齎捧到臣時行、臣錫爵及臣寓所，以次宣讀訖，臣力疾伏枕，叩頭流涕，不勝感激，不勝惶懼。顧臣何人？敢煩天語？原無疑阻，況切眷懷。禮宜亟趨，行不俟駕。緣臣犬馬之疾，迄今浹月有餘，形體徒存，神魂已散，奄奄待盡，忽忽若遺，無復留意人間事矣。即受一職，且不知作何狀，況能從三臣之後，賛萬幾之煩哉？臣前冒昧具疏，謂報國自效，宜早定宗社大計，臣之愚戇，願矢愚心，決以去就。今言不當聖心，而身留如故也。由前觀之，未去而先言去，未免要君之嫌，由後觀之，言去而竟不去，且蹈欺君之罪。一去就之間，尚孟浪如此，況死生禍福之際，倏忽趨避，復何所據？臣何以爲人？皇上亦何用臣爲哉？故臣謂寺臣不必遣，宣諭不必行，但今及冬春之交兩三月間，禮官奉有擇日具儀之旨，則諭中所定果待自處，而䂓樲之罪羣臣無所逃，臣何敢不出？若上屢言之而候旨如故也，是臣爲無義，爲求榮，爲離間，爲歸過，爲買直，爲沽名，爲悖逆，爲激上疾，爲邀人心，爲周身家，爲虛文塞責，有臣如此，雖投魑魅，固所甘心，又何以臣之出爲哉？臣感激恩私，因謝疏中盡披衷曲，無任待罪席藁之至。爲此，謹具本奏謝以聞，伏候敕旨。"得旨："覽卿奏謝，朕知道了。册儲事，諭旨甚明。卿調理日久，豈宜堅卧？還遵諭即出輔理，副朕眷懷。吏部知道。"

是日壬辰①，大學士王錫爵奏："爲恭謝天恩并陳効忠初悃

① 是日壬辰 "壬辰"爲"二十四"日。此処"壬辰"儻不誤，則其上"當日"則應改爲"二十四日"。又，據《明神宗實錄》卷二二八，此處所記王錫爵的奏疏當爲二十三日所上。儻此説不誤，則此處"壬辰"二字當删，而"是日"二字不誤。待詳考。

萬曆起居注

①新 《王文肅公文集》卷三六作"祈",是。

以新①哀祭事。本月二十三日欽奉聖諭:'朕倚任閣臣贊襄治理,所賴分憂共念,一德相成。頃者西陲不寧,煩嘵沸起,一切妄言,朕悉置不省。昨已從首輔所奏,命廷臣會議軍國大計,正須卿等主持。至若冊建元儲,倫序已定,少待時日候旨舉行,亦須卿等決策。乃卿等杜門不出,交章乞休,但知潔身,其如致主何?今特遣鴻臚官宣諭卿等,尚念股肱之託,共圖羽翼之功,勉為國留,亟出任事,勿復疑阻,負朕眷懷。故諭。欽此。'該鴻臚寺卿楊宗仲等到臣私寓,恭捧宣讀,臣當於香案前叩頭謝恩訖。伏念臣錫爵,奄奄餘命,耿耿赤忠,受天地父母之恩而力不能酬,懷宗廟社稷之慮而詞不能達,皇上不加嚴譴,反需然降自中之旨,辱與首臣同日並宣。臣感極涕零,慙深汗浹,理當即日勉強進閣,以慰聖懷。但臣之奏未下,臣之言未行,皇上勉留雖坊,而臣終不可一日安於其位。蓋七月以前臣之乞歸,為臣病也,皇上因邊患而留臣,則臣有分憂之義,不敢不扶病而出,不忍不扶病而出,今者臣之求去,為臣之微忠不能感動,而使天下疑皇上,皇上疑羣臣,故以必去之身,自明輔理贊襄之無狀耳。皇上如以臣果有一毫為身為家之心,則當治臣之欺,明臣之罪,豈可混冒宣諭非常之寵?如以臣果無一毫為身為家之心,則當追還嚴旨,早定大計。宣諭之榮,顧豈如言聽計從之尤榮也?臣奉宣諭而出,顧豈如奉俞旨而出之為無愧也?且臣乞休雖同二臣,而事體各別。一者見雷霆震怒,臣懼而求去,二者見中外危疑,臣憂而求去。若宗社安,則臣亦安矣,天顏喜,則臣亦喜矣,豈必要宣諭而後出哉?不然,倫序之又言,時日待之又待,恐天下不復信詔旨而信風聞,不復豔臣等之榮而哀臣等之苦。臣愁兼病劇,辱與寵併,雖欲遵諭勉出而不能矣。臣不勝感恩涕泣至苦至切之誠,謹具本稱謝,併陳效忠初悃以聞。"奉旨:"覽卿奏謝,朕知道了。冊儲事諭旨甚明。卿言朕無不行,更何疑懼?遵諭即出輔理,副朕眷懷。吏部知道。"

②巳 "已"當作"巳"。

二十五日癸巳②,大學士王家屏題:"今日文書官潘朝用發下首輔時行及次輔國、錫爵各謝恩疏，命臣票擬，臣謹遵依票進，隨蒙文書官李文輔將時行本發下，而國與錫爵本蒙發出。臣竊思三本同時票上，而有發有不發，意者國與錫爵本中有請册儲宮之說也。夫册儲之請，非獨二臣所當請，亦臣所當請也，請之而皇上不從，非獨二臣當去，即臣亦當去也。抑非獨臣當請、臣當去也，自大小臣工凡請於皇上而不得者，蓋無不有求去之念矣。昨者，皇上於九卿之請則嚴旨切責，於禮部之請則奪俸三月，百僚庶寀無不悵然失望、惕然寒心者也。特皇上處深宮之中，不及見外面人情摇摇景象耳。今九卿不敢復瀆，禮部不敢復争，所可密切規勸委曲敷陳，惟臣等二三閣臣，恭受皇上股肱腹心之託，言獨得进，計或可行，乃於臣等之言，復不見納，臣等而下，誰當復言，誰何所言，皇上乃聽？誠使皇上不聽，臣下即可無言，臣等何樂强聒？顧臣等不言，言者方多，言者愈多，聖怒愈甚，聖怒不解，羣疑轉深，曉曉之争，何時而已？臣爲此懼，故於二臣本中俱擬票云'册儲事諭旨甚明'，盖因昨聖諭中有'少待時日，候旨舉行'之語也。即如：聖諭候旨舉行，臣等猶恐時日邊延，未能久俟，豈有併此諭旨亦復遲疑者哉？臣謹披瀝愚誠，上干聰聽，乞將二臣本及早發下，以①二臣之心，令其亟出。待首輔時行到閣，仍容臣等具揭，恭請皇上定擬册立，豫教之期，庶使大小臣工驚相歡服，仰見皇上所以詰責九卿、禮部，原無他意，盖不欲催之以激聒，而欲斷之以從容，不欲部寺臺省雜議於外廷，而欲與二三閣臣決策於帷幄也。豈非大聖人之識略，迥出尋常萬萬者哉。以屢疏争之而不得者，以一去塞責而有餘，而皇上所與共圖宗社之大計者，臣不知當待之何日，而決之何人也？臣不勝涕泣祈懇之至。謹具題以聞。

　　二十六日甲午，聖②諭："朕覽卿昨者所奏揭帖，欲討二次輔陳謝本，朕以③發之。朕思卿等爲國輔弼大臣，託股肱之任，前者諭旨，着臣④等傳示諸司，以釋衆惑，非以詆譭卿等。受⑤兹委託，朕正賴卿等與朕分析，以解摇亂，卿等豈可自生疑成，

萬曆十八年

八六一

① 以 "以"下疑漏"安"字。
② 聖 明抄本"聖"前有"奉"字。通行本脫此"奉"字。
③ 以 《明神宗實錄》卷二二八作"已"。
④ 臣 明抄本作"卿"。通行本作"臣"，誤。
⑤ 受 《明神宗實錄》卷二二八"受"上有"而卿等"三字。

紛紛求退。朕又思卿等欲以此去留之術，要挾拎朕，朕恐此非爲臣大義。卿可傳示朕意，着二次輔亟即入閣辦事，不必又有指摘陳辭。至於册立之事，朕以誠實待天下，豈有溺愛偏執之意？少待過十歲，朕自有旨，册立、出閣一併舉行，不必煩言摧①瀆，今諭卿知之。"

是日甲午，大學士王家屏題："臣昨因次輔國、錫爵各謝恩本未下，臣竊意二臣之疏並爲請册元儲，而臣所擬票帖有諭旨甚明之語，或未當聖意，遂致留中，因敢具揭塵瀆。伏蒙皇上省納臣言，將二臣疏從臣擬票，同時發出，且特賜御札諭臣。仰荷宸聰垂鑒，聖度轉圜，臣不勝欣載，不勝佩服。臣恭繹聖諭，以臣等爲輔弼大臣，受股肱重任，欲臣等傳示聖意，以釋衆惑，分析羣言，以解搖亂。臣等備員禁近，感承皇上眷倚至恩，以分而言，則輔導善誼者，臣等之本職也，以情而言，則奉揚休美者，臣等之至願也。皇上一言之善，一政之德，則臣等與其光榮，一言之違，一政之失，則臣等均其恥辱。臣等豈不欲宣示德音，使諸司誦聖，四海稱明，化疑惑爲信從，鎮搖亂爲寧壹，而臣等亦與有榮譽哉？顧事有關於宗社之大計，非臣等一肩背之敢擔，議有出於兆億之同然，非臣等一口舌之能定，則正今日册儲之典是也。當萬曆十四年，諸臣嘗以爲請矣，而皇上不之許也，將言者重罪之，今五年矣，諸臣以爲請，皇上又不之許也，而又重罪之。夫請之而不許，臣下已不能無疑，不許而又罪之，此疑惑之所以益深，而搖亂之所以益衆也。臣等於此時，豈但不能傳示聖意，以釋衆惑，以解搖亂？而身爲輔弼之臣，不能勸上早定大計，方且爲衆所疑，爲衆所詆，安有身在疑惑搖亂之中，而能定羣下之疑惑、搖亂者哉？下既不能逃責於百司，上又不能得請於君父，勢不得不以去就引決。股肱大義，犬馬至情，誠非得已，敢以去留之術要挾君上哉？夫欲釋衆惑，莫若聖志之早定，雖目前舉行未敢遽必，而欲過十歲則似太遲。臣謹遵諭旨傳示而臣，趣令入閣辦事，待首輔時行到閣，再容臣等恭請宸斷。臣不勝悚悚祈懇之至。所有聖諭一道，謹具題繳進以聞。"

① 摧 《明神宗實錄》卷二二八"摧"作"崔"，是。

二十七日乙未，大學士許國奏："爲恭承明諭分當亟趨襄病未瘳[①]暫乞寬假事。本月二十七日，同官臣家屏親到臣寓所，傳示聖諭，并將下臣陳謝本，奉有明旨。臣伏讀流涕，不勝感愧，既示以曉諭聒擾之意，又定其册儲出閣之期，皇上披腹心以待臣等如此，臣等敢存形迹、敢愛髮膚？區區愚心，第以儲貳，天下本，方今宗社大計第一要務，所恃以擊屬人心莫急於此，早一日則速副天下一日之望，遲一日則愈滋天下一日之疑。竊不勝其款款之愚，爲上激切言之。兹蒙昭示意旨，原無溺愛偏執，少待過十歲，册立、出閣一併舉行。仰見聖志先定，無事羣言聒擾，臣復何求？縱或稍遲，亦不出一歲間，即當徧諭百官，傳示萬姓，以慰企望之素。不勝踴躍，不勝忻忭，謹伏枕叩頭，爲宗社慶幸。至責臣等自生疑貳，欲以此去留之術要挾於上，非人臣大義，臣等驚悸萬死，無所逃罪。夫要君者無上，自古所當誅，況術之一字，豈可施於君臣間？臣寔無此情，而冒涉此迹，一念樸忠赤誠，天日共鑒，剖心隕眷所不敢辭。祇緣衰年綿疾，急難就痊，及聞明諭灑然若脱，奈精神久耗，筋力尚疲，轉盻健忘，恍如隔世，飲食月減，眩瞀日增，誠恐顛越失儀以駭觀聽。伏望聖明仍寬旬日，使近醫藥，稍勝拜起，敢後摳趨？臣無任懇悃籲祈之至。爲此謹具本以聞，伏侯敕旨。"奉旨："卿疾未平，宜慎加調攝，痊可即出輔理。吏部知道。"

二十八日丙申，大學士王家屏題："今日文書官李浚到閣，口傳聖諭：'册立事，如明年春夏科道等衙門不來瀆擾，便於明年冬傳旨册立。如再來瀆擾，直待十五歲册立。欽此。'臣伏奉諭旨，竊幸皇上燕詒之謀已定萬年之計，册立之舉不出一歲之間，羣臣累疏請之而未諧，皇上片言決之而已確。臣誠不勝懽忭，不勝蹈舞，宜即傳示聖意。徧諭諸司。第又思之，數年以來，兩京部寺臺省諸臣，所以連章累牘請册元儲，不避瀆擾之罪者，正以元儲漸長，册禮未成，雖云候旨舉行，而未示的確之期，年復一年，日延一日，此羣情之所以搖惑，而請乞之所

[①] 瘳 "瘳" 當作 "瘳"。

以頻繁也。今元良之建，斷自宸衷，册立之期，擬於來歲，聖心一定，臣下幸成命之可守，皆當喜色以懽傳，明冬逎臨，臣下幸大禮之將行，皆當詘指而拱俟，此不待禁其瀆，無事之可擾矣。臣恭奉德音，欣承休美，祇恐口傳天語，宣布未周，不如皇上親發綸音，播告尤速。謹擬傳帖一道，伏望皇上覽裁，發下禮部施行。所有再來瀆擾，直待十五歲方册立之說，容臣默示聖意，戒諭諸臣，以未可入之傳帖。如此則聖諭益切，聖德益光。儻此諭一出而諸臣再有瀆擾者，臣當甘伏欺誤之罪焉。臣不勝慶忭對揚之至。謹具題以聞。"

是日，大學士申時行奏："爲廢疾難痊職司久曠三懇天恩放歸田里以全餘生事。近該臣以患病給假，痊可無期，再疏乞身，未蒙俞允。又該鴻臚寺官傳奉宣諭，令臣即出。仰惟聖恩高厚，天語殷勤，臣即百其身，無以仰報萬一，顧何敢以去爲潔哉？頃者臣方困頓，未卜死生，然以邊事未寧，羣議紛擾，臣不敢以獨見爲是也，乃力疾陳言，令九卿會議。又以儲位未定，羣情憂惶，臣不敢以獨請爲名也，乃又力疾具疏，屬同官合請。臣一念赤忠，何嘗不在國家？何嘗不在君父？此可以諒臣之心矣。然臣屢疏陳控、溷干天聽者，非得已也。蓋臣自杜門。今已匝月，每徧閱方書，廣致醫藥，非不欲求速效，而筋骨受患，非歲月可瘳①，氣血向衰，非鍼熨可治。今者負墻起立，不能須臾，遠榻强行，不能數步，雖非膏肓不起之疾，而漸成痿痹不仁之證矣。夫綸扉政地，責重事繁，臣既首玷班行，豈可偃蹇卧家，優游廢職？假令臣蹣跚對客，蹩躠入朝，豈不爲天下笑乎？伏望皇上察臣病本難痊，情非假託，特准回籍調理，以終餘年，則生死肉骨之恩，其於留臣用臣，感激尤萬萬也。臣不勝激切控祈之至。謹具奏以聞，伏候敕旨。"奉旨："朕以國事委卿，倚任甚重，乃久不到閣，深繫朕懷。微疾易痊，何忍言去？宜遵屢次諭旨，亟出輔理，切勿再有託②陳。吏部知道。"

二十九日丁酉，該文書官李浚口傳聖旨："傳與兩京部寺科

① 瘳　明抄本誤作"廖"。通行本改正作"瘳"。

② 託　下文作"說"，與此相異。

道等官，册儲事，明年傳各該衙門造辦錢糧，後年春舉行册立。再不許諸司瀆擾，愈致遲延。"

三十日戊戌，大學士申時行等題："昨二十八日，該文書官李浚口傳聖諭：'册立事，如明年春夏科道等衙門不來瀆擾，便於明年冬傳旨册立。如再來瀆擾，直待十五歲册立。欽此。'臣等恭擬傳帖一道進上，隨蒙皇上復遣文書官李浚到閣，宣諭臣等：'札子不必用，只須口傳，着明年傳各衙門造辦錢糧，後年春舉行册立。再有瀆擾者，定如前旨，待十五歲行。欽此。'臣等不勝忻喜，遵奉即日傳示部科訖。臣等又慮大小諸臣不能盡曉聖意，儻萬一再有激擾，致取遲延，是臣等不能奉宣德音，貽誤大典之罪也。因復面會禮部三臣，備宣聖意，三臣皆歡然舉手，仰頌皇上明聖，曰："誠如聖諭，誰敢有激擾者哉？下至百僚庶寀、六軍萬姓，嘖嘖妄議之口，咸化爲謳歌，洶洶搖亂之情，悉歸於鎮定矣。從此宸聰靚密，絕無煩聒之干，聖志清寧，安享和平之福，豈非神人胥悅之會，宗社無疆之庥哉？'臣等謹恭報成命，仰紓聖懷，兼陳謝悃。伏望皇上計周根本，教始宮闈，堅大信於四時，衍鴻圖於億載。臣等不勝抃舞祝願之至。謹具題以聞。"

是日，大學士王錫爵奏："爲喜承天語瀝悃恭答以畢愚忠事。該臣昨於謝恩疏中，併陳求去初悃，奉聖：'覽卿奏謝，朕知道了。册儲事諭旨甚明，卿言朕無不行，更何疑懼？宜遵諭即出輔理，副朕眷懷。吏部知道。'隨該同官家屛傳到聖諭：'朕倚任閣臣贊襄治理，所賴分憂共念，一德相成。頃者西陲不寧，煩嚻沸起，一切妄言朕悉置不省。昨已從首輔所奏，命廷臣會議軍國大計，正須卿等主持。至若册建元儲，倫序已定，少待時日候旨舉行，亦須卿等決策。乃卿等杜門不出，交章乞休，但知潔身，其如致主何。今特遣鴻臚寺官宣諭卿等，尚念股肱之託，共圖羽翼之功，勉爲國留，亟出任事，勿復疑阻，負朕眷懷。故諭。欽此。'臣智不周於時務，忠不效於國謀。前日所奏事情，不復避嫌疑忌諱者，蓋身居肺腑之地，知皇上必

萬曆起居注

① 切 明抄本無"切"字，通行本增"切"字。《王文肅公文集》卷三六作"在"，是。

② 當 《王文肅公文集》卷三六及明抄本"當"下皆有"使"字，是。通行本脫此字。

③ 寔 《王文肅公文集》卷三六作"蓏"，是。

④ 以 明抄本"以"下有"此"字，是，通行本脫此"此"字。

無理外之猜疑，耳熟覿面之言，知皇上必無過差之舉動。乃連日候旨未下，正切①彷徨，忽捧答詞，載聆傳諭，煦煦慰藉之誠，諄諄告戒之切，臣乃三復大喜稽首而歎曰：'聖哉，皇上真知臣忠矣。'又歎曰：'誤哉，羣臣真不知皇上之心矣。'又歎曰：'幸哉，愚臣此時不盡忠圖報，待何時矣？'夫君臣之間，喜則當使與天下皆喜，信則當②與天下皆信，今皇上獨喜信臣，臣亦獨喜見信，而天下之人心未知何如也。則皇上諭臣'何所疑懼，臣何恃而能遂不疑、遂不懼哉？夫木石期於成器，果窳③期於實，此則可不論早晚，若皇子早定一日，則人心早安一日，早教一日，則聖學早成一日，皇上即今典籍博通，文詞煥發，非皇考昔年早建儲位就傅讀書之明效乎？此何事而早晚可不論也？此臣之爲宗社安危疑且懼者一。人臣雖至不肖，誰肯受離間、悖逆、私結皇子之名？而皇上被之以④名也，則以爲聖心非有欲諱之事。何苦禁人以難受之名？且升儲吉典，訓儲順事，言者請而非諫，勸而非阻，何嫌何疑而煩盛怒也。此臣之爲君臣不安疑且懼者二。牝雞晨鳴，爲女寵亂政之譬，若皇貴妃能超然洞古今之炯戒，進安危之苦言，守祖宗之家法，決宗社之大計，乃脫簪永巷之賢妃，皇上牝雞之喻在此，而中外之疑又在彼，是兩冤也，可不亟爲之暴白哉？此臣之爲宮闈曖昧疑且懼者三。倫序已定諭旨何嘗不明？此皇上五年前言之，且期少待三年，今三年加二，而又期少待過十歲也。則皇上誠實之心終何以自白於天下？此臣之爲詔今不信疑且懼者四。臣愚憧受知，萬恩未報，若溫旨中'言無不行'四字，則臣之得此於皇上也，可以了此一生。而一生之言惟此爲報國第一義，致主第一壽，皇上但行臣之此言，勝行臣之萬言，而今刻期尚遠，則臣且安見言之必行也？此臣之自爲疑且懼者五。今兩次聖諭俱已宣傳，臣亦且借此抵塞衆口。但皇上既以誠寔待臣，臣敢不以誠寔報上？所有前項此心之所不安、天下之所未信者，終不忍虛爲順承之詞，以貽後悔。蓋冊立、豫教二事，並爲緊要，而就中豫教最易處、又最宜急處。若教子而待過十齡？何言豫也？豫教而付之宮中阿保之手，又何以言教也？此庶民之愛其子所不忍爲，而況有宗廟社稷之慮者乎？必不得已，請先將豫教一事刻定期日，斷於明春舉行，庶人心少安。流議可息。臣不勝惓惓。至於犬馬病身，於國家乃毫毛稊米，何足重輕而敢以去留要要挾？惟是皇上初旨，本以邊事留臣，今邊事稍間，臣宜去。在廷責望於臣，本謂能贊襄大計，今贊襄未成，責望愈重，臣宜去。且皇上既許行臣言，則臣於諸臣中，更當分外避榮以免求榮之嫌，分外逃名，以免沽名之嫌，此寔大臣之義，非要挾也。嚴旨方下，臣且未敢以私情瀆陳，惟望皇上察臣乞休在前，言事在後，特旨放臣，以明臣心，臣猶①幸矣。"奉旨："覽卿奏，具悉忠懇。已有諭了，宜遵屢旨，即出輔理。吏部知道。"

① 猶　明抄本作"尤"，通行本作"猶"。

萬曆起居注

十[①]一月己亥，朔，大學士申時行等題："今日伏聞聖體連日動火，臣等犬馬下情不勝瞻戀。仰惟皇上春秋鼎盛，神氣豐盈，當茲寒冱之時，正屆陽回之月，火邪易動，和氣少華，惟慎加調攝之功，庶即獲康寧之慶。伏望皇上順時保護，留意節宣，常平喜怒之情，務適起居之度，茂迓天人之祉，永安朝野之心。臣等不勝惓切。謹具題恭候萬安。"

是日，大學士王家屏題："臣本資識愚庸，才力綿薄，在閣年淺，事體生疎，偶值同官三臣相繼請告，臣單身守直，承辦文書。章牘至前，惶惑靡措，出則造問首輔時行，乃知其首尾，入則檢尋中書故牒，始得其根因。旬日以來，竭蹶殊甚，代斲已見其傷手，扛鼎漸至於絕筋。臣犬馬顛隮誠不足恤，而致萬幾叢脞，庶績其凝，滋玩愒於諸司，貽憂勞於君父，此臣之所夙夜悚懼、寢食不遑者也。夫一郡一邑之官，猶尚有長有貳；一都一圖之役，亦必有正有陪，豈有天下之大，萬乘之尊，可使輔弼缺人，四隣虛位也哉？幸昨聖諭傳宣，人心翕定，正宮府清寧之會，君臣相悅之時，同官三臣俱各瞻戀皇慈，早晚畢出。但時行因有南京主事蔡時鼎、司業劉應秋、御史章守誠各本未下，尚欲辯明，而此輔國乞假本、錫爵謝恩本亦尚留中，不免延候。懇乞皇上俯念內閣重地、股肱大臣不宜久曠，將前本一併發下，容臣票擬，上取聖裁，趣令亟出，庶贊襄有賴，信任彌光。臣不勝迫切懇祈之至。謹具題以聞。"

是日，大學士申時行謹奏："爲遵旨不敢瀆陳暫乞准假調理並請發留中章奏以明心迹事。該臣以足疾未痊，三疏陳乞，奉聖旨：'朕以國事委卿，倚任甚重，乃久不到閣，深縈朕懷。微疾易痊，何忍言去？宜遵屢次諭旨，亟出輔理，切勿再有說[②]陳。吏部知道。欽此。'臣跽誦綸音，不勝感泣。切念臣頻年曠職，經月抱痾，明不免於人非，幽莫逃於鬼責，宜安愚分，以保殘生，何足以稱塞眷知、贊襄幾務？而乃慰留特至，委任不渝。臣戴此高厚之恩，即頂踵可捐，髮膚奚愛？非惟不忍言去，亦有不敢言去者矣。但臣足疾尚未全瘳，行動委實未便，再乞天恩，暫准數日之假，容臣調理，痊可即入閣辦事，不敢瀆陳

[①] 十 "十"上當有"萬曆十八年"五字。

[②] 說 上文作"託"，與此相異。

外，惟是留中章奏有與臣相干者，如南部主事蔡時鼎、南司業劉應秋、南道御史章守誠，皆有疏論臣。除章守誠送有揭帖，爲邊事，臣已力疾陳言，請付廷議，已蒙聖明允行，惟時鼎、應秋不知所言何事。如其言是，則臣當待罪自陳，以聽皇上之處分，如其言非，則臣當據實自明，以祈皇上之鑒察，庶臣之心事得以暴白，而朝廷之政體亦自光明。今皆留中，不蒙批發，外廷未測聖意，或起訛言。不曰上已猜嫌，姑存體面，則曰中有蒙蔽，未達御前。忌臣者或借以播弄其詞，攻臣者或因而文致其罪。即皇上諒臣無他，置之不省，亦安能家喻而人詔之也？假令臣幸而得去，則是非毀譽置之度外，臣固可以無言。今皇上不棄臣，臣不得去，則以密勿之地，親重之臣，而乃負不白之謗於其身，蒙不決之疑於天下，是猶坐針氈、負芒刺，其能安乎？伏望皇上將前項奏章即賜覽裁，或發同官擬票，其各官所言即有未當，亦乞併賜優容，則臣得一意在公，委身任事，不敢復有煩言以瀆宸聰。惟聖明亮詧，臣不勝激切顒望之至。謹具奏間，伏候敕旨。"奉旨：'覽卿奏，深慰朕懷。前蔡時鼎等之無根泛辭繁言，朕已洞察虛妄，本者當發出重處，因體卿雅量，將各奏留中，姑不深究。卿宜體朕諄切勉留至意，即出任事，不必介懷。吏部知道。'

二日庚子，大學士申時行等題："今日文書官劉宣到閣，口傳聖旨：'冊立之事只傳與先生每，先生是股肱大臣，如何傳與各衙門？瀆擾自十四年起，至今屢屢未止。該部回甚麼話？別的話如何不回？爲臣的疑上，爲上的不得不疑，朕所以動火。自今之後不許聒擾。欽此。'臣等不勝悚惕。竊念臣等備員禁近，仰見淵衷純一，聖度光明，真如天日照臨，萬方共睹，原無纖介可疑。止因冊儲一事，奏請未從，遂致訛議橫生，煩曉鬨起，自萬曆十四年以至今日，無時暫靜，不但聖聽厭其激聒，即臣等亦慮其觸忤。苟可以分析羣言，解釋搖亂，臣等恨不能焦唇敝舌以置辯，剖心析肝以相明也。第聖意未宣，空言無據，人心不定，瀆擾仍來，臣等安能以二三人之說詞，破千萬人之愚惑？幸蒙聖謨獨斷，天語傳宣，以臣等爲股肱大臣，特示之以腹心密議，臣等祇承嘉命，敢即輕傳？顧竊念羣情搖惑，原以聖意之未定也，聖意既定，則疑貳自消。衆議紛紜，原以册立之無期也，册立有期，則紛擾自息。臣等爲諸司搖惑慮，則不得不傳，爲聖心獨忤慮，則不得不傳，爲宗社大許明斷盛美，乃傳之四海而頌聖，書之史册而有光者，則尤不忍不傳也。據部科回話，難若瀆陳，而不念忠誠，實存將順。皇上既已布大信於天下，諸臣何敢復懷疑貳之心哉？伏望皇上大度寬容，元和珍㷊，勿以臣等奉宣無狀遂介宸衷，庶鬱火漸平，康禧茂集。臣等無任戰慄引罪之至。謹具題以聞。"

　　六日甲辰，大學士申時行題："臣頃緣傷足，幾成廢人，幸籍①恩庥，獲存餘息，乃特承宣諭，屢倚慰留。聖恩如天，臣命如蟻，安敢愛茲頂踵，自負生成？惟當殫竭股肱，仰酬知遇。謹於本日，恭詣午門前朝見行禮，隨到閣辦事訖。臣不勝感激瞻戀之至。謹具題知。"

　　是日，大學士許國題："臣以衰庸，謬承恩遇，本年九月以來，及今且踰兩月，以人言乞身者四，以病告乞身者三，屢蒙温旨勉留，再奉明諭宣示，聖恩深厚，不可勝量，臣愚捐糜莫能爲報。已於本日恭詣闕庭，叩頭朝見，即隨首臣到閣辦事。竊念公府曠違，久虛職業，天顏咫尺，稀奉起居，不勝依戀之私，無任悚惶之至。謹具題知。"

　　是日，大學士申時行等題："本月初一日，臣等恭聞聖體偶因動火，具疏問安，兹已五日。該臣申時行、許國今日到閣，久不瞻奉天顏，犬馬下忱，不勝企戀。仰惟萬乘至尊，百神咸護，諒護康寧之福，永臻豫順之休。但雨雪既零，寒威方盛，伏望皇上對時葆嗇，加意節宣，丕凝宇宙之和，茂迓天人之慶。臣等不勝瞻戴之至。謹具題恭候萬安。"

　　是日，大學士申時行等題："爲改正添註官員事該臣到閣，有序班劉文潤，以輸銀助邊添註詹事府錄事，至閣中參見，臣等不勝驚愕。照得詹事府衙門，最稱清重，或掌印員缺，則臣

① 籍　明抄本作"藉"，通行本作"藉"。

等推舉尚書以下、學士以上資深望重者，請旨簡用，至於首領官員，亦必慎選，未有以輸納得之者。劉文潤原以序班告改南京，雖輸銀助邊，頗知尚義，朝廷欲優之職秩以勸來者，亦必查相應衙門，量與優敘，或無應調品級，則暫與服俸，以俟邊擢，庶於獎勸義舉，慎惜名器兩不相妨。今以序班輸銀，即調詹事府錄事，將來必有希調主簿者，而序班員數甚多，人情希望甚衆，此端一開，將使清華之地，遂爲貿易之場，不惟褻詹事，亦褻內閣矣。合無敕下吏部，將劉文潤改調別衙門相應職事，或先加俸級，仍候陞職？以後凡輸納官員，毋得輒調詹事府衙門，庶爲妥當。謹題請旨。"奉旨："是。吏部知道。"

是日，以祭三皇於景惠殿收回祭設，賜四輔臣三卓。

九日丁未，大學士王錫爵題："伏念臣身負積痾，憂深覆餗，爰瀝未伸之悃，兼陳過計之言，蒙皇上曲聽蒭蕘，綣懷簪履，勤宣諭以重股肱之託，定典禮以安中外之心。臣不勝伏地怔營，戴天忻忭，誓欲酬知而補過，敢辭爲國以捐軀？已於今日恭詣午門前，見朝行禮畢，隨進閣供事，不敢偷安。惟是聖體在調，臣一時阻奉威顏，倍切瞻戀。謹具代叩以聞。"

十四日壬子，以聖母慈聖宣文明肅皇太后萬壽聖節，賜首輔申時行銀五十兩，紵絲三表裏，次輔許國、王錫爵、王家屏每銀四十兩、紵絲三表裏，及講官李長春等六員每銀二十兩、紵絲二表裏。

十六日甲寅，大學士申時行等題："爲查明假冒事。據吏部手本《爲請給誥敕命事》，內稱：各官應給誥敕，行翰林院撰文，奉聖旨：'是。欽此。'備行到閣。臣等看得，應給誥敕官員，內閣有史館辦事鴻臚寺序班盛名昭，心竊疑之，因命典籍備查，見在史館辦事並無盛名昭，不勝駭愕。竊照史館原隸內閣，一應辦事官員，必經臣等題奉欽依，方得取進供事，未有敢擅自到衙者。本官履歷，在吏部若無憑據，亦未有敢擅自注擬者，其爲朦朧假冒，情弊顯然。合無敕下吏部，備查盛名昭何年月日題入史館前項職銜，奉何欽依，如有情弊，徑自參究，以正法紀，以清冒濫。臣等未敢擅便，謹題請旨。"奉旨："盛名昭職銜，着吏部該司官查了回將話來。"

是日，賜四輔臣每員鮮藕三枝。

是日，以聖母慈聖宣文明肅皇太后萬壽聖節，賜首輔申時行金萬壽字四副、金篆字十個、金書黃符二道、金書紅符二道，次輔許國、王錫爵、王家屏每金萬壽字二副、銀萬壽字二副、金篆字八個、金書黃符一道、金書紅符一道、銀書黃符一道，及講官李長春等六員，每金萬壽字一副、銀萬壽字一副、金書黃符一道、銀書黃符一道。

十七日乙卯，大學士申時行等題："該臣申時行、許國、王錫爵以給假蒙賜具題謝恩，因思臣家屏亦係患病給假，與臣等事同一體，臣等親至其家，委係痰疾發暈，告病實非得已，而數日已來，未蒙例賜，此必宮禁事繁，該衙門未及奏請。然伏見皇上體臣厚之①禮下之隆，自臣等及部院大臣，凡有病假，皆蒙齎予，今臣等皆有，而臣家屏獨無，部院大臣皆有，而閣臣或無，則臣等之受特賜，愈加跼蹐，而部院之視閣臣反見輕侮。臣等用是輒爲陳乞，實以仰體皇上崇信股肱之盛心也。伏乞聖明留意，命該衙門照例舉行，臣等不勝感激。謹具題以聞。"

是日，大學士申時行、許國題："先該臣等患病給假，伏蒙聖恩頒賜豬羊粥米等物，並遣官宣諭。雖經具本謝恩，例應候皇上御門之日，致詞面謝。今已候過三次，此後則聖母萬壽、南郊大祀，俱係吉典，致詞字面應合迴避。如復久待，則起數積多，恐御門之日久勞聖體。臣等感恩之念無窮，而愛主之情尤切，用是補本謝恩。臣等不勝瞻戴之至。謹具題知。"

十八日丙辰，大學士申時行等題："十九日恭遇聖母慈聖宣文明肅皇太后萬壽聖旦，臣等備員輔弼，仰戴降恩，比之恒情，

① 厚之　明抄本作"之厚"，是。通行本誤作"厚之"。

倍切欣忭。謹照例於是日，同百官致詞稱賀之後，仍恭詣隆宗門，行叩頭禮，以少伸臣子慶祝之誠。謹具題知。"

是日，大學士王家屏奏：'爲感謝天恩事。該臣以患病乞假調理，伏蒙欽遣御前牌子鄭斌，齎賜臣鮮豬一口、羊一腔①、甜醬瓜茄一罈、白米二石，酒十瓶，到臣私寓，臣謹於臥榻叩頭祗領訖。竊念臣擁腫賤材，支離病骨，兩年竊祿，力靡於絲毫，百計憂生，身屢試於鍼石。頃一仆而不起，幸垂絕而復甦。游息僅延，將永負生成之德，皇慈曲軫，乃勤施培植之恩。遣中使以敦臨，詔大官而亟餽。若牢若醴，惠並出於天庖，一粒一蔬，珍悉分於御廩、醲鮮備物，虛餒乘時，匍匐登嘉，乍得三咽之力，淋漓飯歠，寧誇七發之談？雖鼴腹易盈，知屬饜之既久，而鴻慈湛渥，覺報稱之彌艱。鼎餗覆公，薄技業窮於今日，壼殮得士，微勞願畢於來生。臣無任感激銘戴之至。緣病臥不能廷謝，爲此謹具本奏謝以聞。"奉旨："覽鄉②奏謝，朕知道了。禮部知道。"

十九日丁巳③，上視朝。

是日，大學士申時行等題："仰惟皇上自八月以來，久未視朝，舉朝臣工不勝就日瞻天之願，而臣等備員親近，企望尤深。今日恭遇聖母萬壽之辰，皇上特出受賀，一則見聖孝純篤，不辭臨御之勞，一則幸聖體康寧，茂迓和平之福，大小廷臣無不懽呼贊頌。而臣等伏睹聖德光昭，聖躬強固，甚爲慶忭，尤有倍萬於恒情者。臣等不勝忻戴踴躍之至。謹具題以聞。"

是日，以聖母慈聖宣文明肅皇太后萬壽聖節，賜四輔臣上尊珍饌。

二十一日己未，大學士申時行等題："近該兵部題覆二本，一《爲邊務久廢閱視當嚴等事》，一《屬夷出邊提問失事官員等事》。已經票擬，未蒙批發。臣等看得，各邊閱視，先年俱差大臣，後差科臣，九邊止是三員，後又恐地方勞擾，止委彼處④按御史。一時雖稱省事，然節年延襲故套，未免因循。近

① 腔 "腔"當作"羫"。

② 鄉 明抄本作"卿"，是。通行本誤作"鄉"。

③ 巳 "巳"當作"巳"。

④ 處 明抄本無"處"字，是。通行本衍此字。

①本　明抄本"本"下有"官"字。通行本脱此字。

因西鎮有警，議論紛雜，故臣等擬議差官九員，前去九邊閱視。蓋各官止閱一邊，則有專責而無分心，九邊各用一官，則易覈實而難作弊。今當年終，正題請閱視之朝，所當亟賜裁定者也。屬夷出邊一事，先次已經題明，督撫司道官已經奉旨罰處，守備等官已問罪發遣發落。惟屬夷當絕之邊外，不許復入，乃可以杜後患，故臣等擬票如此。今督撫方候旨定奪，所當亟賜允行者也。又該吏部一本《缺官事》，將驗封司員外鄒元標調文選司，及吏部再請，俱未蒙發票。臣等看得本①清才雅志，方負時名，既蒙皇上錄用，則部中調司乃係常事，亦非破格遷轉，外廷因見疏久不發，責備臣等以不能仰贊，臣等不勝踧踖，所有吏部題本亦當亟賜發行者也。此係邊務夷情及錄用人才事務，伏望皇上將前項本章俯垂清覽，即賜裁決施行。臣等不勝顒望。謹具題以聞。"

二十三日辛酉，大學士申時行等題："近該太僕寺少卿詔唐堯欽等《爲印信事》本，內有差錯，臣等票擬罰俸一個月。又該吏部驗封司郎中鄒觀先《爲查明假冒事》內，查得序班盛名昭不係假冒，止是書吏差錯，臣等票擬罰俸二個月。二本俱未蒙批行。或者臣等擬罰太輕，未當聖意。然輕重予奪，皆由聖裁，即欲加重，則仰煩御筆改定，即可發行矣。緣該寺印信未有署掌官員，驗封郎中亦有掌印職務，若二疏未奉明旨，各官不敢行事，壅滯必多。故臣等輒爲題請，伏乞聖明即賜裁決施行。謹具題以開。"

二十五日癸亥，大學士申時行等題："先該兵部覆經略尚書鄭洛本，要拒止西虜借路，該臣等票擬進覽。今日該文書官李相將下原本，口傳聖旨：令臣等改票，欽此。臣等看詳事情，繹思聖意必謂先年許虜借路，致起釁端，邊臣不能無罪，所當追處。但臣等查得，萬曆十四年，該科臣顧九思爲河西失事，參究始事之臣，已奉旨將先任已故督撫董世彥等追奪誥命，又將總兵官降級罰俸。今年七月內，又該御史周孔教參論邊臣誤事,又奉旨將先任已故總督郜光先追奪誥命。九月內,又該科臣張棟參論,又將郜光先蔭子革去,見任督撫梅友松、趙可懷,總兵劉承嗣及司道官,與各為民閑住革去訖。則先年借路之失,近日誤事之罪,已經嚴旨處治,法無可加。惟自今日以後,務要力堅前非,永杜後患,使虜眾不敢入邊行走,則莊永甘涼之間易於備禦。此經略官具題之本意,兵部覆從其言,臣等故有此擬。今蒙聖諭,臣等再擬末後一二句,令邊鎮各官不敢復蹈前轍,自然人知警惕,邊備謹嚴。蓋事體合當如此,不必別有擬議也。伏乞聖明即賜裁決施行。謹具題以聞。"

二十六日甲子,大祀天於圜丘,遣公徐文璧恭代,候吳繼爵、李言恭、大學士許國、王錫爵各分獻。

二十七日乙丑,大學士申時行等題:"恭遇長至令節,禮當慶賀,該鴻臚寺奉旨傳免。竊念臣等備員輔弼,受恩深厚,與在廷諸臣不同,犬馬私衷不能自已。臣等謹於本日恭詣會極門,行五拜三叩頭禮,稱賀聖壽,以少伸臣子慶忭之誠訖。謹具題知。"

是日,以冬至令節,賜四輔臣上尊珍饌。

二十八日丙寅,大學士王家屏奏:"為病勢沉篤瘥可難期乞恩准放生還事。頃臣以感患痰厥乞假調理,伏蒙聖恩頌①賜豬羊酒米等物,臣仰戴皇慈,俯惜軀命,延醫數輩,療治百方,恨不能應手而瘥,剋期即起,苟綿犬馬之餘日,勉畢奔走之微勞也。奈何福盡數窮,災深病痼,始忽昏暈仆地,迷不知人,誠不敢望有今日。乃今游息雖屬,元陽已枯,內則臟腑虛寒,臍腹絞痛,外則肢體麻木,手足不隨,即臥蓐之上,展轉已難,況下牀而行,安能動履?病勢沉篤如此,殆盧扁所不能治,造化所不能仁也者。昨恭過聖母萬壽節,臣不能勉隨班列,祝燕喜之禧,頃冬至昌辰,臣復不能匍匐堦墀,叩履端之慶。既積曠官之罪,兼叢廢禮之愆,此臣所以據榻椎心,旁徨悚仄,燥

① 頌 "頌"當作"貺"。

火爲之塞胸，怕汗因而浹踵者也。及今罷去，尚可生還鄉閭，少淹日時，懼且委棄道路。用是直陳危苦，哀懇君父之前。伏望皇上開天地之心，憐螻蟻之急，早賜骸骨，俾得歸正首丘，結草啣環，敢忘恩造？臣無任迫切祈控之至，爲此，具本奏聞，伏候敕旨。"奉旨："卿偶疾，宜慎加調攝。機務煩重，毗倚方殷。痊可即出輔理，不允辭。吏部知道。"

十①二月已巳②，朔。

十三日辛已③，大學士王家屏題："臣頃感患宿疾，伏蒙賜假調理。及乞骸求去，又蒙温旨慰留。戴高厚之恩，亦知奮勵，撫衰頹之骨，終苦支持。委頓筐牀，奄踰旬月，勉資醫藥，幸苟須臾。仰荷生成，敢安偷惰？謹於本日恭詣午門前，朝見行禮，隨到閣辦事訖。天顏咫尺，不獲瞻承。臣無任感激依戀之至。謹具題知。"

十八日丙戌，大學士申時行等謹題："近日各衙門章奏，已經臣等擬票，多有未蒙批發者。臣等不敢逐一煩瀆，然體事有一二關係不得不請者。如御史荊州俊論刑部尚書陸光祖本，臣等看得，本官清介耿直，素有時望，近日徐性善事，該部左右侍郎先已問明，因本官已至，特署名題奏耳，遽以通賄誣之，有傷天理，故臣等擬令照舊供職。本官聞知被論，杜門候旨，部事不無停滯，伏乞聖裁批行。又吏部覆河道右都御史潘季馴乞休本，臣等看得，本官熟諳河事，前以蒙恩再起，感激圖報，二三年間奔走河道，以船爲家，竭盡心力。但因年已七十，積勞成病，南來官員親見其吐血羸瘦，卧牀不起。河道事務須要身親經歷，難以卧治。本官既已老疾，恐河道缺人經理，反致誤事，故臣等擬准致仁。該部以其治河勤勞，擬請加恩，臣等亦止擬復職。事關河道重計，急在用人，伏乞蚤賜奪裁④。又禮部侍郎黄鳳翔告病本，已經臣等兩次擬票，今正旦在邇，禮部各有職事，如不准其辭，則當促令供職，亦乞批發施行。謹具題以聞。"

十九日丁亥，以年節賜元輔申時行銀五十兩、綵段四表裏，次輔許國、王錫爵、王家屏每銀四十兩、綵段二表裏，及講官李長春等六員，各銀二十兩、綵段一表裏。

二十日戊子，大學士申時行等謹題："先該禮部右侍郎黄鳳

①十 "十"上當有"萬曆十八年"五字。
②已巳 "已巳"當作"己巳"。
③已 "已"當作"巳"。

④奪裁 明抄本作"裁奪"，是。通行本作"奪裁"，誤。

萬曆起居注

① 籍　明抄本作"藉",通行本作"籍"。

② 籍　明抄本作"藉"。通行本作"籍"。

翔以疾乞休,該臣等票擬在任調理,今日該文書官李文輔將下原本,口傳聖旨:令臣等改票准辭,欽此。臣等因見向來大臣凡以病請告者,俱先准調理,如果調理不痊,再來陳乞者,或准回籍①,或准致仕。今本官止因患病乞休,並無別故,以事體言固難遽准。況本官素行端謹,文學優長,以公論言,亦難遽棄。故臣等照常擬令在任調理。今蒙聖諭改票,臣等謹改擬二票進覽,或以正旦在邇,禮官方有職事,則以嚴旨責令即出,或容令回籍②調理,則以溫旨,不妨起用。伏乞聖裁施行。謹具題以聞。"

　　二十二日庚寅,大學士申時行等謹題:"爲進呈訓録事。該臣等欽奉聖諭:'前者卿所進聖祖御筆,朕恭睹其睿藻弘謨,真乃天授,非純聖至神何?因思祖宗訓録,乃今朝之史鑑,豈可不淂而知之?前命卿將稿來進,及見卿等回奏,即命查取謄寫,裝成書帙,以便朝夕親覽,庶可以知我祖宗治國治家之法,修身勤政之要,非圖衰玩別意也。故諭卿等知。欽此。'又節奉聖諭:'今自太祖起及累朝訓録,都謄寫裝潢進覽,有幾部就進幾部來。欽此。'臣等恭率謄録校對官生,於萬曆十六年五月内,寫完《太祖高皇帝寶訓》十五卷、《成祖文皇帝寶訓》十五卷,本年十二月内,寫完《太祖高皇帝實録》二百五十七卷,萬曆十七年九月内,寫完《成祖文皇帝實録》一百三十卷,三次進呈訖。續該臣等嚴督各館官生,併力供事,又寫完《仁宗昭皇帝寶訓》六卷、《實録》十卷、《宣宗章皇帝寶訓》十二卷、《實録》一百一十五卷、《英宗睿皇帝寶訓》十二卷、《實録》三百六十一卷、《憲宗純皇帝寶訓》十卷、《實録》二百九十三卷、《孝宗敬皇帝寶訓》十卷、《實録》二百二十四卷、《武宗毅皇帝寶訓》十卷、《實③》一百九十七卷、《世宗肅皇帝寶訓》二十四卷、《實録》五百六十六卷、《穆宗莊皇帝寶訓》八卷、《實録》七十卷。通共一千九百二十八卷。臣等復委編修等官校對明白,裝潢成帙,共爲八十四套,一併進呈。仰惟皇上憲法祖宗,勤④揚謨烈,欲以累朝之信史,用借朝夕之覽觀,德意甚

③ 實　明抄本"實"下有"録"字,是。通行本脱"録"字。

④ 勤　明抄本作"觀"。通行本作"勤"。

盛。顧卷帙已踰二千，謄寫亦更三載，欲盡加繙閱，或未能周必①，次第考求，自然有益。伏望皇上於萬幾之暇，先將二祖訓錄日逐詳覽，以次及於累朝，庶典學緝熙，永爲立政修身之助，且紹庭陟降，益增繼志述事之光。臣等不勝惓惓願望至②，謹具題以聞。"

二十三日卒卯，大學士申時行等題："先該臣等題稱，每年終將講過經書《通鑑》講章，纇寫進呈，以備皇上溫羽觀覽，仍發司禮監接續刊板，已奉欽依，節次進呈訖。今查萬曆十七年至今所譔講章，除《通鑑纂要》俟積有成帙，另行寫進外，謹將《孟子離婁章句》上下共二本，《禮記·曲禮》上下共三本，類寫裝潢進呈。伏望皇上萬幾之暇，時加觀覽，以求溫故知新之益，仍乞發下司禮監接續刊行。臣等不勝惓惓效忠之誠。謹具題以聞。"

是日，大學士申時行等題："照得本年十二月二十四日起，例放除夕假，連年節上元假，至新年正月二十日方滿。先奉欽依，於正月上旬先擇吉開講一次，仍暫輟講，至二十日以後照常日講。臣等查得，上旬吉日於祭祀之期有礙，節假以後即係下旬。容臣等於二月上旬另擇日，恭請皇上開講，以後接續日講。謹具題知"。

二十四日壬辰，大學士申時行等謹題："爲恭寫訓錄書完查敘効勞人員以彰激勸事。先該臣等欽奉聖諭，謄寫累朝寶訓、實錄，自萬曆十六年三月內開館，至十八年二月已及三年，該臣等督率各該官生，殫力供事，於本月二十二日恭進御覽訖。據謄錄制誥兩房中書官徐繼申、吳果等呈稱，嘉靖十五年重書訓錄進呈，欽蒙皇祖世宗肅皇帝優加敘賚，並沾恩典，付乞查照前例，題請敘錄等因。臣等看得，謄寫祖宗敘錄，事體崇重，卷帙浩繁，各該官生在館効勞，已及三年之久，委應敘錄，以示勸酬。如嘉靖十五年例，陞賚甚優，臣等不敢輒爲援比，惟將各官生寫過書册，逐一稽查，分別等第，擬議陞授，開坐上

①周必 "周必"當作"必周"。
②至 "至"字上似應有"之"字。

請，付乞聖明裁奪，敕下吏部遵照施行。臣等未敢擅便，謹題請旨。

　　　　計　開

太僕寺少卿兼司經局正字徐繼申、馬繼文，光祿寺少卿兼司經局正字成楫，以上三員，徐繼申、成楫擬各陞服俸一級，馬繼文陞俸一級，給與應得誥命。

禮部主客清吏司郎中兼司經局正字何初，禮部祠祭清吏司員外郎掌典籍事吳果，大理寺左寺左寺副包漸林、汪民敬，大理寺右寺右評事趙應富、孫說，中書舍人管典籍事王國棟，試中書舍人吳馳、許立綱，光祿寺良醞署署丞章如鋌、沈雲慶，通政司經歷司知事李尚珍，鴻臚寺主薄章伯輝，序班劉世隆、羅萬英、史鑑，中書舍人孫胤奇、張思學，通政使司經歷司知事方崙、張大續，鴻臚寺署丞鮑佐、丘登，序班徐可行、李憲、李懷珊①、劉尚賓、成九皋，以上二十七員，擬各陞一級，內吳果効勞獨多，仍加俸一級，章伯輝二級。

試中書舍人鄒迪、張天秩、汪一元，以上三員，擬各照品陞俸一級。

監生茅聞詩、儒士范可慢，以上二名，原在會典館謄錄，令擬併敍，茅聞詩照孫胤奇等例，范可慢照包容等例，各授職。

監生沈霖、趙貞明、周正謨、包文炯、秦焜、譚學閔、周秉忠、吳澄時、吳大山，以上九名，擬各先給冠帶，於玉牒館辦事，再歷三年，授在京從七品職，其願告外任者，送吏部，即與優選。

當該吏部鄒元良、宋鸞、王如璧、薛朝光、黃時亨、楊大壯、任一龍、劉直、駱良臣、盧益煒、韓良昴，以上十一名，擬各照資格除授在外官職，內黃時亨原係縣丞，應陞一級，宋鸞、楊大壯先與授職，仍留玉牒館共事。

魏科、潘季珽，以上二名，擬扣當該滿日，免考冠帶。"奉聖旨："是。各官供事勤勞，依擬行。吏部知道。"

是日，以正旦令節，賜四輔臣吊屏、門神等物，及講官李長春等六員各②羞。

① 珊　明抄本作"珍"，即"珍"字，是。通行本作"珊"，誤。

② 各　"各"下當有"有"字。

二十五日癸巳①，大學士申時行等題："爲纂修玉牒事。目今歲暮，所有官吏人等，例於二十八日放假，至明年正月初四日赴館供事。其起居注館官吏人等，亦合照例遵行。臣等未敢擅便，謹題請旨。"

二十七日乙未，大學士申時行等題："臣等竊見，各衙門凡遇歲終，則通查應行事務，逐一整理，盡數完結，不惟職業所關，蓋亦政體宜然也。況朝廷之上，日有萬幾，尤貴疏通，不宜壅滯。近日各該衙門事件，有已經題覆而未奉覽裁，及臣等已經票擬而未蒙批發者，各官每向臣等詢問，臣等無以應之，不勝跼蹐。頃者亦嘗有所揭請，而亦未敢數②瀆陳。今則歲序將終，正圓在邇，當去故納新之日，懸法布令之初，前項章疏有關係政事難以久停者。伏望皇上少乘清燕。特賜省觀，如事體未當、聖心欲有更正，則明諭臣等另行改擬，以候聖裁，使一年之中得完一年之事，則臣輔導之責少塞，而諸司仰望之心以少慰矣。伏惟聖明府允施行。謹具題以聞。"

二十八日丙申，以祭告太廟於廟收回脯醯果酒，賜四輔臣三卓。

是日，大學士王家屏題："先該臣患病給假，伏蒙聖恩頒賜豬羊粥米等物，雖經具本謝恩，例應候皇上御門之日致詞面謝。今已候過數次，下情雖切於感戴，而天顏竟阻於瞻承。目今殘冬已盡，元旦將臨，正當賀歲之辰，雖補面恩之禮，用是補本陳謝。不勝瞻戴悚惶之至，謹具題知。"

萬曆十八年

八八一

① 巳 "已"當作"巳"。

② 數 明抄本"數"下還有一"數"字，是。通行本脫第二個"數"字。

萬曆
十九 年

萬曆十九年正月戊戌，朔，大學士申時行等題："恭遇元旦令節，禮當慶賀。該鴻臚寺奉旨傳免竊念臣等備員輔弼，受恩深厚，與在廷儲臣不同，犬馬私衷不能自已。臣等謹於本日恭詣會極門，行五拜三叩頭禮，稱祝聖壽，以少伸臣子慶忭之誠訖。謹具題以聞。"

是日，賜四輔臣上尊珍饌。

二日己亥，大學士申時行等題："先該歲暮大祫，奉旨遣官恭代，臣等以聖體偶欲調攝，暫遣代行，此一時權宜，不敢瀆奏。今新正啟祚，萬福方來，一人迎康豫之禧，九廟洽靈長之慶，時享大典，所當親行。昨又奉旨遣官，臣等不勝踧踖。竊聞孔子云：吾不與祭如不祭。傳云：神不歆非類。蓋祖宗子孫，本同一體，身親對越，則誠意感通，若異姓之人，則血脉精神不相聯屬，冥漠之中必不歆享。甚哉，廟祀之不可不親也。夫聖祖神宗櫛風沐雨、百戰艱難以有天下，亦欲衍百代之鴻基，享萬年之血食。如以皇上躬承祼獻，親奉蒸嘗，祖宗在天之靈必當慰喜，所以保佑聖明、扶持胤祚，豈有涯量。今委之勳臣，終屬異姓暫代猶可，乃習以爲常，非所以昭格神靈，祈延福祐也。且皇上親祭，則有飲福受胙之儀，遣官則否。歲首春初，方欲迎祥納吉，祖宗不賜福胙，亦豈臣民之所願望、皇上之所樂聞者哉。伏望皇上仍罷遣官之命，孟春時享親賜舉行，以綏九廟之靈，以禔萬年之福。臣等不勝惓惓願望之至。謹具題以聞。"

三日庚子，大學士申時行等題："正月初二日，該臣等恭請皇上親奉孟春廟享，初三日該文書官口傳聖諭：'二十九日守歲，朕朝見聖母，見朕起拜艱難，聖母着人攙扶，因朕感寒所致。廟享恐難成禮，因暫遣官恭代。朕要見先生每，因此扎挣不得，恐有失禮。欽此。'臣等愚忠，蓋以獻歲昌期，廟祀重典，故仰望皇上以奉先之孝、尊祖之誠，至於聖躬起居，宮闈秘密，臣等有不得與聞者。今聖體既以感寒，方欲靜攝，臣等

① 陛　明抄本作"陛"，誤。通行本改"陛"，是。

② 級與應　明抄本作"給與應得"，是。通行本作"級與應"，有誤。

豈無愛君之心？惟望皇上加意珍調，早膺康豫，以迓天人之貺，以慰聖母之懷，此尤犬馬微忱惓惓祝願者也。再惟聖諭，皇上欲見臣等，下情不勝欣慰。蓋臣等願睹天顏，不啻朝夕，祇以宮廷地隔，堂陛①分懸，不能數承造膝之歡，時獻沃心之諭耳。然元首股肱之誼，猶家人父子之情，如蒙皇上商確政幾，俯垂延訪，不妨隨便趨見。皇上以尊臨卑，志意自能舒展，以上接下，談論自可從容，何失禮之有？臣等尤望聖體萬安之後，於朝講二事即賜舉行，以後時享之禮，仍乞躬親對越，以弘聖孝。臣等不勝戀切之至，謹具題以聞。"

六日癸卯，大學士申時行等題："先該臣等以恭進寫完訓錄，題敘劾勞人員，奉旨依擬。伏惟聖恩覃被，臣等與有光榮，不勝感激。隨該文書官劉宣將下墨字揭帖：'敕吏部：茲進累朝訓錄，內閣輔臣劾有勤勞。元輔着加太師，餘官如故，仍蔭一子中書舍人。次輔許國加少師，王錫爵加少傅，王家屏加太子少保，俱各餘官如故。各級與應②誥命。如敕奉行。仍發下中書官謄寫手敕。臣等一見驚愕，愧汗無地。竊惟朝廷爵賞，不可以濫施，臣子分義，不可以苟得。即如謄錄各官，書寫乃其職業，何勞之可稱。然猶實在供事，歷有歲年，皇上錄其微勞，特從敘錄，猶有說也。至如臣等官叨輔弼，職在摳機，未嘗親筆札之勞，從鉛槧之役，而亦蒙甄錄，更冒殊榮，則萬萬不可。若謂嘉靖年間曾有敘賚之例，則臣等前已言之，先該臣等題稱，皇祖重書訓錄，所重在於尊藏，今次謄寫，所重在於便覽，事體原自不同。若謂實錄、會典例有陛賚，則彼時臣等皆充總裁，領敕行事，與今次止於謄寫，臣等原無干預者，事體又自不同。夫以大臣而分小臣之功，恥也，以小事而蒙大事之賞，貪也。在朝廷爵賞，則不宜如此之輕褻，在臣等分義，則不宜如此之冒濫。此敕一傳，外廷之臣必有譏臣等為貪昧無恥、議朝廷為褻名器者，臣等萬不敢當。恐累疏控辭，祇煩天聽，伏望皇上俯諒臣等之樸忠，特停手敕，以安愚衷，以息眾議，則臣等之受賜更多，蒙恩更大也。所有前項手敕，未敢令中書官謄寫，謹用封進，伏乞聖明亮詧。臣等不勝激切控籲之至。謹具題以聞。"上不允，乃令文華殿中書寫敕，經發吏部。

是日，大學士申時行等題："今日該文書官傳奉聖諭，令中書官謄寫臣等加恩手敕，該臣等瀝誠具辭外，適又該文書官傳討各官職名，或欲頒賞，此必該衙門查照先年進呈實錄事例，故有此傳。然事體原自不同，賞賚亦當有節。各該人員已經臣等題敘，伏蒙聖恩依擬，已足酬勞，似不必又施格外之賞，以開後來援例之端也，伏乞聖明停止頒賞，以示撙節，庶下無僥倖之心，上無冗濫之費。謹具題以聞。"

七日甲辰，以孟春時享太廟，奉旨遣公徐文璧恭代，侯吳繼爵、伯王應龍分獻。

是日，大學士申時行等奏："爲懇切披誠辭免殊常恩命事。本月初六日，該吏部欽奉敕諭：'茲進累朝訓錄，內閣輔臣劾有勤勞。元輔時行着加太師、餘官如故，仍蔭一子中書舍人。次輔國加少師，錫爵加少傅，家屏加太子少保，俱各餘官如故。各給與應得誥命。如敕奉行。欽此。'備咨前來。臣等恭奉綸音，不勝震悚。昨該文書官傳寫手敕，臣等已揭奏控辭，並將敕稿封繳，仰冀聖慈特垂鑒亮。不意愚誠未達，手敕竟頒，臣等愧汗交流，竞惶無指①。方具疏辭免間，隨該文書官劉宣口傳聖諭：'先年皇祖時進訓錄，今進累朝訓錄，與先年無異。先生每劾有勤勞，加此恩職不爲過分。先生每當勉受，毋得陳辭。欽此。'仰惟聖恩隆渥，宸諭勤惓，若事出有名。理或可受，臣等豈敢過爲陳控，仰瀆聖聽？顧惟朝廷有大體，人臣有常職，無事而加恩，則摩勵之術乖，無勞而受賞，則廉恥之道喪。臣等請先論事體，而後以臣等懇切至情，爲皇上明之。先該臣等親奉聖諭，謄寫累朝訓錄，彼時即已具題，謂皇祖重書訓錄，所重在於尊藏，今次謄寫，所重在於便覽，事原不同。故止取謄錄官生就便供事，而臣的不敢領敕，校對不題翰林，進書不具儀注，事從簡約，功取速辦，未嘗開局編纂、御殿進呈。則比之先年舊例，臣等不敢以爲無異也。且臣等雖至駕下，業蒙

① 指"指"當作"措"。

皇上置之密勿，寄以股肱，則臣等之職司固自有在，若軍國要機，宗社至計，臣等贊一畫，獻一言，皇上察其愚悃，錄其微長，而優納之，寵嘉之，則明主之至恩，臣等之至榮、至幸也。若夫筆札簡冊，各有司存，雖有勤勞，亦至微淺，豈臣等之所以自靖自獻，皇上之所以課責臣等者哉？而特敕銓司，優加異渥，則爵賞爲濫及、恩命爲橫加，恐傳笑四方、貽譏百世，此臣等所謂事體非宜者也。況臣等階秩已崇，叨竊已過，方負曠瘝之懼，常懷退避之心，今若與謄錄官生一體論敘，則臣等，向來督率書寫，似爲今日干寵之資，而近日題敘効勞人員，似爲自己徼恩之地，臣等雖百口何以自明。在廷之臣皆相指目，謂朝廷名器，由臣等而輕，國家典章，由臣等而褻，內閣清嚴之地，由臣等而汙，大臣廉讓之風，由臣等而壞，是使臣等有靦面目，一日不能安其位矣。此臣等所謂懇切之情，爲皇上明之者也。伏望皇上俯鑒悃誠，收回恩命，俾臣等各安愚分，一洗愧容，得免於屢疏之塵瀆，則臣等喘息未盡之年，皆感恩戴德之日也。不勝激切控籲之至。謹具奏聞，伏候敕旨。"奉旨："卿等忠猷嘉績，朕所簡知，特此加恩，用示優眷。宜遵成命，不允所辭。吏部知道"。

十日丁未，大學士申時行等奏："爲再披悃誠懇辭恩命以明分義以釋慚懼事。今日該文書官李相，將下臣等《懇切披誠辭免殊常恩命》本，奏聖旨：'卿等忠猷嘉績，朕所簡知，特此加恩，用示優眷。宜遵成命，不允所辭。該部知道。欽此。'臣等猥以校錄之微勞，過承優渥之殊寵，獎以忠猷，敘以嘉積①，反之於心，萬萬不敢當，揆之於事，萬萬無此理。是在皇上，或以崇重列祖累朝訓錄，借以發其紹庭上下之思，抑或以鑒亮臣等夙昔愚忠，藉以表其優厚輔弼之意。顧在臣等，叨居崇膴，積被恩私，雖鞠躬盡瘁，不足以爲勞，即摩頂放踵，不足以爲報，縱有忠猷、嘉績，果足以利國家、安社稷，亦臣子職分之常，尚本能稱塞萬一。又況頃來水旱不時，饑疫相繼，百物凋耗，四海空虛，是臣等爕調無狀也，上幸不以爲罪。官多貪墨，

①積 "積"當作"績"。

民不聊生，夷虜橫行，盜賊竊發，是臣等經濟無術也，上又幸不以爲罪。而乃以區區筆札之役，繙閱之勞，論功進秩，加蔭錫封，既普施以自昔所不易得過分之恩，又特隆以從來所不敢受極品之典，是臣等所負委託何其多？而皇上所垂簡眷何其重？一何不倫之甚也？就事而論，臣等受朝廷爵祿已極優厚矣，歲時賞賚亦太駢番矣，假令筆札皆出臣等手，繙閱皆經臣等目，亦涓塵之末文，微何足敍列？又況謄寫、校對，自屬中書、史局等官，句讀裝潢，自屬生儒、吏匠等役，臣等何力之與有？勦羣下之勞，以冒明廷之賞，假吏役之事，以濫公孤之秩，於臣心安乎？有何忠猷？有何嘉績？陟之公孤之首，將以何德？載之綸綍之中，將以何詞？何福可消？和名可受？是非徼上之榮，乃益滋臣等之譏、增臣等之罪耳。如百官齒頰何？如萬世斧鉞何？臣驚茲寵靈，心焉若擣，負茲恩命，背焉若芒。設此辭一日不允，則此心一日不寧，未免屢有塵瀆。是以再竭悃誠，不避繁瑣，伏望皇上收回成命，俾守舊銜，則爵賞有章，上無累於聖政，止足有分，下無玷於官常。臣無任戰慄待命之至。謹具奏聞，伏俟敕旨。"奉旨："卿等恭進累朝訓錄，總協分猷。朕遵先年制典①，加恩卿等。既懇辭，已鑒忠誠。元輔時行特賜銀一百兩、綵段六表裏、歲加祿米一百石，次輔國、錫爵、家屏每賜銀八十兩、綵段四表裏。卿等承之以示眷酬。"

十二日己酉，大學士申時行奏："爲恭承特賚感激殊恩仍乞准辭祿米以安愚分事。近該臣與同官三臣，以濫叨恩命。在疏懇辭，奉聖旨：'卿等恭進累朝訓錄，總協分猷。朕遵先年典制，加恩卿等。既懇辭，已鑒忠誠。元輔時行特賜銀一百兩、綵段六表裏、歲加祿米一百石，次輔國、錫爵、家屏每賜銀八十兩、綵段四表裏。卿等承之，以示眷酬。欽此。'臣本無纖勞，過蒙特賜，仰知皇上推誠委任，借事加恩，禮數優崇，眷知隆渥，臣誠不勝感激。臣聞命之始，慙懼交併，仰蒙皇上俯鑒愚誠，獲伸微志，使臣無貽誚一時，取譏千載，臣又不勝感激。顧豈敢復有陳瀆，自蹈不恭？其銀兩、表裏，臣謹與三臣

①制典 "制典"當作"典制"。

萬曆起居注

①損 "損"似爲"捐"之誤。

②指 "指"當作"措"。

一同祗領，赴鴻臚寺報名廷謝外，惟歲加祿米，臣猶有難於安受者。緣臣歷年以來，或遇慶典，或當考績，加俸至正一品，兼奉至尚書，歲加祿米五十石，叨冒固已多矣，今茲加祿，數復倍之。前此閣臣未有竊祿如臣之厚，素餐如臣之甚者。且今倉廩空虛，災傷疊見，歲漕尚憂不繼，官俸亦苦不敷，臣方當損①俸以助軍興，減祿以蘇民困，而乃食兼人之餼，耗公帑之儲，臣之心能自安乎？伏望皇上察臣受賞已濫，食祿已豐，辭出悃誠，情無矯飾，准免加祿，以遂愚衷，則上無倖恩，下無冗食。伏惟聖明矜允。臣不勝榮幸之至。謹具奏聞。"奉旨："卿以碩德宏才，提綱挈要，加恩未愜於衷，特頒新渥，用示眷酬。宜遵成命，所辭不允。該部知道。"

是日，以立春令節，賜四輔臣上尊珍饌。

是日，大學士申時行等題："先該臣等以恭進訓録，濫荷殊恩，在疏懇辭，幸蒙俞允，仍特賜臣申時行銀一百兩、綵段六表裏，臣許國、王錫爵、王家屏各銀八十兩、綵段四表裏，該文書官李相齎捧頒賜，臣等各叩頭祗領訖。伏念臣等竊祿有年，服官無狀，頃以筆札之役，過承殊特之恩，踧踖難堪，兢惶無指②。復蒙皇上俯垂請聽，曲軫微衷，允辭爵秩之榮，既獲安於分義，寵錫駢番之貺，仍渥被於恩私，臣等感切銘鏤，矢當啣結，即隕首捐軀，不足酬高厚之萬一也。臣等無任仰戴天恩之至，除赴鴻臚寺報名廷謝外，謹具謝恩。"

十五日壬子，大學士申時行題："臣叨榮最久，負戾滋多，伏蒙皇上借事推恩，踰涯溢格，既荷金綺之賜，載承祿米之加，未允控辭，更垂優獎。臣何功何德，冒此殊恩？何幸何緣，膺茲異數？惟有銘鏤肺腑，誓以捐糜，殫竭股肱，益圖報稱。謹於本日詣午門前，行禮謝恩訖。臣不勝感激瞻戴之至。謹具題知。"

二十一日戊午，大學士申時行等題："爲日講事。先該臣等題：每年開講日期，俱於正月上旬，今歲於祭祀之期有礙，節假以後即係下旬。容臣等於二月上旬另擇日恭請皇上開講，以後接續日講。奉聖旨：'是。欽此。'今將屆期，臣等謹擇二月初七日吉，恭請皇上臨御講筵，照常日講，伏乞聖裁。謹具題知。"

是日，命左春坊左贊善兼翰林院編修顧紹芳，充日講官。

是日，陞國子監司業楊起元爲司經局洗馬，兼翰林院修撰，充玉牒纂修官。

二十三日庚申，大學士申時行等題："今日該文書官李相口傳：皇上偶患目疾，右目有紅淤肉，見不得風。説與臣等。欽此。臣等自新歲以來，竊謂三陽開泰，萬福攸同，聖躬方疑康豫之禧，臣子庶遂瞻依之願。乃茲復以目眚，尚在珍調，臣等犬馬下情不勝企戀。夫春令屬木，目竅屬肝，當陽氣之發生，或火邪之侵犯，所以致此。伏望皇上順時保攝，加意節宣，定慮寧神，使浮陽不作，懲忿窒慾，使肝氣常平，聖目自然清明，聖體自臻康泰。臣等無甚瞻戴懇祈之至。謹具題恭候萬安。"

二十六日癸亥，陞詹事府詹事兼翰林院侍讀學士掌院事陳于陛，爲禮部右侍郎，仍兼侍讀學士，掌管詹事府印信。

二十七日甲子，大學士申時行等題："今日發下文書，内有工部題請停止燒造磁器本，該臣等票擬間，臣等查得，先該工科題請停減，伏蒙傳諭，令臣等擬票照數燒造，已該臣等遵諭擬票訖。彼時臣等竊謂，磁器乃供用祇需，如果缺乏，自應派造。至於見貯之多寡，臣等未之知也。燒造乃工部錢糧，如果贏餘，自應措辦，至於庫藏之盈虛，臣等亦未之深知也。今將該部題本反復看詳，其言明白剴切，臣等始相顧驚駭。據稱，午樓堆放磁器相篋充棟，則見貯甚多，供用未常①缺乏，前項燒造非有緊急難已之務也。該部既有年例供應，又有城樓興作，既因災傷蠲免，又因織造請留，既難以加派小民，又無從那借別項，則庫藏空虛，事勢尤屬窘迫，此項錢糧非有神運鬼輸之

① 常 "常"疑當作"嘗"。

術也。該部之言，非爲國爲民，臣等設身處地，亦真見其至難至苦，有不容不爲之調停者。所有原題燒造磁器，即不准停止，亦當量准減裁，弘朝廷恤下之仁，一以弘皇上受言之美。臣等謹擬票進覽，伏乞聖裁，俯允施行。謹具題以聞。"

二十八日乙丑，命教習庶吉士禮部左侍郎兼翰林院侍讀學士田一儁，掌管翰林院印信。

萬曆十九年①二月戊辰，朔。

二日己巳②，大學士申時行等題："爲日講事。先於十六年二月，恭奉聖諭：'朕昨覽卿等奏，朕論太宗魏徵之失，有中彼過。朕又思，人之得失善惡，惡③無如五倫之重。五倫失一，復可得而爲人乎。又何取小節而掩大義，飾惡而圖善？正所謂失大取小，終不可掩人耳目。朕又思，九經亦聖賢所作，其可不知？若《大學衍義》一書，全明修齊治平之道，至於鑑書內④善惡得失之事，有若明鏡而照妍媸，《書經》乃爲君之至要，豈可一日不溫習哉？朕於三書，朝夕常看。今可先將《禮記》代《貞觀政要》，鑑書⑤候《書經》完日，接續而講。欽此。'見今《孟子》講章撰進將完，相應另換經史，接續進講。合無恭照先次聖諭，以《大學衍義》進講，或蒙欽定另講別書？臣等俱未敢擅便，伏乞聖裁，令臣等遵奉施行。謹具題以聞。"

是日，大學士申時行等題："先該吏部覆總理河道都御史潘季馴致仕本，臣等先曾擬票，後又題請，未蒙批發。又該本官再陳衰病乞休本，已經臣等擬票，亦未蒙批發，臣等未測聖意。反復深思，若謂其託疾，則山東撫按及過往官員，親見其臥牀不起，實非假託。若謂其避難，則本官經歷河道先後二十年，頗有功勞，事體已熟，諒無規避。但本官起用河道，已歷三年，年已七十，而河道之官比之他官最爲勞苦，衰老之人因勞致病，責以馳驅奔走，自難支持。臣等蓋恐漕運將行，河防甚急，本官既已告病不能巡行，屬官無所稟承，易於懈怠，因循誤事，爲患匪輕。故臣等擬令致仕⑥，另選有精力者推補，蓋爲河道計，非爲季馴計也。如蒙皇上宸斷，或以其起用未久不准，與原職，止致仕，明示臣等改擬，或憫其因勞致病，俯從臣等所擬。伏惟聖明即賜裁奪，庶不至曠廢日時，妨誤政事。謹具題以聞。"

是日，命禮部右侍郎兼翰林院侍讀學士韓世能，充日講官。

四日辛未，大學士申時行等題："今日蒙發下文書，內有原

---

① 萬曆十九年 明抄本無"萬曆十九年"五字。通行本有此五字。

② 巳 "巳"當作"巳"。

③ 惡 明抄本無此一"惡"字。通行本衍此字。

④ 鑑書內 據《明神宗實錄》卷一九五，"鑑書內"三字當作"通鑑書"。

⑤ 鑑書 據《明神宗實錄》卷一九五，"鑑書"二字當作"《通鑑》"。

⑥ 仕 明抄本誤作"士"。通行本作"仕"，是。

任行太僕寺卿今被論降調熊瑞辯本，該文書官李相口傳聖諭：'説與臣等，御史是朝廷耳目，他在外邊聞了聲息，卻便規避，反着總兵護送他，以致失事。庫藏錢糧，他該盤查，及拏來私自餽送，罪尤重於祝大舟，該重處他。欽此。'臣等仰窺聖心，無非欲懲警官邪，振揚法紀，德意甚盛。然使熊瑞非崔景榮所論之人，崔景榮之事出自他人之口，則事有可疑，言或可信，臣等自當痛惡，朝廷自當行法，又復何言。今景榮論瑞，瑞即論景榮，明係挾讐，明爲反噬。若信一面之詞，堕奸人之計，則國家紀綱從此倒置，朝廷政體日益紛紜，此理亂所關，非細故也。臣等不敢不爲皇上明之。祖宗設立御史出按一方，使之糾察官邪，誠如聖諭所謂朝廷耳目者，然必使事權歸一，志意發舒，乃可以糾劾不職，振肅風紀。今景榮論一寺卿，即被訐奏，寺卿止得降調，御史反欲重處，將來按臣行事畏首畏尾，必將專事姑息以悦人，務爲欺隱以罔上，其弊有不可勝言者。前日西鎮有警，臣等屢見崔景榮疏，參論總督、巡撫，參論總兵，不少假借，其查勘功罪不少容隱。若用總兵護送，致其失事，則當庇護總兵，豈肯參劾。臣等未敢以爲然也。前日祝大舟被訐贓私，出自同官，彼時臣等亦甚惡之，即拏解重處，亦不爲過。今景榮事體出自被論之人，與大舟事體不同，彼中庫藏有無動支，未有的據，臣等亦未敢以爲然也。查得見行事例，吏部、都察院考點①官員，有奏辯者，發口外爲民，祖宗朝設此屬禁，以杜告訐之端，塞讒邪之口，良有深意。熊瑞雖非考察，亦屬犯禁，方當重處熊瑞，以正法紀，豈可反處景榮，以快小人之胸臆，以長無賴之刁風乎？竊謂熊瑞此奏，宜下吏部、都察院看詳，令其覆請定奪，庶爲妥當。謹擬票進覽，伏乞聖裁。謹具題以聞。"

六日癸酉，大學士申時行等題："先該臣等擇於本月初七日，恭請皇上臨御日講，昨日該文書官劉宣口傳：'聖體尚軟，聖目未好，不得出講。欽此。'臣等愚忠，無非欲仰睹天顔，緝熙聖學，以遂贍依之願，以攄啟沃之忱。乃玉體未耐勤勞，尚

① 點 "點" 似爲 "察" 之誤。

須調攝，臣等敢不祗承明命，暫緩開講之期？伏望皇上加意節宣，早臻康豫。下情不勝跂望。再惟經筵開講，原以十二日爲始，若數日之內聖體萬安，合無即以是日恭候聖駕臨御經筵，以後接續日講，及選進講章，惟復欽定吉辰，另開日講？伏乞聖明裁示，令臣等遵奉施行。謹具題以聞。"

七日甲戌，祭三皇於景惠殿，頒賜四輔臣祭品三卓。

十日丁丑，祭先師孔子，遣①大學士王家屏行禮。

十一日戊寅，祭太社稷，遣定國公徐文璧恭代。

十八日乙酉，大學士申時行等題："先該臣等題請開講，伏蒙聖諭以未耐勤勞，尚須靜攝，是以不敢瀆瀆，但乞聖明裁示，或以經筵之日，接續寫進講章，或欽定吉日，另開日講。至今旬餘，未蒙裁奪。今二月且及下旬，講官無所事事，臣等雖欲責難陳善，其道無繇，是以不避絮煩，再干天聽。合無俯容臣等於二十二日經筵之後，即將撰寫講章接續進覽，其《孟子》已完，即用《大學衍義》，接撰講章，以備清燕之觀，爲緝熙之助，其日講吉期，另候宸斷施行？臣等未敢擅便，謹題請旨。"

二十日丁亥，大學士申時行等題："昨該臣等題請開講，並乞欽定接講經書。今日該文書官劉宣口傳聖旨：'朕從去年十一月內聖母萬壽節出朝後，今目發紅癮，左膊酸痛，頭目不時眩暈。經筵可暫免，講章寫了進來，庶朕朝夕省覽。日講講章，照舊寫了進來。既先生每說《孟子》講完，可講《易經》。其開講待朕疾愈擇日行。欽此。'臣等當即仰遵明諭，傳示講官，如遇經筵日期，先將講章撰寫進覽，日講講章照舊寫進，待《孟子》講章進完，即以《易經》接講，一一欽遵外，仰惟聖躬靜攝，自冬及春，臣等違曠天顏，經時累月，犬馬私戀不任惓惓。伏望皇上加意節宣，益慎起居之度，凝神宥密，不忘存養之功，

①遣 明抄本作"遣"，是。通行本誤作"遺"。

使康寧之福旋臻，庶朝講之儀不廢。臣等不勝瞻戴之至。謹具題以聞。"

二十五日壬辰，大學士申時行等題："近該河道都御史潘季馴因病乞休，吏部題覆，催請三次，又該工部題請一次，而臣等先曾揭請，俱未蒙裁答。此必該部所題，臣等所擬，有未當聖心者。但大臣去留，終須宸斷，河道事體，終難寢閣，臣等乃敢復爲之言。蓋凡地方官員具疏告病，例當閉門候旨，雖以文移行事，屬官不甚遵承。然在他官，猶可臥理，至於河道，必欲身親巡閱，各處奔馳，未有久病之人可任奔馳者，亦未有告病之後仍出巡閱者。明旨不下，則本官既不能出，又不得去，吏部不敢別推代理，工部不敢催督行事，互相觀望，兩致玩延。季馴一人不足惜，而致誤河防，或妨運道，此則該部所以惓惓，臣等所以喋喋也。今固不暇論季馴之疾病，慮季馴之疾病①，慮季馴之死生，祇以國家政體河道事情，仰祈聖明速賜裁斷。或准其回籍，則別推一員以理河道之事。或仍欲留任，則令在任調理，不妨河道之事，臣等始終爲河道，爲國家，非爲季馴也。至如禮部尚書于慎行、教習庶吉士侍郎田一儁，近有告病之疏，亦皆各有職務，各候明旨，通乞省覽批發，以便遵行。臣等不勝企望。謹具題以聞。"

二十八日乙未，祭大明於朝日壇，遣定國公徐文璧恭代。

二十九日丙申，祭歷代帝王，遣侯吳繼爵行禮，伯毛登，王應龍，尚書石星、王一鶚分獻。

① 慮季馴之疾病 明抄本無"慮季馴之疾病"六字。通行本衍此六字。

萬曆十九年①三月丁酉，朔，授庶吉士李啟美爲翰林院檢討。

五日辛丑，大學士申時行等題："今日發下文書，內有兵部覆御史周盤、詹事講本，要將李材釋放立功。臣等看得，李材事情，先該言官屢請，法司題覆，已該臣等票擬，與同劉天俸俱饒死充軍。前票未蒙批發。今劉天俸以火器試驗，特荷聖恩，准遣立功，李材之事，實與劉天俸功同一體。且雲南緬賊猖獗，鄧子龍以曾拒緬有功，見奉欽依提問，亦蒙矜宥。李材先曾出兵功緬，亦與鄧子龍事體相同。該部擬請釋放立功，蓋緊急用人之際爲地方計，非獨爲李材乞恩也。臣等謂李材繫獄三年，已足明朝廷有難犯之法，今日與劉天俸同釋，尤足昭皇上有不測之恩，揆之情理，似爲②妥當。臣等謹擬票進覽，伏乞聖裁，即賜批發施行。謹具題以聞。"

七日癸卯，大學士申時行等題："今日蒙發下文書，內有吏部題請檢發會推章奏本。查得先次會推工部侍郎本，已該臣等擬票。舊例凡各部左侍郎缺，該本部右侍郎轉補，新推官員即該補右侍郎，故照例擬陞陳于陛爲左侍郎，周世選爲右侍郎。連日未蒙批發，所以吏部復有此請。前本尚未奉旨，則此本難以擬票，謹用封上。若將前本查發，此本應批'已有旨了'，伏乞聖明即賜裁決施行。謹具題以聞。"

九日乙巳③，命教習庶吉士禮部右侍郎兼翰林院侍讀學士韓世能掌翰林院事。

命翰林院編修方從哲，充編纂六曹章奏官。

十一日丁未，大學士申時行奏："爲竊祿多年奉職無狀懇乞天恩特准休致以重政本事。臣以虛庸誤蒙任使，濫竽密勿十有四年，而叨一品者九年，茲當滿期，應聽吏部具由題請，以俟黜陟。顧臣之罪狀自知甚明，臣之當黜自量已審，如復靦顏在

萬曆十九年

八九七

① 萬曆十九年 明抄本無"萬曆十九年"五字。通行本有此五字。

② 爲 明抄本作"僞"，通行本改作"爲"，甚妥。

③ 巳 "已"當作"巳"

① 隔　明抄本作"鬲"。通行本改"隔"。皆是。

列，不即退休，上累朝廷甄別之公，下虧人臣止足之義，非所以重政本而勵臣節也。故敢輒以情控，惟皇上察焉。自古大臣能久於其位者，謂其望足以服衆，才足以匡時，精力足以任事，是以官無曠職，人無厭心。而臣蔑有一焉。臣學殖空疎，行能薄劣，謀國未諧於公論，褆身自取乎煩言。始猶微文刺譏，繼乃露章詆斥，玷缺已甚，樹立謂何。臣望實輕，難以服衆，宜去一也。方今吏黷民貧，財匱兵弱，文繁俗敝，令慢政龐，宮廷有隱伏之虞，朝著有否隔①之漸。而臣轉移無術，康濟無能，進不得竭其忠，退無所施其力。臣才實短，莫克匡特，宜去二也。臣血氣早衰，頭髮盡白，目生微翳，漸至昏花耳患虛鳴，已成重聽，自昨年傷蹶之後，兩腿酸疼，艱於步履，兼以心神恍惚，遇事善忘。如此精力，何以任事？宜去三也。夫樞機之任，表率攸存，若以望輕才短，精力既憊之人，而碌碌自容，棲棲不去，則凌侮之言日至，曠瘝之罪日增，既褻國體，且誤國事。臣何足惜？不亦羞朝廷而辱政地乎。伏望皇上察臣悃衷，矜臣末路，特允休致，以終餘年，使駑鈍不得以苟容，鴻碩可資其共濟，是臣去有至榮，没無遺憾也。臣不勝激切控籲之至，謹具奏聞，伏候敕旨。"奉旨："卿德望隆重，精力方强，弼亮有年，上下倚信，茲一品三考，正欲酬勳，且四方多事，何忍先自言去？宜即出輔理，副朕眷懷。吏部知道。"

十三日己酉，大學士申時行奏："為曠官待黜量力難堪再懇天恩特准休致以全臣節事。該臣以一品九年，誼當引退，具疏乞休，奉聖旨：'卿德望隆重，精力方强，弼亮有年，上下倚信，茲一品三考，正欲酬勳，且四方多事，何忍先自言去？宜即出輔理，副朕眷懷。吏部知道。欽此。'臣才望素劣，精力既衰，昨已備陳，毫無矯飾。然而未回聰聽，更荷温綸，且以四方多事，責臣輔理，臣感激殊知，誠慚誠懼。伏念臣東海之賤儒也，僥時厚幸，遭際聖明，從前華秩穹階，寵章徽數，皆廷臣所未有，臣未能稱塞萬一，何敢言去。昨年棠訕羣政，刺心銷骨，幸賴睿慈獨鑒，恩造曲全，臣未能補報萬一，何忍言去。

然臣所以懇切求去者，非恝然於國事，而自便其身圖也。緣臣任最久，曠職良多，既無前勞之可錄，而駑技既窮，騖力已盡，自知後効之難期。況四方多事之時，正夙夜經營之日，欲資輔理，宜藉忠賢，豈臣衰庸所能幹濟？必且誤國家之大計，孤君父之殊恩，皇上亦安取於臣而用之。且臣前以被論乞休，疏六上矣，而不果去，繼以嬰疾求退，疏又三上矣，而不果去，遞聽之人苟見臣之不去，以爲持祿保位，有所貪戀而不捨，則以爲希寵干澤，有所覬望而不決，使臣身爲輔弼？常蒙不白之疑，地在樞機，每致無根之謗，是心膂股肱之任，無難進易退之人，非所以風示百官，崇嚴政本也。蓋臣之求去，一則爲大臣處身之義；一則爲朝廷周人之體，毋以臣之不肖，玷內閣而辱清朝，則臣之幸也滋厚。惟皇上察臣之志，聽臣之言，俾臣得生出國門，善歸田里，啣結之報，存歿敢忘。臣不勝激切控籲之至。謹具奏聞，伏候敕旨。"奉旨："朕以卿久効忠勞，方加恩典，如何又有此奏。四方多事，朕一意任卿，期於共濟，卿何忍乃以貪戀覬望爲嫌，恝然於朕。宜遵前旨即出，慎勿又辭。吏部知道。"

十五日辛亥，大學士申時行奏："爲辭任方懇蒙恩愈渥三瀝愚誠乞收回成命俯從微尚事。該臣以一品三考再疏乞休，奉聖旨：'朕以卿久効忠勞，方加恩典，如何又有此奏？四方多事，朕一意任卿，期於共濟，卿何忍乃以貪戀覬望爲嫌，恝然於朕。宜遵前旨即出，慎勿又辭。吏部知道。'臣欲再行具疏仰控宸嚴，隨准吏部咨該本部題奉聖旨：'元輔歷一品滿九年，茂著勳猷，朕心嘉悅，着仍前輔理，特加太傅，兼官照舊，給與應得誥命，支伯爵俸，還寫敕獎勵，賜宴禮部，蔭一子做尚寶司丞，以稱朕優禮首臣至意。欽此。'臣莊誦綸音，感極涕泗。竊謂大臣之於國家，必有鴻碩之才，乃可以勝艱鉅之責，而不然者謂之曠瘝，必有崇隆之積，乃可膺殊特之恩，而不然者謂之冒濫。臣頃緣奉職無狀，懇疏乞休，上則以國事多艱，恐愈久而愈墮廢，下則以人言可畏，恐愈久而愈玩侮，及茲引退，獲解政樞，既逃竊祿之譏，且正黜幽之罰，蓋臣之求去非直爲身，寔亦爲國也。乃避位之章，未蒙俞允，而酬庸之典，更極優隆，官以三公，祿以五等，寵以敕宴，蔭以符丞，則元勳貴戚之所不能兼，名卿碩輔之所不敢當者，而悉畀之臣，臣之不職何以堪此。方欲解其所固有，而顧益之以所本無，方欲辭久不能稱之官，而有加以必不可承之寵，則臣之貪戀名位，覬望恩私，左券甚明，何以自解於天下。夫造物忌滿，鬼神惡盈，居寵則多危，乘高則疾僨。臣雖愚昧，亦懼顚隮，其致蹈已覆之車，被不衷之服？所有恩命萬不敢承。又惟臣以待罪乞休，遽以蒙恩視事，則情同嬌飾，迹類要求，臣之若誠，終難自白。伏望皇上鑒臣微悃，收回前項恩命，仍俯從前情①，曲成始終，則聖朝禮下之仁，微臣守身之義，皆足以垂光來禩，風示在廷，臣不勝大幸，伏惟聖明亮詧。臣無任懇切籲祈之至。謹具奏聞，伏候敕旨。"奉旨："卿鴻才崇績，朕素眷知。況考滿酬勞，亦國家彝典。加恩原不爲過，卿何固辭，欲遂高尚。宜勉遵前旨，祗承新渥，以明朕君臣相得之美。該部知道。"

　　十六日壬子，大學士申時行謹奏："爲恭謝天恩事。該臣以一品九年考滿，伏蒙聖恩，頒賜臣銀五十兩，紵絲四表裏（內大紅織金胸背斗牛一表裏）、原封鈔五千貫，茶飯五卓，羊三隻，酒三十瓶，遣文書官李相齎捧到臣私寓，臣謹焚香叩頭祗領訖。伏念臣行能無取，才術甚疏，致身偶際於風雲，當事多更於歲月，孜孜矻矻，徒懷報主之忱；碌碌庸庸，靡著匡時之績。屬當程課，宜在黜幽，席藁杜門，候嚴誅於欽鈇，乞身避位，圖晚節於丘園。誤蒙寬貸之仁，疊荷勉留之命，俾還舊物，特需新恩，方傴僂以循牆，復騈蕃而錫貺，精鏐文綺，兼玆寶鏉之生新；肥羜上尊，重以瓊肴之馥郁，榮逾意望，寵溢分涯。臣拜命增慚，拊躬切懼，素餐覆餗，當思少滌乎前愆，報德酬知，祗恐難期於後效，仰戴生成之造，敢忘啣結之私。臣不勝感戴天恩之至。謹奏謝以聞。"奉旨："覽卿奏謝，朕知道了。禮部知道。"

①情　明抄本作"請"，是。通行本誤作"情"。

十七日癸丑，大學士申時行謹奏："爲感激殊常恩眷恭陳謝悃事。該臣以一品九年考滿荷①恩私，方深悚懼，今日又蒙特遣文書官吳忠，恭捧御筆手札：'諭元輔，卿持身端亮，調元贊化，夙夜憂勤，爲國宣勞，朕倚任劻勷。茲歷一品九年考績，朕心嘉悅，特於常典外，加賜銀二百兩，青紅坐蟒各一襲，綵段四表裏，以示優眷，其欽承之勿辭。欽此。'該本官齎賜到臣私寓，臣謹焚香叩頭祇領訖。伏念臣起於蓬蓽，致位三孤，典在樞機，叨榮九載，賴明主總威權而獨運，曁諸司守職業以交修，臣惟碌碌以處中，徒有容容而竊祿。腹心委寄，自知重地之難堪，骸骨生還，尚冀私衷之獲遂。豈期宸眷，曲賜慰留？屢荷德音，優加敍錄。既按彝章而錫命，載踰常典以敷恩。服有五章，蟒繡仍兼乎織筐，貢惟三品，裹蹠特出於金籯，勞御筆以親揮，遣近臣而就賜，訓詞深厚，榮踰一字之褒，禮典優隆，寵邁百朋之貺。在縉紳謂之奇邁，於史册亦爲美談。臣獨何人，敢膺茲數？方凌兢而罔措，將稱塞以何能？惟有益勵勤憂，勉持端亮，仰誦王言之大，尚思鞭駑以酬知，俯循臣職之常，永矢馳驅而盡瘁。所有御筆手札，臣謹用尊藏，以爲子孫鎮家之寶。臣不勝激切感戴天恩之至。謹具本奏謝以聞。"奉旨："覽卿奏謝，朕知道了。禮部知道。"

十八日甲寅，大學士申時行題："臣本以竊祿有年，曠官無補，連章待罪，揣分陳情，荷蒙皇上特賜勉留，載加褒賚，且常典之外，更承殊渥之頒。臣感激鴻恩，真同覆載，誓殫駑鈍，遑惜捐糜。謹遵奉明旨，於今日恭詣午門前廷謝，到閣辦事訖。除俟皇上御門之日另補面恩，及具疏辭免新命外，臣不勝瞻戴之至。謹具題知。"

是日，大學士申時行謹奏："爲遵旨復任冒寵未安力懇允辭新命以安愚分事。臣須以九年滿考，三疏乞休，並辭新加恩命，奉旨：'卿鴻才崇績，朕素眷知。況考滿酬勞，亦國家彝典，加恩原不爲過，卿何固辭，欲遂高尚。宜勉遵前旨，祇承新渥，以明朕君臣相得之美。該部知道。欽此。'仰惟聖恩高厚，天語

萬曆十九年

九〇一

① 荷 明抄本"荷"上有"疊"字。通行本脱此字。

勤惓，犬馬有知，猶當戀主，臣豈敢自圖高尚，仰負眷知？謹已遵旨入朝，到閣辦事訖。惟是殊常恩命，未蒙允辭，則臣有踧踖不能自安者，故敢罄竭愚衷，再干天聽。先朝閣臣久年考滿，皆荷特恩，非但循資俸，計歲月而已，蓋其勳猷持茂，望實素孚，懋賞酬勞，誠不爲過。如臣任事日久，罪過日多，精力日衰，職業日曠，不加譴責已荷寬容，尚可以徼非分之榮，冒薦隆之典乎。且臣秩首孤卿，階躋特進，歲祿有特賜，月俸有兼支，寵逮先人，賞延後嗣，從前之所叨竊固已極矣，今舊典未報，而新渥荐加，既於甲令之中從優錫予，復於常典之外破格崇隆，即目前之所承受亦已過矣，如復冒進而不休，多取而無饜，是謂大貪，是謂鮮恥，臣復何顏立於班行之上乎？查得先年大學士楊廷和，以九年考滿加太傅，大學士徐階以九年再滿，加伯爵俸及賜宴，二臣具疏懇辭，並蒙俞允。臣之庸劣，不敢望二臣，而叨冒過之，伏望皇上念臣分量已盈，察臣控辭非矯，准臣辭免，收回新命，則皇上體臣之周，待臣之厚，度越尋常，其爲感激尤萬萬也。如謂德音既渙，舊典宜存，則臣當謹拜獎勵之敕，及司丞之廕，臣服茲光寵，延及子孫，懷有世世啣結，報國恩於罔極而已。臣不勝激切懇祈之至。謹具奏聞，伏候敕旨。"奉旨："卿既到閣任事，朕心慰悅。加恩已有成命，如何又辭。古三公官不必備，授惟其人，國朝文臣或加伯爵，以卿功德茂著，別無可酬，特晉公秩伯祿，用示優異。至於部宴，乃是常典，卿何固遜，使朕無所用其情。宜勉遵成命，體予一人崇德報功之意，再不必辭。該部知道。"

二十日丙辰，大學士申時行奏："爲揣分瀝誠三辭恩命懇乞聖明俯允以全臣節事。該臣以遵旨復任，冒寵未安，再疏懇辭恩命，奉聖旨：'卿既到閣任事，朕心慰悅。加恩已有成命，如何又辭。古三公官不必備，授惟其人，國朝文臣或加伯爵，以卿功德茂著，別無可酬，特晉公秩伯祿，用示優異。至於部宴，乃是常典，卿何固遜，使朕無所用其情。宜勉遵成命，體予一人崇德報功之意，再不必辭。該部知道。欽此。'臣恭誦綸音，彌增慚懼。仰惟聖恩優渥，君命崇嚴，臣豈不知承順之爲恭，煩瀆之爲罪？然臣所以屢控而不止者，誠不敢以臣之不肖，上褻國家之典章，下虧人①臣之分義也。臣請畢其愚誠而聖明察焉。夫命官詔祿，皆朝廷之大政，惟公惟當可以服人，即抱關斗食以上，咸不可苟，而況三公之官，五等之祿乎？國初官制雖設有三太，然皆借以褒寵勳臣，未有以文墨起家得居其位者。國初文臣雖間封伯爵，然皆開國靖難之功，未有以階資積久得食其祿者。表率之地，匡贊之臣，當爲朝廷修明憲典，慎惜名器，奈何身自壞之？今以國朝文臣所未有者，而特畀之臣，以先朝名碩之所不敢當者，而固授之臣，使國家典章由臣而褻，臣不敢也，人臣束身修行，令聞珪璋，不敢言德，奔奏後先，拮据盡瘁，不敢言功，以爲居位食祿分義宜爾也。臣因緣遭際，九玷樞機，位秩已崇，祿賜已厚矣，然且身負瑕釁，片善無聞，坐食優遊，寸籌莫展，何德之可稱？何功之可錄？夫以不德忝位，而又寵之以必不可居之官，以無功素餐，而又益之必不可饗之祿，使臣之分義由臣而虧，臣不敢也。至於賜宴春曹，雖有先朝故事，但臣自初次考滿，即荷特恩，及再考具辭，曾蒙俯允，況如敕獎蔭敍，臣茲不敢瀆辭，仰被殊私，已爲超格，所有前項恩命，萬萬不敢祇承。夫皇上以殊禮優臣，以溫諭開臣，而臣復虛文餙②，嬌爲廉讓之名以欺世，則非人類也。惟皇上矜臣聽臣，使臣進有憑藉之榮，退無顛隮之懼。臣不勝感激祈荷之至。謹具奏聞，伏俟敕旨。"奉聖旨："朕嘉卿碩德懋功，非優崇秩俸，無以示眷酬，於典章分義，原非私濫。而卿深自抑畏，三讓不居。這伯俸體卿勞謙，特聽辭免，用成卿志。其部宴興獎敕、敍蔭，乃首輔九年從來所有，勿復堅辭，以拂朕心。該部知道。"

二十一日丁巳③，大學士許國等題："今日發下文書，內有首臣申時行三辭恩命疏，該臣等正在商量票擬間，而首臣再三私懇，責以相成之義，不得不代爲之一言。竊惟自古君臣，有各盡之道，有一體之心。自君而言。則以報功爲盛典，而有所

① 人　明抄本無"人"字。通行本增此字。

② 餙　明抄本"餙"下有"詞"字。通行本脫此字。

③ 已　"已"當作"巳"。

不得辭。自臣而言，則以克讓爲美事，而有所不敢受。此各盡之道也。至於契合之深，而倚毗之重，則君以誠信其臣，而不必以故事爲恩澤，臣以誠信於君，而不必以虛辭爲退讓。此一體之心也。項者，首臣一品考滿，皇上特爲之備舉彝章，優加命秩，一辭而不允，再辭而不允，君臣之間亦既各盡其道矣。乃首臣三疏愈懇而臣等又親見其局促遜避之狀，則其一年至誠，不惟不以勞績要賞，而方懼盛滿之難居，不惟不以退讓飾名，而且苦煩言之再瀆，皇上尚可不體其心、而處之安地乎？臣等叨綴閣寮，豈不欲借首臣之餘榮，相與共揚休命？但念皇上本以純忠一德眷知首臣，則寵之不以穹階，而優之不以重祿，乃愈見明良相得之歡，其榮加於形迹故事之外萬萬也。用敢不揆愚陋，潛擬一票，准令辭免太傅、伯祿，以成其美，其敕獎、蔭子及賜宴禮部，臣等擬令祗受，以存典故，以彰聖恩。伏乞聖明裁定施行。謹具題以聞。"上乃准辭伯俸，而御筆點去公秩二字，猶未允辭太傅云。

二十五日辛酉，大學士申時行奏："爲殊恩叨冒已多崇秩萬分難受四懇聖明俯容辭免以安愚分事。昨該臣三疏懇辭恩命，又恐愚誠未達，天聽難回，因浼同官三臣代臣祈請，奉聖旨：'朕嘉卿碩德懋功，非優崇秩俸，無以示眷酬，於典章分義，原非私濫。而卿深自抑畏，三讓不居。這伯俸體卿勞謙，特聽辭免，用成卿志。其部宴與獎敕、敘蔭，乃首輔九年從來所有，勿復堅辭，以拂朕心。該部知道。欽此。'臣恭誦綸①音，不勝感激，不勝愧懼。凡臣不敢當之大義，與不能安之至情，前疏已詳言之，蓋不得已而至再至三塵瀆聖聽，又不得已而私懇同官代布下情，已蒙虞鑒，親裁准辭伯俸，是皇上優隆之眷，體悉之仁，真若父母之愛憐，乾坤之覆載，臣敢不祗承明命，仰副聖懷。所有賜宴禮部、寫敕獎勵、及蔭子尚寶司丞，臣已不敢復辭外，至於太傅崇秩，未蒙允辭，則有萬萬不敢承者。夫使事非駭聞，理可勉受，臣非病狂失志，何敢屢聒以煩宸斷？何苦堅辭以拂聖心。緣自聖祖開創以來，未有以此官輕畀文臣

①綸　明抄本作"論"，通行本改作"綸"，是。

者，自隆慶以前未有閣臣敢受此官者，有之自近日始，而卒犯天下大不韙之名。蓋臣仰稽開國之典章，博觀內閣之故事，深鑒近時之覆轍，一番承命，一番驚惶，以至寵爲至危，以至榮爲至苦，乃敢畢抒悃款，再瀆宸嚴。皇上不以臣庸駑，慾備任使，則必使臣中無愧怍，後免憂虞，然後可以容身，可以駐足，未有履至危之地，懷至若之情，而能泄泄自安、棲棲不去者也。且臣叨冒日久，無論見任官階，從前祿賜，自頂至踵，無非聖恩，即今日所承恩數，如御筆手札，坐蟒襲衣，乃臣子不敢望之極榮，累朝不輕予之盛典，而又錫以部宴，獎以特敕，廡以符丞，則皇上之優異，臣之荷戴於皇上，亦已踰涯溢格，不可復加矣。即少此一項，無虧於高厚之恩，而臣多此一官，則益增夫滿盈之懼。皇上榮臣之身，孰若安臣之心？眷臣於一時，孰若保臣於後日。此所以披膽瀝肝，始終祈控於皇上而不容已也。惟皇上矜而聽之，准臣辭免太傅，仍以見①供事，臣之感德酬知，出尋常萬萬矣。臣不勝激切待命之至。謹具奏聞，伏侯敕旨。"奉旨："卿元輔九載，勳望益彰，加秩酬庸，原非超格，何乃懇切固遜？朕鑒卿悃誠，非由矯飾，併聽辭免，以安卿心，用見朕君臣相與之情，且成卿勞謙之美。吏部知道。"

二十八日甲子，大學士申時行題："近該臣以九年考滿，過冒恩私，賚予之隆，褒崇之渥，皆前此所未有，臣不勝感激。至於臣所辭免，特蒙允俞，使臣進有寵榮，退無憂懼，臣又不生感激。仰惟皇上，覃敷厚澤，覆載等於乾坤，體悉愚誠，怙恃逾於父母，非臣捐軀隕首所能仰報萬一。臣謹本②日恭詣午門前廷謝訖，除候皇上御門之日另行面恩外，謹具題知。"

① 見　明抄本"見"下有"任"字。通行本脫此字。

② 本　明抄本"本"上有"於"字。通行本脫此字。

萬曆起居注

①閏 "閏"上當有"萬曆十九年"五字。

②任 明抄本"任"上有"原"字。通行本無此字。

閏①三月丙寅，朔，大學士申時行奏："爲因言省咎直陳未明心迹懇乞天恩俯容釐正以息疑議事。該臣接得南京湖廣道御史李用中揭帖，内條陳時弊五事，末六事爲臣男用嘉中式浙塲，欲照馮詩等例一體革黜，其稱史鉶以縱子落職，意蓋指臣而微其詞。此爲不攻之攻，不論之論，直欲使臣無地容身，無顏在列。臣宜待罪求去，而以新荷殊恩，屢蒙溫諭，不得不以君父之故含垢忍恥，然必迹終於不明，人言終於不息，臣感備述顛委，直陳於皇上之前。臣爲修撰時，與任②尚書董份之子、已故給事中董道醇結姻，子女俱各三歲。道醇家有田產在吳縣，臣家有田產在烏程，婚姻相通，壤地相接，名雖隔屬，實則同鄉。及臣男已長成，當與婚娶，而臣初以簡命入閣，身在京師，不能請假，家鮮兄弟，莫爲主婚，適道醇會試來京，遂携臣男以去，就彼婚配，因留其家讀書，此臣男寄籍之由也。及臣男在彼進學，臣即貽書召之，戒勿應試，士大夫嘗館其家者亦親見之，而道醇以愛女私情，淹留不遣，臣男少不更事，惟聽婦翁指麾，臣去家四千里不及禁止，遂由浙塲僥倖，此臣男中試之由也。道醇令臣就試浙省，則道醇誤臣，臣遣臣男往贅其家，則臣自誤，臣則信有罪矣。然女婿見在外家，邑中舊有田產，與自南之北、流寓異鄉者不同，浙省人才頗衆，中式難於應天，與避難就易、希圖倖進者不同。臣於萬曆十二年據實具陳，因請覆試，奉聖旨：'朕素知卿忠慎守法，卿子公道中試，原無私弊，有何嫌疑？不必覆試。欽此。'又節年會試，臣男皆不入塲。臣以爲事經題明，既蒙鑒宥，臣男退避，可免嫌疑，將謂區區之心可以自白，不意數年之後，猶見搜求。前聞蔡時鼎嘗以爲言，欲臣亟當改省，又聞李懋檜復申其説，請旨改回原籍，其疏皆留未下，臣不敢輒有煩瀆，今李用中又言當革矣。蓋子夏云：'小人之過也必文。'而孔子云：'過而不改，是謂過矣。'臣實有過，何敢自文？及今改圖，猶足自贖。臣雖不肖，終不以禽犢私愛，濫國家公器，終不以屋漏愧心，干朝廷公法。而臣屢叨恩蔭，臣男亦不必以舉人出仕。若不亟行釐革，則訿臣者以爲罪狀，議臣者以爲談資，何以服人之心、杜人之口？

而臣復何面目優然班行之上乎？伏望皇上俯察愚誠，特賜乾斷，將臣男用嘉革去舉人名色。如念臣情非故犯，過可矜原，仍許臣男承廕入監讀書，待臣去任之日再應鄉試，一可以明臣志，一可以謝人言，臣當補過竭忠，捐軀圖報。臣不任懇切切①祈望之至。謹具奏聞，伏候敕旨。"奉旨："卿前爲子懇請覆試，朕鑒卿心事，洞無可疑，已有明旨了。李用中如何又來誣揑。卿子自幼結親，就近應試，原與冒籍遠方、希圖僥倖的不同，何嫌可避？卿宜安心贊理，不必介懷。禮部知道。"

四日已巳②，大學士申時行奏："爲恭謝天恩事。本月初四日，欽蒙聖恩頒賜臣獎勵敕書一道，特遣文書官李興，恭捧到臣私寓，臣謹焚香叩頭祇領訖。竊惟寵章徽數所以答茂功，明詔德音所以昭殊渥，自非名碩，未易堪承。而臣久玷三孤，虛延九載，苟逃默罰，冠裳未褫於終朝；幸荷眷知，簪履猶憐於舊物。優崇備至，賚予駢蕃，惟聖明曲軫乎微勞，肆恩貺迴超於常典。十行親灑，先沾御墨之淋漓；三道斜封，載奉宸章之炳煥。頒從内府，將以中消，縉紳侈爲奇逢，密勿傳爲盛事。臣啓函諷誦，拜命凌兢，梧鳳矢音，何以對綸言之重；山龍補闕，詎能當袞字之褒？勞極生慚，感深欲涕。惟當繹思聖訓，勉竭愚忠，尊藏以示子孫，永世無忘於啣結，淬勵以酬君父，没身靡懈於劻勷。臣不勝感戴天恩之至，除赴鴻臚寺報名廷謝外，謹具本奏謝以聞。"奉旨："覽卿奏謝，朕知道了。禮部知道。"

五日庚午，大學士申時行奏："爲感恩陳謝再瀝危誠懇乞聖明俯從初請以息疑議事。近該臣奏爲因言省咎直陳未明心迹等事，奉聖旨：'卿前爲子懇請覆試，朕鑒卿心事，洞無可疑，已有明旨了。李用中如何又來誣揑？卿子自幼結親，就近應試，原與冒籍遠方、希圖倖進的不同，何嫌可避？卿宜安心贊理，不必介懷。禮部知道。欽此。'臣愚陋無識，闇於知幾，頑鈍不才，疎於慮患，以一時之過誤，致衆口之疑議。臣方據實陳情，

萬曆十九年

九〇七

① 切 明抄本無此"切"字。通行本有此字。衍。

② 已巳 "已巳"當作"己巳"。

省愆待罪，伏蒙皇上俯垂鑒照，特賜矜原，察臣於啁譏噂沓之中，全臣於震撼漂搖之際。仰惟聖恩高厚，非臣捐軀隕首所能仰報萬一，臣誠不勝感戴。但臣反覆思維，尚有不能自安者。天樞機之地，表率之司，受任隆則人之望愈重，歷歲久則人之吹求愈多。而臣又才劣望輕，莫能鎮壓。蓋自當事以來，側目而伺，攘臂而談者，略可指數。壽宮，吉典也，則以危言中臣。科場，公器也，則以私意窺臣。邊鎮，重計也，則以和議擯臣。取受，大節也，則以贓穢誣臣。然皆借事生情，捏詞鼓釁，而上有明明不可欺之聖鑒，下有炯炯不容昧之公評，臣皆可以顧影不慚，抗顏不屈，而悠悠之談，亦終不能簧鼓天下之觀聽，則更求臣可疑之迹、可指之名、臣之所未及自明、人之所不能相信者，訟言訛臣，謂惟此可以發臣之陰私，而中臣之罪狀，直使臣身心不安、進退維谷而後已。幸賴明旨赫赫，爲臣湔除，溫諭諄諄，爲臣慰解，臣既有所怙恃，自可免於憂虞。然臣男不幸而被其名，臣不幸而有其迹，則臣面猶蒙垢，背猶負芒，何能使天下釋然無疑、寂然無議？臣既乞身未許，避位不能，尚當備數班行，周旋密勿，而常使搖唇泚筆之士，顯刺微議，以爲皇上姑以體面容臣，臣姑以一請塞責。則臣之心迹何時而明、人之議論何時而已乎？伏望皇上貰臣煩瀆，矜臣危苦，俯從初請，准臣男用嘉革去舉人，承廕入監。臣一日在任，臣男必不敢入場。使臣畢時獲遂於退休，臣男將來不礙於進取。則皇上之善臣始終，全臣父子，大造洪慈，與天無極，臣當世爲犬馬以報。臣不勝激切仰望之至。謹具奏聞，伏候敕旨。"奉旨："卿心事朕既洞悉，何乃又有此奏？近來議論繁多，輕相鼓煽，即朕所倚任大臣，往往借事動搖，必使朝廷大政決於衆口，成甚政體？卿子本無私弊，著照舊，這事已屢有旨了，不許再來瀆擾。該部知道。"

七日壬申，諭內閣："朕疾稍愈。原朕之疾，因火致患，生痰成病。故朕食少寢廢，雖嘗服藥餌，未見瘳愈，以致廟享屢遣代行，朝講久廢。乃左右奸頑之所激，雖輒痊又病。朕茲見上天示儆，心甚憂懼，反躬自咎，乃知爲小人之蠱惑，以損朕之德行，擅作威福，長自己之奸惡，以致上天震怒，星變垂戒。奸①惡小人，朕今以②斥逐之，因③諭卿等知之。"

是日，大學士申時行等題："今日欽奉聖諭：'疾稍愈。原朕之疾，因火致患，生痰成病。故朕食少寢廢，雖嘗服藥餌，未見瘳愈，以致廟享屢遣代行，朝講久廢。乃左右奸頑之所激，雖輒痊又病。朕兹見上天示儆，心甚憂懼，反躬自咎，乃知爲小人之蠱惑，以損朕之德行，擅作威福，長自己之奸惡，以致上天震怒，星變垂戒。奸惡小人，朕今以④斥逐之，因⑤諭卿等知之。欽此。'該司禮監太監田義恭捧到閣，又口傳聖諭：刑銳擅作威福，結交宮婢，與何成、趙昇等通同鑽刺，都打發去了，說與臣等知道。欽此。臣等近聞彗星示異，天鑒孔昭，不勝驚惕，以爲聖明在上，豈宜⑥此？皆臣等奉職無狀所致。方共省愆修職，冀銷天變，以寬聖懷，不意宮掖之中，冕旒之側，乃有奸惡之人，爲蠱惑之計，以致上拂聖意，有干天和，臣等遠在外廷，未能仰悉。今皇威有赫，宸斷不疑，憸邪既已進除，宮禁爲之清肅，臣等既不勝頌戴。且又特涣德音，深自引咎，其視禹湯之罪己，周宣之側身，不啻過之，此諭一傳，將使大小臣工無不贊嘆。皇上雷霆之威，擊斷允當，日月之復，臨照一新，將播爲頌聲，釀爲和氣，從此聖躬康豫，凡廟享朝講可以次第舉行，而天意潛孚，將彗孛災祲行當一切消弭，臣等又不勝欣忭。再惟奸頑既點⑦，聖德愈益光明，玉體初安，調攝倍宜加慎，不必以一時激怒，留滯聖懷，伏惟少霽威嚴，茂綏福祉，臣等尤切祈望之至。所有聖諭一道，謹尊藏閣中，以昭盛美。謹具題以聞。"

八日癸酉，大學士申時行等題："先該臣等於三月二十日，聞一更之後，西北方有星如彗，尾長尺餘，而未之見。及問欽天監官，果然有之，云在胃宿度分。近日又問之，則云在東北方室壁宿度分，尾長約二尺。臣等不勝驚訝。竊惟天心仁愛，每以譴告爲符，人事感通，必以修省爲實。頃者欽奉聖諭，惓

①姦 《明神宗實錄》卷二三四作"姦"。
②以 《明神宗實錄》卷二三四作"已"。
③因 明抄本作"固"，通行本改"因"，是。
④以 《明神宗實錄》卷二三四作"已"。
⑤因 明抄本作"固"。通行本改"因"，是。
⑥宜 明抄本"宜"下有"有"字。通行本脫此字。

⑦點 "點"似當作"黜"。

惓以天戒爲言，且引咎責躬，懼德行之有損，明罰飭法，示奸惡之必懲，自可以昭格天心，潛消變異，臣等何容置喙？惟是臣等贊襄寡術，匡濟無能，未諳調爕之方，有玷樞機之任，是宜席藁待罪，自陳乞休。然又恐涉虛文，未敢瀆聽，惟當勉修職務，自贖愆尤。至於大小臣工，布列有位，所食者莫非天祿，所理者莫非天工，當此星象示異之時，是豈暇豫自安之日？合無敕下禮部，查照舊例，行各該衙門官員，洗心滌慮，修職省躬，務蠲乖戾之私，以迓天和，務秉精白之忱，以回天意？謹擬傳帖一道，進呈御覽，伏乞聖裁施行。臣等之愚，尤望皇上祇畏天威，增修聖德，廟享親承乎大典，朝講無曠於常儀，平善①怒以和性情，慎起居以綏福祿，此又感格之方，導迎之本也。臣等不勝悃款效忠之至，謹具題以聞。"

九日甲戌，賜四輔臣鮮藕各三枝。

十二日丁丑，諭禮部："兹者星象示異，天戒垂仁，咎在朕躬，深用警惕。諸可大小臣工，各宜奉公率職，宣力分猷，一切怠玩私邪，虛文積弊，務加洗滌，以稱朕修實應天至意。修省事宜，爾禮部查照舉行。"

十四日己卯，諭六科十三道："邇來風尚賄囑，事尚趨附，内之效外，外之借内，甚無公直，好生欺弊。且前者天垂星示，羣奸不道，汝等職司言責，何無一喙之忠，以免辱曠之罪？汝等於常時，每每歸過於上，市恩取譽，輒屢借風聞之語，訕上要直，至於鬻貨欺君，嗜利不軌，汝等何獨無言？好生可惡。且爾等豈不聞'宫②府中，事皆一體'之語乎？何每以搜揚君惡，沽名速遷，爲爾等之職任邪？尒等受何之爵？食何之祿？至於長奸釀亂，而傍觀避禍，無斥奸去逆之忠，職任何在？本都該拏問重治，姑且從輕，各罰俸一年。吏部知道。"

十八日癸未，大學士王錫爵題："爲罷閒官員假以建言行賄

①善 明抄本作"喜"，是。通行本誤作"善"。

②宫 通行本明抄本"宫"下皆無"中"字。《三國志》"隆中對"原文有"中"字。

干進乞賜處廙以儆官邪事。該臣於本月十七日，出閣回至朝房，有閒住郎中公一揚，驀差家人投書一封，附有建言揭帖一通①，內開送臣白米二百石，薏酒四十尊。臣一見不勝駭愕，不勝憤歎。查得一揚原任管河郎中，時臣以起用進京，道經徐州，一揚從衆謁臣於舟次。此先年臣與一揚識面之由也。既而一揚被參革任，以書自辯，臣亦姑以書慰之，自此之外，別無情分。乃一旦攀援爲知己，暮夜之投，腹心之託，不及同官三臣，而偏及於臣。既不考臣之生平頗嚴辭受取予之節，又不察臣之地位原無黜陟進退之權，其愚而辱臣至此。況意在謀起，辭曰建言。以壯夫義士剖肝決命之忠，而反資乞丐市井搖尾乞憐之計，其詐而辱天下士大夫又至此。蓋人有入市攫金者，舉目見金不見人，以一揚之心腸面孔，固不知朝堂爲何地，廉恥爲何物矣。臣雖鄙也，備員政本，若但拒絕其人而不發其事，則臣心雖無愧，而將來不才罷閒之吏，慕爲一揚者，止拚得朋友一唾面，妻妾一相泣，何事②不可爲？何人不可鑽？又何朝綱政事之不可亂也？爲此從實具題，一面將原書、禮帖封送該科收貯，以憑查審。伏乞敕下法司，先將送書家人追出原禮入官，然後從重議一揚之罪，而臣亦請自伏素履不孚之罪，庶仕路肅清，人心知警。臣不勝皇悚激切之至。伏候敕旨。"奉旨："覽卿所奏，具見清正。這罷閒官員，假託建言，賄求進用，好生奸猾無恥。公一揚着革去冠帶爲民，彼處巡按御史提問具奏。原差家人，法司嚴提究問。"

　　二十七日壬辰，大學士申時行等題："昨有③欽奉聖諭，切責言官，通加罰俸，羣臣莫不震懾，臣等亦切競惶。仰惟皇上之尊，如天如父，天方震怒，人未有不畏威者，父方譴責，子未有不引愿者。皇上以羣奸不道，鷙貨嗜利，咎言官之不言，又以屢借風聞，訕上要直，斥言官之妄言。臣等仰繹聖謨，俯察時事，徒以宮廷地隔，不能一一聞知，臺省人多，不能一一告戒，遂使肘腋之慮，上廑聖懷，道路之言，輒干天聽。至於賄囑之風，趨附之事，內之效尤敝習，外之借聽訛傳，而臣等

① 通　明抄本"通"下有"礼帖一通"四字。通行本脫此四字。

② 事　明抄本作"明"，通行本改"事"。

③ 有　明抄本作"者"，通行本作"有"。

萬曆起居注

既無表率之能，又無挽回之術，曠瘝特甚，愧懼尤深。然犬馬願忠之心，不能自已。蓋聖躬初豫，正宜加慎珍調，廟享將臨，方欲躬親對越，前項事情，有不必輕動聖怒者。臣等請有以解之。自古帝王臨照百官，裁決庶政，即事以觀理，則氣自平，緣情以用法，則心自服。近日邢銳等之事，若事皆暴著，惡已播聞，則豈惟科道當言之？即臣等亦有不能緘默者。科道官知而不言，則豈惟皇上惡之？即臣等亦有不勝痛惡者。惟是人在禁庭，耳目所不能及，事初發覺，言語所不能詳，其煩瑣觸忤之詞，誠屬可厭，而旁觀避禍之意或亦可原，是在皇上以理照之，而不必怒也。且渠魁先已斥逐，黨與聞亦就擒，或命內監鞫審，其情可以立見；或下法司究問，其罪可以立決，是在皇上以法繩之，而亦不必怒也。聖怒少解，則聖躬益安，聖躬安則臣等之心亦安，而在廷大小臣工皆無有不安者矣。顧臣等復有請焉。左右侍御，日奉起居，不但資其奔走服役之勤，寔亦取其漸染薰陶之益，與其懲之①敗事之後，孰若謹之於任用之初。今賢奸忠邪，皇上自有定鑒，若樞機之地，近密之司，務擇其人不以輕授，則人無倖進，亦無數易，此當慎之於始者也。祖宗立法，入皇城者不得持寸刃，經斷罪者不得充宿衛。嚮者內操人員，持仗出入，言者每有隱憂。今內操雖已久停，而兵器猶各藏帶。宸御清嚴之地，宮庭邃密之中，豈宜有此？謂宜通行檢查，申明禁制，此防之於漸者也。惟聖明留意施行。臣等不勝幸甚。謹具題以聞。"

二十九日甲午，諭內閣："朕昨覽卿等所奏，悉見忠愛憂慮至意。前者責遣奸逆，已諭卿等知矣。但此輩餘類，心懷報復，潛蓄不道，有欲以放火用毒藥之舉，賴皇天默佑，啟朕先知。雖則伏法，其黨甚多，朕已命所該掌管之人，日夜謹慎。至於切責言官，朕怒其失職負君，但知常時於君上之事，每借以風聞，沽名要譽，至於羣奸懷謀算上，則委之不知，好生不忠，故姑從輕罰責而已。卿等可安心贊治，其餘朕知道了。"

是日，大學士申時行等②："昨該臣等冒昧進言，一則欲仰

① 之 明抄本"之"下有"於"字。通行本脫此字。

② 等 明抄本"等"下有"題"字。通行本脫此字。

寬聖意，紓不測之威，一則欲少留聖心，借不然之患。今日欽奉聖諭：'朕昨覽卿等所奏，悉見忠愛憂慮至意。前者責遣奸逆，已諭卿等知矣。但此輩餘類，心懷報復，潛蓄不道，有欲以放火用毒藥之舉，賴皇天默佑，啟朕先知。雖則伏法，其黨甚多，朕已命所該掌管之人，日夜謹慎。至於切責言官，朕怒其失職負君，但知常時於君上之事，每借以風聞，沽名要譽，至於羣奸懷謀算上，則委之不知，好生不忠，故姑從輕罰責而已。卿等可安心贊治，其餘朕知道了。欽此。'臣等恭誦綸音，不勝慰服。仰惟皇上躬膺寶曆，總攬乾綱，乃皇天之所眷綏，祖宗之所擁佑。若奸逆不道，結黨蓄謀，鬼神亦當殛之，豈能逃於國法？今渠魁既已遠竄，餘黨又皆伏辜，惟當稍加隄防，不必過為疑慮也。至於言官失職，臣等亦豈敢為之游說？但人之賢否不同，心之公私亦異，自今惟願皇上少加甄別，而無一概視之，則效忠之臣，庶得安位以行志耳。所有聖諭一道，謹尊藏閣中，以垂萬世。茲臣等復有請焉。比來大小臣工徯望天顏，不啻饑渴，今孟夏時享，適當聖躬康豫之時，宮禁肅清之日，祖宗在天之靈亦必悅喜。乞皇上暫移宸躒，對越神靈，以昭聖孝之純，以慰神人之望。臣等不勝瞻企之至。謹具題以聞。"

萬曆起居注

九一四

萬曆十九年①四月丙申，朔，上親享太廟。

是日，大學士申時行等題："今日恭遇皇上親承廟享，對越神靈，惟時天氣晴和，禮文咸秩，大小臣工無不歡欣快睹。至於臣等，違曠聖顏已經數月，今日幸瞻天表和晬充盈，仰知聖躬萬福，臣等不勝慶忭踴躍之至。謹具題稱賀以聞。"

是日，大學士申時行等題："昨該遼東副總兵官李平胡、李寧等聞虜糾聚入犯，即先期出邊搗剿，斬獲二百餘級。雖兩陣相當，不無傷損，而奮勇出塞，寔係奇功。仰見聖武布昭，將士用命，臣等不勝欣躍。謹將該鎮總督官塘報先行進覽。謹具題以聞。"

五日庚子，大學士申時行等題："先該禮部尚書于慎行六疏乞休，臣等見其情詞懇切，不忍強留，又以大臣去留，宜出宸斷，不敢專決，謹擬二票進覽。今日已旬日②餘，未蒙批發。臣等看得，該部事體最重且繁，目今有王府冊封及題差京考各項事務，掌印官既候旨不出，佐貳官又不敢專行，來免停閣廢馳。伏乞聖明特垂省覽，或准其回籍，或仍令在任，於二票中裁用一票，即賜批發，庶官無缺員，國無廢事。謹具以聞。"

十一日丙午，賜元輔申時行銀綵扇五把，銀釘絞扇十把，砷磦扇二十把，次輔許國、王錫爵、王家屏每銀綵扇三把，銀釘絞扇三把，砷磦扇二十把，及講官李長春等五員，各銀③絞扇三把，砷磦三④把。

二十二日丁己⑤，大學士申時行等題："近該孟夏朔日，恭遇聖駕親享太廟，一時駿奔諸臣，仰睹天顏晬穆，聖體安和，無不踴躍稱慶，以為皇上勵精伊始，視事有期，朝政從此益修，朝儀庶幾無曠。故臣等引領而望，不敢輒有瀆陳。今再旬以來，節蒙傳免，廷臣籍籍有言，責臣等以不能啟沃聖聰，將順德意，臣等悚然愧汗，有不容於終默者。夫假廟饗親，所以明奉先之孝，視朝聽政，所以肅臨下之規，此皆祖宗舊章，國家大典，

① 萬曆十九年 明抄本無"萬曆十九年"五字。通行本有此五字。

② 日 明抄本無"日"字。通行本有"日"字。

③ 銀 明抄本"銀"下有"釘"字，通行本脫此字。

④ 三 明抄本"三"上有"扇"字。通行本脫此字。

⑤ 己 "巳"當作"巳"。

萬曆十九年

所宜兼修而並舉者也。今皇上於宗廟之禮，既已親行，則於朝廷之禮，豈可久廢？且朝門之於大數可以減裁，於時亦不爲久，出朝遲早可以隨意，於聖體亦不爲勞。皇上何惜數步之出入，不以慰大廷廣衆之觀瞻？何憚片時之臨御，不以副四海九州之仰望。此臣等所以不避煩聒而竊有請也。伏乞皇上，俯垂聽納，特出視朝，庶朝廷之政一新，臣民之心允洽。臣等不勝激切懇祈之至，謹具題以聞。"

二十三日戊午，大學士申時行等題："昨該臣等恭請皇上視朝，今日該文書官李文輔口傳聖諭：説與臣等，廟享回一向頭目眩暈，雖好些，還未大安，欽此。臣等初陪廟祀，幸睹天顏，將謂聖體既已康寧，朝儀似難久曠，以故備陳忠悃，仰瀆宸嚴。兹奉綸音，不勝瞻戀。伏望皇上倍加珍護，以迓純禧。俟玉體之全安，即臨朝而聽政。臣等無任懇祈之至。謹具題以聞。"

二十四日己未，大學士申時行題："臣於三月內以一品九年考滿，伏蒙聖恩頒賜銀兩、表裏、坐蟒、衣襲等項，又蒙賜敕獎勵，賜宴禮部，蔭一子尚寶司丞，臣不勝感戴。合候皇上御門之日，致詞謝恩，緣節遇免朝，未得補謝。查得近例，而恩官員候過三次，即具本題知，不必候補。臣濫叨輔弼之司，特荷殊常之眷，欲但循近例，則與廷臣不同，欲仍候朝期，則恐起數愈積。兹已候過二十餘次，相應具題。伏念臣能薄任隆，勞微賞厚，即頂踵莫能稱塞，豈言詞所能暢宣？惟有殫力匡襄，矢心啣結。臣無任感激聖恩之至。謹具題稱謝以聞。"

二十七日壬戌，册封德府等府王常邦清①等併妃尹氏等，遣官各王府行禮。

二十九日甲子，大學士許國等題："今早文書官李浚將下湯顯祖本，傳示聖意：'前日手諭，原爲左右奸邪，科道失職，非干先生等事。湯顯祖忘②意胡扯，原該重處，且擬票來看。'臣

①邦清 明抄本作"㵿"，爲一字，是。通行本作"邦清"，爲二字，誤。
②忘 "忘"似當作"妄"。

等當即遵奉從輕擬票，將顯祖調外，隨蒙御筆欽改，調極邊雜職，仍申前諭，丁寧臣等：'前事委與閣臣無干，妄言的還該重處纔是。已從輕了，説與先生每知道。欽此。'臣等恭繹再三，仰見皇上洞燭讒誣，明如日月，倚任輔弼，信如腹心。不但首臣申時行荷知遇之非常，益馨竭以圖報，臣等恃照臨之在上，亦當奮勵以輸忱矣。誠不勝感激，不勝振竦。竊念臣等身直禁帷，雖忝樞機之地，而事由聖斷，豈容專擅之私？但近來人各有心，每肆行其胸臆，而官或失意，輒乘間以傾危，即如顯祖之言，假借諭旨，攻擊首臣，以快其私憤，若非聖明鑒察，則臣等心迹無由辨明，手足何從展措？人人得以歸怨，事事皆將掣肘。臣等之去就不足惜，而議論紛紜，政權旁落，自後誰復有爲朝廷任事者乎？是今日諭旨，不惟首臣得安位以行志，而國家紀綱且藉以振舉，近日士風，或因以轉移矣。臣等無任欽感願望之至。謹具題以聞。"

是日，以端陽令節，賜元輔申時行金書黃符四道、金書紅符四道、金艾葉四副，次輔許國、王錫爵、王家屏每金書黃符二道、金書紅符二道、金艾葉二副，及講官李長春等五員，各金書黃符一道、金書紅符一道、金艾葉一副。

萬曆十九年①五月乙丑②，大學士申時行奏："爲竊位日久屢致煩言懇乞天恩放歸田里以重政本事。臣偶因微疾有礙方澤分獻，奏請改遣閒，該南京禮部主事湯顯祖以星變陳言，論臣欺蔽，奉聖旨：'朕前手諭，原爲左右奸逆不道，科道失職而發，與輔臣無預。元輔時行等屢揭慎起居，杜隱憂何，嘗欺蔽？且威福出自朝廷，誰敢擅干？湯顯祖乃假借攻擊，掇拾訛誣，本當重處，姑從輕調極邊雜職用。該衙門知道。欽此。'臣本以望實輕微，怨尤累積，致煩囂之謗並鬼聚，留都攻擊之章屢干天聽，臣不勝怕懼，負愧欲死。伏蒙聖慈，特垂昭雪。又該同官三臣備述文書官口傳聖諭，及閣中票擬又蒙御筆刪定，即刻發行，臣不勝感激，涕泗交下，惟當捐糜圖報，豈敢復有瀆陳？顧顯祖論臣，以爲潛移皇上之威福，又以臣爲欺蔽，則上係國體，下關臣節，臣有不容終默者。先年丁此呂以科場試題欲起大獄，楊巍參之，尋亦被論，波及於臣，則有臣之辯疏在，是否臣教楊巍，廷臣皆知之，庸可掩乎？萬國欽論臣多贓，原人見在，一鞫自明，故臣止請逮問，未曾逐事分析。至其降調，則有臣之救疏在，是否諷臣國擬竄，同官三臣皆知之，庸可欺乎？科臣遷轉，自有定資，賢否自有公論，臣不敢爲之代辯，然謂臣與之爵祿，及以年例外補之法牽聾言官，則必使六科無掌印，科道無例轉，然後謂之公乎？以此爲臣潛移威福，臣之所未解也。近日李用中訛及臣子，臣即據實陳情，特請釐革，疏凡再上，再奉明旨，是否以一請塞責，皇上可查閱而知。邊功之不敘閣臣，奉旨久矣，水泉之捷在去年十一月，其奏到爲今年正月，而臣九年滿考在三月，原非同日，是否爲臣考滿始來奏功，皇上可按問而知，以此爲臣欺蔽，亦臣之所未解也。臣聞南部盛傳，以爲皇上近日手諭，欲使言官論臣，若乘機攻臣，其說必行，臣當必去，顯祖之意，或出於此。然皇上聖哲夙成，威權獨運，進退予奪，雷厲風行。謂臣不識耶？嚴旨可以譙讓。謂臣不法耶？明憲可以斥譴。何必假口言官而後決？即以言官示公，則萬國欽之疏深文醜詆，皇上可以殛臣竄臣。即爲閣臣存體，則臣昨歲乞休疏凡九上，今年求去疏又三上，

① 萬曆十九年　明抄本無"萬曆十九年"五字。通行本有此五字。
② 丑　明抄本"丑"下有"朔"字，是。通行本脫此字。

皇上可以聽臣放臣，又何以屢旨慰留，頒恩優渥如是也？夫皇上方倚任股肱，而彼乃張設疑端，爲外廷鼓簧，皇上方肅清宫掖，而彼乃移過於臣，爲内廷解紛。則無乃大傷國體，重隳臣節乎？蓋言者以誤顯祖，而顯祖不知察耳。顧臣瘝曠已久，叨逾已極，當事九年之間，人之有求而不得、有覬而不遂者，何可勝數？臣之招怨蒙忌，何可勝數？顧左則右有挺戈，瞻前則後有伏弩，晚節末路至苦極難。臣一日不去，則人言一日不息，皇上何惜一庸材具員，不以安反側之心、重密勿之地乎？伏望皇上將臣罷斥，以謝言者，或以簪履見收，蓋帷不棄，則准臣休致，以終餘年，其顯祖誤信妄言，併乞矜宥，免其降調，以逭臣阻塞言路之罪。臣尤不勝激切控籲之至。謹具奏聞，伏候敕旨。"奉旨："卿忠誠體國，深契朕心。前此手諭，特以宫府事情併示卿知，以見一體之義。乃小臣妄意揣摩，藉口離間，好生亂政惑聽。本當重治，正慮卿意不自安，姑從輕處理①了。朕信任股肱，終不爲讒口動摇，卿豈可遽求引避，以中羣小之計？宜即出佐理，不必再辭。吏部知道。"

二日丙寅，夏至，大祭地於方澤，遣公徐文璧恭代，侯吴繼爵、李言恭、大學士許國、王家屏分獻。

三日丁卯，諭内閣："朕昨因玄象示異，奸惡不軌，故特諭内外臣工，恪修乃職，省己秉公，用弭天變，以圖治安。今各不任所責，歸咎元輔。前萬國欽誣捏詆辱，朕念係言官，已薄罰了。湯顯祖以南部爲散局，不遂己志，故假借罔②事，攻擊元輔，本當重治，姑從輕處了。卿等可説與元輔，不必以浮言介意，卿等俱安心供職。還着鴻臚寺傳示元輔，即出辦事，勿負朕意。吏部知道。"

是日，大學士許國等題："今日文書官李相，捧到御札：'朕昨因玄象示異，奸惡不軌，故特諭内外臣工，恪修乃職，省己秉公，用弭天變，以圖治安。今各不任所責，歸咎元輔。前萬國欽誣捏詆辱，朕念係言官，已薄罰了。湯顯祖以南部爲散

①理　明抄本作"分"。通行本作"理"。下文兩本皆作"分"。

②罔　《明神宗實録》卷二三六"罔"作"國"，是。

局，不遂己志，故假借罔①事，攻擊元輔，本當重治，姑從輕處了。卿等可說與元輔，不必以浮言介意，卿等俱安心供職。還着鴻臚寺傳示元輔，即出辦事，勿負朕意。吏部知道。'又口傳聖諭：'讒臣起釁，聒激先生每，該當重處他。'先生每說都是各部的，失志妄言。元輔着即出供職，不必辭。欽此。'臣等仰見皇上爲一小臣之巇奏，而盡燭羣情譖訕交備之私，爲一首臣之被誣，而兼體臣等跼蹐不安之意，獨照之智，真洞徹乎肺肝，一德之交，藹相親如父子。臣等三復綸音，感增涕泣，有君如此，雖捐軀隕首生死且不敢辭，而欷怨招尤毀譽尚何足恤？當即傳示鴻臚，令其傳諭德意。臣等隨詣首臣私第，促之早出贊襄，以仰副眷懷，共圖報稱。臣等不勝欽服感奮之至。所奉聖諭一道，謹尊藏閣中，永垂盛美。謹具題以聞。"

是日，大學士申時行奏："爲恭謝天恩事。本月初三日，該鴻臚寺卿楊宗仲，傳奉聖諭：'朕昨因玄象示異，奸惡不軌，故特諭內外臣工，恪修乃職，省己秉公，用弭天變，以圖治安。今各不任所責，歸咎元輔。前萬國欽誣捏詆辱，朕念係言官，已薄罰了。湯顯祖以南部爲散局，不遂己志，故假惜罔②事，攻擊元輔，本當重治，姑從輕處了。卿等可說與元輔，不必浮言介意，卿等俱安心供職。還着鴻臚寺傳示元輔，即出辦事，勿負朕意。吏部知道。欽此。'臣謹焚香叩頭，祇承明命。伏念臣本緣薄劣，自致煩言，仰荷聖明，曲從寬赦，既逃嚴譴，復需溫綸，諭內閣以傳頒，遣臚臣而播告，臣感深雪涕，義激銘心，仰思怙恃之恩，敢後捐糜之報。顧臣望輕才薄，技盡力衰，策塞驅駑，恐難明於後效，乞身歸骨，尚有望於弘慈。臣不勝感戴天恩之至。謹奏謝以聞。"奉旨："覽卿奏謝，朕知道了。禮部知道。"

四日戊辰，大學士申時行奏："爲任事愈難酬恩無日再懇聖慈放歸田里以全晚節事。昨該臣以湯顯祖論列，具奏乞休，奉聖旨：'卿忠誠體國，深契朕心。前此手諭，特以宮府事情併示卿知，以見一體之義。乃小臣妄意揣摩，藉口離間，好生亂政

① 罔 "罔"當作"國"。

② 罔 "罔"當作"國"。

惑聽。本當重治，正慮卿意不自安，姑從輕處分了。朕信任股肱，終不爲讒口動搖，卿豈可遽求引避，以中羣小之計？宜即出佐理，不必再辭。吏部知道。欽此。』又該同官三臣傳示聖諭，諄切勸勉，隨該鴻臚寺卿楊宗仲，恭捧到臣私寓宣讀。除臣具奏恭謝外，臣不勝惶悚，不勝感泣。臣雖不肖，亦嘗聞事君之義矣。苟利於國，即羣口交謫，臣不爲慚。苟益於君，即百方詆譏，臣不爲辱。況於隆恩渥眷，不贊有加，顧何敢仰負恩私，自圖身便？然臣量已省躬，審時觀勢，臣有不得不去，而皇上有不容不聽臣之去者，臣敢披瀝言之。臣之樸拙，拘拘抱咫尺之義，以爲大臣不弄權，不納賄，不壞法，以誠心公道處己待人，循是而行，可幸無罪。乃不知近時士大夫，別是一般機軸，別有一種議論。不言持正而言權術，不貴率真而貴智巧，衆欲爲政，人各有心。動輒以私意相窺，惡名相被。無論影響疑似、傅會揣摩，即從來未嘗出聲、未嘗舉念，而已駕造添插①，唱於相隨，爲羣聚之談資，獄情之斷案矣。其又有至難至苦者。如遷謫官員，孰非親斷親傳？明言之則謂臣歸過於上，而不言則又疑臣修憾於中。留中章奏，何者不經御覽？不請則疑臣蒙蔽，而請之則又謂臣塞責。邊務夷情，本難遙度，敗則詆臣失策，而勝則又疑臣欲借以敍功。召對敷陳，本爲盛舉秘之則人多妄傳，而播之則又謂臣欲誇示恩寵。衆之所擬，不當則以爲私，當則以爲僞。衆之所賢，未用則以爲有意疏遠，而既用則以爲姑事虛縻。事至於不得不辯，辯則以爲爭勝，而必欲摧之，不辯則以爲氣餒，而愈益疑之。人至於非理相犯，不容則以爲狹隘，而羣然非之，容則以爲怯弱，而肆然侮之。一官而衆皆希覬，不得者怨。一事而兩人相左，不從者怨。今日之言如此，明日之言忽變而又如彼。與臣言然，與他人言忽變而又不然。人不論賢愚，事不論當否，與臣異者即以爲是，而欲引之升天，與臣同者即以爲非，而擠之入淵。似此物情，似此風尚，將使予奪不聽於朝廷，而聽於衆庶之口吻，去留不制於君上，而制於小臣之掌握。臣雖百身千喙，何能自解於謗議，自免於風波荊棘之中？而皇上即以簪履茲臣，以鼎鉉優臣，

① 插　明抄本作"挹"，通行本改"插"。當作"挹"。

亦何能使臣不面慙而心悸也？總之，由臣曠官日久，積釁日多，智術不足以禦人，才望不足以服衆。臣竊爲國家計，不去則弱臣益賤，國體益輕。皇上爲朝廷計，不聽臣去則國論益淆，政本益褻。臣所謂不得不去、皇上不容不聽臣去者以此。惟聖明哀臣之愚，察臣之志，毋使臣再辱。退伏草野，終身歌詠太平，死無所恨。臣不勝懇切哀鳴之至。謹具奏聞，伏候敕旨。"奉旨："昨有手諭傳示，促卿即出，如何又有此奏？近來士風反側，變態多端，正賴卿表正挽回，力扶世道。若復避讒決去，則國論愈淆，政本反褻，豈朕倚重之意？可丞出任事，用副朕懷。吏部知道。"

五日巳巳①，以端陽令節，賜四輔臣上尊珍饌。

① 巳巳 "巳巳"當作"己巳"。

六日庚午，大學士許國等題："今日文書官潘朝用將下本章，令臣等擬票。内有六科公本，爲吏、禮二科都給事中楊文舉、胡汝寧被南京主事顯歡祖訐奏，懇乞聖明垂察，以重言路。先該二臣各有辯本．臣等看得，顯祖原爲攻擊首臣申時行，因而牽及文舉等，今首臣既蒙聖鑒，則其誣罔可知，故擬二臣照舊供職。連日未蒙批發，是以六科諸臣各不自安，遂有此奏。臣等謹擬票進覽，伏望皇上即將文舉等辯疏與此疏一併批發，庶事體歸一，不惟六科諸臣心安，而首臣之心亦安矣。臣等未敢擅便，恭候聖裁施行。謹具題以聞。"

七日辛未，大學士申時行題："臣久玷樞機，自招謗議，懇章求退，未遂私懷，特諭慰留，更蒙宸眷。聖恩隆重，蒙恥辱以甘心，國事劻勷，矢捐糜而竭節。臣欽遵明旨，今早恭詣午門前廷謝，禮畢即赴閣辦事訖。臣不勝感載②天恩之至。謹具題知。"

② 載 明抄本作"戴"，是。通行本誤作"載"。

是日，大學士申時行等題："先該禮部題准，萬曆十九年各處歲貢生員共三百六十九名，開送翰林院考試。臣等會同禮部右侍郎兼翰林院侍讀學士掌院事韓世能，出題彌封，嚴加考試。

取中文理平通上卷八卷，文理亦通中卷三百六十一卷，俱應准貢。謹將各試卷進呈御覽，發下臣等欽遵施行。謹題請旨。"

十二日丙子，命國子監祭酒盛訥爲詹事府少詹事，兼翰林院侍讀學士，充日講官。

十三日丁丑，上視朝。

十四日戊寅，大學士申時行等題："本月初三日廷試天下歲貢生員，該臣等會同翰林院掌印官，看定上卷八卷，中卷三百六十一卷，俱應准貢，於初七日進呈御覽。連日未蒙發下，各處貢生日於禮部門首聽候發落。緣係常年定例，難以稽遲。伏乞聖明即賜裁決，將臣等原題及歲貢生員上中卷一同發下，以便開送禮部，照例施行。謹具①以聞。"

十六日庚辰，亥時月食。

十八日壬午，賜四輔臣鮮筍。

① 具 明抄本"具"下有"題"字。通行本無此字。

萬曆十九年①六月甲午，朔。

五日戊戌，賜四輔臣各批杷果一簍。

九日壬寅，大學士申時行奏："爲浮言傳搆重地難居懇乞聖恩特准休致以全臣節事。臣於本月初七日，接得南道御史李用中揭帖一本，蓋疏救湯顯祖而力詆臣。其爲顯祖所已言而疑臣之不辯者二，其出自用中之風聞而與臣無干者二。臣之庸劣無狀，數招浮議，仰瀆聖聽，臣惶愧欲死，何敢復曉曉置喙？然用中方以不辯疑臣，則臣有不容默者。楊文舉自放賑回，資序亦該掌印，其敍勞在戶部，其補官在吏部，原題具存，臣特票從部擬而已，而臣何能私于文舉？若使貪肆有迹，公論難容，臺臣自當參論，何待顯祖？彼時即應覺舉，何待踰年？或亦以道路之言，臺臣未有的據，故遲遲耳。南都之所不能詳，臺臣之所不能決，而欲使臣遙聽而臆斷之，毋乃太苛責乎？今文舉固在，事須有實，宜一聽於至公，臣以爲不必辯，故不辯也。臣之家人申炳，自幼隨臣，但給使令而已，若以爲公行賄賂，私鬻官爵，則臣之貪黷汙濫又當何似？如謂臣不至是，則臣之家人，又何所憑藉簸弄，而能受人之賄，與人以官？然此一廝僕耳，大犯則臣可以官法治，小犯則臣可以家法治，殊不足以辱臺臣之白簡，而欲仰瀆宸嚴，請正其罪，毋乃瑣屑甚乎？臣以爲不足辯，故不辯也。李淶素著風節，石崑玉治郡廉能，臣兩賢之，淶以錢糧不明參論崑玉，臣以爲崑玉必無沾染，或稽覈少疏所致，須行御史查勘，一可以明崑玉之心迹，一可以全撫臣之體統，已該吏部覆請，奉旨允行。崑玉固解任聽勘，初未嘗革職也。不知何故而有吳之楨②，固臣外親，然臣生長郡中，親戚亦衆矣，如其借臣生事而抵法，則於臣有益，如自以他事抵法，亦於臣無損，何爲以是不堪於崑玉？李淶嘗觸犯居正，必不肯枉公道以媚臣。臣素善崑玉，選擇而使，必不爲一冥頑無知之親戚，而嫌有益地方之太守。且之楨事犯在十一月，而淶之清查錢糧在九月，崑玉擬之楨扙③贖，而淶加重改徒，

① 萬曆十九年 明抄本無"萬曆十九年"五字。通行本有此五字。

② 楨 明抄本"楨"下有"之説，之楨"四字。通行本脱此四字。"之禎"當作"之楨"。

③ 扙 明抄本作"杖"，是。通行本誤作"扙"。

萬曆起居注

九二四

① 輕 明抄本"輕"下有"之楨"二字。通行本脱此二字。

② 傳 明抄本作"傅",是。通行本誤作"傳"。

③ 巳 "巳"當作"巳"。

④ 申 明抄本"申"上有"士",是。通行本脱此字。

則淶何以預知之楨之必犯而先爲之地？又何不爲臣而稍輕①之罪也？臣若私心不堪，當在淶不在崑玉矣。蓋淶之論屬官以公事，崑王之錢糧不明以公錯，臣之欲行勘以公心，而造言生事者必欲鍛鍊以爲臣私必？牽蔓以爲臣過，此臣之所未解也。周應鰲初任丹陽，后調吳縣，皆有才名，撫按之薦章具在。先任尚書宋纁曾語臣云：本部江西缺司官，訪得堪任者二人，一爲周應鰲，一爲羅朝國，今當次第用之。時以朝國先在南吏部，而應鰲尚爲知縣，乃先用之耳。原任選郎見在，可問而知。今應鰲已被論調南矣。昔之推用以吏部之諮訪，今之改調以科臣之論救，臣何嘗有一毫成心？若以其善事臣男而擢用之，則何不以其善事臣男而保全之也？此又臣之所未解也。用中又謂，臣當反求所以可言之自，而務使再無可言之隙。其規臣望臣甚厚，臣當佩服斯言。但臣之所能自信者，此身此心耳，若夫睹影疑形，牽合傅②會，求之而莫得其自，索之而不見其隙，則臣之心思有不能周，而伎倆有不能用者矣。臣一去位，則羣情自定，浮議自銷，何至以煩囂之詞，屢溷穆清之聽？伏惟聖慈曲垂矜憫，持准放歸，使臣爲耦耕之民，無使臣爲衆射之的，臣當死生啣結以報。臣不勝激切控祈之至。謹具奏聞，伏候敕旨。"奉旨："卿爲首輔，秉心公平，持身廉慎，朕信之久矣。李用中祇以前疏不行，又復回護私交，多方牽扯，以争必勝。朕已洞燭其妄，卿何介懷？宜即出安心佐理，以副倚任。吏部知道。"

十二日乙巳③，大學士④申時行奏："爲衰庸實難就列再懇天恩特准休致以全臣節事。近該李用中救湯顯祖，因力詆臣，臣具疏求去，奉聖旨：'卿爲首輔，秉心公平，持身廉慎，朕信之久矣。李用中祇以前疏不行，又復回護私交，多方牽扯，以争必勝。朕已洞燭其妄，卿何介懷？宜即出安心佐理，以副倚任。吏部知道。欽此。'臣之不肖，善狀無聞，而彈章屢及，臣慚而繼之以懼。伏蒙聖慈矜察，温諭勉留，臣感而繼之以泣。何敢不忍恥就列，勉圖報稱，而單言去哉？蓋臣之求去，非真爲身，寔爲國體，臣敢披瀝言之。夫樞機之地，表率之司，即使才足匡時，望能鎭俗，而任事旣久，樹敵滋多，末路甚艱，危機可畏，尙當循止足之分，避盈滿之災。況臣才劣望輕，神昏力憊，叨恩竊祿，歷有歲年，人情之責望愈苛，而臣之職業愈曠，物論之傾搖愈甚，而臣之罪戾愈多，事事可以見疑，人人可以肆侮，卽陳情辯謗，應接不遑，而欲使昂首伸眉，翼贊國家之計①，不亦難乎？且以密勿淸重之重②，而常處於憂讒畏譏之地，是內閣之體由臣而辱也。以股肱心膂之任，而久屬之負瑕蒙詬之人，是朝廷之體由臣而褻也。臣愚一身不足惜，如內閣何？如朝廷何？伏望皇上憫臣之志，恤臣之私，特渙德音，准臣休致。使歸骨故丘，不獨全臣厚臣，固所以重政本而尊國體也。臣不勝懇切哀籲之至。謹具奏聞，伏候敕旨。"奉旨："卿旣爲朕股肱心膂，豈可遽因浮言決意求去？正宜以身鎭定薄俗，不避嫌怨，乃所以重政本而尊國體。還遵前旨，卽出佐理，愼勿再辭。吏部知道。'

十四日丁未，大學士申時行奏："爲恩③給假調理事。近該臣以被言當去，再疏陳情，伏奉溫綸，未蒙俞允。臣當急趨君命，仰副聖懷。但臣年力旣衰，疾疢交至。自入夏以來，常患齒痛，艱於飮食，然猶勉强辦事，不敢偸安。今則心火上炎，頭目炫暈，膿耳痔瘡一時並發，視聽食息皆失其常，伏枕呻吟，不勝苦楚，委實難以供職。伏乞聖恩，准臣給假調理，稍候旬日，看臣病體何如，再圖進止。臣無任干冒隕越之至。謹具奏聞，伏候敕旨。"奉旨："閣務重大，卿偶感微疾，原不妨贊理。暫准調攝數日出④輔政，愼勿更萌他念。吏部知道。"

十五日戊申，大學士王錫爵奏："爲驟聞母病危急頃刻難安懇乞天恩卽日放歸省侍以全母子二命事。臣母吳氏年來衰病思家之狀，久已上聞，祇緣聖恩深重，旣不聽臣同歸，又必欲遣官送臣母歸，臣退踟躕，公私難處，勉於令年三月中，私遣臣男衡絜家送母暫還，庶上不至驚動聖恩深重，以稍寬母懷，而臣亦且藉口一路平安之報，得專心料理閣務矣。乃臣母到家未

① 計　明抄本"計"上有"大"字。通行本無此字。
② 重　"重"似當作"職"。
③ 恩　"恩"上當有"乞"字。
④ 出　"出"上當有"卽"字。

久，忽於昨日接得臣男親筆一書，內稱：'祖母途中極健，而歸家為眷屬所牽擾，連日以來，覺其語言蹇澁，面色黑廋，氣息惙惙然，胸中不時作痛，日食不能三甌，大腸至二十一日不動。祖母亦頗自以為憂，渴思見父，而又囑男莫盡對父言。男思老人精神素王，而一旦潦倒至此，豈得不着急？為此飛信報知。'臣一聞此言，不覺魂魄無主，心膽俱碎，戾天無羽，縮地無術。切思父母之疾，人所諱言，遠方家信，但有粧飾，使臣母病勢不重，則臣男必不張皇至此。以老人七十七歲風燭待盡之年，而身又隔三千里外天涯海角之遠，一哽一噎無不可為寒心，何況得疾如此之危，思臣如此之切，而臣又焉能頃刻安也？臣適以男書涕泣徧呈同官，同官皆為之心動，而其慰臣之語，不過為善人天祐、未必有他。殊不知天道果信，則母別由臣，母病由臣，臣萬千罪業何殛罰未加，而先降疾於臣母？見今男婦不敢保，僮僕不敢言，求神神不告，占夢夢不詳，而臣又焉能頃刻安也？此時此情，臣之苦楚急迫，皇上天地之心必垂憐憫。但臣母安危之機，間不容髮，而臣亦且誓不獨生，有如尚拘故事，或從容發票，或繾綣議留，則臣母子之命窮矣。萬不得已，懇求天恩，徑自從中放歸，侍母湯藥。臣一世為人，三生報本，總決於此時，而皇上之知臣眷臣，亦惟此。體悉至情，急救母命，為萬萬年莫大功德也。臣不勝痛哭哀祈之至。為此具本奏聞，伏候敕旨。"奉旨："今中外多事，正賴卿等與元輔共圖康濟。卿母雖病，已有卿男在籍侍奉，不必親行，所請不允。吏部知道。"

十七日庚戌，大學士申時行奏："為恭謝天恩事。近該臣以患病給假調理，伏蒙聖恩，遣御前答應牌子李虎，齎賜鮮豬一口、羊一羫、白米二石、酒十瓶、甜醬瓜茄一罎，到臣私寓。臣病不能興，但於牀褥間望闕叩頭祗領訖。伏念臣禀資孱弱，從損得衰，受任艱危，積勞成疾。歷涉風波之險，幸免淪胥，亮非金石之姿，終當挺解。既呻吟之累月，乃號泣以呼天。洗沐賜間，暫輟中書之直贊，筐①頒示寵，遽煩內侍之臨存。分白粲於天田，兼茲肥腯，出黃封於御府，佐以餚蔬。祗承賚

① 筐　明抄本作"匪"。通行本作"筐"。

于①之騈蕃，仰荷眷知之隆渥。臣稽首而受，拊膺自傷。福過災生，抱沉疴而未起，恩深命賤，怙大造以難酬。儻鹿麋遂返於山林，庶有生全之望，即狗馬未填於溝壑，敢忘啣結之思？臣不勝感戴天恩之至。謹具本奏謝以聞。"奉旨："覽卿奏謝，朕知道了。禮部知道。"

十八日辛亥，諭大學士王錫爵："朕覽卿所奏，忽聞母病，懇切求去。朕思臣侍君之道，忠孝豈能兩全？卿之憂苦，朕豈不知？奈今邊方多事，所賴卿與元輔等共濟時艱，豈可輒而引退？卿職任股肱，正宜協贊密勿。既卿母微疾，見有卿子衡在籍侍養，以盡孝道，卿可安心調理。待母病痊②，差官迎取來京奉養，以全子道，豈③不忠孝兩全？卿不必憂思過慮，即出佐理，共圖國事，慎勿再辭。"

是日，大學士申時行等題："昨該太醫院院判陸得元等，傳到診視聖躬脉證方劑，皆因勞心動火，肝氣欠平。臣等一聞，私心懸切。今早書官李文輔復口傳：皇上左頷下微有結核，今右邊復結一核，更甚於左。臣等愈切惶悚。竊惟伏暑炎蒸，痰火易動，況連綿陰雨，濕氣易侵，致生結核，轉移流注，非關起居之失節，實因氣候之難調也。雖偶爾違和，旋當勿藥，臣等更願皇上澄神定慮，戒怒平情，順時令以保天和，薄滋味以清中氣，則煩欝可解，而康禧漸臻矣。臣等無任懇切仰望之至。為此具本，恭候萬安，謹具題以聞。"

是日，大學士王錫爵奏："為恭謝天恩事。適該文書官李文輔齎捧御札一道，到臣私第，臣恭設香案，伏聽宣讀：'朕覽卿所奏，忽聞母病，懇切求去。朕思臣侍君之道，忠孝豈能兩全？卿之憂若，朕豈不知？奈今邊方多事，所賴卿與元輔等共濟時艱，豈可輒而引退？卿職任股肱，正宜協贊密勿。既卿母微疾，見有卿子衡在籍侍養，以盡孝道，卿可安心調理。待母病痊之日，差官迎取來京奉養，以全子道，豈④不忠孝兩全？卿不必憂思過慮，即出佐理，共圖國事，慎勿再辭。欽此。'伏念臣一介謬悠，六年尸曠，及今情窮勢急、萬苦難留之時，而皇上猶

萬曆十九年

九二七

① 于 明抄本作"予"。通行本作"于"，誤。

② 痊 據下文，"痊"下應有"之日"二字。

③ 豈 明抄本作"其"。通行本改作"豈"。

④ 豈 明抄本作"其"。通行本改"豈"。

萬曆起居注

① 燭　明抄本作"火"。通行本改"燭"。

② 千　明抄本"千"上有"不"字。通行本脱此字。

③ 爲　明抄本作"臣之",是。通行本誤作"爲"。

眷惜慰勉,以盼其一日之用。且蒙欽遣專使,特降内宣,示以忠孝之難全,責之股肱之大義,甚而風燭①病親,尚期迎養,獨犢小子,亦辱呼名。皇上如此待臣,如此憐臣,又如此之託臣,臣雖頑如生鐵,蠢若螺蠔,豈能禁涕泗之不横流心腸之千②結也,顧今愴怳之際,痛哭之中,一息不敢喘,一句不敢答,惟有以頭觸地,灑血叩天,誓以此生時時刻刻不忘天高地厚之恩,仍誓來生世世子孫補臣今日未償之負而已。謹先將聖諭連夜差人函示病親,以爲鎮家續命之寳,而別容昧死再陳至苦至迫之情,惟皇上始終哀之。臣不勝悲感涕咽之至。謹具本陳謝以聞。"奉旨:"覽卿奏謝,朕知道了。禮部知道。"

十九日壬子,大學士王錫爵奏:"爲再披極苦至誠援例乞恩省母以圖後報事。該臣昨以母病乞歸省侍,隨蒙皇上遣官賜札慰留,續奉御批:'今中外多事,正賴卿等與元輔共圖康濟。卿母雖病,已有卿男在籍侍奉,不必親行,所請不允。吏部知道。欽此。'臣之初疏所以不忍遽言乞休長往者,知皇上遇臣厚、惜臣深也。而同官時行等亦皆仰推君父之愛,視臣如左右手之難割。然耳不忍聞臣涕泣之聲,目不忍見臣倉皇之色,亦且慨然爲臣懇切代陳矣。皇上試詳如此情狀,豈爲③得已哉?而聖諭又爲之委曲計處,於君親忠孝之間,如拊啼兒,如治家事。自古豈有人臣遇主至此,而臣尚忍以母恩加天地之上者哉?顧念皇壽萬年,尚有用臣之日,時雖多事,未乏料理之人,而臣母惟臣一子,其危急盼臣之際,又惟此一日,皇上但爲臣目前忠孝兩全計,正未知臣若不歸,則母與身俱不能保,而忠孝必將兩負也。蓋臣前疏所陳,尚有心悸口軟不忍盡言者,而臣男報臣之信,亦尚有三分餘語在臣叔夢周、臣婿秉忠書中者。臣猶記犬馬之身去年病時,臣母坐不離牀,手自調藥,哀哀慈母,此恩宜何如報?今身自遘綿惙垂危之疾,而獨不得晨昏一面之緣,枕里尋思之事,非死別即生離,牀前問疾之人,非孤甥即寡女,脱有不測,臣尚何以立身天地之間哉?聖諭謂臣男侍養,臣可安心。然祖孫終屬隔世,豈有一母一子,附骨之肉,而可託命他人者？興言至此，欲飛不得，欲逃不敢，而臣之①真憐②矣。臣連年乞骸，總爲母病。而身病則理當致身，母病則見在侍母，皇上以情以義勉留，臣不敢不奉詔，乃今事非爲身，母復在遠，若復貪戀隱忍，不連夜馳歸，臣又有何面可以見人？何心可以辦事？查得先朝大學士金幼孜、張瑛、彭時、毛紀、併蒙賜假省親，原不妨其後用，臣事勢窮迫，只得冒昧廉恥，援四臣事例以請。蓋即以聖諭中忠孝兩全之諭，而自開移孝爲忠之門，萬一皇天可憐，臣母病愈，則臣自當奉之來京，豈敢又煩遣官迎取也？臣不勝萬感萬苦、涕咽哀祈之至。爲此謹具奏聞，伏候敕旨。"奉旨："昨特出手札諭卿勉留，卿乃又有此奏。覽奏情詞迫切，母子天性，難以重違。暫准假三個月，馳驛歸省，特賜路費銀一百兩、紵絲四表裏，仍差官伴送，促令如限前來，毋負朕眷。該部知道。"

二十日癸丑，大學士申時行等題："昨該同官臣錫爵以母病乞歸，伏蒙皇上溫旨勉留，且特賜手札，遣官慰諭。臣等私相感誦，以爲皇上眷倚錫爵，優異如此，不但錫爵當竭節酬知，即臣等亦宜淬志自勵者也。即日同詣錫爵私寓，勸令即出，以稱上德意。錫爵感激流涕，與臣等言：'亦知殊恩難報，大義莫逃。第八十老親，經時臥病，風燭之慮，未忍盡言。儻歸侍無期，悔恨何及？'語畢，涕流被面。臣等亦皆惻然動容，不能復爲辭說矣。昨聞其家信續至，母病漸增，故今再疏乞歸，情詞愈迫。臣等竊詳其疏乞假省親，與乞身求去者輕重固爲有間，而省親危迫之際，與省親安平之時者，緩急又自不同，似應俯順孝誠，暫容請假。儻謂前限五月，嫌於太寬，或量改三月，差官守候，趣令如限前來，則單騎遄往，子情既得以暫伸，趣駕還朝，國事亦不至於久曠矣。但閣臣去留，臣等未敢擅便，仍擬二票進呈，伏候御覽裁定施行。臣等無任煌悚待命之至。謹具題以聞。"

二十二日乙卯，大學士王錫爵奏："爲仰荷非常聖恩恭陳謝

---

① 之 明抄本"之"下有"心"字，是。通行本脫此"心"字。
② 憐 明抄本"憐"字之上有"可"字。通行本脫此字。

惘事。該臣昨以母病，再疏請急歸省，奉聖旨：'昨特出手札諭卿勉留，卿乃又有此奏。覽奏情詞迫切，母子天性，難以重違。暫准假三個月，馳驛歸者，特賜路費銀壹百兩、紵絲四表裏，仍差官伴送，促令如限前來，毋負朕眷。該部知道。欽此。'臣聞命自天，感增涕下，已於今日恭詣午門前，行五拜三叩頭禮謝恩訖。伏念臣一介至微，寸長無取，偶屬風雲之會，上厪夢卜之求，起草萊而入預萬機，歷日月而晉登一品，且延以奕世祖孫之賞，兼恤其家人父子之私，至於特達之深知，無非羣臣之所望。灑青蒲之泣，高聽為之屢卑，疏舟①扆之箴，嚴顏為之曲霽，此都俞再逢之世，而環草必報之恩，臣猶何心，敢捐斯造。惟是身為獨子，家有老親，抱危疢於天涯海角之鄉，寄生命於婦人兒子之手，音書至日②，迫情事之如焚，疾痛呼天，矢血誠之備瀝，歸骸得請，祓爵猶榮，豈圖簪履之紆懷？更荷絲綸之錫寵，百程擁傳③，恩華已載於長途，九府分珍，貺渥且逾於故事，重以遣官之專護，趣其赴闕之嚴期，蓋環玦並賜於一時，真為特典，而送迎兼領之一使，彌悉眷思。此蓋伏遇皇上好生之仁，錫類之孝，愛其子因及其母，噓朽木以回春，許其去更盼其來，憫寒灰之遂熄。顧臣驚憂既劇，荷遽④方新，雖區區卿高厚之恩，實切切抱滿盈之懼。側身天地，苦方寸之難居，回首瞻依，悵此生之未卜。臣不勝痛哭感恩激切籲戴之至。為此具本親齎奏謝以聞。"奉旨："覽卿奏謝，朕知道了。禮部知道。"

二十三日丙辰，大學士王錫爵奏："為恭謝天恩事。伏蒙聖恩，以臣給假回籍，欽賜路費銀一百兩、紵絲四表裏，該文書官李恩齎捧至臣私第頒給，臣恭設香案叩頭祇領訖。籲天得請，方蒙再造之恩，歸路徼榮，更荷十朋之錫。茲蓋遇我皇上道隆下濟，仁不遐遺，察臣陟岵望母之私，言出於肺腑，憫臣垂橐在官之節，力不辦於斧資。已蒙給驛而獲行，旋復遣官而錫賚。兼金累鎰，珍分御府之藏，命服五章，製出天機之巧。遂使一介羈離⑤之迹，遠為萬里什襲之光。恩實越於尋常，感難聲於

① 舟 "舟"當作"丹"。

② 至日 《王文肅公文集》卷三七作"日至"。

③ 傳 《王文肅公文集》卷三七作"待"。

④ 遽 《王文肅公文集》卷三七作"遣"。

⑤ 羈離 《王文肅公文集》卷三七作"孤羈"。

名狀。臣敢不強抔涕淚，努力道途，攜秘寶以鎮家，奉餘資而將母？五雲在望，彌深結戀於羹牆；一日未行，猶冀抒忠於葵藿。臣無任慚悚荷戴之至。謹具本奏謝以聞。"奉旨："覽卿奏謝，朕知道了。禮部知道。"

是日，大學士王錫爵奏："爲辭朝事。昨蒙聖恩以臣母病賜假歸省，臣已於今日恭詣午門前，行五拜三叩頭禮辭朝訖。緣本日適遇皇上免朝，未得面見。查得京官給假等項，近雖有補本不候面辭之例，而臣叨廁弼丞，受恩深重，駑駘①之力，既靡報德於涓埃，兒女之私，猶冀承顏於旦夕，敢援常例，自同衆人？迫母命之垂危，盼家音之不再，呼天控地，誓不獨生，倍道兼程，恨其猶晚，不得不隨衆補本，以代陛辭。鄉路三千里，愴回首之漸遥，君門十二重，軫寸腸之彌結。惟皇上爲社②稷而自重，俾微臣廑嚴穴以安心。臣無任戀德馳情悲哽攀遡之切。謹具本奏聞。"奉旨："覽卿奏，朕知道了。"

二十五日戊午，大學士申時行奏："爲繁機重任病苦難支三懇天恩特准休致以全晚節事。近該臣以浮言狎至，再疏乞休，伏蒙溫諭勉留，臣不勝感激，即欲仰承明命，圖報聖恩。祗緣抱病未痊，是以具疏請假。既踰旬日，前疾轉加，有不得不仰首哀鳴，上干天聽者。夫人臣分在致身，義當徇國。使才能足以幹濟，則不敢不竭其能，使精力可以馳驅，亦安敢自愛其力？顧臣斗筲之器，滿則必傾，蒲柳之姿，柔而易悴。雖肩鉅重，無所短長，當事愈久，而愈不厭於物情，閱歲滋深，而滋不悦於衆口，一籌罔指③，五技俱窮，臣之能薄才疎，已可概見。而又早衰積困，易病難瘳④，心神耗於憂思，筋力疲於應接，即今齒痛妨食，耳膿妨聽，痔漏妨行，似兹困憊之軀，殊非歲月可療。竊念政本至重，機務至繁，臣欲偃蹇卧家，則職司多曠，欲勉强就列，則疲曳⑤不支。愈病愈苦，愈苦愈病，臣之心有不能一息安，而臣之身有不容一日留者矣。惟皇上惻然哀憐，慨然矜允，特准休致，以終餘年，臣死獲首丘，生當擊壤，伏地戴天，不敢忘報。臣不勝激切控籲之至。謹具奏聞，伏候

①駘　明抄本作"駘"，通行本誤作"貽"。

②社　明抄本"社"上有"社"字，衍。通行本删此字，是。

③指　"指"當作"措"。

④廖　明抄本作"瘳"，是。通行本誤作"廖"。

⑤曳　"曳"當作"曳"。

敕旨。"奉旨："機繁任重，正賴卿總理擔當，豈可相繼引去？且卿精力有餘，既以致身徇國爲義，何得託疾堅卧？宜遵屢旨亟出，副朕眷倚，慎勿又辭。吏部知道。"

二十七日庚申，大學士申時行等題："先該吏部題准願告教職歲貢生員，行移翰林院考試。臣等欽遵，會同禮部右侍郎兼翰林院侍讀學士掌院事韓世能，出題彌封，嚴加考試，取中文理平通上卷八卷，文理亦通中卷二百八十六卷，俱堪授教職。臣等謹將試卷封進，伏乞聖裁發下，開送該部，查照臣等先後題准事理施行。謹具題請旨。"奉旨："吏部知道。"

是日，大學士申時行奏："爲備陳病苦真情四懇天恩特准休致以延殘喘事。近該臣三疏乞休，奉聖旨："機繁任重，正賴卿總理擔當，豈可相繼引去？且卿精力有餘，既以致身徇國爲義，何得託疾堅卧？宜遵屢旨亟出，副朕眷倚，慎勿又辭。吏部知道。欽此。'臣恭誦綸①音，不勝感荷，不勝競惕。臣至不肖，皇上過而使之，委任至隆，開諭至切，臣即百身萬死，莫能仰報，何敢託疾堅卧，負眷倚之至懷，而干欺謾之大僇哉？凡臣所以懇切陳情、再三瀆聽者，正爲機務至繁，臣實不能總理，責任至重，臣實不能擔當，上何以贊國是而分主憂？下何以厭物情而銷謗議？非惟才有不稱，寔亦力所不堪。臣之自見明、自量審矣。皇上顧以臣精力有餘，而不遂棄之乎？則臣請備陳之。臣少遭愍凶，長更憂患，年垂四十鬚髮已蒼，既及五旬，頭鬚盡白，氣衰血耗，形證甚明，此立班奉對之時皇上所親見，臣何敢託？自昨冬傷足，今歲病齒，起居食息，頓失其常。即今耳數流膿，痔漸成漏，忽又閃蹉腰脊，不能屈伸，皆同官所親見，臣何能託？至於神思恍惚，精氣銷亡②，事多灰心，言常失次，病在隱伏，理不久長，則臣若不自言而良醫之所望而走者，安能服勤任勞，當國家一割之用哉？且臣自入國門，二十五年未嘗一望見鄉井，親丁十喪，俱在京邸，悲哀相屬，臣母四年遠在原籍，定省久疎，然黽勉在公、拮据從事者，爲臣猶有精力也。今臣之精力竭矣，久病不可以速瘳，既衰不可復

① 綸 明抄本作"論"，誤。通行本改作"綸"，是。

② 亡 明抄本作"忘"，通行本改作"亡"。

壯，譬之牛馬，疲不任駕，則有絕胆露眷①而死耳。留無益於國，而去則猶有生全之望，皇上留臣無濟於用，而放臣則益彰恩禮之隆，此臣之所以不避煩數而復以爲請也。伏望皇上察臣情事之獨苦，矜臣詞説之已窮，特渙德②音，俾從微志，臣苟延田里，遥望闕庭，當始終被戴聖恩，祈祝聖壽。不勝激切哀鳴之至。謹具奏聞，伏侯敕旨。"奉旨："朕素亮卿忠誠，傾心信嚮，卿宜深體此意，無怵人言。乃再四陳情，意在潔身獨善，恐非大臣獻靖之義。時難未濟，佐理乏人，勉遵屢旨，即出匡贊，慰朕眷倚，勿復懇辭。吏部知道。"

二十八日辛酉，賜四輔臣各鮮鰣魚二尾。

二十九日壬戌，大學士申時行奏："爲感恩陳悃五懇聖慈終允休致以全餘生事。近該臣屢被人言，偶與病會，四疏引退，未荷允俞。又蒙皇上獎以忠誠，責以靖獻，俾仰副眷倚，圖濟時艱。臣感激聖恩，至於涕泣。竊惟天地不能培不材之物，父母不能全不肖之子，而皇上之於臣，生之、成之、知之、任之，浮誹不摇，謗書不問，是高厚不能名，而怙恃不能併也。臣非木石，亦有心知，何敢忘君父之恩，後國家之急，而恝然自便其身圖哉？凡臣不當復留之故，與不敢託疾之情，前疏固已備言之矣。臣之詞説雖繁，而大指有二：一則以員瑕蒙詬之身，靦顔再出，則恐羣譏衆訕，愈褒國體。一則以早衰多病之軀，勉力在公，則恐志憊神昏，致誤國事。區區狗馬之③心，惟此而已。皇上試察臣立朝三十年，曾求差請假一日顧家乎？臣在閣十有四年，曾無故陳乞一意潔身乎？則臣之言無飾虛，情非矯託，亦可諒矣。惟皇上始終矜臣聽臣，俾得歸老窮鄉，不至久妨賢路，矢心啣結，雖死之日，猶生之年。臣無任懇切衰籲之至。謹具奏聞，伏候敕旨。"奉旨："政本之地，心膂之臣接迹引去，獨以艱難遺於君父，卿心何安？且首臣總政，恩怨所歸，即有煩言，何累德④望？朕信任老成，洞察讒謗，雖卿百疏，必不允辭。着鴻臚寺官宣諭，亟出輔朕，以副倚毘至意。吏部知道。"

①眷 "眷"當作"脊"。

②德 明抄本誤作"得"。通行本改正作"德"。

③之 明抄本無"之"字。通行本補此字。

④德 臺北本及明抄本無"德"字，誤。通行本增"德"字，是。

① 萬曆十九年 明抄本無"萬曆十九年"五字。臺北本、通行本有此五字。

② 恩 明抄本、通行本作"恩"，是，臺北本作"思"誤。

萬曆十九年①七月甲子，朔，以孟秋時享太廟，遣定國公徐文璧恭代。

是日，大學士申時行奏："爲恭謝宣諭事。近該臣五疏乞休，奉聖旨：'政本之地，心膂之臣接迹引去，獨以艱難遺於君父，卿心何安？且首臣總政，恩②怨所歸，即有煩言，何累德望？朕信任老成，洞察讒謗，雖卿百疏，必不允辭。着鴻臚寺官宣諭，亟出輔朕，以副倚毘至意。吏部知道。欽此。'該鴻臚寺卿揚宗仲等，恭捧到臣私寓，宣諭訖。緣臣腰腿閃蹉，未能成禮，謹扶掖望闕叩頭外，伏念臣望輕致謗，福過生災，力既殫於衰遲，分宜安於止足。連章控籲，未荷矜憐，屢旨慰留，更蒙垂注，遣臚卿而趣召，臨私第以傳宣，臣跽聽未終，涕洟交下。職親地密，久已備心膂於臣隣，恩重命輕，豈敢遺艱難於君父？顧精神既耗，而伎倆俱窮，思補過之無階，何能報答？愧匡時之寡術，祇合歸休。但知戴德以銘心，惟有啣恩於没齒。臣不勝感荷天恩之至。謹具本恭謝以聞。"奉旨："覽卿奏謝，朕知道了。禮部知道。"

二日乙丑，大學士許國奏："爲物望素輕邊事牽及懇賜罷斥以謝人言事。本年七月初二日早，該文書官劉宣將下文書，内有遼東巡按御史胡克儉本，論總兵官成梁出塞首功非實。夫功之虛實，自有巡撫、閱視諸臣在，臣無與焉，因牽及首臣申時行、與臣國各曲庇成梁，謂不可抑以邀功，當寬以文法。寬之一字，臣誠有之，是克儉曾以書詢臣，答云：'遼東無邊，以戰爲守，與他鎮不同，惟直指稍寬之，以作其敵愾之氣，幸勿以出塞爲罪也，如何？'是亦泛論，非有專託，蓋爲遼東邊事也，非爲一成梁也。又云：近日邊事固壞於輔臣之調停，使非輔臣調停，而言官得行其說，則欺蔽無所容，而功罪明，賞罰當。此言誠是。臣等待罪密勿，於九邊事固須與知，然不過採之風聞，出之臆度，而按臣親歷其地，耳而目之，居中者止據勘疏與部覆，稍加票擬，取裁於上，當其勘時，又誰捉克儉之衿，掣克儉之肘，而必以調停爲也？今其疏中株連蔓及，若閣，若部，若督府，若省閫，無慮八九人，乃其間文者，武者，賢①能者，有器識者，有幹濟者，可爲柱石者，可爲干城者，一概詆訶，又何有於臣愚？尚何暇辯？獨愧愚蒙幸依末照，起自惟幄，列於樞機，片善無聞，寸絲莫報，俯叢訛病，仰負恩私，立朝一日則增一日瘝曠之憂，歸田一日則解一日負乘之誚。伏望聖明，特加體察，憐臣無他，聽臣自便，薄削朝籍，別選時賢，不惟物情得安於止足，將使人望可厭於更新。臣愚無任激切待命之至。爲此，謹具本奏聞，伏候敕旨。"奉旨："遼鎮孤懸，卿等體悉邊臣，謂宜寬以文法，此自正諭。況功罪俱憑御史勘奏，酌量處分，何爲曲庇？卿宜即出佐理，毋得介懷。吏部知道。"

四日丁卯，命司經局掌局事右春坊右諭德兼翰林院侍講陸可教、右春坊右中允兼翰林院修撰余繼登，爲應天府鄉試考試官。

是日，大學士申時行奏："爲量力陳情六懇天恩俯賜休致以終餘年事。近該臣五疏乞休，伏蒙皇上慰以溫言，責以大義，仍遣鴻臚寺官宣諭，令臣即出。臣不勝感激，不勝悚懼。夫犬馬猶知戀主，葵藿尚爾傾陽，臣戴髮含齒而爲人，乃圖安便於一身，遺艱難於君父，非惟不敢，亦不忍也。顧臣反復②自量，力有必不能堪，而情有至不得已者，臣敢披瀝言之。夫明主用人，能使各程其力而已，則者守閽，不責之趨走，瞽者審音，不責之睇視。何者？不強其所不能也。臣闇劣疎庸，奉職無狀，受任愈久，積戾愈深。即今綱紀亂於上，議論沸於下，師旅興於外，財賦竭於中，而臣措救無方，匡襄寡術，前誓莫贖，後效難期，即使強而就列，適足以誤國家之事，遺君父之憂而已。臣所謂力之必不能堪者此也。大臣者，百官之表，必羣情所信向，衆論以歸服，而後可使修職，可使行志。臣素乖物望，屢致煩言，姑無論其往者，即如胡克儉之疏，李世達自參御史，與臣何干而謂其迎合？克儉以邊事諮臣，答以倡勇敢、寬文法，無一語及李成梁，而謂之曲庇。則臣之耳目口鼻，無不爲人所

① 賢　明抄本"賢"下有"者"字。通行本、臺北本無"者"字。似當有"者"字。

② 復　明抄本及通行本皆誤作"覆"。臺北本作"復"，是。

萬曆十九年

疑者，疑甚則謗叢，謗久則衆惡歸之。以衆惡所歸之人，而在政本心膂之地，將來操戈注矢者接踵及臣，使臣不敢發一言，不敢決一事，何顔復侍左右、再玷班行？臣所謂情之至不得已者此也。臣病苦之狀，前疏已詳，不敢復瀆，而直陳所以當去之義如此。伏望皇上憫臣羸疲之力，鑒臣迫切之情，特准臣致仕，生還田里，則皇上體悉之至仁，生全之大德，即乾坤高厚，海嶽崇深，不足爲踰也。臣無任懇切哀鳴之至。謹具奏聞，伏候敕旨。"奉旨："卿居首輔，身任安危，義重職親，何忍頻頻言去？昨遣官宣諭，已備示眷倚至情，乃因浮議牽連，又兹陳乞。所云迎合曲庇，誣妄甚明，朕具鑒知，豈須介意？宜旦日即出，慰朕惓切之懷，毋得久虛延想。吏部知道。"

五日戊辰，諭元輔："朕以卿爲元首股肱，輔弼有年，爲國宣勞，朕近來多疾，不時舉發，又值中外多事，正賴卿等協心共理，豈可因小臣讒言，卿故爲身謀，意欲高蹈？且伊尹在山野，未嘗不懷致君澤民之念，今欲捨朕而歸，卿心何安？近聞卿前疾稍瘳，還着鴻臚堂上官宣示朕意，宜即出入閣視事，爲朕分猷贊化，以副朕懷。卿其欽承之。"

是日，大學士申時行奏："爲恭謝天恩事。本月初五日欽奉聖諭：'朕以卿爲元首股肱，輔弼有年，爲國宣勞，朕近來多疾，不時舉發，又值中外多事，正賴卿等協心共理，豈可因小臣讒言，卿故爲身謀，意欲高蹈？且伊尹在山野，未嘗不懷致君澤民之念，今欲捨朕而歸，卿心何安，近聞卿前疾稍瘳，還着鴻臚堂上官宣示朕意，宜即出入閣視事，爲朕分猷贊化，以副朕懷。卿其欽承之。欽此。'該鴻臚寺卿楊宗仲等，恭捧到臣私寓，臣謹焚香叩頭，跪聽宣諭訖。伏念臣疎庸不職，宜致人言，病困難支，似由天譴。每慮乘高之隕，深思居寵之危。伏枕三旬，祇恐遂填於溝壑，叩閽六疏，固期終返於丘壑。豈意聖慈猶憐愚拙？讒言屢至，幸無投杼之疑，巽命重申，復荷垂旒之眷，特頒宸諭，備示聖懷，再遣臚臣，傳宣私第，用作霖而作楫，藹然一體之孚，出如綸而如絲，煥矣十行之錫。臣感深雪涕，義激銘心，仰先哲之儀刑，敢忘致主澤民之念？誦聖人之謨訓，勉竭分猷贊化之忱。臣不勝感激荷戴之至。容臣再調理一日，另赴鴻臚寺報名朝見謝恩外，謹具本奏謝以聞。"奉旨："覽卿奏謝，朕知道了。禮部知道。"

七日庚午，大學士申時行題："臣本以疎庸，誤蒙眷渥，惟當鞠躬盡瘁，豈敢潔己偷安？但迫於銷骨之讒，又重以採薪之患，連章引退，實出苦情，干冒威嚴，無所逃罪。伏荷皇上遣官趣召，降諭勉留，略其瘝曠之辜，責以匡襄之義。臣一念感激，遂欲忘生，百身捐糜，何能報德？當竭其狗馬衰殘之力，以答夫乾坤覆載之恩。謹於本日赴午門前謝恩行禮，即到閣辦事訖。謹具題知。"

是日，大學士申時行題："臣於前月初旬待罪乞休，偶聞聖體違和，不得追隨同官恭候萬福，今已浹月矣，仰知天心純佑，宸御安康，已臻勿藥之麻，方迓無疆之祉。但臣久不到閣。犬馬私戀，無任惓惓。伏望皇上葆嗇天和，順乘時令，起居必循其節，喜怒務協於中，庶血氣常融，精神自王。臣不勝瞻戴仰祈之至。謹具題恭候萬安。"

八日辛未，大學士申時行等題："今日蒙發下文書，內有左都御史李世達辭本。該臣等擬票間看得，世達此疏原為御史胡克儉論敕，所以自陳引退。因思胡克儉本前擬票，尚在御前，相應恭候聖斷，一併批發。臣等竊惟，國家臨制四海，整肅百僚，全在紀綱，而都察院者，正紀綱之地也。都御史臨各道御史，原有堂屬之分，若都御史果欺公壞法，罪惡昭著，則御史據實糾論，不礙憲綱。若如克儉所參一事，則世達辯疏已瞭然明白，世達之參駁為執法、為任事，而克儉之反噬，為犯分，為挾私。犯分之御史而排執法任事之堂官，是使體統陵夷，事權倒置，國家全無紀綱，關係非細故也。如臣等所擬克儉降調，聖意或以為輕，乞賜裁斷，將各本查發，至於同官國亦以克儉疏內牽及，具疏求退，未蒙聖裁，乞批發，容臣等趣令辦事。

通乞聖明留意。謹具題以聞。"

十二日乙亥，大學士許國題："臣竊自念，物望素輕，煩言牽及，幸蒙皇上察臣有素，亮臣無他，寬其斧鉞之誅，慰以綸音之重，不獨臣以微軀仰被覆露之恩，而施及窮邊，益增敵愾之氣。臣摩頂放踵，不足爲酬，鞠躬盡瘁，不敢自愛矣。除已報名廷謝、隨赴閣同首臣時行等辦事外，謹具題知。"

十六日乙①卯，大學士申時行奏："爲聞言待罪懇乞聖明特准休致以全臣節事。臣近日陳情乞休已經六疏，仰惟聖恩隆厚，君命崇嚴，臣不敢不出。出未旬日，則聞福建按察司僉事李琯有疏論臣。疏尚未下，又未曾送有揭帖，臣不知所言何事，無憑置辯。但臣叨竊愈久，瘝曠愈多，罪狀日增，毀言日至。皇上雖以遺簪舊覆，不忘敘錄之恩，而臣自以枯木朽株，無復報酬之地。臣不去則言者不已，將至屢瀆聖聰，數煩宸斷，臣之心何能自安？伏望皇上察臣言出悃誠，情至迫切，特准休致，以終餘年，臣雖竊伏草萊，猶當祝聖壽於萬年也。臣無任激切懇祈之至。謹具奏聞。伏候敕旨。"奉旨："卿以元臣受國重寄，前屢次誣奏，朕持其章不下，蓋不使讒口得加忠良。乃今又橫生謗議，朕已洞悉其奸。若因此遂決去就，適墮小人之計，豈成政體？宜即出匡贊，再勿他辭。吏部知道。"

是日，大學士申時行等題："昨更盡時分，長安街喧傳皇城內似有火光。臣等急披衣起視，莫知所在。時西長安門已閉，臣等方彷徨無措，少頃滅息。今早趨朝，始知是慈慶宮後連房失火，延燒數間。臣等不勝駭異。竊恐暮夜造次，驚動慈闈，仰廑聖念，所賴皇天保佑，神明護持，聖躬萬安，聖母萬福，犬馬私情殊深幸慰。伏望皇上仰慰聖母，併寬聖懷。謹具題恭候以聞。"

十七日庚辰，大學士申時行等題："昨暮出閣時，該文書官李文輔口說：'聖母老娘娘傳與內閣，今鄭州藥王廟，一爲普濟

① 乙 明抄本作"己"，是。通行本及臺北本作"乙"，誤。

保國佑民，二因聖上連歲聖體不安，每年進香，窄狹。今詢之古蹟，廟傍見有舊基址尚存，聖母欲捐出內帑銀兩，差官前去添造三皇殿宇，以便往來市①民人等進香者便益。先生等可擬欽論②來。欽此。'臣等仰見皇上德合神明，誠兼仁孝，內承姜任之聖善，外快士民之觀瞻，匪獨廟貌煇煌，丕弘一代之制，抑且慈衷節愛，不煩秋毫之微，爲宗社保和，爲臣民錫福，雖鳩僝功，而非煩擾之役，即恢舊貫，而續相火之遺。臣等無任欽服仰戴之至。謹擬傳敕一道，進呈御覽，伏乞聖明裁訓施行。謹具題知。"

十八日辛巳③，大學士許國等題："臣等於本月十六日入閣，忽見首臣時行上疏乞休，深用驚訝。竊謂時行前已六疏，俱奉旨勉留，感激聖恩，方出未幾，何又有此奏？詢之，乃福建僉事李琯有本攻時行，時行內不自安，不得已而求去也。臣等不知琯所言何事。但念近日以來，人習傾險，俗工④揣摩，以爲非排當事大僚，不足以成名，非招同好私助，不足以取勝，此唱彼和，一闋衆咻。如此擾亂，豈成政體？況內外相維，自有紀綱，以一按察司官而糾論閣臣，是外反制內，而政柄倒持也，今琯本既未處分，則時行奏宜先批發。若留中日久，則上意淺深既未可知，而首臣去留無由自決，不獨大臣之心疑，而利口之徒亦疑，舉朝縉紳皆疑，莫知是非之所在，臣等終莫能承德意、持國是，亦有去而已矣。伏望聖明，即將首臣前奏特賜溫旨慰留，其李琯以按察司官糾綸⑤內閣首臣，祖宗二百年來有無此事，併下部科參看，則乾剛振而國體尊矣。臣等無任激切控籲之至。謹具題以聞。"

是日，大學士許國等題："昨該禮部《爲科場考官預知姓名事》。奉旨：'回話。'臣等看詳所奏，其考官名數，原由部科開送，本不得而獨專，及臨期酌擬，亦不得⑥而預定也。止緣人數有限，容易揣摩，而道路傳言，難於禁止，雖題差偶合，實無弊端。況本官並無第男應試場屋，此萬萬無可疑者。且其在部小心周慎，上所鑒知，未可以一事疏虞，遽加譴責。是以仰

萬曆十九年

九三九

① 市　明抄本作"士"，是。通行本及臺北本誤作"市"。

② 欽論　明抄本作"敕論"，是。通行本、臺北本皆誤作"欽論"。

③ 巳　"已"當作"巳"。

④ 工　臺北本"工"上有"工揣"二字，誤。明抄本、通行本不誤。

⑤ 綸　明抄本、通行本、臺北本皆誤作"綸"。當作"論"。

⑥ 得　明抄本、臺北本誤作"德"。通行本改正作"得"。

萬曆起居注

體聖心，特從輕擬。今蒙發下改票，謹擬罰俸三月。望乞皇上念係大臣，寬其細過，或俯從票擬，或特賜原宥，臣等不勝祈懇之至。其二本原係一事，總歸前擬，難以別票，併乞聖裁，謹具題以聞。"

二十日癸未，大學士申時行奏："爲待罪陳情懇乞天恩俯容休致以息人言事。近聞福建僉事李琯論臣，臣即具疏自陳求退，伏奉聖旨：'卿以元臣受國重寄，前屢次誣奏，朕持其章不下，蓋不使讒口得加忠良。乃今又橫生謗議，朕已洞悉其奸。若因此遽決去就，適墮小人之計，豈成政體？宜即出匡贊，再勿他辭。吏部知道。欽此。'臣方杜門席藁，伏聽嚴誅，恭誦綸音，不勝感慟。臣驚魂乍返，枯骨重生，惟當感激聖恩，豈敢復有塵瀆？顧臣以爲君臣邂會，自古爲難，始終保全，尤稱不易。臣之愚賤，幸際聖明，立朝既三十年，在閣亦十有四年矣。即尸位曠官，猶寬譴斥，即浮言擴議，數荷矜原，臣自以爲不世之殊榮，生平之奇遇。乃茲煩言沓至，巧譖朋興。荊棘生於坦途，魑魅見於白日。意在排擠，則千萬人之耳目可涂，億萬計之財力可擲。言足中傷，則九廟宗祧之大計不必定，億兆臣民之公論不必從。其於敗臣名節，誣臣罪狀，止係臣一身一家者，又特渺小者耳。如此不得已，則鄰人之鈇①似竊，慈母之杼終投，明主有不可數幸之恩，治朝有不得不伸之法，皇上雖欲保全臣，其可得乎？李琯之怨臣、憾臣久矣，不逞不休。李琯可以論臣，人孰不可以論臣者？臣不去不止。語云：鹿死不擇音。臣之哀鳴至矣，無所復置詞矣惟皇上惻然矜憐，特允休致。一可使人言遂息，不至於屢瀆聖聽，一可使政本自清，不至於輕褻國體。具爲感幸，豈獨在臣？臣不勝激切哀懇之至。謹具奏聞，伏候敕旨。"奉旨："即今邊報踵至，四夷交侵，中外臣工不修本等職業，專務排詆大臣。一切妄言，朕別有戒諭。卿宜勉抒忠赤，共濟艱難，亟出籌畫，以副朕倚託至意。吏部知道。"

是日，大學士許國等題："昨得浙江、福建撫臣各報，日本倭奴招誘琉球，連兵入犯，雖未委虛的，然亦緣頃年達虜猖獗

① 鈇　明抄本、通行本、臺北本皆作"鉄"，誤。當作"鈇"。

於北，畨戎蠢動於西，緬夷侵擾於南，來去自由，未一大創，以致島寇生心，乘間竊發。臣等思得，自古潛消爲外患，必先内寧。乃今中外小臣，厭棄職司，不必言官，爭務攻擊，始焉以卑陵尊，繼焉以外制内，使大臣以身爲的，而小臣注矢射之。皇上聖明，必能洞察，然人言三至，慈母杼投，大臣人人自危，紛紛告去，章久留中，益復灰心解體，誰敢爲國家任事者？此風不禁，則内而小人陵君子，外而夷狄侵中國，釀亂召禍，莫知所終。伏乞聖明俯垂離照，大奮乾剛，特頒手敕，申諭中外諸臣，責令各修職業，無橫恣胸臆，混亂紀綱。如此而朝有權奸，事有蒙弊，臣等甘伏欺罔之罪。謹擬傳諭以道，伏候聖裁施行，仍將留中諸疏陸續檢發，以息羣疑，以定衆志。無任惓惓。謹具題以聞。"

是日，諭六部、都察院："祖宗設官分職，使之上下相統，内外相維，體式具存，紀綱攸繫。是以官守言責，各有司存，豈容紊亂？近年以來，人各有心，衆思爲政。或以卑陵尊，或以新間舊，或以僚屬而詈官長，或以外吏而排閣臣。以致國是紛紜，朝綱陵替，大臣解體，爭欲乞身。國無其人，誰與共理？内治不舉，外患漸生，四夷交侵，職此之故。今後但有干名犯分，詆冒誣衊，肆無忌憚者，典憲昭然，定不輕貸。仍行與南直隸、浙江、福建、滇、廣鎮首督撫等衙門，預講調度兵食之計，申嚴備禦海汛之方。欽哉，故諭。"

是日，敕諭内官監太監張進："鄭①州藥王廟，保國佑民，建自先朝，歲久傾圮，且祠宇湫隘，不稱崇奉之意。頃聖母慈聖宣文明肅皇太后，數以朕體違和，遣人進香祈禱，隨獲康愈，實賴神庥。因詢之居民，咸謂廟傍古蹟猶存，基址尚可充拓。朕昨親奉聖母慈諭，欲自捐内帑銀兩，差官前去添造三皇殿宇，以便四方往來士民進香瞻仰。今特命爾内官監太監張進，及本宮近侍張恩②，前去相度經營。務要規模宏敞，廟貌尊嚴，經久完固，永奉香火。其鳩材募夫等價，分毫不擾於民，亦不許于③預有司。帶去官匠人等，爾宜嚴加鈐束，毋得生事擾人。其發去銀兩，着於附近州縣頓放支用。爾等於工完之日，即便

① 鄭 通行本、明抄本作"鄭"，是。臺北本作"鄭"，誤。
② 恩 明抄本作"思"通行本、臺北本作"恩"。
③ 于 明抄本、通行本、臺北本皆作"于"，誤。當作"干"。

回京，斯稱委任。爾等其欽承之。故諭。"

二十二日乙酉，大學士申時行奏："爲情苦詞窮終難就列哀懇天恩俯容休致以全餘生事。臣頃爲僉事李瑠所論，再疏乞休，未蒙俞允。且以妄言排詆，戒諭臣工，已時事艱難，責臣共濟。臣感恩痛哭，承命兢惶，寧不蹇蹇以畢愚忠，而敢曉曉以瀆聖聽？但臣情事至苦，詞說已窮，進有終不得盡之心，退有必不能留之勢，故敢懇切控陳，而皇上察焉。臣昨年爲萬國欽所詆，乞休者六。繼因足疾乞休者三。今年自考滿及被言乞休，先三疏，後二疏，續又六疏。總之二十餘疏。凡臣才識之庸劣，望實之輕微，精力之衰憊，即夫人情之千態萬狀，當①之至苦極難，蓋已嘔心瀝肝，備陳於君父之前矣，臣更何所言？而又不得披讀李瑠之疏，一一指事分辯，臣又何所言？惟以爲皇上之所倚託臣者在國事，而臣之所恃以共濟國事者在人心。今若人言，則臣之失人心一失，衆惡咸歸，小則災及其身，大則禍延於國，不惟爲密勿樞機之玷，且將累皇上知人之明。皇上亦安取於臣而固留之？臣查得先年大學士徐階、李春芳，皆以首臣乞休，荷蒙先帝俞允，至今榮二臣之遭際，頌先帝之仁明。臣之不肖，遠謝二臣，而首臣乞休，具有故事。且臣周旋講幄，出入綸扉。已二十年，比二臣之事先帝，歲月頗久。如蒙皇上矜犬馬之舊勞，鑒螻蟻之微悃，准臣休致，獲遂生還，使臣釋至苦而蒙至榮，感聖恩而祝聖壽，其於遭際，豈直軼二臣而上之？臣即死瞑目②矣。臣不勝哀鳴懇祈之至。謹具奏聞，伏候敕旨。"奉旨："朕鑒卿忠慎，屢旨慰留，卿乃堅辭不出，豈以前章未下之故？朕實優禮首臣，而惡其傳播，以亂觀聽，非有他意。卿若決去，是彰朕之不明而隳國體也。自後小臣争彈射大臣，而大臣益難展措矣。卿宜深體朕意，明晨即出，勿復疑沮。再有妄言者，必罪不饒。"

二十四日丁亥，諭元輔："朕見近來中外佞言煩興，尊卑陵夷，朝綱紊亂，體統混淆，朕是以將李瑠之疏留中，以寢其邪

---

① 當　明抄本"當"下有"事"字。通行本、臺北本皆脫此字。

② 目　明抄本、臺北本無"目"字，誤。通行本增"目"字，是。

言，恐惑聽耳。今國事多艱，邊方擾攘，四夷內侵，朕實朝夕兢惕，正賴卿等協濟時艱，安忍言去？且爲臣子，豈不體念君主之德而盡忠心，以垂名於竹帛？何乃堅志求去。卿雖屢疏，義雖所允。還着鴻臚寺宣示朕意，亟即出、入閣，與朕分猷贊化，以副眷懷。慎①勿固辭。卿宜承之。"

是日，大學士申時行奏："爲恭謝天恩兼臣危悃事。本月二十四日，親奉聖諭：'朕見近來中外佞言煩興，尊卑陵夷，朝綱紊亂，體統混淆，朕是以將李瑠之疏留中，以寢其邪言，恐惑聽耳。今國事多艱，邊方擾攘，四夷內侵，朕實朝夕兢惕，正賴卿等協濟時艱，安忍言去？且爲臣子，豈不體念君主之德而盡忠心，以垂名於竹帛？何乃堅②志求去？卿雖屢疏，義難所允。還着鴻臚寺宣示朕意，亟即出、入閣，與朕分猷贊化，以副眷懷。慎③勿固辭，卿宜承之。欽此。'該鴻臚寺卿楊宗仲等恭捧到臣私寓，臣謹焚香叩頭跪聽宣讀訖。竊念臣至愚極劣，積詬叢愆，以致橫議煩言屢干天聽，臣不勝慚惕。臣方杜門引咎，陳悃乞休，累疏連章，仰祈宸斷，臣又不勝戰慄。乃茲幸蒙寬貸，復荷褒留，既數承溫旨之頒，又特被宸章之渙，責以大義。抑其私情。臣感激有衷，涕洟交下。蓋臣自叨任使，即受眷知，從前聖恩非不優渥，節次明旨非不勤倦，而誣汙之語自多，翕訛之風如故，禁之而不止，遏之而愈昌。則由臣罪過難湔，釁瑕可指，雅見輕於物望，竊不厭於人心。是臣去有餘幸，留無寸補，徒褻王言之重，祇貽國體之羞。如欲求過於將來，孰若辭榮於今日？尚冀乾坤之造，終酬林壑之思。臣不勝感戴天恩之至。謹具本奏謝以聞。"奉旨："覽卿奏謝，朕知道了。慎勿再萌他意。禮部知道。"

是日，大學士申時行奏："爲瀝誠哀懇仰祈恩鑒特准休致以全餘生事。臣頃以人言，三疏求退，未蒙矜允，更荷褒留，聖意爲臣曲全，溫旨爲臣屢降。臣感悚交集，涕泗橫流，伏地號天，莫知所報。臣么麽賤儒，國家棄臣，猶腐鼠耳，然乞休至二十餘疏，而皇上不之許，讒言不啻三至，而皇上不之疑。臣如何爲榮？何如爲幸？何苦而屢瀆聖聽、自外聖恩？皇上所以

萬曆十九年

九四三

①慎 明抄本、臺北本作"甚"，誤。通行本改"慎"，是。

②堅 明抄本誤作"監"。通行本、臺北本作"堅"，是。

③慎 明抄本、臺北本作"甚"，誤通行本改"慎"，是。

留臣，譬之駑馬，尚欲資其十駕之力，譬之鉛刀，尚欲收其一割之用也。顧臣之力已殫矣，用已窘矣，蠢至於孩提，不堪呵叱，賤至於卒徒，不堪辱詈，而臣地當表率，位在凝①丞，醜詆厚誣，日新月盛，則臣復何以自容？臣局量褊狹，性資柔懦，有所恐懼則驚顫失常，有所憂慮則憔悴欲死。而乃日行荊棘，數犯風波，精已銷亡，神亦耗竭，則臣復何以自振？萬幾之地，一日難虛。百責攸歸，眾目所視，而臣浹歲之內，強半杜門，待罪之日常尋，伴食之時亦少，則臣復何以自安？臣抱此區區，不能自遂，真知烈火熏心，叢鏑傳②體，有萬萬不能復留者矣。臣留無益於國，孰若奉身而退，猶免貪昧隱忍之譏？皇上留臣無濟於用，孰若擇人而使，不虛丞弼贊襄之國體？惟皇上憐而察焉。臣之情亦至苦，詞亦至迫矣。如蒙特渙綸音，准臣休致，則臣自頂至踵，併沐恩慈，失③口及心，終圖啣結。臣不勝激切哀控之至。謹具奏聞，伏候敕旨。"奉旨："朕以國事付卿，信任無貳，昨遣鴻臚寺官諭卿即出，萬幾之地，豈可久虛？宜勉體朕意，無負眷懷。吏部知道。"

二十五日戊子，大學士許國等題："今日文書官劉宣將下文書，內有首臣申時行乞休本，蓋為僉事李琯詆誣疏尚未下，故其求去甚力。臣等看得，首臣在閣十四年，事上最久，受知最深，以感皇上高厚之恩不宜去。即今時事多艱，邊患尤亟，以大臣委身殉國之義不宜④去。即頃溫縕褒答，手敕慰留，不啻再四，昨傳諭部院，令其伸敕庶官，各修職業，概⑤為國體，實專為首臣，以皇上信任眷留之切不宜去。乃今屢疏乞休，堅臥不出者，豈忍負上恩而忘臣節哉？蓋緣比來世道傾危，朝綱頹壞，即首臣為人，上所素知，翼翼小心，孜孜為國，忠誠廉介，周慎包容，而浮薄之士，乃益恣萋菲之奸，附和之徒，遂競成鬼蜮之黨，席未煖而遽撤，戶方闢而又扃，其受侮亦已甚矣，其情事亦良苦矣。至今琯疏尚未發下，竟不知疏何言，所言何事，臣等亦為憂疑莫決，憤惋不平。竊念人臣北面而事君，雖無論尊卑內外，但朝廷之上自有紀綱，位寧之間自有體統。

以時行之事皇上與瑄孰深？以時行之總百官，與瑄孰重？若瑄可以言，則和人不可言？瑄之言可信，則何人之言不可信？雖皇上照臨如日月，不爲浮言動搖，涵納如滄溟，不使讒說流布，而羣小工於窺伺，易生揣摩，彼見不蒙處分，愈加輕悔，則時行雖有戀主之誠，欲不去而不可得矣。伏望皇上審辯忠讒，早賜裁斷。將以首臣爲當去乎？宜明示保全之旨，以完君臣始終之義。將以首臣爲可留乎？乞將李瑄本特賜檢發，世人昭然辯其罪狀之有無，曉然明其心迹之邪正，則彼讒夫妬口，妨賢病國，固宜削籍褫秩，大則伏斧鉞之誅，小亦嚴夷裔之屏，以奮朝綱，以明國是，不宜泯泯沒沒已也。臣等干冒宸嚴，不勝戰慄待命之至。謹具體以聞"。

二十七日庚寅，賜輔臣楊梅各一簍。

是日，大學士申時行奏："爲誣謗異常驚憂感疾懇乞聖斷逐斥①堪究以明心迹早賜休致以全餘生事。近該福建僉事李瑄論臣，臣止聞道路傳言，未見其原疏，故不能指事陳辯，而但連章乞休，以爲身隱焉文②論久自定，大臣之義宜爾。兹蒙發下瑄疏，着部科參看，臣始得其全抄讀之。蓋機穽深藏，戈矛捷出，以皇上之惡欺也，則文致臣以欺蔽，以皇上之惡貪也，則誣捏③臣以貪汙，必欲陷臣於大僇而後已。臣擗踊號天驚迷仆地，神魂盡喪，良久始甦。蓋嘗中夜自思，如瑄之言止於誣臣罪過，敗臣名節，猶可忍也，至於國家之重典、宗社之大計，亦且決裂潰壞而不之顧，其害不獨在臣，安得默而已乎？夫壽宮古④壤，斷自聖衷，相擇經營，各有專職。從古以來未有以堪輿責宰臣者，自設閣臣以來未有以相地爲職業者。乙酉之歲，皇上之諭旨甚明，舉朝之公疏具在，臣無可論。至於玄宮有無積水，則管工官員不下數十，在工軍匠不啻千萬，皆有目有口，何無一人言者，而獨麗尚鴻言之？尚鴻曾見臣，以安邊書獻臣，故與之坐而問之，不聞言及玄宮，亦不知其有疏。今通政司官見在，是否臣蜜⑤令寢閣，皇上可召問而知，臣亦可無論。然如瑄言，則是以一夫之緩頰，而欲沮毁皇上億萬年之寶藏，以

① 斥 明抄本、臺北本作"事"，是。通行本改作"斥"，誤。
② 文 "文"當爲誤字。
③ 捏 明抄本、臺北本作"挩"。通行本作"捏"。
④ 古 明抄本作"吉"，是。通行本、臺北本誤作"古"。
⑤ 蜜 明抄本作"密"。通行本、臺北本作"蜜"，誤。

①捏 明抄本、臺北本作"捝"。通行本作"揑"。

②臣 明抄本"臣"下有"雖"字，通行本、臺北本無此字。

③捏 明抄本、臺北本作"捝"。通行本作"揑"。

④丙 明抄本作"内"，是。通行本、臺北本誤作"丙"。

一時之誤聞，而欲棄擲國家億萬計之財力，臣不知瑄之心何心也？元子漸長，儲位尚虛，不獨中外臣民懸懸切望，即九廟神靈亦必有陟降而昭監者，臣等秩兼師保，職在贊襄，竊以爲蚤建元良，預端蒙養，乃宗社生靈長久之計，義不容默。又伏見皇上以六齡正位東宮，維時閣臣徐階等，皆先一年懇請册立，元子睿齡，適符其期，故臣等奉行故事，仰俟宸斷，惟是連年候旨，未見舉行，以故大小臣工紛紛疏請，人心同然，誰能遏之？若謂臣要功望蔭，則臣致位已極，叨蔭已多，以望六衰殘之年，而事萬壽無疆之主，乃不思固見在之寵，而欲覬後日之榮，不亦愚乎？至於易儲之說，不知臣言之何人，瑄聞之何處，其爲誣捏①明甚。夫密勿之臣，欲贊大計、定大本，而謂自以爲功，舉朝之臣皆以公心爲公言，而謂爲臣所賣，上以疑聖心，下以塞衆口，臣又不知瑄之心何心也？庚寅元日，臣等親承天語，謂聖體尚須靜攝，未能視朝，既厭章奏之繁多，又慮諸司之懈怠，故命臣等擬敕戒諭，大意在肅紀綱，省議論，令諸司修職奉公，何嘗禁人言事？且又併諭六部、督察院，何嘗專指言事之臣？臣②不肖，寧不知防口甚於防川？止謗莫如修己，人各有心，何能禁制？而乃假敕諭以濟其私乎？此不惟誣臣，抑亦厚誣敕諭矣。昨年劉應秋等論疏留中不下，臣浼同官請之而不得，臣復自疏請之，奉有明旨，以其泛詞繁言，留中不究，是否由臣阻格，聖心知之，此不惟誣臣，抑亦厚誣明旨矣。以上四事，皇上自有睿鑒，舉朝自有公平，此不待堪覈而後明者。至於捏③臣贓私，敗臣名節，自非通行堪究，則臣之心迹無以自明，臣請一一陳之。邵光先以三邊總督丁憂服闋，原任尚書楊巍謂其久於西鎮，素稱邊才，故以原官起用。若自其家以數萬金餽臣，則光先雖死，其子男僮僕固在，要見何日過送？何人收受？一堪問可知也。李成梁見在遼東，萬曆十七年九月丙④長昂曾否内犯？殺選鋒八百人，彼時巡安御史何不奏報？若謂輦金數萬納臣，則必用數十車裝載，數十人管押，一堪問可知也。胡維新見任陝西，雲南按臣以舊事追論，經略大臣以新功敍錄，臣與該部議，謂邊方急在用人，肅州人不樂就，不如使過以圖後功，故因而用之。若謂其進表入京，即以珠寶金帛餽臣，則胡維新何以預知其被論而先爲之地？且係何日過送？何人妝受？一堪問可知也。沐昌祚爲按臣論劾，其撥置人員奉旨提問，續爲緬寇猖獗，昌祚提兵遠出，具疏乞恩，臣以爲總鎮世臣，在用兵之際，宜稍存其體面，責以建功，故擬暫免提問，候事寧定奪。此寔仰體皇上優待勳臣、恩威併用之意，亦何嘗置之不問？若謂輦載金寶珠玉遺臣，不止數萬，則雲南萬里，必用數十車裝載，數十人管押，一堪問可知也。以上四事。伏乞敕下都察院，通行遼東、山西、甘肅、雲南各該巡按御史，將奏內贓私事情，從公堪究。如臣一毫沾染，即戮臣西市，以爲貪污之戒。如其不實，則臣之心迹亦足暴於天下，無使終身抱不白之冤。其他論臣子堉及臣家人，則高桂、李用中言之，萬國欽、湯顯祖言之。科場事情，有臣之辯疏可按。臣家人納官冒封，有吏部之文案可查。宋纁因一事駁正，即以鬱死，張養蒙陞三品藩司，謂爲復讎，有士大夫之公論可審。臣不敢瑣瑣瀆辯。惟是同官錫爵負當世之重名，膺皇上之特眷，而以臣故波及，橫加醜詆，使臣上負聖恩，下負僚友，臣有死不瞑也。臣今憂危眩瞀，傷氣損神，舊疾新疴，一時併發，呻吟牀褥，苦楚百端，志意不宣，語言無緒，惟皇上哀而察之。如蒙特渙德音，早賜休致，使臣得生還田里，老死林丘，臣感激聖恩，真足淺九淵而輕九鼎矣。臣無任激切控籲之至。謹具奏聞，伏候敕旨。"奉旨："卿公忠潔白，朝野共知，這廝每揑造浮言，橫肆排詆。內有宗社大計，係朕親自裁定的，尚無端借口，公然欺罔，其餘事情何件不可誣衊？次輔在告，亦復牽謗。顛倒國是，擾亂朝綱，朕已洞矚其奸。別旨處分了，不必堪問。卿宜即出匡贊，用副眷懷。吏部知道。"

萬曆起居注

①巳 "巳"當作"巳"。

②釁 明抄本無"釁"字。通行本增此字。

③此 明抄本"此"上有"如"字。通行本脫此字。

萬曆十九年八月癸巳①，朔，大學士申時行奏："爲憂病相仍實難供職哀懇聖慈早賜休致以全餘生事。臣頃以被言乞休，疏復五上，兩月之間，又十有餘疏矣，伏蒙聖明特鑒，溫旨疊頒，即過大行虧，猶蒙任使，即橫誣醜詆，猶蒙矜全，此之爲恩，真海嶽不足爲崇深，天地不足爲廣大。臣雖剖心糜骨，莫能仰酬，何敢屢瀆宸嚴，自圖身便哉？緣臣因事積憂，因憂積病，困憊已劇，黽勉難支，抱此苦情，有不得不控陳於君父者。臣本以庸才陋識負重荷艱，頻年以來，上優天譴，下憂民窮，外憂邊釁②，內憂朝政，孜孜矻矻，鞭策不前，敝精勞神，固已甚矣。自昨午一桂彈章，遂憎多口，翩翩之謗，源源而來，經月杜門求去，不得一旬到閣，浮言又興，室有操戈，窣將下石，在公之時絕少，待罪之時常多，惡有遭如此風波而不驚懼失色者？睹此③景象而不愁沮銷魂者？臣之憂危，如鏑攢心，如芒負背，蓋已百倍於往時。人非金石，何能不病？如臣前疏所陳，齒痛妨食，耳膿妨聽，痔漏妨行，此猶春夏間病耳。乃今舊患未平，新痾又作，左臂左腿，時常麻木，不能屈伸，時常痿軟，不能舉動。見今延醫調治，咸謂積憂所致，病根已深，若非亟爲攻除，必將漸成癱瘓，尤須節勞有事，假以歲月，庶可望痊。今太醫院官敕儒見視臣疾，可問而知也。夫內閣非養病之地，輔臣非竊祿之官，若僵塞而臥家，必因循而誤事。展轉思慮，晨夕不寧，憂深則病愈不支，病痼則憂念不解，臣之衷情，至可哀憐。伏望皇上，察其悃誠，恕其煩瀆，特准休致，俾得生還。若殘喘可延，衰齡未盡，猶當扶杖而聽詔令，擊壤以歌太平，終始啣恩，敢忘再造？臣不勝激切祈控之至。謹具奏聞，伏候敕旨。"奉旨："卿體國恤民，憂勞備至，朕所稔知，非有他疾，或煩調理，止以口語頻繁，致鬱忠抱，遂經旬月，累疏求歸。卿即視朕恝然，何忍負社稷蒼生之望？宜亟出贊理，慎勿再辭。吏部知道。"

二日甲午，大學士申時行奏："爲乞恩寬假調理事。臣頃以待罪杜門，憂思菀結，抱痾伏枕，愁苦呻吟，乃敢累疏乞休，仰干天聽，情關迫切，言出悃誠。今日復奉明旨，則蒙皇上憫臣之憂勞，而未亮臣之真疾，臣不勝悚懼。夫使臣可以留而不留，本非疾而稱疾，豈惟冒負恩之罪？抑且干罔上之誅，臣雖至愚，必不爲此。且今中秋屆節，萬壽開祥，雖遠方之臣，無不恭詣闕庭，效嵩呼之祝，而況臣職親地重，蒙被殊恩，忻忭之私，萬倍恒品，乃復嘵嘵陳乞，是無臣禮，是無人心，臣不敢也。但臣見今左臂不能舉，左腿不能行，其狀類於偏枯，不治將成廢痼，見有太醫院使朱儒用藥，可問而知，雖欲圖報聖恩，仰遵成命，而①不能支，力不能強矣。如蒙聖慈矜察，准臣寬假調理，看臣病勢何如。犬馬非無戀主之心，膏肓恐無及新之望，惟皇上憐而聽之。臣不勝懇切祈控之至。謹具奏聞。"奉旨："首臣當事，難以家臥。卿既偶疾，暫攝數日，即出佐理，無孤朕懷。"

四日丙申，命左春坊左諭德兼翰林院侍讀曾朝節、右春坊右諭德兼翰林院侍讀馮琦，爲順天府鄉試考試官。

五日丁酉，大學士申時行奏："爲恭謝天恩事。本月初五日，伏蒙聖恩，以臣患病給假，遣御前牌子鄭斌，齎賜臣鮮豬一口，鮮羊一腔、甜醬瓜茄一罎、白米二石、酒十瓶，到臣私寓，臣病不能興，謹於牀褥間叩頭祗領訖。伏念臣斗筲之量，滿則必傾，蒲柳之姿，柔而易瘁。自百憂之叢集②，致半體之痿痺，伏枕呻吟，恐遂填於溝壑，控章祈籲，蓋屢叩於闕庭。屬流虹繞電之欺，正祝華呼嵩之會，苟存視息，曷敢言私？幸徼寬假之恩，復荷眷存之寵。蒙上方之錫賚，維旨維多，命中使以傳宣，既優既渥。臣感深雪涕，義激銘心。儻瞑眩之可瘳，敢不竭股肱而從事？若瘡痍之難起，終當丐骸骨以生還。願如遂於首丘，報敢忘於結草？臣不勝感戴天恩之至。謹具本奏謝以聞。"奉旨："覽卿奏謝，朕知道了。禮部知道。"

是日，遣禮部尚書于慎行，祭至聖先師孔子。

① 而　明抄本"而"下有"勢"字。通行本脫此字。

② 集　明抄本作"隻"，誤。通行本改爲"集"，是。

六日戊戌，以萬壽聖節，賜大學士申時行金萬壽字四副、金篆字十個、金書黃符二道、金書紅符二道，許國、王家屏每金萬壽字二副、銀萬壽字二副、金篆字八個、金書黃符一道、金書紅符一道、銀書黃符一道，講官李長春等五員各金萬壽字一副、銀萬壽字一副、金篆字三個、金書紅符一道、銀書黃符一道。

是日，祭社稷，遣公徐文璧恭代。

是日，秋分，祭夜明於夕月壇，遣侯吳繼爵行禮。

七日己亥，命左春坊左中允管國子監司業事蕭良有，充經筵講官。

八日庚子，大學士申時行等題："爲作養人才事。萬歷①十七年六月內，該臣等題奉欽依，考選得進士王肯堂等二十二名，改翰林院庶吉士，並一甲三名俱在院教習讀書，及每月二次考試外，經今三年，臣等驗其所學，頗有成效。照得舊例，庶吉士教習有成，各授翰林院壽官。題②查萬歷十六年十月內，該臣等照例題准，將庶吉士林承芳等考試授官訖。今次合無俯容臣等查照前例，於本月十一日，將見在庶吉士十五名，從公考試，評品文字高下，擬開等第、名次，封卷上進，恭候聖明裁定施行？緣係作養人才事理，臣等未敢擅便，謹題請旨。"奉旨："是。"

九日辛丑，大學士許國等題：本月十七日，恭遇萬壽聖節，百官萬姓，藩國使臣，以至四夷君長，無不喁然思近日月之末光，快睹朝會之盛典，庶幾聖躬萬福，臨御大廷，一效嵩呼之盛，供展華封之祝。會本月十二日例該經筵，該部科併以爲請。今早文書官劉宣將下二本，口傳：皇上萬安後龍音未清，暫光經筵、朝賀。臣等竊惟，經筵特賜酒飯，尚有傳宣，至於萬壽聖節，垂拱端居，禮官將事，不煩宣諭，且自今以往，尚有數日，少加靜攝，可待保和。伏望皇上勉修警蹕之儀，躬受臣民

① 歷　明抄本作"曆"，是。通行本作"歷"，誤。

② 題　"題"字當爲衍字。

之賀，導迎和氣，昭受禎祥。又元輔時行家居未出，儻蒙皇上當此萬壽之期，明示臨御之旨，遣使宣召，彼必敬從，則元首股肱之義孚，而賡歌喜起之情洽。臣等無任忻躍仰祈之至。謹具題以聞。"

　　十日壬寅，以萬壽聖節，賜大學士申時行銀六十兩、綵段四表裏，內坐蟒胸背二表裏，許國、王家屏每銀五十兩、綵段四表裏，講官李長春等五員每銀二十兩、紵絲一表裏。

　　十一日癸卯，大學士申時行等題："本月初八日，該臣等題稱，舊例庶吉士教習有成，應授翰林院等官，合無將見在庶吉士十五名，從公考試，評品文字高下，擬開等第、名次，封卷上進，恭候聖明裁定等因。初九日奉聖旨：'是。欽此。欽①遵。'臣等今日於東閣前糊名考試，評品得庶吉士上卷文理優長八卷，中卷文理亦順七卷。謹封進呈御覽，伏乞欽定發下，臣等拆卷填名，查例上請，銓除官職。其丁憂朱國禎、包見捷、孫羽侯，養病董其昌、傅新德，侍養蔣孟育，候服滿病痊復館之日，另行題請。謹具題以聞。"

　　是日，大學士申時行等題："今日欽奉聖旨：'萬曆十九年八月十一日巳時，朕第五子生。禮部知道。欽此。'恭惟皇上德孚穹②昊，祥發多男，允八月而乘秋，離重明而增耀，正當嵩呼華祝之會，又見熊占麟綏之符，本枝茂而帝業昌明，胤祚蕃而皇情悅豫，此兩宮聖母願慊於詒孫，而九廟神靈慶垂於裕後者也。中外臣民，式同懽頌。臣等無任踊躍之至。謹具題稱賀以聞。"

　　是日，大學士申時行奏："為恭謝天恩兼陳微悃事。臣於昨日伏蒙萬壽聖節賞賚，具疏陳辭，今日欽奉聖諭：'朕壽節賜卿等銀兩綵幣，是節年常典，卿如何堅執懇辭？有負朕眷。卿宜欽承之。內閣機務繁重，邊方多事，近聞卿恙稍愈，卿即出入閣辦事，以副朕倚毗至意，慎③勿固辭，再有託陳。欽此。'該文書官李恩，齎捧到臣私寓，臣病不能興，謹於牀褥間叩頭祇

① 欽　明抄本"欽"下為"等"字，誤。通行本"欽"下為"遵臣等"三字，是。

② 穹　"穹"當作"穹"。

③ 慎　明抄本作"甚"，通行本改"慎"，是。

萬曆起居注

① 慟 明抄本作"動"。通行本作"慟",是。

領。臣不覺感慟①失聲。伏念臣罪釁孤生,衰殘陋質,臥家已久,曠職良多。皇上不即棄捐,猶加齒錄,昌辰大賚,隨例並頒。臣方抱愧彷徨,是以瀝誠辭免。乃蒙溫諭,載荷隆施,并以閣務邊情,責之即出辦事。臣戴茲高厚,敢不欽承?即矢以捐糜,何能仰答?但臣猶含齒髮。亦有心知,若狗馬之疾稍瘳,妄敢愛此一身,而不顧國家之急?如螻蟻之命可保,安敢惰其四體,而恝然君父之恩。今方伏枕席以呻吟,豈能被衣冠而奔走?此敕使所親見,非臣愚敢託詞也。若欲出不能,求去不得,將彌增於菀結,寧復望於痊安?尚冀聖慈,曲垂憐憫,儻荷生全之造,敢忘啣結之私?所有欽賞銀兩、表裏,臣已九頓祇領,不敢瀆辭外,臣不勝感戴懇祈之至,謹具本稱謝,并回奏以聞。"奉旨:"覽卿奏謝,朕知道了。卿雖微疾,但慶典在即,又新誕皇子,羣情懽暢,卿豈可不爲朕一出?禮部知道。"

② 人 明抄本作"木",通行本改作"人",是。

十二日甲辰,大學士申時行等題:"爲作養人②才事。本月十一日,該臣等將見在庶吉士十五名糊名考試,評品得上卷八卷,中卷七卷,封進御覽,具題請乞裁定發下,拆卷填名,查例上請銓除官職等因,奉聖旨:'是。欽此。'臣等查得舊例,庶吉士授官,上卷照依原中進士甲第,銓註翰林院編修、檢討,其中卷量除科道等官。臣等茲謹拆卷填名上請,伏乞敕下吏部,查照施行,緣係作養人才事理,臣等未敢擅便,謹題請旨。
　　計 開
　　銓註翰林院編修、檢討八名:黃輝、莊天合、王肯堂、劉曰寧、區大相、周如砥、林堯俞、馮有經。
　　量授科道等官七名:吳鴻功、羅棟、郭士吉、喬胤、徐彥登、馮從吾、顧際明。"奉旨:"是。吏部知道。"

③ 甲辰 "甲辰"當作"乙巳"。

十三日甲辰③,以皇子誕生告奉先殿收回脯醯果酒,賜輔臣等三卓。

十五日丁未,以中秋令節,賜輔臣上尊珍饌。

是日，又賜元輔申時行膳九品、秋露白酒五瓶、月餅五個，次輔許國、王家屏每膳七品、秋露白酒三瓶、月餅四個。

十七日己酉，大學士許國等題："恭遇萬壽聖節，禮當慶賀，該鴻臚寺奉旨傳免。竊念臣等備員輔弼，受恩深重，與在廷諸臣不同，犬馬私衷不能自已。臣等謹於本日，恭詣會極門行五拜三叩頭禮，稱祝聖壽，以少伸臣子慶忭之誠訖。謹具題知。"

是日，以萬壽聖節，賜輔臣上尊珍饌。

是日，又賜元輔申時行膳十一品、壽麪、長春酒五瓶，次輔許國、王家屏每膳九品、壽麪、長春酒三瓶。

十八日庚戌，大學士申時行奏："爲恭謝天恩事。本日欽奉聖諭：'卿昨因朕壽節到門拜賀，以知卿疾愈矣。方今國家多事，中外憂疑，卿可體朕眷注之意，亟即出入閣，共國治化，以慰朕懷，不可再有託陳。卿可承之。欽此。'該文書官劉宣，恭捧到臣私寓。臣不勝惶懼，不勝感激。臣向緣半體痿弱，病不能興，連日調治百方，專爲慶祝萬壽，苟存視愈，曷敢憚勞？乃今兩人扶持，僅得詣門稱賀，勉强拜起，甚是艱難，仍復扶回，便覺勞頓，體熱頭暈，舊疾愈加，即今在手左足酸麻如故。今日腰下又發一疽，痛楚呻吟，不能轉側。狗馬之病寔未少痊，臣之病軀病容，今日文書官親見，非疾既愈而有託陳也。今中外雖稱多事，然臣既衰病，何能贊襄？見有同官二臣，可以仰副聖懷，共圖治化，臣如雙鳧乘鴈，何足有無？仰誦德音，彌增慙惕。但以臣之駑下，屢荷溫綸，以臣之賤微，數煩敕使，臣雖捐糜自效，何以答聖恩？惟有銘之中心，矢以没世而已。臣病體未痊，苦情難盡，容另疏陳請外，兹蒙聖諭，謹用尊藏。臣不勝感戴天恩之至。謹具本奏謝以聞。"奉旨："覽卿奏謝，朕知道了。閣務繁重，宜暫調即出副朕眷懷①。吏部知道。"

十九日辛亥，以皇子誕生，賜輔臣申時行大紅雲紵絲二疋、

① 即出副朕眷懷　明抄本作"即用副朕懷"，"即"下當脱一"出"字。通行本作"即出副朕眷懷，""出"下當脱一"用"字。"眷"字當爲衍字。

萬曆起居注

銀抹金腳花二枝，許國、王家屏每大紅雲紵絲二疋、銀兩金抹腳花二枝，講官李長春等五員每大紅雲紵絲一疋、銀腳花一枝。

是日，大學士申時行奏："爲備陳危悃七懇天恩俯容休致以全餘生事。臣自被言以來，積憂成疾，控章六上，未荷允俞。嗣以萬壽屆期，四方來賀，臣欲請而不敢也，則但求寬假，以冀痊安。洎欽賞特頒，聖諭再錫，臣又欲請而不敢也。則專意調理，以圖慶祝，區區狗馬之①心，顧豈忍仰辜君父之恩、而忘捐糜之報？又豈忍遽違天日之表、而忘瞻戀之私乎？緣臣望六之年，精神日短，憂傷之後，血氣愈衰，偏枯之疾遂成，藥餌之投罔效。昨聖節之日，扶掖而入，蹒跚而行，拜起艱難，幾不成禮。當回私寓，便覺煩勞，徧體如燔，流汗如雨，手足之酸麻愈甚，腰腎之癱疽又發，呻吟苦楚，徹夜不眠。臣之病軀，寔爲狼狽。世豈有咫尺之地，行動需人，頃刻之間，撐支亦苦，而尚能執公家之役，贊機務之繁者？又豈有經月養痾，不聞政事，片時力疾，即卧牀帷，而尚可稱密勿之臣，玷凝②丞之列者？是臣雖有報國之志，而力不能從，臣雖有戀主之心，而勢不可強矣。昨乃蒙聖諭，謂臣疾愈，責以即出。顧臣寔扶病以行禮，又以勉出而益病，似兹困憊纏綿，寧遽有痊可之期乎？夫倦極則呼天，慘怛則呼父，皇上，天也，父也。臣之懇切控籲，除前二十餘疏外，今又六七，豈得已哉？臣情愈迫，臣說已窮。惟皇上憐而察之，准賜休致，歸骨故里。臣早歸一日，則受一日之生全，皇上早放臣一日，則免一日之煩瀆。臣不勝激切懇祈之至。謹具奏聞，伏候敕旨。"奉旨："前此大臣紛紛告退③，今始寧息，而卿乃堅意引疾，連疏未已，是欲先去以爲之望也。中外多事，豈以朕君臣之契曾不在念？如致身之義何？宜深思之，毋使朕久虛佇想。吏部知道。"

二十日壬子，大學士申時行等謹題："先是萬曆十八年十月二十二日，節奉聖諭：'册建元儲，倫序已定，少待時日，候旨舉行，亦須卿等決策。欽此。'二十六日又奉聖諭：'册立之事，朕以誠實待天下，豈有溺愛偏執之意？少待過十歲，朕自有旨，

① 之　明抄本無"之"字，通行本增此字。

② 凝　"凝"當作"疑"。

③ 退　明抄本無"退"字，通行本增此字。

册立、出閣一併舉行，不必煩①言摧②瀆。今諭卿知之。欽此。'又二十八日，文書官李浚口傳聖旨：'傳與兩京都③寺科道等官，册儲事，明年傳各該衙門造辦錢糧，後年春舉行册立，再不許諸司激擾，愈致遲延。欽此。'臣等照得，册立皇儲，國家大典，斷自宸衷。皇上親則父也，尊則君也。臣等備在帷幄，雖得與聞密計，止是候上裁定，不得外傳，伏讀聖諭'少待過十歲'，今皇長子蓋已十有一齡矣，獨所謂'朕自有旨'者，天下臣民尚未及聞。會萬壽聖節，四方皆來朝賀，但見臣等，無不首以此事爲問。臣等無以應之，但答曰：'聖意已定，明旨昭然，册立之詔，旦暮下矣。'又李浚口傳在十八年十月，則所謂'明年'者，即今年也，所謂'後年春'者，即明年春也。相去四、五月間，爲期甚邇，百官兆民顒顒佇望。臣等竊思，皇上大信既然已布昭，盛典所宜早定。況諭中'册立、出閣一併舉行'，事體繁重，尤須及時料理。今內閣④衙門各色錢糧必已造辦，而外司部寺當行禮儀及講讀宮僚一切官屬，亦當先行查議，先行簡掄，皆非旬月所能猝辦。則傳旨册立，此正其期。凡事豫則立。臣等何敢妄附於決策之列，以犯邀功之嫌？千萬年定策以爲宗社至計，獨在皇上，誠一旦惠然旨從中出，頒示四方，敕下所司，擬定來春諏日具儀，次第而舉，當出震之時，行養蒙之典，片言可以擊九鼎，尺牘可以慰羣情，團結懽心，導迎和氣，社稷幸甚，華夷幸甚。不然，竊恐衆心失望，而摧⑤瀆激擾之者又至，他日紛紛上干天怒，莫謂臣等今者不言也。無任⑥悚懼懇祈之至。謹具題以聞。"奉旨："卿等所奏，朕已知道了。"

二十一日癸丑，大學士申時行等題："臣等竊惟，册儲大典前已恭奉德音，於明春舉行，不許諸臣激擾。故一歲以來，大小臣工咸遵守成命，肅然無敢譁者。不意工部主事張有德，偶以造辦錢糧係其職掌，陡然具疏奏請。臣等正恐干冒宸嚴，有妨大典，不得已亦具一揭上進，意謂臣等之揭可備上裁，則有德所言不煩省覽。詎意部臣既失之輕率，而臣等又欠於周詳，

①煩 明抄本無"煩"字。通行本增此字。
②摧 明抄本、通行本皆作"摧"。似當作"催"。
③都 明抄本、通行本皆作"都"，似應爲"部"。
④閣 明抄本、通行本皆作"閣"，似當爲"廷"。
⑤摧 明抄本、通行本皆作"摧"，似應作"催"。
⑥任 明抄本作"甚"，但又塗去。通行本作"任"。

致咈聖衷，特蒙詰責，將册期改於二十一年。臣等戰兢震越，殆無所容，豈敢復有陳説？第臣等淺陋，止以秋冬將近，正當傳辦錢糧之期，何如①聖慮所存，有過壽節舉行之意？誠知皇上有此美意，臣等方將順之不違，豈煩詞之敢瀆？在臣等輕率奏擾，於罪本無所逃，但皇上成命已頒，大信豈容或爽？若因臣等之請，遂更册立之期，則大小臣工所累疏勸之而不足，臣等一疏壞之而有餘，求速而反遲，將行而忽止，則臣等不但得罪於皇上，得罪於宗社，而得罪於中外臣民、天下後世亦不淺矣。伏望皇上憫臣等愚昧，特霽嚴威，念大典久虛，難稽歲月，復申前者候明春之命，踐今者過壽節之言，仍准於二十年行，宣示臣等遵守。臣等不勝惶悚待罪之至。謹題請旨。"奉旨："以②有旨了。"

二十二日甲寅，大學士申時行奏："爲抱痾瀝悃八懇天恩俯容休致以全餘生事。該臣具奏乞休，除前二十餘疏外，今又七疏，未蒙俞允。仰惟聖恩優厚，宸諭森嚴，碎臣之軀，不足以答眷知之渥，擢臣之髮，不足以數煩瀆之愆，臣復何所置詞？何敢衡命？惟是憂懷紆鬱，衷病侵尋，困憊難支，痊可無日，仰首哀鳴，誠有萬不得已者。蓋大臣去位，略有數端。不得其職當去，才不任當去，人言屢至當去，病不能事事當去。近時紛紛，亦各爲此。然未有兼備數端如臣今日者也。即使臣置得失於度外，付毀譽於兩忘，而殘廢之軀，不能自還，憂生之念，不能自割，病不事事當去甚明，臣何爲自苦其身而先去以爲人望乎？凡臣所最若者，疾病既不能支，而職任又不即解，精力既不可强，而骸骨又不即還，明主以恩見留，而臣無復酬恩之具，士大夫以義相勉，而臣無復殉義之身，方寸如焚，神魂如失，臣若不得去，則惟有飾巾待盡而已。近日如尚書宋纁、王一鶚，其初引疾，抑而未許，至其獲命，皆已奄忽不得生還。臣言及斯，涕淚交下。皇上如不棄臣，能不憐臣、使之比于犬馬、猶蒙蓋帷之賜乎？伏望聖慈念臣夙昔之微勞，憫臣今日之疾苦，特准放歸，免臣再瀆。臣不勝受恩感激之至。謹具奏聞，

① 如 明抄本、通行本皆作"如"。似當爲"知"。

② 以 明抄本、通行本皆作"以"。應作"已"。

伏候敕旨。"奉旨："卿弼亮有年，同心一德。方資猷略，佐主匡時，乃堅意潔身，於己得矣，何忍負朕眷懷，置國事理亂不顧？尚勉爲朕留，還着九卿催促亟出任事。吏部知道。"

二十五日丁巳①，大學士許國等題："照得皇第五子誕生，例應賜書各王府，並頒給禮物。該禮部題ｋ奉欽依，備行到閣。查得萬歷②十四年皇第三子生，該臣等照皇祖親定事例，賜各王府禮儀止分二等，俱用衣襲，伏蒙允行。臣等看得，今次賜書各王府，合仍照前例。謹擬上書稿、禮物等第進覽，伏乞聖裁發下施行。其王書，查舊規該用金箋二十六張書寫，乞命司禮監如數查發。謹具題以聞。"奉旨："是"。

是日，大學士申時行奏："爲承命感恩恭陳謝悃並乞寬假事。近該臣以病因八疏乞休，伏奉聖旨：'卿弼亮有年，同心一德。方資猷略，佐主匡時，乃堅意潔身，於己得矣，何忍負朕眷懷，置國事理亂不顧？尚勉爲朕留，還着九卿催促亟出任事。吏部知道。欽此。'該吏部等衙門尚書等官陸光祖③，親到臣臥榻前宣示明旨，促臣亟出。臣病不能與，謹於牀褥間叩頭承命訖。念臣至愚極賤，無足比數。頃遭讒謗。伏荷處分，臣已置毀譽於兩忘，付是非於衆論，惟思盡節以答隆知。而福過災生，憂深病劇。蓋緣氣血衰耗，以致藥餌無功，所以屢奉溫綸，數廑宣諭，而不能急趨君命者，寔力不能支，勢不可強，非敢堅意潔身也。今蒙聖慈，特命九卿催促，此累朝極隆之典，古今難遇之恩。臣何人斯，有此遭際？感激恩奮，涕淚交流。臣雖九死橫分，何以仰酬殊眷？誼當亟出任事，豈敢遲違？緣臣病勢纏綿，心神憒亂，呻吟伏枕，强起未能，再乞聖恩寬假，准臣從容調理。數日之後，幸而少痊，即當黽勉馳驅，以圖報稱。臣不勝感戴天恩之至。謹具本奏謝以聞。"奉旨："覽卿奏謝，朕知道了。卿宜善自調攝，旦夕即出佐理，以慰眷懷。禮部知道。"

二十七日己未，大學士申時行等題："九月十一日，恭遇皇

①巳 "已"當作"巳"。

②歷 "歷"當作"曆"。

③祖 "祖"下似應有"等"字。

子彌月之期，臣等查得嘉靖十二年，皇祖欽定皇子以三月翦髮，百日命名。迨隆慶二年，皇考欽定翦髮滿月，命名百日。迨萬曆十年，皇長子生，十四年皇三子生，俱奉旨遵行。今照皇第五子彌月之期將近，其翦髮之禮，或照近例行於彌月之日，或仍候至三月。臣等未敢擅擬，理合預請。伏乞聖裁。謹具題以聞。"

九①月癸亥，朔，大學士申時行奏："爲病憊招尤九懇天恩早賜罷免以全餘生事。近該臣八疏乞休，特蒙聖恩命九卿催促亟出，緣臣病不能出，又不敢辭。方乞假調理間，聞給事中羅大紘有疏論臣，不知所言何事。及會同官二臣，述其大指，專爲臣近日病中一揭所奉批答，取回尊藏，遂以爲欺君玩法。臣不勝駭異。此蓋未察愚臣心事，未考閣中事規，臣有不得不辯者。建儲大典，臣等於萬曆十四年疏請二次，十五年又請一次，十八年元日親見元子，面請册立、豫教，又退而兩疏以請。十月內，又懇請宸斷，以定中外人心。乃蒙皇上特諭閣中，詳以今冬傳，明春册立。又戒羣臣不許激聒，以致遲延。臣奉此綸音，不勝喜躍，以爲皇上詔令堅如金石，信如四時，許今冬則冬間必傳，許明春則春間必行册立，大小臣工但當肅共以俟吉期，不宜激聒以干成命。故士大夫有問，同官有言，臣皆以是答之。近見張有德疏奉旨'改復一年'，臣悵然自失，以爲皇上一諭得之如此其難，小臣一言撓之如此其易，深恨有德之輕言，而亦頗悔閣中之早發。故於病憊之中，倉卒揭請，一則謂前此聖意已定，諭旨已明，可無激聒，一則勸皇上今日勿因小臣妨誤大典，冀有挽回。其謂閣中公揭臣不與知，此以委曲之詞，寓調停之意，庶幾皇上亮臣之心，行臣之言，或可以斡旋大典，昭示大信。臣之心，固即大紘參有德之心也。臣何嘗有毋惑羣言之語？原揭具在，查閱自明，今乃以臣爲懷二心，高廟神靈實鑒在上，此何等言語而輕以之誣人乎？至於閣臣題揭，前不列職銜，後不開年月者，或別奉答諭，或就批原揭，多留閣中，不發該科，見今閣中所藏如此者甚衆，此乃相沿舊規，以爲造膝之陳，推心之語，不必盡傳也，維時臣不在閣，文書官遂將臣揭並各本一同發科。臣原據實而言，何敢欺謾？取回送閣尊藏，何敢私匿？乃以此爲欺君玩法，至極口唾罵，無復人理，不已甚乎？緣臣疾疢纏綿，心神憒亂，動而得咎，言輒招疑。大紘詆臣不職，斥臣當罷，其言良是。臣前後累疏，備極哀懇，萬無固寵之思，計留之術。而臣不即去，皇上不即許，則疑謗何由得釋？人言何時得承？臣有咋舌腐心死耳。伏望皇上寬臣

萬曆十九年

九五九

①九 "九"上當有"萬曆十九年"五字。

① 故　明抄本作"常"。通行本作"故"。

誅殛，允臣退休，則歡若更生，恩同罔極。臣不勝迫切控籲之至。謹具奏聞，伏候敕旨。"得旨：'卿屢請冊儲，備極忠懇。頃具揭寬解朕怒，更切調停。批札收藏，自是閣中故①事。誣奏的已有旨處了。卿宜早出佐政，豈可避謗求歸？吏部知道。"

二日甲子，大學士申時行奏："爲再陳心迹乞思容宥言官以息羣議事。昨該給事中羅大紘論臣，奉旨降謫，臣不勝惶悚。又聞都給事中胡汝寧等疑臣與同官國自相戕陷，臣又不勝愧惕。此皆由臣素行不孚，舉動多舛，使人據迹而疑心，因疑而生謗，臣何所逃罪？然心迹終於不明，則人言終於不息，臣請爲皇上備陳之。凡人臣爲國爭事，爭之而不得，則當苦口瀝肝而必求其濟，爭之而得，則當奉令承命而徐俟其成，此論事之體也。人主當其怒時，激之則決裂而難收，緩之則從容而自定，故孔子稱'諷諫'，又曰'邇臣守和'，爲臣當知此矣。乃今建儲大計，臣與同官實屢言之。先年長幼之序雖定於聖心，而冊立之期未承乎明諭，則人情猶惑，天典猶稽，此當事之時也。乃昨年特奉聖諭，許以十九年冬傳，二十年春冊立，既布之海內，又示之吉期。今已及秋矣，轉眼冬春屈指可計，此當俟之時也。乃小臣之疏一入，而來歲之期又改，明犯激聒，以致遲延，閣中有揭而報聞，科臣有疏而蒙罰，聖心之怒未解，納約之牖未開，此不當激之時也。臣之愚計，以爲身在事外，乃可以解紛，上幸霽威，乃可以開說，過不自量，欲爲調停，聖鑒已明，何敢復贅？然謂臣傾排同列，則臣抱痾已久，求去已決得請爲幸，遑恤其他？惟是萬年之計，阻於一言，九仞之功，虧於一簣，臣義不忍坐視，而智不能周防，於形迹之間少失彌縫，致揣摩之徒忽生疑議，是則臣有罪焉耳。然古之人有上殿相爭如虎，下殿不失和氣者。方其爭時，能無此是彼非、甲可乙否者乎？而終不失和氣者，以其心在公家，非爲私事也。臣與臣國詞若相左，而意實相成，總之欲挽回上意，贊成大典而已。今以道路之訛言，謂爲嫌隙，以婉曲之愚計，謂爲戕陷，不亦寃乎？汝寧在省日久，尚不知臣，何況大紘新進，未諳事體，雖疑臣太過，責臣太苛，而心本無他，情或可恕。且同官臣錫爵素稱其志，臣亦對尚書陸光祖力薦其才，諫席未溫，遽遭嚴譴，臣不能不為之惜也。伏望皇上，念係言官，姑從薄罰，免其降調，上可以昭聖德之寬容，下可以逭臣愚①之罪戾，臣不勝懇祈之至。緣臣病困難支，另疏陳乞外，謹具奏聞，伏候敕旨。"得旨："卿以元臣當軸，忠謀密議，匡益弘多，同列所共信服，和衷之誼，當非浮言可移。羅大紘肆口詆排，薄示譴責，豈須申救？宜遵屢旨，勉出贊政，用副倚毗。吏部知道。"

是日，大學士許國奏："為素望不孚動遺疑謗懇乞罷斥以謝人言事。昨臣在閣與同官家屏辦事，接得禮部②都給事中胡汝寧揭帖，論臣與首臣時行不協，彼此相戕，宜諭以和衷，速令省改。臣讀之不審所謂，不勝驚愕。臣自辛酉與時行同鄉舉，先後登朝歷三十餘年，同年、同館、同官、同志，無纖毫嫌隙，無絲縷猜疑，獨因舊年因爭論西事，顧有異同，然實為國家，非有私怨。昔人虎爭，不失和氣，私心慕之，論罷懽然，此閭里所知也，亦縉紳所知也。正不知汝寧從何見聞，謂臣不協？指何形迹，謂臣相戕？即昨揭帖一事，臣以聖諭明春冊立，造辦及期，而時行抱病未出，恐緩不及事，有誤大典，故具揭署名以請，未暇為時行慮也。時行具揭自明，亦以時方臥痾，乃臣等署其名不及與知，亦未暇為臣等慮也。各疏俱蒙皇上批簽，先後各發該科訖，蓋冊立，國家之大事，綸綍，臣民所共睹，豈有他意，而至以發抄之一事為擠排之隱謀？臣不知其何說也。夫冊立盛典，臣之揭欲請皇上之斷，以早慰神人之望，為國本計也。時行之揭，恐激皇上之怒，而愈緩冊立之期，亦為國本計也。汝寧乃置疑其間，則自後閣臣議事，必一無異同而後可，是天下不復有臣紀與交誼矣。臣與二三輔臣，愧乏房杜相資之才，頗有丙魏同心之義，中外臣工共知共見，汝寧何心，乃忍於厚誣一至此也？近日世路險巇③，人心薄惡，種種有之，汝寧此言或自有說。獨臣以輔弼之臣，托肺腑之重，乃物望輕淺，事必待於自明，孤立無緣，又患與之為敵，其無濟時艱，有玷政本，固已甚矣。伏乞皇上鑒臣之無他腸，憫臣之有衰疾，早

① 愚 明抄本作"遇"，誤。通行本改"愚"，是。

② 部 明抄本作"科"，是。通行本作"部"，誤。

③ 巇 明抄本作"巇"。通行本作"巇"，是。

賜罷斥，以終餘生。儻得優遊田里，歌詠太平，則自今以往之年，皆皇上之賜也。臣不勝惶恐懇祈之至。謹具奏聞，伏候敕旨。"得旨："卿忠誠直亮，遇事輒言，不存形迹，朕所鑒知。正賴謀斷相資，共圖康濟，豈可偶因疑謗，遽此求歸？宜即出輔理，慎勿介懷。吏部知道。"

四日丙寅，大學士申時行奏："爲攻訐朋興危機可畏懇乞聖明亟賜罷斥以謝人言仍乞堅持初諭以遂愚忠事。昨該臣再陳心迹，乞宥言官，奉聖旨：'卿以元臣當軸，忠謀密議，匡益弘多，同列所共信服，和衷之誼，當非浮言可移。羅大紘肆口抵①排，薄示譴責，豈須申救？宜遵屢旨，勉出贊政，用副倚毗。吏部知道。欽此。'臣捧誦綸音，不勝感泣。續又有署丞黃正賓之疏，奉旨究問，臣又不勝驚懼。臣初具揭，蓋在張有德奉旨、閣疏報聞之後，不過欲仰紓聖怒，幸霽天威，庶宸慮可以轉樞，愚忠可以納牖。或臣能勉出，則必候冬春之交，特申懇請。或臣病難愈，則當候得請之日，畢竭愚忱，期於感格聖衷，斡旋盛典，以全大信，以慰羣情。此區區犬馬之心也。不謂形迹生嫌，自投網罟，語言招釁，大起戈矛。新進言官既以爲依回固寵，而白丁散職又以爲奸計邪謀。夫臣之揭，固在閣也，正兵從何得見、述之如此其詳？而又將揭中所稱'聖意已定，諭旨已明'及'勿因小臣妨誤大典'等語，皆削不錄，此則巧文深詆，立標鼓衆，欲使人心之憤怒皆集於臣，羣口之罵詈盡歸於臣，則臣雖身爲虀粉，何以謝天下？臣病憒之中，術疏計拙，乃今讒人造言，一至於此，蓋已苦矣。今臣病不能痊，身不能出，欲候至得請而言，則連章陳乞，尚未蒙皇上之矜憐，欲候至冬春而言，則羣言四起，徒數煩皇上之裁斷。至是，則臣之初願有不能自遂，而臣之本心有不得不自明者矣。伏望皇上特垂乾斷，先將臣罷斥，以爲失言之戒，仍乞皇上堅持昨年之明諭，以慰四海臣民願望之心，勿以小臣妄言而遷改，早示來春之吉期，以培萬年宗社廷長之慶，勿使微臣日處於危疑。蓋臣前之題揭，意在調停，欲有待而言，良非得已。惟今之復

①抵 "抵"當作"詆"。參上文。

請，情在追切，不能待而言，亦非得已。惟聖明始終亮鑒，則臣去留生殞，無非感恩戴德之地也。臣不勝惶恐待罪之至。謹具奏聞，伏候敕旨。"得旨："卿忠猷謀劃，朕已洞知。若使奸小之輩如卿度處，何誤大典？册立之旨，以①示明白，不可再煩以遲厥事。卿可即出佐理，不得以借此妄誣之語介懷。吏部知道。"

是日，大學士許國奏："爲感恩悔罪再疏乞歸懇從前諭以謝天下事。昨該九月初三日，臣因人言無端，辦②明疑謗，具疏乞歸，伏③奉聖旨：'卿忠誠直亮，遇事輒言，不存形迹，朕所鑒知。正賴謀斷相資，共圖康濟，豈可偶因疑謗，遽此求歸？宜即出輔理，慎勿介懷。吏部知道。欽此。'臣本戇愚，冒兹疑謗，重蒙形迹之察，過被忠亮之褒，仰戴明恩，伏讀感泣。頃者，皇上明春册立，已有定期，誕後舉行，乃其初意。而臣誤隨小臣之後，竟忘首臣之規，蹈聒激之煩，犯遷延之戒，上干聖怒，遂改前期，以致首臣不安，多言競起羅大紘移怒於時行，而有醜詆之疏，胡汝寧歸怨於臣國，而有戕陷之疑。皆臣愚所自取，致釁孽子滋多，千指有餘，萬悔無及，雖橫分碎磔，不足以快天下之心，雖遠竄窮投，不足以泄天下之忿，而況襏章服，屏蓬蒿，薄示懲創者乎？伏望皇上察臣言④之偶誤，憐臣心之無他，毋以一夫之輕言，遂妨九廟之大計，仍復明春之定期，勿改誕後之初意，以慰四海普天之望，以安首臣危疑之心。臣即伏斧鑕、流荒裔，固所甘心。昔漢高帝，英主也，刻銷印章，天下不以爲戲玩，而益明聖人之無我。宋趙普，賢相也，補綴奏牘，人主不以爲瑣屑，而終稱薦士之得人。況我皇上之英明，又高出漢宋君臣之上者，而何難於轉移？何嫌栓改正？惟聖明幸察。臣無任恐懼戰慄之至。謹昧萬死藉藁具奏以聞，伏候敕旨。"得旨："卿前誤隨小人之後，以遲大典，今又煩激，意實何也？可即出贊理，不得以此挾君託故。吏部知道。"

是日，大學士王家屏題："今日文書官李文輔到閣，伏蒙發下首輔臣申時行、次輔許國乞休本，命臣擬票。臣看詳二臣疏詞，皆因明春册立一事，勸請未諧，以致羣口嘵嘵，疑謗蜂起，

① 以 明抄本、通行本皆作"以"。似當作"已"。

② 辦 明抄本、通行本皆作"辦"，當作"辨"。

③ 伏 明抄本"伏"上有"懇"字，誤。通行本删"懇"字，是。

④ 言 明抄本作"事"。通行本改作"言"。

萬曆起居注

此二臣所以不安其位而求去也。臣念此事，數年之間，兩京大小臣工奏請非一人，想望非一日矣。自臣去冬守閣恭奉聖諭，定以今冬造辦錢糧，明春舉行冊立，傳示諸臣，勿復瀆擾，以此一年以來，肅然無譁，頗覺安靜。不意主事張有德冒昧瀆奏，干犯宸嚴，致改冊期，移於次歲。於是羣情驚惑，猜議橫生，咸歸怨二臣，謂臣國不宜輕率奏請於前，臣時行不宜宛曲依違於後，且謂二臣志意不協，彼此相戕，若羅大紘、胡汝寧、黃正賓等疏是也。夫二臣揭有先後，心無異同，總期於感格聖衷，贊成盛典而已。乃今揣摩百出，誣衊多端，雖皇上大振乾綱，重加譴斥，似已懲妄言之罪，終非所以安二臣之心也。蓋羣輩所以攻排二臣，不在兩人嫌忌之間，而在皇儲冊立之典，典期不復，則疑謗不休，疑謗無可解之時，則二臣無可出之日也。皇上縱欲嚴刑峻責、以懲謗議而留二臣，而一羅大紘退，一羅大紘出，一黃正賓去，一黃正賓來，皇上亦安能日日而屬譴責之威，日日而降眷留之旨乎？臣愚不揣孤陋，吐竭忠言，望乞皇上循省初心，堅持大信，仍將庶立大定擬來春，庶明諭朝宣，羣囂夕寢，二臣聞命而即出，百官翹首而均懌矣。若徒照常擬票，臣恐皇上之留旨雖頻，二臣之奏乞未已，無論閣務委積，非臣獨力所①能當，即批答頻繁，亦非臣一人所能辦理也。所有二臣原本，連揭封進，伏候聖裁。臣不勝戰慄待命之至。謹具題以聞。"

六日戊辰，大學士王家屏奏："爲卒感痰厥不能赴閣乞恩給假調理事。臣素患痰火，時發眩暈。頃因同官註籍，單身守直，章牘紛委，辦理不前，惶惑怔忡，心神迷亂，於昨初五日昏黑出閣，歸至私寓，陡然厥逆，一仆幾危。見今昏臥筐牀，乍醒忽暈，委難趨閣辦事，懇乞天恩，准臣給假調理，庶獲生全。臣無任戰慄控祈之至。爲此謹具本奏聞。"奉旨："覽卿所奏，痰疾倏爾陡作，特准暫假調理數日，痊可即出入閣，贊襄樞務②。吏部知道。"

是日，大學士許國奏："爲自劾進言過激奉職無狀三懇天恩

①所　明抄本無"所"字。通行本增此字。

②務　明抄本作"勿"。通行本改作"務"，是。

放歸田里事。臣於本月初四日再疏乞歸，奉聖旨：'卿前次誤隨小人之後，以遲大典，今又煩激，意實何也？可即出贊理，不得以此挾君託故。吏部知道。欽此。'臣方席藁待罪，蒙皇上不加誅僇，責之贊理，臣感恩省過之不暇，又復何辭？但臣之一念，有不得不自明者，敢爲皇上陳之。昨冊立一事，累奉明旨，決無改移，臣日侍惟幄，乃不諒聖意之久定，成命之將行，輒隨小臣冒昧瀆奏，臣之罪也。然臣受皇上之委任甚重，恩遇甚隆，非諸司遠臣可比，凡有見聞，義難隱默，況元子冊立及期，講讀未備，臣上感皇上之眷知，下迫縉紳之詰責，故不避①煩言，冀回天聽，亦臣自效之職分也。臣之寸心，天日可鑒，寧敢有他意哉？人臣事君，惟忠與義，固不得越俎而生事端，亦不得括囊而虧職業，區區素心，以此自誓。若挾君者無上，託故者自欺，此人臣之大僇，盛世所不密，臣雖至愚，非特不敢，亦有所不忍也。獨念臣齒髮向衰，心神憒亂，語言無序，致瀆聖聰，夙夜惴惴不知所出，儻復顧戀不自引退，是臣但知高爵厚祿之爲榮，不顧竊位素餐之可恥，其爲自棄名教，有辜任使，罪益大矣。懇乞聖明察臣悃誠，言無矯飾，速賜罷歸，以爲人臣不能奉職者之戒。臣無任激切懇祈之至。爲此謹具本奏聞，伏候敕旨。"得旨："覽卿所奏，因冊立之事，卿乃不諒成命有期，誤隨小人進言聒激，以致朕怒。閣務繁重，宜亟出入閣辦事，弗得推諉，遂謀身之計，以副眷懷。吏部知道。"

七日己巳②，大學士申時行奏："爲欽奉聖諭恭陳謝悃事。本月初六日，伏蒙聖諭：'朕近年以來，因痰火之疾不時舉發，朝政久缺，心神煩亂。昨因張有德違旨瀆擾，以致朕怒，卿等正當調元贊化，寅亮天工，乃宰相之職分，反隨小臣雷和疑貳，朕豈不怒？自古宰相協和，然後可以保國，卿等今各爲身謀，不爲國計，意欲高蹈，置朕孤立，則天下國家萬民庶政，望誰理乎？忠君者顧如是乎？事君者抑如是乎？昨家屏在閣，今日陡然有疾。冊立之事，昨已明白傳示，父子至情，豈不在心？今四方多事，閣務繁重，卿等宜遵屢旨，亟即出入閣，共成康

① 避 明抄本作"備"。通行本改"避"，是。

② 己巳 "己巳"當作"己巳"。

萬曆起居注

① 抒 明抄本作"紓"，通行本作"抒"。

濟，勿得再有託陳。卿等其欽承之，故諭。還着吏部傳示朕意。欽此。'該吏部尚書陸光祖恭捧到臣私寓，傳示聖意，臣謹焚香叩頭承命訖。伏念臣以疎庸，濫叨密勿，從前數年任事，未敢一日偷安，惟知砥節奉公，冀有涓埃之補，惟知協恭體國，曾無纖芥之嫌。但臣叨冒多年，人情易厭，曠瘝積日，物議叢生。臣迫於彈章，不得不杜門而引咎，纏於固疾，不得不控疏以乞骸。至於解紓調劑之心，亦滋尊沓譏嘲之口，致多陳請，屢瀆宸嚴，勢不免於畏人情，豈忘於戀主？乃蒙皇上親抒①睿思，特渙宸章，以大義責臣，期之共濟，以温言慰臣，戒其託陳，曰父子至親，則知初諭之堅定，曰四方多事，則知宸慮之憂勤。臣誠懼誠慚，且感且慰。既已荷深知而肩重任，敢不先國計而後身謀？以天下國家為心，以庶政萬民為念，宗社大計敢不濡忍以圖成，疆圉殷憂敢不折衷而定議？苟可竭其駑鈍，夫何愛於髮膚？臣疾未全瘳，尚須扶掖，但力可勉出，敢復遲延？容臣明日赴鴻臚寺報名，次日朝見，遵諭入閣辦事。臣不勝感激瞻戴之至。謹具本恭謝以聞。"奉旨："覽卿所奏謝悃，知道了。樞機章奏繁重，宜旦夕亟出佐理，毋復遲延，以慰眷懷至意。吏部知道。"

是日，大學士許國奏："為恭謝天恩並乞寬假事。昨臣冒昧進言，忤觸聖聽，隨疏乞歸。伏候明旨間，該吏部尚書陸光祖傳諭到臣，責以協和保國，示以父子至情，且謂四方多事，期與共成康濟。恩義深重，訓旨嚴明，臣伏讀深思，一字一涕，罄方寸之赤，不足為鐫；競犬馬之年，不足為報。即當竭蹷趨命，朝見不遑。緣臣衰病積有歲時，頃來形神日耗一日，耳目手足皆非其故，間復恍惚，益以耗昏，指東忘西，瞻前失後，兼之氣滯寒結，左臂不仁，骨銷如鑽，髓痛如刺，方欲讀告，值首臣家卧，閣務叢冗，勉强支吾，暫忘困憊，乍及休息，百病旋生。伏望皇上稍寬旬日之期，冀獲調攝之便。臣平生愚戇，不敢詐欺，天日鑒之，毫無假託。戰慄待命。謹具奏謝以聞，伏候敕旨。"奉旨："覽卿奏謝，朕知道了。卿既陡患痿疾，准暫假調理數日，即出佐理。吏部知道。"

萬曆十九年

是日，大學士王家屏奏："爲恭謝天恩並陳愚悃事。本月初六日，欽奉聖諭：'朕近年以來，因痰火之疾不時舉發，朝政久缺，心神煩亂。昨因張有德違旨瀆擾，以致朕怒，卿等正當調元贊化，寅亮天工，乃宰相之職分，反隨小臣雷和疑貳，朕豈不怒？自古宰相協和，然後可以保國，卿等今各爲身謀，不爲國計，意欲高蹈，置朕孤立，則天下國家萬民庶政望誰理乎？忠君者顧如是乎？事君者抑如是乎？昨家屏在閣，今日陡然有疾。册立之事，昨已明白傳示，父子至情，豈不在心？今四方多事，閣務繁重，卿等宜遵屢旨，亟即出入閣，共成康濟，勿得再有託陳。卿等其欽承之，故諭。還着吏部傳示朕意。欽此。'該吏部尚書陸光祖到臣私寓，恭捧宣示。緣臣病不能興，伏枕叩頭謝恩訖。伏念臣參聯禁近，忝沐殊恩，循揣虛庸，憨乏寸效，術既疎於格主，才更詘於匡時。偶因册立之期，曾奉傳宣之命，猥欲贊成乎盛事，不圖咈逆於上心，誤大典以憂惶，感宿痾而委頓。方申哀控，獲蒙賜假之恩；隨荷睠存，特需敷言之訓。昨日在閣，而今日有病，迹試莫逭於嚴誅，不爲國計，而爲身謀，念何敢萌乎高蹈？宸章渙錫，誦服知榮，天宰敦臨，趨承恐後，苟職分之可盡，忍自外於協和？即時事之多艱，當共圖於康濟。第宗社大計早定，時下不可搖，父子至情豫全，則衆不能間。尚有望於決策，非徒念之在心。意聖度不難於轉圜，豈臣愚敢安於卧蓐？臣不勝感恩激切之至。謹具本陳謝以聞。"奉旨："覽卿奏陳謝悃，朕知道了。閣務繁重，章奏壅滯，卿宜即出佐理，毋得固辭，再有託陳。吏部知道。"

九日辛未，大學士申時行奏："爲聞言負愧力疾未能十懇天恩放歸田里以全餘生事。先該臣抱痾踰月，累疏乞休，疊荷緼①綸，未蒙矜允。昨又特承聖諭，詞義森嚴。且閣中無人，文書壅積，臣故不敢以尚存之息，仰負聖恩，不敢以未死之身，上違君命，暫擬力疾勉出，以盡臣子之心。其實病根尚未脫身，人情尚多側目，臣之進退實爲兩難。又該御史鄒德泳論臣，理應自陳待罪。臣心神憒亂，意氣怚隕，即衆口之煩嚻應接不暇，

①緼 "緼"當作"溫"

若萬幾之叢委匪贅奚堪？即使強留，終當誤事。至於九卿之臨促，首部之傳宣，施之微臣，委屬冒濫。此正臣之所跼蹐而不安者。德泳知臣甚深，論事甚當，其言似當允從。伏乞皇上俯察愚誠，特准休致，以全臣節，以息人言。臣不勝受恩感激之至。謹具奏聞，伏候敕旨。"奉旨："卿耆碩元輔，德望優隆，經濟時難，勳猷茂著，朕所鑒知。小人妄言，卿何須介懷？卿今屢疏乞歸，豈不思朕眷倚？況閣務久虛，章奏盈几，卿其思之。宜即出入閣輔政，勿得再有託陳。吏部知道。"

是日，大學士王錫爵奏："為母子相見感激天恩恭陳謝悃事。該臣近以母病，倉皇乞假歸省，仰荷皇上俯賜衷允，洊頒恩數。自六月二十四日辭朝出京以來，計水陸道途所經幾四千里，一餐一宿之費，一卒一車之供，孰非皇上之賜？而欽使護行，不離左右，沿途傳送，不淹時刻，又孰非借皇上之寵？顧臣僥倖已極，驚危愈甚，上則憂病母風露之不測，下則恐弱軀溝壑之先填。及今幸而抵家，得生見臣母，臣母亦得生見臣，而我皇上慈悲浩蕩之恩，至是乃真成臣母子返魂續命之所矣。臣初歸皇遽，詞不暇文，亦不敢文，謹直述真情，以代陛前叩首。蓋先是臣母病耗聞，臣固疑臣男猶有未盡餘語，今則衆見其氣息奄然，皮骨薾然。臣為之伏牀而泣，臣母亦為臣執手而泣，忽忽如會夢中，如話隔世，而鄉里行道之人，亦有為臣泣下太息，仰而呼萬歲者。天地有盡，此恩無窮，頂踵可摩，此恩難報。自今以往，即臣母之旦暮安危不可知，而在臣苟支一日之養，亦足了烏鳥一日之心。至於負知負眷，千罪萬業之未償，則願以此身之髮毛體膚，與一家之髫齔兒女，世世為犧牲，以祝我皇上福壽岡陵，子孫千億而已。違遠清光，急復彌月，想見丹扆蜜箴尚留視聽，玉闕嚴警行見清夷。臣不勝北向延首感激瞻戀之至。臨疏涕下，不知所云。為此專①義男王科，代齎具奏以聞。"奉旨："覽卿奏謝，朕知道了。今四方多事，國務孔殷，卿問慰事畢，宜遵前旨，如限前來供事，以副朕縣思至意。禮部知道。"

是日，以重陽令節，賜輔臣上尊珍饌。

①專 "專"字下當有"差"字。

十日壬申，大學士申時行奏："爲恭謝天恩事。本月初九日，欽奉聖諭：'邇來四方多事，大小臣工正當鎮靜。不意奸邪小人佞言煩興，尊卑陵夷，國是紛紜，詆誣叢生，謠議大臣，以致卿心不安。密務①樞機之地，全賴忠良之臣，卿爲朕股肱，正當任勞而理國，豈可因毀怨而息肩？況周公不免管蔡之流言，孔子至聖，尚遭毀譽之謗。且宰相之量，容納百川，卿雅度沖襟，董率百僚以厭封疆之難，豈可託陳而求退？還着鴻臚寺官宣示朕意，宜即出入閣辦事，勿負朕眷注至意。卿其欽承之。故諭。欽此。'該鴻臚寺卿楊宗仲，恭捧到臣私寓，臣謹焚香叩頭祇領訖。伏念臣仰荷殊恩，既優既渥，恭承特諭，至再至三。雖犬馬無知，猶當感激，非木石至蠢，敢不遵承？緣臣自初六日奉諭之時，稍能扶掖而行，即欲勉強以出，故於謝疏已布下忱。及聞御史鄒德泳有言，理當待罪。夜中草奏，忽冒風寒，體熱如燔，骨痛如束，求汗不得，困憊難支。當此煩言橫興，已不勝內憂之迫蹙，迨茲沉痾稍減，又復遭外感之侵凌。是臣命數迍邅，災殃湊泊，造化忌其盈滿，鬼神降之凶危，即欲竭蹶以任勞，豈能匍匐而趨召？奉德音而莊誦，涕淚交零，繹明訓以深思，神魂欲顫。聖恩加重，而臣報恩之地愈苦愈危，君命益嚴，而臣應命之期多難多阻。終愧眷私之莫副，自知罪戾之難湔。誓沒齒以銘鏤，永盟心而啣結。臣不勝仰戴天恩之至。所有聖諭一道，祇用尊藏，以爲鎮家之寶。謹具奏恭謝以聞。"奉旨："覽卿奏謝，朕知道了。閣務繁重，邊事多艱，正賴卿分猷化理。卿既感冒風寒，准暫調理一二日，即出入閣贊政，慎勿再辭。吏部知道。"

是日，大學士許國奏："爲衰庸不厭衆望肆懇天恩特賜骸骨以謝人言事。本月初四日，該臣伏奉宣諭，具疏謝恩，並乞寬假，奉旨：'覽卿奏謝，朕知道了。卿既陡患痿痺，准暫假調理數日，即出佐理。吏部知道。欽此。'隨聞御史鄒德泳論臣年邁當去，臣心服其言，且謂臣心常善忘，名爲伴食，濫寵踰溢，坐待喪身，此其知臣甚真，其愛臣甚至，雖使臣自陳，亦不過此。顧臣揣己量力、欲乞骸骨之日久矣，然猶貪戀盛時，未忍

① 務　明抄本、通行本皆作"務"似應当作"勿"。

遽去者，蓋以受恩之日長，報稱之義薄，思得一當，少自塞責，此臣之素心，亦職分也。頃國本尚虛，大典未舉，臣思時事無急於此，故冒昧言之，冀以勉竭愚忠，上酬恩造。而積誠未至，天聽尚高，其餘區區又何云補？是臣學不足以格心，才不足以圖事，算計見效，居然可知，乃猶追逐時賢，叨塵政府，謂之伴食，夫復何辭？況臣年踰六十，血氣向①衰，無鬻熊之老謀，有師丹之忘事，即犬馬之心未忘自效，而力已不能矣。竊念忠臣事主，以身殉之，不如行其志，明君愛臣，以恩縻之，不如用其言。儻皇上俯察微誠，放回田里，將前鄒德泳疏特賜施行，是臣雖去，猶甚榮於臣之留也。瀆冒宸嚴，俯伏待罪。不勝戰慄之至。謹具奏聞，伏候敕旨。"奉旨："册立之事，朕自有定擬，小臣激阻，卿爲次輔，正當調停度處，反爲附和。朕一時之怒，言語急迫，爲人臣者，宜當忍受，如何屢次求退，以致庶政壅滯？卿既稱痿疾，准回籍調理，着馳驛去。病痊之日，着撫按官具奏召用。該部知道。"

十一日癸酉，大學士王家屛奏："爲傳旨不實致誤羣僚乞恩概賜罷歸以塞衆望事。臣方以患病在假調理，忽於今早接得同官臣許國一本《爲衰庸不厭衆望肆懇天恩特賜骸骨事》，奉聖旨：'册立之事，朕自有定擬，小臣激阻，卿爲次輔，正當調停度處，反爲附和。朕一時之怒，言語急迫，爲人臣者，宜當忍受，如何屢次求退，以致庶政壅滯？卿既稱痿疾，准回籍調理，着馳驛去。病痊之日，着撫按官具奏召用。該部知道。欽此。'臣不勝驚悚，不勝震慄。切念閣臣輔導，誼均一體，有罪斥罰，不宜異同。臣與國並厠機庭，協襄政務，即頃册立之事，國與臣居平商議數矣，國始具揭時，臣實贊之屬草，揭既具，臣實與之連名，其始謀同也。上揭之日，適值主事張有德疏至，初恐事勢促迫，尚在逡巡，已見事機湊合，難復延緩，其從小臣之後附和同也。既冒天威，致塵譴責，不思調停度處，從容轉旋，徒以雷霆震驚，不遑寧息，遂引罪自劾，移疾求歸，以至庶政壅滯，其貽誤閣事之罪，抑又同也。臣罪既與國同，則②

① 向　明抄本作"尚"。通行本改"向"。

② 則　明抄本"則"下有"罪"字，通行本無此字。此"罪"字似当作"罰"。

萬曆十九年

不應與國異。今國既荷聖恩，准其回籍，乃臣未蒙罷斥，尚此瓦全，在國體非所以示平，在臣愚能安於倖免？況國今日之所請，本臣前歲之所傳，臣前奉德音，業有成命，國等不過遵皇上之大信，訂冊立之定期，事匪無端，言實有自。今國等遇聽臣傳宣之言，遂干上激聒之怒，則所以誤國於有罪之地者，始終皆臣之爲也。臣不傳宣於前，國何據以爲詣？臣不慾憑於後，國之請必不堅。由此觀之，誤國於罪者，非臣而誰？且臣非獨誤國一人而已，自傳聖諭以來，部科以回話奪俸矣，待郎黃鳳翔以忤旨放歸矣，近日言官如羅大紘、鍾羽正等，併以爭議冊期蒙上譴責，從此爭議愈衆，譴斥愈多，則何莫非臣傳①之不實誤之也？又不獨誤大小臣僚而已，以皇上之美意既定而復搖，以冊立之吉期既屆而復改，可以誤宗社之大計者，亦由臣傳宣之不實致之也。然則臣之罪不但當與國同罷，雖加以斧鉞，竄諸遐荒，猶未足以安九廟之神靈，快四方之觖望也。臣憂危併至，殃咎兼摧，委頓筐牀，喘息僅屬。謹伏枕力疾，披控血誠，伏乞皇上垂憫迷宴，兼察衰憊，將國留用，放臣早還，或併賜罷歸，俾分任罪戾。臣不勝隕越待命之至。謹具奏聞，伏候敕旨。"奉旨："覽卿奏。冊立典禮，乃朕欽定成規。近因羣小猜疑出位，沽②名激擾，非卿傳諭不實。次輔國稱疾懇辭，是以暫准回籍，非有他意。卿不必嫌疑自罪。輔臣當事，閣務久虛，卿宜疾出供職，勿得固辭，逸曠政事。吏部知道。"

是日，大學士許國奏："爲感激天恩力疾陳謝事。臣昨自分衰庸，伍懇休致，蒙聖旨：'冊立之事，朕自有定擬，小臣激阻，卿爲次輔，正當調停度處，反爲附和。朕一時之怒，言語急迫，爲人臣者宜當忍受，如何屢次求退，以致庶政壅滯？卿既稱痿疾，准回籍調理，着馳驛去。病痊之日，着撫按官具奏召用。該部知道。欽此。'竊以上恩曲諭，雖極丁寧，下愚不移，猶然聒擾，合加顯僇，詎冀矜從？豈謂聖度優容，仁慈測③隱？謂臣言雖激，諒臣意無他。蓍簪以服御而不遺，駑馬以齝隟而興感，恕臣狂簡，許以生還。且閔其道路之難，尚令乘傳。期其疾病之愈，敢望賜環？使閭巷咨嗟，共識聖君之念

① 傳 明抄本"傳"下有"宣"字。通行本脱此字。

② 沽 明抄本誤作"沾"。通行本改"沽"，是。

③ 測 "測"當作"惻"。

舊，縉紳感悅，皆希直道之有終。豈微愚臣，獨蒙恩造？臣無任感戴慚悚之至。謹具疏奏謝以聞。"奉旨："覽卿奏謝，朕知道了。禮部知道。"

十二日甲戌，大學士王家屏奏："爲欽奉宣諭恭陳謝悃事。本月十二日，伏蒙聖諭：'近來小人狂肆，不遵諭旨，阻撓國事。元輔近因憸邪小輩，假以建言，傾陷成風，朋謀攻擊，以致羈滯憂疾，朕屢諭未出視事，昨令鴻臚官又催促，奏云感冒風寒，是以暫准調理。其二輔國見要不遂意，懇稱痿疾，特准回籍調理。只今内外章奏，每日朕自親覽，應行的朕自批發。其中邊方重務、品騭官員緊要文書，自初六日至今，堆積盈几，是朕①孤立於上，卿可忍乎？孰不②忍乎？《書》云：君逸臣勞，用臣猶子代父，卿逸臥在家，心可安乎？身可安乎？卿前有疾，近聞稍瘳，着鴻臚官宣示朕意，着遵旨攜餌扶掖入閣辦事，以慰眷懷，庶政務不致廢墜，弼贊有賴，毋再有託陳，以曠治理。欽哉。故諭。欽此。'該鴻臚寺楊宗仲恭捧到臣私寓宣讀，臣謹焚香望閣叩頭承命訖。伏念臣之事父，如子之事艾，大義本無所逃，臣代君勞，如子代父勞，至情尤不容已。臣雖性質③愚昧，未明天地之常經，然而恩過優隆，實感乾坤之洪造。前後在閣，計已五載有餘，出入循規，何敢一日偷惰？止緣頃者勸請册立，未協上心，以致疑謗紛紜，橫生物議。臣内既不能贊襄乎聖斷，外又不能鎮戢乎羣囂，寮友被摭而無計解紓，機務積棼而莫能剗剖。是以憂惶交至，寢食俱妨。由精力之不支，故疾疢之驟作，勢不得不請假而調攝也。乃不圖元輔以羈憂在告，未即出門，次輔以痿疾乞休，特准回籍，遂致内外章奏堆積充滿於公車，緊要文書批發悉煩於聖覽。據臣誤事之罪，奚逃曠職之刑？荷宣諭之自天，誠措躬而無地。第尫隤病骨，雖若歉於代勞，犬馬賤軀，曷敢就於逸臥？臣可忍，孰不可忍，凜焉一字之誅，身可安，心不可安，惕若十行之札。臣敢不祗承諭戒，肅奉訓詞？乘沉痼之稍瘳，攜藥餌而即出，庶力辦乎政務，以仰慰於眷懷。敢復託陳，久虛弼贊？惟是輔臣忠於任

① 朕 明抄本作"臣"，通行本改"朕"，是。
② 不 據《明神宗實錄》卷二四〇，"不"下當有"可"字。
③ 質 明抄本作"資"。通行本誤作"質"。

事，不獨在薄書筐篋之間，聖主逸於任人，當深惟宗社本根之計。儻數假之詞色，其何愛於髮膚？所有頒賜手諭，容臣尊藏，以爲鎮家之寶。其報名朝見，定於一二日內，以遵入閣之期。臣不勝感激贍①荷之至。謹具奏聞。"奉旨："覽卿奏陳謝悃，朕知道了。機務繁重，國事劻勷，正賴卿分猷贊治。卿遵論明晨疾出入閣佐理，深慰朕懷。勿得再有託陳。吏部知道。"

是日，大學士申時行奏："爲久病曠官憂危日甚十一懇恩放歸田里以全餘生事。臣自八月以來，十章求退，未蒙矜亮，並荷勉留，如諭旨之勤悃，恩禮之隆備，皆典章之所僅見，而萬分②涯分之所能堪者。臣即剖心抉肝，莫能陳謝，即捐軀糜骨，莫能仰酬，何敢違命負恩，潔身自便哉？緣臣氣血已衰，精神益耗，憂思內結，疾疢外侵，即今困臥月餘，纔能起立，方圖勉出，又感風寒，舊恙未平，新痾復作。且人言未已，物議滋彰，以數年勸導之苦心，驀被無根之謗，以一時調停之微意，翻蒙不白之冤，有口不能自明，何顏可以就列？臣病軀如此綿惙，心事如此憂危，意氣盡隳，方寸已亂，至於密勿重地虛無一人，而不能强出，諸司章奏停已數日，而不能佐理，尚可以稱股肱之臣、厠樞機之任乎？臣又有至苦者。臣母遠在家鄉，近嬰衰疾，望臣歸視，以日爲年。先人丘隴，近報水侵，祭掃不親幾三十載矣。臣忠孝兩負，何以爲人？惟有仰天叩心，伏地待命而已。惟皇上特垂矜憫，俯允放還，臣去有至榮，沒無遺憾。臣不勝激切哀懇之至。謹具奏聞，伏候敕旨。"奉旨："卿嘗上密揭，屢言儲位久虛，勸朕早立，以固國本，朕久已在心。不意小臣要名瀆激，以致朕怒，卿等見小人妄言，紛紛求去。即今四方多事，正賴卿與朕分憂。今屢疏乞休，朕慰留再四，卿急迫愈懇。茲特准暫回籍調理，痊可之日，着撫按官具奏召用。着馳驛去，還差官護送。該部知道。"

十三日乙亥，大學士王家屏奏："爲時事多艱閣務積滯懇乞留任首輔以重政本事。臣昨恭奉宣諭，方擬報名朝見，入閣辦事間，忽接得首輔申時行一本《爲久病曠官憂危日甚十一懇恩

①贍 明抄本作"瞻"。通行本作"贍"。

②分 "分"當作"匪"。

放歸田里以全餘生事》，奉聖旨：'卿嘗上密揭，屢言儲位久虛，勸朕早立，以固國本，朕久以①在心。不意小臣要名瀆激，以致朕怒。卿等見小人妄言，紛紛求去。即今四方多事，正賴卿與朕分憂。今屢疏乞休，朕慰留再四，卿急迫愈懇。兹特准暫回籍調攝②，痊可之日，着撫按官具奏召用。着馳驛去，還差官護送。該部知道。欽此。'臣不勝驚遽惶悚。切念密勿重地，軍國繁機，往者四輔備員，僅能辦理。自頃首輔時行，以煩言排詆註籍乞休，數月以來，機務積棼，頓覺叢脞。臣與次輔國方朝夕督趣時行，望其早出，共襄國事，不意國甫蒙恩以去，時行亦即得請而歸，不三日間而二臣相繼謝政。即在承平無事之日，輔弼不可缺人，況當艱難多故之時，老成豈密輕去？即今南倭北虜，烽羽騰傳，水潦蝗螟，災傷疊奏，是惟時行資識敏練，尚可以割決紛拏，器度冲夷，尚可以燮調緩急。如臣尪隤病骨，既難以一身而勝辦理之勞，即得夢卜新賢，亦何能以倉猝而奏剬裁之效？三公並罷，樞軸之地爲空，一老不遺，股肱之臣安在？伏望皇上念朝廷舉動繫四海觀瞻，大臣去留關國政理亂，亟諭首輔，勉抑遐思，俟四方稍寧，再圖高致，朝省幸甚，臣愚幸甚。臣不勝激切懇祈之至。爲此謹具奏聞，伏候敕旨。"奉旨："覽卿所奏。元輔，朕之股肱良佐，輔弼純臣，納誨啟沃，朕方攸賴。不意小臣朋謀攻訐，排詆煩興，以致元輔憂忿成疾，乞休之疏凡十餘上。朕不得已，暫准回籍調理，痊可撫按官具奏召用。卿殫忠爲國，勉留元輔，深體朕意。朕知道了。吏部知道。"

是日，大學士申時行奏："爲恭謝天恩事。該臣十一懇恩放歸田里，奉聖旨：'卿嘗上密揭，屢言儲位久虛，勸朕早立，以固國本，朕久已在心。不意小臣要名瀆激，以致朕怒。卿等見小人妄言，紛紛求去。即今四方多事，正賴卿與朕分憂。今屢疏乞休，朕慰留再四，卿急迫愈懇。兹特准暫回籍調攝，痊可之日，着撫按官具奏召用。着馳驛去，還差官護送。該部知道。欽此。'臣莊誦綸音，不勝感泣。伏念臣憂病侵尋，職司久曠，譽尤叢積，謗議橫興。自知重地之難堪，抑慮危機之可畏，控

① 以　據上文，"以"當作"已"。

② 攝　據上文，"攝"當作"理"。

章引退，瀝血懇祈，詞固覺其頻煩，憤實關乎迫切。幸蒙矜亮，特允歸休，俾乘傳以馳驅，仍遣官而將護[①]。且默示升儲之大計，似俯從納牖之微忠，乞骨之願遂酬，造膝之言獲售。臣讀未終而涕已下，身既退而心亦安。禮絕羣僚，訝古今之罕睹，恩踰再造，幸終始之能全。苟一息尚存，寧忘唧結？如百身可報，敢惜捐糜？臣不勝感戴天恩之至。緣臣病未痊，不能詣闕，謹具本奏謝以聞。"奉旨："覽卿奏謝，朕知道了。禮部知道。"

十四日丙子，大學士申時行奏："爲恭謝天恩事。本月十四日，伏蒙聖恩，頒賜臣銀壹百兩、紵絲肆表裏、新鈔叁拾[②]貫、大紅織金坐蟒一襲，特遣司禮監太監陳矩，恭捧到臣私寓，臣謹扶病叩頭祇領訖。伏念臣中歲起家，蒙恩拔擢。頻年在閣，曠職優游，曾無補襄之能，殊忝作金之寄。既干浮議，復抱沉痾，非無戀主之心，其若採薪之未已，屢有乞身之請，遂蒙當寧之垂憐。幸許生還，更叨寵錫，蹜金鄭重，兼楮幣之生新，蟒服光華，加織文之稠疊。一身去國，猶荷恩私，千里戒途，頓增行色。臣服以無斁，得之若驚，藏畀子孫，永爲鎮家之寶；奉歸閭里，爭誇遇主之榮。矢志以銘鏤，惟沒身而唧結。臣不勝感戴天恩之至。謹具本奏謝以聞。"奉旨："覽卿奏謝，朕知道了。禮部知道。"

是日，大學士王家屛題："臣偶感宿痾，致停閣務，賜假調攝，已逾數日之期，降諭傳宣，特奉十行之札。恪遵嚴命，勉策衰軀，謹扶掖以趨朝，庶拮据而供職。於今早恭詣午門前廷謝，禮畢，到閣辦事。臣不勝感戴天恩之至。謹具題知。"

是日，大學士申時行題："近該臣累疏乞休，未蒙俞允。臣仰窺聖意，必謂閣中乏人辦理，猶欲以臣備員。但臣衰病已成，人言未息，委實難以任事。竊思聖明在上，賢哲在廷，慎簡預儲，惟上所命。祖宗設內閣以來，有用六、七人者，有用四、五人者。今見在止臣等三人，或遇有時故，偶有疾病，遂至閣門盡閉，機務耽延，甚非事體。伏望皇上特垂宸鑒，博選忠賢，以充是任，使練習故典，講求政務，以資匡贊，以備緩急。謹

[①] 護 明抄本作"獲"，誤。通行本改"護"，是。

[②] 拾 明抄本作"千"。通行本誤作"拾"。

將相應官員開坐上請，伏乞聖明於內點一、二員，發下閣中，撰敕施行。謹具題以聞。"

是日，大學士王家屏題："今日文書官劉宣到閣，發下禮部尚書于慎行本《爲九懇天恩俯賜骸骨還鄉事》。臣看得本官，問學醇深，器資端謹，向侍講幄，啟沃多勞，自擢禮曹，靖共匪懈。方當勉酬知遇，懋展猷①爲，乃因宿疾纏綿，私憂迫切，屢求休②退，委出懇誠。雖荷溫旨眷留，令其安心調攝，而臥蓐日久，職務漸妨，宜其輾轉不寧，控辭愈力也。如蒙皇上憐其淹病，非繫託陳，望乞俯從臣所擬票，准令回籍調理，或當留用，未可放歸，亦乞明示聖意，容臣改擬，恭請上裁。謹具題以聞。"

十五日丁丑，大學士申時行奏："爲辭朝事。臣頃以病苦陳情，伏蒙聖恩特准回籍調理，寵以馳傳，護以使臣，仍賜之文綺、白金、襲衣、新鈔，臣感激深至，涕泗橫流。除具疏謝恩外，令當遠赴原籍，長辭閣庭，咫尺威顏，冀瞻天而莫遂，委蛇周道，將刻日以遄歸。戴德南征，懷恩北望，仰祈聖算，協天長地久以無疆，傒睹皇儀，歌海潤星輝而有喜。緣臣病未痊可，不能廷辭，謹遵例陳奏。臣不勝惓惓依戀之至。謹具奏聞。"奉旨："覽卿奏，朕知道了。"

是日，敕吏部："趙志皋陞禮部尚書，兼東閣大學士，張位陞吏部左侍郎，兼東閣大學士，着差官行取，馳驛來京，俱入內閣，同家屏辦事。如敕奉行。"

是日，大學士王家屏題："臣竊惟內閣，本樞機之重地，輔弼爲股肱之近臣。參佐固貴於得人，表率尤資於碩望。臣獼以一介，叨陪四輔③，向侍三臣在前，循行逐隧，因得息肩處逸，袖手蒙成。乃自同官臣錫爵以乞假省親，頃者臣時行、臣國又以養病回籍，禁廬遂至於空虛，章牘不勝其紛委。雖已奉有簡命，增置閣臣，臣位尚在原籍江西，未能猝至，即臣志皋到閣，與臣纔只兩人而已，朝夕共事，固幸有所咨謀，領袖乏人，終莫爲之提挈。思得臣錫爵，鼎衡重器，柱石貞標，久虛側席之

① 猷　明抄本作"猶"，誤。通行本改"猷"，是。
② 休　明抄本作"休"，是。通行本誤作"体"。
③ 輔　明抄本作"鄰"。通行本改"輔"。

懷，深繫具瞻之望。今其假期既滿，母病已痊，當此朝廷多事之時，似非家鄉久住之日。伏乞皇上特頒優詔，亟遣專官，趣令遵限赴京，紆謀贊政，庶朝綱爲之振肅，而主勢彌尊，國是賴以主持，而人心允服。伏惟聖明裁斷。臣不勝懇切祈望之至。謹具題以聞。"

十七日己卯，吏部左侍郎兼翰林院侍讀學士趙志皋①："爲披瀝愚誠辭免非常恩命事。臣於萬歴②十九年九月十五日，接到吏部咨：奉敕：'趙志皋陞禮部尚書，兼東閣大學士，張位陞吏部左侍郎，兼東閣大學士，着差官行取，馳驛來京，俱入內閣，同家屏辦事。如敕奉行。欽此。'臣聞命自天，措躬無地。竊惟輔相之職，實爲台鼎之司，佐天子而膺股肱之稱，秉機務而受阿衡之寄，天工其代，人望攸歸。自古論官，必先擇相，或疇咨於廷，或旁求於野，或採其聞望以術表儀，或資其謀猷以圖經濟。方今聖明御宇，宣稱極辨之朝，俊乂在官，咸抱太平之略，豈乏良弼？何有微臣？伏念職才本庸劣，數復屯奇，歷官詞林，中遭擯黜，自甘廢迹，將以終身。伏荷皇上御乾，持之英斷，覆以洪慈，謂毀瓦尚可復全，而收之陶鑄，念疲駑猶堪驅逐，而策以舊途。前後兩任成均，愧師儒之弗稱，南北均爲銓貳，慙衡鑑之靡持。方虞譴責之孔加，詎意簡掄之繆及？既匪符於夢卜，又豈協於人情？筴有微長，寧堪火受？參聯密勿，何以備顧問而代王言？出納機衡，何以效彌綸而襄帝業？捫心揣分，應貽負乘之羞，度德量材，難免覆餗之懼。伏望皇上俯鑒悃誠，非由矯飾，收回成命，別簡忠賢，容臣仍以舊職，供事銓曹，庶政本益重，邦家有光，而微臣亦得以安其分願矣。臣無任悚息待命之至。"奉旨："卿性行端醇，學議宏邃，政本重地，特茲簡畀。宜殫竭忠猷，以贊化理，不允辭。吏部知道。"

二十一日癸未，敕諭輔臣錫爵："前者給假省親，准以三月。昨見謝恩本，知卿母稍愈，朕甚嘉悅。今國祚多艱，邊事

① 皋 "皋"下应有"奏"字。
② 歴 "歴"当作"曆"字。

未寧，朕是以夙夜戒懼，宜賴直亮純臣調元贊政，君臣協和可以共成康濟。元輔等因被人言，屢屢求去，迺今閣務繁重。卿啟沃朕躬，盡心報國，卿今假限已滿，特差官一員，齎敕前去，敦趣遵限上緊奉母馳驛來京，還着差官①伴送官沿途守護，宜勉朕慕誼寧想之懷。欽哉。"

是日，吏部左侍朗兼翰林院侍讀學士趙志皋謹奏："為再懇聖恩容臣辭免特命廷推以昭公道事。該臣先《為披瀝愚誠辭免非常恩命事》，奉聖旨：'卿性行端醇，學議宏邃，政本重地，特茲簡畀。宜殫竭忠猷，以贊化理，不允辭。吏部知道。欽此。'臣即當恭②命入閣辦事，仰答聖恩萬一。顧臣尤③有跼蹐不安之情、前疏所未敢遽陳者。思得祖宗定制，凡閣臣及吏、兵二部尚書員缺，該吏部會同九卿六科十三道廷推，請旨簡用。今皇上特聽輔臣之薦，繆及於臣，臣實惶懼不勝。且臣學術迂疎，才識短淺，若今日受命不辭，而他日奉職無狀，則上累皇上之明，下負輔臣之薦，外既慚於公議，內復愧於自知，臣之罪益不可解矣。伏願皇上念閣臣非庶職之倫，廷推為祖宗之制，容臣辭免，仍守舊官，更敕九卿科道等官照例會推，別簡忠賢，以充任使，以昭公道，庶舉措當而人心服矣。臣無任激切仰懇之至。為此具本，親齎謹奏以聞，伏候敕旨。"奉旨："卿學行聞望，朕心簡孚，豈必廷推乃協公論？宜遵命入閣辦事，不允辭。吏部知道。"

二十六日戊子，大學士王家屏等題："為印信事。照得翰林院掌院事禮部右侍郎兼翰林院侍讀學士韓世能，近奉欽依，陞本部左侍郎，回部管事訖，所有前項印信，缺官管理。臣等推得詹事府少詹事兼翰林院侍讀學士盛訥，資序相應，合無將本官量陞詹事府詹事，令其掌管前項印信，其兼官經筵日講俱照舊？伏乞敕下吏部，查照施行。臣等未敢擅便，謹具題請旨。"奉旨："是。吏部知道。"

三十日壬辰，大學士王家屏等題："為日講事。照得日講

① 官　據下文"官"當作"去"。
② 恭　"恭"應作"奉"。
③ 尤　"尤"似當作"猶"。

官、禮部左侍郎兼翰林院侍讀學士李長春，近奉欽依，陞任禮部尚書去訖，所有員缺合當推補。臣等推得翰林院檢討敖文禎堪補前缺，及看得本官年資已深，合無敕下吏部，將本官量陞右春坊贊①善兼翰林院編修，令其與同韓世能等一體供事？臣等未敢擅便，謹題請旨。"奉旨："是。吏部知道。"

① 贊 《明神宗實錄》卷二四〇"贊"上有"右"，是。

十①月癸巳②，朔，以孟冬時享太廟，遣公徐文璧恭代，侯吳繼爵、伯毛登分獻。

是日，欽天監進萬曆二十年《大統曆日》，於皇極門給賜百官，頒行天下。

是日，又賜二輔臣各曆日一百本、日講官五員各五十本。

四日丙申，大學士今給假省親王錫爵奏："為衰親疾已成痼日抱驚危懇乞天恩容令在籍終養事。該臣前於六月二十一日，蒙恩欽准回籍省親，仍令護送官行人王孝守催，依限三月之內進京。當此之時，臣亦知三千七百里水陸之程，萬萬無九十日往還之理。顧念皇情注眷，俞旨初頒，臣尚未卜母病安危何如，敢預謀身之進退？今則還家幾兩月矣，就使今日登程，於欽限已無及矣。而臣母猶然喘息在牀，口不能言，足不能步，見今身處熱鄉，時當秋令，而重爐炙背，猶以為寒，累纊為衣，猶苦其薄。問之諸賢③，以為病根止因留京日久，積受寒氣，以致濕痰上壅而成蹇澁，元陽下墜而成虛冷，此必非藥力所能挽回，惟有屏居密室，避風避寒，僅可支持歲月而已。光景如斯，臣母尚能一步挈臣，馳驅道途、蒙犯霜雪否乎？臣尚能一刻捨母、託旦夕之命於他人、分犬馬之身以報國否乎？此天限臣以必窮之勢，而臣之朝寀鄉人亦知其萬萬無再出之理，顧恐九重深遠，或未之深察耳。夫以臣之誠與皇上之信，而臣乃妄意猶有所未察者，蓋先是數日，偶接邸報，見僉事李琯有疏論及臣，皇上赫然震怒，將琯重處，意雖不專為臣，然臣不幸而此疏適接琯疏之後，臣恐皇上因事生疑，以臣為感憤避言之疏，抑不遂允，則臣母奄奄之息，待命復能幾時？而臣無一言自明哉？臣惟大臣在朝任事與去位不同，在朝則義不受汙，以主持國是為職業，去位則④心忍詢，以絕名根為本體。故同一被誣也，去年高桂、饒伸單指一事誣臣，而臣不受，今年李琯泛指他事誣臣，而臣受之。又同一李琯也，去年琯進京以厚幣謁臣而臣不受，今年臣出京以惡聲詈臣而臣受之，則臣之心事可知也。壽宮、儲典兩大議，事關社稷，皇上試觀滿朝公議與琯何如，

萬曆十九年

則臣之不必爲一身發憤引避又可知也。惟是區區一寸將母之心，終身未了之念，出處在此，生死亦在此，其默而受人之汶汶亦在此。伏望皇上憫臣母在牀席肺腑危迫之誠，察臣身遠闕廷奏報艱難之狀，亟允所奏，令其在籍終養，仍將原差守催官召還，使臣母得早放一日之心，以延一日之命，臣雖身爲謗藪，沒先朝露其激榮感德終無既也。臣不勝瀝血叩心、哀祈待命之至。爲此專差義男王勉，齎本具奏以聞，伏候敕旨。"奉旨："朕體卿將母至情，准假暫歸。母疾已痊，豈宜留滯？目今朝廷多事，邊鄙不寧，家國君親，孰爲緩急？至①讒邪誣謗，朕特旨處分，不足煩卿介意。頃已遣官齎敕，趣卿於家，卿未即來，前後差官何以報命？尚遵召亟發，用慰朕側席之懷。吏部知道。"

是日，以中宮千秋令節，賜二輔臣上尊珍饌。

是日，大學士王家屏等題："今日文書官李文輔到閣，伏蒙發下敕諭一道：'諭吏兵二部、都察院：朕見近來新進後生，得司耳目之職，全不秉持公心，專以挾私報復，妄逞胸臆，三五成羣，互相攻訐，淆亂國政，不勝不已。是何景象？且爲本兵，正當鎮靜以寬，夫壘石之岡，勢非不峻，而草木不茂；金鐵之溪，水非不清，而魚鱉不生。前日各衛軍官誼譁禁庭，是何法紀？都本當重處，恐傷國體。還着吏兵二部、部察院，一體由②飭，今後再有這等的，該部院指名參來重治，必罪有③宥。故諭。欽此。'臣等恭誦綸音，不勝悚仄。切念科道爲耳目之職，其持論委宜秉④公，而兵部乃樞筦之司，其馭下委宜鎮靜。近來言官爭尚蜂厲，類以摘發爲名高。本兵痛懲委靡，頗以振刷爲任事。但糾繩太濫，或長攻訐之風，操切過嚴，不勉⑤剋核之議。聖諭謂'壘石之岡''草木不茂''金鐵之溪''魚鱉不生'，誠善諭也。第政體不可不寬，而國法亦不可不肅。頃各衛員役，羣譟禁庭，窘辱大臣，曾無鈐束，如敕諭所云，'是何法紀？則驕悍之輩者有不得不懲，疏縱之奸有不容不戢者，是又未可盡以摘發爲挾私，振刷爲峻厲也。但令正直之内常存忠厚之心，嚴毅之中無傷寬大之度，則公是與公非並著，國法與國體俱伸矣。所有敕諭一道，謹令中書官謄寫上進，伏惟聖明頒

① 至 據下文"至"當作"這"。

② 由 明抄本作"申"，是。通行本誤作"由"。
③ 有 "有"當作"不"。
④ 秉 明抄本"秉"字之上衍一"秉"字。通行本無此字。
⑤ 勉 此"勉"似應作"免"。

發施行。謹具題以聞。"

七日己亥，大學士王家屏等題："今日文書官李相到閣，蒙發下御史傅光宅本《爲撫鎮更調繁數事》，口傳聖意，謂近來吏部用人遷轉太頻，欲行降敕宣諭。隨蒙文書官劉宣將下敕稿，令臣等觀看。臣等捧誦再三，仰見皇上留心吏治，加意官材，申久任責成之規，戒輕易紛更之優①，誠不勝欽服。第吏部之職，名曰銓衡，其資序一定之中，亦不能無斟酌轉移之法。或才望特著，或人地相宜，彼此互更，意存器使，密有不得不然者。竊見吏部尚書陸光祖，老成練達，鯁介精嚴，其一念進賢退不尚之心，真有孜孜汲汲、夙夜匪懈者。但其綜覈太銳，故更置稍頻，乃其意則爲公而非爲私，任怨而非任德也。皇上即欲責使慎重，但於其回覆疏中出一嚴旨，彼自當惕然警省，將順不違。若頒降綸音，特加戒諭，不惟志意銷阻，隳其任事之心，將且體貌摧傷，難居表率之地，其何以甄敍衆職，而厭服人心也？伏望皇上念係大僚，姑寬嚴督，恕其既往之咎，開其補過之門，庶幾崇重天言，不致於褻玩，保全國體，共荷其優容矣。所有敕諭一道，乞准停止。臣等無任激切祈望之至。謹具題以聞。"

九日辛丑，敕兵部：'朕覽薊鎮邊報，虜警勢甚猖獗。李言恭奏疏各門派撥軍馬，各守信地，朕心驚悸。兵部便馬上差人傳與該鎮督撫鎮巡等官，分布軍馬，嚴加隄備，賊夷入犯，務要相機截殺，制勝萬全。及在京總協等官，一體嚴加備預②，務保無虞。故敕。"

是日，命翰林院編修袁宗道、檢討楊元祥，編纂六曹章奏。

十日壬寅，以皇子誕生，賜輔臣王家屏銀八十兩、紵絲四表裏，及講官李長春等五員每銀四十兩、紵絲二表裏。

是日，大學士王家屏等題："臣等看得，諸司章奏，乃朝廷政務所關，必無留滯於中，斯克奉宣於外。譬之於水，前波不

① 優 "優"似當作"擾"。

② 預 《明神宗實錄》卷二四一作"禦"。

進，則後浪壅滯而不行，譬之於絲，一縷欠疏，則眾緒紛纏而難理。小事猶堪停緩，至大事有不容時刻待者，豈可就延？近臣猶便奏催，若遠臣有阻隔萬里外者，豈勝懸候？伏望皇上垂神機務，於凡一切章奏，或已入而未票者，早賜臣等票擬，或已票而未發者，亟從御前發行。其或章奏有事體差錯，及臣等票擬未當者，乞皇上明示可否，如某人為是，某人為非，某事從輕，某事從重，容臣等遵旨擬票，上請聖裁，則政無停機，既可以彰剛斷之美，而事無墜緒，且可以免叢脞之虞矣。即如近者吏部覆雲南巡撫吳定乞休本，覆湖廣巡撫李楨參官本，戶部覆潞府莊房租課本，兵科參五府及郎中張國璽首事債事本，皆事體重大，未蒙發行，併乞皇上覽裁，早賜批發。臣等不勝祈望延候之至。謹具題以聞。"

十三日乙巳①，大學士王家屏奏："為贓餽連染乞賜罷斥行勘以清政本以肅官箴事。臣於本月十一日在閣看詳章奏，有閱視山西邊務兵科給事中張貞觀一本，參論原任巡撫李采菲，指稱餽遺括取贓罰，內云：'大學士王家屏，堅白不淬，蓋皇上所素諒，而託言節儀之餽，冊開不下數百。'臣一見不勝駭愕，不勝愧憤。伏念臣入仕二十餘年，忝冒冠紳，虛糜稟餼，曾無尺寸之②可稱於人，絲粟之勞少補於國，此臣之鄙也。若乃兢兢檢柙之念，矻矻砥礪之操，冰蘗自規，脂膏有戒，則可質之天日，盟於鬼神者焉。采菲向為司道，備兵朔州，臣之室廬在其車下，采菲嚴重有體，每以鷹鸇自居，而臣實澹泊無營，幸不以犬馬見畜，此臣與采菲平昔之相與也。迨其陞任本省巡撫，適臣起家入京，彼曾以書幣賀臣，臣隨以書幣返賀，禮既相稱，費亦無多，此臣與采菲兩年之交際也。自此之外，別無私密書札相與往來，亦毫無套數禮文互為施報。而乃虛裁餽遺於冊籍之中，分俵贓於③囊橐之外。名曰節儀，則行之非一次。多至數百，則送之非一人。臣誠不審虛庸何以見重於采菲，而而④拊藉如此其懇勤，賂遺如此其綢繆也？將謂采菲以臣素望輕微，易汙以不潔？而楊巍名德老成，致嚴一介，乃亦坐以壽儀之餽，

① 巳 "巳"當作"巳"。

② 之 明抄本"之"字下有"資"字，但又塗去。通行本此處空一格。殆此處當有"功"字。

③ 於 明抄本於"於"字上有"𠛬"字樣。通行本此處為空格。殆此處當有"罰"字。

④ 而 明抄本"而"上無"而"字，是。通行本"而"上有"而"字，衍。

則何其忍於誣衊也？將謂采菲以臣耳目隔遠，可欺其不知？而閱臣躬臨查覈，察及秋毫，乃尚坐以供億之糜，則何其拙於彌縫也？非其有而取之，不義，人有德而背之，不祥。臣果接受采菲之餽，不義之迹，固無所逃，若既受其餽而又自昧其心，不祥之名尤臣所恥，是不可不一勘者。勘無其餽，可以明采菲居官之不私，勘有其餽，可以明采菲待士之有禮，即目臣爲不義可也，目臣爲不祥可也，區區一身之名節敢多辯哉？伏望皇上將臣亟賜罷斥，仍行本處巡按御史，提問采菲家屬，按册覈查，追究下落，庶可以清政本之地，懲貪黷之風。臣不勝戰慄待罪之至。爲此謹具本奏聞，伏候敕旨。"奉旨："卿清忠端亮，朕所素知。張貞觀疏稱册開節儀，明係李采菲汙人飾己，不必行勘。政本之地，賴卿肅清，以風庶官，無得避嫌引咎。吏部知道。"

十六日戊申，賜輔臣鮮藕各三枝。

二十日壬子，大學士王家屏等題："近該吏兵二部及都察院，因御史傅光宅論其輕率更調，差次未明，各具本辯白，又定國公徐文璧因科臣論其教使衛官聚譟禁庭，亦具本自陳，臣等俱各遵奉擬票以進，連日未蒙發下。臣等看得，國是宜明，國體宜正。傅御史論吏兵部①更調輕率，其言則是，故臣等於吏兵二部本擬旨責戒，以勵其後。若都察院之題差次序，原有舊規，改正申明，甚爲平妥，而御史疑其偏私，其言則非，故臣等於都御史李世達本擬旨慰諭，以安其心。言雖出於一人，而是則曰是，非則曰非，在臣等辨別國是，不敢不宣昭皇上平明之度也。至於官軍聚譟，在徐文璧雖無教使衆人要挾君父之意，而身爲勳舊之首，武臣皆其統屬，禁庭何地？可密羣地②喧嘩，旁觀不理？故臣等於文璧本微擬切責，復擬原貸，所以保全國體，亦不敢不抑承皇上寬大之恩也。乃今本俱留中，概未批發。不惟諸臣無所稟奉，惶懼不寧，而羣下妄意揣摩，疑議紛起，似非所以彰聖斷、定人心也。伏乞皇上垂神省覽，早

①部 "部"上當有"二"字。

②地 明抄本、通行本皆作"地"。似當作"聚"。

賜批發。如臣等擬票未當，亦乞明示聖意，容臣等改擬，上請聖裁。臣等不勝祈望，題①以聞。"

二十一日癸丑，大學士王家屏等題："昨該户部一本，覆議條鞭之法，工部一本，覆免災羣②料銀，臣等俱照該部覆議，擬票封進。今據科臣候③先春、楊其休看詳章奏，見得二票不對，封繳到閣。臣等始知夾票差錯，以致有此，不勝惶悚。爲照擬票者，臣等之職，而夾票者，中書之事。雖本章浩瀚，日有萬幾之繁，而王言如綸，豈容一字之誤？查得是日中書官孫說、劉世隆、寫票之時校對已真，止於夾票之時點檢欠審，疏略之罪委不能逃。除將二本傳語該部具題改正，其孫說等法應參究，以儆將來。伏乞聖明俯憐臣等愚昧，特從寬宥，將孫說等或量加罪治，或異賜矜宥，統乞聖裁。臣等無任戰慄待罪之至。謹具題以聞。"

二十三日乙卯，以四川宣報音祭告，南郊遣公徐文璧，北郊遣侯吳繼爵，太廟遣附馬萬煒，各行禮。

是日，以祭告郊、廟收回脯醢果酒，賜輔臣等三卓。

①題 "題"上當有"具"字。
②羣 "羣"似爲"民"之誤。
③候 明抄本作"候"，是。通行本誤作"候"。

萬曆起居注

①十 "十"上當有"萬曆十九年"五字。
②巳巳 "巳巳"當作"己巳"。

十①一月癸亥，朔。

二日甲子，以祭三皇於景惠殿收回祭設，賜輔臣等三卓。

七日巳巳②，以冬至節，賜輔臣上尊珍饌。

十一日癸酉，大學士王家屏等題："今早臣等入閣辦事，伏聞昨夜玄西廊下火起，延燒連房，幸已撲滅止息。切念地近宸闡，時當暮夜，不無驚動起居。伏望皇上寬慰聖懷，勿以小警介意。臣等下情不勝惓切之至。謹具題以聞。"

是日，以命皇第五子名，賜輔臣王家屏銀十五兩、紵絲一表裏，趙志皋銀十兩、紵絲一表裏，及中書官徐繼申等五員每銀五兩。

十二日甲戌，大學士王家屏等題："臣等竊惟，人主一身，上為天命所寵綏，下為人心所依戴，一寢興失節，或乖四序之和，一政令不時，或累萬幾之理。故《書》云：出入起居，罔有不欽；發號施令，罔有不減。蓋欽則無一時之怠荒，減則無一時之缺略。此古帝王凝承天命，聯屬人心之要務也。仰惟皇上基命宥密，瑩精太平，其於敬天勤民，固無一念不誠切矣。乃自頃歲以來，端居大內，警蹕稀聞，郊廟之祀不親，朝講之儀久輟，大小臣工有經年累月不睹天顏者，則出入起居稍戾於曩時也。至於中外章奏，或疏入輒留，或票進不下，或日暮而始發票，或隔日而後批行，甚至接本與守科官員有延候終日，不見一疏者，則政教號令或愆於常度也。臣等官居輔弼，職在贊襄，無能導主德於緝熙，變天工於寅亮，鰥曠之罪，誠無所逃。日今日晷舒長，宸襟豫順，當一陽束復之候，正百嘉甾遂之初，剝後可以驗天地之心，靜中可以驗平旦之氣，皇上試澄神內照，審辨幾微，道心無頃不存，則時常培養，善端有感而發，則隨事擴充。如朝講屆期，則志惕宵衣而強勉出臨，勿以燕安輟憂勤之念。章奏進御，則力持乾斷而須臾裁決，勿以優柔蓄停格之疑。將見志氣以收斂而清明，精神以振作而渙發，出入起居有度，聖躬日見其康和，政教號令以時，聖治日見其光美。所以迓上天寵綏之命，慰臣工依戴之情，端在是矣。臣等不勝祈望懇切之至。謹具奏聞。"

十四日丙子，原任禮部右侍郎兼翰林院侍讀學士養病回籍張位奏："爲披瀝悃誠辭免非常恩命乞仍在籍調理以安愚分事。萬曆十九年十月二十一日，欽差行人司行人劉景辰到臣江西原籍，接到吏部咨文，內開：'奉敕吏部：趙志皋陞禮部尚書，兼東閣大學士①，着差官行取，馳驛來京，俱入內閣，同家屏辦事，如敕奉行。欽此。'臣謹於私宅焚香、望闕謝恩外，切念臣猥以江表賤儒，叨荷聖朝隆遇。詞林竊祿，無所短長，講幄備員，罔裨啟沃。向以親衰身病，累疏陳情，蒙矜烏鳥之私，得遂狗馬之請。九天雨露，萬里恩波，不惟藥餌間調，保殘軀於再造，抑且殮含躬視，承慈母於令終。續蒙俯鑒哀忱，特頒卹典，加篚賜兆，榮逮歿存。天高地厚之恩，即捐糜啣結，不足以爲報也。乃今禫服初釋，安厝未期，方徬徨奔走山中，忽異數寵頒天上。丹宸錫命，俾晉貳於銓衡，紫閣聯班，令參陪於密勿。使輶遠臨於下里，郵傳夙戒於長途。誠聖主特達之知，信昭代希曠之事，恩隆難報，感極涕零。苟膂力之可陳，何髮膚之敢愛？奈臣稟賦素薄，疾疢相尋，兼以憂傷之餘，委頓尤甚。調攝違於初志，精神減於前時，筋力衰疲，曷克任馳驅而佐參事？心神昏耗，何以備顧問而襄萬幾？瑤樹莆艾同榮，祇慚弗類；連城碔砆混進，殊玷旁求。朝夕飲冰，進退維谷。竊念臣昔居官之日，臣母惟疾之憂，進而在朝，每以止足爲戒，汲汲然惟恐臣之不歸也，退而在野，每以靜攝爲訓，怦怦然惟恐臣之復出也。今母雖見背，言猶在耳。況臣病未愈，臣年日衰，又安能以弗堪之力，而冒至重之任乎？伏望皇上察臣籲控之誠，原非矯飾，憐臣衰病之體，委屬難堪，再做廷推，務求公舉，密臣仍以原官在籍調理。儻嗣是堪充鞭策，尚當伸報塞之心，即終身放迹漁樵，亦永戴②生成之賜。臣遙望闕庭，不

萬曆十九年

九八七

① 士　明抄本"士"下有"張位陞吏部左侍郎，兼東閣大學士"十四字。通行本脫此十四字。

② 載　明抄本作"戴"，是。通行本誤作"載"。

勝感激懇祈之至。爲此具本，專差義男張壽捧齎，謹具奏聞。"奉旨："卿器資端亮，學識醇深，特召起家，入參大政。宜遵成命，用副倚毗。所辭不允。吏部知道。"

十五日丁丑，以聖母慈聖宣文明肅皇太后萬壽聖節，賜輔臣王家屛金萬壽字四副、金篆字十個、金書黃符二道、金書紅符二道，趙志皋金萬壽字二副、銀萬壽字二副、金篆字八個、金書黃符一道、金書紅符一道、銀書黃符一道，及講官韓世能等每金萬壽字一副、銀萬壽字一副、金篆字三個、金書黃符一道、金書紅符一道、金書紅符一道①。

是日，又以聖母慈聖宣文明肅皇太后萬壽聖節，賜輔臣王家屛銀五十兩、紵絲三表裏，趙志皋銀四十兩、紵絲三表裏，及講官韓世能等每銀二十兩、紵絲二表裏。

十六日戊寅，大學士王家屛等題："臣等竊惟天下之治，莫大於紀綱。紀綱誠振，天下雖亂，終無害於治也。紀綱一壞，天下雖治，終無救於亂也。故善觀人國者，但觀其紀綱之理亂，而其盛衰可知已。頃者京衛官軍聚譟禁庭，侮辱大臣，其猖狂恣橫之狀，乃臣等出閣時所親見者。當此之時，朝市爲之喧闐，都邑爲之震動，五府京營官豈可諉之不聞乎？聞之而高坐私第，自巳至申，無一車一馬至長安門者，其偃蹇觀望，已不能無幸災樂禍之心矣。皇上念係勳臣，姑不深究，特降寬旨，令其查參首事之人。論職掌，則武官皆其統轄，當無一人不知其名姓也。論事情，則未譟之先，文璧等曾領見閣部，當無一人不議其面貌也。此可諉之不能查乎？乃蔑視明旨，曲庇凶頑，却虛捏姓名，妄報老弱。據刑部所審，六人之內止一人是真，其弁髦法紀，玩弄朝廷，誠有如科臣鍾羽正等、吳②之佳等所參者。此而不懲，則官軍得以辱大臣，五府又得以抗皇上，冠履倒置，堂陛陵夷，將使强悍得志而驕，奸凶攘臂而起，豈但大臣不得全其體貌？法司不得正其刑章，何以振國家之紀綱，肅四方之觀聽也？伏望皇上，大彰乾斷，將刑部及科臣參論徐文璧本，

① 金書紅符一道 明抄本無此"金書紅符一道"六字。通行本有此六字，衍。

② 吳 "吳"上似有脫文，否則"吳"上之"等"字爲衍文。

俯從臣等擬票，早賜批發，庶可以少懲悖慢之習，陰析緩扈之奸。臣等不勝懇切祈願之至。謹具題以聞。"

十七日己卯，大學士今養病申時行奏："爲戴恩四籍恭陳謝悃事。先該臣累疏乞休，於九月十三日，欽蒙聖意，准臣回籍調攝，特賜馳驛，差官護送，又蒙頒賜路費銀兩表裏，臣當即具疏謝恩外，臣於本月十六日離京，從陸路南行。緣臣疲弱之軀不耐奔走，後至王濟寧上船。該行人黃一龍沿途護送。已於十月十五日到家訖。臣自違離鄉井二十五年，疎曠庭闈亦復四載，一旦奉身而退，乘傳而歸，以風波震撼之中，幸寬譴斥，以密勿周旋之久，獲弛負擔，以疾疢纏綿之餘，得全骸骨，臣之鄉人相顧而歎，以爲從前仕宦歸休，未有如此之光榮者，臣之母喜極而悲，以爲從前骨肉聚會，未有如此之歡洽者。此蓋伏遇皇上德普好生，且垂憐於舊物，仁弘錫類，因曲體其私情，秋毫皆出聖恩，頂踵無非上賜。臣感激倍萬，殆有非捐糜之所能酬，言辭之所能罄者，惟當日與田夫野叟，仰祝聖壽於萬億斯年而已。至於臣臨行所陳宗社大計，尤冀特留聖心，以迓天休，以從人望。臣不勝感戴天恩懇切願忠之至。爲此具本，專差義男申鏡抱齎恭謝，謹具奏聞。"奉旨："卿輔政多年，一旦請告暫歸，朕心殊切懸念。兹覽奏謝，知已抵家，良用紓慰。所云宗社大計，具見惓惓愛國之情。尚其體朕眷懷，慎加保攝，佇需起召，究展忠猷。該部知道。"

是日，大學士王家屏等題："今日文書官劉宣，將下吏部、都察院所查御史楊鎬等本，及鎮撫司打問過胡懷玉所招御史傅光宅等本，令臣等擬票，部着降一級調用。臣等敢不祗承嚴命？第念聽言貴審，用法貴平，樂新爐等違法生事，枷號斥逐，法止其身足矣。至於所攀交結官員，據部院會查，羅大紘已經建言去任，其御史楊鎬素曾出示嚴逐山人，明係挾恨攀害，而郎中王明時所問袁進人命，已依律擬絞，原無聽囑賣法之情，胡懷玉所招御史傅光宅，主事劉黃裳，又止以作詩相交，並無他故，似未可聽其誣攀之言，遂加降調之罰也。臣等昨奉聖諭，擬將楊鎬等罰俸半年，傅光宅等罰俸三個月，已足以懲濫交而肅官守矣，若降級調用，不惟失紀法之平，且恐中奸雄之計，是山人游客未必驅除，而縉紳士大夫已受禍也。臣等謹各擬重降俸級，以示罰治，連前票上進，伏望皇上俯從臣等所擬，容令策勵供職，庶體羣臣之恩與赦小過之量，兼得而並彰矣。爲此，謹具題以聞。"

十八日庚辰，大學士王家屏等題："十九日恭遇聖母慈聖宣文明肅皇太后萬壽聖旦，臣等備員輔弼，仰戴隆恩，比之恒情倍切欣忭。謹照例於是日同百官致詞稱賀之後，仍恭詣隆宗門，行叩頭禮，以少伸臣子慶祝之誠。謹具題知。"

十九日辛巳①，以聖母慈聖宣文明肅太②后萬壽聖節，賜二輔臣上尊珍饌。

是日，大學士王家屏等題："恭遇聖母慈聖宣文明肅皇③后萬壽聖節，臣等恭詣慈寧宮門，叩頭慶賀。伏蒙皇上頒賜臣等每酒飯一卓、燒割一分，臣等頓首祗領，不勝感戴天恩之至。謹具題謝以聞。"

二十日壬午，以皇第五子命名告奉光殿收回脯醯果酒，賜輔臣二卓。

---

① 巳 "巳"當作"巳"。
② 太 明抄本"太"字前有"皇"字，是。通行本脫此字。
③ 皇 "皇"下當有"太"字。

十①二月癸巳②，朔，原任禮部右侍郎兼翰林院侍讀學士今行取張位奏："爲感激天恩再披辭悃伏祈矜免以安愚分事。先該臣於萬曆十九年十月二十二日，具疏辭免行取恩命，日冀憐察，特需俞音。本年十一月二十七日接到邸報，內開：臣前疏已下，奉聖旨：'卿器資端亮，學識醇深，特召起家，入參大政。宜遵成命，用副倚毗。所辭不允。吏部知道。欽此。'下誠未至，天聽尚高，更荷綸綍，愈增感激。竊念臣踡伏草茅，自甘淪素，欽蒙皇上特申乾斷，俾參鼎司，未循咨衆之規，一待有司之薦，殊榮特簡，千載一時。臣何人斯，當此曠典？命下之日，地方官員及父老子弟人等，咸來趣臣束裝就道。臣雖至愚極陋，豈昧忠君愛國之心？且不奉天顏，忽經五載，狗馬戀主，忍忘報酬？但臣病實不能堪，臣力實不能副，躊躇進退，朝夕慚惶，是以重於感恩，而不敢輕於拜命也。臣自幼年多病，心血甚虧，既忝詞林之除，不離文字之習，逮塵講讀，職在論思，雖涓滴無裨，而孱弱已不可支矣。故臣自入仕以來屢陳，三進三退，是其不勝任之明驗也。前固母衰身病，請告還山，期遠塵紛，專圖內攝，不意母病彌篤，竟罹大故，憂苦傷心，日見衰羸，設在班行，猶當求退，況可復出而任至勞？向也乞身於強壯之時，寧能更奮於衰遲之日？向也懇辭乎講讀③之事，寧能更預乎機務之繁？一字涉欺，天日可鑒。且四方多故，國是難持，自非才德兼優，何以謀斷相濟？今上有堯舜之主，下有皋夔之臣，羣材並登，衆思畢集，不之盈庭之選，寧須在野之求？伏望皇上俯憐至情，特回成命，容臣仍以原職在籍調理，則康衢擊壤以詠太平，莫非感恩報德之地矣。臣干冒天威，不勝隕越懇祈之至。爲此具本，專差義男張忠捧齎，謹具奏聞，伏候敕旨。"奉旨："卿向侍講幄，忠勤茂著，特茲簡召，協贊綸司，豈宜固遜？着差去行人，敦趣來京。吏部知道。"

二日甲午，大學士王家屏等謹題："臣等竊惟，國有長君，社稷之福。故古之帝王，貽謀燕翼，莫不願主器之有歸，而臣民歌詠太平，亦莫不願儲位之早正。是以《詩》曰'穆穆皇皇，

①十 "十"上當有"萬曆十九年"五字。
②巳 "巳"當作"巳"。

③讀 明抄本無"讀"字。通行本增此字，是。

宜君宜王'，言胤嗣多賢，庶則宜君，長則宜王，長幼之分明，而君王之位定，國家之福莫大於此，故足願也。天祚聖明，篤生元子，岐嶷粹質，顒昂令儀，長而且賢，爲四海臣民所屬望久矣。乃升儲大典，屢請未諧。幸而去冬，奉旨傳宣，定於明春册立，中外人心方延頸企足，以待前星之耀。而止因部臣一疏干冒天威，遂將吉期改於次歲。數月以來，羣情洶洶，疑議沸騰，似以爲牽制牆帷之愛者。臣等竊意，皇上嚴明治內，慈孝根心，天性至恩，必非私昵可奪。嘗恭奉諭旨，一則曰'父子至親'，一則曰'長幼有序'，天言炳煥，昭如日星，此天下所共聞也。而毓德宮之召見，躬擁元子，置之膝前，呴喻撫摩，鍾愛深篤，此又臣等所親睹也。牆帷牽制之議，宜萬萬不至如人言。惟是時日遷延，遲回不決，倫序雖定，而名號未加，終爲闕典，詔旨雖頒，而歲月數易，愈致後時。臣等即能仰體皇上之心，安能盡開天下之惑？道路揣摩之口，則亦無拴其紛紛矣。縱使邪妄之言，不足盡信，以皇上無私如天地，光明如日月，其何樂於毫無可疑之心，故示天下以可疑之迹也？臣等備員輔導，義難緘然，敢昧死上請，伏乞皇上早賜宸斷，特霈德音，遵明春之吉期，成前歲之大信，庶一言可以定國本，頃刻可以釋羣疑，宮闈雍睦之休，宗社靈長之慶，端在此舉。臣等不勝祈懇之至。謹具題以聞，伏候聖裁施行。"

十四日丙午，大學士王家屏等題："臣等昨接得原任大學士臣王錫爵揭帖《爲辭免召命事》，大要言母疾未痊，己身難出，種種苦楚，委係真情。第臣等竊念，君臣母子，倫誼惟均，天下國家，責任更重。故私恩不可以掩義，而移孝乃所以成忠。錫爵於皇上，分則股肱之佐，義則腹心之臣也。知遇特達，則感激宜深，倚任非常，則報効宜厚。況今朝綱積弛，時事多艱，須得巖石具瞻如錫爵之德望，乃可以厭服羣僚，經綸素裕如錫爵之才猷，乃可以康濟一世。國家託錫爵之力，正唯此時，錫爵報皇上之恩，亦唯此日。雖其母年高邁，憚涉長途，或不能奉以同來，俟其應詔至京，國事少康，何妨再許其歸者？如此則公義所迫，彼既不遑顧其私，於情可伸，彼復有所親於後，庶聖恩周於體恤，而使命便於督催，錫爵之出山有期，朝野之想望可慰矣。乞將原本發下，容臣等擬票以進，恭請聖裁施行。謹具題以聞。"

十五日丁未，大學士王家屏謹題："臣等自今年孟夏，恭遇皇上親享太廟，一睹天顏。此後每當視朝之期，輒報傳免，大小臣工是不至交戟之下，目不瞻袞冕之容，已數月矣。即今三冬已盡，一歲將終，伏念臣同官趙志皋，荷蒙皇上簡掄擢居密勿之地，俾參大政，固朝夕備顧問之臣也，乃自拜命以來，恭候面恩已三閱月，未有朝夕顧問之臣，而可三月不面者也。況大計在即，四方官吏羣集輦轂之下，聽候黜陟，乃三載一人覲之典也。今從萬里遠來，瞻仰宸闈，如隔九閽，亦未有三載會朝之時，而尚可九重安處者也。以輔臣，則內閣之體貌所關；以覲吏，則遠方之觀望攸繫。伏乞皇上於數日之內，或十六、十九日，或二十日，勉移清蹕，一出視朝，庶殿庭之景象一新，臣下之精神咸奮。臣不勝企望之至。謹具題以聞。"

十六日戊申，大學士今給假省親王錫爵奏："爲恭謝非常恩注因陳萬分危迫至情以乞餘身以全母命事。該臣昨於到家之後，具疏謝恩，奉聖旨：'覽卿奏謝，朕知道了。今四方多事，閣務孔殷，卿問慰事畢，宜遵前旨，如限前來供事，以副朕懸思至意。禮部知道。欽此。'隨該臣再疏乞恩終養，奉聖旨：'朕體卿將母至情，准假暫歸。母疾已痊，豈宜留滯？目今朝廷多事，邊鄙不寧，家國君親，孰爲緩急？這讒邪誣謗，朕特旨處分，不足煩卿介意。頃已遣官齎敕，趣卿於家，卿未及①來，前後差官何以報命？尚遵召亟發，用慰朕側席之懷。吏部知道。欽此。'又該欽差行人司行人何崇業於十一月十五日，齎捧敕諭一道，到臣里第宣讀，欽蒙：'諭輔臣錫爵。前者給假省親，准以三月。昨見謝恩本，知卿母稍愈，朕甚嘉悅。今國祚多艱，邊事未寧，朕是以夙夜戒懼，宜賴直亮純臣，調元贊政，君臣協

① 及 明抄本作"即"，是。通行本作"及"，誤。

萬曆起居注

① 筯 通行本作"筋"，誤。明抄本作"筯"，是。

和，可以共成康濟。元輔等因被人言，屢屢求去，迺今閣務繁重，卿啟沃朕躬，盡心報國，卿今假限已滿，特差官一員，齎敕前去，敦趣遵限上緊奉母馳驛來京，還著差去伴送官沿途守護，宜勉朕慕誼寧想之懷。欽哉。故諭。欽此。'臣一月之內，三奉溫綸，而差官特敕，恩禮更爲隆重。臣已於龍亭香案前，行五拜三叩頭禮謝恩訖。所有原降敕諭，除手捧跪讀病母之前，隨製櫝尊藏外，竊惟東海波臣，南枝烏鳥，分已絕春明長樂之望，而皇上猶軫遺簪棄履之思，以時事多艱，勉其盡心報國，以聖懷虛席，趣之依限赴京。當此之時，山川爲臣震動，道路爲臣感泣。臣雖病頑，頗亦聞古人不俟駕之義，何有蒙恩異常至此，而螻蟻尚當惜命者？矧臣壯年應舉，本爲求官，晚歲出山，亦嘗辭母。何有今日便自託於逸民孝子，不復顧公家之急、社稷之憂者？但以臣目前事勢言之，歸家雖已涉秋，其實無一刻舒眉枕之日。病母在牀，不但咫尺之步難移，匕筯①之飲難下，貼危之勢，朝不圖夕。而加以苦貌苦言，傷心慘骨，有非人子所忍視、所忍聞者。前月初一日，見臣於佛前祈禱，期期流涕語臣曰：'我將死矣，但求死得在汝手，祈禱何爲？'臣驚泣不敢對。繼而聞臣終養疏下，則又期期流涕語臣曰：'聖人旨意云何？莫不尚要汝做官否？我前夜夢見汝被催前去，母子相抱而哭，滿房女婢皆聞吾哭聲，汝亦聞否？'臣又驚泣不敢對。嗟嗟，臣之生身復有幾母？母之依臣復有幾日？豈有觸目光景如斯，而忍下鐵石肺肝，勉強牽曳，以馳朔風寒露、萬里必危之途者？聖諭曰：'家國君親，孰爲緩急？'斯言也，嚴於斧鉞矣。顧今內外誠多故，同官臣家屏筦事雖新，然臣前知其爲人，才敏識略十倍於臣，器度涵養百倍於臣。而新簡入閣臣志皋、臣位，又皆天下名德大儒。三臣左謀右斷，正不須臣，而臣母非臣，則一日無所託命。此臣之苦楚，不能爲國謀一矣。聖諭曰：'卿未即來，前後差官何以報命？'夫使臣果欺心詐託，則差官可以飛奏劾臣。今母病實痼，實不可奉之而行，則差官亦人子也，見臣朝夕涕泣，當爲臣助哀，憫臣拙於言辭，當爲臣代奏，淹速進止，豈復關臣？此臣之苦楚，不能爲人謀二矣。

且皇上謬以直亮襃臣，豈不謂言無隱誠，事能任怨。然上既知臣而用其言，如近者邊境處分，及高桂、饒伸等之録用，則臣之啟沃已略施行，不必在左右也。而臣抱有耿耿餘忠，一息尚存，未忘環草之念，則皇上之知臣用臣，又不必在今日也。可憐一母一兒，惟此時爲急，故身病不敢言，世嫌不敢避，而直述臣母疾痛不祥之語，以仰丐聖慈須臾活命之恩。誠事勢窮之又窮，襯亂而復亂，以至於此，但有一毫託故，一字文飾，臣甘百口橫分，萬劫流墮，明神在上，實照臨之。伏望皇上俯鑒血誠，追寢嚴命，亟將前後差官召還，使臣得安心終養，無再三瀆聽之擾，而臣母亦得安心調理，有膏肓①再起之望。斯實曠古泰交，萬代陰德，不獨小臣一家啣恩報恩於世世而已。臣不勝情極言窘痛苦哀祈之至。爲此，專差義男王卿抱齎，謹具奏聞，伏候敕旨。"奉旨："自卿乞假省親，朕瘝瘵忠賢，殊切延佇。凡再三遣使趣卿早來，正以國事多艱，賴卿匡濟。乃卿陳情不已，惓惓以母老爲詞。即母憚遠行，單車亦可就道。南勉爲朕出，一分社稷之憂，不妨在圖歸省。前次差官准回，着後差行人何崇業宣布朕意，敦趣起程，勿復稽留，有負遣命。吏部知道。"

　　是日，大學士趙志皋謹題："臣謬蒙皇上特恩，拔置內閣，感激鴻慈，寔同高厚。顧自到閣以來，已三閱月矣，每遇視朝之期，即於鴻臚寺投進報單，恭候面恩，庶幾一睹天顏，少申瞻仰。乃屢蒙傳免，下情殊用闕然。竊念閣臣拜命，與部寺九卿不同。部寺九卿候朝三次，例免面恩。若閣臣謝恩，即不得面於御門之時，亦得面於講筵之上，未有不面而又免者也。蓋皇上既隆之以爲特恩，閣臣亦侈之以爲殊遇。今皇上既不以臣爲菲劣，而任之以密勿之司，乃不假之以晷刻，而延之以晝接之寵，此臣之所以日夕興思而感愧弄併集者也。臣於三月之中，每欲具疏以諸，又恐以微臣之故而勞萬乘之尊。今大計屆期，四方來朝官員雲集闕下，靡不歡睹殿陛之威儀，觀天子之耿光者。乃僅朝於外庭，而退觀其色，未有不怏怏觖望者。同官王家屏爲臣具揭以請，故臣輒敢冒昧以瀆。伏望皇上念三載會朝

①肓　"肓"應作"肓"。

之大典，四方羣吏之遠來，於常朝之日特出御門，不惟鼓舞人心，率作計典，臣亦得趨蹌班序，以瞻穆穆之容，臣之所大幸也。臣不勝激切仰望之至。謹具題以聞。"

十九日辛亥，大學士王家屏等題："臣等今早入閣辦事，伏聞昨夜萬法殿失火，勢甚猛烈，達旦始息。切念宮城之近，旬月之閒，屢被火災，數驚帝寢，難守者之不戢，以致延燒，賴神明之護持，幸而撲滅，恭申愚悃，仰慰聖懷。臣等下情不勝惓切之至。謹具題以聞。"

二十日壬子，以年節頒賜輔臣每銀四十兩、綵段二表裏，及講官韓世能等每銀二十兩、紵絲一表裏。

二十二日甲寅，以立春令節，賜輔臣上尊珍饌。
是日，大學士王家屏等題："臣等昨接得延綏總兵官杜桐塘報，內稱達虜明安、土昧等酋，於本年十二月初八日，分犯榆林、保寧、嚮水、波羅等堡，本官約同神木參將張剛、孤山遊擊李紹祖，同時發兵，分道出擊，斬獲首級四百五十餘顆，生擒賊夷二十六名口，奪獲戰馬夷器甚多。臣等不勝欣慶。竊念延綏地係衝邊，逼隣強虜，數年以來，莊禿賴明愛等酋，無歲不肆其要挾，神木、孤山之間，無處不被其殘傷，該鎮物①不支，人心積憤久矣。今當聚兵入犯之會，大收奮勇斬獲之功，良田②聖武布昭，嚴旨督責，所以督撫振勵，將士齊心，以克有此奇捷，不但本鎮數年以來所未見，亦各邊款貢而後所希聞也。從此火真等酋皆爲破膽，而可消其狂逞之謀，即扯酋諸部亦將寒心，而益堅其恭順之志。封疆幸甚，宗社幸甚。臣等不勝懽忭之至。謹併塘報封進以聞。"

二十三日乙卯，大學士王家屏等題："該臣等題稱，每年終將講過經書講章，類寫進呈，以備皇上溫習觀覽，仍發司禮監接續刊板，已奉欽依，節次進呈訖。今查萬曆十八年至今所撰

①物 "物"下當有脫文。
②田 "田"似當作 "因"或 "由"。

講章，除《易經》《通鑑纂要》俟有成軼另行寫進外，謹將《孟子》"萬章"、"告子"、"盡心"共六本，《禮記》"王制"上下、"文王世子"、"禮運"共四本，類寫裝潢進呈。伏望皇上萬幾之暇，時加觀覽，以求溫故知新之益。仍乞發下司禮監接續刊行。臣等不勝惓惓效忠之誠。謹具題以聞。"

是日，大學士王家屏等題："照得本年十二月二十四日起，例放除夕假，連年節、上元假，至新年正月二十日方滿。先奉欽依，於正月上旬先擇吉開講一次，仍暫輟講，至二十日以後照常日講。臣等查得上旬吉日，於祭祀之期有礙，節假以後即係下旬。容臣等於二月上旬另擇日恭請皇上開講，以後接續日講。謹具題知。"

二十四日丙辰，以正旦令節，賜輔臣每二樣吊屏二對、大門神二對、判子二對、招財利市二對、福祿獅子二對、箋紙葫蘆二對，及講官韓世能等每吊屏一對、門神一對、判子一對、葫蘆一對。

二十五日丁巳，大學士王家屏等題："為纂修玉牒事。目今歲暮，所有官吏人等例於二十八日放假，至明年正月初四日赴館供事，其起居注館官吏人等，亦各照例遵行。臣等未敢擅便，謹題請旨。"

是日，原任大學士今回籍調理許國奏："為蒙恩特告給傳抵家感激生全恭陳謝悃事。臣於本年玖月，偶因病痿，屢疏乞身。仰賴聖明，特賜疎放，更給以驛，曲體其私，且聽臣子中書舍人立功給假護①。雖犬馬之誠，未及伸於禁闥，而麋鹿之性，已自適於山林。蓋臣幼而蠢愚，老而昏眊，不識忌諱，徒有樸忠。上初自出閣以來，臣已備校書之數，從龍而往，仗馬與俱，謬謂腹心之舊臣，欲披肺腑之深計。羨黃、綺能羽翼，而不知其疑於要，聞赤松可與遊。而不知其嫌於託。心存致主，力莫回天。乃猶亮其無地②，予之乘傳。由燕抵越，自秋徂冬，歷時踰五六旬，浮家涉數千里。一廩一餼，一舟一車，孰非隆恩，

① 護 明抄本"護"下有"送"字，是。通行本脫此字。

② 地 "地"似當作"他"。

萬曆起居注

九九八

① 瀨 明抄本此字模糊不清。通行本作"瀕"，誤。當爲"瀨"。

② 先 "先"下疑有脱文。

尚有餘眷？既携妻及孥而返其初服，將摩頂至踵而莫能仰酬。萬嶂雲深，幸下嚴陵之瀨①，九重日遠，難忘魏闕之心。伏願順百官萬姓之情，重宗廟、社稷之本，急其先②，及此良辰，旒廈時親，斧扆日御，緩刑節用，納諫任賢，使臣愚踜伏草野，扶杖而觀德化之成，歌詠康衢，擊壤而樂唐虞之世。臣回首戀慕，揮涕彷徨。不勝感激天恩之至。謹令義男許六代臣詣闕，奉表稱謝以聞。"奉旨："覽卿奏謝，知已抵家，殊慰朕念。末陳忠悃，尤見不忘君國至誼。尚慎加調攝，用副眷懷。該部知道。"

二十八日庚申，以祭告太廟祧廟收回脯醢果酒，賜輔臣等三卓。

是日，諭内閣："朕自長至後偶爾動火，服清火之劑，聊覺稍愈。昨者復又感冒，身體軟弱，頭發眩痛。今次祫禮，暫遣公徐文璧恭代。卿等可傳示知悉。"

是日，大學士王家屏等題："今日文書官李文輔到閣，傳奉聖諭：'朕自長至後偶爾動火，服清火之劑，聊覺稍愈。昨者復又感冒，身體軟弱，頭發眩痛。今次祫禮，暫遣公徐文璧恭代。卿等可傳示知悉。欽此。'臣等犬馬下情，不勝驚惕。竊惟皇上一身，九廟之所依憑，萬國之所仰戴。今節當歲暮，序屬更新，祖宗在天之靈降臨筵几，中外臣民之衆環集闕庭，臣等正望一舉朝祭之儀，用慰神人之願，乃今適有傳諭。臣等仰知皇上仁孝根心，情非厭怠，祇以其居違豫，意在珍調，敢不將順德音，祝安聖體？第當朝覲之年，將行考察之典，一人舉動，萬國觀瞻，即祫祭或可遣官，而元旦不可廢賀。臣等伏望皇上茂膺多福，俯順羣情，及新歲履端之初，成登殿受賀之禮。凡百官萬姓，九夷八蠻，瞻叩宸旒，抃舞何似③？臣等不勝依蠻④祈懇之至。除將聖諭傳示禮部，再照定國公徐文璧，原係分獻官，今已奉旨遣代，則當另遣一人分獻。查得豐城侯李環，堪以改遣。乞即傳示，以便遵行。爲此具題，恭候萬安，并申末悃，附奏以聞。"

③ 似 明抄本作"以"，誤。通行本作"似"，是。

④ 蠻 "蠻"應作"戀"。

萬曆
二十年

正①月壬戌，朔，免朝賀。

是日，以正旦令節，賜輔臣上尊珍饌。

是日，大學士王家屏題："恭遇元旦令節，禮當慶賀，奉旨傳免。竊念臣等備員輔弼，受恩深厚，與在廷諸臣不同，犬馬私衷不能自已。臣等謹於本日恭詣會極門，行五拜三叩頭禮，稱祝聖壽，以少伸臣子慶忭之誠訖，謹具題以聞。"

二十一日壬午，大學士王家屏等題："昨該臣等看閱奏章，內刑部一本《爲考察事》，擬於二十三日請皇上御朝，舉大班糾劾之典。又欽天監一本《爲捷音事》，擬於二十六日請皇上御朝，宣西鎮斬獲之功。臣等竊以爲，人主所以惠安兆民、攘斥夷狄、而收內順外威之効②者，惟於吏治邊功加之意而已。茲考察事畢，正羣吏待罪之時，勦虜功成，適總鎮奏捷之會。以申督責之令，則懲貪誡墨，乃三載一行者也，宜面加訓飭之詞。以宣撻伐之威，則雪恥除兇，固廿年僅見者也，宜躬受慶賀之禮。蓋飭吏治乃可以安民生，重戰功乃可以厲士氣。今使入覲官員萬里遠來，而不獲一睹朝儀，出征將士殊死決勝，而弗獲一陳功級，甚非所以聯屬四海之精神，獎率三軍之志意也。臣等伏望皇上俯循彝典，曲順下情，至日勉御宵衣，暫移宸躓，庶天顏臨幸，千官舉樂之瞻承，聖武布昭，九塞咸聞而鼓舞矣。臣等不勝懇切祈願之至。謹具題以聞。"

是日，大學士王家屏等題："今日該文書官李文輔將下批紅本章，內禮科都給事中等官李獻可等《爲請儲教宜預事》，蒙御札親批：'冊立已有旨了，這廝每又來煩瀆。且本內年號錯寫，顯是故違明旨，侮戲君上，好生可惡。爲首的姑着降一級調外任用，其餘各罰俸六個月。吏部知道。欽此。'臣等不勝驚惕，不勝惶悚。伏念冊立大典，屢奉明旨，業有定期，大小臣工惟應恪遵成命，不宜復有瀆陳。乃獻可等輕冒天威，致干嚴譴，臣等何敢潛爲解釋？但看詳疏詞，內稱：'冊立之典可少緩而待來年，豫③教之典不可少停而虛今日。'則其意乃在請豫④教而非請冊立也。皇上誠念豫⑤教當早，則宜俯納其言，即未合聖

① 正 "正"上當有"萬曆二十年"五字。明抄本、通行本皆脫此五字。

② 効 明抄本原作"劾"。通行本改爲"効"，是。

③ 豫 明抄本誤作"諭"。通行本改正作"豫"。

④ 豫 明抄本誤作"諭"。通行本改爲"豫"，是。

⑤ 豫 明抄本誤作"諭"。通行本改正作"豫"。

① 豫　明抄本誤作"諭"。通行本改正作"豫"。

② 鈇　明抄本作"鈇",是。通行本作"鈇",誤。

心,亦宜寬貸其過。乃怒其煩激,遽加降罰,傳之中外,寔駭听聞。使獻可等止以奏請豫①教,遂此重懲,若使奏請册立,當加何罪?臣等竊恐嚴旨一出,羣情驚異,益起疑端,衆口沸騰,轉滋争論,曉曉煩聒,當無寧時,不將益淜宸聰而增聖怒耶?臣等敢封還批札,冒懇天恩。伏乞垂憫狂愚,特從矜宥,姑准留中,容臣等傳布聖意,令其省悔愆尤,則不怒之威嚴於鈇②鉞,受言之量速於轉圜矣。臣等不勝懇切祈恩之至。謹具題連本封進以聞。"

二十三日甲申,大學士趙志皋題:"臣今日早進内閣,因同官臣王家屏偶感風寒,不進。該文書官宋坤口傳聖諭:'今日朝覲官大班糾儀,欲勉疾出朝。頭痛,兩肋發脹,因受了科道的氣。説知。'又該文書官李相發下票本,一本吏科都給事中鍾羽正《爲公疏觸威乞恩同罰以彰聖斷事》,奉聖旨:'李獻可職司禮垣,輕躁妄逞,敬慎何在?已姑從輕處了。鍾羽正這廝,職在科長,例不參規同類,反來朋救激君,好生可惡。本當拏問,姑着降雜職,於極邊用,不許朦朧推陞。吏部知道。'一本吏科給事舒弘緒《爲言官陳大計蒙顯罰懇乞收回成命以光聖德以釋羣疑事》,奉聖旨:'舒弘緒這廝輒擅黨救聒激,好生可惡。本當拏究,姑從輕,着調南京别衙門用。李獻可着降雜職,照前旨調用。吏部知道。'又一本吏部尚書陸光祖《爲缺官事》,奉聖旨:'近來推陞官員,已有屢旨,如何還是奉旨黜陟的?你部裏顯是循私畏勢,懼劾市恩,好生不公。堂上官姑且饒這遭,該司官都着革了職爲民,永不許朦朧推陞。這員缺着另推來用。'臣恭誦再三,知皇上爲煩言激聒,觸怒聖心,迅發霆威,至行降黜,臣復何言?然臣切思之,諫臣言事過激,欲攄忠悃之心,皇上併包有容,實爲天地之量。至於吏部推陞饒伸、萬國欽,亦體皇上宥過之仁、使過之義,而非有所私比也。今一事而連謫三諫臣,又一事而盡斥選司之官,皇上之加怒於諸臣者,得無稍過乎?臣往任吏部侍郎時,見推陞官員,堂上各有專主,員外、主事皆不得與。今併員外、主事盡坐以罪,恐屬無辜也。臣至不才，荷蒙皇上置之左右，驟見嚴旨，廩廩驚惶，欲言則恐聖怒益增，不言則於臣心有歉。伏望皇上漸舒震怒，少霽宸威，將諸臣重加罰治，免其降黜，豈惟諸臣再荷生全？大小臣工均沾曠蕩，而臣亦與有榮矣。干冒天顏，無任激切恐懼之至。謹具題以聞。"奉旨："小臣營身激上，卿為國佐治，反文言要譽，其於七誅三竄何？心欲君何？甚失義禮。既輔臣家屏希名不遂，託疾故症，鍾羽正等本還當拏問究治，今看卿面，姑且容這遭，照遵前旨行，卿亦不可效由①，假言託疾，有妨庶政。"

是日，大學士王家屏奏："為輔理無狀尺②素可羞乞恩亟賜罷歸以全臣節事。臣聞漢臣汲黯有云：'天子置公卿輔弼之臣，寧令從諛承意，陷主於不義乎？且已在其位，縱愛身，奈辱朝廷何？'每感斯言，惕然內省。竊自幸遭遇皇上明聖，誠使朝政無闕，帝德罔愆，即將順不為後諛，緘默無嫌③承意也。乃頃年以來，九閽重閉，五雲④深居，宴安之毒是懷，兢業之衷漸替，郊廟不饗而仁孝之念疎，堂陛不交而君臣之誼隔，天災物異之警罔徹宸聰，民生國計之憂不關聖慮。皇上試省，此心敬耶，怠耶？於治道得耶，失耶？臣具員輔弼，既不能婉導密規，防君志未萌之欲，又不能明諍顯諫，扶乾綱將壞之樞。曠職鰥官，久當退避，所以逡巡未去，徒以被恩高厚，毫髮靡酬，庶幾殫竭愚忠，漸次匡正。乃今數月之間，請朝講不報，請廟饗不報，請元旦受賀不報，請大計臨朝不報，臣犬馬微誠，不能感回天意，已可見於此矣。至於升儲大典，九廟之神靈共屬，萬方之想望惟殷，即冊立之期或可少待，而豫教之舉委宜早圖。科臣所言未為差謬，皇上即惡其瀆擾，報罷足矣，甚則罰俸足矣，何至降調外任乎？旨意一出，遠近驚疑，使道路之猜議橫生，宮闈之讒搆交作，其於虧損聖德、動搖國本，非細故而已也。僭請寬宥，未賜允俞，且復遷怒申救諸臣，概加譴謫，臣誠不忍明主蒙咈諫之名，清朝有橫施之罰，部科罹無妄之罪，宗社蓄不測之憂也。循省虛愚，終憨匡救，若復依違保祿，泄沓苟容，正汲黯所謂從諛承意，以陷主不義，詒辱朝廷者耳，

萬曆二十年

一〇〇三

① 由 明抄本、通行本皆作"由"。似應作"尤"。

② 尺 明抄本、通行本皆作"尺"。似當作"尸"。

③ 嫵 明抄本作"嫌"，是。通行本作"嫵"，誤。

④ 雲 明抄本作"位"。通行本改作"雲"。

死且有餘僇焉。願乞聖恩，亟賜罷歸，俾全晚節。臣無任激切祈懇之至。"

二十五日丙戌，大學士趙志皋題："臣於二十三日，具揭請宥科臣部臣，同官王家屏亦於是日，具疏自陳輔理無狀，乞恩罷歸，昨蒙發下票本，止有臣揭在內，伏奉聖旨：'小臣營身激上，卿為國佐治，反文言要譽，其於七誅三宥何？心欲君何？甚失義禮。既輔臣家屏希名不遂，託疾故症，鍾羽正等本還當拏問究治，今看卿面，姑且容這遭，遵照①前旨行，卿亦不可效由②，假言託疾，有妨庶政。吏部知道③。'臣恭捧且感且懼。惟家屏之疏尚留未下，臣益跼蹐不安。臣念家屏為皇上輔弼之臣，小臣建言獲罪，輔臣職當匡救，救之不得，自宜候聖怒少解，反覆開陳，以回上意，乃遽引咎求去，言過切直，此家屏之罪也。然家屏之心實非有他，祇因其言之不售，慮其忠之未盡，故復畢忱擄悃，冀回天聽於萬一耳。若有希名託疾之心，是犯欺君之大罪也，豈人臣之義哉？伏望皇上念家屏數年輔佐之勤，一時忠懇之意，將疏批發，俾得出閣辦事，則皇上優容之德獨加於輔弼之臣，聖恩既隆，而國體亦尊矣。臣無任激切懇祈之至。"

二十六日丁亥，遼東宣捷，祭告郊、廟脯醢果酒賜輔臣三卓。

二十八日己亥④，大學士趙志皋題："臣奉節次嚴旨，惟恐各衙門新進喜事小臣復上言，以煩聖聽，激聖怒，特傳諭止之。乃御史陳禹謨等、給事李周策等，又復疏乞恩寬宥，俱蒙降罰，自取罪戾，夫復何辭？臣惟皇上，為宗社臣民之主，聖躬豈容一日不安？聖心豈容一息有怒？蓋怒生則火動，火動則氣滯，氣滯則體不舒。先儒有志恕觀理之學，臣願皇上於小臣之言，一切置之不較，慎節起居，調養情性，俾聖心怡然順適，聖體泰然安寧，臣之所至願也。惟念臣以庸劣之才，當簡任之始，

①遵照 前文作"照遵"，與此不同。
②由 明抄本、通行本皆作"由"。似應作"尤"。
③吏部知道 前文無"吏部知道"四字。與此不同。
④亥 "亥"為"丑"之誤。

幾務繁重，國體重大，一人愚昧，豈敢擔當？同官王家屏候旨未出，心切皇皇，臣具揭冒請，未蒙俞發，曷勝驚懼？伏願皇上念家屏詞雖過激，心實無他，從中票留，俾出辦事。豈惟家屏感激，益效愚忠，臣亦有所商同，無曠職業矣。臣又惟會試在邇，例當閣臣主考，家屏不得奉旨入閣，則臣不得緣例進場，有妨大典。臣干瀆天威，無任悚慄待罪之至。謹具題以聞。"

二十九日庚寅，以聖母仁慈①聖懿安康靜皇太后萬壽聖節，賜輔臣上尊珍饌。

是日，天②學士趙志皋題："今日恭遇聖母仁聖懿安康靖皇太后萬壽聖節，奉旨免朝。臣備員輔弼，受恩深重，與外廷諸臣不同，犬馬之忱不能自已，謹赴會極門，行五拜三叩頭禮，以少伸祝願之誠訖。謹具題知。"

是日，大學士王家屏奏："爲愚戇冒威詞③延朝省乞恩早賜罷斥以全善類以安人心事。頃因科臣李獻可等疏請豫教，蒙旨降罰，臣不揣輕鄙，冒昧封還，意以事係儲闈，不宜盛怒，以損天親之愛，言出臺省，不宜峻折④，以塞忠諫之門，乃爲聖德慮，爲國體慮，非爲獻可一人也。揭請寬原，未蒙俞允，方當退而補牘，再瀝⑤悃誠，而科道諸臣申救獻可者，若鍾羽正、張棟、陳尚象、鄒德泳等，又已得罪。兩日之內嚴旨疊出，或奪其俸，或謫其官，一旨調南京，又一旨調外任，方一旨降邊方雜職，又一旨削職爲民，以至於孟養浩之廷杖一百，則更慘矣。雷霆橫擊，風日淒陰，凡舉朝士紳、遠方外吏，見者無不喪氣，聞者無不摧心，誠不意聖哲之君，有此舉動，平明之世，有此景光。而原其釁端由起，則自臣揭救獻可始。是臣惜諤諤之一士，而反累濟濟之羣英，爭降罰之輕刑，而反搆放逐之重禍，真善類之罪人，清時之戾氣也。用是自陳愚戇，疏乞罷歸，庶幾感悟宸衷，消融聖怒，霽然開霽，赦宥諸臣，使之復還舊官，勉圖報稱。則始雖因臣延累，罹無妄之災，終乃以過見原，獲自新之路，臣雖退居壟畝，尚可以一去謝諸臣耳。何圖席藁累日，未奉處分，詢知⑥同官，乃知爲臣具揭，伏奉聖旨，謂

萬曆二十年

一〇五

① 慈 據《明神宗實錄》卷二四四，"慈"爲衍字。
② 天 "天"當作"大"。
③ 詞 明抄本作"禍"，是。通行本誤作"詞"。
④ 折 明抄本作"斥"。通行本作"折"。
⑤ 瀝 明抄本作"歷"通行本改"瀝"，是。

⑥ 知 明抄本、通行本皆作"知"，似當作"之"。

臣'希名不遂，託疾故症'。臣聞言怔悚，負罪彌深。竊念名非臣之所希，寵非臣之敢棄。臣所希者，期皇上爲堯舜之主，而臣爲堯舜之臣，此之謂名垂千載有餘榮，故足希也。若犯顔色，觸忌諱，抗爭償事，被譴罷歸，此何名之可希乎？必不希名，將使臣身處尊官，家享厚祿，主德愆違而莫之救正，刑政壞亂而罔克匡維，此可謂之不希名之臣矣，而國家將希①賴焉？更使臣棄名不顧，將逢迎爲悦，阿諛取容，雖許敬宗、李林甫之奸佞，無不可爲，是九廟神靈所陰殛，天下萬世所唾罵也，不但得罪於李獻可、鍾羽正諸臣而已，豈當一日立於堯舜之朝哉？伏望皇上察臣戇愚，本爲禍始，將臣特賜罷免，以示首事之懲。仍召還降謫諸臣，以釋株連之累，庶善類不枉，羣情不搖，臣感戴生成，環草難報。臣無任戰悚待命之至。謹具奏聞，伏候敕旨。"

三十日辛卯，大學士王家屏謹奏："爲欽奉聖諭恭陳謝悃並乞矜憐愚戇開霽天威俯容退休以全恩造事。臣頃以揭救科臣，致干聖怒，斥罰杖遣，連及多官。數日以來，驚悸不寧，惶懼欲死，凡兩疏乞罷，未奉允俞。忽於本月三十日，伏蒙皇上欽遣文書官李浚，恭捧御札到臣私寓，傳示聖諭：'邇年以來，喜事小臣狂肆不道，逞臆激擾，姑以薄罰。卿爲佐治，見此要名不義之徒，自宜調停厝處，緩詞解諫，卻乃逕駁御批，故激朕怒，甚失禮體。及朕怒起，卿又不忍受，假疾具疏，文言求去。朕想卿真欲以此挾君廢政，沽名逸卧，豈人臣之義哉？且卿輔朕，燮理贊襄佐治有年，方今國務多難②，卿恝然高卧，其心可安乎？卿既有疾，准暫假數日，即出入閣辦事。卿宜欽承之。故諭。欽此。'臣謹焚香叩頭祇領訖。伏念犬馬猶能報主，葵藿尚克傾陽，物類且然，況臣具面貌心腹而爲人，受皇上作養生成之大德，十年講幄，六年政府，即天地父母未足比其恩慈，雖粉骨碎身莫能伸其報塞。豈不知將順聖意，鎮戢羣囂，可以全君臣喜起之休，養中外和平之福？而止以册立一事爭議數年矣，在皇上，欽定册期，已有確然不易之信，在小臣，數生激

① 希 明抄本、通行本皆作"希"似當作"奚"。

② 難 明抄本作"艱"，通行本作"難"。

擾，殊無帖然聽命之恭。聖諭謂其'喜事''逞臆'，此誠諸臣之罪，不可掩也。幸蒙薄罰，臣但當委曲調停，從容緩解，而封還御札，致激聖怒，聖諭責臣'甚失禮體'，此臣之罪，臣亦不敢辭也。但皇子於皇上，父子之親也，册立與豫教，典禮之大也。言涉至親，不宜有怒，事關典禮，不宜有怒。臣與諸臣，但知為宗社大計慮，以盡言為效忠而已，豈意其激皇上之怒哉？使諸臣預知皇上之怒，必不敢激聒宸聰，使臣預知皇上之怒，必不敢封還內降。而所以敢激聒、敢封還者，正恃皇上之聖明，無一言之不納，皇上之寬大，無一物之不容也。及見今數日之內，嚴旨疊出，斥逐紛然，臣乃始錯愕銷魂，戰兢落魄，自恨以為忠非素蓄，志未上通，而謬襲引裾之迹，期收補袞之功，以致一言不投，萬事瓦裂。譬之償轅之犢，不可復乘，敗羣之羊，所宜亟斥，自不能一日安於其位，而豈敢'文言求去'，'挾君廢政'哉？伏荷天言切責，謂'沽名逸臥'，大非人臣之義所宜，且溫旨慰留，念贊襄有年，當以國務之艱為慮。華袞鐵鉞，總屬皇恩，雨露雪霜，何非至教？臣誠不勝感激流涕，佩服銘心。惟是孤忠獨立之身，抱下愚不移之疾，俯循深痾，恐非數日之假可痊。望乞生全，寔以一朝之褫為幸。臣無任激昂瞻戴之至。"

二①月壬辰，朔。

三日甲午，以祭三皇於景惠殿收回祭設，賜輔臣等三卓。

五日丙申，大學士王家屏等題："爲科舉事。准禮部手本，該本部題：萬曆二十年會試天下舉人，合用考試官二員，照例行翰林院，擬請簡命。奉聖旨：是。欽此。欽遵備行到院。臣等推得禮部右侍郎兼翰林院侍讀學士掌詹事府事陳于陛、詹事府詹事兼翰林院侍讀學士掌翰林院事盛訥，堪充考試官，合候命下，令其入場供事。臣等未敢擅便，謹題請旨。"

六日丁酉，大學士王家屏等題："爲經筵事。照得經筵講官員缺，例應推補，查有吏部左侍郎兼翰林院侍讀學士羅萬化、太常寺卿管國子監祭酒事范謙，俱堪補經筵講官。合候命下，令其欽遵供事。臣等未敢擅便，謹題請旨。"

是日，大學士王家屏等題："爲日講事。先該臣等題：每年開講日期，俱於正月上旬，今歲於祭祀之期有礙，節假以後即係下旬，容臣等於二月上旬，另擇日恭請皇上開講，以後接續日講。奉聖旨：是。欽此。今將屆期，臣等看得，會試在邇，日講官六員內四員有事場屋，合無於三月初旬，另行擇日，恭請皇上臨御講筵，照常日講？伏乞聖裁。謹具題知。"

七日戊戌，大學士王家屏奏："爲抱病曠官四乞天恩放歸田里事。臣輔理無狀，罪戾交叢，伏蒙聖度涵容，宸章宣諭，感承高厚，省訟迂愚，固冀②收復驚魂，支撐病骨，勉供任使，終竭馳驅。而旬日以來，憂懼相乘，宿痾劇發，精神憒亂，坐臥靡寧，脾氣積傷，飲餐並廢，溫③痰流注，腰股不能屈申，鬱火上攻，頭目時作眩暈，延醫診視，咸謂疾居骨髓，非鍼石之可攻，患切膏肓④，將晷漏之難保，小年易盡，雖萬死不足深憐，殘喘幸存，即一息尚希大造。既寬之斧鉞之下，宜全之溝壑之中，蓋山澤善藏夫疾疢，惟雨露曲滋於枯朽。臣用是呻

① 二 "二"上當有"萬曆二十年"五字。

② 冀 明抄本作"驥"。通行本改作"冀"，是。

③ 溫 明抄本作"濕"。通行本誤作"溫"。

④ 肓 明抄本作"肓"。通行本誤作"盲"。

吟伏枕，痛苦呼天，冀察危衷，早容休退，別遴鴻碩，俾佐熙明，庶恩禮有光於聖朝，庸劣免妨於賢路。臣無任悲鳴祈控之至。"

是日，大學士趙志皋題："昨日該同官王家屏具疏乞休，臣不勝驚懼。臣惟家屏既蒙聖諭宣召，自宜欽承溫旨，假滿數日，即出辦事，不應具疏再辭。然臣思家屏之心，謂既以言而獲罪，惟恐雷霆之威尚未盡舒，憂懼之心豈能盡釋？臣嘗至其寓所，見其果以憂懼未解成疾。蓋人臣不得於君，則熱中，中心既熱，則病體滋煩，少須調攝，即可供事。臣因念閣臣舊常有五六員，同心贊治，近又奉明旨廷推，諸臣共戴皇上特重閣臣德意。今並給假王錫爵與行取張位，止惟四員，聞錫爵又具疏張①，位行取來到，惟臣與家屏二人共事。家屏數日不出，臣一人寡昧，實不能勝，即皇上於廷推中遴選一二員以充任使，僅足五、六員之數。伏望皇上念閣務重繁，員缺未備，無從家屏之請，再寬數日之假，令遵前旨即出辦事，臣之所大幸也。伏惟聖明賜察。臣不勝惓惓。謹具題以聞。"

十四日乙巳②，大學士趙志皋題："今早文書官李文輔發下票本，內有一本吏部尚書陸光祖等謹題《爲缺官事》推陞堪任湖廣、山東按察司副使正陪共四員，江西布政司左參議正陪共二員，江西按察司僉事正陪共二員，俱蒙御筆欽點第二員。既蒙欽點，夫復何言？然臣竊思之，本內推陞官員，與尋常推陞不同。國家舊制，凡吏部、科道、一司人才黜陟，一爲朝廷耳目，與部寺諸臣不同，一年止陞二次，俱於春秋二仲月舉行，謂之例③，素有才望者多留內用，稍挂物議者以漸外補。此先朝立法，操評品之權，爲駕馭之術，俾吏部、科道等官有所檢束，而吏部、科道等官亦惟忌憚此年例耳。臣看本內推陞，皆係劣轉，非爲優擢，所以不及部科者，以部科近被黜降乏人也。今皇上捨四御史而盡點部臣，在部臣以得陞爲幸，在御史則以得免爲幸矣。且使吏部之事權不行，無以彈壓人心也，而於國家舊制亦有妨礙矣。臣備員輔臣，職司擬票，有所見而不言，

① 張　明抄本原作"請"，通行本改爲"張"誤。

② 巳　"已"當作"巳"。

③ 例　明抄本"例"前有"年"字。通行本脫此"漏"字。

臣之罪也。伏惟聖裁。"

十八日己酉，大學士王家屏奏："爲痼疾瀕危懇乞天恩准放生還事。該臣以抱病曠官，四乞休致，延候旬日，未蒙允俞，憂懼滋股，病勢增劇。竊惟皇上至仁天覆，盛德春生，即草木蟲魚，尚將關其欣悴，若罷癃殘疾，固不忍其顛連。況臣恭侍禁庭，積有年歲，一動止喘息，莫逃鑒臨。乃夙嬰深痼之災，漸迫衰殘之候，胸瘍外蝕，腹疾內攻，榮衛並虛，肌膚日削，而下情屢控，天聽彌高。即今委頓筐牀，雜試鍼石，心乍水而乍火，形非鬼而非人。兼以妻子俱還，湯水不給，空廚寂聞，羈旅蕭條，徒以孑然病軀，靠一二如瞶如聾之僮僕，垂亡性命，託四外暫來暫去之醫巫。此臣所以懷故里而傷心，叩嚴闔而乞骨者也。伏望皇上垂覆閔之弘慈，全生成之大德，俯憐危困，早准退休，倦①鳥知歸，特荷恩於解網，困禽見放，將圖報於啣環。臣無任激切哀懇之至。"

十九日庚戌，大學士今給假省親王錫爵奏："爲恩深命薄萬死難前瀝血參②辭嚴召以祈哀免事。該臣昨於去年十一月中，再疏爲母陳情，乞恩終養，續於今年正月初三日，接得邸報，奉聖旨：'自卿乞假省親朕夢③寐忠賢，殊切延佇。凡再三遣使，趣卿早來，正以國事多艱，賴卿匡濟。乃卿陳情不已，惓惓以母老爲辭④。即母憚遠行，單車亦可就道。尚勉爲朕出，一分社稷之憂，不妨再圖歸省。前次差官准回，著後差行人何崇業宣布朕意，敦趣起程，勿復稽留，有負遣命。吏部知道。欽此。'臣伏自惟，自去年給假歸省之後，荏苒三時，疏且再上，不惟不能爲皇上分憂，而且以添皇上之憂，不惟不能任皇上之事，而且煩皇上爲之處分家事。罪已大矣，言已煩矣。天已錮臣，人已厭臣，而臣亦已甘自屏於不祥永棄之地，無餘望矣。乃皇上猶惓惓寤寐思臣，虛席待臣，多設更端之詞以致臣，預懸再歸之約以安臣。臣之受知受眷至此，千欺萬欺⑤，何忍當今日千載一時之遇而負？顧臣三復聖諭，詞旨雖嚴，然其初

---

① 倦　明抄本"倦"上有"應"字。通行本刪"應"字。

② 參　明抄本作"叄"，通行本誤作"參"。

③ 夢　上文作"寤"，此處作"夢"。

④ 辭　上文作"詞"。此處作"辭"。

⑤ 欺　明抄本"欺"字下有"何忍以七十八歲之母疾病垂危爲欺？千負萬負"十九字。通行本脫此十九字。

不過曰奉母來京，知其不可而始責之單車就道，蓋不惟臣之計窮，而皇上之爲臣計亦窮矣。然猶遷就宛轉，庶幾萬一之能至，蓋不惟皇上爲臣①窮，而且爲之詞②諱窮矣。夫聖恩無涯，臣命自薄，有如冒昧強前，使病親爲臣而殞，則窮萬世不可勝諱也。敢昧死瀝血陳之。凡臣母今日一言一喘、一步一躓，皆外證也。其最苦在痰氣內壅，精神恍惚，不寒而常慄，無事而數驚，臣一日不在前，則煩懣③愁嘆而不食。以老人十分可憂之病勢，見在醫生盛之楨等診視可問也。又臣母原以思臣致疾，今疾轉困，而見臣之朝命轉迫，日夜以頭自擣，焚香祝天，但以早沒牖下及臣之手爲幸，而觸藩狼狽乃甚於臣矣。此老人十分難強之病情，臣之近鄰密戚知臣家事者可問也。是臣母子乃日日懸膽而居，載魂而守，豈有可復那一步、轉背④一刻、分心一事者？又豈有肆千里盼鄉不及之眼，六十歲侍親不到頭之身，肝腸碎於道路，顔面靦於班行，而尚可望之啟沃禁廷、計安宗社者？聖諭謂臣單車亦可就道，又謂不妨再歸省親，言至於此，使臣四面難逃。顧臣乃今日不知明日之事，生離即爲死別之防，不能奉母同行，而況能棄母獨行乎？一歸既已晚，而再歸尚可待乎？千思萬思，畢竟無策，臣且泣盡而繼之以血矣。見今先差行人王孝雖蒙召還，而續差行人何崇業，方日夜就臣之第，奉明詔趣臣，然時時察臣之真情苦語，未嘗不爲之動色流涕，但以使事有指，不敢爲臣言耳。皇上何不即召崇業問之乎？天下無無母之人，內閣無久虛之位，臣之負恩深而辱命久，不敢再望皇上以恩遣臣，但得照《大明會典》中京官獨子終養事例，比於一命之庶⑤僚，苟延旦夕，臣死有餘幸。又或敕下吏部，使外廷公議臣之是否真情，應否放免，臣死亦甘心。臣不勝理窮勢極、氣⑥塞、至苦至迫之誠，爲此具本，專差義男王秀抱齋，謹具奏聞，伏候敕旨。"奉旨："卿以母疾累疏終養，朕豈不知體量？祇以國家多事，邊鄙未寧，卿爲輔臣，旦夕丞弼，匡濟時艱，豈得再三陳請？恐非移孝爲忠之道也。卿還當遵依累旨，即日起程赴召。慰朕眷懷。吏部知道。"

①臣 據《王文肅公文集》卷三八，"臣"下當有"計"字。
②詞 明抄本無"詞"字。通行本增此字，誤。
③懣 明抄本作"懣"，是。通行本誤作"懫"。
④背 明抄本作"背"。通行本誤作"皆"。
⑤庶 明抄本作"庶"。通行本誤作"虛"。
⑥氣 《王文肅公文集》"氣"下有"塞言"二字。

① 己　"己"當作"巳"。

② 照　明抄本"照"上有"着"字。通行本脫此字。

二十六日丁己①，大學士趙志皋題："二十四日，文書官李浚發下禮部尚書李長春一本，題請中式舉人名數、揭曉日期。夫舉人中式名數，查先年或三百名，或四百名，俱於臨場奏請。自萬曆十四年科臣王三餘奏，奉旨：會試着取三百五十名，着爲例，以後不許再議增加。近因御史涂杰等奏，以歷科增額數多，仕途壅滯，名數多寡仍於臨場奏請定奪，奉旨：依議行。臣接到禮部題本，即與同官王家屏商議：不可不減，又不可多減，擬票照②嘉靖二十九年例，取三百二十名，以俟旨裁。兩日未蒙發下，臣竊驚懼，必臣之擬票未當聖心。臣思揭曉吉期已擬於二十八日，恭候命下，當於今日填草榜，明日填正榜。若今日票旨不下，則於正草填榜俱有妨礙，並有誤於揭曉之期。伏望皇上俯念取士大典，無誤吉期，從中改票，或照十四年定例取三百五十名，或照先年舊例止取三百名，或從臣等擬票取三百二十名。伏惟聖裁，乞即發下，以便場中從事。無任激切待命之至。謹具題以聞。"

二十七日戊午，大學士趙志皋題："臣於昨日接到禮部手本，照得本年三月十五日殿試，所有讀卷等官職銜，例該預先赴翰林院取。臣查往年舊例，凡讀卷官，俱屬閣臣、九卿、詹事府翰林院掌印、與講讀學士等官，其數多用十八人，如遇官少，則亦不備。各官閱卷已畢，類送閣臣總校，評品高下，擇其條對詳明、議論正直、字畫端楷、可呈聖覽者十二卷，進御前跪讀。則殿試一事，閣臣責任頗重。今內閣止臣一人，不能勝此繁鉅。同官王家屏待命已久，抱疾稍痊，伏望皇上念其輔導之久，恕其戇直之過，再乞溫綸，令出供事，與臣同校多士廷對之文，以隆皇上臨軒策士之典，臣之所大幸也。又近日兩奉明旨，會推閣臣，未蒙點用，臣又恐愚昧之衷，未孚聖鑒，懼不敢請。今因內閣缺員已久，又當殿試多事之時，伏望皇上俯從廷臣會推，簡任一、二員名，與臣同事，又臣之所至願也。均乞聖裁。臣無任激切待命之至。謹具題以聞。"

三①月辛酉，朔。

十一日辛未，大學士王家屏奏："爲久病沉綿辭免讀卷並懇天恩早放生還事。臣以孤子一身，卧病②兩月，五乞休退，未蒙允俞。病日以深，命且莫必。兹遇本月十五日殿試天下中式舉人，禮部以臣名藉③未除，遵例擬臣充讀卷官，具疏上請，奉旨：'是。欽此。'臣聞命不勝驚悚。竊念大廷策士，欣逢清問之期，賢儁登庸，快睹明揚之典，誠獲周旋於執事，固將竭蹶以觀光。無奈二竪殷纏，羈囚此④辱，精魂既散，諒緣分已絕於人間，跬步難移，即夢寐能之於帝所，徒抗⑤牀而隕涕。特望闕以陳情，儻寬其曠職之愆，不加誅戮，尚憫其乞骸之請，亟賜放歸。臣生且啣恩，歿當結草。臣不勝感激祈懇之至。"奉旨："覽卿所奏，情詞懇切。既有疾，准回籍⑥調理。着馳驛去。吏部知道。"

是日，大學士趙志皋謹題："今早文書官李相發下票本，內有吏部尚書陸光祖一本《爲老疾昏庸罪愆日積懇乞天恩早賜放歸以釋重負以保餘生事》。臣思昨日擬票刑科給事中喬胤論光祖罷斥，實因愚昧，不能仰悉聖意，致改票'吏部知道'，則臣於今日光祖辭疏，當即擬票去矣。然臣反覆思之，國家優禮大臣，其始而遴選也，必須慎重以進，其終而求去也，不欲輕易以退，蓋所以全體貌之尊，以彰優厚之意也。今光祖因言官之指謫而上疏求去，此人臣自處之義分，皇上全銓部之大臣而票旨稍留，亦大君禮下之至意。因此復擬留旨，以候上裁，非臣敢有私護而故違聖諭也。又思光祖年逾七十，時固當退，既被論斥，義亦難留。但光祖平生抱剛直之性，而鮮阿比之私，典銓急於用⑦去不肖，不無過於偏執，以致乖於人情。外此復有徇人汙己之行，如人所言，固臣之所當爲盟諸天日，暴其冤誣者也。惟皇上察之。臣無任冒昧恐懼之至。"

十二日壬申，以皇女誕生告奉先殿收回脯醢果酒，賜輔臣二卓。

①三 "三"上當有"萬曆二十年"五字。
②病 明抄本作"痾"。通行本作"病"。
③藉 明抄本、通行本皆作"藉"。似應作"籍"。
④此 明抄本作"比"。通行本作"此"。
⑤抗 明抄本作"撫"，是。通行本誤作"抗"。
⑥籍 明抄本誤作"藉"。通行本改正作"籍"。
⑦用 明抄本於"用"下有"賢"字，是。通行本脫此字。

十三日癸酉，以皇女誕生，頒賜輔臣王家屏紅雲紵絲二疋、銀抹金腳花二枝，趙志皋紅雲紵絲一疋、銀腳花一枝，講官韓世能等每紅紵絲一疋、銀腳花一枝。

十四日甲戌，大學士王家屏奏："爲感激天恩准容休致恭陳謝悃事。該臣以抱病沉綿，屢乞罷免，伏奉聖旨：'覽卿所奏，情詞懇切。既有疾，准回籍調理。着馳驛去。吏部知道。欽此。'臣不勝感激。竊念臣本畸單賤士，偃蹇庸流，不階根柢之容，誤被春知之渥。每誓心於天日，願畢力於涓埃。而資職①迂愚，才術短拙，居平尺②素碌碌，無所建明，臨事周章期期，罔克將順。犯顏逆耳，數干不測之威，藏疾納汙，特荷兼容之度。驚魂稍定，宿疾殷纏，蓐卧將及於伍旬，疏詞殆窮於累牘。若③下情之難達，幸天意之終從。麋鹿山林既遂歸田之願，駸騑道路更叨乘傳之榮。病骨積摧，覺頓回於起色，隆恩未報，良自負其初心。涕泗交流，語言莫措。孤蹤去住，曾何繫於重輕？大造生成，茲已全於終始。臣不勝感激繾戀之至。緣臣病未痊，不能詣闕，謹具本奏謝以聞。"奉旨："覽卿奏，朕已知道了。該衙門知道。"

十七日丁丑，大學士王家屏奏："爲辭朝事。該臣以病劇乞休，蒙聖恩特准馳驛回籍。除具疏陳謝外，今柴車載道，輿疾將歸。簪紱去身，負擔幸釋。感乾坤之大造，頂踵難酬，想日月之清光，夢魂永隔。情依依而戀主，頻回棄婦之頭，心惙惙以憂時，橫洒孤臣之泣。摧轅償駕，雖駑質之已虧，愛卵惜巢，或鳥言之可採。伏望皇上宥密凝神，特慎寢興之節，中和養德，常平喜怒之情。隆孝養於兩宮，奉蒸嘗於九廟。視朝、聽講，一如萬曆之初年，敬天、勤民，恪守祖宗之遺訓。信任輔弼，愛惜老成，亟收罪責之臣，用伸士氣，重斥貪殘之吏，以勵官方。至若調宣大之虜情，急須乘款而修④備，疏淮泗之水患，毋令壞堰以妨漕。平寧夏之叛軍，特求戎首，盡宥脅從，勢不煩兵而自解。禦海邦之倭寇，但諭守臣，分屯要害，可保安⑤

① 職　明抄本、通行本皆作"職"。似應作"廑"。
② 尺　明抄本、通行本皆作"尺"。似當作"尸"。
③ 若　明抄本作"苦"。通行本誤作"若"。
④ 修　明抄本"修"上行一"修"字。通行本刪之。
⑤ 安　"安"似當作"兵"。

甲以無虞。惟是皇儲冊立之儀，繫宗社根本之計，吉期既定，盛典將行，願同薄海之民，共仰前星之耀。臣不勝依戀悲哽之至。"

二十日庚辰，以皇女命名，賜輔臣趙志皋銀四十兩、紵絲二表裏，講官韓世能等每銀二十兩、紵絲一表裏。

二十八日戊子，賜輔臣鮮藕各三枝。

① 四 "四"上當有"萬曆二十年"五字。

② 到 "到"上似有脫文。

四①月庚寅，朔。

二日辛卯，大學士趙志皋題："該臣揭請特降敕諭一道，慰安各邊軍士，蒙皇上依議票發。臣輒冒昧具草，恭呈聖覽，伏候宸裁，發與戶、兵二部頒行。臣謹具題以聞。"

六日乙未，賜輔臣趙志皋綵扇五把、銀釘鉸扇十把、砷磲扇二十把，及講官韓世能等每銀釘鉸扇三把、砷磲扇三把。

九日戊戌，大學士趙志皋題："照得原任禮部右侍郎兼翰林院侍讀學士、今陞吏部左侍郎兼東閣大學士張位，欽蒙聖恩差官行取來京，入閣辦事。本月初六日，該本官見朝，初七日謝恩訖。今日例該面恩，適遇免朝，本官尚未面見，不敢到任。查得近年陞任京堂官員未獲面見者，本衙門題請先令到任管事，後補面恩。到②閣辦事，恭候皇上御門之日仍補面恩。謹題請旨。"奉旨："是。着即入閣辦事。"

十一日庚子，大學士張位奏："爲感激隆恩恭陳謝悃事。臣於本月初六日見朝，初九日恭候面恩，適遇免朝，隨該內閣照例題請到任，奉聖旨：'是。着即入閣辦事。欽此。'謹於初十日午門前謝恩，十一日進閣辦事訖。竊念臣草土餘生，山林病骨，荷蒙皇上不志簪履，俾預絲綸，連控未俞，特使再遣。君父之知遇當報，臣子之分義難辭。六載江湖，常懸狗馬戀主之念，五雲宮闕，彌切葵藿向陽之心。恭惟皇上英明天授，治理日新，愚臣自愧凡庸，無能俾贊。竊觀今之天下，事循敝套，人競虛名，議論煩滋，紀綱陵替。伏望皇上主張於上，容臣等同心竭力，漸次轉移以忠愛倡率人心，以渾厚保養元氣，儻涓塵之可効，誓肝膽以無欺。臣無任感激仰戴之至。爲此具本，親齎陳謝以聞。奉旨："覽卿奏謝，朕知道了。禮部知道。"

是日，大學士趙志皋等題："該文書官劉宣發下票本，內有大學士王錫爵一本《爲四乞天恩俯憐泣血至誠收還召命以終一日之養事》。臣謂錫爵爲輔弼大臣，忠貞自効，節奉皇上眷注，倚任獨隆，給假省親，自宜依期復命。祇因母老有疾，三疏陳情，未奉俞旨。此在錫爵，益當感激思奮，驅車就道，況當國家多事之時，正爲大臣盡瘁之日，豈應疏請至四？據錫爵疏中，情詞激迫，及遺臣等私書，更爲懇切。然大臣去留，臣等未敢擅擬，伏惟皇上以閣臣員缺，首輔任重，仍令差官敦促①赴京，或念其母病至情，暫准寬假侍養。冒昧兩請，統乞聖裁，以便擬票。謹將原本封上。臣等無任待命恐懼之至。謹具題以聞。"

十三日壬寅，大學士趙志皋等題："昨晚兵部尚書石星接到總督魏學曾書揭，並延綏總兵密揭，爲叛賊哱承恩陰遣人勾引套虜爲外援，致套虜入來，寧夏城外住牧，已助玉泉營之戰，勢甚猖獗②。夫寧夏鎮城孤懸塞外，與虜接壤，内賊據城以叛，外虜又來應援，則寧夏之城恐非中國之所能有也。寧夏留③在東西六邊之中，寧夏一失，則東西各邊勢相隔絕，而虜騎時衝斥於其中，各邊恐無寧日，而內地甚爲可虞。臣見書揭，夜寢不寐，秉燭具草，述陳危急。伏望皇上，亟下兵部，速行總督魏學曾議處。將有可任，聽其選取，兵有可用，聽其調發，一切隨機應變，且聽便宜行事。務期內剿叛賊，外退強虜，使賊虜之勢不合，則寧夏之鎮城可完，而邊鎮可以無憂矣。兵部尚書石星見叛賊久據，虜騎復侵，欲自請帶將兵以往，念套虜皆中國撫夷，或宣以朝廷恩威，或誘以市賞厚利，令其解散，如必不然，則督率各鎮調兵，使之力戰。此星一念忠勇之心，不遑寧處者也。又總督魏學曾疏請鹽菜銀三千兩，以資犒賞，此何裨於纖毫之用哉？語云：'軍無賞，士不往。'今該鎮調發旁午之際，厲兵秣馬之時，若非錢糧稍充，何以鼓舞士氣？更願皇上念事在燃眉，仍發帑銀數萬兩，以充其費，以作其氣，此臣汲汲之私也。再惟事宜激勸，兵貴先聲，更祈皇上軫念邊情重大，消息緊急，特降敕諭一道，獎勞臨陣將吏，另發帑銀萬兩，散給各鎮調兵，以激勸士心。即着兵部行文，馬上傳示，及令徵選慣戰各將，調發邊腹精兵，及募義勇敢死之士，數十

① 促　明抄本作"捉"，誤。通行本改"促"，是。

② 獲　明抄本作"熾"。通行本作"獲"。

③ 留　明抄本作"居"，是。通行本作"留"，誤。

萬不日會集寧夏，務期剿滅，以寒反側之膽。臣等書生，未閑軍旅，僭陳一得之愚，仰贊廟謨萬一，統希聖裁。無任恐懼待命之至。臣等謹具題以聞。"

是日，大學士趙志皋等題："爲公務事。照得吏部左侍郎兼東閣①大學士張位，欽蒙聖恩差官行取來京，已奉欽命到閣辦事，所有同知經筵、日侍講讀、及提調纂修玉牒，理合題請，合候命下，令其與臣一體供事。未敢擅便，謹題請旨。"

十四日癸卯，大學士趙志皋、張位題："昨該臣等以寧夏將兵叛逆，陰勾套虜爲援，住牧城外，勢甚猖獗，具揭請降敕諭，並發帑銀，獎勞臨陣將吏，伏蒙皇上允議。臣等冒昧具草，恭呈聖覽。伏候聖裁，發下兵部頒行。臣等謹具題以聞。"

十七日丙午，大學士趙志皋、張位題："該文書官潘朝用發下吏部一本，內該吏部會同兵部，差知兵司屬官前往監軍，開具二員，請旨點用，蒙皇上欽點楊于庭，自當遵點擬票。竊思昨晚御史梅國楨疏中，有請纓自往之意，已奉旨：'着梅國楨去。'夫既有御史前去監軍，若再遣司屬官行，未免特加憲職，是一事遣兩御史，恐不便行事。伏乞收回成命，爲罷于庭之遣，於事體似爲妥當。臣等僭擬改票，仰惟聖裁。無任祗慄待命之至。謹具題以聞。"

二十五日甲寅，大學士趙志皋、張位題："今日該文書官潘朝用發下票本，內有刑部左②侍郎臣傅孟春具題犯人李材一本，令臣等擬票。臣思李材事情，蒙皇上坐以説謊律行，節經執奏，未經定擬，臣等安敢輒擅擬票？近該科臣，用彼處舉貢公呈，特爲條奏，奉旨着法司會議，移文查勘夷人來貢情由，勒限回報。臣已知皇上有矜察李材之心矣。今刑部昨因皇上欽恤罪囚，並以李材請，蓋亦體皇上曠蕩之恩，寬宥諸囚，或可逮及於李材也。臣既不敢擬票，則焉敢以不請？伏望皇上垂察，或念李材情罪可原，逮繫已久，令法司會議，得與熱審矜恤之例，姑

① 閣 明抄本作"門"。通行本改"閣"，是。

② 左 明抄本作"右"，是。通行本誤作"左"。

從輕擬，或照前旨，待彼處撫按勘奏到日，另請定奪。竊念李材年已①衰頹，當此暄熱，旦夕難保，萬一不測，則皇上雖有免死之心，而材不能沾更生之惠矣。事關疑辟，冒昧以請。伏乞聖裁。臣等無任激切待命之至。謹具題以聞。"

是日，大學士趙志皋等題："該吏部開送願就教職舉人四百二十七名，欽准廷試。除臨期不到十九名外，臣等謹欽遵從公出題彌封，嚴加考試，取中文理平通上卷一十二卷，文理亦通中卷三百九十六卷，俱堪授教職。臣等謹將試卷封進，伏乞聖裁發下，開送禮部，查照先次題准事理施行。謹題請旨。"

二十九日戊午，以端陽令節，賜輔臣每金書黃符二道、金書紅符二道、金艾葉二副，及講官韓世能等每銀書黃符一道、銀書紅符一道、金艾葉一副。

① 巳　明抄本作"以"。通行本改"巳"，是。

五①月庚申，朔。

五日甲子，以端陽令節，賜輔臣上尊珍饌。

八日丁卯，大學士今給假省親王錫爵奏："爲四②天恩俯憐泣血至誠收還召命以終一日之養事。此③臣乞身之疏已至三上，君父之前偃蹇煩瀆至此，雖天地鬼神諒其不得已之心，而滿朝士大夫已知其無復出之理。乃於本月初八日接得邸報，奉聖旨：'卿以母疾累疏終養，朕豈不知體量？祇以國家多事，邊鄙未寧，卿爲輔臣，旦夕承弼，匡濟時艱，豈得再三陳情？恐非移孝爲忠之道也。卿還當遵依累旨，即日起程赴召，慰朕眷懷。吏部知道。欽此。'臣伏惟前代體貌輔臣，有累疏乞休五六上而不允者，此皆以在朝切近，奏報不出旦夕，故臣可亟請，君亦可亟留。若臣去國三千餘里之外，而母病纏綿，且至於經年累月之久，一請而不得允，再請而不得允，則已是豐年光景，皇上之恩勤加寵於臣，亦既出理外望外萬萬矣。乃兹言煩而聽不厭，日久而春④未衰，特降嚴旨，心⑤欲致臣。臣之感恩懼譴自不待言，而萬古泣血至誠則有不容不言者。大抵天下之事，總逃不過一真。今臣之所以饒舌不憚煩、負恩不辭罪者，恃其真也。然情真或有可僥倖之勢，勢危或有可遷就之理，則臣亦何苦必行微志、自甘棄人？顧以目前喘喘之病母，起居言語之都廢，而強之驅馳長路，狼狽苟全，此必不可僥倖之勢也。家無別子，臣之一身，兼負養生送老之責，有如今日絕裾辭行，呼吸安危，將以誰任？此必不可遷就之理也。蓋先是臣之初歸得召，二、三故人有盼臣再出者矣，有謂臣當扶母暫出、從容再作商量者矣。及是，其語皆塞，或反勸臣改稱身病，以絕後望。臣伏自惟，犬馬身入春以來，實患痰喘、頭風等證，據此陳乞雖不可謂之欺，然主恩如此，臣前固言身之髮毛體膚、與家之髦齔兒女所不敢惜，豈有捨至危母命至苦初情不言、而別營脫身之計者？又或見邸報紛紛，閣部台諫諸臣多不就⑥皇上之意，則勸臣乘此決計引避，以逭後責。殊不知臣之累次密疏，見在

---

① 五 "五"上當有"萬曆二十年"五字。

② 四 據《王文肅公文集》卷三八"四"下當有"乞"字

③ 此 明抄本作"比"，是。通行本誤作"此"。

④ 春 明抄本作"眷"，是。通行本作"春"，誤。

⑤ 心 據《王文肅公文集》卷三八，"心"當作"必"。

⑥ 就 據《王文肅公文集》卷三八，"就"應作"當"。

御前，非有異於諸臣之言也①，而皇上不爲之改容霽色並質②諸臣？臣何責之避也？臣心中千事萬事，惟母病一事，口中千言萬言，惟母病一言。皇上如果欲臣移孝以爲忠乎？則當先爲臣母計而後爲臣計，先爲臣之報母計而後爲臣報主計。若使臣棄母而出，則無論一語一淚垂，一步一腸斷，萬萬無分心報主之效，而以須臾不能待之母命，爲此須臾不能忍之別離，竊③古以來未聞有如此人臣人子，又何孝之能移？何忠之能盡矣？臣又伏自惟，在臣母實不可無臣，在皇上實不必有臣。方今聖明在上，耆俊滿朝，又何苦捨近思遠、懸虛位以待必不能至之具臣爲哉？臣至今日，情詞兩窮。此疏將發，病母泣而告臣：'吾恨不早從汝父地下，使汝今日進退如此之難。'即此一言，至悲至苦，臣雖斧鉞加身，豺狼爲類，必不忍負之而④矣。願皇上勿復望臣，亟收君命，早賜長休，不惟臣母子之命待此再生，而欽差行人何崇業經年守臣，當亦有息肩洗浴之期，不至委君命於草莽矣。臣不勝危窘至極、呼天請命之誠。爲此專差義男王卿齎本，具奏以聞。"奉聖旨："卿疏終養，屢旨慰留，祇爲國家多事，邊鄙未寧，資卿忠猷，共圖匡濟。方今叛賊勾虜，勢頗猖獗，卿豈得坐視不顧？又聞卿母疾已痊可，何不爲朕一出？待事定之後歸養未遲。着行人何崇業即敦促就道，以慰朕懷。吏部知道。"

九日戊辰，大學士趙志皋等題："該大學士王錫爵疏請終養一本，蒙皇上發下臣等擬票。臣思輔臣去留，關係重大，何敢擅擬？具揭兩請，迄今月餘未下。臣等固知皇上嘉與輔臣之心，尚篤眷戀之意，且當國家多事，夙夜寤寐老臣，而臣等亦日夕惕思，竊願皇上亟召錫爵赴京，共圖國事，然候命已久，未奉綸音，合應陳請。伏望皇上即將前本親票，嚴旨令差去行人何崇業敦促錫爵就道。臣等無任惓惓。謹具題以聞。"

十四日癸酉，大學士趙志皋等題："今早文書官李文輔口傳聖諭：'問史酋是虜王搶力克擒獻來的，如何文武大小官員都敘

① 也 《王文肅公文集》卷三八"也"下有"而皇上信臣愈深，則安知臣出"十二字。
② 質 明抄本作"賁"。通行本誤作"質"。
③ 竊 明抄本作"窮"，是。通行本作"竊"，誤。
④ 而 明抄本"而"下有"負"字，《王文肅公文集》卷三八"而"下有"更出"二字。應從《王文肅公文集》。

功次？'夫史酋原係降夷，受國厚恩，因十八年率衆逃回，屢犯邊塞，宣大督撫爲虜王東歸之後，欲修好通貢，求復市賞，拒之不可，許之無名，乘此機會，責令擒獻史酋方許貢市。夫史酋係虜王兄弟安兎之親，極力蔽護，因此該鎮督撫等官多方計議，差通官丁往復於虜帳中，反復説辯，示以不擒史酋則市賞決不可復，嗾其計擒史酋。此虜之恭順可嘉，而督撫之心力既竭，與各員役之勞苦何①不可泯。隆慶年間，俺答擒趙全來獻。夫趙全，中國之叛賊也，與史酋爲虜王之親不同，彼時尤②行敍賞，今日之事若不敍賞，何以酬勞？而邊臣氣阻③矣。李材未奉俞旨，何敢擅擬？竊念邊疆有事之時，正當用人之際，又經④多官保薦，儻皇上肯俯順輿情，令赴軍前聽用，果能出奇殺賊，或令以功贖罪，如若無功，則其罪固在也。冒昧具陳，伏惟聖裁。臣等無任悸悸。謹題以聞。"

是日，大學士趙志臯等題："今早該文書官李文輔口傳聖諭，詢臣等以寧夏之事。臣等仰見皇上軫念邊陲至意。又思寧夏兵變以來，几⑤有章疏奏上，不踰時輒發擬票，又兩敕將士，以安其心，又不靳帑銀數十萬，以充軍費。皇上雖處深宮，念切西顧，臣敢不具悉以對？臣惟寧夏之變，其始藉口撫道剥削，致厪明旨撫按⑥，謂可誨化，不崇朝而底定也。不意逆賊謀益狡猾，勢益猖獗，迄今三月未下，此殆不可不深爲之慮者。夫變起於降虜哱承恩父子，蓄謀已久，待釁而動，自始事以致今日，其謀若有成算，其舉動皆有次第。其勾虜爲援也，出婦女以誘之，厚金帛以賂之。其嬰城而守也，密遣奸細以招集松套二虜，志在藉虜勢以據寧夏，寧夏一失即犯靈州，靈州一失即窺關中，據關中以臨河之南北，可建瓴而下也。其詭辭而求撫、出賊首以獻也，蓋欲緩我師，以俟各虜騎之至。昨兵部接得陝西巡撫沈思孝書，謂松套二虜因哱賊父子遺以重賄，與飲血酒，鑽刀下爲盟，各領兵馬到於寧夏城下，不知其數，分布徧野。我師雖已過河，屯劄城外，然猶有虜騎之集，防其夾救，不敢攻城。又屯住已久，糧運艱阻，師老力疲，勝負難必。臣又先聞之，逆賊造爲妖妄之言，謂胡運當興，以鼓惑衆志，倡爲不

① 何　明抄本作"俱"，通行本誤作"何"。
② 尤　明抄本、通行本皆作"尤"，似應作"猶"。
③ 阻　明抄本、通行本皆作"阻"。似當作"沮"。
④ 經　明抄本作"徑"。通行本改"經"，是。
⑤ 几　明抄本作"凡"。通行本作"几"，誤。
⑥ 按　明抄本作"安"。通行本誤作"按"。

道之語，大犯忌諱，以搖動人心。此其志誠不在小。本兵調度於中，殫竭心思，總督戰守於外，畢盡智力。皇上為天地神人之主，係中外華夷之望，乃今深居九重，漫視不顧，節經奏請視朝，俱未奉旨俞允。今當邊事孔棘，人心皇皇，臣等若再不言，是臣等順非從過，輔導無狀也。伏望皇上大奮乾剛，即出臨御，召兵部並大小臣工，面定大計，必討此賊，則天威所震，迅如雷霆，天語所加，疾如風雨，人心有不鼓躍、而將士有不百倍振勵者哉？譬如家有外侮，必須主人奮迅率眾捍禦，然後心力齊一，鼓舞向前。又如太陽一出，萬方快睹，魑魅魍魎自然潛消。臣又惟今日之所憂者，不特一寧夏為然，變異屢形，災荒迭至，閭閻匱乏，帑藏空虛，賦役繁苛，民生憔悴，人人有思亂之心，在在有觀變之望。西北各鎮屢兆情形，東南倭夷已報入犯，天意人事一時湊合，豈為偶然？大有可慮。皇上謂土宇之廣大足以制馭，法度之森密足以束縛哉？不然也。變亂常起於承平，消弭必由於儆戒。今日之事，格天心，挽人事，在皇上一念之憂勤而已。若臣等有力所當為之事，自與諸大臣計議而行，不敢不竭其愚，以負皇上之委任也。臣等無任激切仰望之至。謹具題以聞。"

十七日丙子，大學士趙志皋等題："昨發下兵部覆陝西巡撫右副都御史沈思孝募兵請餉守固原慶陽等處地方一本，臣等擬票：兵部發銀十萬兩召募勇敢，戶部發銀五萬兩充餉。二日未蒙發下。臣等念固原、慶陽地方實係要害處所，防守似不可緩，伏望皇上，乞即發下，以便差官速解前去。至於李材，雖有部覆，實候聖裁，豈敢擅擬可否？惟宸斷，從中票發。臣等無任瞻望之至。謹具題以聞。"

二十八日丁亥，大學士趙志皋等題："昨日臣等揭呈，請以蕭如薰代李昫充總兵官，在於寧夏討賊，蒙皇上俞允。臣等因見寧夏討賊事急，一時未及致詳，遂票鎮守寧夏地方。今查該部原題，係陝西地方，合宜改正。伏望皇上俯從，容臣等改票陝西，以便遵行。而臣等錯誤之罪，更乞聖慈原宥。無任惓惓。謹具題以聞。"

是日，大學士趙志皋等題："爲作養人才事。照得儲才待用，乃國家首務，而庶吉士之選，尤儲才之最重者。近該吏部議覆禮科都給事中李周策等題《人才難得儲養宜先等事》，內稱庶吉士之選，毋拘額地歲年，必選端人正事①。以充館選等用。奉聖旨：'是。欽此。'除欽遵外，應將今科進士考選作養，以備皇上他日任使。合無准照節年舊規，及該部近覆事理，限年四十以下，各部院等衙門從公諮訪器識端雅、文學優長者，開送吏部，查照題准事例，按名閱審，果無違礙，疏名奏聞，恭候命下，臣等題請欽定考選日期，遵先年題奉欽依條件施行？臣等未敢擅便，謹題請旨。"奉旨："是。吏部知道。"

① 事　明抄本、通行本皆作"事"。似應作"士"。

六①月己丑，朔。

四日壬辰，賜輔臣鮮筍，每二十根，日講官韓世能等各十根。

十一日己亥，大學士趙志皋等謹題："伏蒙命臣等擬皇第七女名，臣等恭遵恭擬上進，伏乞聖明裁擇點用。謹題以聞。"

十二日庚子，大學士趙志皋等題："爲作養人才事。准吏部手本，該本部題前事內開，辦事進士洪啟睿等一百五十九名俱堪考選，伏乞敕下內閣，徑自題請欽定考試日期，通行各衙門，一體欽遵等因，奉聖旨：'是。欽此。欽遵。'備行到閣。除考選事理，容臣等查照節年題奉欽依事例舉行外，所有考試日期，伏乞欽定批示，至曰②臣等會同吏、禮二部堂上官，於東閣前公同考選，分別等第進呈，恭候聖明裁定。緣係作養人才事理，臣等未敢擅便，謹題請旨。"

十三日辛丑，大學士趙志皋等題："伏蒙欽點皇第七女名，臣等恭視中書官用印邊龍箋寫進。所有頒賜吉期，恭候欽定填入。原蒙發下揭帖一本，謹用進繳。謹具題以聞。"

十六日甲辰，大學士趙志皋等題："爲作養人才事。先該臣等具題考試庶吉士，請乞欽定日期等因，奉聖旨：'着於十七日卿等從公考選。先擬試題來看。欽此。欽遵。'緣明日係欽定考試之期，臣等謹於今日先擬考試合用文題、詩題各二，臣謹手書即封上進，伏乞聖明各點其一，明日清晨封發臣等遵行。謹具題以聞。"

十七日乙巳③，諭內閣："近日寧夏鎮城，逆賊叛亂，今巳④三閱月矣，未見剿滅。魏學曾身任總督，初聞叛亂就當親臨地方，設法撫處，得宜方可，今釀成禍胎，方讒⑤奏聞。魏

萬曆二十年

一〇二五

①六 "六"上當有"萬曆二十年"五字。

②曰 明抄本作"曰"。通行本誤作"曰"。

③巳 "巳"當作"巳"。

④巳 明抄本作"以"。通行本改"巳"，是。

⑤讒 當作"纔"。明抄本、通行本同誤作"讒"。

① 領 明抄本作"令"。通行本改"領",是。
② 寧 明抄本"寧"下有"謐"字。通行本脱此字。

學曾又不能設法於先,今又畏怯於後,袖手坐視,費餉損兵,顯是玩寇辱威,推諉誤事,責任何在?着該部馬上即便差人,傳與魏學曾,嚴督將領①,剋期攻城,奮勇滅賊,以蓋前愆。勿以逗遛觀望,虛文塞責。卿等還會同該部,不時商確邊計,務保地方寧②。欽哉,故諭。"

是日,大學士趙志皋等題:"今日早,文書官李文輔齎捧聖諭一道到閣,爲寧夏逆賊叛亂,三月未平,深責魏學曾不能設法撫剿於先,今又畏怯遲誤於後,以致損兵費餉,玩寇辱威。着兵部馬上即便差人,傳與魏學曾,嚴督將領,剋期滅賊,速蓋前愆。又諭臣等會同兵部,不時商確邊計。臣等仰見皇上雖居深宮中,而心常懸塞上。臣等即傳示兵部,令其馬上差人,轉示魏學曾,遵奉諭旨,肅將天威,以平叛亂,而一切居中調度事宜,臣等自當與該部商確計議而行,用舒皇上西顧之憂,決不敢有負委託之重也。所有原奉聖諭,除抄錄傳示外,謹尊藏閣中,以昭皇上留神邊務至意。謹具題以聞。"

十八日丙午,大學士趙志皋等題:"爲作養人才事。臣等於本月十七日,遵奉欽定日期,會同吏部尚書孫鑨、左侍郎兼翰林院侍讀學士羅萬化、右侍郎陳有年、禮部尚書兼翰林院學士李長春、左侍郎兼翰林院侍讀學士韓世能、右侍郎兼翰林院侍讀學士趙用賢,將吏部開送進士洪啟睿等一百五十三名,遵奉聖旨考選,得文理平通堪充正卷十八卷、文理亦通堪充副卷六卷,各擬名次封進御覽。伏乞聖明裁定發下,臣等仍會同該部拆卷填名具奏。謹具題以聞。"

十九日丁未,大學士趙志皋謹題:"爲作養人材事。本月十七日,該臣等會同吏部尚書孫鑨、左侍郎兼翰林院侍讀学士羅萬化、右侍郎陳有年、禮部尚書兼翰林院學士李長春、左侍郎兼翰林院侍讀學士韓世能、右侍郎兼翰林院侍讀學士趙用賢,將吏部開送進士洪啟睿等一百五十三名,遵奉聖旨考選,得文理平通堪充正卷一十八卷、文理亦通堪充副卷六卷,各擬名次,

萬曆二十年

送①進御覽，伏乞聖明裁定發下，臣等仍會臣鑨等拆卷填名具奏等因，十九日奉聖旨：'是。正卷准改庶吉士作養。欽此。'臣等謹欽遵會同臣鑨、臣萬化、臣有年、臣長春、臣世能、臣用賢，將原蒙發下正卷一十八卷，照依名次開拆填寫名籍，上進聖覽。伏乞敕下吏部，遵照欽依內事理，將王象節等改授庶吉士，與同一甲進士翁正春、史繼偕、顧天埈，俱送翰林院讀書進學。臣等仍照例行工部，將本院房屋量行修理，並各該衙門將合用卓櫈、筆硯、紙墨、酒飯、皂隸等項，合照例辦送應用。其教書官，容臣等另②行推舉上請。臣等未敢擅便。謹題請旨。"

是日，賜輔臣每枇杷果一簍、日講官韓世能等各一簍。

二十一日己酉，以命皇第五女名，賜輔臣每銀十兩、紵絲一表裏，及中書官徐繼申等五員每銀五兩。

二十二日辛亥③，大學士趙志皋等題："為缺官事。照得制敕房辦事中書舍人汪一元丁憂，嚴治養病，俱回籍去訖，所有一應事務缺人辦理，合當題補。查得嘉靖四十四年事例，俱於會試下第舉人內考選送用。合無敕下吏部，於告選舉人內，考選文學頗通、字畫端楷者三名，題請授以中書舍人職銜，送赴制敕房辦事，庶於職務有所補益。臣等未敢擅便，謹請旨。"奉旨："是。吏部知道。"

① 送 明抄本、通行本皆作"送"。似應作"封"。

② 另 明抄本原作"令"。通行本改"另"，是。

③ 二十二日辛亥 萬曆二十年六月二十二日當為"庚戌"，萬曆二十年六月辛亥當為"二十三日"。此處"二十二日"與"辛亥"當有一誤。

①七 "七"上當有"萬曆二十年"五字。

②傅 明抄本作"傅",是。通行本作"傳",誤。

七①月戊午,朔,以孟秋時享太廟,暫遣公徐文璧恭代,侯吳繼爵、李環分獻。

八日乙丑,大學士趙志皋等題:"近日恭遇孟秋太廟時享,奉聖旨:'朕切念孟秋廟享重祀,罔敢安逸。近日以來,潦暑蒸濕,面目發腫,行步艱苦,不能成禮,命官暫代。其分獻陪祀執事等官,以體朕心,倍加敬慎,勿得忽忽。其餘朕知道了。欽此。'臣等竊念,當伏熱炎蒸之際,正皇上端居靜攝之時,日惟倡率臣工,勉修職業,未敢輒有陳瀆,以溷清嚴。伏惟人臣事君,猶子事父母,多方敬愛,多方調護,務求志意愉悅,身安體舒,保養太和,多福多壽,固忠臣之願,而孝子之心也,凡有所見聞、可以竭力盡分、堪爲奉養之助者,宜無不至,況傅②之德義,保其身體,尤輔弼之職、而開導必先者乎?臣等日檢方書,訪求調攝諸法,偶得唐賢孫思邈、宋儒真德秀所爲衛生二歌,見其切於日用,簡易明白,雖無精深玄渺之論,可備警省頤養之資。臣等聞昔有野人食芹而甘、曝日而暖者,思欲獻之於至尊,爲術雖疎,爲意則厚。恭惟皇上凝神淵默,清心寡慾,豈臣等愚昧所能仰窺?惟是區區芹曝一念,竊比野人自獻之忱,謹將衛生二歌,繕寫裝潢成袠,恭進御覽。伏望皇上留神省觀,日置左右,微言小說可以喻大,未必無補於聖修之萬一也。若時下邊情政務,雖云調燮甚難,然既蒙皇上委任臣等料理,自當矢竭心力,務圖日効,更不忍爲紙上空談矣。臣干冒宸嚴,不勝祝願懇祈之至。"

九日丙寅,命翰林院編修郭正域編修六曹奏章。

是日,大學士給假省親王錫爵奏:"爲赴召中途母病增劇昧死再乞天恩放歸侍養事。該臣昨於三月中,四疏乞恩終養,我皇上爲之留中月餘,聖意叵測。臣竊伏而怔怔懼曰:'何其久也?上得無已厭,竟寢不行乎?'已又竊沾沾喜曰:'何其寬也?上得無已憐,欲署未忍乎?'比至五月二十九日准吏部咨,奉聖旨:'卿疏終養,屢旨慰留,只爲國家多事,邊鄙未寧,資卿忠獸，共圖匡濟。方今叛賊勾虜，勢頗猖獗，卿豈得坐視不顧？又聞卿母疾已痊可，何不爲朕一出？待事定之後歸養未遲。着行人何崇業即敦促就道，以慰朕懷。吏部知道。欽此。'臣伏惟皇上前此雖屢旨召臣，然獨念臣硜硜鄙行、耿耿愚忠、以思收臣而已，及此乃以事責臣，而事又值寧夏兵騷，爲臣子枕戈待旦、投袂發憤之日，臣之至是，敢復言私？隨於六月二十九日，以頓輿強扶病母，雪涕登舟，除延①途仰醫視疾之外，旦暮不敢逗遛，仍冀向前母疾少瘳，臣可爲改裝從陸之計。乃七月初四日渡江，臣母忽嘔泄舟中，勢甚危劇，然尚以倡觸暑氣、可從容調理喻也。又前至高郵，不食竟日，其暮遂痰暈仆地，不省人事，至明日始蘇，口吃不能成語，猶以歸骨故鄉爲囑。臣遑急無計，祇得忍淚應承，暫遣臣妻子護送還家，而臣以單身待命舟次。當此之時，臣真所謂腸如寸結，背若負芒，何暇復他顧矣？臣見近日司道有以病告、督臣有以憂告者，皆被嚴旨切責，豈不亦動心悚懼？但棄身易，棄母難，棄死母難，棄病母尤難。而皇上止急於見臣，因遂②謂母病痊可，不信臣言。夫臣母身見在行，非有重門曲室可以掩蔽耳目者，一路喘息之狀，羣醫雜視之口，豈可欺也？若臣自營脫身，而忍以垂危不祥之言強加臣母？又忍以欺皇上至尊至親之大父母？則身且爲夷虜異類，而尚何能謀賊矣？即今皇上所憂在西事，而以臣局外觀之，彼烏合叛衆，死守一城，餌虜之財與格戰之技必將自盡，而見在二、三邊吏，亦或自能辦此，顧皇上委任責成何如耳。大抵用兵閫外之事，但當寬假便宜，嚴覈功罪，而廟堂不必盡握處分之權，亦不必盡露張皇之迹，不必驟以小勝輕敵，亦不必以小敗疑人，多設方略不如少分事任，遠行召募不如近顧根本。蓋臣芻蕘所慮，獨恐濫觴末流之勢。朝廷一面防虜，又一面防倭，一面防軍，又一面防民，徵徭不休，轉生得失。此則望皇上留神宵旰，日召二、三大臣謀之，而不在此目前瑣瑣釜魚旦夕之命也。臣居常謂人臣量力進退，斷無兩歧，每見諸臣以中途乞休爲故事，臣心竊非之，而不幸迹與之類，望皇上勿以故事疑臣，以故事留臣。若臣尚有分毫可勉強，則此籌

① 明抄本、通行本皆作"延"。似應當作"沿"。

② 遂　明抄本作"逆"，《王文肅公文集》卷三八亦作"逆"。通行本誤作"遂"。

邊數語，必當面陛口陳，不至匆匆如此。伏冀皇上哀而放之，使臣等侍藥母前，了此寸草一念，將來或尚能鼓舞精神，畢陳餘慮，以仰佐廟謨之萬一，不可知也。臣無任激切哀祈之至。為此，仍差義男王卿齎本，具奏以聞，伏候敕旨。"奉旨："卿聞召命，載母同行，朕深嘉悅。何至中途又有此奏？東西寇賊鴟張，正藉訏謨指授，卿可單車就道，為國籌邊，以副朕懷。卿母差人迎養亦便。吏部知道。"

十日丁卯，諭內館①："朕昨覽卿等所進衛生二帙，乃陳義之勤，欲朕動息起居，保和頤養，悉見卿等忠愛至意。朕已知之，專事保愛。但邊情政務，賴卿等贊襄宣勵，分猷治理，不可因朕之疾瘵墮坐視，以慰朕懷。"

十一日戊辰，賜二輔臣各鰣魚二尾。

十二日己巳②，皇上再賜輔臣趙志皋等各鰣魚五尾，及講官韓世能等各二尾。

十五日壬申，大學士趙志皋等題："先該吏部題准，願告教職歲貢生員，行移翰林院考試。臣等欽遵會同詹事府詹事兼翰林院侍讀學士掌院事盛訥，出題彌封，嚴加考試，取中文理平通上卷一十二卷、文理亦通中卷九百二十八卷，俱堪授教職。臣等謹將試卷封進，伏乞聖裁發下，開送該部，查照臣等先後題准事理施行。謹題請旨。"

十六日癸酉，陞太常寺卿掌國子監祭酒事范謙，為詹事府詹事，兼翰林院侍讀學士掌府事，經筵照舊。

起守制服闋、原任右春坊右庶子兼翰林院侍讀孫繼皋，陞詹事府少詹事，兼翰林院侍讀學士，充玉牒纂修官。

十九日丙子，大學士張位奏："為建輔城定兵制以鞏萬年皇

① 館 明抄本、通行本皆作"館"。似應作"閣"。

② 巳 "巳"當作"巳"。

圖事。臣聞之《易》曰：'王公設險，以守其國。'《書》曰：'申畫郊圻，慎固封守，以康四海。'蓋言險不設則不可以守國，尊嚴王畿則根本固而天下蒙安。國家定鼎燕京，雄勝超越，九重居守，三面鄰邊，固與前代建都中原者不同。成祖文皇帝三犁虜廷，兵力強盛，草創建設，以俟後人。念自大寧撤防，東勝失守，關隘彌近，拱衛宜嚴。今①京東距薊鎮不二百里，京西去宣鎮不四②百里，東南之去天津海口不二百里，西南之去紫荊關路不三百里，朝衝隘口，夕抵郊原，鐵騎乘風，勢不可遏。夫以天下至重之地，而伏至危之形，防護未周，形勝未備，咸抱隱憂久矣。嘉靖庚戌年間，虜騎闖入邊關，徑至城下，輦轂③萬姓未爨所需，城門一關，內困外阻。況今虜情叵④測，倭防正殷，桑土綢繆，尤當亟慮。臣竊以為宜於近京周圍十里內外，卜擇水土善利要害處所，特建輔城肆座，護衛京師。每城置兵萬人，內設營房以處軍士，外設教場照常操練。聲⑤掎角，有恃無恐，猝有外患，城門可閉。合無遵照祖宗五軍舊制，即以三大營見操官兵為中軍大營，其回城應撥營兵各萬分練，或查取京衛五十四屯及京營三屯餘丁，挑選精壯以充其數。擇前後左右五府見任官知兵者統之，俱聽戎政大臣節制。偏裨將領一視大營之制。城內兼置倉場，各貯一年芻粟。再設憲司文臣二員，監操督餉，令熱⑥兵事，以儲邊才。量近城田地，給軍耕種，以優養贍⑦。四隅聯絡墩堡，以嚴守望，周遭開通溝洫，栽植樹木，以扼戎馬。險足以守，兵足以防。此誠太祖定鼎金陵，長江天險，復設浦子口大營，屯兵積餉，具有深意。伏見今之講武者，但計兵力，不考兵制。蓋兵弱則有耗費之患，而兵強則有肘腋之虞，虎豹在山，牙爪自恃，尾大不掉，輕重倒持。宜令各將官，於營軍中揀擇壯勇千百名，稍厚廩餼，嘗置左右，即以此千百人充伍長甲正隊部名色，視將領官職崇卑，以定多寡差等，俾名分相維，苦樂相通，臂指可使，緩急可賴。或一營揭挺，彼此勢足以相制，或一夫脫中⑧，上下力足以相鈐。分數既明，多多益善，此又為將領強本，不特可行於京營，而且可行於各邊者也。若言肆輔之城兵力尚少，則請於畿甸八

萬曆二十年

① 令 明抄本作"今"。通行本誤作"令"。
② 四 明抄本在"四"下有一"四"字。通行本刪之，是。
③ 轂 明抄本、通行本皆作"穀"。當作"轂"。
④ 叵 明抄本、通行本皆作"巨"。當作"叵"。
⑤ 聲 明抄本"聲"下有"勢"字。通行本脫此字。
⑥ 執 明抄本作"熱"，通行本作"執"。似當作"熱"。
⑦ 贍 "瞻"當作"贍"。
⑧ 中 明抄本作"巾"。通行本誤為"中"。

府州縣民壯中，再行挑選充數，或以入班之軍酌量湊補，或以召募之衆事寧繢①增。仍令巡視京營科道官一體稽閱。此制一定，不惟可壯居重馭輕之勢，且可弭驕悍譟呼之事矣。或謂營建多費，時詘舉贏，然久遠之圖，豈必旦夕之就？期以數歲，何患其遲？或謂守在四夷，在德非險，若爲堂奧之備，恐示張皇之形，徒襲常談，終誤大事。蓋非常之原，黎民所懼，及臻厥成，天下晏如。今夫富人之家，欲防外侮，必須固藩籬、守門戶，而後室②家即安，戒僮僕、嚴備禦，而後盜賊難犯。今建城制兵之議，是即固守備禦之策也。庶人且能爲一家謀，況以天子之尊，可不爲皇居萬世計乎？謹繪城圖一幅，恭進御覽。伏乞敕下該部，及時會議，待邊事少寧，次第舉行。宗社生靈不勝幸甚。臣分切肱股，義關休戚，無任懸惓效忠之至。爲此具本親齎，謹具奏聞。伏候敕旨。"奉旨："京師，根本之地，添築四城，深爲鞏衛至計。該部便看議來說。"

二十一日戊寅，大學士趙志皋等題："今日文書官李文輔恭捧聖諭一道到閣，'諭內閣：朕昨覽次輔位所進創建輔城定兵制圖説之疏，足見爲國安民之本，乃爲億萬年鞏固之長策，朕甚嘉悦。但事體重大，國儲匱乏，卿等還同該部會議停妥，待倭叛寧謐舉行。卿等承之。欽此。'臣等荷蒙皇上股肱心臂之託，每日在閣辦事，相與講求保安社稷、綢繆根本長遠之計，輔臣張位有激於中，遂進建城制兵一疏，伏蒙聖明嘉納，特賜俯從，臣等下情不勝幸甚。恭誦聖諭，謂事體重大，恐爲費必多，國儲匱乏，慮一時難辦，命臣等與該部會議，務求事體停妥，待叛倭寧謐舉行，不必責成旦夕。仰見神謨遠慮，真出萬全，非臣等愚昧之所能及。及③其工役緩急次第，容臣等與該部計議，從長施行。所有聖諭一道，謹尊藏閣中，以彰皇上虛受明斷盛美。臣等無任感激之至。謹具題以聞。"

二十四日辛巳④，大學士趙志皋等題："初九日，該文書官發下戶部進雲南年例金一本，奉旨：'這金兩着進收。你部裏傳示，與①各成色金內每加進五百兩，九成的一千兩，八色一千兩，共五千。着爲例。'二十日，該文書官又發下戶部一本，奉旨：'前歲因彼有事，固爾暫停。此金尚又是皆本地所產，況且嘉靖年間亦有額取礦金之例，這所加進不多。覽奏知道了。着遵前旨行。'明旨一下，在廷諸臣皆謂加增之數反過原額，而咎臣等不能救止。臣等因反覆思之，皇上履萬乘之尊，擅四海之富，敢爲一省惜五千②金之費？然臣嘗訪之，人言雲南之金，出於永昌一府，採之山石之間，其有無多寡不能取必，即年例二千往往兌於四川、陝西二省，以足其數，甚至有以十兩之銀易一兩之金者，其害逾甚。今以宮中缺用，暫加五千，雖竭民脂以供之，亦子民之常分。但着之爲例，而歲歲取盈，恐遠方之民不堪於奔命也。臣等伏願皇上俯念雲南萬里，數年以來疲於災旱之頻仍，困於緬賊之侵擾，舊徵者永爲定額，新增者暫行一年，則內廷之供用既充，而歷年之舊額又在，遐方之民誕被聖澤者寧有窮哉？伏惟皇上少垂鑒焉。臣等無任恐懼待命之至。謹具題以聞。"奉旨："覽卿等所奏，具見忠懇恤民之意。但皇祖時曾有額取礦金礦銀之數，朕豈不恤民艱？卿等既這等說，着減去八五成色金一千兩，着歲進金四千兩，每年不許過七月十五日到京不違限。該部科並彼撫按亦不必再有奏擾，如再有奏擾的，仍增至五千兩。"

二十九日丙戌，以延綏宣捷祭告郊廟脯醢果酒，賜輔臣三卓。

三十日丁亥，大學士趙志皋等題："自寧夏叛賊倡亂，兩京臺省諸臣，疏請皇上御朝、視講、修德、勤政，以布德威，以消兇逆，前後不下數十章。臣等職司輔導，日夕左右，昭德塞違尤非臺省諸臣比。頃具揭陳請，未蒙賜俞，嗣後當三伏炎蒸之時，正九重調攝之候，臣等尤以保護聖躬爲重，數月未敢瀆陳。茲當大暑西行，涼飈倏發，屆中秋之令節，逢萬歲之佳辰，內而百官，外而岳伯，皆願祝聖人之萬壽，天子之耿光。伏望

① 與 明抄本、通行本皆作"與"。似當作"於"。

② 千 明抄本"千"下還有一"千"字。通行本刪之，是。

皇上俯從臣等之請，追繹臣等之言，乘此清秋，即於齋捧官員報名見朝之日，特出御門，萬壽聖旦大節，陞殿受賀，俾大小遠近臣工，得瞻有道之容，如在天日之表，其歡欣快睹不知當作何狀也。從此更願皇上，或循三六九之常期，或於一月之中，間出數日，俾臣等與九卿等衙門，照常奏事，面議大政，殿陛趨蹌，臣工肅穆，風聲宣布，遠邇①歡騰，將四夷之來王，而八蠻之效順矣。矧么麼逆賊，蠢爾倭奴，有不畏威褫魄、蕩然掃除者哉？夫天下猶一家也，一家有主，則豪奴悍僕無容喙息，天下有主，則遐荒遠裔誰敢跳梁？固不啻提兵百萬遠②征朔漠已也。此皆諸臣之所已言，而臣等復申之，蓋自古帝王賓服四夷之道，固如是也，惟皇上垂聽焉。臣等無任惓惓。謹具題以聞。"

①邇 明抄本作"邇"。通行本作"遐"，誤。

②遠 明抄本作"窮征"，誤。通行本作"遠"，是。

八①月戊子，朔。

四日辛卯，大學士趙志皋等題："臣等恭請皇上視朝，昨該文書官潘朝用口傳聖諭：'覽先生揭帖。因頭眩身軟，難以支持。欽此。'臣等竊惟，時值清秋，恭逢聖旦，慶賀諸臣畢集闕下，輒興快睹之私，同伸忭舞之敬。茲蒙宸諭，始知聖體尚欲珍調，臣等不勝瞻戀。伏望皇上倍加崇護，茂迓純禧，禆內外臣工當流虹繞電之宸，遂祝華呼嵩之願。臣等不勝祈望之至。謹具題恭候萬安以聞。"

是日，大學士張位奏："爲敬陳攻守要略少助邊備事。臣荷皇上知遇之隆，謬膺付託之重，朝思夕慮，惟以籌邊定國爲心。頃蒙聖諭下閣，深以邊情政務爲慮，屬臣等贊襄宣勵，臣敢不仰體聖衷，勉圖報効？臣竊見寧夏討叛一事，初以招安，而計畫多誤，繼以攻城，而士卒受傷，師久無功，祇緣未得攻取良法故耳。夫攻城古無善策，而況暴露炎暑之下，仰面堅城之前，賊逸我勞，賊狡我拙，徒驅數萬人日就死地，不亦誠可哀憐矣乎？臣前遺魏總督及巡撫諸邊臣書，亟言冒暑攻堅，兵法所忌，惟當分兵退虜，分兵圍城，分兵護糧，分兵巡堡。不當②攻城，惟當困城，定時而迭擾之，部署而專責之，務令我兵常得休息，彼賊日夜應接不遑，不出十日，必將內亂。乘其倦怠，賈勇先登，未有久而不破者也。臣又惟叛賊之所恃者惟虜，故討賊必以退虜爲先。我兵之所恃者惟糧，故進兵必以護糧爲亟。今將士咸聚攻城、而莫肯別調者，則以封拜重賞歆動其心，功在他人，必争必忌，各懷一意，終難齊心。且禦敵圍城，有難有易，自求便利，人之常情。竊以爲莫若重申軍令，定更番之計，遂投③効之情，一月爲期，兩將迭換，若成功時，退虜護糧查照功次一體優敍，雖無封拜之錫，亦膺茂賞之恩，庶幾勸勵均而衆志定，亦或一策也。輔臣趙志皋與臣在閣，相與殫心竭力，每日商量調度東西邊事，凡選將徵兵、儲糧運餉、及一切條陳章奏種種要務，俱定議與該部施行，無容煩瀆。臣於辦理公務之暇，檢尋故牒，及參以日所訪聞，遂掇拾編次爲戎器要略八

①八 "八"上當有"萬曆二十年"五字。

②當 明抄本作"堂"，誤。通行本作"當"，是。

③投 明抄本作"報"，是。通行本作"投"，誤。

事，攻城要略二十事，謹開列於後，進呈御覽。雖未閑軍旅之事，亦聊竭圖報之心。語曰：'賢者識其大者，不賢者識其小者。'然小事不遺，固爲大事之助，何可忽也？儻蒙皇上俯納芻蕘，敕下兵部，行與寧夏邊臣酌議施行，或於安邊討賊未必無補萬一矣。古有運籌帷幄之中、決勝千里之外者，臣竊慕之。此外足食足兵安邊要法，尚容思竭一得之愚，務令胡塵大驚，四塞寧靜，臣之願也。臣不勝忠君愛國惓惓懇懇之至。"奉旨："覽卿奏，知卿素諳武備，留意邊防，惓惓爲國，尤可嘉尚。着該鎮督撫官計議行之。兵部知道。"

五日壬辰，陞司經局掌局事右春坊右諭德兼翰林院侍講陸可教，爲翰林院侍讀學士，掌南京翰林院印信。

六日癸已[①]，陞詹事府詹事兼翰林院侍讀學士掌院事盛訥，爲禮部右侍郎、兼翰林院侍讀學士，掌詹事府印信。

七日甲午，陞右春坊右諭德兼翰林院侍講馮琦，爲左春坊左庶子、兼翰林院侍讀，掌左春坊印信，右中允兼翰林院修撰余繼登，爲右春坊右諭德、兼翰林院侍講，掌右春坊印信，右春坊右贊善兼翰林院編修敖文禎，爲司經局洗馬、兼翰林院修撰，掌司經局印信，右春坊右中允管國子監司業事蕭良有，爲司經局洗馬、兼翰林院修撰，翰林院侍讀李廷機，爲右春坊右中允、兼翰林院修撰。

八日乙未，賜二輔臣楊梅各一簀。

九日丙申，起病痊右春坊右諭德掌南京翰林院事習孔教，爲詹事府少詹事、兼翰林院侍讀學士，掌翰林院印信。
是日，以萬壽聖節，賜大學士趙志皋、張位每金萬壽字二副、銀萬壽字二副、金篆字八個、金書黃符一道、金書紅符一道、銀書紅符一道，講官陳于陛等五員各金萬壽字一副、銀萬

① 已 "已"當作"巳"。

壽字一副、金篆字三個、金書紅符一道、銀書黃符一道。

十日丁酉，以萬壽聖節，賜大學士趙志皋、張位每銀五十兩、綵段四表裏，講官陳于陛等五員每銀二十兩、紵絲一表裏。命司經局洗馬兼翰林院修撰蕭良有，充日講官。

十五日壬寅，以中秋令節，賜二輔臣上尊珍饌。
是日，又賜二輔臣每膳七品、秋露白酒二瓶、月餅四個。

十七日甲辰，以萬壽聖節，賜二輔臣上尊珍饌。
是日，又賜二輔臣每膳九品、壽麵、長春酒三瓶。

二十四日辛亥，大學士趙志皋等題："今早該文書官李浚，齎捧聖諭一道到閣：'朕前覽卿等所奏揭帖《爲魏學曾決水灌城復通糧道搗巢獲功事》，在首敍。然則魏學曾身受總督之責，領敕制鎮三邊，其西夏叛賊初發，不能即趨撫綏，事起之後，又不能盡力建功，難逃其逗遛玩寇之罪。朕昨覽文書內，又見賊虜戕殺官兵六百餘人，其失機損辱罪莫甚焉。既卿等前奏救釋，待彼逮繫至，自有定奪，今諭卿等知之。欽此。'臣等莊誦再三，仰見皇上虛懷衝抑，既容納臣等之言，大度寬仁，又矜察魏學曾之罪。夫復何言？但臣等之所以具揭奏請者，以臣等之愚，實見學曾平生仗忠義之心，而其總制討賊也，適當賊勢強鉅，不能遂成一時之功，其迹雖若逗遛，其心實非欺玩。至於虜騎戕殺官軍，又係苗兵恃其勇敢，不知虜情，以自取敗，學曾已先期戒其放虜出邊、毋遏全師矣。今蒙皇上將學曾之事，行巡按監軍御史勘實具奏，又待學曾逮繫至日定奪，此學曾有撥雲見日之期，而臣等感頌皇上公明仁恕之心者，又當何如哉？所有聖諭一道，謹尊藏閣中，以彰盛美。臣等無任激切欣躍之至。謹具題以聞。"

① 九 "九"上當有"萬曆二十年"五字。
② 巳 "巳"當作"巳"。

③ 復 明抄本作"後"，《王文肅公文集》卷三八亦作"後"。通行本作"復"，誤。

九①月丁巳②，朔。

二日戊午，大學士王錫爵奏："爲陳情未報母病轉急冒罪再瀝危誠以祈哀察事。該臣昨於七月初九日赴召，行至高郵，以母病不能前進，一面懇疏終養，一面送母先歸。比時蓋緣臣母既以歸骨爲託，而高郵醫官朱瑚又力勸其早決歸計，以就故鄉水土，可保無虞。既以語臣，又私對管河郎中黄曰謹言之，此臣之所以忍割須臾、勉留待命，而庶幾於君親之兩全也。不意本月二十一日，接得家信，内稱臣母嘔泄變痢，一夜至八十六行，更發壯熱，勺飲不下。而其日正值臣之生辰，家中不能少待信宿，則其危急可知。時行人何崇業方在臣所，見其驚惶痛哭之狀，亦爲臣動色流涕，聽其急駕小舟潛歸省視，而以十日爲期、相見於舊舘。臣當於其夜二更首途，疾馳三日三夜而抵家，拜母牀下。母泣而撫之曰：'我已自分永訣，不圖今生今日再得相見也。'臣一聞此言，心腸糜碎，必不忍以再試險途，以母僥倖矣。然尚幸隔江道近，且奏報之期不遠，旋於八月初二日，復馳詣高郵待命，以就崇業之約，以實疏中之言。至則席未及煖，而母痢復③發疽之報又聞矣。天之困臣，使臣母偏狼狽於此時，臣轉眼旬日之間，既奉母行，又送母歸，既孑身以待君父之命，又潛身以徇私家之急，又不敢寧居而匆匆赴彼候旨。皇上試以此揣臣之情，其至真至切可知也。誰無父母？棄之實難。然或倚間無恙，尚可割裾以從軍，或絶望終天，尚可奪情而奔命，抑或山川修阻，聞見未真，尚可諉湯藥於他人，付存亡於天數。乃若貼危形狀，近在目前，縣惙氣息，尚有生望，人非豺虎，誰能一旦恝然？皇上試又以此量臣之勢，其獨難獨苦又可知。計今疏已久上，臣自當拱聽俞音，不必再有煩瀆。但臣前疏所陳，尚未及母歸以後事，誠恐言語不一，蹤跡掣肘，上以干雷霆斧鉞之誅，而下不勝朝暮風火之慮，不得不再倉皇拜表，訴明心事，以終前疏待命之本情，然後束身子舍，退甘放譴，以了一生將母之初念。伏惟聖仁哀而察之，容待母病差平，再圖啣結。臣不勝踢天蹐地、皇遽祈仰之誠。爲此續差義男王達齋本，具奏以聞，伏候敕旨。"奉旨："卿屢疏爲母陳情，朕豈不知體亮？但東西倭寇交作，朕日夜焦勞懷憂，卿亦豈能坐視？千里長途，一水可可①到，卿即宜載母同行，以副朕眷倚之意，不必再辭。吏部知道。"

八日甲子，大學士趙志皋奏："爲德薄任隆乞賜罷免別選碩輔以重政本事。昨日該文書官發下票本，內有工部都水清吏司主事樂元聲一本《爲國事正當告急元輔豈宜久曠懇乞聖明酌緩急審忠孝慎簡輔弼無虛②政本以計安社稷事》，本內③言邊政多虞，不必虛位以待元輔王錫爵，又以臣當事如蚊負山，乞敕下大小九卿科道官，公同會議，不拘在廷在野諸臣，務求德望才識足以壓服衆志、戡定時艱者，亟行首登。臣讀之不勝愧悚。元輔錫爵剛方正直，爲國重臣，屢奉旨督催赴京矣，獨臣以愚暗庸流，謬叨重寄，學不通方，才匪經世，自受命以來，迄今僅幾一載，偶值邊方多事，舊輔王家屏以病請告，新輔臣張位應召未至，臣以孑然一身，踽踽於其間。雖樸忠自守，徒切夫憂勤，而愚昧無知，何裨於承弼？幸臣位之既到，臣實喜之不勝。臣與位爲同年，又同志，又同入閣辦事，第臣以官階稍前，故臣得司閣務。然臣實不敢以一人自專，遇事必計議而後請行，本下必商確而後擬票。又念先朝輔臣，師師有寅恭之凡④，熙熙成和平之治，而近年以來，始有操政柄以擅權，竊威福以亂政者，不知閣中之事，閣臣皆得而與之，孰爲當事？孰爲旁觀？元聲以臣爲蚊負，固當矣，而以臣位爲代庖，則非也。然臣竊思之，人君擇臣而後任，人臣量力而後進。以臣之愚，不克任事，皇上復使在位，是不擇臣也。若臣不早求退，是不量力也。況今西賊未平，東倭方熾，臣主持數月而無功，又何事臣爲哉？伏望皇上將臣罷免，亟催元輔錫爵到任，即以閣事付之臣位，復從元聲之請另選有德望才識者三四人以佐之，庶國事理而羣情服，且使倭賊聞之，皆將以爲中國相司馬，而靡然解散矣。臣無任踴躍仰望之至。爲此，謹具本奏聞，伏候敕旨。"奉旨："卿純忠體國，殫慮籌邊，朕心方切倚毗。昨浮言輕詆元輔，朕

①可 明抄本無此"可"字。通行本衍此字。

②虛 明抄本無"虛"字。通行本增此字，是。

③內 明抄本"內"下衍"多"字。通行本刪此字，是。

④凡 明抄本作"風"，是。通行本作"凡"，誤。

已洞悉，原與卿無干，何故遽興去志？宜即出輔理，以副眷懷。吏部知道。"

九日乙丑，以重陽令節，賜二輔臣上尊珍饌。

十日丙寅，大學士張位奏："爲時事多虞懇乞聖明倚任忠良以隆政本以保治安事。前工部都水清吏司主事樂元聲一本《爲國事正當告急元輔豈宜久曠懇乞聖明酌緩急審忠孝慎簡輔弼無虛政本以計安社稷事》，奉聖旨：'元輔，國家重臣，多事之時，正宜召用，以資匡濟。樂元聲輕浮小臣，輒肆妄議，姑不究。該衙門知道。欽此。'隨該禮部尚書兼東閣大學士趙志皋一本《爲德薄任隆乞賜罷免別選碩輔以重政本事》，因爲主事樂元聲本內有'當事者類以蚊而負山，旁觀者多越庖而代俎'等語，遂以當事蚊負自引，而以旁觀代庖指臣，欲亟催元輔王錫爵到任，且自求罷免，併欲以閣事付之於臣。臣一見之，不勝駭異。夫代庖之說，原出莊子之書，謂越樽俎之守，而代庖人之事，此自侵越職守者而言，非不得於職守之謂也。志皋今日雖首膺贊理之任，臣亦叨陪密勿之議，且志皋素以道義相受，在閣共事，實稱同志。每有事體詢及者，臣攄一得之愚，率以正對，志皋亦往往虛心聽從，初非侵越職守者比。今據樂元聲所言，細詳其上下文義，所云當事者，似未必專指閣臣，所云代庖者，又似泛有所指。若元聲果以臣爲代庖，不但不知二臣同心共事之義，而且誤引莊文矣。臣反復思之，誠不知其解也。臣本山林衰病之人，絕意功名爵祿之事，祇因聖恩難報，勉強一來，伴食半年，寸籌莫轉，時值多故，未忍乞身，蚊負之慚，惟臣自審。若志皋學識才望，臣遠不能及，當臣未到時，獨理且久，綽有餘裕，元聲乃以蚊負擬之，不亦誣乎？是宜公論之共不平也。此皆閒言，不足深辯。但念國家之事，西陲討叛未靖，東海防倭正殷，勢有岌岌之危，廷有泄泄之視，出身擔當者少，哆口議論者多，若非信任忠良，俾得展布，則人心搖惑，政體紛紜，恐終誤天下之大事，臣竊日夜焦思，不勝私憂而過計焉。

伏望皇上念元輔關係甚重，再降溫綸，催趣王錫爵速行赴任，仍諭輔臣趙志皋，勿介疑似之言，務以公家爲急，竭心輔理，仍從元聲之請，增置閣臣，協贊機務，庶衆思畢集，時變可弭，東征西討之務均有所付託，而不致九重宵旰之憂矣。臣不勝懇切祈望之至。爲此，具本親齎奏聞，伏候敕旨。"奉旨："覽奏，知卿同心輔政，朕甚嘉悦。元輔可着吏部説與原差行人，催趨速行赴任。

十一日丁卯，命左春坊左庶子兼翰林院侍讀馮琦、右春坊右諭德兼翰林院侍講余繼登，爲武舉考試官。

十二日戊辰，大學士趙志皋等題："臣等竊惟，國家掄選庶吉士以儲養於館閣，其教習當預，其考試貴嚴。教習之事，館師主之，日有日程，月有月課，可謂豫矣。考試之責，閣臣主之，觀其純疵，驗其勤惰，非嚴不可也。往時士風敦樸，巧僞未滋，閣試之日，無事關防。近年以來，稍異往昔，臨考之日，多假手於他人，因家人送飯，輒攜帶以入，雖未必盡然，或有一二，而僞者得以亂真矣。故臣於本月初一日考試，令庶吉士不必自己送飯，即將閣中饌銀具肴菜米餅供之，禁其家人，不使復進，又令校尉防察，而夙弊始革。臣因而計之，一日之間供二十人，所費不過銀二兩，一年春秋二季，考校計十二次，所費不過二十四兩。伏望皇上念考校重務，乞與①光祿寺歲給銀二十四兩，以充其費，散舘授官以後則免給，庶於事體爲益便，而可羅真才矣。臣等無任懇請之至。謹具題以聞。"

二十三日己卯，大學士趙志皋等題："今早接得提督陝西討逆總兵李如松揭帖，並總督葉夢熊手書，内言九月初八日夜，會集諸將，督領精兵，乘夜攻取南關。由東南角登梯上城，賊來迎敵，諸將奮勇連戰，賊敗，奔退大城。奪取南關，同上關城，軍民焚香迎接，歡聲動地。擒拏據城賊軍二百餘名。見今我軍各分信地，攻取大城，且夕可下。此皆皇上天威震迅，督

① 與　明抄本、通行本作"奥"，誤。似當作"諭"字。

撫將士協謀竭力之所致也。臣等聞之，不勝欣躍，謹具題以聞。"

二十四日庚辰，大學士趙志皋等題："今早據陝西總督葉夢熊等差來舍人葉祚飛報寧夏捷音，內開：於九月十六日我兵攻破寧夏大城，逆賊俱已就擒，地方悉已平定。此皆皇上神武布昭，祖宗社稷之福，平此大憝，成此大功。從今九邊息觀望之念，四夷興讋服之思。敬茲奏知，以慰①聖懷。臣等不勝欣悦慶幸之至。謹具題以聞。"

是日，文書官李浚傳出聖諭內閣："朕覽卿等及本部所奏捷音。皆賴上天默佑，祖宗蔭庇，文武同心，將士戮力，乃成厥功，朕心始②安。"

大學士趙志皋等題："臣等竊念，自寧夏叛亂以來，日厪聖慮。屢傳玉音，神謨遠宣，天威外震，遂令逆賊授首，邊疆載寧。今皇上聖不自居，乃歸功於上天、祖宗之默佑、蔭庇，文武將士之戮力同心，尤見聖德謙虛，成功不有，出於常情萬萬者。所有聖諭一道，容尊藏閣中，以昭盛美。臣等不勝仰誦之至。謹具題以聞。"

大學士張位題："前該兵部題請九月二十四日中府舉行會武宴，乞欽命內閣重臣一員主席，奉聖旨：'命大學士趙志皋主席。欽此。'今日趙志皋因禮部儀制司主事諸壽賢上疏論列，候旨處分未出，又因其具疏辭宴。竊惟武宴祇在本日頃刻之間，主席不可無人，別選又恐遲誤。伏望皇上特旨命趙志皋即出主席。且目今寧夏報捷，皆一時盛事，每日閣中文書叢委，獨臣一人辦理不前，更乞宣諭趙志皋速進內閣辦事。庶武會之盛典不虛，而閣務之贊理不誤矣。謹具題以聞。"

二十六日壬午，大學士趙志皋奏："爲具臣不堪輔佐致被人言懇乞天恩即賜罷斥別選忠賢以匡時艱以安愚分事。本月二十三日，接禮部儀制清吏司主事諸壽賢揭帖《爲書生大臣不堪重任懇乞聖明矗計敕下會議救時重臣破格議處兵餉以永治安事》，

① 慰 明抄本作"尉"。通行本改"慰"，是。

② 始 明抄本"始"下有一"始"字，誤。通行本刪此字，是。

内言倭寇將犯，臣與本兵石星庸腐難以責成，又以臣爲無識無才，無量無局，不堪輔佐。臣讀之不勝愧悚，當自引咎而退，何屑呶呶與之争辯？然臣細玩其言，皆粧飾浮言，以聳動皇上之聽，雖皇上睿智若神，自有洞察，而在臣不得不即其所指爲皇上陳之。一、無識。壽賢以救時之相當集思廣益，而以臣前疏排斥異議爲非。夫所謂集思廣益者，言之有益於國家、有關於世道者也，臣之所謂異議橫起者，言之顛倒是非、惑世誣民者也。言官言中事情，臣未嘗不樂採之，而或事情有所未妥，則因而擬請候旨不行，此臣之斟酌可否、以定國是也。乃謂借此以箝言官之口也，而以是謂臣之無識，臣不知也。一、無才。壽賢以臣爲遇事周章，議多築舍，此不必深辯。臣惟題中書行取一節，乃一時拘於舊例之過，然旋即報罷。至於薦市井爲指揮，此必指楊允恭言也。夫楊允恭，臣不知其爲何如人，係兵科許弘綱，因其獻議募舡，爲之題請，本兵即用其人，加以空銜，於臣何與？多事之際，盜賊且用，矧市民毅然肯往者乎？哱賊挾宗室以拒我師，臣恐我師畏怯不前，故有全城屠戮之語以激之。城中之無内應，自惕於賊之嚴威也，而謂一言以阻之可乎？至三千援兵不返，此當問之將帥，而不當責之閣臣。本兵居中調度，不宜牽制，今寧夏以①告成功矣，孰爲一籌之不展？而以是並責之閣臣之無才，臣不知也。一、無量。格心之論，吐握之誠，信非臣之所能。若樂元聲以蚊負論臣，臣何嘗與之深辯？自反有愧，而因以求退，何嘗據臂？惟念人心險詖，浮議紛馳，蠱惑世道，此則臣之所激憤於中，而不能不爲世道一痛洗也。若曰因元聲而移怒於郭實，則尤無謂。元聲暗語傷臣，是何足校？郭實阻撓國計，關係非小，臣無私惡，而以是謂臣之無量，臣不知也。一、無局。興師動衆，糧餉自不可缺，然多寡之數，從來本兵主兵，量遠近以爲調募，司農主餉，計盈縮以爲轉向，不取裁於閣臣，閣臣何由侵其事而一言以斷之乎？且此時各邊處處防守，倉庾在在告匱，又安得有二十萬之衆、二百萬之餉乎？此所謂白晝説夢語也。而以是謂臣之無局，臣不知也。宋應昌已奉旨欽遣矣，而諸壽賢以爲當罷，郭實已

① 以　明抄本、通行本皆作"以"。似當爲"已"。

奉旨謫降矣，而諸壽賢以爲當留，此在廷臣必有公論，而皇上必有明斷也。惟德薄而位尊，知小而謀大，誠有如壽賢所言，願皇上即將臣罷免，別選才識局量兼優者一人，以佐理國事，匡濟時艱，而俾臣得優游於林下，以享大①太平，臣之所大願也。伏乞聖明裁察。臣無任激切待命之至。爲此謹具本奏聞，伏候敕旨。"奉旨："邊疆多事之際，正賴卿秉持國事②，匡濟時艱。卿公忠任事，朕素知之，小臣妄言，何足置辨③？宜即出輔理，以慰眷懷。吏部知道。"

二十八日甲申，大學士趙志皋奏："爲揆時揣分鉅任難勝再乞天恩俯諭④所請仍賜罷免以謝人言事。臣因諸壽賢論臣'書生大臣，不堪重任'，臣具疏乞賜罷免，奉聖旨：'邊疆多事之際，正賴卿秉持國事⑤，匡濟時艱。卿公忠任事，朕素知之，小臣妄言，何足置辯？宜即出輔理，以慰眷懷。吏部知道。欽此。'臣俯伏莊誦，感激涕零，分當亟趨外朝，叩首謝恩，便當進入內閣，照常辦事，何敢復以瑣詞冒瀆天聽？臣竊思之，人臣必度德而後受任，則任克稱，量能而後受事，則事不隳。至於輔臣仕止進退，尤宜自審。蓋輔臣秉政當國，定難匡時，必才識明敏，局量博大，而後可以攄謀猷，樹勳業。而臣於四者無一焉。況寧夏之逆賊蕩平，雖稍紓夫西顧，而朝鮮之倭寇謀犯，正有事於東征。今蒙皇上軫念邊方，恤援屬國，特遣文臣經略，武臣征討，此王者無外之仁也。念昔周宣王時，獫狁匪如⑥，興師薄伐，然必有文武之吉甫，內有孝友之張仲，而後克奏膚功，以定王國。臣何人也？當此外夷侵擾之時，何敢偃然任以軍國之重？且今人心不同，各持所見，議論紛馳，讒毀沓至。彼倭寇之入朝鮮也，有謂當援者，有謂不當援之者，甚至謂陰懷異志、借勢以侵中國者。及朝鮮之破也，有云遣兵以護之者，有云宜屯兵沿海、以爲之先聲、不宜入其境者，有云國家全盛、而倭寇不足患者，有以招兵募舡爲騷擾、選將練兵爲張皇者。經略之遣，紛然議矣，而有以閱視不必遣、海防不必設者。言固不可盡非，而衆議盈廷，誰執其咎？道陭⑦築舍，

①大 此字似爲誤字或衍字。
②事 "事"當作"是"。
③辨 此字下文作"辯"。
④諭 明抄本、通行本皆作"諭"，誤。當作"俞"。
⑤事 明抄本作"是"，是。通行本作"事"，誤。
⑥如 "如"當作"茹"。
⑦陭 "陭"當作"旁"。

誰任其成？言事易，當事難，決成敗利鈍爲尤難。臣方酌可否以定國是，而一二小臣或語傷人，或借事誣詆，遂致三人成虎，衆口鑠金。儻臣不避謗訕之言而趨走辦事，恐論者踵至，必欲攻臣之去而後已。臣不能以檮縞之身而爲衆矢之的也。雖欲殫心圖報，無由展布矣。伏望皇上念時事之多艱，憫微臣之庸腐，將臣罷免，以謝人言，俾臣得以自安愚分，全臣進退之節，無招訕辱，臣之大幸也。屢瀆天聽，臣無①任悚息懇祈之至。爲此具本奏聞，伏候敕旨。"奉旨："昨無端浮言，朕已置之不理。議論紛紜，賴卿秉持國事②。今輔弼清正，簡自朕心，若再有小臣不修本等職業，妄詆撓政，妨賢病國的，決從重究懲。卿宜即出，安心辦事，毋得再辭。吏部知道。"

　　三十日丙戌，大學士趙志皐等題："今日文書官李文輔傳出聖諭：'朕數日前頭目稍覺清楚，欲力疾行禮，昨又偶感微寒，頭目暈疼尤甚，身體酸軟。廟享着暫遣公徐文璧恭代，諭卿等知。卿等可傳與該寺知道。欽此。'臣等即恭錄聖諭，傳出太常寺衙門遵行訖。竊惟臣等不睹天顏，日切瞻戀，一念忠耿，親炙無由。伏望皇上益斟③調攝之宜，茂介康寧之祉，俾臣等得奉清光，少伸下悃。不勝懸切仰望之至。所有原奉聖諭一道，理合進繳。謹具題知。"

　　是日，聖諭大學士趙志皐："朕覽卿所奏，揆時鉅任難勝，意欲引咎避位。朕思邊方多事之秋，知卿兢兢，夙夜戒懼，惟襄政務，忽被小臣假以建言，忿厲誣詆，卿可涵容，慎勿介疑。還着鴻臚寺官即時催出，與同次輔匡濟國是，毋得再辭。吏部知道。"

①無　明抄本脫"無"字。通行本補此字，是。
②事　"事"當作"是"。
③斟　通行本作"斟"。明抄本作"酙"，當爲"斟"之誤。

萬曆起居注

十①月丁亥，朔，以孟冬時享太廟，暫遣公徐文璧恭代。侯吳繼爵、伯王學禮、費甲金，大學士趙志皋分獻。

是日，欽天監進萬曆二十一年《大統曆》，於皇極門給賜百官，頒行天下。又賜二輔臣各一百本，日講官六員各五十本。

二日戊子，大學士王錫爵奏："爲因寵招言理當待罪懇乞聖明察初情採流議亟行選代以濟時艱事。該臣昨於高郵候旨，聞病母瘨痫危急，再疏懇陳，奉聖旨：'卿屢疏爲母陳情，朕豈不知體亮？但東西倭寇交作，朕日夜焦勞懷憂，卿亦豈能坐視？千里長途，一水可到，卿宜②載母同行，以副朕眷倚之意，不必再辭。吏部知道。欽此。'緣臣家鄉僻左，前旨聞以九月初二日，下而接邸報乃在二十三日。臣聞命倉皇，言語俱塞，幸而臣母舊疾雖痼，親③疾稍瘥，因連夜辦裝覓舡，爲凍前星夜④馳詣闕之計。乃於本月二十九日又接邸報，有工部都水司主事樂元聲論臣，奉聖旨："元輔，國家重臣，多事之時，正宜召用，以匡濟⑤。樂元聲輕浮小臣，輒肆妄議，姑不究。該衙門知道。欽此。'隨又同官臣位有疏，請旨催臣，奉聖旨：'覽奏，知卿同心輔政，朕甚嘉悦。元輔可着吏部説與原差行人，催趨速行赴任。欽此。'臣本草茅，久甘廢隱，間嘗自評，其才與器守已有餘，用世必不足，處常有餘，濟變必不足。但以遭遇主知非常，特達至此，故向來雖經屢疏避賢，旋蒙皇上勉留，不敢固執。惟是七十八歲病母頻年狠狽危急之狀，與臣節次哀號駴汗小舟微服晝夜狂走之情，天知、地知、人知、鬼神知，以此祇得饒舌贅陳，久稽嚴召，臣真有罪，臣真皇恐。然而所恃以信於皇上者，情之真也。乃元聲復並其情而疑之，據其所述，人言求多於臣者有三，一言以蔽之，不過詐託觀望、苟圖自全而已。夫臣前疏不云乎：千欺萬欺，何忍以慈母疾痛不祥之言爲欺？千負萬負，何忍當千載一時之遇而負？欺⑥言也，臣中夜捫心，真無愧怍。舉朝之臣，誰無父母？誰無本心？縱或有凡⑦聞見疑者，而其信臣必多，不至如元聲之言也。第謂臣身非完璧，才難定亂，則臣委果寡過未能，不學無術，元聲知臣

---

① 十　"十"上當有"萬曆二十年"五字。

② 宜　據上文，"宜"字上當有一"即"字。

③ 親　據《王文肅公文集》卷三八，"親"當作"新"。

④ 夜　據《王文肅公文集》卷三八，應無"夜"字。

⑤ 匡濟　明抄本作"濟匡"，通行本作"匡濟"。《王文肅公文集》卷三八作"資匡濟"，是。

⑥ 欺　明抄本作"斯"，是。通行本誤作"欺"。

⑦ 凡　明抄本作"風"，是。通行本作"凡"，誤。

勝於臣之自知。特以連年方在觸藩苦楚，未暇營匿瑕蓋短之計，茲得元聲拈出，長臣意智，臣重當俯首謝之。顧惟匿瑕蓋短，人臣若用之以貪怙寵榮，阻妨賢路，則罪誠當死①。若自知其身之有瑕，而引避以讓人之瑜，自知其才之實知②，引③避以用人之長，有臣如此，即使果係詐託，猶不失爲聖人④時、知難知止、不敢誤國之臣，而況臣之真不詐、真不託也？由前而言，可以恕臣，由後而言，可以哀臣。乃元聲故設疑以責備臣，蓋實欲借此以廣主上之心，急公家之難，以助成⑤臣推賢讓能之美，而不圖明主之尚未決、同官之更有請也。臣身爲大臣，自當明白出處，不爲一人勸阻，第自念久懷疾痛呼天之誠，而時又値緊急用人之際，曉曉自陳，既不獲遂，則止⑥幸他人爲之代陳。因敢再瀝初情，並藉口流議以請。伏望皇上曠然明斷，將臣與元聲之疏並賜參詳，亟行放免，別選完德兼才之士，令其鎮安朝野，弘濟艱難，其於聖治必非小補。臣謹杜門藉藁，以待奉詔稽遲之罪。爲此激切具本，專差義男王勉齋奏以聞，伏候敕旨。"奉旨："卿屢疏陳情，詞甚迫切，朕豈不知？念一時國事多艱，政本關係爲重。幸母疾既已痊安，辦裝詣闕，豈可因小臣浮言，復生疑阻？西賊雖寧，東倭未靖，卿宜即時奉母同行，以副朕眷懷之意，毋得遲延。吏部知道。"

是日，大學士趙志皋奏："爲恭謝天恩事。臣因被人言，乞恩罷免，九月三十日伏蒙御扎：'朕覽卿所奏，揆時鉅任難勝，意欲引咎避位。朕思邊方多事之秋，知卿兢兢，夙夜戒懼，惟襄政務，忽被小臣假以建言，忿屬誣詆，卿亟⑦容，慎勿介疑。還着鴻臚寺官即時催出，與同次輔匡濟國事⑧，毋得再辭。吏部知道。欽此。'特遣鴻臚寺少卿張棟等，恭捧到臣私寓宣讀，臣即望闕叩頭謝恩畢。臣思臣以庸劣之才，不稱輔理之任，乃廑溫綸宣諭臣寓，是益重臣之罪矣。感激天恩，曷勝惶悚？分當即遞報單，於明早外朝叩頭謝恩。因明早係祭祀頒曆重典，例不接報單，臣又不敢遲誤，即先入閣辦事，次日容補謝恩。所有御札，臣等⑨藏寓所，以爲世珍。臣無任激切感戴之至。謹具奏謝以聞。"奉旨："覽卿奏謝，朕知道了。禮部知道。"

① 死 明抄本"死"前有"萬"字，是。通行本脫此字。
② 知 據《王文肅公文集》卷三八，"知"當作"短"。
③ 引 明抄本"引"上有"而"字。通行本脫此字。
④ 人 據《王文肅公文集》卷三八，當無"人"字。
⑤ 成 明抄本無"成"字。通行本有此字，是。
⑥ 止 明抄本作"正"。通行本作"止"，誤。
⑦ 亟 據上文，"亟"應作"可涵"。
⑧ 事 據上文，"事"當作"是"。
⑨ 等 "等"應作"尊"。

萬曆起居注

四日庚寅,以中宮千秋令節,賜二輔臣上尊珍饌。

八日甲午,大學士趙志皋等題:"為恭進日講直解事。八月內,該文書官口傳聖諭:'御前所覽《孟子直解·梁惠王章句》上下,着再寫二本進來。欽此。'今已寫完,進呈御覽。謹具題知。"

是日,大學士張位奏:"為定國是振紀綱以回世道人心事。切①惟國是者,行政之標的,紀綱者,出治之權衡。標的定於上,斯明示天下以趨,而後任事者無顧忌之患。權衡持於上,斯嚴示天下以分,而後越志者消凌犯之端。不然而甲可乙否之,朝更而夕改之,負負②焉人心滋玩矣。卑者得以凌尊,小者得以加大,悖悖然人心滋侮矣。玩且侮焉,不可治一室,而況天下國家乎哉?竊見近時士大夫,習成一種圈套,小廉曲謹,苟且偷安,祇知保自己官名,不肯為朝廷任事。一言莫敢先發,一事莫敢深求,動為便身之圖,念在脫手之易,有當興革而莫之動也,有當用捨而莫之決也。不計國家利害,不論事體可否,揣摩觀望,巧避自容,一遇忠藎之謀,共興忌阻之意,已不自力,又禁他為。且竊成者多犯在③得患失之戒,初進者即有囂然不安其職之心,文法牽制於前,議論淆亂於後,猝有緩急,孰堪倚賴乎?故才賢可④得而用也?財賦可⑤得而理也?夷狄可⑥得而卻也?叛逆可⑦得而平也?此之為病,不在四肢百骸,而隱於膏肓脈絡之間,飲食起居,未變常態,固庸醫視以為無恐,而秦越人所望而卻走者也。古人云:'天下之患,莫大乎不知其然而然。'不知其然而然者,是拱手而待亂也。自非明主洞然深思其故,而毅然主張行之,將恐頹墮廢壞,日引月長,終至於不可救藥矣。臣請以國是紀綱之說進焉。然臣所謂國是者,是而是焉,可無辨也。有是而似非,有非而似是也。有始是而卒非,有始非而終是也。眾以為是而莫知其非,眾以為非而莫知其是也。一事之中,而有是有非,一人之中,而有是有非也。試舉邊事言之。如貢市之說,外示羈縻,內修戰守,是也。若徒事羈縻而竟廢戰守,則不是矣。如議戰之說,兵餉誠裕,武

① 切 "切"當作"竊"。

② 負負 明抄本作"竇竇",是。通行本誤作"負負"。

③ 在 明抄本、通行本皆作"在"。似應作"患"。

④ 可 "可"疑當作"何"。

⑤ 可 "可"疑當作"何"。

⑥ 可 "可"疑當作"何"。

⑦ 可 "可"疑當作"何"。

萬曆二十年

修誠精，言戰是也。若儲籌①未充，兵餉不足，而遽責之戰，則不是矣。如海防之說，經略謀之，督撫行之，是也。若分其事權，兩相違誤，則不是矣。如增兵添餉之說，但濟於實用，勿致虛耗，是也。若祇圖省事，又②欲惜費，則不是矣。如救援朝鮮之說，謂敵情難知，芻餉難運，我兵未可深入，是也。若聽倭安集，恃其不來，坐視養患，則不是矣。諸如此類，未堪悉數。至其尤可嘆者，推避之徒借安靜之談自掩庸拙，而巽軟者託焉，無事則責人之過防，有事又責人之無備，利害不關於③袖手，阻撓自姿④於掀髯，是相率為廢而已。闒陋之流沽節省之譽，自炫修潔，而刻薄者宗焉，明裁合用之正供，暗啟偏累之私竇，漏吞舟於密網，効賦茅於狙公，是相率為欺而已。斯二者尚冒天下之虛名，似是而非，理所當辨者也。臣愚以為與⑤貽悔於後，曷若預定於先？自後凡遇軍國大事，俱聽會議，該部預將事體曲折異⑥具可否於端，傳送九卿科道衙門，各據所見明註職名之下，或註該部議是，或斟酌數語，俱付該部類奏，請自上裁。至今⑦會推大臣，關係尤重，更宜倣此以諧眾論，而杜專擅。若裁決既定，復有妄為異同者，宜一切勿聽。如此，則忠益畢集，謀斷兼資，庶任事者有專一之趨，無卻顧之慮矣。臣所謂紀綱者，威而削焉，非所為也，以防其微，以杜其漸者也。雖自下而越之，實自上而啟之也。若絲之有紀而不亂，若網之有綱而不紊也。堂高於陛乃知尊，臂大於指乃可使也。試舉近事言之。朝堂而衛官聚鬨焉，雖姑息以安眾，乃交戟之地褻矣。轅門而鎮卒鼓噪焉，雖更易以安邊，乃授鉞之威損矣。按院不法，乃邑令得而劾⑧之，則彈壓之度有勿肅矣。開府敗德，乃郡佐得而按之，則鎮撫之體有弗崇矣。將領失馭，乃軍士得而戕之，則統率之令有弗行矣。諸如此類，未能枚舉。至其尤可嘆者，內而正卿，當提綱挈領以率其屬者也，今也自避恩怨，動輒委之司官，輕重低昂任其所為，以致司屬豪舉，反致⑨持堂官之短長，則何取於統率為也？外而司道，當秉憲貞度以倡其下者也，今也自損等而媚結通於郡縣，乖謬貪殘，匿而不報，以致下僚縱恣，反挾持上官之得失，則何取於監臨

① 籌 明抄本作"峙"，是。通行本作"籌"，誤。

② 又 明抄本、通行本皆作"又"。似應作"不"。

③ 於 "於"似當作"而"。

④ 姿 明抄本、通行本皆作"姿"。似當作"恣"。

⑤ 與 "與"下似當有"其"字。

⑥ 異 "異"似當作"畢"。

⑦ 今 明抄本作"如"。通行本作"今"。當作"如"。

⑧ 劾 明抄本作"効"，誤。通行本作"劾"，是。

⑨ 致 明抄本作"傚"，當為"倒"之誤。通行本作"致"，亦誤。

爲也？斯二者，實當時通弊，下凌上替，漸不可長者也。臣愚以爲，若欲防其凌夷，必須預爲總攬，自後當重糾之，今①務權歸上。朝廷自嚴名分體統，勿使威福下移，責部院科道衙門互相覺察，明著容隱之罪。或堂官明知故縱，或撫按通同爲私，致令屬下舉首，俱當連坐。至如民告縣官，事迹果實，亦宜照此，以覈司道而究監臨。若懷私挾怨、妄告而無指實者，必反抵治罪。如此，則上下既辨，民志自定，庶犯義者知難越之分，消凌逼之志矣。伏乞敕下部院酌議舉行，世道人心不勝幸甚。雖然，倡率轉移雖在臣等之共勵，而澄源端表，尤係皇上之一身。蓋上怠則下慢，上荒則下惑。君行令，臣行意，此古今之通義也。臣愚更望皇上剛明自奮，昭示大有爲之志，以一天下之趨向，新天下之耳目，則海隅嚮風，爭相淬勵，太平可以立致。不然，即竭思殫慮，三令五申，恐終屬虛文而靡臻實效也。彼齊桓，伯主耳，忽奮然而起，封墨烹阿，一鳴驚人，九合震世。皇上有堯舜文武之資，具聰明睿智之德，誠宜乘時自奮，表率臣工，以樹唐虞三代光明俊偉事業。儻甘於逸樂，宴然坐視，令夷狄啟內侮之念，叛逆萌不軌之心，天下後世史册傳載，將謂之何？今西陲叛賊雖平，東海防倭②正劇，且邊事廢弛已極，人情怠玩偷安，然則致政③保邦之謨，安邊定亂之略，誠當亟亟講求、而猶患其晚也。臣出④山初志，爲報主恩，佐理無功，日夜懷媿。義激詞懇，干冒宸嚴。惓惓下情，無任悚惕仰望之至。奉旨："覽卿所奏，有關政體。該部院看議了來說。"

九日乙未，以雲南宣捷祭告郊廟收回脯醢果酒，賜輔臣三卓。

十日丙申，命翰林院編修林承芳，編纂六曹章奏。

十六日壬寅，大學士趙志皋題："伏蒙皇上以東嶽廟修整增飾工完，命臣等撰擬碑文、並牌坊二座額名，臣等謹欽遵撰擬已完，進呈聖覽，伏望聖明裁訓發下，轉行各衙門，鐫刻立碑，

① 今 明抄本、通行本皆作"今"。似應作"令"。

② 陵 明抄本、通行本皆作"陵"，誤。應作"倭"。

③ 政 "政"當作"治"

④ 出 明抄本"出"下還有一"出"字，衍。通行本刪之，是。

以昭示永久。臣等未敢擅便，謹具題以聞。"

是日，賜二輔臣鮮藕，各三枝。

二十日丙午，大學士趙志皋等題："先該臣等欽遵撰擬東嶽廟碑文已完，進呈聖覽，伏蒙發下寫鐫碑石。原係臣志皋、臣位奉命公同撰擬。其碑石止該例書一員，伏望皇上於臣等二員內欽定一員，書名勒石，以便欽遵。臣等未敢擅便，謹題請旨。"

二十一日丁未，大學士趙志皋等題："今日該文書官潘朝用，發下錦衣衛千戶王子①源奏報扭解原任總督魏學曾來京一本，令臣等擬票。臣思魏學曾自奉旨被逮，該鎮督撫巡按等官親見其軍中用事疏，有其功無罪，而在廷諸臣及南北科道，皆爲學曾曝其平生之忠義，訴其今日之勞勤者，前後幾數十章，荷蒙皇上洞察，乃於兵部覆議着候旨行，此皇上已俞諸臣之請，而有寬貸學曾之心矣。今學曾已被逮到京，大小臣工無不仰望皇上開天地之心，即放學曾生還者。臣等何敢擅擬？臣等伏望皇上將前後疏章再加詳閱，念學曾討賊已久，屢有斬獲，未嘗敗續②，微錄其功可也。若以其真爲緩師延遲，日久未底厥功，薄罰其罪可也。輕重予奪惟皇上賜裁，俾前日之逮問、今日之赦宥，威恩皆出於上，豈但學曾獲再生之仁？而臣亦戴如天之德矣。臣昨日出閣至朝房，總兵官李如松來見，言及學曾被逮事，泫然淚下，又言學曾被逮時，三軍號泣送之。此可以驗人心之公矣。且逆賊蕩平，皇上首覃恩詔，宣諭軍民，查覈功次，大行陞賞，且當頒賜敕書，慰安宗室，徧行露布，傳詰四方，中外人心，歡欣鼓舞，而使學曾獨抱向隅之泣，儻他日皇上事後思之，或亦有所不忍也。若臣等今日不言，則亦不能無罪矣。臣等冒昧，謹以原本並僭擬票帖封進，恭候聖明定奪。無任恐懼仰籲之至。謹具題以聞。"

二十九日乙卯，命右春坊右中允兼翰林院修撰李廷機，爲清理軍職貼黃官。

①子 明抄本作"之"。通行本誤作"子"。

②續 明抄本作"續"。通行本誤作"續"。

十①一月丁巳②，朔。

八日甲子，以祭三皇於景惠殿收回祭設，賜輔臣等三卓。

九日乙丑，大學士趙志皋等奏："爲恭伏③天威蕩平逆賊宣捷獻俘懇乞聖明臨朝受賀以告成功以彰神武事。臣惟聖王御世，有文治，必有武功，文以敷治平，武以定禍亂。有虞風動，格有苗於七旬，周道復興，平玁狁於六月。蓋世不能以常治，而貴於易亂以爲治，時不能以久安，而貴於轉危以爲安。歷觀往古，代有明徵，明主中興，益隆滋④治。我國家自二祖闢統開基，列聖守成繼體，歷二百四十餘年，或夷狄之侵疆⑤，或奸宄之犯順，譬之烈火，隨發而即滅，狂瀾忽起而旋消，聖朝文武之治，傳之累世而益顯。皇上御極以來，內謐外寧，民安物阜，二十年來號稱至治。蠢茲小醜，輒肆跳梁。因寧夏爲西北重鎮，夷夏大防，內蔽關中，外悍⑥強虜，乃中國之要地，而外夷之所窺伺者也。哱氏父子，以亡虜歸降，受恩深重，非我族類，終懷異心。養死士數千人，蓄反謀非一日。見國家太平已久，易邊鄙，武備浸弛，陰謀不軌，遂恣兇威。假撫道剝削之名，倡逆黨殺戮之禍。據城拒守，勾虜爲援。偽稱王官，移檄遠近。金帛子女弗愛，器械甲冑甚精。恃其梟獍無敵，有輕巡中原之心。肆其狡獪多謀，萌竊取全陝之意。抗王師已至八月，殺我軍幾及萬人。此天地之所不容，神人之所共憤者⑦。恭惟皇上，赫然震怒，大誓行師，任三邊之總帥，賜以尚方，示軍威之必肅，調七鎮之勇士，而給以內帑，期芻餉之必充。於是各將同心，三軍用命，扼強虜於境上，如驅犬羊，殲逆賊於垣中，若鋤腐鼠。元惡就擒，有嘉折首之義，脇⑧從罔治，大張解網之仁。宗室奠安，閭閻胥慶。捷書已報，露布再傳，喜動九重，歡騰四境。兩儀上下，實惟鑒臨，九廟神靈，並司護佑。宜遵憲典，昭告成功。伏願皇上念此非常之勳，俯從禮官之請，穆卜吉旦，親御午門。臚傳捷書以聞，生致歸俘以獻。受朝受賀，慰遠近臣民之望，告郊告廟，答天地祖宗之靈。且

---

① 十 "十"上當有"萬曆二十年"五字。
② 巳 "巳"當作"巳"。
③ 伏 明抄本作"伏"。通行本誤作"伏"。
④ 滋 明抄本作"兹"。通行本作"滋"。
⑤ 疆 明抄本作"彊"。通行本改"疆"。
⑥ 悍 明抄本、通行本皆作"悍"。似當作"捍"。
⑦ 者 明抄本"者"下有"也"字。通行本無此字。
⑧ 脇 明抄本作"胸"。通行本改"脇"，是。

使風聲遠播，德化弘宣，知中國之有聖人，戴天皇以爲共主。臣等無任踴躍歡忭之至。爲此謹具本親齎奏聞。"奉旨："朕賴天地弘佑，祖宗默扶，逆賊蕩平，獻俘宣捷。覽卿等所奏，知道了。具見忠懇，朕甚嘉悅，吉旦親御午門受賀。"

十二日戊辰，上御皇極門，百官行常朝禮。鴻臚寺官爲寧夏擒逆宣捷。禮畢，上少憩暖閣。大學士趙志皋、張位同進暖閣前，面恩致詞，畢，趙志皋奏云："臣等久不奉瞻天顏，今見天顏和晬，不勝慶幸。伏望皇上更加調攝①，慎節起居，臣等不勝至願。"又奏云："西夏蕩平，皆賴皇上威德。今日恭逢宣捷獻俘盛典，臣等不勝欣快。如今祇有倭賊未寧，容臣等與兵部商確調度，定期剿滅，無勞聖慮。"上曰："先生每與兵部相機剿除。"又奏云："臣等又有一事啓奏。原任總督魏學曾，蒙皇上以緩師逮問。但學曾忠義老臣，在軍中勤勞數月，見有幾處功績。伏望皇上寬宥。"上曰："功魁罪首，自有定奪。"二臣承旨，復叩頭退。上御五鳳樓，鴻臚寺官奏獻俘，刑部官引俘見。致詞畢，承旨百官行慶賀禮。

以寧夏奏捷祭告郊廟收回脯醢果酒，賜輔臣等三卓。

十三日己巳②，大學士趙志皋等題："昨日宣捷御門，臣等得睹天顏，因奏乞恩寬宥原任總督魏學曾一事，蒙皇上玉音：'功魁罪首，自有定奪。欽此。'隨該文書官李文輔恭捧御札，諭內閣：'寧夏平定逆黨，已③正典刑，皆我祖宗威靈默佑，卿等贊猷，文武効力，朕甚嘉悅。督撫鎮巡將吏等官待勘明，該部從公擬來看。魏學曾雖復城堡四十餘處，而不能早復④定亂，雖則功魁，實乃罪首。本當送部擬罪，寘之重典，姑從輕，着革了職爲民，發回原籍當差。卿等可傳與該部知道。欽此。'臣等俯伏莊誦，不勝感激。魏學曾師久無功，罪在不⑤赦，皇上宥以不死，放之生還，不欲徇法以廢恩，遂許以功而贖罪，秋肅之后煦以春溫，浩蕩之恩，同於天地，不惟學曾復含生於大造之中，而臣等亦鼓舞於光天化日之下矣。除抄謄兵、刑二部

①攝 明抄本作"爕"。通行本作"攝"。

②己巳 "己巳"當作"己巳"。

③已 明抄本作"以"。通行本改"已"。

④復 《明神宗實錄》卷二五四作"計"。

⑤在不 此二字明抄本作"不在"，通行本改爲"在不"，是。

① 益 明抄本作"極",是。通行本誤作"益"。

② 留 明抄本作"居"。通行本改作"留",誤。

外,所有發下御札一道,謹尊藏閣中,以昭皇上虛懷盛美。謹具題以聞。"

是日,大學士趙志皋等題:"本日文書房官劉宣口傳聖諭:'內閣凡遇常朝御門侍班時,可登階於滴水上站立。欽此。'竊念臣等謬以駑質,叨侍龍顏,荷蒙皇上軫念股肱,俾陞階級,瞻天咫尺,彌增拱益①之忱,就日光華,愈篤傾葵之志。臣等不勝感戴天恩之至。謹具題恭謝以聞。"

十五日辛未,以聖母慈聖宣文明肅皇太后萬壽聖節,賜輔臣等每金萬壽字二副、銀萬壽字二副、金篆字八個、金書黃符一道、金書紅符一道、銀書黃符一道,及講官陳于陛等每金萬壽字一副、銀萬壽字一副、金篆字三個、金書黃符一道、金書紅符一道。

是日,大學士趙志皋奏:"為欽命分獻聞言宜避請乞改遣以隆大祀事。臣今早進閣辦事,接到禮科給事中王佐揭帖《為部臣久干清議自揣莫容飾辯嘵嘵有傷雅道乞賜罷斥以肅朝綱並乞再選才望輔臣共濟時艱以息人言事》。佐因論姜鏡爰及於臣,臣未暇辨,分當退避。因思郊祀留②期,受命分獻,豈宜靦顏就列,肅穆趨蹌?冒昧疏辭,懇乞聖明容臣辭免,改遣大臣一員,以恭祀事。臣無任激切仰望之至。為此,謹具本奏聞,伏候敕旨。"奉旨:"大祀欽命,禮不可辭。且機務繁鉅,正賴卿殫心辦理。其造謗妨賢的,朕昨特行斥黜,若無端牽連,何足介意?卿宜即出,以慰眷懷。該部知道。"

十六日壬申,以聖母慈聖宣文明肅皇太后萬壽聖節,賜輔臣趙志皋銀五十兩、紵絲三表裏,張位銀四十兩、紵絲三表裏,及講官陳于陛等每銀二十兩、紵絲二表裏。

十八日甲戌,冬至,大祀天於圜丘,遣公徐文璧恭代。侯吳繼爵,伯王學禮、費甲金,大學士趙志皋分獻。

是日,大學士趙志皋等題:"十九日恭遇聖母慈聖宣文明肅皇太后萬壽聖旦，臣等備員輔弼，仰戴隆恩，比之恒情倍切欣忭。謹照例於是日，同百官致詞稱賀之後，仍恭詣隆宗門，行叩頭禮，以少伸臣子慶祝之誠。謹具題知。"

十九日乙亥，聖母慈聖宣文明肅皇太后萬壽聖節，上御皇極門，百官致詞稱祝。

是日，賜二輔臣上尊珍饌。以二輔臣恭詣慈寧宮門叩頭慶賀，頒賜各酒飯一卓、燒割一分。

二十日丙子，大學士趙志皋等題："恭遇冬至令節，禮當慶賀，該鴻臚寺奉旨傳免。竊念臣等備員輔弼，受恩深重①，原與在廷諸臣不同，犬馬私衷不能自已。謹於本日恭詣會極門，行五拜三叩頭禮，稱祝聖壽，以少伸臣子慶忭之誠訖。謹具題知。"

是日，以冬至令節，賜輔臣上尊珍饌。

二十一日丁丑，大學士趙志皋奏："為聞言自省分當引避懇乞天恩亟賜罷免別選重臣以隆政本以全晚節事。臣因禮科給事中王佐論部臣姜鏡飾詐無行，又謂姜鏡論臣事涉疑似，臣聞之不勝愧悚。茲姜鏡已奉明旨處分，而臣猶蒙聖諭慰任，臣益切惶懼。姜鏡連上兩疏，一指摘中官，而連及於臣，一指臣數事，而自暴其善。此在聖明必有洞察，廷臣必有公論，臣不屑屑與之辯。而臣之心迹，有不得不一明於皇上之前者。臣與姜鏡為同省人，素聞里中人言其立心奸險，制行卑汙，並不與之往來。自樂元聲、諸壽賢之論臣也，姜鏡遂乘此釁端，將臣與輔臣張位搆造危言，互相扇惑，而臣等俱不之信。又將其素有私隙，如禮科同官于孔兼、諸壽賢、俞士章三人，各造謗於臣，謀害其官，而臣拒之不聽。監生選通判，乃吏部秉公考授，俞士章並未嘗言臣通賕也，姜鏡乃譖士章於臣，因臣詢之尚書孫鑨，回有手書為証，而姜鏡之譖不行。吏部知其素行不容於公論，外補贛州知府，姜鏡因而疑臣，遂連夜草疏，借中官之名，而

① 重　明抄本無"重"字。通行本加"重"字，是。

萬曆起居注

① 眯　明抄本作"眯",是。通行本誤作"脒"。

② 肝腑　明抄本此二字作"肺肝"。通行本作"肝腑"。

③ 相　明抄本"相"下還有一"相"字。通行本漏此字。

以臣代爲先容，意在激皇上之怒，以希建言之名。疏既留中，計無所售，乃復上疏詆臣，冀明春之考察，將以臣而藉口。觀疏皆眯①語以刺人之非，狂言以飾己之詐，指東話西，藏頭露尾，暗如鬼魅，毒如蛇虺，人無有不唾罵之者。即其反覆之情狀，若以爲可掩人之耳目，而不知公論之昭灼，真以洞見其肝腑②。王佐初選入京，聞見未的，猶謂事涉疑似之間。皇上雖加姜鏡之罪，恐未下察臣之情，此臣所以不容於無言，以自明其心迹也。至於臣之進退，實關臣之大節，既經論列，豈容隱忍？臣自皇上簡任以來，僅逾一載，才匪經世，時值多艱，雖駑劣勿懈驅馳，而器小豈堪任載？前此猶幸在廷諸臣，諒其心之無他，恕其才之不逮，並未有言及之者。自樂元聲之疏一上，而彈章凡幾至焉。臣細玩王佐之言，委曲爲臣蔽護，不欲盡傷雅道，而曰'後來議論愈多，體統愈褻，事更掣肘'。誠哉，是言也，臣之藥石也。令人警心刺骨，若無所容。使臣當日因前數臣之言而決於求去，又豈復有今日之言哉？《易》曰：'君子見幾而作，不俟終日。'孔子曰：'大臣以道事君，不可則止。'此兩言者，臣之所當視以爲箴規者也。臣又思之，曾參不能殺人，而報者三，其母授杼而走。市中豈容有虎？而三人言，遂成市虎之疑。今人之言臣，不止於三矣，而皇上之信臣，必不至如曾參之母、與市中之虎，臣安得而不懼？又安得不求去、以自明其心哉？縱皇上不入人之言，不疑臣之心，其如臣之廉恥何？毀廉滅恥，立於朝寧，其如臣道何？且使後之論臣者，又將自此而叢至矣。伏乞皇上即放臣去，亟催元輔王錫爵前來主持國政，又特選詞臣中有器量才品如王佐所言者二、三人，協恭贊襄，聖君賢相③與共成正大光明之業，而不以臣之不肖廁於其間，致諸臣論列，以瀆皇上之聽，豈不美盛哉？臣無任踴躍待命之至。爲此，謹具本奏聞，伏候敕旨。"奉旨："卿忠勞爲國，眷倚方隆，讒言巧詆，朕心洞悉。姜鏡挾私憸人，已經屏黜。若再有挾私害正、沽名掩匿的，着部院科道參來重處。卿宜安心佐理，勿復介懷。吏部知道。"

十①二月丁亥，朔。

七日癸巳②，大學士趙志皋等題："爲懇乞天恩敍錄効勞官員以示激勸事。臣等看得，制敕房中書，辦理册寶名封文武官員敕諭一應機密文書外，其兩班寫票中書官六員，每日輪流書寫本票，無間寒暑，効勞獨多。雖竭忠盡瘁，分所當然，豈敢有所希覬？但臣等竊以爲，敬事後食者，臣人靖共之心，有勞心錄者，明主激勸之典。況先朝凡遇朝廷舉大典禮，各官効有微勞者，亦皆甄錄。見今寫票各官，每日辦理皆係幾密重務，委與衆官不同，勤勞獨多，似有不可泯者，相應議處。伏望聖慈軫其微勞，量加陞級，以示激勸。以後寫票中書，有効勞三年之上，如果小心勤慎効勞蹟③者，容臣等斟④酌題請，量爲錄敍，庶臣工知勸，而圖報益勵矣。再照典籍二員，掌管書籍及文官誥敕揭帖，承行一應事務，啟閉閣門，守晚，亦屬勤勞，相應併敍。臣等未敢擅便，謹將各官職名開坐上請，以俟聖裁。謹具題請旨。"奉聖旨："是。趙應宿、孫說陞本寺寺正。章伯輝，大理寺評事。劉世隆，通政司知事。徐可行，本寺主簿。范可愣，本寺署丞。吳果，光禄寺少卿，仍加俸一級。王國棟，本寺副。吏部知道。"

八日⑤甲午，以寧⑥逆賊蕩平，頒詔布告天下。詔曰："朕纘承丕緒，君主華夷，內安外寧，茲二十載。夙夜兢兢，惟敬天勤民是念，端居靜攝，毋敢怠荒，祇圖邊境乂安，與民休息。何期叛變⑦之事忽起朔方之間。逆賊哱拜、哱承恩父子者，本以夷種，冒竊冠裳，包藏禍心，素恃强狠。乃搆叛卒劉東暘、許朝、王文秀等，借言撫馭乖方，糧餉虧尅，乘機煽禍，羣造反謀。戕殺命官，據城負固，妄意禄山之故事，敢萌元昊之邪心。辮髮從夷，僭稱王號，傳播偽檄，擅毀敕書，奪庫放囚，搜金括帛，燒熸衙舍，逼脅親藩，勾虜爲援，毒民肆虐，欲奪靈州以成掎角，謀窺關陝而犯中原，九塞因是驛騷，三秦爲之震動，誠神人共憤、而罪惡滔天者也。幸賴皇穹厭福，宗社垂

① 十 "十"上當有"萬曆二十年"五字。
② 巳 "巳"當作"巳"。
③ 蹟 明抄本、通行本皆作"蹟"。似應作"績"。
④ 斟 明抄本作"酙"，誤。通行本作"斟"，是。
⑤ 日 明抄本誤作"月"。通行本改正作"日"。
⑥ 寧 "寧"字之下似應有"夏"字。
⑦ 叛變 明抄本作"變亂"，通行本作"叛變"。

麻，大小臣工劾謀於內，文武將吏宣力於外，兵摧強虜，水灌堅城，犬羊膽寒，豺狼氣奪。既熊羆之畢集，乃晝夜而兼攻，釜底游魚，尚思奮鬣，檻中逸獸，無計逃生，衆士咸賈勇以先登，羣兇遂就擒而授首。三旬逆命，未馴干羽之來，六月興師，竟奏獮狁之捷，遙傳露布，驊動雷聲，解一方之倒懸，開三面之密網。論功行賞，弔死扶傷，僭竊掃平，地方寧靜。除劉東暘等臨陣先誅，闔門受戮，今檻致哱承恩等，獻俘千里，傳首九邊，近足以洩忠義不平之心，遠足以垂叛亂無將之戒。逆天者孰能逃於憲典？犯法者果何益於身家？生靈不幸，以致於斯，天地至仁，豈樂有此？兹特宣示薄海內外九邊四夷軍民人等，安分者爲良民，保身者爲常道，恪尊①王法，共享太平。嗚呼，除殘去暴，赫彰天討之公，鑒往懲來，聳聽皇綸之播。布告天下，咸使聞知。"

是日，命吏部左侍郎兼翰林院侍讀學士陳于陛，教習庶吉士。

九日己②未，命掌南京翰林院印、侍讀學士陸可教，充玉牒纂修官。

十二日戊戌，命翰林院檢討范醇敬，編纂六曹章奏。

十三日己亥，以寧夏蕩平，恭視寫詔，頒賜二輔臣銀各二十兩、綵段一表裏，及中書官徐繼申等二十七員，每員銀三兩。

十五③日庚子，起原任右春坊右諭德兼侍講吳中行，爲翰林院侍讀學士，掌管南京翰林院印信。

十九日辛丑④，以年節賜二輔臣每銀四十兩、綵段二表裏，及講官陳于陛等六員，各銀二十兩、綵段一表裏。

二十二日戊申，大學士趙志皋等題："臣惟國家政體，莫詳

① 尊　明抄本作"遵"，是。通行本誤作"尊"。

② 巳　明抄本作"乙"，是。通行本誤作"巳"。

③ 五　"五"當作"四"。

④ 辛丑　據《明神宗實錄》卷二五五"辛丑"當作"乙巳"。

於章奏，亦莫重於章奏，蓋所以宣上德、達下情也。皇上臨御以來，每閱章奏，於事體重大、利害關切者，但發下擬票，且復親諭閣臣，面奏可否，然後發部議覆，無論事之大小，疏之多寡，並未有留中不下者。一時大小臣工，靡不仰戴皇上兢業萬幾、銳情治理。邇年以來，乃始有留中之疏，至於再請而不發者。夫章奏以宣上達下，則國①家之事可否得失、用捨予奪，皆係於此，朝發夕行，自近及遠，如水之流坎而不失其信，如響之答桴而不踰其時，無有壅閼，無有關阻，君臣之際油然交通，宮府之間怡然一體。自疏之留中，而事始有窒而不得行，情始有礙而不得達者矣。遠事不敢曼②及，即如近日科臣劉道亨一本，論吏部侍郎李尚思，事當行勘請旨者也，今尚留中不發，則尚思欲出不可，欲去不能，罪狀未明，去留無當矣。尚思三品大臣，責③負清望，未必盡如風聞之言也，願皇上察之。吏部一部④，擬陞鄒元標爲南京應天府府丞，此懸缺以待命者也。今尚留中不發，吏部既不敢以他官填補，又不敢虛缺以久待，用捨未定，而進退無據矣。元標素負忠鯁，言多觸犯，然實心於爲國者也，願皇上無棄之。又科臣林材一本，論輔臣王錫爵，末復言及臣等。臣等日侍左右，輔理無狀，當此多事之秋，未遑引罪深辨，但輔臣王錫爵，素性剛方，近聞已束裝奉母趣命入朝，忽聞言必生疑阻。伏願皇上將科臣之疏，親灑宸翰，曲加慰諭，促之就道，並以其所論臣者特賜處分。又望皇上將廷疏之所未下者，一併發出，下部議覆，以請聖裁，斯治道通泰，人情欣躍，且使外廷之臣無疑及於左右，無訾及於閣臣，尤臣等之所深幸也。冒瀆天威，無任悚息待命之至。謹具題以聞。"

二十三日壬寅⑤，大學士趙志皋等題："先該臣等題稱，每年終將講過經書講章，類寫進呈，以備皇上溫習觀覽，仍另書發司禮監，接續刊板，已奉欽依，節次進呈訖。今查萬曆十九年至今⑥所撰講章，除《易經》俟積有成帙另行寫進外，謹將《禮記》《禮器》、《玉藻》、《明堂》、《學記》四本，《通鑑纂要》

①國　明抄本"國"下還有一"國"字，衍。通行本不衍此字。
②曼　明抄本作"慢"。通行本改作"曼"。
③責　明抄本作"素"。通行本誤作"責"。
④部　明抄本、通行本皆作"部"。似當作"本"。
⑤壬寅　據《明神宗實錄》卷二五五，"壬寅"當作"己酉"。
⑥今　明抄本、通行本皆作"令"。似應作"今"。

太昊、元歲、武王、平王（上下二本）、頃王共六本，類寫裝潢進呈。伏望皇上萬幾之暇，時加觀覽，以求溫故知新之益。臣等不勝惓惓①效忠之誠。謹具題以聞。"

是日，大學士趙志皋等題："照得本年十二月二十四日起，該放除夕假，連年節、上元假，至新年正月二十日方滿。先奉欽依，於正月上旬先擇吉開講一次，仍暫輟講，至二十日以後照常日講。臣等查得，上旬吉日於祭祀之期有礙，節假以後即係下旬，容臣等於二月上旬，另擇日恭請皇上開講，以後接續日講。謹具題知。"

二十五日辛亥，以正旦令節，賜二輔臣吊屏、門神、判子、福祿獅子、葫蘆等物，及講官陳于陛等六員各有差。

是日，大學士趙志皋等題："為纂修玉牒事。目今歲暮，所有官吏人等，例於二十七日放假，至明年正月初四日赴館供事。其起居注官吏人等，亦各照例遵行。臣等未敢擅便，謹題請旨。"

二十八日甲寅，以祭告太廟祧廟收回脯醢果酒，賜二輔臣三卓。

---

① 惓　明抄本"惓"下有"之"字。通行本刪此字，是。

萬曆二十一年

萬曆①二十一年正月丙辰，朔，元旦，免百官朝賀。

是日，大學士趙志皋等題："恭遇元旦令節，禮當慶賀，奉旨傳免。竊念臣等備員輔弼，受恩深厚，與在廷諸臣不同，犬馬私衷不能自已。臣等謹於本日恭詣會極門，行五拜三叩頭禮，稱祝聖壽，以少伸臣子慶忭之誠訖。謹具題以聞。"

以正旦令節，賜二輔臣上尊珍饌。

五日庚申，順天府官進春。

是日，以立春節，賜二輔臣上尊珍饌。

六日辛酉，以孟春時享太廟，遣公徐文璧恭代。侯吳繼爵、伯費甲金分獻。

七日壬戌，大學士王錫爵奏："爲赴召在途聞言慚悚懇乞聖慈俯察愚誠曲賜矜全事。臣於新年正月初四日，同行人何崇業行至德州，私喜望見天顏已在咫尺。會接邸報，該大學士趙志皋等題請皇上發下科臣林材論臣之疏，降諭促臣，奉聖旨：'覽奏，知道了。'緣林材疏既未發抄，不知所言何事。然料度不過兩端，或責臣君臣之大義，則臣奔命實遲，委難辭責，或憐臣母子之至情，則臣初情不遂，正爾自憐。總之，皆臣所樂受，可以忌②言，而皇上亦不必爲臣諱也。惟是大臣之體，既聞人言，自不敢冒昧前進，謹備陳始終心事，而皇上試垂察焉。伏念臣自萬曆十九年六月內，以母病乞歸，蒙恩賜臣還里。尋於本年九月內特奉手敕，差行人何崇業催臣入閣。臣因母病難離，屢疏陳情，未蒙俞允，且荷溫綸數四。臣處兩難之地，碎心裂腸者逾年於茲。近復因言自陳，奉旨：'卿屢疏陳情，詞甚迫切，朕豈不知？一③時國事多艱，政本關係爲重。幸母病④既⑤痊安辦，裝詣闕，豈可因小臣浮言，復生疑阻？西賊雖寧，東倭未靖，卿宜即時奉母同行，以副⑥眷懷之意，毋得遲延。吏部知道。欽此。'臣感皇上天高地厚之恩，奮激圖報，義不能再以私情陳瀆，而臣母入冬亦自幸瘧痢稍差，教臣入朝，致身報

萬曆二十一年

一○六三

① 萬曆　明抄本無"萬曆"二字。通行本有此二字。

② 忌　據《王文肅公文集》卷三八，"忌"當作"忘"。

③ 一　據上文，"一"上還有一"念"字。

④ 病　據上文"病"當作"疾"。

⑤ 既　據上文"既"下當有"已"字。

⑥ 副　據上文"副"下應有"朕"字。

① 籍　明抄本作"藉"。通行本作"籍"。
② 隘　明抄本作"溢"。通行本誤作"隘"。
③ 過　據《王文肅公文集》卷三八，"過"當作"故"。

主，臣遂將母同行。比至舟中，又慮北河凍阻，愈稽嚴召，祗得令臣妻子侍母在舟，而臣自單車起早先行。此臣屑屑往來之狀，憧憧俯仰之懷，進恐負國，退又不敢言私，迹既違心，詞復不能達意，所以每聞人言，輒爲之愧屈，而惟恐不得籍①口引決者也。再念臣本以孤介樸忠，受知明主，及在位諸臣亦多所體亮，然而淺衷狹量，忤物不少。比方思灑濯肝肺，宣布公誠，與大小臣僚共贊聖明無疆之治，而臣精已衰，量已隘②矣，誠恐任使不效，罪過轉深，將來有不止如科臣今日之見規者。伏望皇上察臣危苦之衷，鑒臣薄劣之素，仍念臣衝冒風雪，水陸三千里馳赴神京，可表其非有偷安違命之情，而特使有過③而去，因得以全臣晚節，遂臣初心，臣愚幸甚。臣又惟皇上不發科臣疏，意若止爲臣諱，關係猶小，若別有觸忤，恐臣疑沮，待其至而處分，則臣寧伏死道途，不敢奉詔。蓋先是饒伸論臣，臣聞上怒，急具連名獨名兩揭救解，此時或尚在御前。祗以天聽難回，處分太重，故迄今論者尚以伸之杖斥，歸罪於臣，臣業已甘心爲君父任謗，則皇上今日亦望爲小臣明心，不惟林材之疏不當以爲忤，雖饒伸亦當貰其前忤而用之，臣愚又益幸甚。臣不勝激切仰戴之至。爲此專差義男王卿，謹具本奏聞，伏候敕旨。"奉旨："覽奏，知卿趨命還朝，朕心喜悅。此行具見卿忠孝大義，人言誣詆，顯是阻撓，姑且不究。卿亦不必以此介意。宜亟趨入朝，佐理國事，無得延遲。吏部知道。"

十六日辛未，大學士王錫爵奏："爲積荷非常恩眷恭陳謝悃事。該臣前在籍侍母時，蒙皇上累旨趣臣，虛席待臣。又近於新城聞言自陳，續奉溫旨。令其亟趨入朝，佐理國事。臣仰見皇上以赤心信臣，雖百口不爲動，以大義勉臣，雖十疏不得辭。當即星馳赴闕，以十五日詣午門見朝。今早謝恩，本日偶遇免朝，臣不敢仰恃恩私，獨求引見，所有區區感知積悃、戀闕私誠，則又不敢自同庶官，默無一言以謝。蓋臣伏惟，從來大臣，有日侍左右以晉接承恩者矣，未有去國逾年，辭章八上，在遠而彌親，求退而反進者也。有當事在先，以老成起廢者矣，未有班在第三，秩不滿再考，而一旦即蒙召起，驟躋首揆者也。亦有持祿養交，以脂韋遇合者矣，未有硜硜負俗之行，戀戀摩主之言，而顧以此受鑒賞、博去思者也。又有名高望重以衆論推轂者矣，未有志行不孚，毀言時至，未信於友，而先獲乎上者也。臣么麼一介，何意乃兼此而有之？真恩並於高天厚地，而榮逾於三聘九遷。木石雖頑，無①感動？乃茲遄驅道路，再領班行，仰丹闕以魂驚，望白雲而涕隕。臣之心事，總不敢言，但恐一身不能酬萬恩，小勤不足補大負，皇上儻始終愛臣而欲全之，更望多簡時賢，共參密務，而不必以聰明專寄之臣，則臣庶乎可以寡過耳。臣不勝肺腑啣結、咫尺瞻戀之誠。爲此，謹具本親齎奏聞，伏候敕旨。"奉旨："覽卿奏，朕知道了。昨知元輔進京，朕心嘉悅。茲復陳謝，着特賜銀一百兩、紵絲四表裏、麒麟胸背一襲，用示眷酬。可即入閣辦事。禮部知道。"

　　十八日癸酉，大學士王錫爵奏："爲欽荷殊恩感激陳謝事。該臣今日謝恩疏下，奉聖旨："覽卿奏，朕知道了。昨知元輔進京，朕心嘉悅。茲復陳謝，着特賜銀一百兩、紵絲四表裏、麒麟胸背一襲，用示眷酬。可即入閣辦事。禮部知道。欽此。'該文書官潘朝用恭捧到臣私寓，臣焚香叩頭祇領訖。伏念臣碌碌凡材，硜硜小器，六年伴食，曾無分寸之功，累疏陳情，且積丘山之負。仰荷皇上孝以類錫，仁不遐遺，既寬其經年後至之誅，仍待以首輔久虛之席，致招嫌忌，彌益慚惶。茲者雖幸強攝精神，旋供任使，然國門初入，尚有靦於班行，天表未瞻，祇自虞於隕越。不圖再噓之燼，更枉三錫之恩，累鎰精鏐，重分珍於內帑，盈筐盛幣，紛絢採於天機，以至麒麟服色之奇，更出文武品流之上，崢嶸頭角，夙儲象緯之精，彷彿山龍，仰借風雲之色。斯蓋由聖仁求舊，履雖敝而未遺，致使臣羈旅如歸，服不衰②而無患。睠茲遭際，豈惜捐糜？晨昏烏鳥之情，誓將移之造膝芹曝野人之獻，期少效於沃心。臣無任激切感戴惶恐隕越之至。爲此除報名次日廷謝外，謹具奏以聞，伏候敕旨。"奉旨："覽卿奏謝，朕知道了。禮部知道。"

① 無　據《王文肅公文集》卷三八，"無"上有"能"字。

② 衰　據《王文肅公文集》卷三八，"衰"當作"衷"。

二十二日丁丑，大學士王錫爵密奏："臣惟人臣建言，當奉揚君美，而不可自以爲名，當圖濟國事，而不可自以爲功。故《周書》有云：'爾有嘉謀嘉猷，則入告爾后於內，爾乃順之於外。'臣雖不敏，久服斯言。竊觀方今國家之事，莫大於建儲，而皇上之美，莫美於攬權獨斷。乃前者冊典垂行，而輒爲小臣激聒改遲，君有美而弗揚，事欲成而反敗，此羣臣之負皇上，莫可追悔已。幸而皇上親發大信，定以萬曆二十一年舉行，且戒羣臣不得激聒再改。於是羣囂寂然，奉之如金石之堅，券契之信，而及兹春令屆期，竟未有先發一言者。蓋皆知成命之在上，有所恃而無虞，又皆知覆轍之在前，有所懲而不敢耳。顧臣惟儲宮謂之春宮，其禮屬之春官，其寮繫之春坊，而其舉行之典，又必在於春月。即今上元節過，交春半月有餘，皇上宮中片紙遲速雖可以自裁，而至於諸司造辦器物，定卜日期，則必在一兩月之前，預先傳諭料理，方保臨期無誤。皇上萬一機務殷繁，撿點未暇，以致稽延日期，過此春令，則外廷之臣必曰：昔以激聒而改遲，今以何名而又緩？是非蜂起，道路喧譁，臣等雖有百口，不能爲皇上按壓矣。臣新從外來，相見該部該科，諸臣首問及此，欲再援成命以請，臣應之曰：知命已成，何必再請？此臣入朝第一苦心，一面對衆將順，以防窺伺之口，又一面自行密請。以①積受恩私，至深至重，但欲早明我皇上青天白日心事，以少效犬馬報主之誠，而不欲使外廷知其言出於臣，以復蹈要功市名之轍。故此疏手自謄寫，不託吏胥，旋即封閉，不示同官。皇上一覽之後，乞即趂此時人未有請之先，從中降諭，決在春月舉行，使盛美皆歸之獨斷，而天功無與於人謀。則臣見嘵嘵之徒，皆咋舌愧死，而臣一生遇②主，萬里歸朝，亦可少施顏面於班行矣。臣臨疏不勝惓惓愛主之切。緣係手書，字畫潦草，伏乞聖恩寬宥。"疏入，上遣文書官李文輔就錫爵之第，賜之手札，曰："卿公清正直，朕素所倚賴，今衝寒馳驅，疾趨來京，忠勤可嘉，朕心忻慰。欲出與卿一見，昨者連日侍奉聖母，稍覺勞倦。今早覽卿密奏揭帖，悉見卿忠君爲國之誠。朕雖去歲有旨，今春行冊立之典，且朕昨讀《皇明

① 以　明抄本"以"字上有"以實渙汗之言。蓋"七字。通行本脫此七字。

② 遇　明抄本作"遇"，是。通行本誤作"過"。

祖訓》内一條立嫡不立庶之訓，況今皇后年稚尚少，儻後有出，册東宮乎？封王乎？欲封王，是背違《祖訓》，欲册東宮，是二東宮也。故朕遲疑未決。既卿奏來，朕今欲將三皇子俱暫一併封王，少待數年皇后無出，再①行册立，庶上不違背《祖訓》下與事體兩便。卿可與朕作一諭旨來行。"錫爵復奏："臣以私情久稽嚴召，今雖衝寒疾趨而來，然前此違慢之罪，已萬萬不能自贖。荷蒙我皇上至仁至慈，如天如地，不惟不加厭棄，重以恩賜駢蕃，慰勞兼至，皇上真臣之父母也。父母之於子，既拊摩其疴癢疾痛，則子之事父母，豈得不委曲爲之承顔順志，而敢復顧外廷之口吻，復沽自己之名譽乎？第事理有至當不易之論，人心有不言同然之公，有如一時之權宜，未能傳之萬世而無弊，一人之裁斷，未能協之輿論而無疑，則臣之心終有未安者。即如聖諭中所稱，中宮尚少，儻後有出，恐於《祖訓》有礙，要將三皇子一併封王，少待後日再處，以情以理言之，似乎無不可行者。顧臣竊惟，自古國家雖有立嫡不立庶之説，然實謂嫡庶並生有子，以防攙越倫序，致啓爭端。今皇上嫡子尚未生，而庶子年已至十二齡，向未有待嫡之意，乃自今日發之，使臣等何以造次奉行？抑臣又惟，皇上所慮，不過爲中宮耳。而此事甚有成説，甚爲易處。昔漢明帝取宫人賈氏所生之子，命馬皇后養之爲子，唐玄宗取楊良媛之子，命王皇后養之爲子，宋真宗劉皇后取李宸妃之子爲子，旋皆正位儲宫，而三宫妃壓於嫡母之下，未嘗加進位號。今日事體，正與此同。與其曠日遲久，以待將來未定之天數，孰若酌古準今，以成目下兩全之盛美？臣之愚見以爲必如此行，萬妥萬當，且皇長子既以中宫爲母，即係正嫡，所生之母亦自不必加封，上則使中宫安心撫養，不必以子非己出爲嫌，下則使皇貴妃不失尊重，不必以母從子貴爲嫌，而四方聞之，又皆仰服皇上善處母子嫡庶之間，歡呼祝頌，將垂之史册而有光矣。臣謹依閣中故事，遵諭並擬傳帖二道，以憑聖明揀擇施行。然尚望皇上三思臣言，畢竟俯從後着，可以曲全恩義，鎮服人心耳。至於併封一説，縱欲權行，亦必須於諭旨中，明白説定立嫡立長將來斷無改移

① 再　明抄本原作"在"，誤。通行本改"再"，是。

之意，則臣庶乎可以擔當。"

二十三日戊寅，大學士王錫爵奏："爲遵例自陳乞罷以清政本事。今年復當京官考察之期，先該吏部等衙門題奉欽依，令大臣照例自陳，去留請自上裁。臣之不肖，辱居輔臣之首。雖赴召未及浹旬，顧今所考者六年之事也。六年之中，臣未領事，而皇上業已言聽諫行，隱然腹心視之、安危倚之矣，謂天災民困可以伴食而不聞，西賊東倭可以去後而辭責否乎？此臣已往之負，雖業爲聖主所寬，而必不敢自恕者也。比臣在籍被召，八上辭章，皇上不以迹遠見疏，不以人言惑聽，爲之虛首輔之席、頓皇華之轡者，冉冉逾年，而茲復手裁溫綍，賜賚加等，可不謂君臣相遇千載一時者乎？非常之恩，常人所豔，則亦將責臣以非常之功。乃臣顧自惟，驚愁未定之精神，何以主張乎國論？草野久疎之蹤迹，何以練習乎朝章？望輕而居百寮之上，則表儀鎮服之難，識淺而當多事之時，則調燮轉旋之難。此臣將來之負，雖未爲物論所及，而終不敢自保者也。蓋臣譬之升勺小器，當其因人碌碌之時，器已滿而溢矣，今任愈專，責愈重，而時愈難爲，顧可望其受釜概而支鼎足乎？仰惟皇上蓋帷不棄之仁，菲兼收之量，前已效於臣矣，及茲舉行察典，乃不論恩舊而論功實，不主寬容而主澄汰，朝陟暮黜正不相妨。故臣願以不肖之身，早避賢者之路，謹引例自陳，以聽罷免，庶法行自貴，政先端本，而羣工百執事爭淬礪以向下風矣。臣無任皇恐待命之至。謹具本奏以聞，伏候敕旨"。奉旨："卿輔弼首臣，清忠端亮，立朝大節，朕所孚信。方以國家重務付卿統理，宜益盡心匡贊，以副眷懷。不允所辭。吏部知道。"

二十六日辛己①，聖諭禮節："朕所生三皇子，長幼自有定序。但思《祖訓》立嫡之條，因此少遲册立，以待皇后生子。今皇長子及皇第三子，俱以長成，皇第五子雖在弱質，欲暫一併封王，以待將來有嫡立嫡，無嫡立長。爾禮部便擇日具儀來行。"

① 己 "己"當作"巳"。

是日，大學士趙志皋奏："爲遵例自陳乞賜罷免以清政本事。該吏部題，今萬曆二十一年例該考察京官，四品以上俱許自陳，以候上裁，遵奉欽依。臣等例該自陳。臣以草茅賤士，蒙先帝選授於清華，皇上收錄於廢棄，於今已二十六年矣。蓋由臣賦性簡直，遇時蹇屯，由詞林而出補外藩，由外藩而退居田里，從此而敘遷南北，從此而復策舊途。樸忠自守，不敢爲皎皎之節，以要時名，禮法自閑，實不屑爲卑卑之行，以壞素復。惟是才質疎庸，知識膚淺，虛糜歲月，曾無補於絲毫，株守官常，又何樹夫尺寸？捫心知愧，揣分宜休，豈期更沐殊恩，特拔置之左右？夫國家設內閣之臣，以司密勿之寄，上之以佐理萬機，下之以總領庶政，得其人則百職舉，非其人則庶事墮。顧臣何人，敢膺是任？職思熙載，而罔持眾美以效之君，義在格心，而無有嘉言以告於后。況國家多事之際，正輔臣匡贊之時，四方水旱之疊奏，調燮之功何存？各邊羽檄之交馳，安攘之績奚在？如臣曠官廢職，豈宜任重居尊？故自受任以來，僅逾一載，旦夕供事，常懷捧盈之心，癙寐深思，恒切折足之懼。雖聖心天覆，未加伴食之名，而物議沸騰，已來負蚊之誚，此臣惕慮儆心而欲求去，尚感恩懷德而未忍言者也。屆期考察，糾拾官邪，如臣庸劣，合宜首黜。伏惟皇上，念宰職之爲重，而不比之以私，思計典之當嚴，而必察之自近，將臣罷免，專任忠賢，斯具瞻之位以端，而庶僚交儆，政本之地以肅，而百度益修矣。臣無任隕越待罪之至。爲此謹具本奏聞，伏候敕旨"。奉旨："卿輔弼重臣，醇誠端慎，清望素隆，朕簡任方新，豈可引例求退？宜益盡心匡贊，以裨化理，不允所辭。吏部知道。"

大學士張位奏："爲遵例自陳不職乞賜罷免以清政本事。該吏部題，今萬曆二十一年京官考察，遵奉欽依。臣當自陳。竊惟六年考察之條，乃舉朝激勵之會，其在百司庶府，尚且簡汰不良，而況密勿樞機，何可濫容非類？臣聞古之論相職者有曰，上佐天子，理陰陽，順四時，外填撫四夷，內親附百姓，使卿大夫各得任其職。臣叨陪末議，荏苒歲時，徒玷恩私，安所逃罪？念自臣受事以來，各處地方官具奏天鳴地震，變異非常，水旱蝗螟，災傷疊見，是陰陽四時苦不調矣，臣不能無罪也。哱賊擾亂寧夏，倭奴侵奪朝鮮，以致徵調驛騷，閭閻驚動，是四夷、百姓皆不寧矣，臣不能無罪也。士鮮定趨，官無固志，擔當者取忌，推避者苟容，縱有報國任事之心，不勝其憂讒畏譏之念，是在朝卿士大夫，殊有不得安其職者矣，臣不能無罪也。臨朝御講之日稀，而臣無格心之益，章疏留中之不下，而臣乏排闥之陳，賢才遺佚之未盡收，而臣昧補牘之忠，金錢取用之多溢額，而臣尠回天之力，以此責臣，何辭以對？夫失職者斯爲瘝官，瘝官者斯爲苟祿，苟祿者斯爲誤國，有臣若此，安所用之？茲當計吏黜幽之時，正臣負罪引慝之日。伏乞皇上行法自近，以公滅私，特賜罷歸，用彰旌別，庶計典公而人心益勵，相道得而政治日隆矣。臣無任悚息待命之至。爲此謹具本奏聞，伏候敕旨。"奉旨："卿輔弼重臣，公清直亮，譽望素孚，朕簡任方新，豈可引例求退？宜益盡心匡贊，以裨化理，不允所辭。吏部知道。"

二十七日壬午，大學士王錫爵等題："昨禮部官欽奉聖諭，將三皇子一併暫封爲王，以待將來有嫡立嫡，無嫡立長。此諭一傳，臣等三閣臣皆忭舞稱賀，以爲聖心大明，聖斷大定，人情自此可以翕然無疑。昨者臣錫爵歸至寓所，忽有六科給事中一齊來見，盛稱：元子封王，從來無此事體，三王併冊，名分如何可辨？且責臣蒙恩如此，萬里入朝，乃反爲①皇上贊成如此之疑事，粉飾如此之過舉，將來萬世誤國之罪，皆歸於臣。繼而禮部堂官至，亦稱該司議論與科臣同。今諸臣紛紛上疏，將來恐又有繼踵而至者。臣之初心，本以宗祧大計，不欲居名，故連日所奉聖諭不傳一人，今物議朋興，聖心逾②晦，不得不略露前諭中所云背《祖訓》、二東宮之說，以明此舉原出睿謀宸斷，合乎天理人情。而諸臣愈生疑慮，以爲如此，是皇上萬萬年永無冊立之期，反不如去年前年預懸定期、尚有一分指望，甚而仰疑皇上別有他意。此非臣之所忍言矣。臣聞事必期於先

①爲　明抄本作"爲"。通行本作"焉"，誤。

②逾　明抄本作"諭"，誤。通行本改作"逾"，是

定，而後可以必行，言必採於衆人，而後可以必信。今皇上自知自信，本自洞然，而外廷洶洶如此，所以然者，一則去年以前原無待嫡之旨，而今忽變前說，形迹似乎可疑，二則曾經諸臣累次陳請，甚至有以此得罪者，皇上止持獨斷必行之說以勝之，而今結局止此，衆口安能遽服？三則歷朝儲位嫡出無幾，即皇上十齡正位時，亦未嘗言待嫡也，今不法近事而遠引《祖訓》，道路安得無辭？此臣錫爵所以密引漢唐宋明主故事，急勸皇上照此而行，早定大典，萬妥萬當，蓋誠有慮於此也。乃諸臣尚未知臣反復規勸之言，謂臣奉敕即行，略無爭執。臣既以赤心爲主，終不敢漏洩一字，自逃謗責。但念皇上既稱不學他人，以偽亂真，何故自處於展轉可疑之地？既以《祖訓》爲必可守，何反下聽山陰王揣摩無據之言？既謬許臣公清正直，欲委託以國事，何萬里召臣，席未暇煖，而使臣先蒙衆口之消，必不可一日立朝？此臣錫爵自怨自咎，痛其始之差錯，有負皇上，而臣志皋、臣位亦不忍見風波之再起，盛美之弗彰，而必望皇上俯從初議，早息衆囂者也。臣等不勝惶迫哀懇之至。"

二十八日癸未，大學士王錫爵題："今日發下文書內，有光祿寺寺丞朱維京、刑科給事中王如堅各一本，俱爲册立事，欽奉特旨：着革了職，發極邊永遠爲①軍。臣初入朝，本望爲皇上處畫家事，調停衆口，以效涓埃萬一之報，而畢竟又以倉皇失措，奉行欠妥，致廷臣重復生疑，上干②威怒，此皆臣愚不能尊主鎮物之罪也。本當即出待譴，緣同官臣志皋、臣位皆以自陳尚未進閣，而臣錫爵身當事會，本發臣手，不覺神魂戰越，愧汗淋漓。竊謂皇上所尊③者《祖訓》，所信者聖心，今日之舉，惟臣等二、三左右近臣能諒之，而在廷老成之士亦能諒之。至於書生少年，原來習宮闈之事，又未見臣反復規勸之言，忽見諭旨發中，與上年成命不合，轉相驚惑，嘖有煩言，此諸臣愚妄之罪自招嚴譴，夫復何尤？顧今皇上所遵者，《祖訓》也，而《祖訓》原許諸人直言時政。所信者，聖心也，而聖心自非庸衆所能窺測。況朱維京官至九卿，王如堅職居言路，而其所

① 爲　明抄本作"充"。通行本誤作"爲"。
② 千　據《王文肅公文集》卷三九，"千"當作"干"。
③ 尊　明抄本作"遵"。通行本誤作"尊"。

陳又不過援據上年明旨，非如前此無端激訐，造言生事者。皇上但將此輩置而不理，使部科諸臣傳諭曉之，人心亦自可以漸定。今赫然盛怒，罪至永戍極邊，不但從來建言無此重典，且使天下之人聞之皆將羣①起而疑曰：皇上聖德天覆，汪度海涵，近來妄言之臣有直斥乘輿者，並未見發怒重處，而獨爲此建儲一事，疾雷震②，朝發夕下，聖心何所內疑、何所欲諱而忽至此也？悠悠之徒，愚者多而智者少，此聲一傳，則皇上欲以禁囂而反生囂，欲以威衆而反惑衆矣。臣一介草茅，仰荷皇上渥眷深知，超今軼古，前者自陳疏中謂'非常之恩，常情③所豔，則亦將責臣以非常之功'，今非常之功未效，而反遇此非常處分，天下之人又必將曹起疑臣。未入國門之前，寂無一事，既入國門之後，忽有此舉，不知向時所奉'言無不行'之旨，今次所蒙'素所倚賴'之褒，其驗安在？況維京疏中明責臣'奉敕即行，有同胥吏'，雖未悉臣苦心，而其言如此，皇上處之是爲臣處也。臣不以死力救，是與聞乎皇上之處也。臣孤身萬苦，度日如年，而當此衆口交詈之時，以擔千載誤國之罪，皇上請發慈悲，試加深省，若聖怒一日不霽，而臣有可一日在位者乎？臣之不才，素以區區直亮見忌於人，而亦以此見信於人。今領事方新，正擬從容將舊忤可原之人漸請錄用，而眼前二臣遂不能救解，以上累聖德，何論忌者？將平生信臣之人，亦且交口唾臣，攘臂縶臣矣。伏望皇上俯念臣千鄉萬里而來，非貪祿位，特看臣面，亟收二臣發遣之旨，則臣尚能勉供職業，望見威顏。如其不然，臣惟有籍藁自繫而死耳。臣不勝惶迫哀苦之至。"奉旨："昨者朕怒朱維京、王如堅二畜訕《訓》疑君，誣詆輔臣，故朕依《訓》從輕處了。既今④復懇懇陳救，已免發戍，兹特諭卿知之。"

二十九日甲申，大學士王錫爵等題："今日恭遇聖母仁慈懿安康靜皇太后萬壽聖節，奉旨免朝。臣等備員輔弼，受恩深厚，與外廷諸臣不同，犬馬之忱不能自己。謹赴會極門行五拜三叩頭禮，以少伸祝頌之誠訖。謹具題知。"

是日，賜三輔臣上尊珍饌。

記 注 官

　　吏部左侍郎兼翰林院侍讀學士教習庶吉士臣陳于陛

　　禮部右侍郎兼翰林院侍讀學士掌詹事府事臣盛訥

　　左春坊左庶子兼翰林院侍讀臣馮琦

　　右春坊右諭德兼翰林院侍讀臣余繼登

　　司經局洗馬兼翰林院侍讀掌司經局事臣敖文禎

　　司經局洗馬兼翰林院侍讀臣簫良有

謄 錄 官

　　中書舍人臣周治隆

　　鴻臚寺主簿臣鮑佐

萬曆起居注

二①月丙戌，朔，大學士王錫爵等題："今日欽奉御札一道：諭內閣：'昨者元輔反復勸朕早行冊立之典，此原是朕去歲之命，有何所疑？因恐背違《祖訓》，日後事體難處，故將三皇子暫爾並封。隨該元輔再引前代之例，欲令皇長子先拜嫡母，隨行冊立。朕非不嘉其苦心，但思以偽亂真，非光明正大之道。今外臣重復爭論，不知疑朕何②是何主意？深可痛可③恨。卿等輔弼親臣，豈不知朕心？何故又為人言疑阻，不肯擔當？儻後有悔，將何以處？朕為天下之主，無端受誣，卿等何忍見之？其於國體何？今諭卿等知之。欽此。'又諭元輔御札一道：'昨者朕怒朱維京、王如堅二畜訕《訓》疑君，誣詆輔臣，故朕依《訓》從輕處了。既今④復懇悃陳救，已免發戍，茲特諭卿知之。欽此。'該文書官劉宣、李文輔陸續恭俸⑤到閣，臣等叩頭伏讀，且悲且感。臣⑥職忝凝⑦丞，誼同休戚，今國體至此，人言至此，而內不能為皇上對揚休命，蠲滌煩惱，外不能為廷臣分解積疑，力排橫議，臣等失職負恩之罪，死有餘慚。昨者連進兩揭，蓋姑為調停勸解之說，以明聖心，以息羣訕，而非徒自為一身毀譽得失之計也。茲⑧聖諭，內云'朕為天下之主，無端受誣，卿等何忍見之'，臣等讀至於此，不覺流涕交⑨頤，愧汗浹背。顧自非禽獸草木，豈有冥然不知皇上之受誣者？特苦議論卒起，非一時口舌所能爭，傳播人多，非二、三近臣所能勝。然皇上之心，天地知之，臣等左右知之，即在外九卿老成之臣亦知之，其饒舌聚訟、紛紛⑩不決者，大抵一衙門不過數人，而數人之中，又不過朝道聽而夕塗說，甲傳訛而乙認真，初非有真知灼見、可與之較是非也。若天道有知，則彼口舌罪孽自作自受，皇上何苦以九廟社稷之身，而反辱⑪為之茹痛啣恨、擔煩受惱乎？蓋臣等嘗謂，方今為臣甚易，為君甚難。為臣者不論事之成敗、理之當⑫否，但爭論得一事，攻擊得一人，自可終身借以為名，豈不甚易？至於皇上，一出言，一嚬笑，萬目之所注視，萬手之所注指，窺伺揣摩，求全責備，無所不至，此自古人君之難類如此，而不獨皇上今日之受誣為可痛恨也。臣等伏荷恩知，無階報答，聊以此寬解皇上之意。至於朱

---

① 二　明抄本"二"前有"萬曆二十一年"六字。通行本脫此六字。
② 何　《王文肅公文集》卷三九無此"何"字。
③ 可　《王文肅公文集》卷三九無此"可"字。
④ 今　明抄本"今"上有"卿"字，是。通行本脫此字。
⑤ 俸　《王文肅公文集》卷三九作"捧"，是。
⑥ 臣　明抄本作"自"。通行本改"臣"。《王文肅公文集》卷三九作"自惟"，是。
⑦ 凝　明抄本作"疑"，是。通行本誤作"凝"。
⑧ 茲　明抄本"茲"下有"奉"字，是。通行本脫此字。
⑨ 交　明抄本作"文"，誤。通行本改"交"，是。
⑩ 紛　明抄本無此"紛"字。通行本加此字，是。
⑪ 辱　《王文肅公文集》卷三九無"辱"字。
⑫ 當　明抄本作"嘗"。通行本改"當"，是。

維京等狂愚觸罪，而臣錫爵猶曲爲之救解，蓋以聖怒愈甚，則羣情愈譁，而受罪之人又反得要以爲名，不如一切小忍，以平淡處之，即此亦是爲君難之一端。然非我皇上量包天地，心洞日月，何其止①轉②圜之速，而納汙藏垢之弘如此？且再頒特諭，尤費清神，此臣等所以共切感激，而臣錫爵倍深慚愧者也。除原奉手札三道内諭臣等二道珍藏閣中外，一道已發吏部抄行進繳。謹題以聞。"

　　二日丁亥，大學士王錫爵奏："爲謀國無狀人言朋興懇乞聖明亟敕多官會議共成大典以安人心事。臣自惟年識昏眊，智計短淺，昨仰承明命，不能倉卒詳決致果，言官除已具疏哀懇蒙恩寬宥外，顧今大典未定，議論益煩，臣志未明，蒙謗已極，甚且有以臣爲詭合，爲要寵，爲誇功，爲聖疑未決決於臣一言者，臣雖百口亦何能辯？第念諸臣之言，多據經執禮之見，人所易知，而臣之一身，在君臣父子兄弟之間，人所難處。即如昨者，臣再上密揭，從容苦勸，而皇上又再頒③手諭，經④從獨斷，處分往復之間，臣可對人言乎？不敢對人言，而敢辭今日之謗乎？適方草疏，欲少自明心迹以去，會接聖諭，備述臣兩疏懇請之言，則臣果詭合乎？果要寵，誇功乎？果聖疑未決決於臣一言否乎？臣之至是，知我、罪我，自可以忘言。顧臣之所自信者，此心耳，所仰信者，皇上之心耳。而一人之見聞，論⑤有所未協，一時之應對，故典有所未詳，况當此疑議紛吷之際，所謂衆口銷金、衆力撓推⑥之時，臣之駑怯而望其赤手補天，必無幸矣。昨日六科十三道及禮部四司官，共至臣朝房，謂三王並封之旨終屬欠妥，責臣不能固靜，而臣又新奉御札，責臣不肯擔當。臣之處此，以一身之計而言，則皇上恩重，自當排羣議以力持，以宗社之計而言，則外廷言公，尤當集衆思以廣益。蓋《周書·洪範》有言：'汝則有大疑，謀及乃心，謀反卿士。'今日之事，正可謂大疑。而皇上既已謀之於心矣，至於滿朝卿士芹曝願獻之誠，尚有可爲皇上決疑者，可盡忽而不採乎？臣謂⑦闕方新，所有醯⑧雞之識，已盡效於前三揭之中，

① 止　明抄本"止"下有"輦"字。通行本删之，誤。
② 轉　明抄本誤作"輔"。通行本改爲"轉"，是。
③ 頒　明抄本原作"須"。通行本改"頒"，是。
④ 經　明抄本原作"徑"，通行本誤爲"經"。
⑤ 論　明抄本"論"上有"輿"。通行本改"輿"，是。
⑥ 推　《王文肅公文集》卷三九作"椎"。
⑦ 謂　《王文肅公文集》卷三九"謂"作"詣"，是。
⑧ 醯　據《王文肅公文集》卷三九，"醯"當作"醯"。

即復更端其詞，終不能仰裨宸斷萬一，而徒使皇上有獨任一臣之嫌，使舉朝有意外不然之慮，使天下後世有①君無臣之歎②，使臣有蒙垢忍辱、一日不能自安之苦。臣無足惜，如上累主明誤國事何哉？臣前疏固言'千鄉萬里而來，非貪祿位，至此何惜一去？但恐皇上以臣之去而益罪言者，故今日復靦顏進閣，謀於同官二臣，懇請皇上③敕九卿科道衙門，會集闕下，詳議深籌，稽歷朝之故實，會《祖訓》之深意，定祖宗④之鉅典，答臣民之仰望，則臣雖以身爲謗藪，亦甘心矣。臣無任激切惶悚之至。爲此謹具本奏聞，伏候敕旨。"奉旨："夫立嫡之訓，乃我聖祖垂示子孫永誡，非別代不正綱常之主，溺寵僭竊之比也，又非臣下擅議更立、要爲定策之功。況今三皇子皆爲庶出，長幼自有定序，非有他議，姑待數年耳，又何疑惑？卿爲首輔，已屢諍勸，故爲權宜，今復畏阻，是亦疑朕。卿可安心輔理，此無識小畜，謗《訓》疑君，惑亂衆聽，波及誣詆，不必自惑，可即入閣辦事。朕意已定，不必廷議。該部知部⑤。"

是日，祭先師孔子，遣大學士趙志皋行禮。

大學士王錫爵等題："爲日講事。先該臣等題：每年開講日期，俱於正月上旬，今歲於祭祀之期有礙，節假以後即係下旬，容臣等於二月上旬，另擇日恭請皇上開講，以後接續日講。奉聖旨：'是。欽此。'今將屆期，臣等謹擇二月初六日吉，恭請皇上臨御講筵，照常日講，伏乞聖裁。謹具題知。"奉聖旨："是"。

大學士王錫爵題："今日蒙發下臣昨請會議本，奉聖旨：'夫立嫡之訓，乃我聖祖垂示子孫永誡，非別代不正綱常之主，溺寵僭竊之比也，又非臣下擅議更立、要爲定策之功。況今三皇子皆爲庶出，長幼自有定序，非有他議，姑待數年耳，又何疑惑？卿爲首輔，已屢諍勸，故爲權宜，今復畏阻，是亦疑朕。卿可安心輔理，此無識小畜，謗《訓》疑君，惑亂衆聽，波及誣詆，不必自惑，可即入閣辦事。朕意已定，不必廷議。該部知道。欽此。'臣至愚極陋，淺見寡聞，不自量力，欲以區區至誠感動天地，避要功好名之嫌。而一時登對欠詳，心思未到，

① 有 據《王文肅公文集》卷三九，"有"下當再有一"有"字。

② 歎 明抄本作"歡"，通行本改"歎"。據《王文肅公文集》卷三九，當作"歎"。

③ 上 明抄本"上"字下有"忽"字。通行本刪之。據《王文肅公文集》卷三九，當作"急"。

④ 祖宗 明抄本作"宗祖"，通行本改"祖宗"。據《王文肅公文集》卷三九，當作"宗社"。

⑤ 部 明抄本作"該知部"。通行本作"該部知部"。據下文當作"該部知道"。

以致外廷疑議轉生，連日喧譁不定，使聖心焦勞於上，同官憂惕於下，臣蠛蠓氣力，委難支撐，以此祇得疏請廷議，期於爲上解紛，而非徒自爲逃謗地也。兹奉聖諭，一則曰'是亦疑朕'，二則曰'不必自惑'。夫以臣之闇劣，自惑則有之，若謂仰疑皇上，則臣數千里辭親茹苦而來，端爲何人事①？近者，密勸皇上從中獨斷，正恃此心之不疑也。顧惟天下之事，有②情有勢，皇上所③者立子以嫡之④理，所念者中宮伉儷之情，而所不可以口舌争、不可以威刑禁者，羣囂沸勝⑤、積疑難解之勢。臣區區犬馬之忠，苟利社稷，身之膏原橫草，與人之射影捕風，皆能甘之，但恐徒捐此身，而無益於國，徒任人謗，而適⑥以辱主，以此日夜拊心流涕，而庶幾仗舉朝之公論，或能轉移寓⑦萬分之一耳。今會議之請，既未蒙允從，而羣臣又日譁於臣之門，臣力窮矣，臣苦極矣。心之精微，又不可盡筆之章奏，計惟有覿面造膝，臣可盡言，皇上亦可曲聽。蓋臣聞，臣視君猶子視父母，子出外逾年而歸至其家，則必先見父母、問起居、上飲食，而其心始安。今皇上遇臣真如子，臣之今日，亦久出初歸、問起居、上飲食之時也。乃半月在官，天顏未睹，臣一念羹⑧牆之戀，何能自安？伏望皇上不待常朝，賜臣一見，於以親承穆穆之容，於以面奉諄諄之訓，因而將累朝典故、與今日人言之所自起，備細敷陳，從長商議，務求得調停至當之術，則臣此來爲主任謗一番，亦可粗了心事，苟廷喘息矣。臣昨以待罪不敢進閣，因不忍坐視皇上焦勞，隨謀同官，今日復勉入候旨。臣不勝窘⑨哀祈之至。謹具題以聞。"

三日戊子，祭太社稷，遣公徐文璧恭候⑩。

是日，大學士趙志皋、張位奏："爲議禮未完⑪乞從元輔之請博採廷議以定宗社大計事。臣惟國家建儲以安國本，此大典也，然必集議於下，主斷於上，此古今之所通行者也。萬曆⑫十九年，節經部科諸臣請題⑬册立，節奉明旨，着於二十一年行。故臣於新年入閣辦事之初，遂擬具一揭題請，因元輔王錫爵還朝，停封不上，以待元輔之至。元輔至，上密揭，臣等俱

萬曆二十一年

一〇七

① 事　據《王文肅公文集》卷三九，"事"上當有"何"字。
② 有　明抄本"有"上有"有理"二字。通行本刪此二字，誤。
③ 所　明抄本"所"下有"勢"。通行本刪之。據《王文肅公文集》卷三九，當作"執"。
④ 之　明抄本作"子"。通行本改"之"，是。
⑤ 勝　"勝"當作"騰"。
⑥ 適　明抄本作"邊"，通行本改"適"，是。
⑦ 寓　"寓"當爲衍字。
⑧ 羹　明抄本作"美"，誤。通行本改爲"羹"，是。
⑨ 窘　明抄本"窘"下有"林"字。通行本刪此字。似當作"狀"。待考。
⑩ 候　"候"似當作"代"。
⑪ 完　明抄本作"定"。通行本作"完"，誤。
⑫ 曆　明抄本作"力"，誤。通行本改"曆"。
⑬ 請題　明抄本通行本皆作"請題"。應作"題請"。

① 育　明抄本作"有"，通行本作"育"。

② 曲　明抄本作"典"。通行本改"曲"，是。

③ 爲　明抄本、通行本皆作"爲"。但從下文行文看，似當爲"謂"。

④ 具　明抄本作"吴"。通行本作"具"。似應作"見"。

⑤ 遣　明抄本作"遺"。通行本誤作"遣"。

⑥ 今　明抄本作"令"。通行本誤作"今"。

不與聞，其意蓋欲慎重其事，冀遂所請，無使外廷諸臣瀆奏。及頒御札，乃知皇上爲中宫未育①嫡子，先將皇三子並封，以待將來有嫡立嫡，無嫡立長。皇上殷念中宫之意，可謂篤厚，而嫡庶長幼之義，已昭然示之矣。元輔兩擬諭札，兩上揭帖，無非將順皇上之美意，而復以漢、唐、宋三后之故事陳之，亦無非委曲②體皇上篤厚中宫之意也。而外廷諸臣乃力争以爲不可，一爲③皇長子年已十二齡，正應册立之期，又當講讀之候，過此恐爲太遲，一謂皇上雖爲中宫遲以待嫡，然自古並未有無嫡而待嫡者，此時當以宗社爲重而嫡庶爲輕矣，一謂皇長子有主鬯承祧之寄，體統隆重，不宜封之以王者，一謂皇上立嫡之諭雖已昭示，恐猶持之不堅，如今年改十九年之故事者。衆言盈廷，有如聚訟。以元輔當力争，不當承順，而以爲詭合，爲曲從。在元輔之心，皇上知之，臣等知之，而外廷俱不知之。前後所上疏揭，皇上覽之，臣等見之，外廷俱未見之。故持四不可之説，以與元輔争，又數瀆皇上之聽，致皇上激怒，元輔蒙疑，臣等之心真有日具④不寧、寢食不安者矣。夫事事天定，當盡人謀，臣等今願皇上稍遲並封三皇子之典。且既有立嫡之意，當爲中宫之計，篤修交泰之禮，蚤兆高禖之祥。又做古帝王清心竭誠，祈禱哲嗣。天心有感應者，此萬代無疆之福也。萬一稍遲，願如元輔所擬第二諭扎，將皇長子爲中宫之子，育之宫中，如三后故事，可行也。如必欲一時並封，則當優異皇長子之禮儀，不與二皇子同，以别等差，以明定分，庶人心安而衆議息矣。夫天下之事，成於信而阻於疑，朝廷之政，咨於衆而斷於獨，伏望皇上即將元輔並臣等之疏，一併發下，令九卿科道官公同會議，務求一時可行，萬世無議，無使皇上以青天白日而受疑，元輔以忠肝義膽而致謗，而臣等義均待罪，亦得以自遣⑤其責矣。爲此謹具本奏聞。"

六日辛卯，大學士王錫爵奏："爲自省答諭失詳聞言愧服懇乞天恩容今⑥認罪改正事。該臣前於正月二十八日揭請俯從初議，早定大典，又於二月初二日再請召見面陳。緣臣忝爲密臣，義無顯諍，故此二疏皆不用具御①奏本，以此未蒙發下。既而思之，使臣自反無過，則以身受誹，使善歸皇上可也，使自臣②反有過，而消沮自諱，僅以揭帖數語塞責，使天下不知臣過，而咎反移之皇上，謂此心何哉？蓋先是三皇子並封諭下，會臣以自陳在家，中使守等回奏，彼時寮寀既不在前，書籍又無查考，正③據臆見匆匆具答，雖首尾詞意主於冊立一説，而不合拘守閣中故事，兩票並擬，其誤一也。答諭之後，始從庶子馮琦借得《祖訓》觀之，乃知立嫡之條，原爲藩封入繼而言，悔不早見，爲皇上分解，其誤二也。又初奉立嫡立長之諭，臣見老成相告，以爲明妥，亦遂自信，謂可無煩再執，而不知三王並冊，禮臣無可具之儀，明旨數更，天下無可憑之信，其誤三也。臣有此三誤，雖皇上終以無心恕臣之遇④，以屢揭鑒臣之忠，而在廷百執事以祖宗典故責臣，臣愧祖宗矣，以皇上過舉責臣，臣愧皇上矣，以天下後世釁端責臣，臣愧天下後世矣。昨者恭請廷議一疏，緣方上自⑤怨自咎之揭，不敢重復瀆聽，今據心内省，畢竟臣之委曲規觀⑥，不如諸臣之説正而嚴臣之倉皇陳答，不如諸臣之慮深而遠，用敢明白具疏自劾，引《會典》内檢舉差錯之例，伏乞天恩容令認罪改正，使聖心早白於天下，愚臣亦可少謝於人言。臣不勝惶懼悚切之至。爲此，謹具本奏聞，伏候敕旨。"奉旨："昨卿懇請召對，具悉忠懇。朕非不從卿言，因見大小諸臣紛紛疑訕，不知是何人主使，意欲何爲，朕爲人君，恥爲臣下挾制，謗祖蔑《訓》，國體何在？以此未⑦欲見卿。今卿又有此奏，若⑧自認錯，置朕何地？朕正爲卿含⑨忍，欲商量別處之法，卿不可黨衆激惱，以辜朕意。既是如此，俱不必封，少俟二、三年中宮無出，再行冊立⑩。"

九日甲午，大學士王錫爵題："昨日臣認罪疏下，奉聖旨：'昨卿懇請召對，具悉忠懇。朕非不從卿言，因見大小諸臣紛紛疑訕，不知是何人主使，意欲何爲，朕爲人君，恥爲臣下挾制，謗祖蔑《訓》，國體何在？以此未欲見卿。今卿又有此奏，若自認錯，置朕何地？朕正爲卿含認⑪，欲商量別處之法，卿不可

萬曆二十一年

①御 明抄本作"衘"。通行本誤作"御"。
②自臣 "自臣"當爲"臣自"。
③正 明抄本、通行本皆作"正"，當作"止"。
④遇 "遇"當爲"過"。
⑤自 明抄本作"曰"。通行本作"自"，是。
⑥觀 "觀"字應作"勸"。
⑦未 明抄本作"來"。通行本改"未"，是。
⑧若 明抄本"若"下有"而"字，誤。通行本無此誤。
⑨含 明抄本誤作"合"。通行本改"含"，是。
⑩冊立 明抄本作"立冊"。通行本改"冊立"，是。
⑪認 明抄本、通行本皆作"認"。應作"忍"。

黨衆激惱，以辜朕意。既是如此，俱不必封，少俟二、三年中宮無出，再行冊立。欽此。'臣連日正在籍①藁杜門間，該同官臣志皋等備錄前旨示臣。臣倉皇伏讀，既仰見皇上爲臣而含忍，臣②不勝感荷，又復見皇上爲諸臣而責備於臣，不勝驚悚。顧惟主使、要挾，人臣之大罪也。然主使一則③，則附和之者多不過數人，未有滿朝執議，道路流言，而皆受人主使者也。凡人有勢可憑，方能挾制，未有以人臣劇主，處不順之勢，而可用以挾制者也。且臣聞蛇雀異類，尚知感恩，草木無情，猶能向日，未有稟血氣心知之性，受殊隆特達之恩，居禁廷帷幄之間，叨肺腑腹心之託，乃不與皇上一心，而與衆人主使挾制之徒爲黨者也。臣有此不肖之心，天日鑒之，雷霆擊之。獨念天子置輔弼之臣，職在持衆美而效之君，揚休命而布之下。昔孔子得門人子路，尚能使惡聲不入於耳，而臣愚顧反以身之惡聲波及於上，與言至此，涕汗交流。以此急於自認差錯，使皇上之誤皆歸於臣，蓋實欲借此服衆而非黨衆，意在除惱而非激惱。非皇上誰憐臣者？至於並封之諭，臣所以不敢與衆④臣辯，而直引爲己過，亦自有說。蓋連日繙閱《祖訓》，委無待嫡之條，且累朝二百年來，從無長子封王之例，禮官所執委難通融。止有穆廟在世宗朝曾封爲王，然封王之時，壓於莊敬太子之下，並未嘗以元子受封也。今幸聖心洞然，旋止封王之命，而再許二、三年冊立之期，真⑤帝王轉圜從善之盛德，羣臣自可無言。顧臣私憂過計，在皇上已成之詔旨，雖不爭二、三年遲速之期，而在今日未定之事機，恐難息千萬人疑訕之口。所以然者，使皇上去年降諭時預開後門，原未說定今年舉行冊立、豫教之典，則將來自不妨支吾曲處，今去年之命既改於今年，則又焉知今日之命不改於他日？此羣臣之所以疑也。又使皇長子始生之時，皇上從頭便待以庶子親王之禮，則將來首尾照應，自不驚人，今業已爲之頒詔覃恩，而詔書內所稱祇承宗社及臣民仰戴等語，乃明以皇太子之禮待之矣，又稱大婚有年，熊祥未協，又明露彼時不能待嫡之意矣，此詔一頒，深山窮谷、九夷八蠻之人皆知之，而到今十二年之後，卻反別尋題目，虛儲位以待嫡子，

---

① 籍　明抄本作"藉"。通行本作"籍"。

② 臣　明抄本"臣"上有"諸"字。通行本刪此字。

③ 則　《王文肅公文集》卷三九，"則"作"人"，是。

④ 衆　明抄本作"羣"。通行本作"衆"。

⑤ 真　明抄本"真"下有"右"，誤。通行本刪之，亦誤。當改爲"古"。

此羣臣所以又大疑也。夫人情惟無所疑則已，疑心一生，則將誣①及宮闈之隱情，將慮及千萬世之流禍，雖堯舜在上，萬萬無此。而朝著紛呶，詔令阻格，亦豈太平景象？故臣復苦勸皇上，既有此含忍之心，莫若遂決此狐疑之計，使冊立、豫教一旦並行，百官萬民羣疑盡②釋豈非千古之快事哉？然聖諭所謂紛紛疑訕之口，不惟皇上不能受，雖臣愚亦不能爲皇上受，今不可遽稱從衆，論③止以上奉兩宮聖母慈諭、從④皇后皇貴妃懇請爲辭，使外廷聞之，皆知聖斷自中，原不受臣下挾制，庶亦見臣始終爲主、無一毫黨衆之心也。外有抄錄萬曆⑤十年詔書一道，內將緊要句語，用紅籤票出，乞皇上細覽深思，仍乞答示一言，宗社幸甚，臣民幸甚。臣伏蒙皇上寬恩赦宥，重以採擇芻蕘，感激涕零，因敢盡布其款款之誠如此。謹具題以聞。"

是日，祭三皇於景惠殿收回祭設，賜三輔臣三卓。

十二日丁酉，大學士王錫爵題："該臣昨進揭帖，並將抄白詔書附呈御覽，今日文書官潘朝用齎捧御札到閣：'諭元輔：朕原無疑卿，但卿昨云：妄言之徒，以平淡處之。今疑君侮上愈甚，朝綱倒持，朕豈不怒？卿亦何安也？將⑥各疏留中，看有無禮太甚，欲處一、二，所以預戒黨衆，卿知之。所進詔書，朕非忘之，但此時之奸人，不待中宮有出無出，希覬覃恩，蠱惑朕意，不論綱常之正、嫡庶之分。宜⑦去歲中宮微有小疾，昨⑧冬已面朕矣，其冊立已有旨了。卿不必附衆疑阻。欽此。'竊念臣職忝燮調，地居表率，而物情朝論一旦紛紛至此，以上累我皇上動心動氣，費神費詞，皆臣奉職無狀之罪也。茲者伏蒙皇上推心見信，洞然不疑，匹夫相知，猶以死報，受知如臣，而猶有附衆疑阻之心者，非臣也，猶有隱忍不盡之言者，亦非臣也。顧今朝著喧聞⑨，訛言日至，誠有如聖諭所謂'疑君侮上'、'朝綱倒持'者。然當羣議初起之時，臣尚以爲各衙門不過數人，欲諭而解之，乃今始知衆疑成城，卒難消釋，譬如病熟⑩之人，以涼藥遏之則愈熾，以解藥散之則漸平，故臣前此密進平淡處之之說，而皇上亦已爲臣含忍矣。含忍而衆尚未定，

萬曆二十一年

—○八—

① 誣 明抄本"誣"下有"矣"字。通行本刪之，是。
② 盡 明抄本作"書"。通行本改"盡"，是。
③ 論 《王文肅公文集》卷三九"論"作"諭中"，是。
④ 從 明抄本"從"上有"不"，誤。通行本刪之，亦誤。據《王文肅公文集》卷三九，此字當作"下"。
⑤ 曆 明抄本作"力"，通行本改"曆"，是。
⑥ 將 據《王文肅公文集》卷三九，"將"上有"已"字。
⑦ 宜 據《王文肅公文集》卷三九，"宜"當作"且"。
⑧ 昨 據《王文肅公文集》卷三九，"昨"上有"自"字。
⑨ 聞 據《王文肅公文集》卷三九，"聞"當作"閧"。
⑩ 熟 明抄本、通行本皆作"熟"。應作"熱"。

① 籍　明抄本作"藉"。通行本作"籍"。

② 息　據《王公肅公文集》卷三九，"息"上有"明，人言一日不"六字。

③ 鷹　明抄本作"薦"。通行本改"鷹"，是。

④ 大　"大"當作"犬"。

⑤ 具　明抄本、通行本皆作"具"。當為"其"。

⑥ 講讀　明抄本無"講讀"二字。通行本補此二字。《王文肅公文集》卷三九作"外傅"，是。

則其說更有可恨、可駭之極，而臣一向口不忍道、筆不忍書、以待皇上召見面陳者，今不得不趁皇上之信臣，一一昧死言之。蓋先是册儲議興，人之初疑皇上，謂不欲以恭妃壓皇貴妃。宮闈細嫌，情或有之，故臣直任以為易處，調停拜嫡之條。而及茲待嫡命下，則人更從於嫡字起疑，有謂皇上之於中宮，睽隔已久，今日特籍①口待嫡，而實欲不利於中宮，以為奪長之地者。喪心之人，其敢出此妖妄不祥之言，撼搖滿朝士大夫之膽，一至於此。臣初聞之，不覺毛髮俱立，涕淚橫流，叫噱天地，為皇上誓其無他。而幸今聖諭偶及中宮見在御前之事，則臣言愈可自信。但天不可知，事難前定。皇上所見者，中宮今日之無恙，而未能保過後起居之常調，則儲宮一日不定，聖心一日不明也，聖心一日不息②也。臣帷幄親臣，真不忍見君父受冤之極，恨不得剖出肺腸，碎裂頭腦，明白此一件大事，所以再有前日之揭。而不忍遽露今日之所聞，蓋誠望皇上能自悉之言表，而不必更汙齒舌也。今聖諭既未允從，卻欲處一、二無禮之臣。夫人臣而無禮於君，臣自當為鷹③鸇以逐之，敢尚為之游說？顧惟至尊舉動，必先有以服君子之心，而後可以勝小人之口，必先自處於無疑之地，而後可以施不測之威。即如近日朱維京輩之處為不輕矣，而羣疑益痼，流言轉多，可見此輩狂吠之大④擊之愈鳴，而皇上雷霆之威，欲伸反屈。故臣為皇上千恩萬恩，總不如亟行册立以愧之，因具⑤愧而處之，何人敢復為疑侮？敢為黨附？至於覃恩之典，請一切不行，自臣而始，又何人敢為希覬，敢為鼓惑者？若皇上果執遲立待嫡為綱常，則累朝列聖不踰年而册立庶子，豈皆不明於綱常之正、嫡庶之分者乎？臣科嘵嘵小臣，必反以此為反唇之端，而其說愈長，處之愈不服矣。至於皇長子年近加冠，未就講讀⑥，所未前聞，皇上縱欲少緩册立之期，豈可不先行豫教之禮？此則事在不疑，必當亟諭禮官，從重具儀上請，庶猶可以少安人心。如其不然，則二事並寢，眾口益譁，臣力薄勢孤，委實不能荷擔泰山之重，支持萬眾之口，願皇上先放臣歸，再與諸臣商議別處之策。臣臨疏痛哭，不知所云。"

是日，大學士趙志皋奏："爲遵例引年懇乞聖明容令休致以明臣節事。臣伏讀《大明會典》一款：凡內外大小官員年七十者，聽令致仕。蓋以人臣年老，既不可強之使仕，又不欲加之顯斥，特令自陳，是在朝廷有優老之禮，在人臣有知止之義，誠盛典也。臣今年適當七十，例該引年求去。臣惟進身既晚，筮仕多屯，自皇上拔臣於廢置之後，今至①僅歷十年，猝因卿貳之官，驟登宰輔之職，此在皇上爲不次之殊恩，在臣爲非常之榮遇，是宜自誓捐軀，矢圖報國，豈敢乞閒逸老，自畢餘生？但人臣年至七十，則血氣漸衰，精神就耗，入閣以來，歷踰一載，雖勉力驅馳，而趨走或所不逮，雖受命供事，而綜理多所未周。嘗思密勿之地，機務爲煩，政事之樞，理亂攸係，乃臣以衰殘之身，厠於其間，此旦夕深以爲懼，而進退恒以自審者也。況國家多事之時，非臣子怡老之日，循省覺見幾之已遲，窺寐思避位之既晚。伏望皇上，憫臣朽質，不勝拮据，察臣愚哀②，非有虛假，特令致仕，放以歸田。皇上以恩禮遣臣，臣得以義分求退。身去國，心敢忘君？儻於百年之內幸偸一日之生，無非皇上之所賜，而猶得負暄以戴舜日，擊壤以歌堯天矣。臣無任欣躍待命之至。爲此謹具本奏聞，伏候敕旨。"奉旨："卿以老成簡用，亮節忠猷，朕所眷倚。況精力未衰，豈可引年求退？所辭不允。吏部知道。"

十五日庚子，大學士趙志皋奏："爲遵例引年未蒙俞允再乞天恩俯從所請以安義分事。臣因七十引年，乞賜罷免，奉聖旨：'卿以老成簡用，亮節忠猷，朕所眷倚。況精力未衰，豈可引年求退？所辭不允。吏部知道。欽此。'臣恭捧莊誦，感激涕零。愚③昧知④臣，過蒙寵眷，捐糜難報，敢復控辭？臣惟人臣之事君也，仕止進退，各惟其時，時當仕進，而不潔身以忘君，時當退止，而不徇利以忘義，此君子之達觀，士人之美節也。臣嘗觀之古人，而知其辨於此矣。夫古人四十強仕，七十懸車，壯即驅馳，老即休息。彼豈不知君臣之義，等於天地，生死不當二其心，始終不當易其節？而顧限之以年者，蓋以位不可以

①今至 明抄本作"至今"。通行本作"今至"，誤。

②哀 "哀"似當作"衷"。

③愚 明抄本作"遇"。通行本改"愚"，是。

④知 明抄本、通行本皆作"知"。當作"如"。

萬曆起居注

① 止　明抄本作"正"。通行本改"止"，是。

② 綍　明抄本作"緈"。通行本改"綍"，是。

③ 慄慄　明抄本作"慓慓"。通行本誤作"慓慓"。

④ 榮　明抄本作"憀"。通行本改"榮"，是。

⑤ 本　明抄本無"本"字。通行本增之，是。

久居，而知止①者不辱，祿不可以久竊，而知足者不殆。以衰暮之年而猶據丞弼之位，小之有恥辱之嫌，大之有危殆之懼，人臣之所當深戒者。昔也臣之始進，正當強仕之時，今也臣之終退，又值懸車之際，古訓昭然具存，今人合宜遵守。且知進而知退者，天之道，難進而易退者，臣之節。臣今日不能為皇上乞身而去，是知進而不知退，反易而為難，違天之道，喪己之節矣。晉田豫為衛尉，乞避位，不聽，輒上疏曰：年過七十而居位，譬猶鐘鳴漏盡，而夜行不休，是罪人也。遂移疾而去，人羨其高。夫田豫以一衛尉之官，尚能明去就之義，今臣居宰輔之任，不能決進止之機，是臣有愧於田豫多矣。夫使臣之居於位也，尚能恪恭厥職，臣何敢自愛惜其身、而保全其名節哉？惟年邁力衰，氣昏識闇，機務浩繁，而病於裁決，論綍②頒布，短於敷宣，開陳缺獻替之謀猷，交修乏啟沃之忠悃，事關機密，不聞造膝之言，動係安危，未進補牘之奏。至於冊立儲君，關係宗社大計，廷臣疏請，披瀝忠肝，臣實依違，不能匡救，是臣身據鼎鉉之司，日糜大官之養，蓋誠尸素之矣。縱皇上不察臣之愚而不棄臣，其如臣之省中自愧、慄慄③危懼何？嘗觀古之為相者，多避位以讓賢，而因薦賢以自代，今館閣諸臣年力富強，才猷卓茂，足膺宰衡之選者，濟濟在位也，若臣復固寵榮④，冒貪祿位，不能見幾明決，自求引避，是臣以一不肖之身，而塞諸賢者之路，不惟不能薦之、讓之，而且以阻之矣。臣何顏以一日立於其上哉？此臣之自保以明哲，而效忠於皇上者也。伏望聖慈鑒臣愚悃，容臣乞休，得安義分之常，自遂止足之願。臣無任懇恩待命之至。為此謹具本⑤奏聞，伏候敕旨。"奉旨："內閣，政本之地，論思匡贊，正賴老成。卿如何又有此奏？宜遵前旨，即出辦事，以副倚任。不允辭。吏部知道。"

十六日辛丑，大學士王錫爵題："今日該文書官潘朝用齎捧御札一道到閣：'諭元輔：覽卿所奏，具悉忠懇。前有屢旨諭卿知之，稍俟二、三年，亦未為遲，以待嫡出，非有他意。奈無端小臣，誣捏疑朕，以至於此，深可痛恨。卿爲首臣，既知朕心，又何避怨，亦來迫朕？其豫教還候旨行。欽此。』伏念臣至愚極陋，仰恃皇上千載殊遇，俯自恃其一片赤心，述所妄聞，罪當萬死。而兹者復蒙溫諭，褒其忠懇，許以知心，有君如此，臣何怨之敢避？亦何怨之足避？顧惟自古忠臣，事不避怨者，以①身任怨而遺其君以安也。若怨歸之己，而君不得安，甚者或疑外生疑，一年深一年，一日多一日，使聖心爲臣而反晦，聖德爲臣而反損，則臣敢無懼乎？天下抱非常之疑，臣有非常之懼，意皇上必有非常之舉動，可以鎮羣囂而安衆心，乃今待嫡之諭，三令五申②，反執人之疑以破人之疑，而臣之懼益甚矣。然册立待立③，猶曰有名，至於出閣講讀，原無關於待④，事極易處，而時又已極遲，臣前奉皇上別處之諭，因與同官二臣特尋此處法，庶稍爲外廷解紛，今並此不行，而臣之懼又益甚矣。臣聞明立⑤舉事，必信吾心於天下，而使之共知，亦所以信大臣之心於天下，而責之任怨。今知皇上者獨臣一人，而不知皇上者有千萬人，臣縱欲以身爲皇上任怨，亦必使身立於朝而後可以任怨也。今千萬人不惟不知皇上，而且歸咎於臣之獨知，臣之身可一日立朝乎？不可一日立朝，而又誰爲皇上任怨乎？譬之一身，皇上，臣之腹心也，使心之令僅行於臟腑，而不能行⑥荣衛手⑦足之間，則腹心豈有能宴然無恙者？臣以此連日病⑧首叫呼，舉體成病，而同官二臣亦且見而哀之，合詞具揭爲臣懇請矣。然畢竟不敢以疑心待皇上，不敢以難事強皇上，惟有先行豫教，再約近期，爲易知、易從、安上、安下之別法，而⑨亦不敢再有他覬以瀆宸嚴。惟幸皇上斷在必行，與衆更始，姑存臣萬里歸朝之面皮，以爲將來任怨之地，則⑩死而生，臣辱而榮矣。此係公事，原非臣一人責任，但羣臣見臣受皇上如此之深知，如此之特⑪眷，其責臣望臣自宜加倍，雖臣亦自信以芻蕘之遇，必不盡格。乃今臣之未到也，長幼有序，不過懸隔歲之期，而臣之既到也，嫡庶忽分，反改至數年之待，在下則疑其爲逢君，在上則疑其爲迫主，可憐辛苦絕裾而來，處此左難右難之地，擔此不忠不孝之名，臣不忍見皇上之焦勞，

①以 明抄本作"諸"。通行本改"以"。當作"謂"。
②三令五申 明抄本作"三令甲"。通行本改爲"三令五申"，是。
③立 據《王文肅公文集》卷四〇，"立"當作"嫡"。
④待 據《王文肅公文集》卷四〇，"待"下應有"嫡"。
⑤立 明抄本、通行本皆作"立"。當作"主"。
⑥行 明抄本"行"下有"之"字。通行本脱此字。
⑦手 明抄本作"乎"。通行本改"手"，是。
⑧病 據《王文肅公文集》卷四〇，"病"當作"疾"。
⑨而 據《王文肅公文集》卷四〇，"而"下當有"臣"字。
⑩則 明抄本"則"下有"臣"字。通行本脱此字。
⑪特 明抄本作"時"。通行本改"特"，是。

皇上亦何忍見臣之狼狽？酬恩負恩，決在今日矣。臣不勝涕洟哀懇之至。除御札尊藏外，謹具對①以聞。"

十七日壬寅，大學士王錫爵等題："昨該臣等仰承聖諭，各以臆見具答，想此時聖心洞然，已②必已轉圜從諫，臣③等自可無言。願④念臣等揭中之語，總不出於屢疏之言，而皇上不決之疑，或更有出於尋常之外。何則？册立、豫教，非利於皇長子也，非利於羣臣也，蓋利於皇上之身，利於皇上之宗廟、社稷也，皇上獨徘徊再三，寧犯眾疑而不顧，臣等已仰知皇上青天白日之心，萬萬不如巷議之口，求其說而不得，且妄爲之揣⑤。竊意皇上方秉圖御極，祿壽萬年，或以春秋方富而可以姑待歟？抑或別有所諱忌而難於創舉歟？臣等謹搜前史，撮其善敗之迹，列具如左，惟皇上垂覽焉。謹按自古早立太子而早豫教者，莫如三代，而享國長久之主亦⑥惟三代爲多，如商太戊⑦立子仲丁，在位七十五年，武丁立子祖庚，在位五十九年，周穆王立子繄扈，在位四十八年。西漢之君，惟文、宣最盛，而立太子最早。東漢惟明帝在位久，而立太子又最早。惟晚唐之君，惡言儲副，數世相傳，不早立太子，而享年最短，國祚因之。宣宗時魏譽⑧請早建儲副，使正人輔導，且言且泣，終不聽。長子鄆王溫無寵，愛第三子夔王滋，欲以爲嗣，爲其非次，久不建東宮，從⑨乃以夔王屬中人王歸長等，使立之，而左軍副使兀宗實竟迎立溫爲太子，是爲懿宗。懿宗又不立太子，後來中尉劉行深等立上少子普王儼爲太子，踰四兄而繼統，有唐遂衰，以至於亡。蓋父無成命，則諸子冀以爲利，君不決策，則奸臣籍⑩以爲功，既蔑長幼之倫，亦開兄弟之釁，成則偏敗，敗則兩傷，自古及今未有不早定儲嗣而異日無禍者。楚共王多庶子，而世子之位不定，屈建曰：'楚必多亂。一兔走於街，萬人追之，一人得之，萬人不走。分⑪未定則萬人皆爭，分已定則貪夫知止。今楚多庶子而世子不定，亂自此生矣。'宋仁宗時，羣臣以儲位未建爲憂，言者雖切而帝不允，司馬光疏曰：'向者臣進豫建太子之說，而寂無所報，此必有小人言，陛下春

① 對　據《王文肅公文集》卷四〇，"對"當作"奏"。
② 已　"已"當爲衍字。
③ 臣　明抄本無"臣"字。通行本補之，是。
④ 願　明抄本作"顧"。通行本改"願"，誤。
⑤ 揣　據《王文肅公文集》卷四〇，"揣"下有"摩"字。
⑥ 亦　明抄本作"主"。通行本改"亦"，是。
⑦ 戊　明抄本作"成"。通行本改"戊"，是。
⑧ 譽　"譽"應爲"暮"。
⑨ 從　據《王文肅公文集》卷四〇，"從"當作"後"。
⑩ 籍　明抄本作"藉"。通行本作"籍"。
⑪ 分　明抄本無"分"字。通行本補之。

秋鼎盛，何遽爲此不祥之事？小人無遠慮，特欲因倉卒立其所厚善者耳。定策國老、門生天子之禍，可勝言哉。'帝始感動，立太子而宋祚安。諸如此類，善敗昭然，皇上試取前史虛心平氣而觀之，足知早建太子，上可弭根本之慮，下可貽支庶之安，以宗社則有磐石之休，以聖躬則有喬松之壽。皇上亦何諱而不①爲、何苦而不決哉？臣等不勝犬馬之忠，伏祁②俞旨，與普天率土恭賀天子萬年③。謹具題以聞。"

二十一日，祭④大明於朝日壇，遣公徐文璧恭代。

二十七日壬子，大學士王錫爵題："臣連上四揭，伏候俞旨，經今數日不下。伏自念，臣之不肖，謬遇主知，每有獻納，蒙皇上批答如流，未停滯至此者。且其所言，原不曾黨附衆人，必主今年册立之說，其理易明，其事易處，而一概與外庭諸疏留中，以此連日以來，人心⑤轉益洶洶，抱非常之憂與不可知之懼者，其言滿廷。若臣則既爲皇上腹心之臣，亦頗知皇上腹心之⑥。臣之憂懼與衆⑦不同，臣所憂者，皇上耳煩於言，心煩於慮，有鬱而不得解，有怒而不得伸，或至精神結㵎，寢食失調，此臣之所爲皇上憂也。臣所懼者，皇上方踟躕卻顧以待人心之定，而人心久之不定，或知⑧美反成過，信復變疑，使匹夫小人得睥睨宮禁之事，游談橫議得把握朝廷之權，此臣之所爲皇上懼也。令⑨臣進難見皇上之面，退難捍衆人之口，如父母疾而子不能操藥，父母怒而子不能操箠，臣身何措？臣心何安？爲此日夜傾耳瞪目，以候德音之下，雖詬責交萃不敢言羞，疾病支離不敢言困，七十九歲老母委頓近京百里之內不敢言私，笥有皇上賜衣不敢服，櫝有皇上賜金不敢用，考滿過期而不敢報，餘忠欲獻而不敢陳。誠自念數千里衝寒茹痛而來，於此不用其誠，更於何處用誠？於此不得其言，更有何事可言？此臣之所以飲泣呼天，歸裝已束而猶戀⑩於一日之在朝，以冀望寬愉之色，冀承謦欬之音者也。臣之誠懇，天地所憐，亦幸皇上三思始終召臣之意爲何，臣黽勉赴召之意爲何，亟採愚言，俯

①不 明抄本"不"下有"可"字。通行本刪之，是。
②祁 明抄本作"祠"。通行本改"祁"。《王文肅公文集》卷四〇作"伺"，是。
③年 明抄本無"年"字，通行本補之，是。
④祭 明抄本無"祭"字。通行本補之，是。但似應共補"丙午祭"三字。
⑤心 明抄本作"必"。通行本改"心"，是。
⑥之 據《王文肅公文集》卷四〇，"之"下當有"事"字。
⑦衆 明抄本"衆"下有"人"字。通行本脫此字。
⑧知 據《王文肅公文集》卷四〇，"知"當爲"至"。
⑨令 "令"當作"今"。
⑩戀 據《王文肅公文集》卷四〇，"戀"下還有一"戀"字。

垂批答，或確訂明年之期，或先頒出閣之諭，使羣疑稍解，朝廷不譁，皇上歡然舉萬年之觴，而小臣亦自慶都俞一堂之會矣。臣不勝企悚迫切之至。"

二十九日甲寅，大學士王錫爵等題："該臣等近日連接遼東征倭之報，雖喜舟戰大捷，漸逼王京，然我軍死傷亦自不少。近聞王京近城之城①，松林茂密，馬不得馳②，水田低窪③，人不得用或④，加以疫癘⑤盛行，糧草不繼，客兵未集，新賊轉增，大有可隱憂者。臣等昨得經略侍郎宋應昌書，謂目前勢難長驅，已成持久待時之局，萬一師老財匱，軍心動搖，恐他變因之而生，東虜伺隙而動，是代爲朝鮮受兵，而內地無安枕之日也。臣等竊爲此懼。因思大軍既發，難便掣回，惟有添兵⑥餉以壯士氣，布德施惠以安人心，外庶可令虜代謀⑦，內可令諸將帥鼓勇。謹僭擬傳帖二道，一諭戶、兵二部，一諭東征將士，伏乞聖明裁定施行。"

是日，敕諭東征將士："頃者倭奴獮猖⑧，攻陷朝鮮。朕遠惟東人徯後之思，邇切內地震隣之慮，肆彰天討，授鉞往征。賴爾等將士，齊心用力，不避艱儉⑨，先收平壤，再捷開城。朕深嘉爾等之功，所望尅日蕩平，大加陞賞。茲聞天時漸熱，水潦不收，賊衆尚多，城守方固，重念爾等懸軍深入，急難全勝，饑寒暴露，疾病死傷，勢所不免，朕用是痛心流涕，臥不安寢。已今所司亟發銀十五萬兩，齎⑩赴軍前，從宜犒賞優恤，仍一面行山東等處召商糴粟，方舟而下，一面行浙江等處徵兵選將，分道而前，務使爾等財力有餘，得以安心戰守，早夷大憝，永靖邊疆。爾等尚亦宜體朕遠懷，勉圖報稱，垂功名於竹帛，流福蔭於子孫。欽哉，故諭。"諭戶、兵二部："目今倭賊大衆占據朝鮮，與遼⑪接壤，朕以門庭切近之憂，命將出帥⑫，勢非得已。適見經略宋應昌奏稱，兵力單弱，糧草不敷，恐有疏虞，前功盡棄。你⑬職司兵食，義當併力一心，共濟國事。所有合用糧草，戶部一面發銀，或從山東海道，召商高價糴買，或就近輸軍，務使東征四、五萬人可彀半年之用。兵部一面督

①近聞王京近城之城　據《王文肅公文集》卷四〇，"近聞王京近城之城"，當作"仍聞王京近城之地"。
②馳　明抄本"馳"下有"行"字。通行本删此字。
③窪　明抄本作"窪"。通行本誤作"窟"。
④或　據《王文肅公文集》卷四〇，"或"當作"武"。
⑤癘　明抄本作"癘"。通行本誤作"癘"。
⑥兵　據《王文肅公文集》卷四〇，"兵"下當有一"增"字。
⑦外庶可令虜代謀　據《王文肅公文集》卷四〇，"外庶可令虜代謀"當作"庶外可令倭虜伐謀"。
⑧獮猖　《王文肅公文集》卷四〇"獮猖"作"猖獮"。
⑨儉　"儉"應作"險"。
⑩齎　明抄本作"齎"。通行本改"齎"。
⑪遼　《王文肅公文集》卷四〇"遼"下有"東"字。
⑫帥　據《王文肅公文集》卷四〇，"帥"應改爲"師"。
⑬你　《王文肅公文集》卷四〇"你"下有"每"字，是。

催新調精兵，前往接濟征勦，其在①久戰傷殘及馬兵及②地利者，行令斟酌退回。務使餉可資兵，兵不糜餉，早平大寇，庶寬朕東顧之懷。其或彼此至③相推諉，以致緩急誤事，責④有所歸。故諭。"

① 在 《王文肅公文集》卷四〇 "在" 上有 "見" 字，是。
② 及 據《王文肅公文集》卷四〇 "及" 當作 "不習"。
③ 至 明抄本、通行本皆作 "至"，應當作 "互"。
④ 責 明抄本作 "貴"。通行本改 "責"，是。

三①月丙辰，朔。

三日戊午，以寧夏宣奏捷音祭告郊廟扳②回脯醮果酒，賜三輔臣三卓。

四日己未，大學士王錫爵等題："昨日發下吏部回話本，該文書官劉宣口傳：'這回話本通不認罪，明是吏部專權，堂上官罰俸二個月，該司郎中降三級調外任。虞淳熙等都着革職閑住。劉道隆既論劾，如何含糊不指名？也罰俸二個月。'臣等因見言出該科，事關聖斷，且吏部原覆拾遺之疏，不動一人，委屬欠妥，皇上所疑其理未嘗不正，以此倉皇照依傳旨票擬。既而細訪外論，今年考察，係郎中趙南星專管，雖意見可否之間時多憲③省有異，而執法之公，任事之勇，怨讐不避，請託不行，則南星以此自信，臣等亦可以信南星者。特其是己非人，抑楊④太過，致招訾議，情或可原。至於本部堂上官，則以事在該司，不代為之認罪，亦或其體統當然，而不可深罪也。今幸本未發下，儻聖意尚在踟躕，不妨從輕處分，量為罰俸，以全吏部之體。其罰俸多寡，一憑聖裁。所據虞淳熙等，在該科以為當去，在本部以為當留，臣等竊謂從衆理，貴折中，合無將虞淳熙、楊于庭降調外任，以從公論，袁黃仍候征倭事畢議處？伏乞聖明一併裁斷施行。"

是日，大學士王錫爵⑤："為愚忠未效宿疾已纏懇乞聖明俯容休致保⑥餘年事。臣今年六十歲，精消骨立，已非向用之時。而臣母⑦七十九歲，口塞⑧膝攣，更抱垂危之疾。祗緣聖恩深重，嚴召⑨頻蕃，不得已抑情扶病，母子分道而來。今入朝五十日矣，夜延其首而望，庶幾未得見母，具⑩先得見上，國計無補，身計尚得苟安。乃連日以來，積誠既阻於面陳，累疏又未蒙於⑪批答，上之責臣則曰何故迫主？下⑫之責臣曰⑬何故阿君？夫阿則不迫，迫則不阿，而臣不幸兩受名焉，何以⑭自安？曩臣密揭⑮中，首以大臣入告嘉謨、出歸后德為言，區區之誠以為不自明乃能明主，先將順乃能匡救，而術疎道左，竟使主

① 三 明抄本"三"上有"萬曆二十乙年"六字。其"乙"當作"一"。
② 扳 "扳"當作"收"。
③ 多憲 明抄本作"與臺"。通行本誤作"多憲"。
④ 楊 明抄本、通行本皆作"楊"。應當作"揚"。
⑤ 爵 據《王文肅公文集》卷四〇，"爵"下漏一"奏"字。
⑥ 保 據《王文肅公文集》卷四〇，"保"字上應補一"以"字。
⑦ 母 明抄本"母"下有"年"字。通行本脫此字。
⑧ 塞 《王文肅公文集》卷四〇"塞"作"蹇"。
⑨ 召 明抄本作"台"。通行本改"召"，是。
⑩ 具 明抄本作"且"，通行本誤作"具"。
⑪ 於 明抄本無"於"。通行本增之。
⑫ 下 明抄本作"上"。通行本改"下"，是。
⑬ 曰 據《王文肅公文集》卷四〇，"曰"上有"則"字。
⑭ 以 明抄本作"此"。通行本改"以"，是。
⑮ 揭 明抄本無"揭"字。通行本補之，是。

德①臣忠兩晦，法言②巽語俱窮，又何以③自安？方今天下事種種可憂，孰非臣等腹心之職所當料理？而目前大本大原、最先最急之務，已屬支離，則不惟身之不能自安，而其究不敢可否一事，進退一人，誤國家，誤社稷，咎將誰任？此臣之所以日坐針氈，夜倚驚枕，前憂寵而後憂罪者也。臣素有頭眩怔忡、脾虛嘔痛之疾，至是俱發，會臣母至而不入京，同官見臣狼狽涕洟之狀，勸其且迎母入，稍慰目前。今臣母入矣，而臣病益甚。蓋煩憂非倉卒可遣，心病非藥餌可醫，惟有解官一去，使此身幸有逃責之所，而後可及治病耳。伏望皇上察臣言之無用，則不必用其身，憐臣志之不終，則不必終其任，俯遂所請，即令致任④回籍，以終母子餘年。臣雖負恩，不久誤國，庶亦不籍⑤口知止之義，而永全皇上造命之仁矣。臣不勝流涕懇祈之切。謹具題以聞，伏候敕旨。"奉旨："卿奉母赴召⑥遠來，足見愛君為國至意。國家多事，全籍⑦卿殫忠竭謀、匡扶佐理。偶疾不妨暫時調攝，痊可即進閣辦事。吏部知道。"

十一日丙寅，大學士王錫爵等奏："為閣臣權輕責重無故蒙疑乞容解職避⑧賢以免辱國事。該臣錫爵連日移病杜門，獨有臣志皋、臣位在閣辦事。區區之私，祇以大典未舉，連揭未報，無以謝滿朝之公論為憂，而不知其又有一說也。昨者見禮部郎中奉⑨來有疏論考功郎中趙南星之得罪，疑臣等主使言官，炫⑩票嚴旨。臣等一見其揭，相多⑪駭嘆，以為白晝大都之中，聖主獨斷之事，在內則有文書官往來之傳命，在外則有會極門出入之記籍，而小臣妄生議論如此。此出於不知，何足多⑫辯？繼而通政魏允貞、少卿魯乾亨等交章論及，亦謂臣等有憾於吏部，虛傳上怒，乘機虛⑬之。乃知悠悠之說，入人已深，而臣等閉門默坐，難逃意外之災，剖血自明徒為妒婦之口。所恃者天語之傳行，硃筆之改定，皇上自能為臣等證明，可以無辯也。而趙南星見在，臣等曾否干預考察一人，可問而知。惟九卿拾遺，例說⑭閣臣徑自票處，而臣錫爵自以新至領事，恐見聞未的，反一一問於南星。南星謂李尚思當留，則留之，謂余懋學、

① 德　明抄本"德"下有"與"。通行本誤刪此字。
② 言　明抄本"言"下有"與"。通行本誤刪此字。
③ 以　明抄本作"此"。通行本改"以"，是。
④ 任　"任"當作"仕"。
⑤ 不籍　明抄本、通行本皆作"不籍"。當作"可藉"。
⑥ 召　明抄本作"台"。通行本改"召"，是。
⑦ 籍　明抄本、通行本同作"籍"。似當作"藉"。
⑧ 避　明抄本無"避"字，通行本補之，是。
⑨ 奉　明抄本作"泰"，通行本作"奉"。《王文肅公文集》卷四〇作"陳泰"，是。
⑩ 炫　"炫"為"擅"之誤。
⑪ 多　明抄本作"與"，是。通行本誤作"多"。
⑫ 多　明抄本作"與"，是。通行本誤作"多"。
⑬ 虛　明抄本、通行本同作"虛"。應為"處"。
⑭ 說　明抄本、通行本同作"說"。據《王文肅公文集》卷四〇，應作"該"。

張櫃當去，則去之。此南星本心亦自明，可以無辯也。當吏部回話本未下，臣等以南星才器可惜，其①所受②之罪小，又爲之具揭救解，文書官劉宣云：'聖旨已發。'今劉宣亦見在，可以無辯也。顧臣等竊因是而有慨焉。閣臣之職，要在承行上命，調燮衆心。先年偶有一二招權作威、把持六卿臺諫者，則人滿私門，家頌盛德。今臣等痛懲其弊，盡歸公議於外廷，權輕於毛羽，而責反重於丘山，善不敢自歸，而過又不容其分辯。然則爲閣臣者，昔何以易？今何以難？人之論閣臣者，昔何以恕？今何以嚴？此其故可知，而人心世道亦可以概見已。即如南星之事，見有聖明臨之在上，憑何證據乃反以援救爲排擠？甚而顏文選之疏初未發票，亦謂臣等所擬。皇上試觀，如此當面是非，忽成說夢，而況於曖昧疑難之事乎？如此部屬處分，且成疑網，而況於軍國重大之務乎？閣臣冤苦至是爲極，臣等雖有報國之心，而舉頭觸穽，咫尺如漆，萬萬無一事可爲矣。見今臣錫爵雖奉溫旨勉留，然愁疾轉深，勢必不能復出，臣志皋、臣位理亦當聞言待罪，自今日上疏之後，亦不敢擅便進閣，以冒貪權固寵之嫌。伏乞聖明憫臣當事之至難，受冤之至苦，特容解職避賢，以免辱國，庶臣等心事不明於今日，必明於去後，而一時紛紛議論諸臣，齒少者漸以長，位卑者漸以尊③，亦會有身當事任而思臣等今日之難者。臣等不勝懇恩哀切之至。爲此謹具本奏聞，伏候敕旨。"奉旨："這等明白事情，羣小當朕面前輒敢胡言亂扯，可見朝臣結黨亂政，非止一端。卿等股肱大臣，爲國受誣，乃任事任怨之所致。朕因人言愈深託④。既不必辯，又何以避賢爲請？宜出輔佐化理，主張國事，毋得畏阻。吏部知道。"

十二日丁卯，大學士張位奏："爲直陳近日朝事自揣不能報國乞容休致以安愚分事。臣自昨歲入閣辦事，意圖少有建樹，以答聖主知遇殊恩。奈識⑤淺才疏，愧無裨益，而一念區區報主之心，則天地神明可鑒也。近因考察拾遺吏部回語⑥事，已奉明旨處分，茲外廷諸臣中紛紛奏辯，遷怒內閣未嘗細察，緣

①其　明抄本作"具"。通行本作"其"。當爲"且"。

②受　據《王文肅公文集》卷四〇，"受"當作"坐"。

③尊　明抄本作"遵"。通行本改"尊"，是。

④託　《王文肅公文集》卷四〇，"託"上有"信"字。

⑤識　明抄本作"職"。通行本改"識"，是。

⑥語　明抄本作"話"。通行本誤作"語"。

故橫加詆誣。冤哉，此絕無影響①之事，誠不知其何心也？今且指及於臣矣。始者虞淳熙等拾遺疏上，原係六科十三道公舉，固與內閣毫無相干也②。及拾遺疏下，吏部議其當留，閣擬悉如部覆，可見閣多③部之無異也。再經科臣糾舉，且語侵廟堂不為主持，閣擬仍下吏部，繼而欽奏④聖諭，着令回話，又繼而回話疏上，奉⑤御筆欽定罰俸降調。此皆青天白日之下，內有文書官，外有中書官，歷歷可問，其詳已具同官公疏中，無容臣贅矣。有疑臣護首輔激成聖怒⑥者，此在聖心自知首輔果有激怒⑦之言否，況首輔近因冊立事進退維谷，其身且不能自謀，而又暇為他事謀乎？夫內閣之地，密⑧勿之司也，獨斷之旨，有難事事自明，揭疏之陳，未可一一宣洩。從下則疑，從上則阿，本無事權，動有責備。今之為閣臣者，不亦難乎？竊今南星之謫，即謂處分稍過，何妨從容解救，徐俟轉移？胡乃急迫如是？明明聖斷，天日照臨，當此顯然之事，尚蒙不白之誣，真有難以自容矣。臣多病早衰，本無用世之心，茲特為報主而出，幸同官道義素交，共相砥礪，一以奉公守法為事。每日出則扃戶，歸則杜門，惟圖守己，專意報國耳。今世途可畏，事体⑨難行，捨怡怡味淡之安，處憂讒畏譏之地，若不早去以避賢路，則將來巧誣，又不知將何所紀極也。伏望皇上憐臣出山之志，矜臣涉世之疎，特賜免歸，以全名節，別選賢才，匡輔治理，俾臣得從田野歌詠太平，則微分亦得以自安矣。臣不勝激切懇祈之至。為此謹具本奏聞，伏候敕旨。"奉旨："卿忠誠直亮，朕所鑒知。正賴卿及⑩元輔等同寅相濟，匡救時艱，豈可因羣小疑謗，遽爾⑪求退？卿宜安心辦事，所辭不允。吏部知道。"

十三日戊辰，大學士王錫爵奏："本月十一日欽蒙聖恩，以臣患病，特遣⑫御前牌子李虎頒賜臣鮮豬一口、鮮羊一牸、白米二石、酒十⑬瓶、甜醬瓜茄一罈，臣謹於私第恭設香案扶掖叩頭祇領訖。伏念⑭臣詣闕方新，沉痾頓劇，所不敢預乞短假、而即請長休者，蓋心慼於員⑮國，志決於引身，而不欲援病臣

① 響　明抄本作"馨"，通行本改"響"，是。
② 也　明抄本作"地"。通行本改"也"，是。
③ 多　明抄本作"與"。通行本誤作"多"。
④ 奏　"奏"當作"奉"。
⑤ 奉　明抄本作"奏"，通行本改"奉"，是。
⑥ 怒　明抄本作"怨"。通行本改"怒"，是。
⑦ 怒　明抄本作"怨"。通行本改"怒"，是。
⑧ 密　明抄本作"蜜"。通行本改"密"，是。
⑨ 体　明抄本作"休"。通行本改"体"，是。
⑩ 及　明抄本作"與"。通行本改"及"。
⑪ 爾　明抄本作"耳"。通行本改"爾"，是。
⑫ 遣　明抄本作"遺"。通行本改"遣"，是。
⑬ 十　明抄本作"汁"。通行本改"十"，是。
⑭ 念　明抄本無"念"字。通行本補之，是。
⑮ 員　明抄本作"負"。通行本誤作"員"。

萬曆起居注

在告之例，以于①聖主推食之恩也。乃茲溫綍方頒，大烹洊辱，玉粒備苾芬之藪，金採無②毛鬣之牲，而重以中使親臨，光於蓬蓽，臣採芹不任之弱體，驚寵未定之殘魂，至此愈增其隕越矣。顧惟聖念惓惓若此，不過欲臣之早出，而臣亦豈不願黽勉加餐、以圖萬一之報？所愧愚忠未效，世責日加，徒叨醉酒飽德之恩，而不能效和羹作醴之用，雖有移孝爲忠之志，而不能矢難進易造③之操，誠恐愁病蓋④深，而報主終於無日耳。臣不勝激切感戴之至。"奉旨："覽卿奏謝，朕知道了。禮部知道。"

十四日己己⑤，大學士王錫爵⑥："爲恭謝天恩事。今日該臣等乞休疏下，奉聖旨：'這等明白事情，羣小當朕面前輒敢胡言亂⑦扯，可見朝臣結黨亂政，非止一端。卿等股肱大臣，爲國受誣，乃任事任怨之所致。朕因人言愈深⑧託。既不必辯，又何以避賢爲請？宜出輔佐化理，主張國事，毋得畏阻。吏部知道。欽此。'又該鴻臚寺卿張棟等，齎捧皇上手札一道，到臣等私第宣讀：'卿等同寅協恭，忠誠體國，深契朕心。近來士風澆薄，變態多端，羣小窺探朕意，故來籍⑨口，朋謀造誣，致⑩激卿等。朕春偶疾，暫時靜攝，正賴卿等挽回世道，以正人心。若復避讒求退，則國是愈渙，政本愈亂，豈朕倚重之意？着鴻臚寺卿宣示朕意，亟入閣任事，用副朕懷。故諭。欽此。'除臣等各於香案前叩頭謝恩訖，臣志皋、臣位隨趨入閣辦事、另本陳謝外，臣錫爵見在移病，奉旨調理，未克旅進班行，有孤注眷，不勝惶悚。臣等竊伏惟皇上，明同日月，威併雷霆，昨者處分吏部之事，斷自聖哀⑪，親改硃票，以常理言之本無可疑，而外廷紛紛如此，其說有二：一者不知禁中之事，而隨衆傳訛，遂以爲真，二者雖知臣等之心，而故意激發，使之必救。然亦近來人情貴耳賤目、貴少賤長之常，而未必其有窺伺、朋黨、傾害臣等之心也。區區所望，但得皇上片言發中，自然明白，而不意仰煩爲之垂注鄭重、灑翰淋漓至此，既據實剖斷於臣等所言之中，又觸類推廣於臣等所言之外，且從容談'朕不罪言者'，又得古帝王教而不怒⑫、無忿疾於頑之意。此蓋由皇上以

---

① 于 "于"應作"干"。
② 採無 明抄本作"採無"。通行本作"採無"。皆誤，其第一字應即"漿"字，第二字當爲"兼"字。
③ 造 "造"當作"退"。
④ 蓋 "蓋"似應作"益"。
⑤ 己己 "己己"當作"己巳"。
⑥ 爵 明抄本"爵"下有"奏"字。通行本脫。
⑦ 亂 明抄本作"醉"。通行本改"亂"，是。
⑧ 深 "深"下當有"信"字。
⑨ 籍 明抄本作"藉"。通行本作"籍"。
⑩ 致 明抄本作"政"。通行本改"致"。
⑪ 哀 "哀"應作"衷"。
⑫ 怒 明抄本作"恕"。通行本改"怒"，是。

天聰天明之德，而秉勿貳之心，於咄嗟獨斷之中，而得鎮靜羣囂之體，即聖諭所稱'挽回世道以正人心'，總不出皇上範圍之內，而臣等又何容仰贊萬一矣？乃臣顧自惟，今日覿面冤誣之事，雖仰恃聖明在上爲之作主，而反之身心之間，亦必有衾影內愧、瓜李生嫌、而不足取信於人者。必不敢以一時遭際之幸，而遂忘修省，亦必不敢因衆言疑謗之多，而爲之引決。獨若①憂疾纏緜，精神耗竭，心欲奮而力不加，身徒捐而國無補，終始成全不無有望於天高地厚之恩耳。臣不勝流涕感恩之至。所有原奉御札，已付同官二臣尊藏閣中。爲此謹具本奏謝以聞。"奉旨："覽卿奏謝，朕已知道了。但國事人心，正賴卿調劑轉移、肅清世道，宜即進閣辦事，以慰朕惓惓殷望之意。吏部知道。"

十五日庚午，以皇第八女誕生，賜元輔紅雲紵絲二疋、銀抹金脚花二枝，次輔紅雲紵絲一疋、銀脚花一枝，講官陳于陛等六員各紅雲紵絲一疋、銀脚花一枝。

十六日辛未，大學士王錫爵等題："昨日蒙發下禮部郎中陳泰來等本，奉聖旨：'陳泰來這廝，前者屢屢恣肆狂悖，因未責處，心懷疑懼，故逞刁惡，欺君比於幼年，將朕獨斷處分佯作不知，誣賴輔臣，顯然亂政惑衆，好生可惡。本當②拏問，姑從輕降極邊雜職。賈嚴、薛敷教、于孔兼、顧允成、張納陛，明③謀結黨，濟④亂政體，都着降三級，調外任，俱不許朦朧推陞⑤。吏部知道。欽此。'臣等伏惟皇上，躬五帝聖神之資，攬維辟威福之柄，而且問察不遺於微賤，矜容每逮於狂愚，百官萬民無不感仰。昨者諸臣所爭吏部之事，蒙將臣等辯疏片言剖斷，是非了然，譬之霹靂一聲，潛底震動，大陽一照，陰曀廓清，妄言諸臣，有將汗⑥顏噤口之不暇，臣等方快睹聖人不怒⑦之威，而行且與諸臣共歸無諍之門矣。乃今嚴旨再下，赫然將陳泰來等，或從遠謫，或從重降，則臣等竊有所未安。以爲皇上處明，諸臣處暗，暗之不能窺明，如隔垣而視，其地限之，

萬曆二十一年

一〇九五

①若　"若"當作"苦"。

②當　明抄本無此"當"字，通行本補之，是。

③明　"明"應作"朋"。

④濟　"濟"字當作"淆"。

⑤陞　明抄本作"陛"。通行本改"陞"，是。

⑥汙　明抄本作"汙"，通行本改"汗"，是。

⑦怒　明抄本作"恕"，通行本改"怒"，是。

而可以情恕也。皇上至聖，諸臣至愚，愚之不能料聖，如以夢爲覺，其識限之，而可以量容也。況今言路盛開，芻蕘畢效，諸臣前此蓋有犯忌諱直斥乘輿者，而皇上且一切納之海涵天覆之中矣，何至今日反爲吏部一事之忤，臣等二三人之誣，而重以煩雷霆不測之怒①乎？且臣等觀陳泰來等，皆新進少年，不諳大體，耳雖妄聞，言雖無當，而其意固望皇上攬權獨斷。其詞因以閣臣朋黨爲名也，今身反被侵權結黨之名，紛紛得譴逐而去，其勢將愈激而愈不平。人持一是非，家立一門戶，恐皇②不勝其怒③，而臣等不勝其爭矣。伏望皇上少霽盛怒，賜之輕處，或將諸臣從重罰治，以爲道聽途說者之戒，庶天威不褻於小臣，而聖德彌光於翕受矣。見今成命已下，本不敢再有煩瀆，但事關臣等，而上累聖躬爲之發怒④動火，下令廷臣爲之懼罪諱言。臣等實不勝惶怖慚悚之至。爲此具題以聞，伏候敕旨。"

十八日癸酉，大學士王錫爵奏："爲病臣力盡心孤再乞骸骨還鄉以全始終恩造事。昨該臣以病乞休，又因人多言⑤同官臣志皋、臣位合疏求退，陸續奉聖旨，諭以暫時調理，勉其亟入任事，且爲之暴明誣枉，披寫情愫，而屬之調劑轉移、肅清世道之責。臣孝不曾參而信逾於投杼，忠非傅說而託重於調羹，有君如此，真百身可許、萬嫌不避之時，而區區疾病、口舌，非所遑恤，亦非所宜言矣。但口舌在人，尚可恃聖明之作主，爲逃責寡過之地，若疾病在身，則必待精神寧固，而後籌策得攄其忠，氣血充榮，而後馳驅得盡其力。乃臣連日以來，不惟頭眩⑥腦痛，日加困劣，而重以疑怪難明之證、方書所不載者，每一假寐，半刻之間則寒顫驚呼，至於數四，牀榻爲之動搖，僮伴無不聞見，雖醫官易大艮用大劑附子扶陽之藥投之，終不能止也。此蓋由臣一向觸藩困苦⑦，失計危疑，以致精神不復守舍，血氣不能充體，念雖有欲攄之忠、欲盡之力，而宰物者已錮⑧之矣。況今時事可憂正多，外有東西戰守之機宜，內有甲乙異同之議論，上有空虛難處之國計，下有愁苦⑨易動之人

① 怒　明抄本作"恕"，通行本改"怒"，是。

② 皇　"皇"下應有一"上"字。

③ 怒　明抄本作"恕"，通行本改"怒"，是。

④ 怒　明抄本作"恕"，通行本改"怒"，是。

⑤ 多言　明抄本作"言輿"。通行本誤改爲"多言"。

⑥ 眩　"眩"應作"眩"。

⑦ 若　"若"應作"苦"。

⑧ 洞　明抄本作"銅"，通行本改"洞"，皆誤。應改"錮"。

⑨ 苦　明抄本作"若"。通行本改"苦"，是。

心，凡皆非病臣所偃①息卧理者。然此猶可諉②之用人行政各有司存，至於丹扆箴規之論，青蒲涕泣之言，而身隔九閽，病餘一息，意③無緣剖心血以報所天，接謦欬而揚休命，則密勿輔理之謂何？而臣疾癃④疾痛中，又豈堪此負乘之憂、曠官之懼也？即今母病久廢，且見臣憂亦憂，見臣懼亦懼，以旦暮難保之命，而當此風波叵測之時，臣則已矣，其如母何？伏望皇上察臣一身在事，原無重輕，憫臣二命，相依實同生死，特賜骸骨，還鄉養母，以全終始造命之恩。臣無任懇激祈望之至。爲此謹具本奏聞，伏候敕旨。"奉旨："大臣謀國，當權重輕。據卿所奏，既云外有東西戰守之機宜，內⑤有甲乙異同之議論？卿當爲國任怨任勞。朕心自有主斷，豈可託疾求去？宜即進閣辦事，不必再有所辭。吏部知道。"

　　二十二日丁丑，大學士趙志皋、張位題："竊惟首輔王錫爵，平生賦正直之性，懷忠義之心，皇上之所素鑒、廷臣之所信服者。自趨召⑥入朝，適當禮官奏請建儲之時，閣中前後公私疏揭几⑦十幾上。在皇上既以爲迫，在廷臣猶以爲阿，誠有如錫爵疏中之所言者。緣此，錫爵既憂皇上之未能亮其心，又病廷臣之過疑其迹，又慮高年老母臥病舟中而未得入京，以此憂鬱，遂成怔忡嘔痛之疾。臣等力勸迎母入京，母子相見，歔欷而病益⑧甚，因未能入閣辦事，具疏陳情，實非託病求去也。乃今三日，未蒙發票，非但錫爵憂惶，而臣等亦切疑慮，豈皇上果覽其疏而疑其其心乎？抑疑其徇廷臣之議而故達⑨皇上擔當之諭乎？臣等反覆思之，錫爵因母病而疏求歸省，又因母病而疏求終養，其情始實迫切，後因屢奉嚴旨，遂載母乘寒踰險同趨闕下，一念不忘君父之意可知也。疾趨入朝，密揭奏請，並擬有嫡立嫡⑩、無嫡立長之諭，其委曲將順之意又可知也。盈廷聚而不辭屢疏⑪，亦大臣一念爲社稷定國本之意，豈有他哉？衆議交謫，而錫爵惟自引咎，於己卒不敢一言以累主上，即古人以嘉謨嘉猷歸於我后之德也。有臣如此，而皇上疑之，臣等真爲恐懼不寧矣。且世道澆漓，人情險惡，議論橫生，卑

①偃　據《王文肅公文集》卷四一，"偃"當作"容偃"。
②諉　明抄本作"誘"，通行本改"諉"，是。
③意　據《王文肅公文集》卷四一，"意"當作"竟"。
④疾癃　據《王文肅公文集》卷四一，"疾癃"當作"疲癃"。
⑤內　明抄本"內"上有"又何慮"三字。通行本刪之，誤。
⑥召　明抄本作"台"。通行本改"召"，是。
⑦几　明抄本作"凡"。通行本誤作"几"。
⑧益　明抄本作"蓋"。通行本改"益"，是。
⑨達　"達"應作"違"。
⑩嫡　明抄本無此"嫡"字。通行本補之，是。
⑪盈廷聚而不辭屢疏　此句不順，待查。

凌尊，下箝上，政柄倒持，而非錫爵以老成重望彈壓之，若臣等實不能以一日居於其上矣。昨因錫爵疏上三日不①下，外廷浮言遂起而莫之誰何，真可②畏之甚也。臣等同爲皇上輔弼之臣，均有心膂之託，誠恐皇上深居九重，不察錫爵忠耿之情、與外廷小臣躁險之狀，冒昧具揭，伏願皇上即將錫爵奏疏親灑宸翰，或發下擬票，即令出閣辦事，庶使錫爵仰見皇上勿疑之心，且使廷臣亦有畏憚之意，朝廷益尊，國是益定③矣。昔賈誼上《治安策》於漢文之朝，曰：'廉遠地，則堂高。'夫堂，猶君也。廉，猶大臣也。人君能禮大臣，則朝廷益尊矣。敢借此以爲今日之喻云。伏惟聖裁。臣等無任踴躍懇祈之至。謹具題以聞。"

二十四日己卯，命翰林院編修黃汝良、全天敘，編纂六曹章奏。

是日，大學士王錫爵等題："昨該刑部議覆雲南撫按官勘報李材功罪疏，另揭送閣。臣等再四參詳，竊以爲據此一疏，則材之報功原不可爲不虛，而皇上之罪材，原不可爲不當。但恨前此救材諸臣，不覈實事，不持平心，而但以人品、學問爲功伐，以風聞影響爲斷案，宜乎其説之愈長而愈激、愈忤，且愈重材罪也。若臣等今日之論則不然。夫皇上所以恕④材者，爲其欺冒也。而欺不同，有實敗而掩之爲功，有無功而飾之爲有⑤，亦有功在人而攘之於己者。此其欺冒，乃全虛不實之事，不妨法外加嚴，懲一儆百。今據李材原勘之疏觀之，當孟養告急時，材實曾遣兵助戰，獲有金沙之捷。既而孟養進貢夷文，又明稱'天朝賞⑥發天兵'，則此舉既不可謂⑦之無功，而其功又不可謂不出於材矣。至於多報首級，不過就有功之中以寡作多，而未嘗以敗爲勝、以無爲有也。又不過據將官之報，失加查覈，輕爲人敘功，而未嘗自以爲功也。此其虛冒，乃實多虛少事⑧，律以《周官》八議之條，正在所可議者。矧材禁錮數年，母死不及視飯舍⑨，家破無人給饘粥，顛連困苦⑩亦已備嘗，皇上既爲之哀憫行勘一番，而該曹又爲之折中平議以覆，

①不　明抄本無"不"字。通行本補之，是。
②可　明抄本"可"下有"以"字。通行本刪，是。
③定　明抄本作"廷"。通行本改"定"，是。
④恕　"恕"應作"怒"。
⑤有　明抄本作"功有"。通行本作"有"。當作"有功"。
⑥賞　明抄本、通行本皆作"賞"。似應作"嘗"。
⑦謂　明抄本作"爲"。通行本改"謂"，是。
⑧事　據《明神宗實錄》卷二五八，"事"上當有"之"字。
⑨舍　"舍"當作"含"。
⑩困苦　明抄本作"因若"。通行本改"困苦"，是。

臣等竊以爲連年諸司之激論，俱不足憑，止憑此一勘一覆，而材之罪不掩功、法不蔽律，可概見已。臣等適又見雲南抗①鎮等官交章報稱，緬賊內犯，勢甚猖獗。此項賊情，原係材昔年料理之事，今當緊急用兵，正宜大明公道，少弛文法，以作邊臣任事之氣。則久繫如材者，不惟爲材可惜，而爲地方可②惜也。此臣等最平之論，原不爭材無罪，但望皇上於罪中原情，或爲民，可③充軍。但萬里馳驅之舊臣，數年縲絏之餘命，獲保首領以沒，亦見皇上慈悲放生無量功德耳。等臣④不勝企望之至。謹具題以聞。"

二十六日辛己⑤，以寧鎮宣奏捷音祭告郊廟收回脯醢果酒，賜三輔臣三卓。

二十七日壬午，大學士王錫爵奏："爲三允⑥天恩早遣無用病臣以⑦延餘命以免曠官事。昨該臣以病再疏乞休，奉聖旨：'大臣謀國，當權重輕。據卿所奏，既云外有東西戰守之機宜，又何慮內有甲乙異同之議論？卿當爲國任怨任勞，朕心自有主斷，豈可託病⑧求去？宜即進閣辦事，不必再有所辭。吏部知道。欽此。'臣奉旨⑨後，隨該同官二臣到臣榻前，諭以皇情注眷惓惓如此，時事雖艱⑩，身疾雖困，不可不強扶一出，以待從容望見天顏之後，少吐赤忠，求去未晚。臣亦涕泣自傷，以爲臣於國家，如匹梟之在江湖，而皇上之倚臣，如狂瀾之頒⑪底柱。昔孟氏於齊王，邂逅爲君臣耳，非有積素累舊、握手臥內之親也，尚以師命不敢請去。今臣特達遇知，兩自田間敦召，託在心膂，業已感激自奮，數千里奔命而來，顧當此三陲告警之時，九重旰⑫食之日，乃堅臥不出，屢博溫綸，即⑬負君父之大恩，亦犯聖賢之名教，苟非木石，胡能忍心？但古語有之，慈父不能愛無益之子，仁君不能畜無用之臣。臣之今日，可謂無用矣。精誠不足以動天地，謀猷不足以安國家，風采不足以肅朝端，吐握不足以酬時彥。即使神完氣固、尚可驅馳，不過覥顏以玷⑭禁門數尺之地而已，而況頭風痛楚，心氣怔忡，且

①抗　明抄本作"撫"。通行本誤作"抗"。
②可　明抄本在"可"字上有"不"字。通行本刪之，是。
③可　"可"應作"或"。
④等臣　"等臣"應作"臣等"。
⑤己　"己"當作"巳"。
⑥允　"允"應作"乞"。
⑦以　明抄本作"此"，通行本改"以"，是。
⑧病　上文"病"作"疾"。
⑨旨　明抄本"旨"下有"有"字。通行本刪，是。
⑩艱　明抄本作"難"。通行本改"艱"。
⑪頒　"頒"似應作"須"。
⑫旰　明抄本作"肝"。通行本改爲"旰"，是。
⑬即　"即"應當作"既"。
⑭玷　明抄本作"點"。通行本改"玷"。

一日加憊於一日。今天時荏苒入夏，而臣絮①帽裹頭，重罏灼骸，尚不免寒顫，奄奄之息，其餘幾何？若復隱忍冒昧，綴空名於朝請，糜日給於大官，則鬼神亦將厭之，而豈但仁君慈父無所用此殘魂假魄爲也？臣知今日多言瀆請爲負恩，然知其負而早去以避賢者，即所以報恩，亦知一事未成而去，有愧初心，然去不以爭事，而以引疾，即所以明心。伏惟聖諭令臣權國事之重輕，臣亦望皇上權恩禮之重輕。留臣之身，與用臣之言，輕重何如也？惜臣之去，與全臣之生，輕重又何如也？是用稽首哀號，仰丐一日之早於②，以延餘命，以免曠官。情迫詞窮，無任惶悚顛越之至。爲此謹具③本奏聞，伏候敕旨。"奉旨："朕知卿忠誠，再次勉留，自有深意。朕因新春積火上升，兩日疼④痛。卿可即出，待朕少愈，召⑤卿面見⑥，商量國事，必然使卿安心，慎毋疑阻。還着鴻臚⑦宣示朕意。吏部知道。"

① 絮　明抄本作"絜"。通行本改"絮"，是。
② 於　據《王文肅公文集》卷四一，"於"當作"放"。
③ 具　明抄本作"且"。通行本改"具"，是。
④ 日疼　明抄本作"目瘩"。通行本作"日疼"。當作"目疼"。
⑤ 召　明抄本作"名"。通行本改"召"，是。
⑥ 見　明抄本"見"下還有一"見"字，衍。通行本刪之，是。
⑦ 臚　據下文，"臚"下當有"寺"字。

四①月乙酉，朔，以孟夏時享太廟，遣公徐文璧恭代，侯吳繼爵、伯王學禮分獻②。

是日，大學士王錫爵奏："爲恭謝天恩事。該臣今日三上疏乞休，隨奉聖旨：'朕知卿忠誠，再次勉留，自有深意。朕因新春積火上升，兩日③疼痛。卿可即出，待朕少愈，召卿面見，商量國事，必然使卿安心，慎毋疑阻。還着鴻臚寺宣示朕意。吏部知道。欽此。'隨該鴻臚寺卿張棟等到臣私寓宣讀，臣恭設香案叩頭謝恩訖。臣伏惟故事，諸司奏章皆次日發票，又次日批行，今臣之此疏，蒙皇上既④時隨覽隨批，不由票擬，此特恩也。且謬辱以忠誠之褒，明示以勉留之意，既許其召見商量國事，仍令其安心、慎毋疑阻，而復加意鄭重，欽遣多官宣示，此又特恩中之深知，非但羣臣所不敢望，即臣之始望亦所不敢及也。臣疲癃餘身⑤，跼蹐危衷，前此因見聖心不白於天下，委不能一飯下咽，一夕安寢，今既仰窺皇上天日之明，肝膽⑥之信，愛臣以德而不以姑息，留臣以心而不以禮貌，臣復何勞怨之敢避？何身家之敢謀？惟是連日正苦頭風困劇，不便朝恭，仍聞聖體方在靜調，臣子之心尤當以愛君爲重，不敢遽勞晉接。更乞天恩少寬旦夕，使得從容扶羸策憊，以修職業，專精屏息以奉大對耳。臣不勝感激惶悚之至。爲此謹具本奏謝以聞。"奉旨："覽卿奏謝，朕已知道了。閣務繁重，卿宜即出，以副朕眷倚之意。吏部知道。"

三日丁亥，大學士趙志皋奏："爲自揣無功冒膺殊⑦典披瀝悃誠懇辭恩命以安愚分事。本月初二日，准吏部咨，該本部奉敕諭：'敕吏部：寧夏叛⑧逆蕩平，輔臣趙志皋、張位密勿運籌，勞績懋著，宜特加陞蔭⑨示酧⑩。志皋加太子太保，位陞禮部尚書，俱進兼文淵閣大學士，俱照新銜給與應得誥命，仍各蔭一子入監讀書。如敕奉行。欽⑪此。'臣恭誦綸音，不勝惶懼。竊惟人君懸爵賞以馭天下，爵以敘功，而無功者不敢僭，賞以酧⑫勞，而無勞者不可濫。僭與濫徒以滋幸門，而無以昭勸典也。寧夏功成，皇上命巡按御史查覈文武將吏功次，下兵部

萬曆二十一年

——〇一

① 四　明抄本"四"上還有"萬曆二十一年"六字。通行本脫。
② 獻　明抄本作"獸"。通行本改"獻"，是。
③ 日　通行本中之"日"爲"目"之誤。明抄本作"目"。
④ 既　"既"應當作"即"。
⑤ 身　明抄本作"息"。通行本誤作"身"。
⑥ 膽　明抄本作"瞻"。通行本改作"膽"，是。
⑦ 殊　明抄本作"珠"，通行本改"殊"，是。
⑧ 叛　明抄本作"判"。通行本改"叛"，是。
⑨ 蔭　明抄本作"癊"通行本改"蔭"，是。
⑩ 酧　"酧"應爲"酧"（即"酬"）之誤。
⑪ 欽　明抄本"欽"下有"與"字。通行本刪之，是。
⑫ 酧　"酧"應改爲"酧"（即"酬"）。

議覆，大舉陞賞，此國家勸率之典，不可無者。而因之以及於臣，則臣實不敢當焉。蓋寧夏之功？皆由皇上宵旰憂勸①，神武震疊，推轂授鉞而重閫外之權，增餉益兵而作軍中之氣，明旨戒嚴，威令申飭。是以披堅執銳之士，鼓勇爭先，運籌②定策之臣，謀謨決勝，妖氛盡殄，邊境載寧。若臣等日惟出入禁廷，周旋帷幄，平時乏安攘③之策，臨事無匡④勷之勞，安得與封疆之臣同擬論功之典？且念宮保爲品秩之崇階，文淵爲密勿之峻位，兼以綸章之渥光貫於先，復叨世蔭之榮恩⑤延於後，有何勞績，虛冒寵榮？聞命驚惶，跗躬跼蹐。思閣臣以邊功覃恩，雖係先朝故事，而近年已奉明旨，不許緣襲虛文，聖諭昭然，臣心凜若。因人成事，揆義終所未安，貪天爲功，揣分豈能無愧？伏望皇上鑒臣無功，察臣愚悃，收回成命，仍守舊官，前項加恩悉行罷免，庶國家之勸典以昭，而臣子之分誼亦安矣。臣無任激切懇祈之至。爲此謹具本奏聞，伏候敕旨。"奉旨："寧賊蕩平，賴卿殫忠運謀，贊襄密勿，功當首論。茲特加恩示酬⑥宜遵成命，不允辭。吏部知道。"

是日，大學士張位奏："爲披瀝悃誠辭免殊常恩命以安愚分事。本月初二日，准吏部咨，該本部奉敕諭：'敕吏部：寧夏叛⑦逆蕩平，輔臣趙志皋、張位密勿運籌⑧，勞績懋著，宜特加陞蔭示酬。志皋加太子太保，位陞禮部尚書，俱進兼文淵大⑨學士，俱照新銜給與應得誥命，仍各蔭⑩一子入監讀書。如敕奉行。欽此。'臣仰誦恩綸，不勝驚惕。俯循愚分，不勝悚懻。竊惟西賊蕩平，普天稱慶，是皆仰賴我皇上神謨獨斷，聖武布昭，社稷之福也，祖宗之佑也，天也，臣何力之有也？又以兵樞運籌⑪，邊閫戮力，將吏之勩也，士卒之奮也，人也，臣何力之有也？胡敢貪天之功以爲功，而又忍掠人之美以爲美乎？臣叨陪末議，靡展一籌⑫，方自歉於虛縻，曷更當乎寵賚？遷官轉閣，秩益崇而地益嚴，誥錫賞延，榮其先而庇其後，兼此難承之眷，俱爲溢分之施。頃者奏捷獻俘，論功行賞，屢經臺臣之勘覆，更下廷議之酌量，至再至三，其難其慎，無非欲得勞績之實，而公激勸之典也。今懋賞示酬，未加於封疆⑬死綏

①勸 "勸"字應作"勤"。
②籌 明抄本作"壽"。通行本改"籌"，是。
③攘 明抄本作"壤"。通行本改"攘"，是。
④匡 明抄本作"勖"。通行本改"匡"。
⑤恩 明抄本無"恩"字。通行本增此字。
⑥酬 明抄本作"醉"。通行本改"酬"，是。
⑦叛 明抄本作"判"，通行本改"叛"，是。
⑧籌 明抄本作"壽"。通行本改"籌"，是。
⑨大 據上文，"大"上應有"閣"字。
⑩蔭 明抄本作"陰"。通行本改"蔭"，是。
⑪籌 明抄本作"壽"。通行本改"籌"，是。
⑫籌 明抄本誤作"壽"。通行本改正作"籌"。
⑬疆 明抄本作"彊"。通行本改"疆"，是。

之士，而横恩異數，乃及於幄幃持議之臣，抑豈所以普勵羣心、而丕視功載耶？況密勿朝夕，無非主恩，表率所關，廉節是尚，儻不審擇辭受，何以風示臣工？所有恩命之頒，萬無敢當之理。伏望皇上俯察愚忱，收回成命，惜名器之重，遂辭讓之私，庶分義得以少安，而圖報益將自勉矣。臣無任感激懇祈之至。爲此謹具本奏聞，伏候敕旨。"奉旨："寧賊蕩平，賴卿殫忠運謀，贊襄密勿，功當首論。茲特加恩示酬①，宜遵成命，不允辭。吏部知道。"

六日庚寅，大學②士趙志皋奏："爲恩命殊常披誠再懇俯從辭免事。該寧夏功成，荷蒙聖慈曲軫輔臣，特加恩命，隨該臣具本辭免，奉聖旨：'寧賊蕩平，賴卿殫忠運謀，贊襄密勿，功當首論。茲特加恩示酬③，宜遵成命，不允辭。吏部知道。欽此。'臣祇奉恩綸，益增惶悚。竊惟人君慎名器而必先責近，所以昭大公，人臣宜勞力而不言事功，所以明大分。臣以庸劣之才，叨居輔弼之任，近至尊之左右，而眷倚優隆，荷寵光之照臨，而錫予藩庶。雖許身未敢爲竭誠，縱捐軀亦難以報德。寧夏賊倡亂，實由臣等安攘無功，上厪皇上之憂勤，下貽邊境之荼毒，内竭帑藏之轉輸，外煩遠近之調集，經百戰而始定，歷八月而後平，臣方引之以爲咎，安敢攘之以爲功？雖借著爲籌④，演綸授事，不過上奉皇上之睿謨，下據樞臣之區畫，盡⑤其職分之常，匪有奇秘之策。況今倭寇擾害東隅，尚未安堵，莽酋憑凌南鎮，猶用行師，此皆關臣之責任，而未可遽以爲安寧也。臣何敢僥偶逢之幸，以遺⑥曠官之尤，冒⑦非分之恩，以重忝竊之罪？伏望皇上俯鑒愚忱，特停前命，庶皇上恩賚之施，大得其平，而臣貪冒⑧之非，亦冀可免矣。臣無任懇切待命之至。爲此，謹具本奏聞，伏候敕旨。"奉旨："朕以平逆殊功，大行陞賞。卿爲輔臣，弼贊忠勞，原與泛常敍及者不同，加恩非過，毋得固辭。吏部知道。"

是日，大學士張位奏："爲再瀝悃誠辭免殊常恩命以安愚分事。臣昨蒙加恩優渥，具疏懇辭，奉聖旨：'寧賊蕩平，賴卿殫

①酬 明抄本作"酧"。通行本改"酬"，是。

②學 明抄本誤作"大"。通行本改"學"，是。

③酬 明抄本作"酧"。通行本改"酬"，是。

④籌 明抄本作"壽"。通行本改作"籌"，是。

⑤盡 明抄本作"畫"。通行本改"盡"，是。

⑥遺 明抄本作"遣"。通行本誤作"遣"。

⑦冒 明抄本作"冐"。通行本作"冐"，誤。

⑧冒 明抄本作"冐"。通行本作"冐"，誤。

萬曆起居注

忠運謀，贊襄密勿，功當首論。茲特加恩示酬①，宜遵成命，不允辭。吏部知道。欽此。'恭誦綸音，益增感激，再攄下悃，冐②瀆宸嚴。臣聞盛明之世，賞必當功，名必責實，則上之與之也其恩不濫，而下之受之也其心獲安。臣不離俎豆之聞③，漫與軍旅之敍，無功何以受賞？無實何以副名？不稼取禾，寧不遺誚？臣聞汲黯在廷，淮南寢謀，韓、范當事，西賊喪瞻④，其望隆也。臣昨趨命入朝，適值寧夏變起，兵歷三時，費踰百萬，生靈殘耗，慘目傷心，臣之爲罪多矣，忍言功乎？此一時也，大典未行，羣言日噴，臣仰不足以動上意，俯不足以諧衆情，方負罪引慝之不遑，又何敢言功而偃然受賞之時乎？況首輔王錫爵，乃心王室而遠猷辰告，而尚不與其賞，次輔趙志皋，主持邊計，焦勞居多，而乃得與同其功，尤臣之所爲揣分懷慙、跼蹐而不敢自寧者也。故不避煩瀆，復爲控辭，伏望皇上察臣志之無他，矜臣言之非矯，特回成命，示天下以無私，俾臣得以安其位而行其志，則臣之蒙幸更大矣。臣不勝悚息待命之至。爲此謹具本奏聞，伏候敕旨。"奉旨："朕以平逆殊功，大行陞賞。卿爲輔臣，弼贊忠勞，原與泛常敍及者不同，加恩非過，毋得固辭。吏部知道。"

九日癸己⑤，賜三輔臣⑥鮮藕各三枝。

十二日丙申，大學士王錫爵等題："臣等竊自⑦身直禁廷，情聯一體，皇上既密以股肱心膂託之，而重以任事任怨望之，臣等一應處分票擬，若不附⑧皇上而附他人，不從獨斷而從異論，此至無識者所不爲，亦至無情者所不忍也。惟是連年以來，止見有二事未決，皇上本無成心，本屬英斷，而爲內外小臣紛紛聒擾，以至言多愈窮，事激反重，大有可痛恨者，輒有調停善處之說，爲皇上陳之。且如鄒元標，本以樸愿書生，無他奇略，皇上先已錄其微忠，再召入吏部，此豈有成心也？既而因調改南，兩京一體，亦未見大有催⑨折，而小臣爭之，以爲此曠古遺直，不可不亟爲超用。臣等嘗取其原疏讀之，詞氣甚平，

①酬 明抄本作"酧"。通行本改"酬"，是。
②冐 "冐"應爲"冒"。
③聞 "聞"似應作"間"。
④瞻 此"瞻"應作"膽"。
⑤己 "己"當作"巳"。
⑥臣 明抄本無"臣"字。通行本補之，是。
⑦自 明抄本"自"下還有一"自"字。通行本刪之。
⑧附 明抄本作"拊"。通行本改"附"，是。
⑨催 明抄本、通行本皆作"催"。似應作"摧"。

原無觸冒①，而外廷以皇上之忤，爲之故昂其聲價，皇上因以外廷之争，爲之故抑其陞②遷。然則擯元標者乃諸臣，非皇上也。又如李材，雖有學問，年已近衰③，不能覈實報功，爲將官所誤，皇上赫然震怒，拏問重處，豈亦非英斷也？既而獄久不決，重復行勘，明示可生之機，而小臣争之，以爲此曠古極冤，不可不亟爲敍録，未卜其生，先卜其用，不平如此，而望轉移天聽，不亦難乎？然則錮李材者乃諸臣，非皇上也。臣等職司調燮，故於二臣之事，始終不敢苟附人言，歸過於上，惟望聖明將元標先④年條陳之事，與李材近日勘功之疏，平心觀覽，酌量處分。於元標則勒令該部改陞兩司外官，略其虛名，課以實事，於李材則照依劉天俸改發充軍事例，但減死罪，不減生罪。如此，則用捨縱操兩得其平，而皇上乾綱獨斷之明，天覆無私之德，並行而不悖矣。臣等不勝犬馬爲主之忠，用敢上推聖心，參以己見，而效其惓惓如此。伏惟即賜裁決施行。謹具題以聞。"

十三日丁酉，大學士王錫爵等題："適蒙發下吏部尚書孫鑨乞休本，該文書官杜茂口傳聖問：'孫尚書屢次託疾，是何主意？'臣等因此仰見，皇上留神銓務，洞察下情，不敢不據實以對。臣等看得，鑨之爲人，樸直端凝，雅有大臣風度。自蒙恩拔擢以來，恭己以聽該司，虛心以從公論，臣等皆望而敬之。近雖以郎中趙南星事責及，然皇上旋降溫旨，既已盡忘成心，而鑨亦廷見謝恩，泯無一毫形迹矣。乃連日忽稱病甚，屢旨不出，臣等亦心疑之。既而臣錫爵造其卧榻，問其所苦，乃爲考察時風寒所傷，腿足疼痛，至今未愈。退而質之侍郎蔡國珍、郎中劉元霖等，其言如出一口。由此觀之，鑨乃真病，非別有主意，悻悻詐託也。而外廷揣摩之見，猥見臣等以趙南星之事被誣，則謂臣等必有憾於吏部，而欲鑨之去，又見鑨之稱病在南星去後，則謂鑨亦有疑於臣等，而爲此求去。殊不知誣臣等者原非趙南星，臣等且於南星無憾，何況於鑨？鑨又何疑於臣等？乃其汲汲求去之意，似專爲目前推陞文⑤選之期，既恐以

①冒 明抄本作"冐"。通行本作"冐"，誤。
②陞 明抄本作"陛"。通行本改"陞"，是。
③衰 明抄本作"哀"。通行本改"衰"，是。
④先 明抄本作"光"。通行本改"先"，是。

⑤文 明抄本作"大"。通行本誤爲"文"。

疾誤事，又不敢擅自委人。臣等今爲之處，另擬①一票，將前項推陞等事，暫令本部侍郎代管，則鑛自無所籍②口，不敢再辭矣。緣係此旨頗有處分，非比泛常留用，不敢擅便，謹具題上請，伏乞聖裁，酌量施行。"

十八日壬寅，賜元輔王錫爵銀綵扇六把、銀釘鉸扇十把、碑礦扇二十把，次輔趙志皋、張位每銀綵扇五把、銀釘鉸扇十把、碑礦扇二十把，及講官陳于陛等六員③銀釘鉸扇三把、碑礦扇三把。

二十二日丙午，大學士王錫爵題："昨臣錫爵於三月中以病乞骸，蒙皇上不即放弃，許其召見，商量國事，使之心安。臣因自念，去國二年，到京三月，從未得一睹天顏，臣子之情真有萬分不自安者。今既有此利見之機，而皇上且明示以腹心之信，如覆盆照日，枯木噓春，臣誠不勝欣躍悚踊之至，惟恐犬馬病身，不能一刻奮飛而至皇上之左右也。乃臣自月初扶服進閣以來，初聞聖目在調，繼以天時乍熱，不敢造次啟齒，動煩起居，今已守候三旬，未見消④，誠恐過此清和之月，天氣一日炎於一日，而臣等欲望見清光，見一日難於一日矣。外廷之臣猥見臣等黔⑤而辦事，無造膝據忠之效，其隔牆獻疑，望影騰姍，又一日多於一日矣。雖聖主天聰天明，不出戶而見天下，萬幾庶政原無廢閣，臣等辰入酉出，憑章奏以白事，亦可粗遣⑥曠瘝之愆，顧今朝綱顛倒，國是混淆，人各有心，下爭爲政，臣等即身任百勞，不能當皇上之一出，皇上即日發千言，不能及朝堂之一見。蓋積玩之勢，積疑之形，有必不可自下而彈壓，空言而取信者。譬之太陽升而霾霧自消，黃鐘鳴而繁哇自息，此⑦方今挽回世道最上一着之機，皇上不惜聖躬之暫勞，乃所以遺宗社臣民之永逸，其所係非淺鮮也。至如臣錫爵，萬苦奔命一場，亦思少借陛前尺寸之地，以效愚忠之萬一，而至今屏息企踵，日遠日疎，耳不聽⑧警蹕之音，目不接起居之狀，每日出閣見廷臣問及於此，爲之口縮訥⑨而難對，面忸怩而無

①擬 明抄本作"拟"。通行本改"擬"，是。
②籍 "籍"應作"藉"。
③員 明抄本"員"下有"各"字。通行本脫。
④消 明抄本"消"下有"息"字，通行本脫。
⑤黔 據《王文肅公文集》卷四一，"黔"當作"默"。
⑥遣 明抄本作"遒"。通行本作"遣"，誤。
⑦此 明抄本"此"下有"此"字。通行本刪之，是。
⑧聽 明抄本作"聆"。通行本作"聽"。
⑨訥 明抄本作"肭"，通行本改"訥"。

光，此亦天下之至羞至苦，而皇上亦宜有以哀之矣。爲此冒昧叩頭，敢請燕閒①登對之期，而臣志皋、臣位亦願旅進軒墀，共祝岡陵萬年之壽。伏惟俯賜允俞②。臣等不勝幸甚，天下臣民亦不勝幸甚。謹具題以聞。"

二十三日丁未，改南京吏部右侍③郎鄧以讚爲禮部右侍郎、兼翰林院侍讀學士，掌管翰林院印信。

二十五日己酉，陞司經局洗馬兼翰林院修撰楊起元，爲南京翰林院侍讀學士，掌管本院印信。

二十六日庚戌，大學士王錫爵等題："今日發下禮部本，該文書官李浚口傳聖諭：'說與禮部知道，王府宗室是朝廷一家之事，況且祇是空名，原無耗費祿糧，仍又不許各藩援例，有何大礙，爭執不已？如此一事，不得主張，成何朝廷？你每件件做了人情，偏要抗違上命，以此立名，是如何說？欽此。'臣等竊惟，藩府之事，皇上連年連④旨，以恩權⑤義，以義起禮，即古堯親九族、周封同姓之盛心，而至於就中樽節，不給全祿，不爲後例，又未嘗全撓有司之法，臣等向已屢次傳諭該部，使之遵行。但該部所擬⑥者條例，所循者職掌，迹拘於避嫌，勢阻於中掣，此其所以爭執不已，致蒙皇上切責，臣等亦爲之反側不安者也。除一面遵旨再行傳示外，臣等竊又惟，皇言雖無反汗，而冊典勢難久停。今該部院既已題定欽依於二十六日遣官冊封，而今日尚以藩府之事不決，未經開列上請，既誤日期，且駭觀聽。今縱使禮官就能將順德音⑦，不敢再爭，而臣等竊以事勢度之，從來新封子⑧，必當先行宗人府查具履歷，然後行翰林院定擬封號，封號定，然後次第行各衙⑨門鑄印、造冊、具袍服，事緒多端，必非旦夕可辦，亦必不能及四月內各府冊封之期。不如且停今年，定以別年舉行，勉⑩其再行爭擾，庶上不失皇上惇倫睦族之恩，而下不誤目前傳制冊封之典。臣等折衷情法，調維上下，計無出於此者。至如聖諭謂該部'件件

①聞　明抄本作"聞"。通行本改"閒"，是。
②俞　明抄本作"諭"。通行本改"俞"。
③侍　明抄本誤作"傳"通行本改"侍"。
④連　據《王肅公文集》卷四一"連"當作"傳"
⑤權　明抄本作"權"。通行本改爲"權"，是。
⑥擬　明抄本作"據"，是。通行本誤作"擬"。
⑦音　據《王文肅公文集》卷四一，"音"當作"意"
⑧子　據《王文肅公文集》卷四一，"子"上當有"王"字。
⑨衙　明抄本誤作"衛"。通行本改"衙"，是。
⑩勉　"勉"字應當作"免"。

做了人情，偏要抗違上命'，此在書生泥古太過則有之，而臣等可保其必無此不肖之心也。昔人謂君仁臣直，在皇上以大度容之耳。緣聖諭既傳，則部疏似可慢發，儻念臣等芻蕘之言或有可採，就將改期來歲之意批發施行。未敢擅便，謹具題以聞。"奉旨："朝廷詔令不行於臣下，卿等曾見先朝有此政體否？況係親親，且無大礙，若以把持之故，竟不舉行，朕爲何如之主？既卿等說今歲已遲，姑准先行各府，册封之禮明歲着預先題請。再不許故意抗違，延緩誤事。該部姑且爲卿等免究。"

二十九日癸丑，以端陽令節，賜三輔臣每金書黃符二道、金書紅符二道、金艾葉二副，及講官陳于陛等六員每金書黃符一道、金書紅符一道、金艾葉一副。

五①月②。

五日戊午，起右春坊右庶子兼翰林院侍讀劉楚先，爲詹事府少詹事、兼翰林院侍讀學士，充玉牒纂修官。

命左春坊左庶子兼翰林院侍讀馮琦，暫署翰林院印信。

是日，以端陽令節，賜三輔臣上尊珍饌。

七日庚申，大學士王錫爵等題："該臣等先接遼東巡撫都御史趙耀塘報，稱王京倭寇已陸續出境歸巢。隨該兵部題知訖。然臣等猶慮咸鏡道所屯清正倭兵一枝，尚持異心，難保全勝。昨日始接得經略侍郎宋應昌續報，乃知此酋因見內外兵勢大集，亦已遁歸，王京咸鏡十三郡縣俱已恢復，計此時羣倭必盡去無疑，而朝鮮一國君臣其起死肉骨之感又不待言矣。一舉而威制遠夷，恩施亡國，外則免徵發轉輸役久變生之慮，內則省文墨議論道傍築舍之煩，此蓋由我皇上乾綱獨斷，聖武布昭，故能使文武同心，謀力畢舉，而成此非常百勝之功也。臣等與倍③末④議，伏聽凱聲，謹籍⑤手再拜以賀。竊惟皇上近雖以頭目小疾，靜養深宮，而當此東西大定、臣庶洽驩之日，自然精神快爽，動止恬和，宜以時一御朝堂，獻俘受賀，暢威靈於萬國，肅睹聽於四夷。臣等尤不勝欣踊願望之至。謹具題以聞。"

八日辛酉，大學士王錫爵等題："今日文書官潘朝用齎本到閣，臣等恭問皇上起居，伏蒙傳諭：聖體右膀麻木，不能尚袍，又目痛未痊，加以頭眩。臣等咸顏在望，未伸咫尺之懷，痾癢關情，彌切瞻依之悃。竊惟皇上一身，乃九廟憑依、百神呵護之身，雖頭目微恙，肢體小違，原無妨於眠食。顧今仲夏天氣，乍熱乍涼，其時最難調理。而臣等又念聖齡方茂，氣體充盈，則此時正屬喜涼惡熱之日，有如衣幘少御，坐臥當風，則寒氣外侵而成臂麻，積火中鬱而成目眚，未可全視之爲有餘之證，而不爲加慎也。伏望順乘時令，頤養天和，平喜怒以養元神，調寒暖以固湊理，使皇躬天保，早臻勿藥之休，朝殿時臨，誕

①五 明抄本"五"上有"萬曆二十一年"六字。通行本脫此六字。
②月 "月"下當脫"甲寅朔"三字。
③倍 明抄本作"陪"。通行本誤作"倍"。
④末 明抄本做"未"，通行本改"末"，是。
⑤籍 明抄本作"藉"。通行本作"籍"。

萬曆起居注

受呼嵩之祝。臣等備員左右，扈清蹕而覯未①光，其爲榮籍②，其爲慶仰，又當出恒情萬萬矣。不勝下誠懇切之至。謹具題恭候萬安以聞。"

是日，大學士王錫爵奏："爲恭陳泰交要務以定國論以一政體事。該臣病乞骸骨，伏蒙皇上特諭勉留，所有一念狗馬餘忠，謹蓄以待青蒲之對，至於國論政體所在，願與大小臣工剖心滌慮、以共成蕩平正直之治者，請得頌言而陳之。臣幸得與諸臣立不諱之朝，事明聖之主，以至人無擇言，言無擇官，皆得揚眉吐氣論天下事，豈非甚盛？雖然，言太輕則浮，太煩則亂，太執則頗，太深則刻，就此甚盛中亦不無太可憂者。臣之所憂，不爲臣，亦不爲諸臣，獨念上下相信而後政事可修，相重而後論説可入。今言不已而漸輕，輕不已而漸厭，使君父視外廷之論奏，如賈豎之爭言，因一人而疑衆人，因一事而疑衆事，上下之際無復相信、相重之意，後雖有忠言讜論，亦將格而不入，此臣之憂也。古稱有對則爭興，爭興則黨立。雖聖明在宥，萬不至如前代之黨禍，然朝中議論已分兩岐，恐因水火之中③，致成左右之袒，此以彼爲邪，彼以此爲邪，使天下之士，智力殫於相伺，名望損於相詆。即使一彼一此，一勝一負，朝廷亦止得一半人才之用。若使④於兩持，終於兩敗，不但人才盡壞，亦且國體大傷，此臣之憂也。上有所處分而下未必服，則其勢必爭，下有所爭執而上未必亮，則其勢必處，處之而仍不服，爭之而彌不亮，則處者益處，爭者益爭，下以忤上爲高，上以反汗爲恥，上下相激，何事不有？譬之水然，波方起而擊之以石，則其躍彌高，譬之石然，方出於火而即沃之以水，則其壞彌速，此又臣之憂也。大抵數年議論，始於相矯，成於相激。事未必平，是以有激，激之一字，即爲不平。彼既不平，此復相矯，前弊雖矯，後議復生。議數更而難窮，法數更而難守，事數更而難睹其效，人數更而難課其成。政事不修，紀綱不振，皆始於此。今習尚已成，極重難⑤，既不當激之過顙，又不當峻若防川，則莫若導之使言，而總之使一。竊謂題覆宜慎，聽納宜公，甄別宜先，勘覈宜審。向者皇上嘗嚴出位之禁矣，臣

① 未　明抄本作"末"，是。通行本誤作"未"。
② 籍　明抄本作"藉"。通行本作"籍"。
③ 中　據《王文肅公文集》卷四一，"中"當作"爭"。
④ 使　明抄本作"始"。通行本誤作"使"。
⑤ 難　明抄本"難"下有"反"字。通行本脱。

以爲此不必禁也。古人所患於盈庭者，第以莫執其咎耳，如使言有歸着，事有總萃，則雖盈庭何害？臣請一切章奏悉下部議，是曰是，非曰非，可行即行，當止即止，以言責事，以事責功，卓有執持，毫不假借，使天下議論總條貫而歸六部，六部題覆別白黑而定一尊，嘉言用之足爲益，而妄言置之不爲損，則在廷議論更患其少耳。所謂題覆宜愼者此也。孔子曰：'君子不以言舉人，不以人廢言。'兩者低昂之間，實相爲用。乃臣見近來聽言之弊，往往不問其所言之事，而先揣其所以言之心，故上之視言愈賤，則下之挾言愈貴，其究也上不勝下，賤不勝貴，而聽言與用人卒兩不得其平。臣以爲鄉有鄉評，官有官箴，使其人不肖，朝廷原自有黜陟之權，而何必於聽納之時逆意深求如此？自今請一斷於孔子之説，就言論言，不主必賤，就人論人，不主必貴，使士絶踰涯之望，則無所爲而言自公，朝開翕受之途，則無所激而氣自平。所謂聽納宜公者此也。天下之人品不齊，迹同心異、言同行異者，誠不可不辨。然必先用其賢，而徐簡其不賢，亟暴其長，而薄責其所短，然後衆心愧服，物論自平。乃臣又見近來淹棄諸臣之中，蓋有素心馴行卓然流俗之外者，而或屢推未報，或一斥不復，朝廷既不盡得眞才之用，而天下且得借爲議論之端，此所謂推波助瀾，澄之愈濁。不若盡捐前忤，以次特表用之，庶幾舉直而枉自錯，忘我而人自安。所謂甄別宜先者此也。朝廷用捨，多憑舉劾，任己則耳目不廣，任衆則毀譽自①淆。比年以來，幾於朝無完人，人無完行，言者以爲必有，辨者以爲必無，當事者不復窮詰有無，但爲調停量處。若其事果虛，則是近在輦轂，猶有不白之冤。若其事果實，則既聞於朝廷，豈有不行之法？近時法紀縱弛，勸懲不立，人才缺乏，推用不敷，弊率由此。請諭廷臣，以後論人者，須的列年月，明指左驗，下部查勘，務求確實。實者理法自甘，虛者心迹自白。被言者虛實既定，言之者是非自明。所謂勘覈宜審者此也。凡此皆所以導之使言，而總之使一，以至臣所以自處處人者，亦敢聞於皇上，而併以告天下，以與士大夫更始。夫威福還朝廷，政事還六部，此先臣徐階之言，而臣夙所服膺

① 自《王文肅公文集》卷四一"自"作"易"，是。

者也。然部臣之題覆，閣臣之票擬，皆共此一事耳，所事一君，所理一事，豈得自分彼此？唐介有言：身在政府，而事不預聞，即上有所問，何以爲對？臣既謬在此地，一切政務豈得全不與知？然事各有主者，亦非臣所敢自擅。大興革、大利病，當亦不妨商榷①。就臣所見，未必盡是，各部院參酌事理題奏，不②盡徇臣。就部院所見，間有未是，臣等參酌事理，請旨裁決，亦不必盡徇各部院。事有可否，事過即休，言有同異，言過即休。總之期於至公至當，共濟國事而已。史稱諸葛亮爲相，集衆思，廣忠益，布所失於天下，謂僚屬曰：'諸君能攻亮之過，則事可立矣。'臣雖不敏，請事斯語。自今以往，敢謂無過？如其有過，便當與天下明白見之，與天下明白改之，人以平心易氣言之，臣以平心易氣受之。臣素有淺中狷狹之名，未必一旦化而爲雅量，顧今事任及身，茹荼知苦。竊計以爲朝廷所與共理天下國家者，大臣及百執事耳。心須耳目，耳目須手足。今手足讐耳目，耳目又讐心，心與耳目、手足相讐，而受③其病。臣誠不忍以臣等之爭，而使病移於天下國家，又誠不忍以天下國家之事，爲臣等私事，而使扶持國體、調燮人情之勞，反盡委之君父。且天下有眞是，有眞非，是中有非，非中有是，不講自明，愈講愈不明，不爭自定，愈爭愈不定。故臣願先自處於不講不爭之地，以成大臣小臣比肩事主之忠。事之理亂，當責之臣④，臣之得失，當付之天下。己有未當，即當捨己以從人，人有未確，不妨捨人而從理。此外一切⑤嘵嘵，苟非有大撓時政、大惑人心者，請一切以諸葛亮之言處之。此臣所以報國家而忠皇上之職分也。抑臣又自惟，臣等以二三寒士參預政務，藉⑥皇上之知遇，故其體隆，藉皇上之明斷，故其事舉。譬之星然，依天而高，依日月而明，當其上列，則有光芒，及其下隕，與石無異。若使宮禁隔於邃嚴，威顏違於咫尺，雖鈴閣之下，即同外臣，有何機略而能康濟？有何倚恃而敢主持？且君臣相隔，上下不交，伏禍隱憂，難以言悉。即皇上神聖獨斷，羣下莫敢窺，然以此爲法，後世必有受其敝者。天下見臣等備⑦輔弼之司，而終歲不一蒙接遇，則安得不輕？宮府隔絕，

①榷 明抄本作"權"。通行本作"榷"。
②不 《王文肅公文集》卷四一，"不"下有"必"字。
③受 《王文肅公文集》卷四一，"受"上有"身"字，是。
④臣 《王文肅公文集》卷四一，"臣"上有"於"字，是。
⑤一切 《王文肅公文集》卷四一，無此"一切"二字，似是。
⑥藉 《王文肅公文集》卷四一，"藉"上有"惟"字。
⑦備 《王文肅公文集》卷四一，"備"下有"員"字。

而茫然不知事之所出，則安得不疑？喜怒有時而不測，則乘不測而疑，章疏有時而不報，則乘不報而疑。閣臣處見輕、見疑之勢，日凜①救過不給，安能展布四體、以佐聖政萬分一哉？伏望皇上勤批答以明聖斷，平喜怒以調羣情，時御朝講以圖政理而決壅蔽，臣等亦得依末光、奉隆旨，以盡款款之愚忠，若猶政事不修，朝廷不治，則治臣之罪，以彰其慢。惟皇上一加意於臣言。臣於前月中已進有召見一揭，方屏息俟報，而特恐倉皇造膝之頃，不能盡所欲言，是用竊取《周易》泰交之義，略陳要務如此。蓋主與臣交，大臣與小臣交，當事者與言事者交，皆所與共成泰道、以定國論、以一政體者也。臣不勝悚息願望之至。為此謹具本奏聞，伏候敕旨。"奉旨："覽卿奏，知卿為國忠耿，持論公平，大有關於時務政體。係朕躬的，朕已知道了。其餘該部院悉心確議，着實舉行，以成蕩平之治。"

十三日丙寅，大學士王錫爵等題："先該禮部題准，萬曆二十一年各處歲貢生員共七十名，開送翰林院考試。臣等會同左春坊左庶子兼翰林院侍讀署掌院事馮琦，出題彌封，嚴加考試，取中文理平通上卷四卷、文理亦通中卷六十六卷，俱應准貢。謹將各試卷進呈御覽，伏乞聖裁，發下臣等，欽遵施行。謹題請旨。"奉旨："是。該部知道。"

是日，大學士王錫爵等題："先該禮部題准，萬曆二十一年順天等府起送選貢生員共三百四名，開送翰林院考試。臣等會同左春坊左庶子兼翰林院侍讀署掌院事馮琦，出題彌封，嚴加考試，取中文理平通上卷十卷、文理亦通中卷二百九十四卷，俱應准貢。謹將各試卷進呈御覽，伏乞聖裁，發下臣等，欽遵施行。謹題請旨。"奉旨："是。該部知道。"

十四日丁卯，大學士王錫爵等題："先該臣等欽奉聖諭，令講官將《禮記》逐日進講，令②已進過講章將及《儒行》終篇。臣等看得，《儒行》而後有冠、婚等項六義，皆儀文器數之類，於理道不甚緊關，講臣無可敷衍議論、陳獻忠藎者。臣等又看

① 凜 《王文肅公文集》卷四一"凜"上有"凜"字。

② 令 "令"當作"今"。

得，經書之中有《詩經》、《孝經》二書，皆經先師孔子刪定。《詩》得性情之正，《孝》爲德教所先，以此進講，庶乎博而有要，可以羽翼諸經，日新聖學。伏望皇上隨意擇講一書，使臣等可以傳諭諸臣，令其接續《禮記》之後，預撰講章進呈，以候皇上親臨聽講，不惟臣等一得之忠可以少攄，即聖經千載之遇，亦有厚幸已。若此外更有御前切要之書，或儒者格言，或祖宗故事，但憑聖意所喜，不拘何書，皆可傳講，臣等無不奉行。謹具題恭候聖裁。"

十六日己巳①，大學士王錫爵等謹題："該臣等看得，三日之前有兵部題覆御史薛繼茂本，内言雲南緬夷事情，與一應處分方略，最有關係，該省撫按官專候明旨欽遵行事，已經臣等擬票上請，未蒙發下。此事體之必不可遲者。至於議釋李材一款，蓋既論緬事，則不得不論及先年經管此事之人，且朝廷不發勘則已，既勘而覆，則又不得不爲從公一處，以了此未結之案，故臣等量擬酌中之旨，在皇上不失處分初意，而在廷臣亦自不得籍②口市恩，揆之情法，似無可復疑者。乞即檢原疏，再加裁定可否發行。又臣等昨以《禮記》講章撰完，請旨接續進講別書，未蒙傳示，講官無憑撰擬，亦乞聖裁早定，以便遵行。一併具題以聞。"

十七日庚午，命翰林院修撰唐文獻編纂六曹章奏。

十九日壬申，大學士王錫爵等題，病痊庶吉士董其昌除授本院官職。奉旨："是。吏部知道。"

二十二日乙亥，大學士王錫爵等題："昨該臣等伏聞聖體在調，具揭恭問起居，自後不敢再爲煩瀆。比者因見久旱得雨，天氣頓涼，竊念聖躬，自入夏以來，頭目肩臂時有不安，總之皆爲火證痰證，今一得涼氣，自然和解。此乃天之所以陰爲調燮，默示保綏，不特皇上社稷之身可占勿藥之喜，而臣等託在

① 巳　"已"當作"巳"。

② 籍　明抄本作"藉"。通行本作"籍"。

股肱之末，亦與有微①福之緣矣。顧臣等又嘗考古人養生家言，以月令冬夏二至爲陰陽相争之候，最易損人。即今節交夏至，一陰始生，而天氣之乍煖乍涼、忽晴忽雨如此，此正陰争於陽之候。雖我皇上龍體純乾，萬萬不爲其所侵，然清心寡欲、平氣怡神以養其内，節食戒飲、晝動夜息以養其外，實古帝王順時保嗇之要，不可不加之意也。臣等咫尺天顔，未由瞻睹，不勝羹牆戀戀之誠。謹具題恭候萬福，並效愚忠，伏乞聖慈垂鑒。"

　　二十三日丙子，大學士王錫爵等題："今日文書官李祿口傳聖旨，問：'朝鮮倭寇已於四月十九日離王京，如今已過一月，如何不見下落？欽此。'臣等因仰見皇上身處九重，而心懸萬里，不以戰勝而忘憂，不以敵去而忘備，古之所稱'無怠無荒，四夷來王'者，臣等且爲今日頌矣，敢不直述所聞以對？看得倭奴大衆，久屯王京等處，其實欲占據朝鮮，漸窺内地，圖望甚遠，蓄謀甚深。幸賴我皇上獨斷乾剛，大彰天討，各文武將吏奉廟堂之成筭，乘戰勝之餘威，因而馳遣辯士，説諭歸巢，仍間離其僞帥豐行長、清正等，於是羣倭勢窮膽破，委於前月十九等日絡繹離王京南行今已過②四五百里，節經巡撫經略等官塘報皆同，而該部亦已據之上聞矣。但昨日又得一報，謂倭雖已盡數發行，而在路每人徒步擔五斗之糧，其行甚遲，日不勾四五十里，又聞自王京至釜山半路之間，卻又停止，創建土城塞删③，爲久居之地，不知其意何爲。道遠信稀，臣等無憑臆決，然大約不過三端。其一則因入海無船，故暫住傍山一帶之地，以便伐木造船，畢後過暑而行。其二則因關白在對馬島，或尚未禀命，不敢徑歸，或已經禀命，被其中止，皆不可知。其三則又聞朝鮮人積受荼毒，欲乘此遠歸饑乏之際，追襲報讐，臣等竊料倭中必有耳目，因知此信，所以欲行復止，立寨自防。凡此皆不與中國之事，遲速進止，難於取必。乃臣等獨憂我兵怵於浮議，昧於大體，有如見利而動，亦爲朝鮮人所爲，則不惟自虧大信，其曲在我，抑恐遠追窮寇，全勝難期。已經節次

萬曆二十一年

一一一五

① 微　據《王文肅公文集》卷四二，"微"當作"徽"。

② 行今已過　明抄本作"而南，今已行過"。通行本漏一"而"字，且將"今已行"三字誤改成"行今已"。

③ 删　明抄本作"柵"。通行本誤作"删"。

貽書經略阻之，想此時已到彼中，或可及止也。輒因下問，備細陳答，以寬聖懷。再惟兵家進退，每決機呼吸之間，今該部見有議撤召募南兵及處分緬夷事情，皆關係軍機緊急之務，若臣等票擬未當聖心，不妨隨意傳改。若別無商量，乞即賜發下，以定邊計，以安人心。臣等職掌所關，不得不饒舌及此。伏惟聖明裁斷施行。"

二十四日丁丑，夏至，地①於方澤，遣公徐文璧恭代。侯吳繼爵、徐文煒，大學士王錫爵、張位分獻。

二十七日庚辰，大學士趙志皋、張位題："兹者東嶽廟工完，伏蒙聖恩以臣等撰文，頒賜臣志皋、臣位每銀三十兩、紵絲二表裏，臣等謹頓首祗領，及中書官馬繼文等俱各照數分給訖。臣等不勝感戴天恩之至。謹具題謝恩。"

二十八日辛己②，大學士王錫爵奏："爲科臣遷轉一事兩疑無端太甚懇乞聖明辨察事。該今日發下文書內，有文選司郎中劉四科一本，内辯給事中許弘綱所論調科一事，而疑及於臣。臣一見之，與同官二臣不勝駭異、嗟嘆，以爲清平世界，何其夢幻疊出一至此也？臣之赤心，不愧天地，自可談笑勿辯，然不得不一聞君父之前。先是吏科缺出，原任文選司郎中劉元霖見臣於朝房，議欲調用許弘綱，臣連應之曰：'得人，得人。'因問何時上本，元霖辭以即日出部，且待接管新郎中到。彼時臣嫌其遲，趣之早推，豈知有許子偉當陞也？聞前此顔文選趙南星得罪時，子偉有疏和解，而臣時適在寓乞休，並無揭帖送臣，臣安知子偉所言何事，喜其媚己而欲用之也？既而新郎中劉四科至，果用弘綱，臣等當亦票允。於是外間嘖嘖，始言子偉資當陞，吏部所以抑子偉而用弘綱之故，專爲前疏。臣於是始在外索取子偉原疏草讀之，其語實兩解、和平之論。臣讀畢即隨手放下，亦不復經心。已而許弘綱聞知有調疏而未下，即馳見臣於朝房，備說科臣不陞而調，是近年亂政，其氣甚盛，

① 地 明抄本"地"上有"祀"字。通行本脱此字。

② 己 "己"當作"巳"。

其詞甚激，臣慰之曰：'吏部縱有差錯，亦係公道推賢，公不感其恩則已矣，而反指之爲孟浪，爲專權，有如驚動上聽，此心安乎？'弘綱見臣言切，因而語反侵臣，以爲吏部官專將此事推是閣中主張，若不挽回，雖拾本要上，連閣中亦不得乾淨。臣祇得降氣溫言謝之，因問弘綱：'公既決不肯受，可勸張給事勉强應承、以了此事否？'弘綱辭以同是調官，豈有己所不欲而可以强人者？之①未已，而張貞觀之疏又上矣，臣祇得票擬下部再議，以憑部中從公處分。彼一時也，疑臣者乃科中，謂其抑陞而從調也。臣因見科中有此疑，乃始對都御史李世達、侍郎蔡國珍與四科稍言子偉之無他，全其體面，使之自安。而今日四科之論，顧又謂臣意在子偉，驅使弘綱駁之。此一時也，疑臣者乃部中，又謂其惡調而主陞矣。臣猶記李世達先年謂臣曰：'方今每遇一事，必有兩片議論。'夫兩片議論，若事理相近猶可，今一正一反，極其懸絕，臣之侵②冤所不足恤，而政體所關有不淺者，可不一爲辯證乎？且臣③四科言子偉，是調疏已上之後，四科亦明對臣言'此事與閣中無與'，而今日卻謂初受事時臣即言之。即此時日先後一轉移間，而臣之心迹蔓④於霄壤，此又可不一爲辯證乎？抑臣又記數日之前，四科未到，有疑於吏科調陞之事，曾向驗封司郎中顧憲成問，同鄉告假給事中侯先春可出否？意謂此缺用此人正相應，而憲成答以憂制，臣爲之悵然，此豈有意在子偉也？又臣近日上《泰交疏》後，四科來見，臣即屈指鄒元標、王教、鍾羽正、張棟，謂當首推，而四科即疏薦之，此四科亦何嘗與臣忤也？今諸臣皆見在，皇上何不問四科，曾否說調科之事與閣臣無干？臣與之言許子偉果否在前在後？問顧憲成臣之論及侯先春，其意何爲？問許弘綱以朝房之言，曾否疑臣主張更調？問子偉以《世道人心》一疏，臣的係何時經眼？其疏果否專爲媚臣？問劉元霖以一月之前議調許弘綱，臣曾否喜動言色，急催上本？則是非真妄了然自明，使四科而誠君子也，未必不悔其言之錯，而尤其聽之誤矣。緣臣既自信此心毫無愧怍，不敢遽爲一言杜門，以動上聽，惟幸聖明洞察臣處身之危，當事之苦，早放而曲全之耳。至於

① 之 《王文肅公文集》卷四二，"之"上有"言"字，是。

② 侵 據《王文肅公文集》卷四二，"侵"當作"受"。

③ 臣 明抄本"臣"下有"與"字。通行本脫此字。

④ 蔓 明抄本作"夐"。通行本誤作"蔓"。

劉四科係新到銓臣，料必有閣部異同之論先入耳中，且原未見皇上近時所降專權之旨，尚以爲出自臣等擅票，宜其言之不根如此。此但當開之使悟，而不可又處之以爲名也。緣此疏係論及臣，臣等不敢擅自擬票，伏乞聖裁，發下臺省合①衙門，與天下共評之，與天下共見之。臣無任悚息待命之至。爲此謹具本奏聞，伏候敕旨。"奉旨："朕細覽卿所奏，悉見光明正大，有何可疑？劉四科用人市恩，及被參駁，心懷恥恨，妄指飾非，詆誣於卿。卿既説心不愧於天地，可自安心料理國事，甚②勿介懷。"

二十九日壬午，大學士王錫爵奏："爲恭謝天恩事。臣昨有疏辨銓臣劉四科之言，今日正在候旨，不敢進閣，乃忽奉手札一道：'諭元輔：朕近來因痰火之疾，兩目澁瘴，右臂麻痺無力，朕方倚任卿贊襄密勿，佐治化理，因此久缺朝政。乃無端小畜，借言誣詆，飾非狂逞。劉四科本當重治，姑看卿量從薄罰了。卿乃朕之股肱，正切毗賴，卿不必介意，勿負朕懷。欽此。'該文書官潘朝用齎捧到寓，臣恭設香案伏讀叩頭訖。伏念臣之不覲天顏，今經兩年。近者屢揭求對，而聖諭答以玉體在調，不敢固請。隨經兩候萬安，未蒙批示，正在懸仰瞻戀間，以爲君父既當静攝之時，則臣子宜盡代勞之職，以故百凡中外事體，矢慎矢公，調上調下，庶幾不至仰累憂煩，稍酬恩造。而術疎誠淺，竟不免劉四科之疑。昨者略疏自明，祇祈默鑒，而不圖皇上遂爲之細覽，加意如此，手批之外，又重以手札，真洞然如日月之照，藹然如父子之親。臣復何心，敢爲之介懷、先身恥而後國事乎？第觀劉四科原疏，其所執之理原無甚差，亦非抵飾，但其疑臣實不是，而特以其③初來，聞之不真，思之不熟，故臣惓惓以不處爲勸④耳。兹奉聖諭，乃爲臣薄罰。夫薄罰已非臣初請之意，而罰俸乃至於二年，駭觀之甚，尚可以爲薄乎？幸未發行，臣竊不揣，百叩千恩，願爲臣將二年改爲二月，此在皇上一舉筆之間，而內使微臣心安，外使廷臣無議，伏乞聖慈矜而許之。至於部科中爭議紛紛，臣竊有私評。

① 合 《王文肅公文集》卷四二"合"作"各"，是。

② 甚 《王文肅公文集》卷四二"甚"作"慎"，是。

③ 其 明抄本此字不清。通行本寫作"其"，似可。

④ 勸 明抄本作"觀"。通行本改"勸"，是。

劉四科之動氣生疑，固爲輕率，許弘綱之以讓爲激，亦覺矯揉。揆之蕩蕩平平之道，則兩臣俱不必爾。臣身在疑中，正無處法，而玆奉御批下六科公議，妥貼停當之極，使臣如披雲見日，既愧且喜。又手札中雖稱有頭目肩背之疾，而臣以御筆之遒健，仰窺聖體之漸安，以宸斷之周詳，仰見聖心之無逸。如臣罷駑，雖猥荷股肱之託，而股肱終無自運之理。自今以往，開誠布公，言期必踐，以盡捐目前恩讐異同之迹，則臣之力能勉之，至於非力所及者，惟望皇上將息聖躬，早容賜見，然後臣之忠志得盡展，而外廷之疑議始盡釋耳。臣不勝感恩流涕激切之至。除原奉諭札尊藏外，謹具疏恭謝以聞，伏候敕旨。"奉旨："銓部調用，自有公評。卿性耿介，朕豈不知？劉四科小畜，故來詆毀，本當重治，又恐卿心不安，因此薄罰。卿又來申救，既這等說，姑罰奉①半年。卿憂思朕躬，具見忠愛，朕知道了。"

記注官
　吏部左侍郎兼翰林院侍讀學士教習庶吉士臣陳于陛
　禮部右侍郎兼翰林院侍讀學士掌詹事府事臣盛訥
　左春坊②左庶子兼翰林院侍讀③臣馮琦
　右春坊④右諭德兼翰林院侍讀⑤臣余繼登
　司經局⑥洗馬兼翰林院侍讀⑦掌司經局事臣敖文禎
　司經局洗馬兼翰林院侍讀⑧臣蕭良有
謄錄官
　中書舍人臣周治隆
　鴻臚寺主簿臣鮑佐

① 奉　明抄本作"俸"。通行本誤作"奉"。
② 坊　明抄本"坊"下有"掌坊事"三字。通行本脫。
③ 讀　明抄本"讀"下有"署掌翰林院事"六字。通行本脫。
④ 坊　明抄本"坊"下有"掌坊事"三字。通行本脫。
⑤ 讀　明抄本作"講"。通行本作"讀"。
⑥ 局　明抄本"局"下有"掌局事"三字。通行本此處無此三字，但下有"掌司經局事"五字，可視爲未脫。
⑦ 侍讀　明抄本作"修撰"。通行本作"侍讀"。
⑧ 院侍讀　明抄本作"修撰"。通行本作"院侍讀"。

六①月②。

三日丙戌，大學士王錫爵等題："臣等連日出閣至朝房，與各部諸臣相見，兵部則催下原覆薛繼茂條陳緬甸夷情，都察院則催下所擬史善言兄弟嫁母情罪，户、工二部則催下議減雲南取金及浙直織造之數，臣等皆皇恐無以應之。蓋此數事，或係遠夷待命，急當處分，或係嫁母重情，有關風化，誠恐批發少遲，則有司無憑奉行，奸徒因而打點，其誤事有不可言者。至於兵部疏中帶有見監犯人李林③，乃條陳中之一事，不可因一事而停緩各項當行之務。其史善言係進士官，而所爲悖逆至此，臣等業已從重票處，如聖意尚嫌其輕，亦不妨再傳改票，或徑發邊衛充軍，無所不可。若此外金兩、織造之數，則恩澤原自上裁，量減一分即民受一分之惠，臣等初不敢以部議懇切，而強皇上以必從，此尤非疑難之事，固可朝上而夕下者。又部院見有覆臣錫爵《泰交》之疏尚在御前，此則關係政體士風之大者，緣臣等自票已疏，故擬閣部交責之詞，以示同心④體國之義，若皇上以爲未當，亦不妨從中隨意改批發下。其疏中所薦鄒元標、王教、鍾羽正、張棟四臣，俱係先年特旨處分之人，臣等不敢混入票中，亦不敢遽望皇上盡如部擬，但求酌量敍用一二，明白傳示可否，以稍光臣錫爵之顏面，若一概留中，則臣言爲虛，而外議又將以責臣矣。緣係今日議論繁多，每每於皇上留中之疏、手批之旨，動輒歸咎於閣臣，臣等因此不憚煩瀆，通將近日應批緊要章奏略節事情，開具上請，伏乞聖裁，即賜檢發施行。謹具題以聞。"

七日庚寅，大學士王錫爵等題："昨日發下兵部所覆御史薛繼茂條陳疏，蒙將李材寬宥發遣，臣等一見不勝欽頌，不勝欣喜。仰惟皇上以至公之喜怒，施不測之恩威，向年因感邊臣冒功之積弊，不惜借李材以行法，雖一時處分特從重典，而萬里行勘卒付公評，臣等已知皇上愛惜保全之意，密寓於懲創摧折之中矣。而郡⑤臣不能將順，徒事激擾，使聖人天地之心久閟

①六 明抄本"六"上有"萬曆二十一年"六字。通行本脱。

②月 "月"下當有"甲申朔"三字。

③林 《王文肅公文集》卷四二"林"作"材"，是。

④心 明抄本此字不清晰。通行本作"心"，似是。

⑤郡 明抄本、通行本皆作"郡"。據《王文肅公文集》卷四二當作"羣"。

於上，匹夫螻蟻之命日危於下，臣等實陰痛之。茲者寬旨需然自天而降，權衡功罪之實，酌量情法之中，如揭白日而照覆盆，布陽春而噓朽木，以臣等傍觀之人踴躍鼓舞如此，而李材七年滯①，三木窮囚，一旦得此望外之餘生，與家人父子相見，其起肉②骨之感，又當何如？舉朝各邊之人，聞風慕義、爭願滌瑕垢而出死力者，又當何如？異時書之史官，傳之萬世，豈特泣罪示恩、祝網垂惠而已耶？至於臣等冒昧催下四疏，同日並發，尤見皇上以無我宅衷，以不貪為寶，命下之日天方暑而乍涼，時久旱而忽雨，和氣所感，不偶然也。臣等服在近僚，雖不貪敢③天之功，然目見聖德光輝，人心翕服如此，亦尚能徼榮藉口於萬一矣。昔堯舜在上，而都俞喜起之風至今為烈，臣等何幸再逢其盛？謹具題恭頌以聞。"

十四日丁酉，大學士王錫爵等題："今日又蒙發票吏部尚書孫鑨本，乃第十次乞休。臣等先因本官稱病甚危，執詞甚決，已輒為之具揭請旨，尚未發下，至是鑨疏又上。臣等反覆其詞，諄諄以保殘軀全國體為言，且稱臥病三月以外，業已住支俸薪，恐難再強。而外廷紛紛，因見鑨之不進不退，又疑臣等於上前故意指勒，使之不得早去，臣等實切苦之。然大臣告休，閣中無徑自票允之理，茲特封上原本，可否去留，通候聖裁傳示發行。有如皇上尚欲留鑨，乞將臣等昨日所票御史牛應元疏，先④將鑨之所薦鄒元標等酌量敍錄，行鑨之言，則鑨庶乎可留，而臣等亦可藉⑤口以大義責鑨矣。此又探本務實之論。謹一併具題以聞。"

十八日辛丑，賜三輔臣鮮筍，各二十根。

二十日癸卯，大學士王錫爵等題："今日發下文書內有吏部侍郎蔡國珍本，乃因本部尚書孫鑨患病三月，乞休十次，該臣等節次擬旨，或溫諭勉留，或嚴詞責備，務令鑨之必出，乃鑨求去愈堅，及今最後兩疏尚未發下，茲當六月下旬，又該大選

① 滯 "滯"下據《王文肅公文集》卷四二，當有"獄"字。
② 肉 據《王文肅公文集》卷四二，"肉"上當有"死"字。
③ 貪敢 明抄本作"敢貪"。通行本誤作"貪敢。"

④ 先 明抄本此字不清晰。通行本作"先"，是。
⑤ 籍 明抄本作"藉"。通行本作"籍"。

萬曆起居注

之①期，本內若不列鑣名②，則事體原不與聞，嫌於虛假，以此國珍不得已而題請勉留，庶便行事。今鑣疏未下，而獨下國珍之疏，令臣等票擬，臣等反覆思之，甚爲難處。將仍擬留用，則不知鑣疾果能遽出不誤大選否，將別擬放歸，又不知皇上果能哀鑣慨賜俞允否，且大臣進退，不批原疏，而於他人疏中帶出，亦恐故事所無，體固③欠重，非臣等所敢主張也。茲謹將國珍疏一併封進，以候皇上檢出鑣疏，傳定勉留之旨發下，庶部務不成久誤，臣等亦可以措詞。不勝跂竦俟命之至。謹具題以聞。"

是日，命翰林院修撰焦竑，編修吳道南，檢討簫④雲舉、王圖，編纂六曹章奏。

二十九日壬子，大學士王錫爵等題："昨該禮部官以孟秋時享屆期，恭請聖駕親祭，奉聖旨：'廟享大典，朕豈不欲親行對越？奈近年以來，鬱火成疾，不時舉發，用藥過多，身體無力，因此朝講久缺，郊祀遣代，非敢安逸自便。覽卿所奏，朕知道了。欽此。'仰惟皇上自臨御以來，仁以享帝，孝以享親，上而色養兩宮，下而憂勤萬姓，中外臣工無不欣仰稱頌者。乃比年偶以聖躬動火，朝講希御，郊祀代行，中外臣工又無不企瞻懸戀者。及茲復當秋享之期，臣等方幸曠禮肇舉，得一望清光於咫尺，而昨又奉遣官恭代之命，爲之憮然。竊念聖躬所患，原係熱證，而今年適當極熱之年，此月又會極熱之月，臣等叨列股肱，癢疴一體，自不敢更爲煩請，仰勞聖躬，而竊料祖宗列聖與兩宮聖母之心，亦必將以顧復保愛爲重，能曲體孝思於裸獻趨蹌之外矣。惟是聖齡方茂，久疾非所宜言，時事多艱，萬⑤幾不容臥理，伏望皇上加意保嗇，順時節宣，毋專恃藥餌而忽清靜內養之功，毋急袪火熱而忘坐臥當風之戒，使聖體早臻於全豫，天休滋至於無疆，執珪幣而禮百神，垂衣裳而朝萬國。臣等不勝翹首祈望之至。謹具題恭候萬安以聞。"

記注官

吏部左侍郎兼翰林院侍讀學士教習庶吉士臣陳于陛

---

① 之　據《王文肅公文集》卷四二，"之"上當有"引奏"二字。

② 名　明抄本"名"下有"則印務未經推出，難以擅專，若仍列鑣名，"十六字。通行本脫此十六字。

③ 固　明抄本作"面"。通行本作"固"

④ 簫　"簫"當作"蕭"

⑤ 萬　"萬"下"幾不容臥理"五字，原缺。據《王文肅公文集》卷四二補。

萬曆二十一年

禮部右侍郎兼翰林院侍讀學士掌詹事府事①臣盛訥
左春坊②左庶子兼翰林院侍讀臣馮琦③
右春坊④右諭德兼翰林院侍讀臣余繼登⑤
司經局⑥洗馬兼翰林院侍讀掌司經局事臣敖文禎⑦
司經局洗馬兼翰林院侍讀臣簫良有⑧
謄　錄　官
　　中書舍人臣周治隆⑨
　　鴻臚寺主簿臣鮑佐⑩

① 事　"事"字明抄本不清晰，通行本清晰。
② 左春坊　明抄本"左春坊"三字前有"署翰林院事"五字、後有"掌坊事"三字。此五字及三字通行本皆脱。
③ 院侍讀臣馮琦　"院侍讀臣馮琦"六字通行本有，明抄本無。
④ 坊　"坊"下明抄本有"掌坊事"三字，通行本無。
⑤ 院侍讀臣余繼登　"院侍讀臣余繼登"七字，通行本有。而明抄本"院侍"二字殘，其餘五字脱。
⑥ 局　"局"下明抄本有"掌局事"三字。通行本此處無此三字，但下有"掌司經局事"五字，可視爲未脱。
⑦ 院侍讀掌司經局事臣敖文禎　"院侍讀掌司經局事臣敖文禎"十二字，明抄本無。通行本有。
⑧ 侍讀臣簫良有　明抄本無"侍讀臣簫良有"六字，通行本有此六字，其中"簫"字當爲"蕭"之誤。
⑨ 人臣周治隆　明抄本無"人臣周治隆"六字。通行本有。
⑩ 簿臣鮑佐　明抄本無"簿臣鮑佐"四字。通行本有。

萬曆二十一年七月癸丑，朔，以孟秋時享太廟，遣公徐文璧恭代，侯吳繼爵、徐文煒分獻。

二日甲寅，大學士王錫爵等題："先該吏部題准，願告教職歲貢生員，行移翰林院考試。臣等欽遵會同左春坊左庶子兼翰林院侍讀署掌院事馮琦，出題彌封，嚴加考試，取中文理平通上卷四卷、文理亦通中卷五十五卷，俱堪授教職。臣等謹將試卷封進，伏乞聖裁發下，開送該部，查照臣等先後題准事理施行。謹題請旨。"

十日壬戌，大學士王錫爵等題："伏蒙皇上以寫篆成造泰順公主神主壙誌文，欽賞臣錫爵銀二十兩、紵絲二表裏、原封鈔三千貫，臣志皋、臣位每銀十五兩、紵絲一表裏、原封鈔二千貫，臣等頓首祇領，及中書官馬繼文等六員俱各照數分給訖。臣等不勝感戴天恩之至。謹具題謝恩。"

十一日癸亥，命禮部左侍郎兼翰林院侍讀學士范謙，教習庶吉士。

十二日甲子，大學士王錫爵等題："臣等伏自六月以來，因天氣方暑，聖體未康，故兩次具揭候問起居，未敢遽求召見。乃今時交秋令，又值陰雨新涼，論皇上調燮之常理，則靜久而當動，論臣子瞻依之至願，則蓄久而當通。正擬齋心具揭以請，而屬者天象示變，聖心警惕不寧，亟下修省之令，計皇上此時獨居宮中，左右顧問之無人，亦必有穆然深念而思與臣等一見者。臣等竊惟，事天以實不以文，降服乘幔撤樂出次者，修省之文也，君臣和德、飭綱陳紀者，修省之實也。見今臣等日直內廷，仰見皇上虛懷問察，殫慮安攘，其於修省之實固已具舉，惟是朝講久曠，堂陛不交，往往有天語親傅①而德意不宣於下，宸翰親決而威權不制於上，此君臣和德未孚、感災名異之大者。合無乘此修省之時，少賜須臾之間，使臣等與百執事皆得仰睹

①傅　明抄本作"傅"，通行本誤作"傳"。

威顏，面承謦欬，於以盡舒久鬱之人望，大振積弛之朝綱，庶幾和氣可回，災祲可弭？且臣等連夜夙興，仰視慧①星漸近紫薇垣。紫薇垣於象爲君，於地爲藏神布政之所，天道昭昭，尤不可不深畏，不可不亟圖。蓋臣等嘗聞，天地之理，陽伏則陰飛，正羸則邪縮，在里舍愚民尚有禳星鎮宅之法，而況皇上身係泰階之符，五行七曜所從受紀，顧當此非常之譴異，而欲以尋常修省弭之，此豈有響應之理？更望視朝臨政之外，慎起居於宮闈，緩督責於左右，寡嗜慾以防疾，散積聚以廣恩，於以上應紫薇垣示戒君身之象，此亦天子之厭禳也。時下聖節在邇，知皇上必當御扆臨朝，誕受萬年之祝，臣等可無煩預請，祇以隱憂在念，非筆札所能具陳，必須咫尺瞻顏，一舒愊憶，方盡區區犬馬報主之誠，手足分憂之義。謹齋沐叩頭，具題以聞。"

　　十七日己巳②，大學士王錫爵等題："昨該禮部題稱：寧夏奏捷，欽天監擇定吉期，於本月十九日恭請聖駕御門，舉行宣捷受賀之禮，已蒙御批報可。仰惟皇上獨斷廟謨，布昭神武，麾戈內討而大憝梟夷，授鉞外攘而狂胡逐北，真太平之盛事，臣庶之偉觀也。乃寧夏續報捷音許久，而部臣至是始請行祭告宣賀之禮，蓋以非常破虜之功，必得皇上親臨奏凱，以示鄭重，而後國威不褻，戰士知奮。第前此則恐初報首功之未真，繼此又恐盛夏臨朝之不便，故遲之又遲，以至今日，乃敢乘涼卜吉以請，無非望皇上之一出而已。顧臣等惓惓之愚，竊又謂此舉鼓舞士氣爲小，收拾人心爲大，鋪張太平爲末，消弭災變爲本。見今慧③星示異，皇上試觀廷臣以修省建言，連篇累牘，有不及於視朝者乎？天變如此，以應天之實政言之，固當出，人心如此，以接下之虛懷言之，亦當出。而今日乘吉典以舉曠儀，籍④凱聲而快利見，事體更爲精采，將不惟天人之間，氛祲化爲太和，諍議歸於一德，而聖躬因此動盪精神，以臻勿藥之喜，臣等因此遵⑤揚休德，以逭尸素之愆，唐虞喜起之盛復見於今日矣。臣等不勝企渴瞻仰之切。誠恐該期傳免，又孤衆望，謹具題預請以聞。"

①慧　明抄本作"彗"。通行本誤作"慧"。

②己巳　"己巳"當作"己巳"。

③慧　明抄本作"彗"。通行本誤作"慧"。

④籍　明抄本作"藉"。通行本作"籍"。

⑤遵　《王文肅公文集》卷四三"遵"作"導"，是。

十八日庚午，大學士王錫爵等題："該臣等伏奉聖札：'朕覽卿等所奏，俱見忠懇。朕正欲出與先生每見見，因數日前中於暑濕，頭目眩暈，心胸煩悶，身體無力。但能支撐的，就出見先生每。傳與先生每知之。欽此。'臣等前因雨後新涼，特請皇上臨朝受賀，冀得一睹天顏，以慰犬馬戀主之願。茲聞聖躬偶爾感暑，尚在靜攝，力雖未能遽出，而心實不忘下交。臣①等念切瞻依，情深愛戴，敢不仰體皇上謹疾之意？而尤日冀暑退涼生，玉體康豫，自有親炙耿光之日也。臣等竊因此願有請焉。臣聞天地交則萬物生，上下交則萬事成，臣等謬蒙皇上股肱心膂之託，原與外廷羣臣不同，必須精神常相流通，然後事務得以展布。今皇上口傳、御批間常頒出，然所頒者十不二三，是上意未盡下宣也。臣等露章、密揭亦有敷陳，然所陳者十無六七，是下情未盡上達也。臣請今後皇上凡有宣諭，更不須中官口傳，願皇上親灑宸翰，隨意數行，俯示臣等，容臣等即時據實條奏，以俟聖裁，臣等凡有所聞，亦不必頻具章奏，容臣等隨事直陳，簡明數語，便達御前，望聖斷即時信筆批出，以便遵行，此亦聯屬泰交之一機也。況臣等每見皇②御筆發出，捧誦欣玩，天語精當，出口成章，宸翰遒勁，信手稱妙，中間即有塗改增竄，愈益見注思之詳審，落筆之變化。乃近來往往有蠅頭細書親自揮灑，而反託之內臣謄真，不惟掩昧手札，抑且朦朧獨斷，使外廷之臣盡以為臣等之潤色，及左右之詐傳，以致明旨不信，朝廷日輕，尤可惜也。竊考先朝故事，太祖高皇帝與世宗肅皇帝齋居決事，常信筆亹③數十百言，比時近臣即逐欵手書復奏，君臣上下之間，真若家人父子，是以宮府無壅而治化光明，有由然矣。方今朝事紛紜④，人情觀望，臣等既未得朝夕望見天顏，因感聖諭惓惓眷念臣等之心，附效愚忠如此。伏望皇上取法祖宗成憲，俯鑒下情，俾心相感通，道成交泰，昭示信任之篤，以解壅隔之疑，國家幸甚，臣等幸甚。因事納忠，不勝仰戴懇祈之至。謹具題以聞。"

十九日辛未，以陝西宣奏捷音祭告郊廟收回脯醢果酒，賜

① 臣　明抄本無"臣"字。通行本補之，是。

② 皇　據《王文肅公文集》卷四三，"皇"下應有一"上"字。

③ 亹　明抄本"亹"下還有一"亹"字。通行本脫此字。

④ 紜　明抄本作"紛"。通行本作"紜"，是。

三輔臣三卓。

二十三日乙亥，大學士王錫爵等題："近該吏部尚書缺，奉旨：'多推幾員看。'隨該九卿科道官會推李世達等四員，請旨點用一員。今已數日，尚未發下。臣等仰窺聖意，蓋欲慎重銓衡之選，以肅表儀，總攬黜陟之權，以防專擅。不勝欽服，不勝佇仰。但適有難處之事，不得不言者。緣向日該部尚書雖缺，而前有右侍郎蔡國珍署印，後有左侍郎趙用賢接管，一應部務尚不憂其廢閣。乃用賢昨又爲鄉人吳鎮所訐，雖已奉旨批下該衙門，例免勘覆，而用賢性稟剛方，必不肯忍詢即出，國珍又已交過印信，必不肯越次任事，則是部推一日之未下，乃部事一日之耽閣，所關係不淺也。臣等實不敢欺，往時吏部用人，憑其自擇，未嘗一毫干與，今日吏部推吏部，則其勢自當避嫌，不得不謀及臣等，中間公論之去取，列名之先後，似爲至公至確，臣等必不敢誤皇上，而皇上亦必不疑臣等。爲此急切具題，伏乞聖裁，早決施行。"

二十四日丙子，賜三輔臣每鮮鰣魚二尾。

二十六日戊寅，賜三輔臣每枇杷果一簍。
是日，又賜三輔臣每鰣魚五尾，及講官陳于陛等五員每鰣魚二尾。

八①月戊②午，朔。

二日癸未，大學士王錫爵謹瀝血誠密奏："臣今日有至危至急之事，爲外廷所難言，所諱言，而臣不忍不言者。臣連夜仰觀乾象，見彗星已入紫薇垣，不知欽天監官及左右之臣，曾有以象占奏聞否？臣以爲此非小災也，非外災也。皇上平日以腹心信臣之謂何？以安危託臣之謂何？豈有上天譴異驚人至此，而尚敢避一身之斧鉞，不爲皇上萬萬年福壽之計乎？臣聞古帝王禳彗之法，或改張新政，或更用新人，一切以上應星象、除穢布新爲義。若慧③入紫薇垣王者之宮，則其咎乃在君身。君身之咎，必非區區用人行政之間所能消弭。此歷代星占，載在《文獻通考》諸書中者，鑿鑿可驗。皇上試自取而觀之，其震驚恐懼，當不待於臣言矣。兹欲禳除非常切身之災，則必當求莫大切身之事、有可以改觀萬國厭勝不祥者。竊惟天以皇上爲子，皇上以太子爲子，以一家倫序而言，惟此可以相當。天子之象曰帝星，太子之象曰前星，以三垣方位而言，惟此最爲相近。即今民間有壓災充喜之説，往往借子孫之吉祥，以禳父母之凶咎，早婚幼冠不以爲嫌，何況皇上萬萬年④社稷之身，目見天變赫然如此，而顧可以災爲諱、愛身反出庶民之下乎？臣以此爲皇上中夜廢寝而思，潔齊⑤而禱，斷以爲方今禳彗第一義，無過早行册立之典。朝廷之上有此大典章，而後可以辟除大穢，宮闈之中有此大喜慶，而後可以鎮壓大災。若稍遲時日，以待廷臣有言之後，則臣代主受名，子代父受福，呼吸之氣豈能動天⑥？安危之機，間不容髮，惟皇上密斷而早發下⑦，聖躬幸甚，社稷幸甚。設或以秋冬措處不及，乞先降一諭，斷在明春舉行，使歡聲和氣先騰於天下，則天意亦未有不可回者。頗聞禁中方修醮事，祈保萬安，請將臣錫爵之姓名焚於各神之前，有如臣之此言不出愛君、憂國、至忠、至赤之誠，而苟爲妖言游説，附衆立名，神如有靈，將臣霹靂碎屍，永無怨悔。如其不然，亦望皇上照依古災異策免三公事例，使臣退伏失職干⑧和之罪，亦可少爲君父分災，臣亦永無怨悔。臣今方抱病喘喘

①八 明抄本"八"上有"萬曆二十一年"六字。通行本脱。

②戊 "戊"爲"壬"之誤。

③慧 明抄本作"彗"。通行本誤作"慧"。

④年 明抄本作"金"。通行本改作"年"，是。

⑤齊 明抄本作"齋"。通行本作"齊"。

⑥天 《王文肅公文集》卷四三，"天"下有"地"。

⑦下 明抄本作"之"。通行本誤作"下"。

⑧干 明抄本作"千"。通行本改"干"，是。

而手書此揭，密封奏上，六十老人爲此將以何求？不過望皇上身安如泰山、祚鞏如磐石耳。伏惟堯舜聖明，何所不察，請因臣言細思，後宮歡愛與身孰親？世上財寶與身孰重？趂此天心仁愛之時，專爲尊生永命之計，速決大疑，免貽後悔。臣不勝飲血叩心、危懼急切之至。臨疏涕泣，不知所云。"

　　三日甲申，大學士王錫爵復奏："該文書官李文輔齎捧御札：'諭元輔：自彗星示現，朕心甚憂懼警惕。前者覽卿與二次輔所奏揭帖，內言慎起居四事，悉見攄忠至慮，昨卿又上密揭，意欲以大典爲禳解，甚見卿愛君憂國之心。卿之忠赤，朕豈不知？且夫冊立之事，本欲蚤行，朕怒羣小煩聒疑惑，故屢改移。況今春有旨，候二三年與出講一併舉行，朕意已定，今又發旨，是又無定言矣。夫二三年亦未爲遲。且星變之災，乃朕之不逮，咎在朕身，非卿失職。卿受朕心膂委託之重，方今狡虜、逆倭狂逞切①視，正賴卿運籌贊理，卿可安心輔治。其冊立之事，還候旨行。諭卿知之。欽此。'臣之愚戇，蒙皇上腹心相示，應答如響，且以咎歸己，以忠歸臣，捧誦之餘，令人仰虛懷而唧知己，不覺涕泗交下，自誓此生必不敢留一毫不盡之懷，以負千載非常之遇。謹匍匐百拜，再布愚忠以復。夫聖意之久定，皇上自知之，臣等亦共知之。乃呶呶羣小，無端煩聒疑惑，怒之是矣。然爲羣小而自輕父天母地九廟社稷之身，不知天心仁愛、其昭然示警者，爲羣小乎？爲皇上乎？使星占萬有一驗，果羣小當之乎？皇上當之乎？二三年舉行之旨，驟而更之，誠似無定言矣，然不難更屢年久定之旨，而反欲守今年新定之旨，不知上天之怒，以皇上食言而怒乎？以不食言而怒乎？且皇上之怒羣小，斥之、逐之，彼反得借以爲名，而天之怒皇上，一不解而其危機隱憂有不可勝諱者。臣有此犬馬之誠，所以不得不嘔出心肝，誓拚身命，而必欲爲皇上禳解旋斡②之計，保福壽於萬年也。至於狡虜、狂倭，憂雖叵測，然其象原不應紫薇垣。防禦之事，臣自當與在外諸臣盡力計處，惟臣力之所不能及，而臣身之所不能代者，則不得不望皇上自修自補耳。萬千

①切 "切"當作"窺"。

②旋斡 《王文肅公文集》卷四三"旋斡"作"斡旋"。

之愛，爲身無不可捐，萬千之嗔，爲身無不可遣，有如今日本怒羣小，而將來反資羣小之口，天變於上，人譁於下，臣爲誤國之首，雖欲如聖諭安心輔治而不得矣。惟皇上思之、思之，莫誤、莫誤。聖諭到臣宅，臣開臣閉無有知者，幸翻然更賜裁決，勿復以成命難改爲嫌。臣不勝至忠至懇之切。除御札尊藏外，謹再用手書具復以聞。"

四日乙酉，大學士王錫爵等題："該朝鮮解到降倭二十名，臣等昨相約會於射所，同九卿衆官面審其情。臣等每親問之，據通官逐句傳報云：倭寇有十萬是眞，前被我兵在平壤等處殺去二萬餘，尚有五六萬見在釜山停住。又問其何以不去？倭酋關白尚在否？答云：彼衆不知，祇①關白之子已死。又問何以歸降？答云：彼畏中國兵威，欲來報效求用。又問其此來歸降諸人，莫爲倭奴作奸細否？答云：並不敢懷此心。臣等再三研審，委無別情，隨與兵部尚書石星商議，今此降倭俱係壯丁，宜併前八十四名，俱發送宣大薊鎮各邊收養，以備禦虜之用。臣等竊見，自有倭變以來，有言朝鮮之救，爲捨己之田芸人之田者，有言倭本無多，不足慮者，有言倭三四十萬者。總之道路隔遠，傳聞不的，故衆言淆亂，徒惑觀聽。今此番降倭解審前來，詳問明白，可見倭奴本情，實欲占朝鮮、以窺中國，我兵之救朝鮮，實所以自救，非得已也。其倭衆之多少，總不如所聞之言。要之屢敗之後，其氣已衰，不足更爲深慮。但昨又見經略宋應昌塘報，云倭將行長已去復來，隨而攻剽全羅道，則夷情尚不可測耳。臣等與本兵商議，行令宋經略、李提督，嚴整兵馬，防扼要害，儲蓄糧芻，爲相持之計。彼日久食乏，自然逃去。務保萬全，決不敢遺皇上東顧之憂。伏望聖心寬慰。謹具題以聞。"

是日，大學士趙志皋奏："爲朝事甚明外議紛起直陳始末②以明心迹事。今早臣接禮科給事中朱爵揭帖《爲銓臣會推日久乞乞③宸斷蚤彰以息異議事》，臣見之不勝驚異。臣惟自前任吏部尚書孫鑨去任，奉旨會推，臣原不與聞其事，一日在閣中聞

① 祇 《王文肅公文集》卷四三"祇"下有"聞"字。

② 未 明抄本作"末"。通行本誤作"未"。

③ 乞 明抄本祇一"乞"字，通行本有二"乞"字，衍一"乞"字。

首輔王錫爵言，與吏部左侍郎趙用賢談及會推，伊極口稱禮部尚書羅萬化之賢、應推，因是遂聞外議會推已定都察院左都御史李世達、刑部尚書孫丕揚、禮部尚書羅萬化、兵部尚書石星。次日，吏部左侍郎趙用賢到臣寓所，説邊疆多事，兵部任重，尚書石星不當推，欲以南京吏部尚書陳有年易之。臣回言：陳有年雖好，但正推二人俱是陝西一省，陪推二人又是紹興一府，似委未妥，不如照原議推石星爲便。用賢當即辭去。又次日，文選司郎中劉四科與趙用賢先後到臣朝房，倏改前言，不推羅萬化而推石星。臣聞之始駭：三日而三易其説，何變更無常至此？詢其故，四科以羅萬化人品不如陳有年對，用賢以吏部司官恐翰林擅權對。臣聞其言，頗爲不平①。官之推與不推，何足輕重？因此而訾其人品，其誰堪之？此臣回對四科之言也。翰林官亦有爲冢宰者，如高拱，專擅威福誠有之，若郭朴、嚴訥，極稱公謹，豈翰林皆不肖之人？此臣回對用賢之言也。用賢與四科俱在，可與質之天日之下者。及次日會推揭進，乃竟去萬化不推矣。是始而議推羅萬化者，用賢也，既而不推羅萬化者，亦用賢也，於臣何與？而科臣朱爵反以臣授意於用賢，則非矣。及候旨一二日不下，外議紛起，有以閣臣爲阻撓者，有以皇上欲别推者，有以賄左右而致疑者，有以閣臣欲謀出掌部事者。臣聞之付之一笑，亦不待其言之既出，而已先信其必有是議矣。夫一冢臣也，始不與其議，既不與其推，徒以候旨未下，遂追思其一時之議論，而捏其無影之事情，噫亦過矣。科臣朱爵，原不與事，豈能知情？或得於風聞，或得於讒口，而輒以聞之皇上，皇上神明如照，何待臣辯？然會推始末之事未明，則臣終有不能自白者。敢冒昧陳之。至於科臣所言請皇上宸斷，願皇上垂聽，即將會推四臣即日欽點，以掌部事，以釋羣疑。又乞如科臣所請，始而據衆見以用賢，而毋惑於左右之可，既而據衆見以退不肖，而毋惑於左右之不可。閣臣亦左右也，皇上深居不出，而九閽之上即爲萬里，外廷不知作何疑圖也，而臣等惟有此心對之青天白日而已，何暇辯哉？惟皇上察之。臣無任悚惕待罪之至。爲此，謹具本奏聞，伏候敕旨。"

① 平　明抄本作"乎"。通行本改"平"，是。

奉旨："覽卿奏，洞見至公。流言無影，小人亂政，朕自有主持，卿可安心贊理，不必深辯。"

是日，大學士張位奏："爲直陳吏部會推始末伏乞聖明裁鑒以決羣疑事。今日在閣辦事，見禮科右給事中朱爵一本《銓[①]臣會推日久乞宸斷蚤彰以息異議事》，送揭到閣，大抵爲吏部久推不報之故。中間謂臣志皋、臣位當未推之先，曾授意侍郎趙用賢，欲用禮部尚書羅萬化，推補計畫已定，後賴驗封司郎中顧憲成之力講，而用賢始悟。及推之日，文選司郎中劉四科請教，志皋與臣動色相告，甚至以先大學士高拱爲辭，而其事遂寢。臣見此說，如聞唪囈中語，莫測其由。其顧憲成力講與用賢之悟[②]，臣不知其有無，獨動色相告諸語，臣反覆思之，實未之有也。夫吏部，銓衡要地，舊例廷臣會推，請自上裁，閣臣不與會推之列，但公論既定，吏部堂上官臨期一來知會耳。比會推數日前，侍郎趙用賢對臣言：'吏部員缺，擬推都御史李世達、刑部尚書孫丕揚。'臣遽答云：'二人甚諧輿論。'趙復問臣：'奉旨多推數人，未知孰可？'臣答云：'此係會推廷議，不敢致喙。'用賢復云：'見有禮部尚書羅萬化、南京吏部尚書陳有年，皆可備推者。'臣云：'羅係翰林出身，近例常有推及者否？'用賢復云：'我與羅南京同官甚久，見其爲人端正，事有執持，此不可不推者。'臣答云：'公論果爾，有何不可？'用賢又云：'適與王、趙二公面講已定，再無改易矣。'臣復唯唯。及當會推之日，又且停止，用賢來朝房對臣云：'前言會推事，今本部司官大有議論，說外面謂禮部羅公品格不佳，勢當改換。'因對臣嘆息：'司官口嘴不好，可見任事之難。'臣即對云：'初用羅乃部意，非閣意，今去羅亦宜聽部意，閣臣何與哉？'用賢復唯唯而別。尋，文選司郎中劉四科來見，述陪推另用事，臣云：'羅公之推，原出部意，今何以謂其人品不佳？名義至重，即不推舉，豈可輕易說壞人品？'四科遽答云：'從來會推堂官，司官不敢與聞，本司竝未有此語也。'比時臣但笑而問之，劉郎中亦篤實端平人也，亦笑而答之，數語之外，更無他說。蓋自始至終，臣未嘗言及萬化當推者，此事原與臣一毫

① 銓　據上文，"銓"上當有"爲"字。

② 悟　明抄本作"悞"。通行本改"悟"，是。

無與，何至動色爲詃哉？臣素不敢爲誑言，天地鬼神在上，趙、劉二人見在，可以面質，並不敢增損一語以罔天聽。但不知科臣之言何因而發？豈一時過聽傍人之説、未及親詢用賢與四科、遂據風聞而具奏乎？其不及首臣而獨咎二臣者，或以同榜之故。然不知萬化非同榜可私之，而二臣亦非肯私同榜之人也。但以臣愚見，臣等今日之疑乃易明之事，獨其所以致疑之故，止因吏部久推未下，外廷求其説而不得，猜議日生。前此已經臣等具揭催請，蓋非徒自爲解疑計，而實爲政體計也。伏望皇上早賜裁用，以重銓衡之任，以釋羣臣之疑。夫天下事未有久而不決者，況此又非可已之舉也。臣直述始末，冒瀆宸聰，不勝竦惕祈望之至。爲此謹具本奏聞，伏候敕旨。"奉旨："卿直亮端謹，朕所素知。小人妄言，何必懷疑？卿安心協理，不必深辯。"

是日，大學士王錫爵等題："近該吏部左侍郎趙用賢，爲原任僉事吳之彦之子吳鎮奏訐其離婚事情。臣等以用賢素有清望，怨家之口不足以累其大節，昨因泛常擬批'該衙門知道'，以全大臣之體。科①執奏，續奉嚴旨：下部院看②明。臣等因請並下用賢辯疏，與之同看，以爲公論在人，用賢不妨一面任事，一面聽覆。而用賢顧自以身在看③中，嫌疑當避，乞歸之疏至再、至三。臣等亦爲反覆思之，方今朝多不決之事，事多不白之疑，用賢一日不避位，則部院公平之論一日不敢出也。臣等一日不勸成用賢之志，則外廷庇護之疑一日不可解也。合無速決早放，待其事明而復用之？此乃愛之以德，所全者大。臣等輒敢主張票允，仍爲具揭以請。伏乞聖明裁定施行。"

五日丙戌，大學士王錫爵等題："近④皇上以彗星示異，爲之動心警惕，降諭修省，在朝百官無不凜凜夙夜以承休德者。臣等猶恐四方之外，各邊之遠，閭閻之疾苦有不聞於有司，卒伍之怨咨有不聞於將領，而撫按官又或以朝廷耳目之不及，上下相蒙，名實相混，有辜皇上畏天保民之意，敢僭擬敕諭一道，徧責內外任事之臣。蓋慮先根本，故言不得不切，法欲必信，

① 科 明抄本"科"上有"既而禮"三字。通行本脱。

② 看 《王文肅公文集》卷四三"看"作"勘"，是。

③ 看 《王文肅公文集》卷四三，"看"作"勘"，是。

④ 近 明抄本"近"下有"該"字。通行本删之，是。

故令不得不詳，要欲使皇上精神，日聯屬於天下，而遠方之視聽，日傾注於朝廷，其在臣等，亦因借此爲分憂補過之助耳。伏乞聖明裁定發行。謹具題以聞。"

召吏部等衙門掌印官至會極門，頒降敕諭，曰："皇帝敕諭內外群臣：頃者皇天垂戒，災異洊臻，孽火飛流，河水橫溢，漕船損於颶風，禾稼傷於霪雨，至於彗星之變，尤屬非常。朕仰承天心仁愛，且感且懼，已齋居思過，反己責躬，兼敕大小臣工痛加修省外，尤恐窮簷蔀屋之下，極邊荒徼之外，耳目不周，軍民失所，以干天和，是用痛心疾首，申諭爾等。朕念頻年以來，各處民窮財盡，雖由兵餉增加，供億煩費，亦多因有司官不勤撫字，咨意貪漁。或煩詞訟以利贖鍰，或重稅①收以取餘羨，甚或積逋之稅已蠲而復徵，寬恤之旨屢下而終格，以煩擾爲精采，以刻勵爲風裁，狡獪者市直以文奸，闒茸者偷安而苟祿。凡此數條，雖罪有重輕，同爲民害。而撫按官或偏信毀譽，專任愛憎，捷徑②鑽刺者登於薦書，悃愊無華者列爲下考，勸懲倒置，吏治何由得清？今後但以小民得所，爲有司之賢否，以有司得職，爲撫按官之賢否，其不恤民瘼、無益地方者，即時議處，奸貪不法、酷虐害民者，恭奏拏問。如有真心實政、德意及民者，即據實迹、特舉以憑優異。至若有災地方，倍宜軫念，責成司道，課督守令，躬自踏勘，一應蠲賑事宜，作速詳議奏聞，不許苟且塞責。又朕往歲敕督撫官條上各邊優恤事宜，今餘一年，何故寂然無聞？有事則動至張皇，無事即不行體恤，恩威並損，何以使人？且國家養兵，原自優厚，祇因官不恤將，將不恤兵，或指借公費，扣減多端，或給散不時，銀數短少，貪將竊以爲利，驕兵借以爲名。追惟亂源，豈獨在下？今後着督撫等官痛湔夙弊，顯立科條，散銀給餉，定爲時日，不得頃刻那移，公禮私費，一切裁省，不得絲毫扣減。此外如有呼噪倡亂者，斷當明正典刑，不得過爲姑息。其舉劾將官，亦須加意體訪，必慎必公，無得輕忽武弁，任意顛倒，使將官不知自愛，以墮軍政。朕又念東征將士，荷戈異邦，三伏炎蒸，重以陰雨，直以恤小禦暴，不得不然，其在朕心，能無

① 稅　明抄本作"稱"。通行本改"稅"，誤。

② 徑　《王文肅公文集》卷四三"徑"作"給"，是。

憫惻？前經略所報將士斬獲功勞，已着該部記著，候旋師陞賞外，其發去銀兩，不知各兵杲否得沾實惠？日給糧餉，不知有無足用？及該大兵所過地方，民間不致騷擾否？穀價不致騰貴否？都要着實查勘以聞。尔部院大臣，各有安攘之責，其益務同心體國，率屬奉公，表用循良，斥逐苛墨，措處兵餉，計安軍民，無以浮辦亂眞才，無以虛文充實政，勉爲國家任怨，以副朕畏天圖治至意。欽哉，故諭。"

六日丁亥，遣大學士張位祭至聖先師孔子。

是日，以萬壽聖節，賜三輔臣每金萬壽字二副、銀萬壽字二副、金篆字八個、金書符一道、銀書符一道，講官陳于陛等五員各金萬壽字一副、金篆字三個、金書符一道、銀書符一道。

九日庚寅，命右春坊右中允管國子監司業事劉應秋，以原官回坊，兼翰林院編修，充日講官。

陞南京國子監司業馮夢禎，爲右春坊右諭德，掌管南京翰林院印信。

十日辛卯，以萬壽聖節，賜大學士王錫爵銀六十兩、綵段四表裏（内斗牛胸背二表裏），趙志皋、張位每銀五十兩、綵段①四表裏，講官陳于陛等五員每銀二十兩、紵絲一表裏。

是日，大學士王錫爵奏："爲恭謝天恩事。今日蒙以萬壽聖節，欽賜銀兩表裏，臣以爲照常從衆蒙恩，止具連名揭謝。既而檢有青紅斗牛服色二匹，緣係初賜，又係特加，臣不勝惶愧，不勝感激。除候次日廷謝外，竊念臣猥以深知，待罪首輔，上而伏蒲補袞之未效，下而和衷一德之未孚，頃之會以星妖，特援古災異策免事例上請，庶幾上爲聖主分災，下爲賢路開壅，而私情未遂，不敢更爲露章套辭以博温旨，此臣之心有可憐者。又臣從趙召入京以來，自慚國謀身計事事杳茫，秩滿而不敢報聞，謗興而不敢爭辯，皇上前此所賜麟衣，雖已命工成服，尚未穿用，以爲禮有服以拜賜之文，未有不見上而先服以見人之

① 綵段 明抄本無"綵段"二字。通行本補之，似是。

禮，此臣之心又有可憐者。乃今舊服未襫，新服洊加，前賜已優，後賜逾忝，在皇上萬年大慶自無靳於特恩，而在小臣一介微躬實不勝於華綺。謹一併製服珍藏，以待陛見親謝之後，乃敢徵上之福，侈示羣臣，不敢虛也，亦不敢褻也。臣無任感恩惕衷之切。謹具奏恭謝以聞。"

十一日壬辰，大學士王錫爵等題："起復庶吉①士包見捷，才識疏通，堪任諫職。合無敕下吏部，查有六科給事中員缺除補？奉聖旨："是。吏部知道。"

是日，大學士王錫爵等題："今年八月十七日，復當我皇上萬壽聖節之期，瑞應流虹，歡騰祝嶽。四方奉表之吏，萬里重譯之夷，其棧山淩水、雲集霧會於闕下者，不過快於天顏之一睹耳。而臣等竊伏見前兩年已連次傳免，其傳免又必以疾爲辭，此在偶然則可，若歲以爲常，則使天下相傳聖躬無一歲之不疾，非所以昭大慶也。在常朝猶可，若賀節大禮盡廢，則使天下以慶賀述職爲虛文，非所以肅大觀也。況御殿須臾之頃，於聖躬本無甚勞，而上以介九重之福喜，下以聯萬國之歡心，近而慰臣庶之瞻依，遠而消反側之窺伺，此臣等左右腹心臣所當懇請而力勸者。伏望皇上，今年預先傳定出朝，禁內起居倍加珍攝，使天光必遂於仰瞻②，巽命無虞於再反。臣等不勝欣踊企望之至。謹具題以聞。"

十三日甲午，陞吏部左侍郎兼翰林院侍讀學士陳于陛，爲禮部尚書、兼翰林院學士，掌管詹事府印信，日講、教習俱照舊。

十四日乙未，大學士王錫爵等題："昨該文書官杜茂口傳聖旨：'蘇杭織造錢糧拖欠數多，有司何不催徵？欽此。'臣等當即將該地方連歲災傷、民間困苦、有司催辦不前之狀略節，向杜茂口陳，令其據此回奏。猶恐未確，謹再瀝危誠，備訴皇上之前。臣等謹按，江南財賦，甲於天下。相傳國初時，太祖高

① 吉 明抄本誤作"子"。通行本改"吉"，是。

② 瞻 明抄本作"瞻"。通行本誤作"贍"。

皇帝因憤百姓爲張士誠固守，抗拒天兵，賊平之日，遂將富民租簿定爲糧額。累朝二百年來，頭緒轉多，如王府糧、練兵銀之類，但有加派，並無寬減。連年以來，雖因水旱頻仍，每下蠲緩之令，而蠲租止於存留，已屬虛名，緩徵併於別年，反滋擾累，此小民之所以貧苦無聊、痛心疾首，而嗷嗷思亂也。然外亂不生，則內亂或可潛弭，江北稍熟，則江南尚可息肩。今狡倭窺境，剝膚將及，以至沿海地方無地不增兵，無兵不添餉，其勢不得不取足於民。而徐、揚之間，方數千里滔天大水，廬舍禾稼蕩然無遺，其勢又不得不取償於江南。此如一絲之繫鐘鼎，壹息之關性命，其危且急何如者？若不及今將養，取之盡錙銖，有如外倭內盜乘間而交發，其巨萬供億之費，更將於何取之？朝廷雖有粟如山，有金如泉，一時不能救饑民之命，滿驕兵之腹，其禍蓋不可勝諱者。何況今日太倉錢糧，出數倍於入數，如都御史褚鈇所聞，更爲上下極窮之會、京邊交困之秋，而可不早留此孑遺之民命、以爲緩急支持之計乎？皇上未見其形，請察其影。撫臣朱鴻謨，代劉應麟①催徵者也。科臣王德完，以應麒催徵爲是者也。今緩徵之疏且一上而再上矣。彼豈任怨於始、而市恩於終？蓋實有萬分不得已，疾痛慘怛，不得不仰而呼天耳。大抵方今國患在於民窮，由②於財盡。其始也，有司猶可以箠楚之，威行於小民，撫按猶可以參罰之，令行於有司。今民至困而箠楚無所加，則有司之技已窮，有司窮而奉行不能前，則撫按之技亦窮，至於撫按窮而詔令有格而不行，則部院之技亦窮矣。然漕糧、金花之類，原係緊要上供，不可以窮爲辭。至於蘇杭之織造、江西之磁器、雲南之取金，在皇上省之如千箱之③稊米，而在小民得之，如枯骴之獲再肉。爲人父母，又何愛一絲一縷、而不以活赤子旦夕之命也？今春臣錫爵之母北來，至天津等處，親見道上纍纍賣男女之民，有索銀五七分弃子而去者。臣母爲之痛哭，稍施錢周之。觀近京之民如此，則遠京之民可知。觀賦輕之地如此，則賦重之地可知。又況於上有不可忽之天變，下有不可緩之河工，前有不可恃之昇平，後有不可知之事變，誠拯溺救焚，事在至急，浣衣投璧，

① 麟　明抄本作"麒"。通行本誤作"麟"。

② 由　明抄本"由"字上有"民窮"二字。通行本脫此二字。

③ 之　明抄本"之"下有"失"字。通行本脫此字。

未足謝民，而何忍更以餘財餘力責此額外之供也？且臣等又聞，上供一分，民費三倍，民出數金，害及數家。天下之勢，岌岌至此，不可不深思，不可不痛念。又今軍興費繁，寧夏之師已耗去百餘萬，度朝鮮功成，與各處募兵造船之費，又不下百餘萬。羣臣束手，計無所出。昨者工部請發御庫銀數十萬兩，賑濟淮揚，臣等不敢主張，仍下户部議處。夫內庫久積之銀，外廷猶欲請發，豈有外庫額外之銀，內廷尚可宣索者？伏乞皇上慨然將今歲買辦銀二十萬兩，盡數傳免，以救目前燃①眉之急，少俟盜息民安，賦充費省，再行斟酌取之，不特挽回天和，消弭國患，而皇上藏富官民之間，增光恭儉之德，又乘此萬萬壽稱觴之日，以當萬萬人歡頌之聲，真所謂散小儲而成大儲，以惜福而更益福也。臣等無任懇切祈望之至。謹具題以聞。"

十七日戊戌，以萬壽聖節，賜三輔臣上尊珍饌。

是日，又賜元輔王錫爵膳十一品、壽麪、長春酒五瓶，次輔趙志皋、張位每膳九品、壽麪、長春酒三瓶。

大學士王錫爵等題："恭遇萬壽聖節，禮當慶賀，該鴻臚寺奉旨傳免。竊念臣等備員輔弼，受恩深厚，與在廷諸臣不同，犬馬私衷不能自已。臣等謹於本日恭詣會極門，行五拜三叩頭禮，稱祝聖壽，以少伸臣子慶忭之誠訖。謹具題以聞②。"

二十日辛丑，大學士趙志皋、張位題："昨日文書官李文輔發下原任吏部左侍郎趙用賢一本《爲恭承明旨再陳會推始末等事》，奉聖旨：'原來是趙用賢所爲，與二輔何干？既實說，姑免窮究。近來無端小臣，紛紛狂妄，傾陷內閣，把持朝政，淆亂是非，朕每以輔臣勸解，一概姑從輕處。朱爵這廝妄言瀆擾，本當重治，姑從寬，着降調外任用。欽此。'臣等莊誦再三，不勝愧悚。臣思會推吏部尚書一事，臣等因有首輔王錫爵在前，實不與聞，而吏部堂司等官亦未嘗與臣會議。後因科臣朱爵坐臣授意用賢、推禮部尚書羅萬化，實無影響，二臣不得已，各具疏以自明。今蒙皇上追問用賢，用賢據實具奏，則二臣心迹

① 燃　明抄本作"然"。通行本改"燃"，是。

② 以聞　明抄本無"以聞"二字，通行本補之，是。

已明，可幸無罪。乃皇上仍罪朱爵妄言瀆擾，降調外任，此皇上英明神斷。因邇來小臣紛紛奏擾，混亂朝政，為此特發嚴旨，以肅紀綱，以清世道，而俾臣等亦得稍安其位。但恐外廷小臣，依然不信，猶疑臣等擬票，假借天威，杜塞羣口，則臣等之心，終無以自明，而議之者又至矣。且朱爵，科臣也，會推之事彼焉得知？蓋因為人所愚，不詢其實，輒爾奏聞。且諫官風聞言事，乃其職分當然，儻事有所傳而不即為宣奏，是上壅天聰，下違人意，則其職有缺，而其心亦可原也。伏望皇上收回成命，將朱爵稍加罰治，令其照舊供職，庶臣等之心稍安，而爵亦得以自效其忠矣，臣等無任惶悚待命之至。謹具題以聞。"

　　二十七日戊申，大學士王錫爵等題："該臣等昨於萬壽聖節中，揭請皇上御朝受賀，隨蒙傳免，臣等不敢復言，蓋以呼嵩介壽，人情雖切於仰瞻，而御殿垂簾，天顏未免於隔絕，此臣等所以寧惜聖躬之勞，而不強為無益之請也。乃今遇①節之後，倏已逾旬，以聖躬言之，則燕喜多暇，精神必倍於常時，以天氣言之，則深秋正涼，光景又不可以易得。皇上趂此萬安萬福之時，不煖不寒之候，一出見臣等，不為大勞，而使臣等經年企渴之懷，如赤子之得見父母，覆盆之得瞻天日。又使四海九州之人聞之，謂皇上玉體之康強而耐勞如此，謂皇上畏天變而憂人窮、勵精勤政如此，又謂皇上四月中預訂召對之期，其令出無反如此，又謂臣等果見信於皇上，而辱與諮議政事、振飭綱紀又如此，道路紛紜之疑，渙然消解，臣工噂沓之口，肅然屏戢，此所謂聖人之明，一出戶而見萬里，聖人之威，一舉趾而案四方者也。該臣等前此每讀聖諭，一則曰股②肱，二則曰心膂。夫股肱，無一刻而不屬元首，心膂，無一息而不通呼吸。則臣等獨可一日而離皇上之左右乎？今旬月之間，彗星、火星、金星相繼示異，又河南、山東、江北等處，相繼告災，天下之勢駸駸乎有土崩瓦解、不可收拾之憂。臣等朝夕寒心，計無所出，惟有藉太陽之餘照，揚清蹕之休聲，以庶幾於彌縫補救之萬一。而皇上顧何難輟此宮中分寸之陰，借此膝前咫尺之地，

① 遇　《王文肅公文集》卷四四，"遇"作"過"，是。

② 股　明抄本作"朕"。通行本改"股"，是。

① 聽 明抄本作"聆"。通行本作"聽"

② 石 明抄本作"右"。通行本誤作"石"。

③ 簫 明抄本作"蕭"。通行本誤作"簫"。

不以慰臣等惓惓狗馬之懷乎？臣等度至上前，意滿口訥，未必能有所陳請，但念此時天顏之一面，勝於臣等千百疏之問安，天語之一聽①，勝於臣等千百言之擬旨，乃今日人心世道所關，不容不汲汲耳。臣等不勝懇款祈控之至。謹具題以聞。"

二十九日庚戌，陞左春坊左庶子兼翰林院侍讀馮琦，爲詹事府少詹事、兼翰林院侍讀學士，掌管翰林院印信，經筵、日講俱照舊。

　　記注官
　　　　掌詹事府禮部尚書兼翰林院學士教習庶吉士臣陳于陛
　　　　禮部右侍郎兼翰林院侍讀學士臣盛訥
　　　　掌翰林院事詹事府少詹事兼翰林院侍讀學士臣馮琦
　　　　左春坊掌坊事左庶子兼翰林院侍讀臣余繼登
　　　　右春坊掌坊事石②諭德兼翰林院侍講臣簫③良友
　　　　右春坊右中允兼翰林院編修臣劉應秋
　　謄錄官
　　　　中書舍人臣周治隆
　　　　鴻臚寺主簿臣鮑佐

九①月②。

二日癸丑,陞右春坊右諭德兼翰林院侍講余繼登爲左春坊左庶子兼侍讀,司經局洗馬兼翰林院修撰蕭良有爲右春坊右諭德兼侍講,右春坊右中允兼翰林院修撰李廷機爲司經局洗馬仍兼修撰,各掌本坊局印信。

七日戊午,大學士王錫爵等題:"今日發下票本内,有吏部左侍郎蔡國珍催請檢發十日以前會推南京吏部尚書本,今原推本未發,而獨發此疏,臣等不知聖意點用何人,擅難票擬,今隨揭封上,恭候裁奪、示下施行。若前疏留中日久,檢發不便,就於此疏内所開沈鯉、朱賡二人,隨意點用一人,亦無不可。謹題請旨。"

是日,賜三輔臣楊梅各一簍。

八日己未,大學士王錫爵等題:"昨該臣等乘聖節燕喜之後,秋氣涼爽之初,欲望一對天顏,少舒積戀,此心之如饑如渴,具在前月二十七日所進揭貼中,伏想皇上久已披覽,知其至誠,亦必爲之默爲感動,不忍終拒矣。顧今揭留御前,已至逾旬,尚未蒙批示允否,臣等展轉生疑,求之而不得其故。如尚以聖躬在恙,有所倦而不出,則舉趾半刻之勞,似未妨於攝理。抑或以天氣餘暄,有所待而不出,則轉眼交冬之後,漸已迫於沍寒。又或以邊虞少緩,有所恃而不出,則在外省臣之告災,在内計臣之告困,其仰煩宵旰之憂,方自此始,而豈九重深臥之日也?又或以臣等職親地近,聲欬時聞,不必更煩於覿面,則臣志皋、臣位猶有去年獻俘一見,可以少慰,若臣錫爵,違遠三年,往來萬里,而至今尚杳然阻望宫墙之外,肝膽將何所效?面目將何所施?累朝以來,豈有此隔絕之君臣也?傳聞世宗晚年,羣臣雖不得見上,而二、三在直勳輔,每一③入宫進香,往往望見聖顔於燈光簾影之間,手書問答,日夜爲常。故其時朝堂之臨御雖疎,而臣下之觀瞻猶肅,中禁之起居雖閟,

①九 明抄本於"九"字上有"萬曆二十一年"六字。通行本脱。
②月 "月"下當有"壬子朔"三字。
③一 《王文肅公文集》卷四四"一"下有"人"字。

而外廷之血脉猶通。想今老中官尚有習見世宗之事者，皇上試召而問之，足知臣等今日之請，有萬分憂深慮遠之誠，而非徒爲一身希幸干寵之計矣。大抵君臣之分雖嚴，而情誼實聯爲一體，皇上儻肯賜臣等不時一見，以展家人父子之歡，則不冠可見，卧內可見，自不必盡拘煩縟之禮文，而臣等亦不求久望清間之顏色。要欲使羣臣百姓聞之，知皇上起居之萬福，精采之一新，而不敢生輕視朝廷之心，信風聞道路之口耳。言雖支離，意頗忠赤。臨疏不勝叩頭引領祈望之至。謹具題以聞。"

九日庚申，以重陽令節，賜三輔臣上尊珍饌。

十三日甲子，大學士王錫爵等題："昨日蒙發下該部院看議趙用賢、吳之彥兩家離婚事情疏，臣等已經踟躅反覆，仰順聖意，發行嚴旨訖。既而思之，臣等職忝樞機，此等之事，既有真知灼見，不妨從中主張，何必更諉之部院，重煩皇上費心？臣等看得，趙用賢、吳之彥同鄉、同年，又稱同志，相善，因而結爲婚姻。其後兩家乖異之故，止因用賢建言爲民時，會之彥以巡按過家相見，當此之時，用賢在失意中，之彥祗合以親親之情，加意殷勤，慰其寂寥，乃偃蹇倨傲，殊不爲禮，此用賢所以怒而絶之彥之婚也。又其後之彥外補謫官，而用賢起用，當此之時，之彥在失意中，用賢亦合聽從親友居間，重修舊好，解其羞恨，卻又徑將伊女改適蔣氏，之①彥所以怒而有今日之奏也。要之，二臣俱有不是，用賢之失在絶婚輕易，使人難堪，之彥之失在聲言不早，使人難處。然俱無可行勘者。該部院昨日會看之疏，大略亦已得之。乃其誤在必欲重處之彥，以謝用賢，不知之彥處而其說愈長，且愈爲用賢之累矣。以臣等言之，事有至公，理無偏向。今趙女既嫁，無復歸前夫之理，是被告之體面當惜也。吳男未婚，無反生誣告之律，是原告之情法當平也。近該兩奉嚴旨，天下之人已見皇上惓惓重綱常、維風化之心，顧在部院，則已成之議不可自爲異同，在該科，則原論②之人又嫌於與人異同。莫若俯從臣等折中至公之言，將用

① 之　明抄本"之"上有"此"字。通行本脫。

② 論　明抄本作"論"。通行本改"論"，似是。

賢准令病痊敘用，之彥免其降處，庶兩造俱得其平，處分出自聖斷，而勘官原奉再議之旨，亦可徑自繳回，免致紛紛煩瀆矣。爲此具題上請，伏乞聖裁，批發施行。"奉旨："既卿等奏，趙用賢俟病痊之日起用，吳之彥姑免降處。"

十五日丙寅，大學士王錫爵等題："今日發下都御史李世達本，臣等再三觀之，甚難票擬。緣世達覆處趙用賢、吳之彥事情，奉旨：'會同該科再議。'宸斷赫然。臣等再三爲之調解而不得，祇得又上一揭，直陳臣等折衷之論，迹雖爲部院解紛，而其實則以將順皇上之美意，使不至於展轉費心費詞也。今部院該科執奏之疏又上，而臣等昨日之揭尚未發，反發鄭材之疏使之詳看，臣等錯愕不能措一詞。伏望皇上俯賜矜裁，徑從臣等所請，將吳之彥與趙用賢一併寬處，則處分歸之獨斷，情法合乎至公，而部院該科之疏祇合批：'這事情已有旨了，不必再議。'如此，則豈不服人？豈不省事？外鄭材參奏世達之疏，臣等已經遵旨詳看。書生之見，雖是一說，但世達清望大臣，豈可使小臣摧辱至此？臣等因僭擬稍加切責，雖非聖意，實係國體。並乞聖明俯依，幸甚。"

十六日丁卯，大學士王錫爵等題："該臣等昨日出閣，有刑部尚書孫丕揚等來會於朝房，問：'題請會審本已上過十日餘，因何不下？'臣權詞應之，謂：'皇仁好生，踟躕許久，無非慎重民命之意。'而各官謂：'此非行刑，特預請日期，以便遣官戒事耳。若再遲不發，恐至臨期有誤。'臣等職掌文書，謹直述其言以請。伏乞聖明早發施行。"

是日，大學士王錫爵題："伏蒙皇上以重修鄭州藥王廟工完，命臣撰擬碑文。臣謹欽遵恭撰已完，進呈聖覽。伏望聖明裁訓，發下，轉行該衙門鑴刻立碑，以昭示永久。臣未敢擅便，謹具題以聞。"

二十日辛未，大學士王錫爵等題："爲起送事。該吏部手本

① 品 明抄本作
"器"。通行本作
"品"。

② 致 《王文肅公
文集》卷四四
"致"作"數"。

開送庶吉士傅新德，係萬曆十七年進士，改庶吉士，於翰林院讀書，十九年七月十九日養病回籍，二十一年九月初十日起送到部，行移到院。臣等看得，本官清才美器，本堪即授館職。但其年甚少，正當進學之時，而在籍日久，未與散館之列，與其遽優之以官職，不若且勉之以進修。查得先朝有三科庶吉士一併教習之例，合將傅新德仍送入館，與同新科庶吉士一體從師讀書。容臣等再試其學業精進，德品①大成，候至次年散館之日，並題授官。乞敕吏部查照施行。未敢擅便，謹題請旨。"

二十三日甲戌，命左春坊左庶子兼翰林院侍讀余繼登，署掌翰林院印信。

二十五日丙子，皇帝敕諭朝鮮國王李昖："昨者王以大兵驅倭出境，還歸舊國，上表進方物來謝，朕心深用嘉悅。念茲復國重事，不可照常報聞，今特遣使降諭，仍賜王大紅蟒衣二襲、綵段四表裏，以示朕惓惓為王遙慰之意。顧朕又惟，該國雖介居山海中，傳祚最久，昔在先朝，未沾王化，尚能拓地守險，雄視諸夷，今為我朝春秋貢獻之邦，以世世憑席寵靈，蓄養財力，宜益強富。乃近者倭奴一入，而王城不守，原野暴骨，廟社為墟。追思喪敗之因，豈盡適然之致②？或言王偷玩細娛，信惑羣小，不恤民命，不修軍實，啟侮誨盜，已非一朝，而臣下未有言者。前車之覆，後車可不戒哉？惠徼福於爾祖，及我師戰勝之威，俾王之君臣父子相保，豈不甚幸？第不知王新從播越之餘，歸見黍離之故宮，燒殘之丘隴，與素服郊迎之士衆，噬臍疾首，何以為心？改弦易轍，何以為計？朕之視王雖稱外藩，然朝聘禮文之外，原無煩王一兵一役，今日之事，止以大義發憤，哀存式微，固非王之所當責德於朕也。大兵且撤，王今自還國而治之，尺寸之土、朕無與焉，其可更以越國救援為常事？使爾國恃之而不設備，則處堂厝火，行復自及，猝有他變，朕不能為王謀已。是用預申告戒，以古人臥薪嘗膽之義相勉。其尚及今息肩外侮、再展國容之時，撫瘡痍，招流散，遠斥堠，繕城隍，厲甲兵，實倉廩，毋湛於酒色，毋流於遊盤，毋偏信獨任以閟下情，毋峻刑苦役以叢民怨，庶幾殷憂憤恥之後，先業可興，大讎可雪，此則繼①自今存亡治亂之機，在王不在朕。王其戒之，慎之。故諭。"

記注官

　　掌詹事府事禮部尚書兼翰林院學士教習庶吉士臣陳于陛

　　禮部右侍郎兼翰林院侍讀學士臣盛訥

　　署翰林院事左春坊掌坊事左庶子兼翰林院侍讀臣余繼登

　　右春坊右中允兼翰林院編修臣劉應秋

謄錄官

　　中書舍人臣周治隆

　　鴻臚寺主簿臣鮑佐

① 繼 《王文肅公文集》卷四四，"繼"作"斷"。

萬曆起居注

十①月辛己②，朔。

四日甲申，以中宮千秋令節，賜三輔臣上尊珍饌。

九日己丑，大學士王錫爵等題："今日發下文書內，有戶部郎中鄭材一本，乃因本部侍郎李楨駁奏其所論婚姻之事，語侵其父，以此憤激爭辯，固自有因。然人臣進言，必先自處無過之地，而後可以攻人之過。若小臣攘臂而攻大臣，屬官彈舌而笑堂官，則為無復紀綱，輕狂太甚，豈可不一為懲處？況臣等先奉嚴旨，已將都察院之疏少為評駁，從中處分，此亦明示人以扶特③風化之意矣，若後生少年猶有未快於心，則不妨和平其辭色，參伍其議論，以聽我皇上持衡懸鑒、引經諏律而斷之，何至相與慎④氣誶罵、婦⑤人兒子之爭言乎？先是臣等身在攻訐之中，則私嫌有所當避，故雖如陳泰來等當面抬⑥誣，而不得不力救以自明。乃今臣等身在攻訐之外，則國論又有所當持，故雖如材之為父發憤，而不得不擬處以存體。為此不敢避怨，具揭隨票上請，伏乞聖裁可否施行。"

十二日壬辰，大學士王錫爵等題："今日發下文書內，有都御史李世達乞休本。前此世達疏已再上，臣等嘗親至其第，以聖旨留之，世達感荷天恩，亦自不忍復辭。乃今日又有此請，蓋因郎中鄭材、楊應宿與侍郎李楨爭論婚姻之事，嘵嘵不休，世達係主議之人，義自不能靦顏在位。此臣等所以昨日擬旨重處鄭材，薄⑦處楊應宿，無非欲使世達知其無疑於皇上，得以安其位而行其志耳。然就二臣論之，在鄭材則專攻世達，語更支離，乃狂而忿戾者，在應宿則獨辦李楨，事成相激，乃狂而肆者，以此處之微⑧而⑨不同。要之，兩疏發則當並發，留則當並留。今止處⑩之疏，而不發重處之疏，自聖意而言，或姑為世達隱諱，以全總憲之體，自外廷而言，顧反似為鄭材保全，以形世達之過，世達雖欲出而不敢矣。且臣等必欲勉留世達之意，亦自有說。蓋其人操履本端慎，識見又通融，處今士風不

①十 明抄本"十"前有"萬曆二十一年"六字。通行本脫。
②己 "己"當作"巳"。
③特 "特"當作"持"。
④慎 《王文肅公文集》卷四四"慎"作"憤"，是。
⑤婦 《王文肅公文集》卷四四"婦"上有"如"字，是。
⑥抬 《王文肅公文集》卷四四"抬"作"招"，是。
⑦薄 明抄本作"薄"。通行本作"簿"，誤。
⑧微 明抄本作"徵"，誤。通行本改正作"微"。
⑨而 《王文肅公文集》卷四四"而"作"有"，是。
⑩處 《王文肅公文集》卷四四"處"上有"發輕"二字，是。

古、人爭爲政之時，使之調劑羣情，扶持政體，必有可觀。至於李楨，識雖不逮世達，而誠心直道亦世吏中之難得者。故欲留世達與楨，則自當量處材與應宿。此臣等前揭所云，身在攻訐之中，則不得不望皇上藏垢納汙①，以養臣等之量，身在攻訐之外，則不得不望皇上抑囂止競，以存大臣之體，其義各有攸當也。若皇上果以鄭材罪簿②，恐處之太重，使世達愈不自安，或將材與應宿一體罰治施行，亦無不可。至如應宿疏中有奉承閣臣之辯，臣等反而思之，此事名解吳之彥，實全趙用賢，李楨雖至愚③，未必有疑於臣等，豈應宿之憤極而自生疑與？抑惡應宿者故以此陷之疑罔而激其怒歟？大抵昔之論是非者求其平，故常置處事之人於是非之外，今之爭是非者求其勝，故併入處事之人於是非之中，此蓋風靡已久，臣等惟自信其至公至平，可以鎮之，而不是④以煩聖聽也。爲此除票擬世達疏外，謹再瀝愚悃，具題以聞⑤，伏候敕旨。"

十八日戊戌，大學士王錫爵等題：'昨該臣等連次恭請召見，未蒙批答。伏想聖意無他，不過爲玉體不能耐勞而已。臣子之情，非有大不得已，自當以保護聖躬爲重，何敢再有陳瀆？惟是目前國家第一重事、爲文武百官日夜翹首而望者，無過册儲。先是八月初旬中，臣等竊伏聽於外廷，自該部該科而下皆預撰疏草，以待聖節過而上之。臣等不勝忙悚，以爲此疏欲上，豈無閒暇之日，而必於燕喜之時？況歲已過半，月未交冬，欲趣行今年之內則已遲，欲預爲來春之計則又早，人臣建言不務感格而務爭擾，未有能濟者也。爲此，連夜致書九卿臺諫官，令其各諭意寮屬，禁止訛傳，毋得遽有所請，庶朝堂安靜，既可免多指亂視之煩，而時日從容，兼可伺萬幾獨斷之隙。此臣等調上調下之苦⑥心，有萬分不得已者。幸而諸臣肯曲意見從，相戒不敢先發，以至於今。臣等雖亦自幸而可以塞責，顧今天時入冬，歲功將暮，正當預備來春之典册，以慰久鬱之人情。若皇上默無消息，臣等又不先行密請，則滿朝喜事好名之臣，又將有捶⑦筆鼓舌、呼朋引類而進者矣。夫人主至尊，雖無畏

萬曆二十一年

① 汙 "汙"應作"汙"。
② 簿 明抄本作"薄"。通行本作"簿"，誤。
③ 愚 明抄本作"遇"。通行本改"愚"，是。
④ 是 《王文肅公文集》卷四四"是"作"足"，是。
⑤ 聞 明抄本作"聖"。通行本改"聞"，是。
⑥ 苦 明抄本作"若"。通行本改"苦"，是。
⑦ 捶 "捶"當作"搖"。

萬曆起居注

於小臣，然度衆言淆亂之中，事勢窮極之際，有說以禁其口，有處以塞其望，則皇上可以省氣，而臣等亦可以擔當。今皇長子明年便①交十三歲，冠婚之期且迫，除冊立、豫教之外，更有何說？更有何處？將使人愈不信皇上之言，愈不測皇上之心。夫聖心至於使人不測，天言至於使人不信，而臣等拙訥②之辭、輕微之力，又何恃而復能屹③立風波矛盾之中、爲皇上解棼禦侮之助也？興言至此，追思春間擾擾之狀，可爲寒心。伏望皇上一察邇言，永惟大計，趁早霈然降諭，斷在明春舉行，使和氣所感，上而氛祲化爲太和，德音既宣，下而訢訟融爲喜起，社稷幸甚，聖躬幸甚。臣等不勝腹心耿耿之切。謹具題以聞。"

二十二日辛丑④，賜三輔臣鮮藕各三枝。

二十三日壬寅⑤："發下吏部推補爲民給事中張棟疏，欽奉御批：'張棟等有旨⑥不許擅自推用，你部如何屢次借言抗旨市恩？皇祖朝敢有如此？好生⑦可惡。堂上官姑罰俸二個月，該司官都着降雜職，調外任用。欽此。'臣等竊惟，我皇上聖仁在宥，原無終棄罪臣之心，而張棟等年力正強，亦未嘗遽絕後用之路。今銓臣不量事機，不查屢旨，妄擬起補原職，誠爲急遽無序，非人臣進言之體，致觸聖怒，夫復何尤？臣等事皇上猶父母，父母之所怒，臣等亦怒之，何敢更爲之救解？但思諸臣尚有難處之勢、可原之情，與尋常觸犯不同。蓋先是兵科都給事中缺出，止因肩下諸臣年資太淺，以致議陞議調，口舌紛紛。今該科又缺，而肩下之人又淺，以此不得不議及於起廢，萬一見用，庶無後言。此其情與勢有可原者。今皇上責之以抗旨市恩，則臣等竊願以百口保蔡國珍、孟化鯉等，皆端正謹飭之士，決不負皇上至此。其所以冒昧爲此者，實緣臣錫爵《泰交》一疏偶得溫旨發行，以爲自此堯衢可以洞開，湯網可以盡縱，此蓋泥旨之過，而非敢爲抗旨也。又臣等今早親見銓臣，責其因何草草激怒？皆合詞自⑧稱有罪，因言：'皇上天覆至仁，海涵大度。遠如沈思孝，近如饒伸等，亦皆拔之編氓，致位通顯。

---

①便 明抄本作"使"。通行本改"便"，是。

②訥 明抄本作"訒"。通行本改"訥"，是。

③屹 明抄本誤作"吃"。通行本改"屹"，是。

④辛丑 據《明神宗實錄》卷二六五，"辛丑"當作"壬寅"。

⑤二十三日壬寅 據《明神宗實錄》卷二六五及《王文肅公文集》卷四四，"二十三日壬寅"應作"是日，大學士王錫爵等題：昨蒙"。

⑥旨 明抄本誤爲"肯"。通行本改爲"旨"，是。

⑦生 明抄本作"年"。通行本改"生"，是。

⑧自 明抄本作"日"。通行本改"自"，是。

況張棟所犯，原非獨自建言，止以官職列省臣①先，公本伸救。竊料皇上威怒已霽，必垂憐憫。'此狃恩之過則有之，而非敢爲市恩也。至於旨内'借言'二字，臣等初不知其解。旋從該科取看，始知銓臣疏中果以臣錫爵原議籍②口。然則皇上所謂'借言'者，乃借臣錫爵之言也，臣當爲罪首。若諸臣不蒙恩免，則臣復何顏在列？矧今大選在即，若合司譴謫一空，必致誤事，有違祖宗欽定之期，甚爲非便，臣等尤不勝悚踏，謹代爲③請罪。伏望皇上免其降處，重加罰俸，或一年，或二年，以爲人臣奏事不詳之戒，庶取捨之權在上，而恩威之用不偏矣。緣係内旨處分，臣等與有調燮之責，仍恐科道又有論救，故事聒擾無已，不得不預披忠悃以聞。伏候敕旨。"奉旨："朕怒該部故違抗旨，姑從輕處了。且'借言'非指卿之一疏，乃此輩屢屢掇拾别言市恩推用。今既卿等申救，堂上官已有旨了，該司官免降雜職，都調外任用，不許朦朧遷陞。吏部知道。"既而科道官交章伸救孟化鯉等，有旨："朝廷處一、二小臣許弘綱等，這廝圖報黨救，好生可惡。爲首的各罰俸四個月，其餘各二個月。該司官孟化鯉等都着革了職爲民，不許朦朧推用。吏部知道。"

是日，都察院左都御史李世達乞休之疏同下，閣臣仍擬溫旨勉留，會上方怒吏部，特旨："卿有疾，准回籍調理。着馳驛去。痊可之日，撫按官具奏起用。吏部知道。"

① 臣 據《王文肅公文集》卷四四，"臣"下有"之"字。

② 籍 "籍"當作"藉"。

③ 爲 明抄本"爲"下有"頭"字。通行本刪之，皆不准確。據《王文肅公文集》卷四四，當作"叩頭"。

萬曆起居注

十①一月辛亥，朔。

四日甲寅，以祭三皇於景惠殿收回祭設，賜輔臣等三卓。

十六日丙寅，大學士王錫爵等題："今日文書官潘②朝用齎到聖諭：'昨者朕覽卿等二次所奏揭帖，已知道了。欽此。'臣等一念忠愛之忱，荷蒙聖明嘉納，已知冊立大典斷行有期。臣等正欣幸間，又接到工部一本，內覆浙江巡撫王汝訓、巡按彭應彥題稱：'該省地方災浸③閭閻困若④，兼以防倭費繁，那移匱竭。乞將織造袍緞暫賜停罷，或如二臣所請，量減十之三、四，每年一⑤運。庶上用無缺，而民力少舒。蓋寬限則力或可以取辦，而且彰皇上仁民之美名，若取盈則勢必至於過期，而不見朝廷恤民之德意。'臣等看詳章奏，委當酌處。嘗聞古人云：竭澤而漁，明年無魚。謂民力止有此數，若竭盡其力，勢不能辦事，則將來無以取之。況東南供輸浩穰，連歲災歉，儻惟知上供之急，而不顧百姓之艱，催督箠楚，激為盜賊，其害有不可勝言者，豈特竭澤止⑥於無魚而已哉？伏望皇上軫念該省困苦⑦之極，特施仁恩，俯從部議。臣等謹票上進，懇乞聖明採納施行。臣等不勝惓惓仰望之至。"

十七日丁卯，以聖母慈聖宣文明肅皇太后萬壽聖節，賜輔臣等每金萬壽字二副、銀萬壽字二副、金篆字八個、金書黃符一道、金書紅符一道、銀書紅符一道，及講官陳于陛等每金萬壽字一副、銀萬壽字一副、金篆字三個、金書黃符一道、銀⑧書紅符一道。

是日，大學士王錫爵等題："該本月十九日，為聖母慈聖宣文明肅皇太后萬壽聖誕之辰，其日例該皇上出朝，以受廷臣致詞稱賀。此係尊親大孝，上壽大禮，輿⑨常朝不同。且儀注簡省，既非有面恩奏事之煩，而御門親近，又不比正殿受朝之遠。在皇上不過一舉趾一傳蹕之間，而上以承慈宮之底豫，下以快臣庶之積仰，近以示聖體之萬安，遠以錫聖孝於不匱，大慶大

---

① 十 明抄本"十"字上有"萬曆二十一年"六字。通行本脫。

② 潘 明抄本無"潘"字。通行本補之。

③ 浸 明抄本無"浸"字。通行本補此字。

④ 若 明抄本作"苦"。通行本作"若"，誤。

⑤ 一 明抄本無"一"字。通行本補此字。

⑥ 止 明抄本作"上"通行本改"止"，是。

⑦ 苦 明抄本作"若"。通行本改"苦"，是。

⑧ 銀 明抄本作"金"，通行本改"銀"。

⑨ 輿 "輿"應作"與"。

美，有不可勝頌者。況今仲冬，節氣尚未大寒，此或天意有在，以待聖駕之出。臣等叨直禁廷，欣逢盛事，尤不勝企心引領之切。謹先期具題以聞。"

十八日戊辰，大學士王錫爵等題："十九日恭遇聖母慈聖宣文明肅皇太后萬壽聖誕，臣等備員輔弼，仰戴隆恩，比之恒情倍切欣忭。謹照例於是日同百官致詞稱賀之後，仍恭詣隆宗門，行叩頭禮，以少伸臣子慶祝之誠。謹具題知。"

十九日己己①，聖母慈聖宣文明肅皇太后萬壽聖節，上御皇極門，百官致詞稱賀。禮畢，上獨召輔臣錫爵至煖閣中。錫爵叩頭致詞言："臣錫爵久離皇上左右，欽蒙聖恩累次差官降諭，敦趣至京，又蒙欽賜銀兩、服色等物，恩眷非常。臣不勝感戴。"再叩頭，奏："今日又蒙獨賜召對，臣仰見皇上聖容充晬，聖體康寧，真萬萬年宗祖無疆②之福。臣又不勝欣喜。"再叩頭。賀畢，上諭曰："卿爲國遠來辛苦，朕心甚是喜悦。"錫爵對曰："臣受皇上天高地厚之恩，粉骨碎身尚不能補報，何況區區奔走之勞？"上又諭："卿扶母來京，可謂忠孝兩全。"錫爵又叩頭，對曰："臣今日正恐忠孝兩虧。且如皇上召臣，本付託以國家之事。目今外邊諸務雖漸有頭緒，苦於朝廷之上，議論日繁。止因册立一事不定，生出無數疑心，皇上受了無數煩惱，此皆是臣之不職，有累皇上。所以連進蜜③揭，力勸皇上早斷，使人無辭。"上曰："朕意久定，遲早總則一般。豈爲人言搖動？"錫爵對："聖意豈有不定？臣等亦豈④不知？但外人見無消息，止不住胡言亂嚷⑤。臣切⑥痛皇上有何不明之心、難決之事，平白受人這等閒氣。"上曰："朕知道了。朕恐後中宮有生，卻怎麽處？"錫爵又對："這事數年之間⑦説起猶可，今皇長子年至十三歲，待到何時？況且自古至今，豈有人家子弟十三歲不讀書之理？況皇子……"上曰："朕知道了。朕子明年該長髮之期，卿所奏洞悉苦心矣⑧。"錫爵又奏："臣今日見了皇上，不知再見何時？伏望皇上念臣之苦，三思臣言，將此事作速早

①己己 "己己"當作"己巳"。
②宗祖無疆 據《王文肅公文集》卷四五，"宗祖無疆"當作"宗社無疆"。
③蜜 "蜜"當作"密"。
④豈 明抄本"豈"下有"有"字。通行本脱此字。
⑤嚷 明抄本作"攘"。通行本改"嚷"，是。
⑥切 《王文肅公文集》卷四五"切"作"竊"。
⑦間 據《王文肅公文集》卷四五，"間"當作"前"。
⑧矣 明抄本無"矣"字。通行本有此字。

斷，不必待冬至之後禮部禮科再請，連臣等二三閣臣亦若不與其事者，省了多少煩惱。自此之後，更望皇上時出御朝，頻召臣等①商量政事，天下幸甚。"上曰："朕也要與先生每常見②，祇是朕體不時動火。"錫爵對："動火原是小疾，止望皇上清心寡欲，保養聖躬萬安，以慰③羣臣願見之望。即如今日，聖駕一出，滿朝歡呼，可見勤政視朝是治安急務。"言畢，聖駕欲起，又叩頭而出。

是日，以聖母萬壽聖節，賜三輔④臣上尊珍饌。又頒賜各酒飯一卓、燒割一分。

大學士王錫爵題："今日羣臣朝賀畢，蒙皇上獨召臣錫爵至煖閣內面見。臣叩頭祝壽謝恩畢，蒙聖諭慰臣忠孝兩全。臣因懇請冊立一事，又蒙皇上首肯數次，仍諭以聖意久定，憐臣苦心，臣不勝悲感痛切之至。念係聖母壽辰，忍淚不下，但有退而誓天，願自今以往，此身寸寸之髮膚無所愛惜，舉家世世之子孫圖效犬馬而⑤已。但臣觀聖意雖憐臣之忠，而尚未決行臣之言，仍以皇子待嫡、遲速一般為言，臣復不勝驚惶，不勝慙窘。緣臣與同官二臣本勸皇上獨斷，其言不可外傳，而言既不傳，則外廷無所取信，必將以皇上之遲疑皆歸責於臣等之緘默，臣等自當為皇上甘心受之。然使泛泛以不言責臣等，猶可受也，臣錫爵亦泛泛以不言同二臣之責，猶可受也。顧臣忝為輔弼之首，今春三皇子並封之議，皇上獨與臣謀，而秋中⑥聞部科諸臣有言，又臣力為按壓，以明聖心之無他，以聽中旨之親決，今日煖閣召見，又皇上獨對臣言，而不及二臣，舉朝文武萬目所睹。見⑦臣之一身，分明引擔自肩，立券待索，而皇上亦分明對衆，之⑧側目於臣，若寂無影響，天下之責皆歸臣，而其責臣又不專⑨以不言矣，必將曰'是故文上過，展⑩轉作說客者'，又必曰'是陰持兩端、首鼠觀禍敗者'。如此，則臣身為粉碎，家為族滅，猶有餘辜，而臣焉敢受之？謹一一具訴其苦情，而皇上試垂憫焉。先是累朝閣臣既罷而歸，則希有再入朝之理，臣之不才，蒙皇上破格追⑪召，以安危屬之，臣遇主之謂何？而今日第一國計，將以誰委？此其苦一矣。奄奄病母，

①臣等 明抄本作"了多"。通行本作"臣等"，是。
②見 《王文肅公文集》卷四五"見"上有"相"字。
③慰 《王文肅公文集》卷四五"慰"作"遂"。
④輔 明抄本誤作"轉"通行本改"輔"，是。
⑤而 明抄本作"耳"。通行本改"而"。
⑥秋中 《王文肅公文集》卷四五"秋中"作"中秋"。
⑦見 明抄本作"是"。通行本誤作"見"。
⑧之 《明神宗實錄》卷二六六"之"上有"使"字。
⑨專 明抄本"專"下有"在"字。通行本無此字，是。
⑩展 明抄本作"屏"。通行本改"展"，是。
⑪追 明抄本作"進"。通行本改"追"，是。

交春且滿八十，而強之萬里輿櫬而來，苦之終日面墻而臥，臣負親之謂何？而今日芹曝微忠又不得展①，乃聖諭獎臣忠孝兩全，實自以爲忠孝兩負。此其苦二矣。入仕三十餘年，頗獵清名，亦頗自託於近器之鼠、人無敢妄投者。乃獨爲今春册立一事未定，而外廷有目者笑臣，有口者詈臣，甚而天語之所親傳，御筆之所默②，亦莫不與朕説夢，理外冤臣，臣受辱之謂何？而皇上何忍不再爲洗雪計？此其苦三矣。方春中③之擾擾，臣折衷調停其間，意謂不得於册立，必得於豫④教，猶可稍謝人言。今皇長子睿性愈茂，聖諭亦謂其明年當長髮，以時以勢豈有可再遲之理？乃册立待⑤嫡爲詞，而豫⑥教又以何爲詞？有如歲遲一歲，至選婿⑦加冠之期，而皇長子尚爲未發之蒙，付在阿保之手，則古今豈有此怪事？朝野豈有此異聞耶？臣此時若爭之不得，初心之謂何？不惟天下不容此誤國之臣，而皇上亦豈容此反舌之臣？此其苦四矣。皇上請查一年以來臣之蜜⑧揭有幾，而並不敢外傳。此爲何心？豈非爲主疼痛，不欲以身受名乎？至誠之謂何？而博不得一分功效，反成皇上之過舉，此其苦五矣。今早朝堂一御，煖閣一召，羣臣竦觀，傳頌以爲希有。古之人臣賜召賜問，則立增萬代⑨光采，而臣以聖斷未決反愁。下午出閣之後，無面可以見人，無言可以支對。臣受寵之謂何？而以榮爲辱至此，此其苦六矣。臣茹此諸苦，總爲皇上，而皇上又未必容其旦暮脱身而去，然則君臣之間相憐相護，終不得全，臣空蒙此殊眷，空抱此赤忠，空甘此苦節，空受此惡名。何爲也？而側聞外間又有一種議論，以錮⑩寵陰謀皆歸之皇貵妃，則臣恐鄭氏舉族皆不得安，所憂不但身之不全而⑪已。又今朝堂聚訟，士論囂訛。皇上但知聖意久定，必不爲人言動搖，正不知久定之事，何苦受不定之疑，使四方萬代稱堂堂天子之尊，有臣而不得御，有謗而不得白？譬之父母受辱，孝子何忍見之？臣爲不勝痛心疾首。謹一面謝恩，一面哀懇。伏望皇上三思而俯聽之，事當急處，莫貽悔於將來，權當自操，莫資人以口實。臣不勝感恩激寵懇迫祈籲之至。謹具題以聞。"

萬曆二十一年

一一五三

① 展 明抄本誤作"屐"。通行本改"展"，是。
② 默 明抄本作"點"。通行本作"默"。《明神宗實録》卷二六六作"親點"，是。
③ 中 明抄本作"申"。通行本改"中"，是。
④ 豫 明抄本作"諭"。通行本改"豫"，是。
⑤ 待 "待"上當有"以"字。
⑥ 豫 明抄本誤作"諭"。通行本改正作"豫"。
⑦ 婿 "婿"當作"婚"。
⑧ 蜜 "蜜"應作"密"。
⑨ 代 《王文肅公文集》卷四五"代"作"倍"，是。
⑩ 錮 據《王文肅公文集》卷四五"錮"當作"固"。
⑪ 而 明抄本作"耳"。通行本改"而"。

二十日庚午，以三皇殿工完撰文，賜元輔王錫爵銀五十兩、紵絲四表裏，次輔趙志皋、張位每銀三十兩、紵絲二表裏。

二十一日辛未，大學士王錫爵題："臣於昨日出閣之後，有禮部尚書羅萬化等合衙門官，又有吏部尚書陳有年等，給事中張貞觀等，御史崔邦亮等，陸續待臣，相見於朝房，各問召對之時上有何言。臣即備述皇上憐臣為國辛苦、獎臣忠孝兩盡之言，諸臣無不舉手加額，為臣稱頌。既又問臣何言登對。臣又備述叩頭謝恩之言。諸臣隨即責臣：'既蒙如此特召，如此優獎，何不將册立大事，天下人心之公，懇切面奏一番？'臣思昨日在上前，原勸①獨斷，連臣等不與其事，以表臣一念為主之忠，雖幸蒙皇上首肯數次，知其必將有處，而臣若遽將皇上已決之意告人，則嫌於先事張皇，非臣累揭密②請不敢要功之本心也，若更將皇上未決之詞告人，則又恐激眾生事，非臣貽書九卿力遏多口之本心也。勢在兩難，祇得具③以皇長子年至十三早請豫④教一説為解，而因述皇上明年長髮之諭，姑慰眾心。乃諸臣又怫然責臣曰：'皇⑤子長成，讀書乃自然之理，何消又請？今所急祇在册立耳。'臣聞言愧汗，默無一語而退。因又伏恩⑥，人臣召對，乃遇主極⑦之事，其在皇上為下交極盛之舉，而以臣疵賤簿⑧福之人當之，顧反似從天墜下一泰山擔子，又重又危，又驚又窘者。外則若⑨滿朝之迫持，急於水火，而臣無言以抵對，內則恐皇上之獨斷少遲旦夕，而臣無計以支吾。萬不得已，奏過皇上，權且稱病杜門一兩日，不見一人，以待中旨之下，事成之後，臣始終若為不聞者，使群臣百姓千萬世之頌禱，皆歸於皇上之神斷，如風行雷動之不測，皇貴妃之若⑩請，與脱簪避輦而並傳，庶於小臣善歸君、過歸己，耿耿方寸之心為無負耳。緣係暫時為主避名，非有他意，為此不敢露章給假，伏乞聖恩情亮而曲全之。臣無任苦迫哀懇之至。謹具題以聞。"

二十三日癸酉，大學士王錫爵題："該臣以册立一事，暫避要功之嫌，稱病杜門，蒙皇上特降手札一道：'諭元輔：昨者朕以聖母萬壽聖節，勉疾御門，卿以來京面朕，因懇請預教、册立之事，朕已允答，待自有旨。卿今又具揭奏請，欲假疾數日，顯不歸功於己，悉見卿忠赤愛君至意。卿不必託疾，有廢政務，可即出入閣，分猷贊理。其預教並册立之事，朕知道了。欽此。'該文書官潘朝用齎①捧到臣私寓，臣供設香案叩頭謝恩訖。臣伏惟，皇上真聖主也，朝堂一御之間，而首諮宗社之大計。皇上真仁主也，晉接須臾之頃，而俯鑒匹夫之微忠。皇上真英主也，衆言未入之先，而預定發中之宸斷。即今札諭之語，一則曰'待自有旨'，一則曰'朕知道了'，雖未見十分明白，而臣之意正不欲明白使其歸功於臣也，皇上可謂善體臣心，又可謂善用臣言者矣。然臣又有說焉。此引而未發之意，皇上知之，臣知之，而外廷不知也。臣功不自歸可矣，而善不歸皇上可乎？皇上爲臣成避功之美可矣，而不早成皇貴妃苦勸之美可乎？況此係國家大典，非今日降旨而明日遂可舉行者也，亦非宮中可獨行而外廷不與其②事者也。必將於兩三月前傳造寶册、鹵薄，及擇日具儀之類，而後錢糧可以支辦，各衙門可以奉行。萬一再有遲緩，冉冉歲終，則諸事皆不能及，而皇上爲空言，外廷又成妄想，皇貴妃又以從中力贊之盛美而轉爲家門不拔之危機矣。大抵昔之所憂，在已定而疑於不定，今之所憂，在不③早定而同於不定。早定則雖無一字及臣，臣亦與有其榮，不早定則雖累札及臣，臣且彌重其責。此臣所以今日奉諭，又喜又感，又憂且懼，而不敢不再竭其愚者也。萬望趁此冬至節前，索性將兩事一併傳行，千停百當，使書生好事之口淡然無復餘味，釋然無有他疑，而臣等因得以奉揚休命，宣付史局，普天萬萬世從此仰頌皇上爲今日之堯舜，而俯頌皇貴妃爲女中之堯舜，豈不快哉？至如臣者，倉卒不次之言，隱約難明之意，而重蒙皇上採擇如此，褒獎如此，事成之後，臣區區忠赤，不但不敢自以爲功，亦當明目張膽決不使外廷要功。但幸皇上假臣面皮，使之可以入而見母，出而見人，臣雖死之日，猶生之年耳。容候今日答諭謝恩之後，明早即趣進閣，分猷贊理，以

① 齎 明抄本作"齊"。通行本改"齎"，是。

② 其 明抄本無"其"字。通行本增此字。

③ 不 明抄本作"下"。通行本改"不"，是。

静聽中旨之下。臣不勝感泣唧戴之至。爲此，除御札尊藏外，謹叩頭具題以聞。"

二十四日甲戌①，大學士王錫爵題："該臣今日遵諭進閣辦事，隨蒙皇上發下手札一道：'諭元輔：昨卿所奏，朕知道了。且朕覽卿累次揭帖，俱有皇貴妃字，是何說？彼雖屢次進勸，朕亦難允。況②《祖訓》有言，后妃不許干預外事，其可輒而聽信？故③諭卿知之。欽此。'臣聞④讀之時，見有同官臣張位在閣，念係股肱一體之人，不得不以示之，皆低首額⑤而不敢言，吐舌相顧而不能解。夫《祖訓》所謂后妃不預外事者，不預外廷用人行政之事也。若冊立，乃皇上之家事，而皇第三子，爲皇貴妃之親子。皇上之家事，不謀之后妃一家之人，而誰謀乎？皇貴妃之親子，不爲之謀萬世安全之計，而將⑥以誰爲乎？且⑦使皇上早定則已矣，一日不⑧定，則今與皇長子相形者，惟皇貴妃之子，天下不疑皇貴妃而誰疑？皇貴妃不自任以爲己責而誰責？先是臣之在家，每閱抄報，見諸司小臣連章累牘指斥皇上，未嘗不及皇貴妃。臣之視皇上猶父也，則其祝⑨皇貴妃亦有母⑩道。豈有孝子之心，見人之無禮於父母至此，而恬不動心、默無一言者乎？況臣連揭所指，本出自皇上昔時跪進⑪之言，是皇上明稱皇貴妃之賢，欲使臣下知之矣。而今日顧反以干預外事，不輒聽信，然則必欲使皇貴妃受盡天下之憤憤，忍盡天下之呶呶⑫，然後爲不多⑬外事而可信乎？臣老且病，骨瘦如柴，乃皇上所親見，區區爲主苦心饒舌⑭，幸蒙哀憫，以爲犬馬報恩止有此第一義。而今日所奉聖諭，顧以臣稱引皇貴妃爲疑。夫皇貴妃久侍皇上，至親且賢，臣之所不敢言也。而外廷之紛紛歸怨於皇貴妃，又臣之所不忍聞也。以不敢言之心，合不忍聞之心，孰輕孰重？且六十老臣，力捍⑮天下之口，歸功皇貴妃，皇上尚以爲疑。然則必如羣少年，盛氣以攻皇貴妃，而皇上反快於心乎？臣今日進閣，本謀將昨諭允答之旨，稍洩於外，鎮壓羣情，而反⑯是不覺萬里疑綱⑰愈錮愈牢，一片熱心愈冷愈淡。臣惟有慟哭拊膺，痛其負皇上，以早填溝壑爲幸耳。

① 二十四日甲戌 按：此日記事，原誤置於本月二十三日癸酉記事之前。茲爲調整糾正。
② 況 明抄本作"先"。通行本改"況"，似亦可通。
③ 故 明抄本作"人"。通行本改"故"，似亦可通。
④ 聞 "聞"當作"開"。
⑤ 額 《王文肅公文集》卷四五"額"上有"蹙"字，是。
⑥ 將 《王文肅公文集》卷四五"將"上有"又"字。
⑦ 且 明抄本作"具"。通行本改"且"，是。
⑧ 不 明抄本無"不"字。通行本補"不"字。《王文肅公文集》卷四五作"不早"，是。
⑨ 祝 "祝"當爲"視"。
⑩ 母 明抄本作"每"。通行本改"母"，是。
⑪ 進 《王文肅公文集》卷四五"進"作"請"。
⑫ 呶呶 明抄本作"跋跋"。通行本改爲"呶呶"，是。
⑬ 多 明抄本作"與"。通行本誤改爲"多"。
⑭ 舌 明抄本作"千"。通行本改爲"舌"，似可。
⑮ 捍 明抄本作"悍"。通行本改"捍"，是。
⑯ 反 明抄本作"及"。通行本誤作"反"。
⑰ 綱 "綱"當作"網"。

臣不勝情迫辭窮。除諭札密藏不敢示人外，謹具揭回奏以聞。"

二十五日乙亥，大學士王錫爵等題："今日發下文書內，有戶部郎中楊應宿本，令內臣守票。臣等再詳看，乃爲行人高攀龍申救得罪諸臣，語侵臣等，而皆①應宿爲詔諛，應宿不平，故有此疏。其實攀龍所奏，皆醉夢中語，臣等且恃有皇上親證，可以付之一笑，而應宿顧憤憤如此，此又以醉夢攻醉夢矣。而其詞更牽引支離，皆贓私醜鄙之事，恐多出於私憤報復，亦未可據以爲真。今攀龍之疏未發而發此疏，又似聖意有所左右於其間者。竊謂此等青天白日之事，當於青天白日之下明之，而天下國家之言，亦當以天下國家之心斷之。臣等爲此不敢擅便票擬，仍將應宿本封進，以待皇上檢發高攀龍原疏，一併下部院該科，令其明白查聞，以示至公。在應宿，則當問其閣部以何事異同？吏部官贓私及高攀龍爲顧憲成所使，有何的見？在攀龍，則當問其趙南星、陳泰來等之得罪，果出自臣等何人之意？此乃朝廷光明正大舉動，不惟二臣無詞，而亦省議論、全國體之一端也。若止信楊應宿一面詞②，人情中③有不服。伏乞聖明獨斷施行。謹具題以聞。"

二十六日丙子，大學士王④錫爵題："臣⑤錫爵今日又奉手札：'諭元輔：昨卿所奏揭帖，朕已詳覽，甚見卿歸功於上、不矜不伐美意。朕知道了。卿可安心，不必憂疑。今諭卿知。欽此。'除即時傳諭同官二臣訖、臣仍密封尊藏外，臣伏惟，古之稱大禹不矜不伐者，謂其有功可矜而不矜、可伐而不伐也。今宮闈之事，原非臣之所宜有功，亦非臣之所得加功，其勢自然，無可矜代⑥者，此不足爲臣之美也。惟是區區赤忠爲主之誠，一年以來，肝腸腐盡，口舌乾盡，面皮摧盡，骸骨瘦盡，社稷宗廟之憂耽⑦盡，滿朝四海之謗受盡，此則螻蟻雖賤，其命可憐。皇上天地父母之心，或不忍見其朝朝暮暮之涕泣，歲歲月月之煎熬，而早賜決斷以慰之，是乃所以爲真知臣、真眷臣，而勝於今日之溫言美獎，徒使折盡餘福，趣其隕越耳。臣奉此

萬曆二十一年

一一五七

① 皆 據《明神宗實錄》卷二六六，"皆"爲"指"之誤。

② 詞 《王文肅公文集》卷四五"詞"上有"之"字。

③ 中 《王文肅公文集》卷四五"中"作"終"，是。

④ 王 明抄本"王"字上衍"王臣"二字。通行本無此二字。

⑤ 臣 明抄本"臣"下有"王"字。通行本刪之，是。

⑥ 代 明抄本作"伐"。通行本誤爲"代"。

⑦ 耽 《王文肅公文集》卷四五"耽"作"擔"，是。

① 煖 《王文肅公文集》卷四五"煖"作"緩"。

② 二十八日戊寅 按：本日記事，明抄本原置於本月月末三十日庚辰記事之後。通行本改置於本月二十六日丙子記事之後，是。

③ 籍 明抄本作"藉"。通行本作"籍"。

④ 降 "降"字當作"隆"。

⑤ 問 明抄本作"間"。通行本作"問"，誤。

⑥ 申 明抄本作"甲"。通行本作"申"，是。

諭後，謹當暫煖①心腸，勉供職事，不敢過爲憂疑，亦決不敢遂忘憂疑。蓋過爲憂疑，則以不誠之心待皇上，而遂忘憂疑，則又恐以不決之事累皇上。皇上再請深思臣歸功之意謂何？有如不憂不疑者獨臣一人，而畢竟使天下皆憂、天下皆疑，則臣歸功一說乃是自瞞瞞人，而徒以歸皇上之過耳。臣不勝知恩報恩忠懇急迫之至。謹具揭答奏以聞。"

二十八日戊寅②，大學士趙志皋、張位題："本月十九日恭遇皇上爲聖母萬壽御門受賀，臣等隨首臣王錫爵侍班，皇上特召錫爵煖閣面見。錫爵見後，退與二臣備述天語慰籍③，眷遇優降④，又謂册立大典，見聖心獨斷，有許可允行之意。臣等聞之，不勝踴躍欣慰。連日在閣，相與嘆息：皇上英明天挺，國家大事，淵衷自有主張，外臣不知，前此胡猜亂疑，真是以管窺天也。皇上優禮輔臣，接見言語之問⑤，即若家人父子，人臣遭逢至此，近代罕有，真是如魚得水也。錫爵忠於事上，小心慎密，每遇廷臣相詢，祇述'皇上英斷，聖心自定，無所動搖'，不敢貪天功爲己力。但大小臣工顒望此舉日久，且當朝賀時，眾目共見召對盛事，咸嘖嘖嘆息，謂如此一見，必能感悟上心，應得册立舉行的確消息。數日之間，佇候玉音傳宣，而尚未得也。錫爵心不自安，揭奏申⑥請，因此退避未出。方跼蹐躊躕間，後承聖諭頒示元輔，預教、册立有允答語意，趣錫爵進閣辦事。錫爵與臣等言，又不勝踴躍欣慰如前，惟拱俟乾斷、旦夕施行耳。錫爵每恭接聖諭，不敢與外廷見之，惟臣等同心密勿，恒得預聞。昨錫爵在閣，又接聖諭，中間但示揭奏之言，尚未及大典斷行之日，雖聖心有定，匪夷所思，然錫爵與臣等區區翹首跂足，尤不勝其顒望而懸切者矣。今日廷臣之心，咸切望於册立，而臣等之心，尤切望於預教。何也？今閭閻小民，有千百金之產，亦必思付託得人，生子方六、七歲，無不延師讀書，教以識義理、通世務，有不然者，人必誚其耽誤子弟，有失家教。況皇上以天子之尊，撫輿之大，可不及時爲元良根本計乎？今皇長子將十三齡矣，前聞聖言長髮在邇，此去冠婚大禮益鼎盛，尚可令之潛處深宮、而不讀書習禮耶？縱册立有待，而預教出閣原不相妨，則明春之行，萬萬不可已者，何苦含糊不決，令人懷疑哉？臣等忝居輔弼，當國家如此大事，不能盡誠竭力，周旋贊成，又何以靦顏竊祿、徒取充位？即朝臣不言，寧不內愧於心？況尋端責備者日紛紛而不已也。皇上既託臣等心膂股肱之任，寧不憐其忠而察其心耶？伏望聖慈，念錫爵真誠事主一片苦心，目①今閣臣所處危疑萬分，情勢迫切，早賜裁斷，舉行大典，不但中外臣民欣歡鼓舞，俾錫爵與臣等亦得以稍安其位而行其志矣。臣等無任惓惓懇切仰望之至。"

二十九日己卯，冬至，大祀天於圜丘，遣公徐文璧恭代，侯費甲金、徐文煒，大學士趙志皋、張位分獻。

三十日庚辰，大學士王錫爵等題："恭遇長至令節，禮當慶賀，該鴻臚寺奉旨傳免。竊念臣等備員輔弼，受恩深，原與在廷諸臣不同，犬馬私衷不能自已。臣等謹於本日，恭詣會極門，行五拜三叩頭禮，祝聖壽，以少伸臣子慶忭之誠。謹具題知。"

是日，以冬至令節，賜三輔臣上尊珍饌。

① 目　明抄本作"日"。通行本改"目"，是。

萬曆起居注

閏①十一月辛己②，朔，大學士王錫爵題：'今日文書官杜茂齋③捧皇上手札一道到閣：'諭元輔：前者朕以卿面見苦請預教、册立，朕已親允，況今春有旨少俟待嫡，且朕不老，又無重疾，既卿屢揭懇請，其册立還少候旨行，且着於明春行預教出閣禮。朕又思皇長子、皇三子其齡歲相等，今欲一併行出閣禮，還先後行出閣禮，卿可詳擬來說。欽此。'臣今日正以長至節後，恐中旨不出，羣疑又興，方與同官臣志皋、臣位商量表白聖心、支吾外議之策，忽奉手諭，相與盥手叩頭，握④讀再四，不勝欣感，不勝榮籍⑤。臣伏自惟，匹夫之誠，止知爲主疼熱，無他奇見可以安社稷、定危疑者。乃皇上始終哀臣之苦請，而特爲慨許預教，少安人心，臣之前疏所謂'真聖主'、'真仁主'、'真英主'，不特臣等誦之，而天下萬世亦將頌之矣。其册立一節，不徒曰'候旨'，而曰'少候'，可見候亦不久，臣等自可計日而待，本不敢再有煩聒。惟是聖諭所云'朕不老，又無重疾'，以此爲詞，乃似一向遲疑之故，所嫌專在於此，臣不得不一剖明之。夫今日臣等之所以直吐忠膽、毫無忌諱者，正謂皇上春秋鼎盛，氣體康强，且將卜年千萬與天長久，而不必拘此世俗之嫌也。漢文帝踐祚之初年，而其臣即曰：'子啟最長，請建爲太子。'此豈老而有重疾者乎？祖宗列聖册立皇子，多不過數齡，此亦豈爲⑥之⑦老疾而遽⑧爲不可知之慮乎？蓋趙間、趙早、趙宫中吉祥歡喜不須回避之時，故臣不⑨可以進言，而人心亦有所維繫也。幸皇上勿以爲疑，亦幸再勿泥待嫡之旨，久虛儲貳之位、以生衆心之疑。其皇長子、皇三子一併出閣，自皇上而言，有子而均愛之，均教之，固慈父一體之念，然自外廷而觀，皇長子明年十三歲，皇三子明年九歲，前後相去四年，豈得謂之相等？大抵皇子生十歲而入學，乃適中之制。今在皇長子則太遲，在皇三子則又早。以事體言，早固勝遲，而以形迹言，則以皇長子之太遲，形皇三子之太早，先後緩急之間一不慎，而聖心又晦矣。記得臣昔年於毓德宫中並見兩皇子，時皇長子之年，正同今日皇三子之年，皇上當其時憐皇長子之弱，而未許出閣矣，則何以今日遽信皇三子之强，而欲其早出

①閏 明抄本"閏"上有"萬曆二十一年"六字。通行本脱。
②己 "己"當作"巳"。
③齋 明抄本作"齊"。通行本改"齋"。
④握 "握"字應作"捧"。
⑤籍 明抄本作"藉"通行本作"籍"。
⑥豈爲 明抄本祇有"豈爲"二字。通行本於"豈爲"二字之旁增"可謂"二字，所增二字應删。
⑦之 《王文肅公文集》卷四五"之"上有"身"字，是。
⑧遽 明抄本作"處"。通行本改"遽"。當作"遽"。
⑨不 《王文肅公文集》卷四五"不"作"下"，是。

乎？且此舉本爲安人心之計，有如人心更於遲早生議論而不安，一場好事更不得分曉。此臣錫爵所以不敢主張並出之議，而臣志皋、臣位亦斷以爲，皇三子決該少遲一、二年，原無妨於蒙養，而且使事有次第，可以從容舉行，人知上心，可以安靜不擾，此必然之便計，而皇上萬無可疑者也。臣錫爵草野無知，蒙皇上開心見誠，既採其言，又辱令之許①擬可否，不敢不②竭其愚慮，以求事體萬妥，人心萬安。伏乞聖明裁斷施行。其一應出閣典禮，事關重大，臣等不敢造次議擬，容候敕諭到部，即當會同部臣，考古證今及祖宗成法上請。謹具題回奏以聞。"

二日壬午，大學士王錫爵題："今日文書官潘朝用，齎③捧皇上答諭一道到閣：'諭元輔：朕昨覽卿所奏，已知道了。且朕文④言老疾者，非疑於卿等。朕思今古人心殊異，義利之心不同，難以古證。其敕諭卿可撰擬來看。諭卿知之。欽此。'伏惟皇上，以天縱之聰明，而不遺下問，乾元之剛健，而俯納微忠，臣之感知奮激，自不待言，而此諭一傳，將使天下之人皆仰之如日星，奉之如金石，國家億萬年靈長之祚，皇上億萬年純嘏之祥，皆基於此矣。至於聖諭所謂'今古人心殊異，義利之心不同，難以古證'，大哉皇言，使臣讀之，不覺攬涕交頤，刺心流血。夫臣入朝之初疏不云乎'人臣建言，當奉揚君美，而不可自以爲名，當圖濟事，而不可自以爲功'？臣之所以首爲此言者，正謂人心與古人不⑤同，而望皇上攬權早斷，以杜好名要功之口也。迨後三王並封之旨下，滿朝沸騰，臣橫身荷擔其間，不惜千言⑥萬語支吾者，亦謂人心與古人不同，寧身自引咎，而不欲使功歸臣下也。近者聖節、冬至之後，臣又苦口傳諭各部司，使其不得饒舌激惱者，亦謂人心與古人不同，而聖斷少先一日，則省一日之伺也。賴天之靈，昨日奉到聖諭，欲先行出閣講學之禮，而臣等僭議欲令皇三子出閣稍遲，非故抑之，蓋因今春外廷方爭並封之議，以並字爲嫌，今若主張並出，則與並封無異，愈啟人疑，此亦謂人心與古人不同，必欲明白到底，爭此數年腌臢一口之氣也。向使今人與古人之心果同，則

① 許 《王文肅公文集》卷四五"許"作"詳"，是。
② 不 明抄本無"不"字。通行本補之，是。
③ 齎 "齋"字應作"齎"。
④ 文 據《王文肅公文集》卷四五"文"應作"之"。
⑤ 不 明抄本無"不"字。通行本補之，是。
⑥ 言 明抄本作"年"。通行本改"言"，是。

皇上真金自不畏烈火，而臣何苦憂之如此其深，言之如此其亟哉？大哉，皇言。即此古今、義利之辨，可以知聖人因俗救世，必不容一味信心，而臣之爲主熱中自不厭再三煩瀆矣。謹遵旨撰擬敕諭一通下部。首四句蓋竊取聖諭中不老、無疾之意，使人知冊立稍遲，原無他故。末二句使人知長幼先後原自分明，期於將順盛美、千停百當而已。伏乞聖明即時裁定發行。謹具題以聞。"

諭禮部：皇長子冊立一事，久已斷自朕心。但以方在壯年，不妨待嫡稍緩。今欲於明春先行出閣講學之禮，其皇三子少待次年另行。長幼之序，即此爲定。你部裏便傳諭各衙門如敕奉行，不許又來激擾。一應禮儀，臨期酌議來看。

六日丙戌，大學士張位奏："爲乞恩給假治喪事。臣妻曹氏，於本年閏十一月初三日，不幸患病身故。竊念曹氏與臣結髮糟糠，起家藜藿，隨來京任，方叨誥封，一旦淪亡，十分痛苦。臣惟幼子尚在襁褓，臣妻後事，料理無託。懇乞天恩准賜給假，以便治喪。臣瑣屑冒瀆宸聰，不勝悚息哀籲之至。爲此，謹具本奏聞，伏候敕旨。"奉聖旨："卿妻亡逝，朕心憫惻。准暫給假治喪，特賜齊糧三十石、麻布五十疋，以示優眷。卿宜以國事爲重，早出贊理。該部知道。"

十一日辛卯，大學士王錫爵奏："爲攄愚忠以仰神宸斷明公道以大服人心事。近該行人高攀龍、御史徐元疏以惜才爲詞，而以喜同惡異疑臣等，其責臣等甚備且甚冤，而臣等一恃有皇上親口親筆爲證，又恃有李世達、趙用賢等再三揭解之詞見在御前爲證，處之甚平淡，應之甚安閑，竊料臣等心事斷然明矣。既而思之，自古大臣，尚有故迂其身，顯爲疑事，使誹在己，譽①在上，如管仲、子罕之爲者，彼豈異人，而臣等獨不能爲主分謗任怨乎？且臣錫爵自入國門以來，凡數承聖問，以科臣科舉考察而問，以守令欺隱錢糧而問，以小官僭②辭而問，以王府親親而問，以民間綱常風化而問，此皆發乎情，止乎理義，

① 譽　明抄本作"舉"。通行本改"譽"，是。
② 僭　明抄本作"償"。通行本改"僭"。

豈可盡爲皇上之失德、而臣等顧當以阿意順旨爲諱也？又如傳處一二部司，或以揣摩無據，當面抬①虛，或以薦舉失詳，因公受譴，此亦豈無故之怒，而臣等直得焚詔補牘而争也？由此觀之，臣等何事不可分謗，何事不可任怨，而必欲借皇上親口親筆之言爲解乎？顧臣亦有説於此。諸臣所重爲國家惜才，而臣之所重爲皇上惜權。方今聖主當陽，英賢布列，非必廢棄皆賢，而在位者皆不肖也，非必建言者皆賢，而不言者不肖也，皇②上問非失問，處非失處又如此，而兩三年來士大夫每扼腕而思，叩閽之士反脣而獻煬竈之疑者，臣知其解矣。怒一人而或遷之衆人，斥一人而或錮之一世，又有抵觸本輕、而責之太重者，有容忍在前、而復旁發於他事者，部院能請不能必其下，臣等能言不能必其行，諸臣求其説而不得則争，争之而又不得則激，於是始以見逐者爲盡君子，逐之者爲盡有心，而其説且支離膠固而不可復破矣。臣《泰交》疏中謬陳上③不勝下之説，正與今日之事相應。夫以上之勢而至於不勝下，豈非有所激之而然歟？且上之所爲勢者安在也？惟此恩威兩權，而其妙全在於五④用，使之威窮而知恩，則其感深，恩窮而知威，則其畏深。此皆天子自有而自用之，恩不下移，不必禁諸臣之市恩也，名不下操，不必禁諸臣之盗名也。譬諸天然，惟兩⑤露踰時而不下，則農夫始得以桔槔之勤而分兩⑥露之利。故禁錮久而斥逐輕，此乃假臣下以市恩盗名之資者也。昔者魯人獵較，孔子亦獵較。夫獵較，非美俗也，而孔子反借之以化魯。漢高帝即位初年，先封異己之雍齒，夫⑦非功臣也，而高帝反借之⑧以服天下。蓋以一聖勝衆愚，則其權輕，以愚人爲聖人之用，則其化速，以匹夫資天子，其所得少，以天子仇匹夫，其所失多，故古帝王勵世磨鈍，往往用心於此。今諸臣久震雷霆之威，正枯魚仰沫，可以用恩之時，乘此時以收羣心，變風俗，莫有便於此者，而失此不爲，此臣之所以爲皇上惜也。昨孟化鯉得罪時，謁臣私寓，自悔其不從容稟命，而竟以起廢之權取必於君父。臣咨嗟嘆息，深有感於其言，用是特疏上聞。除孫鑨、李世達等遵旨推用外，以下廢謫諸臣，合無敕下吏部、都察院，

① 抬 《王文肅公文集》卷四五"抬"作"招"。

② 皇 明抄本"皇"上有"乃"字。通行本脱。

③ 上 明抄本誤作"土"。通行本改"上"，是。

④ 五 "五"當作"互"。

⑤ 兩 "兩"當作"雨"。

⑥ 兩 "兩"當作"雨"

⑦ 夫 《王文肅公文集》卷四五"夫"下有"雍齒"二字，是。

⑧ 之 明抄本"之"下有"之"字。通行本删之，是。

平心甄別，疏名上請？且如諸臣之中，一般建言，一般觸忤，而其人多有懷忠自奮、肝膽①無他者，則當與陰趨捷徑之士別論。有砥行好修、物論素許者，則當與改裝頭面之士別論。有書生悃②幅、誤寄耳目於人者，則當與禽訛縱橫之士別論。又有遣逐久而懲創深、練於人情世故者，則當與新進虛橋③之士別論。又有言雖逆耳，而所爭天下之計，所守當官之職者，則又當與事不干己、鑿空絮擾之事別論。蓋春中建儲議興，助教薛敷④教其詈臣最酷，而臣獨謝之。近者少卿曾乾享⑤之首推不點，聞⑥其亦有疑於臣，悉而臣去求⑦竟置不辯，而定議留之。以爲此二臣者，近於古狂狷而真也。夫使朝廷得真狂狷而用之，豈不愈於得偽中行而用之？此臣私評建言之大較，而該部院可以按圖而索、懸鏡而照者也。奏上之後，臣亦不敢望皇上一時盡起，遽復原官，但求隨意點用，使之依次遷轉，以示無我，且使恩威之權盡歸於上。則天下誰不翕然心服、幡然鼓舞？而廢起之人，亦誰不相與程功見事，盡刳成心，以歸於大冶⑧鎔鑄之中？而何至反遺君父拒諫之名也？至於吏部官之得罪，雖不盡由建言，而事多與建言相關，外間紛紛閣部同異之疑，根實在於此。如人之有左右手⑨，而使之邈不相通，總之非腹心之利。即頃者高攀龍改票重處，雖聖斷赫然，而臣等顧重以疑懼者，亦爲此也。事過之後，更祈皇上棄瑕錄用之，公道幸甚，人心幸甚。臣之此論，有概於中久矣，向徒以爲事又有大於此者，急於此者，姑未暇贅及。今聖德光輝，國計大定，臣以爲帝王有萬全之大道，而清時無尺寸之遺材，用敢不避忌諱，竭其愚忠如此。臣不勝引領企命之切。謹具奏以聞，伏候敕旨。"

是日，大學士張位奏："爲感激殊恩恭陳謝悃事。臣頃因妻故，乞假治喪，奉聖旨：'卿妻亡逝，朕心憫側。准暫給假治喪，特賜齊爲⑩糧三十石、麻布五十疋，以示優眷。卿宜以國事爲重，早出贊理。該部知道。欽此。'隨蒙欽遣文書官潘朝用齎⑪到銀五十兩、紵絲四表裏、新鈔一萬貫、齊糧三十石、麻布五十疋，臣謹於私宅焚香叩頭祗領訖。竊念臣猥以房帷⑫之戚，輕瀆黼扆之嚴，仰荷聖明俯寬澣沐，恩踰涯分，感切存亡。

① 膽 明抄本作"瞻"。通行本改"膽"，是。
② 悃 "悃"應作"悃"。
③ 橋 明抄本作"撟"。《王文肅公文集》卷四五作"憍"。通行本作"橋"，誤。
④ 敷 明抄本無"敷"字。通行本補之，是。
⑤ 享 明抄本作"亨"。通行本誤作"享"。
⑥ 聞 明抄本作"間"。通行本改"聞"，是。
⑦ 悉而臣去求 《王文肅公文集》卷四五"悉而臣去求"作"悉而求去臣"，是。
⑧ 治 據《明神宗實錄》卷二六七，"治"當作"冶"。
⑨ 乎 明抄本作"乎"。通行本改"手"，是。
⑩ 爲 上文所載此旨無"爲"字。
⑪ 齎 明抄本作"齊"。通行本改"齎"，是。
⑫ 帷 明抄本作"惟"。通行本改"帷"，是。

更①天語垂溫，寵頒示渥。皇仁憫惻，藹然一體之慈，命使駢闐，赫矣②九重之眷。粲分內廩，而糟糠生色，麻給上方，而荊布增華。錕幣充盈，布陽春於寒谷，絲綸炳蔚，曜白日③於幽途。愧匪贊之無功，辱榮光之橫被。死且不朽，均圖結草之恩，國爾忘家，誓竭④捐軀之報。臣無任仰荷感戴之至。除見朝時另行廷謝外，為此謹具本恭陳謝悃以聞。"奉聖旨："覽卿奏謝，朕知道了。禮部知道。"

十二日壬辰，大學士王錫爵等謹題："今日發下文書內，有御史吳弘濟本《為扶正抑邪等事》，伏奉御批：'此事已有旨了，自合聽朝廷處分。吳弘濟這廝黨救瀆擾，擅敢定擬，着降二級調用。吏部知道。欽此。'伏惟皇上天縱神明，近日事事懲張居正專權之轍⑤，章奏親覽，處分親斷，臣錫爵昨有疏，中發明皇上心事，真可對青天白日，而小臣道聽塗說，妄疑激擾如此，臣等豈敢以皇上發怒為不是？顧直以為不必怒耳。方陳泰來等之以妄言得罪，而臣等救之，有暗地不能窺明、愚人不能知聖之說。皇上即此兩言而推之，何忤不容？何妄不遺？況高攀龍本疑臣等，不敢直犯皇上，攀龍之言已可付之一笑矣，而弘濟顧直得發怒乎？似此虛舟飄瓦，博不得臣等井蛙之怒矣，而顧可以博皇上雷霆之怒乎？今赫然處斷，降調並行。以皇上自為發怒乎？則皇上天地也，人⑥病風喪心而指天斥地者，天地果有損⑦否？以皇上為臣等發怒乎？則臣等草木也，草木風撓之折，霜凋之瘁，今弘濟方以幹⑧旋前後大小臣工責臣等，而並其身之不保，臣等弱草腐木愈不能勝眾咻矣。為此不避煩瀆，除高攀龍原下部院參看、不敢瀆救外，其吳弘濟詞氣頗平，且非倡議攻訐者，伏望天慈矜宥，免其重處。臣等不勝戰悚企籲之至。謹具題以聞。"

十六日丙申，大學士王錫爵題："該臣昨於本月十一日具疏《為攄愚忠以裨宸斷等事》，連日拱聽聖裁，未見發下，臣不勝驚悚，不勝疑訝。竊伏思之，得非皇上以臣而憂讒畏譏，而為

① 更 明抄本"更"下有"祈"字。通行本刪之。此字似應為"蒙"。
② 矣 "矣"似當作"奕"。
③ 日 明抄本"日"，是。通行本誤作"曰"。
④ 竭 明抄本作"揭"。通行本改"竭"，是。
⑤ 轍 明抄本作"輒"通行本改"轍"，是。
⑥ 人 《王文肅公文集》卷四五"人"之下有"之"字。
⑦ 損 《王文肅公文集》卷四五"損"作"怒"。
⑧ 幹 《王文肅公文集》卷四五"幹"作"斡"。

此遷就之策、以調衆口乎？抑或以臣爲與上異心，而開此僥倖之塗、以長澆風乎？乃臣之主意，與此正相反。臣疏中明言爲主任怨分謗，其首舉皇上所問皆正理、所處皆公怒，蓋專欲破小臣訕上詿傳之言，動引前代焚詔補牘之事，而使過專在上、善專在下，乃議論之純①不平者。臣之此言，正不欲苟調衆口、爲揄揚主德計也。繼而勸皇上鈔用不測之恩威，分別建言之品格，蓋又欲破近時合從連衡之黨，市恩賣直之風，使怨專歸上，德專歸下，乃伏②政體之絶倒持者。臣之此言③，正不欲濫長澆風，爲收攬主權計也。皇上試將臣疏再三披覽，足知臣心之至忠，惟恐其發行之不速矣。至於疏内所稱部院推舉人數，原無取必，皇上可則點，不可則否，用之多該部院不敢以爲恩，用之少該部院不敢以爲怨，此又在皇上臨時一舉筆之間，而④何至先塞其門，默無可否哉？臣一念赤忠，既引其端，不得不竟其說。爲此再題請旨，伏望皇上慨賜批發施行。"上乃批發前疏曰："朕原無拒原⑤言。止因近來小臣淆亂政體，驕玩成風，甚有借言奔競，蠱惑視聽若⑥，故加薄處。既卿說過不歸上，所奏朕知道了。"

二十四日甲辰，大學士王錫爵等題⑦："今日發下文書内，有工部題覆浙江巡按御史彭應參請罷減織造疏。此事先經撫臣王汝訓題請，臣等擬票暫准每年一運，以蘇民困，未蒙批發。今按臣再有此疏，其情愈懇，其詞愈哀。臣等竊謂，國家之計，當權緩急輕重而行，今東南民力已竭，而内有連年水旱之災，外有沿海盜賊之備，此十分困急之日，亦係根本重大之憂，雖上供錢糧正額，方且議蠲議減，惟織造一節，未蒙些須之惠，此地方官所以疾首祈哀，而該部亦爲之連章請命者也。臣等職忝弼丞，情⑧均休戚，謹再爲之擬票，仰丐寬恩。然不敢盡從部臣之請，惟幸皇上寬一分，使民受一分之賜耳。臣等不勝懇切仰望之至。謹具題以聞。"

二十六日丙午，大學士王錫爵等題："臣等近見言官⑨語無

①純 《王文肅公文集》卷四六"純"作"絶"。
②伏 《王文肅公文集》卷四六無"伏"字。
③言 明抄本作"疏"。通行本作"言"，是。
④而 明抄本"而"下有"而"字。通行本刪之，是。
⑤原 "原"字似爲衍字。
⑥若 據《王文肅公文集》卷四五"若"當作"者"。
⑦題 明抄本"題"上有"謹"字。通行本刪之，似是。
⑧情 明抄本"情"上有"請"字。通行本刪之，是。
⑨官 據《王文肅公文集》卷四六"官"下有"部官言"三字。

次，奏讞失詳，以致屢觸天怒，致有處分。不惟諸臣并①息伏罪之不暇，而臣等不能逃調燮無狀之責，不敢更爲之伸解。惟刑部司官奉旨調用一節，則有當擬議者。昨日侍郎孫鑛見臣於朝房，歷引先年之事，凡係奉旨該司降罰者，止坐本內有名掌印官或問官。今馮海之事，承行審問俱河南司郎中張廷相一人，兩次奏請所列該司官，亦止惟廷相有名，而不及員外郎楊現、主事梁廷卿。則今奉旨調用，據例亦止該廷相一人當之。但天威之下，不嫌過於小人②，又不敢徑自題請③，謀之臣等，臣等亦不敢專決。既而思之，此原有坐罪主名，非一概盡爲之開釋也，且所據有歷年故事，與發科題本見證，又非朦朧爲之乞恩也，而部臣不敢造次援例以請，亦見其震怖天威、戰兢待罪之誠，而皇上宜有以憐之矣。況近者諸臣紛紛，正④以抗違救擾而得重處，則今日自當以該部之小心待命而從輕宥，此正見聖人之恩威不測，而賞罰有章也。臣等因見理有可言，情有當辯，故敢冒昧及此。伏望皇上取回該部原疏，查果列名司官的係張⑤相一人，合無將揚現等免其調處？惟復別有定奪？恭候⑥題以聞。"尋，諭吏部："昨者有旨調用刑部納賄司官。今日輔臣具揭伸辯，且言該部不敢瀆奏激擾，甚見敬畏。前旨所謂調用的，是本內有名的張廷相，其餘姑免究。今後各衙門奉旨不明的，不妨具題請旨。吏部知道。"

①并 據《王文肅公文集》卷四六"并"當作"屏"。

②人 據《王文肅公文集》卷四六"人"當作"心"。

③請 明抄本無"請"字。通行本補之，是。

④正 明抄本作"止"，是。通行本誤作"正"。

⑤張 "張"下當有"廷"字。

⑥候 據《王文肅公文集》卷四六，"候"字下有"聖裁施行謹具"六字。

萬曆起居注

①十 明抄本"十"上有"萬曆二十一年"六字。

②必 明抄本"必"字下有"先行冠禮，以便接見講官，其題請"十三字。

③朕 明抄本"朕"下有"意"字。

④聖 明抄本"聖"字前有"聖慮精詳"四字。

⑤日 明抄本作"日"，是也。

十①二月庚戌，朔。

四日癸丑，大學士王錫爵等題："今日檢得閣中舊籍，始知累朝皇子出閣，必②必先自閣臣擬旨，傳下禮部方可據以奉行。即今皇長子殿下講讀之期，擇在明春二月初四日，則冠禮例該於一月半月之前舉行。若不預行傳示，恐該用冠服儀物等項，臨時造辦不前。合行題請。臣等謹擬傳帖上進，伏乞聖裁施行。謹具題以聞。"

六日乙卯，大學士王錫爵等題："今日臣等奉到手札：'諭內閣：昨覽卿等奏，朕知道了。朕③亦慮皇長子出閣，未行冠禮，着甚冠服以見講官，欲待明春正月中旬詢於卿等。今卿等奏來，甚合朕意。且朕查《大明典禮》，東宮與王兗冕皮弁二服，冠則皆同，其服翿異。今欲行冠禮，儀從何行？朕意欲暫着常服出講，待冊立後再行加冠禮未遲。諭卿等知。欽此。'臣等愚昧之見，無所知識，止據舊案謂興禮之當次第行者，不敢不請。而諭旨之當自上傳者，不敢不重。蓋尊皇長子，即所以尊皇上也。茲蒙皇上俯賜嘉納，因而裁示東宮親王冠服之異同，先期加冠之難處，欲且暫着常服出講。聖④見高遠，非臣等之所及。謹即遵旨另擬傳帖下部，以便奉行。但思冊立既尚有待，冠禮又未即行，則出閣禮儀甚簡，一切費用之類但宜從省。乃昨日⑤太監孫順開買玉珠等項物件，傳之外廷，使人有禮不及物、用浮於制之疑，恐又未免有所煩聒，而不見此舉之穩稱也。臣等因奉聖諭，輒敢私效愚忠如此，伏乞聖明俯鑒而更裁之。除原奉御札尊藏閣中外，謹具題以聞。"

七日丙辰，大學士王錫爵等題："今日又蒙賜手札答諭臣等：'諭內閣：朕覽卿等所奏，已知道了。且買辦一節，此數乃朕親自刪裁過的，出講在外雖則簡約，在內各衙門造其所用器皿物件及其備用等項，所費不少。如若該部科言其過費，出講還少候二、三年，與冊立一並舉行，庶可省費。諭卿等知。欽此。'臣等伏讀後，當即封送該科，使其傳諭該部一體奉行。蓋自古朝廷舉大事者，自當不惜小費，而人臣將順大美者，亦自不必固爭小節，此政體當然，亦進言之體當然也。昨該臣等同①事納忠，自皇上而言，若見以爲饒舌，正不知自臣等而言，乃一力護皇上之深，惟恐部科諸臣之有言也。蓋臣等昨於下午出閣之後，部臣楊俊民等、科臣王德完等一齊見臣等於朝房，商量此事。在部臣則謂，兩日查徧舊案，並不見有出閣傳買金玉之事，即據皇上冊立後出閣，亦無此項錢糧，疑爲內臣開寫之該②。此以事言者也。在科臣則謂，皇長子養正之初，正宜示之以儉，豈可使未親聖賢，而先親貨寶，未購書籍，而先購服玩。此以理言者也。此兩言者，臣等已經苦口折之。大約謂天子之子，與庶人微賤不同，宮禁之費，與外家寒乞不同。乞③即今聖諭中所云，臣等已先爲皇上言之矣。夫臣等之外爲皇上擔當口舌如此，則安得不內爲皇上傾吐腹心，以求君臣之兩全、公私之易處乎？且今國用至於虛空之極，民生至於困窮之極，邊費至於浩繁之極，人情至於思亂之極，其不可一事輕舉以擾民，一毫浮費以虧國，皆聖明歷歷所洞照者，姑且未論。即如近日出閣命下，朝士亦④有喧傳聖心原無意舉行、而他曰⑤必將別生事端要行改悔者。臣等造次聞之，不覺爲之血噴於口，髮衝於冠，以爲人臣疑謗君父至此，決當墮阿鼻拔舌之刑。而今聖諭忽出少俟後舉省⑥之説，使堯舜之明一舉一動皆被人美⑦破，此臣等之所以爲皇上不甘也。伏望俯採愚忠，亟先下昨擬常服出講之旨，以絕人疑。其買辦一節，或別敕該監裁示減省之數，或明諭部臣，即此就當將來冊立錢糧，令其從容辦納。庶國計可以支吾，人情不甚驚擾。臣等不勝赤心爲國⑧之切。謹具題以聞。"

十日己未，大學士王錫爵等題："今日復蒙皇上手札答臣等：'諭內閣：朕昨覽卿等奏，悉見爲君憂國之誠。況此費乃不得已。若當冊立用⑨，十難充一。且冊立上而尊上徽號，下而儀伏⑩器物及鋪宮等項，所費甚多，不彀充用。諭卿等知。欽

① 同　明抄本也作"同"，似爲"因"之誤。

② 該　明抄本也作"該"。似爲"誤"之誤。

③ 乞　明抄本也作"乞"。疑爲"是"之誤。

④ 亦　明抄本作"已"。通行本作"亦"，誤。

⑤ 日　明抄本作"日"，是也。

⑥ 省　"省"字下似應有一"費"字。

⑦ 美　明抄本也作"美"。似應作"看"。

⑧ 國　明抄本作"主"。

⑨ 用　明抄本"用"上有"之"字。

⑩ 伏　明抄本作"伏"。通行本改爲"仗"，是也。

此。'臣等莊誦之餘，不勝皇恐，自愧其闇淺知識，不見天地之高，寒酸伎倆，止惜錙銖之費。今即已傳諭該部該科，令其勉爲將順，助成大典。蓋先是臣等初奉諭後，已經苦按諸臣，使之靜聽皇上從容裁減，以爲子孝而後可以望慈於父，臣恭爲①後可以責難於君。今諸臣②皆與臣等同心，不敢造次有言矣。惟是屈指出閣之期距③今止一個半月，而所用珍寶之類約該費銀三十餘萬兩。此三十餘萬兩之銀，尚可措處，而三十餘萬兩之貨，恐必不能飛空蹜地而至也。今且一面責部臣召買，而皇上一面少寬其期，或少減其數，則臣等之願望足矣。至於册立之費既不勾用，臣等不敢强皇上以曲從，姑俟將來再處。又臣等連奉皇上手札，真草無不精妙。今日偶閱翰林官所撰年節賞人對聯，忽起貪心，意欲求皇上萬幾之暇，手書五字或七字一聯，訓勉臣等，令得奉爲傳家世世之寶，亦不枉臣等一生之遭遇也。除御札尊藏恭答外，輒敢冒昧私請及此。不勝企仰慚懼之至。謹具題以聞。"

十一日庚申，以聖母慈聖宣文明肅皇太后萬壽聖節，賜元輔王錫爵銀五十兩、紵絲三表裏，次輔趙志皋、張位各銀四十兩、紵絲三表裏，講官陳于陛等每銀二十兩、紵絲三表裏。

十二日辛酉，大學士王錫爵等題："臣等惟國朝設主内閣之臣，以掌司密命，贊襄④化理，其責至重，其務至繁。責重則必待衆力並舉，而後負荷爲克堪，務繁則必待羣策兼資，而後票擬爲無失。蓋先是萬曆⑤二十年中，皇上敕下部臣，有祖宗朝内閣多至五六員之語，固已知此官之不易稱，而思博訪耆碩以充之矣。旋而部推報格，臣等莫測聖意，不敢遽請。乃兩年以來，天災時變之頻仍，外患内憂之交亟，士風吏治之日靡，臣等非不罄竭心思⑥、勉任勞怨，以期涓埃萬一補，而年皆向衰，聰明有所不逮，時方多事，料理有所不周。即如本月初一日，三臣同時患病，錫爵因恐耽誤公事，祇得攙扶進閣，十分難支。又如前月内，每奉諭札，皆關係國家大計，而臣位偶以

① 爲　明抄本也作"爲"。似當作"而"。
② 臣　明抄本"臣"下衍一"今"字。
③ 距　明抄本作"詎"，誤。通行本改爲"距"，是也。
④ 裏　明抄本作"裹"。通行本改"裏"，是也。
⑤ 曆　明抄本作"力"。通行本改"曆"，是也。
⑥ 思　明抄本作"力"。

在告，獨不與聞。可見臣等二、三左右之臣，不惟材器不能兼人，抑恐緩急難於及①，非多添員數，則不免曠職廢事之憂，非廣闢賢門，則不免偏聽獨任之蔽。此臣等之所以常懷內歉，而汲汲於以人事君者也。伏望皇上俯從所請，或敕吏部遵照近旨，會推五六員，以備擇用，或仍斷自聖心，欽定一員兩員，特旨下部奉行，政本幸甚！臣等幸甚！謹具題以聞，伏候敕旨。"奉聖旨："覽卿等奏，朕已知道了。"

是日，陞國子監祭酒曾朝節為詹事府少詹事，兼翰林院侍讀學士，充玉牒修校官。

十四日癸亥，大學士王錫爵等題："庶吉士孫羽侯服滿起復，未經除授。臣等覆考得本官才識疏通，堪任諫職。伏乞敕下吏部，查有六科給事中員缺，除補供職。臣等未敢擅便，謹題請旨。"奉旨："是。吏部知道。"

十六日乙丑，大學士王錫爵等題："先該承天守備太監孫政所奏刁豪侵欠邸業糧錢，蒙特旨行撫按官，嚴提人犯，解彼追究。今日戶部以職掌執奏，有揭到閣。臣等再三詳看，此事委當斟酌。戶部之言原不曾以孫政所奏為非，欲免欠糧人戶之罪，但據孫政本內，原止要發所司治罪，若自參奏自問擬，則從來無此事體。其在孫政，既不可冒②昧而遽承，且撫按官為一省紀法之司，今使之為守備衙門提人，而不容其問理，此乃胥吏承行之事，其在所司亦豈容靦愧而遽服？該部即比之廠衛拿人，必送法司隔別問理，此確論也。守備之權不尊於廠衛，撫按在外亦猶在京之法司。今祇如部議，仍下所司，令其從公照依孫政奏內應追究者追究，應查改者查改，朝廷之法來③嘗不行，且使孫政心安，不致再有爭執，實為停妥。臣等因恐明日戶部本下，有如御筆仍照前旨批定，難再轉移，輒預陳愚悃如此，伏乞聖明俯納施行。謹具題以聞。"

是日，順天府官進春。以立春節，賜三輔臣上尊珍饌。

①及　明抄本也作"及"。而此字之前或之後，似有漏文。

②冐　明抄本作"冒"，是也。

③來　明抄本也作"來"。應為"未"。

萬曆起居注

①二 明抄本作"三"。通行本改"二",是也。

②己己 "己己"當作"己巳"。

③攀 明抄本作"舉"。通行本改"攀",是也。

④攀 明抄本作"舉"。通行本改"攀",是也。

二①十日己己②,以年節賜元輔王錫爵銀五十兩、綵段四表裏,次輔趙志皋、張位每銀四十兩、綵段二表裏,講官陳于陛等五員各銀二十兩、綵段二表裏。

二十二日辛未,大學士王錫爵奏:"爲聞言自審必難報國乞亟賜罷以全臣節事。該臣昨日出閣之後,接得南京刑部郎中譚一召、主事孫繼有疏揭各一紙,其中大約祖高攀③龍之説,以爲皇上近日處分諸臣皆出臣等之意,又以攀④龍及吳弘濟之重處皆臣等之擬旨。此等疑謗,皆聖心所自明,謂臣尚足與辯乎?然不辯可矣,而臣竟付之不聞,偃然居位,謂臣尚爲有恥乎?蓋先是臣等累揭伸救趙用賢、李世達,擬處楊應宿、鄭材,其疏原未批發外廷,容有不知,至於高攀龍之擬票輕處,而皇上一筆塗盡,吳弘濟之徑不發票,而臣等見有救揭在御前,臣之疏與皇上之旨人人見且聞矣。使二臣爲不知而妄言乎?則臣當玩而笑之。使二臣爲已知而故言乎?則臣當怒而責之。顧世道人心至此,臣愈玩則朝廷愈輕,愈怒則羣小愈侮,惟有閉目掩口而謹避之耳。夫大臣避讒,非國家之利,乃臣有不得不避之勢,有必然當避之理,請一一爲皇上陳之。大抵謗至於不必辯,則言之者無味矣,而咀嚼之者顧愈釅。疑至於絕相反,則蒙之者不怍矣,而傅會之者顧愈力。事至於御前親質證親發憤,則爭之宜愧且懼矣,而羨慕其抵觸之利者顧愈衆。此其勢不可以口舌勝也。蓋臣嘗私持鎮俗之論,以爲彼躁而我靜,彼釅而我淡,久之人當自服,而今身處劇塲,官居寵地,非所謂靜與淡也,欲以責人之反脣,難矣。此之謂不得不避之勢。方今海内亦多故矣,而閣臣提衡調燮其間,其艱危萬倍。又臣等猥承張居正擅權之後,侍皇上久御練事至聖至神之主,其兢惕又萬倍。當此之時,縱有膽智色身奸雄蓋世,安能頤指皇上之手口,借以處人?既處之矣,則又安能頃刻飜悔,佯爲救解,而不防皇上之詰問敗露者?臣蒙此大疑,最爲無謂,最在理外,而急切尚未能自明,則理内之事,如臧否人物、甄別吏治、主張議論、弼贊政機,臣等無日不票擬,則無日不可爲讒端。一舟數柂,十步九掣，將不惟身之危，而國家之敗隨之矣。此之謂必然當避之理。救荒、禦倭，豈非今日治安急務？顧臣等譬之當家之人，量入量出，箪輕箪重。即如户部錢糧困詘之時，臣等一面議賑恤，又一面内顧根本，以防他變，又一面揭陳民窮財盡之狀於上前，蒿目苦心亦已至極。石星、宋應昌臣亦豈敢謂其全材？但以星之清忠爲國，應昌之辛苦籌邊，功未列而言者先求其短，局未終而觀者急議其代。臣恐忠臣勞吏從兹解體，又恐懸軍異域不可先自惶擾易將，故稍爲調停之說解之，此臣自保老成長慮未必會差，而二臣怒中尋端，盡搆以爲罪，此亦當待臣去而皇上自決之，臣無策矣。臣聞大臣受謗而不辯，謂之大度，有怨而不報，謂之至公。臣今黽勉從事於此既彌年矣爲之①忘身報國計，而今國事至於必不可爲，猶然不自引決以仰累皇上，則非大度、非至公，而直謂之無恥耳。伏望皇上先放臣歸，以全晚節，仍將二臣本平平發下，與天下共其是非。如臣在皇上左右果無妬害一人、專擅一事，則不妨明白以告二臣，使之自反。如二臣果有禦倭救荒奇策，則亦使明白告臣，爲臣益友。臣不勝悚切待命之至。爲此謹具本奏聞，伏候敕旨。"奉旨："卿公忠正直，朕所篤信。邇來朝臣每每妬害，朕欲從重究處，卿反爲救解，因此小臣益無忌憚，將朕親批旨意誣爲卿擬，妄肆詆誹，好生無狀。已有旨了。國家多事，卿當以爲社稷爲重，竭忠佐理，整飭朝綱，以副朕心膂之託。豈可困②此求去，反墮奸計！宜即入閣辦事。吏部知道。"

二十三日壬申，大學士王錫爵奏："爲恭謝③天恩因請寬宥妄言以弘聖度以明臣心事。昨該郎中譚一召、主事孫繼有疏論及臣，臣方具本待罪間，猶謂章疏常例④間三日始發，不意今日遂下。蒙欽遣文書官劉宣齋⑤捧御札一道，到臣私寓，臣當於香案前叩頭伏讀：'諭元輔：卿忠誠佐理，公直輔政，朕切倚毗。此畜輩不根之言，卿豈可介意！卿之休容雅量，人所素知。方今國家多事之日，正賴卿籌畫贊襄，何遽求去？妄言的已處了，卿可即出入閣輔治，不必再有託陳。欽此。'又該閣中抄奉

① 爲之　據《王文肅公文集》卷四六"爲之"當作"本之爲"。

② 困　明抄本作"困"。通行本改"因"，似可。

③ 恭謝　明抄本作"謝恭"。通行本改"恭謝"，是也。

④ 常例　明抄本作"例常"。通行本改"常例"，似可。

⑤ 齋　明抄本作"齊"，通行本改"齋"，是也。

萬曆起居注

御批：'卿公忠直①，朕所篤信。邇來朝臣每每妬害，朕欲從重究處，卿反爲救解，因此小臣益無忌憚，將朕親批旨意誣爲卿擬，妄肆詆排②，好生無狀。已有旨了。國家多事，卿當以爲社稷爲重，竭忠佐理，整飭朝綱，以副朕心膂之託。豈可因此求去，反墮奸計！宜即入閣辦事。吏部知道。欽此。'臣以不才致遭③口語，仰累皇上爲之赫然動氣，徵於言色。又蒙再降溫諭，凡所以襃飾獎借者，曰忠、曰誠、曰公、曰直、曰正、曰休容雅量，皆古名臣碩士之所不能兼，而都俞喜起之朝所未嘗睹也。至於委託之重，一則曰籌畫贊襄，二則曰佐理整飭，則又古《說命》、《金縢》而後千載君臣之一再遇也。生臣者父母，未必能知臣如此之深，信臣者天日，未必能保臣如此之固。臣不勝感④激流涕慚愧欲死，義自當剖心摩踵以報所天，何敢再有託陳、有負皇上惓惓延佇之意！但初奉諭時，內有'妄言的以⑤處'之語，急使人至科中抄出二臣旨意，蒙將譚一召照趙南星例爲民，孫繼有降邊方雜職用。臣又不勝震駭，不勝悚惶。竊惟皇上之心，真古帝王任賢勿貳、去邪勿疑之心也。而臣未必賢，自度當官任事可指者甚多，特偶幸二臣摸不着臣之病，語不當臣之辜，反誤指皇上之獨斷處分，致⑥干譴怒。此二臣之愚，而即此亦未定爲邪也。臣嘗於擬處楊應宿、鄭材揭中內引陳泰來等之當面招誣，而臣身在是非之中，不容不力爲伸救。又嘗於救吳弘濟揭中，謂高攀⑦龍輩妄言，不足以博臣等井蛙之怒，而況可以博皇上雷霆之怒？今二臣論臣，臣正身在是非中矣，其言之不根，自附於攀⑧龍，此亦井蛙之所不能怒者。今皇上爲臣而重處二臣，是厚其疑臣之心、而予之忤臣之名也，臣益懼，二臣益驕，而天下之慕爲二臣者益衆矣。且明旨之責二臣，首以攀龍挾私黨護、而二臣附之爲言，不知攀龍樸直人⑨也，新從外入京，耳昧昧前聞，口戇戇言事，度其終未必不心悔也。今二臣之行，未知於攀龍何如，而皇上處之愈重，驅之使自附於攀龍也，欲以明邪正，而邪正愈亂矣。故不如依臣疏中平平發下爲當，其二臣之人品、政事，及建言之有心無心，自當從容聽公論於外。而皇上今日既爲臣怒，則當且明臣

①直　據上文本月二十二日記事，"直"字之上當有"正"字。

②排　據上文本月二十二日記事，此處爲"誹"字。

③遭　明抄本作"曹"。通行本改"遭"，是也。

④感　明抄本無"感"字。通行本補之，是也。

⑤以　明抄本也作"以"。應爲"已"。

⑥致　明抄本作"政"。通行本改"致"，是也。

⑦攀　明抄本作"舉"。通行本改"攀"，是也。

⑧攀　明抄本作"舉"。通行本改"攀"，是也。

⑨人　明抄本"人"字下衍一"人"字。

心，而處之必不可重也。既褒臣休容雅量，臣亦望皇上霽怒[1]以弘聖量，而毋使二臣退有後言也。伏望亟收原旨，將二臣免其降黜，量加罰治，以爲遠臣妄言之戒，則臣尚有鞭策報上之期。不然，疑臣者不止二臣，臣之累皇上不止今日，不如早賜骸骨之安臣也。臣不勝感恩奮激待命悚切之至。除原奉御札尊藏外，謹具本奏謝以聞，伏候敕旨。奉旨："卿既以大義自負，何又託陳。且譚一召、孫繼有二畜，朕意本加重究治，以看卿面，從輕處了。卿當以天下社稷國政爲重，豈可一意言去，有辜倚託至意！還着鴻臚寺官諭催，即出入閣辦事，以慰朕心。吏部知道。"

二十四日癸酉，大學士王錫爵奏："爲恭謝天恩因明前疏原非託陳乞垂鑒納事。今日又該鴻臚寺官張棟等齊[2]捧御批到臣私寓，臣恭設香案，叩頭，伏聽宣讀：'卿既以大義自負，何又託陳。且譚一召、孫繼有二畜，朕本[3]加重究處，以看卿面，從輕處了。卿當以天下社稷國政爲重，豈可一意言去、有辜倚託至意！還着鴻臚寺官諭催，即出入閣辦事，以慰朕心。吏部知道。欽此。'臣本庸愚，素無學術，追惟數年前，硜硜伎倆，挾鄉黨自好之私，露崖岸不平之色，其擬於人非一日矣。近雖勉慕古人休休雅量之風，借事練心，頗自無愧，而一時之誠意，未能以遽孚，四方之物情，有難以戶曉，又適會此紛紛議論處分之日，受悔受搆實臣之素望招之，而未可全爲二臣之罪也。茲蒙皇上再降溫諭，重之遣官宣催入閣，既責以平生自負之大義，又示以社稷國政之當重，華袞斧鉞並加臣身，側席注思如不容夕，蓋至是而臣之感極矣，臣之愧極矣，涕與汗交下、而無所容置辭矣。有君如此，臣何謗之不可明而安所事託？又何身之不可指而復忍言託哉？顧臣初奉諭，有'託陳'之說，臣以爲聖意所指，爲託疾託故等事，而臣非敢然也。及茲奉諭，又有'託陳'之說，而二臣不蒙寬處，乃知聖意止防臣之伸救二臣，謂有所要而託，有所憤而託，而臣又非敢然[4]也。獨有區區愚論，事雖爲身，實爲皇上，不得不始終言之。今羣小之

[1] 臣亦望上霽怒 明抄本作"則臣赤望皇上齊怒"。通行本刪"則"，誤也；改"赤"爲"亦"、改"齊"爲"霽"，皆是也。

[2] 齊 明抄本也作"齊"。當作"齎"。

[3] 本 據上文本月二十三日記事，"本"上應有"意"字。

[4] 然 明抄本"然"字上衍一"然"字。

洶洶，不有批鱗逆耳、直犯乘輿者乎？乃往往觸怒，止於報罷報聞。而今偏爲閣臣發憤盛氣如此，是手足之重反加於腹心也。臣之在上前圖事揆策，不亦有未當上指、報罷報聞者乎？乃偏於臣口語私嫌，發而必處，處而必重，是一人之毀譽，反重乎國事也。且二臣之輕處，則天下必有平其是非，而今至於一黜一降，以爲看臣之面而輕，是二臣之言中，而臣之面反薄矣。爲此具①疏謝恩，並明原非託陳之心②。望皇上寬臣之罪③，並寬二臣，而後臣乃敢酌量進退，以全大義，以副託④。臣不勝感切祈籲之至。謹具本奏謝以聞，伏候敕旨。"奉旨："覽奏甚見卿雅度休量⑤。朕因二畜將朕親旨盡誣票擬，萬幾是誰裁決？好生欺妄！原不爲卿而處。已有旨了。卿宜遵屢諭，即出佐理，不必再陳。吏部知道。"

二十七日丙子，大學士王錫爵題："該臣連日亟蒙溫旨慰留，嚴諭催出，不勝感恩畏罪之至。已於二十六日報名廷見，因鴻臚寺以例不接報單，移至次日，適又聞南京吏部主事安希范又有疏論臣，其說即同譚一名等，而其人亦臣之丙戌所舉士。此三至之言，雖慈母不能保其子，而同舟之敵，雖貞士不能保其身矣。臣尚敢恃天知而靦顔再出哉！見今歲節在邇，除今日且於鴻臚寺掣回報單、照常待罪外，仍候元旦節日，臣隨班拜祝聖壽，不敢以身之訛誹而悻悻自同於衆人。其安希范所奏事情，更望皇上平平檢查。如果臣有曖昧語言偏黨蹤迹，何惜罷一臣以謝衆臣？如其不然，則希范遠聽訛傳，雖不當臣之罪，而臣既忝密勿，誠不能格上之心，言不能回上之聽，亦自當爲法受惡，必不可又爲臣等而處希范也。大要此等妄言，皇上但批發其疏，而勿處其人，其味自淡，其氣自平，不惟於聖度有光，且於臣等無指⑥。此臣屢屢言之，因懲孫繼有等處分之旨先下，伸救無及，故不敢露章激怒，而密述苦誠如此。謹具題以聞。"

是日，大學士王錫爵等題："該臣等適以歲暮點檢閣中未完事件，除中間無甚緊要者不敢瀆奏外，惟是數日前禮部題請皇

---

① 具 明抄本作"國"。通行本改"具"，是也。
② 心 明抄本作"必"。通行本改"心"，似是。
③ 罪 明抄本作"罷"。通行本改"罪"，是也。
④ 託 "託"字上似漏一"倚"字。
⑤ 雅度休量 明抄本作"休休雅量"。
⑥ 指 明抄本作"捐"。

長子出閣事宜，未蒙批發，此則日期已迫，頭緒頗多，必不可再停緩者。先該臣等票旨。下該部酌議來看'，既而思之，此事已經奉旨著用常服，則其餘自可例推，禮部之本祇消①批一'是'字，令其徑行各衙門，應修理者修理，應造辦者造辦，應選撥者選撥②，各限正月初十③以裏具題請旨定奪，庶議論簡省，聖裁可以立決，而時日從容，大典不致有誤矣。臣等不勝待命之切。謹具題以聞。"

是日，以正旦令節，賜三輔臣每員二樣吊屏二對、大門神二對、判子二對、招財利市二對、福祿獅子二對、箋紙葫蘆二對，講官陳于陛等五員俱各有差。

二十八日丁丑，大學士王錫爵等奏："為受恩陳謝並乞俯鑒狂愚以安下情事。該臣等昨日聞有安希范見疑之疏，因恐歲暮多事，臣志皋、臣位不敢相隨在外待譴，又恐聖意因此重復激怒，重處妄言之臣，故臣錫爵雖在外亦不復露章引罪，而密同二臣具揭寬解。隨於今日蒙遣文書官潘朝用，齎④捧御札一道，到臣錫爵私寓：'諭元輔：朕覽卿奏遵旨入閣辦事，朕心甚悅。又見卿以讒妄之言意欲言去，且卿之赤誠為⑤國，朕素切倚賴，何其休雅之不容！妄言的，朕以看卿面從輕處了。卿當體朕屢旨至意，即出入閣辦事，不得再有所陳。今諭卿知。欽此。'又該朝用再捧御札一道到閣：'諭二次輔：妄言的，以看卿等面從輕處了。卿等當以國事、朝政為重，安心協贊治理，不必介意，有所託陳。諭卿等知。欽此。'臣等竊伏自念，備員輔弼，職在燮調，乃上而回天轉日之無功，下而協恭和衷之未效，以致今日橫被流言。雖偶不當其罪，而反躬內省，實⑥有餘慚，免於褫責則已厚幸。乃蒙皇上重為之特遣中使，疊降溫綸，臣錫爵既辱以'忠誠'、'休雅'之褒，而⑦催之即出辦事，臣志皋、臣位又諭以國事朝政之重，而勉其安心贊理，此腹心之信，真有逾於曾母，而喜起之交，且遠媲於虞廷矣。臣等受知受恩至此，身之頂踵且為長物，而況敢計外人之毀譽、以仰辜君父之惓惓哉？除臣錫爵已遵諭即出、詣會極門叩頭、臣志皋、臣位

萬曆二十一年

一一七七

① 消　明抄本作"涓"。通行本改為"消"，似可。

② 選撥　明抄本無此"選撥"二字。通行本補之，是也。

③ 十　明抄本"十"下有"日"字。

④ 齎　明抄本作"齊"。通行本改"齎"，是也。

⑤ 為　明抄本無"為"字。通行本補之，是也。

⑥ 實　明抄本作"寔"。通行本改"實"，是也。

⑦ 而　明抄本"而"下衍一"而"字。通行本刪之，是也。

亦已安心辦事外，顧惟臣之今日所以蒙恥上前、不敢更張皇待罪者，欲以解皇上之怒也，其所以欲解皇上之怒者，將以寬三臣之罪也。而聖諭一則曰看臣等之面，二則曰看臣等之面，乃削籍謫邊尚謂之輕處，則臣等之面不及①薄乎？且希范之疏，特以參輔臣爲名，未嘗敢犯皇上，而聖諭深求其言外之意，以蔑視君上罪之，是上與下爭言無已也。又皇上本以怒小臣爲重大臣，而小臣益以皇上之怒爲大臣假託之公案，是小臣與大臣爭重無已也。又今北京是非頗明，而南京議論忽爾此②遠聽之訛疑臣等者，未必止此三臣。今重處三臣以愈疑滿南京人之心，是南北京爭是非無已也。今少薄其責，少平其氣，使臣等亦少伏以前節次處分不能匡救之辜，則上下大小臣工③擧安，而南北之議論皆平矣。抑臣等又有說焉。時以始和布德之初，歲暮湔除之日，而皇上方將擧履端萬壽之觴，乃區區不勝小臣妄言之憤，以上累聖躬爲之動火傷和，下使擧朝爲之駭觀驚聽，四海之責皆歸於臣等，此臣等所以寢食不安、涕汗滿體、而必望皇上俯宥狂愚、以安下情者也。有如萬不得已，則孫繼有之素行不檢，似無足深惜，而譚一召、安希范乃隨聲躡影之人，必望皇上平調一官，責其後效，庶猶可以服人耳。臣等不勝感恩畏罪萬懇百叩之至。謹具奏以聞，伏候敕旨。"奉旨："覽卿等奏，朕知道了。且孫繼有等撿④邪畜輩，朕怒其不遵信朕親批旨意，欺君無上，惑亂視聽。已從輕處了。卿等可體朕意，安心輔治政務，不必又來救激。吏部知道。"

是日，大學士王錫爵題："該臣昨又以聞言待罪，暫阻見朝，心之憂危如負芒刺。乃蒙皇上深知篤信，既不以三至而見疑，且數日之間，兩遣文書官，一遣鴻臚寺官，頻諭亟催，又不容再疏之引避。臣之至此，雖胸懷萬結，身事百艱，何敢復有偃蹇、仰辜君父惓惓注盻⑤之意？適聞鴻臚寺尚有數日不接見朝報單，臣不敢復拘常禮，謹於即日遵旨疾趨進閣辦事。蓋受恩之下，且以奔命爲恭，獻歲之初，且以瞻天爲幸。而至於公私之苦情，進退之大義，不暇言，亦不敢言也。除奉御札會同臣志皋、臣位具疏恭謝外，玆權詣⑥會極門叩頭望見，以慰聖懷。謹題以聞。"

　　三十日己卯，大學士王錫爵等題："今日又見刑科給事中葉繼美之疏，奉聖旨：'葉繼美這畜，蔓詞傍引，黨救同類，好生可惡！孫繼有着革了職爲民，不許朦朧推用。譚一召、安希范着錦衣衛差的當官校，扭解來京究問。葉繼美姑且罰俸一年。吏部知道。欽此。'臣等讀之，不覺汗流滿背，涕下沾衣，不知皇上何以發怒至此？竊詳繼美疏意，明稱皇上英明獨斷，事事裁決，且深憫臣等焦心勞思，言言伸救，即此四言顯是爲皇上與臣等解紛，乃近來所未見之公論也。其所以欲寬小臣者，乃專是敷演皇上休容雅量之旨，初非謂三臣之言爲是。今赫然動雷霆之怒，既重罰繼美，仍將孫繼有加重處分，而譚一召等至於差官拏問。自皇上而言，固以爲信任臣等之意益專益隆，而自臣等言之，召侮由臣，激怒由臣，朝廷之上興大獄由臣，萬世之下以爲擠排直匡①蔽塞言路皆由②，臣等且益危、益苦、益窘、益懼，而斷乎無一日立朝之望、一刻安身之所矣。且扭解重典，自皇上臨御二十餘年來，惟有官吏犯贓、邊臣失事之甚，始間一行之，今忽爲臣等當歲除燕喜之時，發此異常迅急之怒，即諸臣不足惜，而臣等見上天疾威、父母震怒如此，魂飛魄散，心戰口呆，今夕何忍復對父母妻子飲食宴樂也！目今嚴旨一出，臣下奉行急如星火，臣等亦當免冠徒跣而待罪，豈敢更爲外人伸解？但念皇上原哀臣等之無罪，即科臣亦惓惓於臣等之去留，今不使之安，而返③速之去，不惟非皇上委信之意，且亦非科臣建言之意矣。伏望亟霽嚴威，將譚一召等免行拏問，孫繼有照舊降處。其葉繼美、逯④中立原係言官，且其議論頗平，原無觸犯，並乞聖恩，免其罰治。蓋言官重而出位之風自息，讜言容而妄言之氣自沮矣。臣等不勝急迫哀懇之至。謹具題以聞，伏候敕旨。"奉旨："覽卿等奏，朕已悉知。朕見近來此輩朋結黨類，擾亂朝政，前者朕欲重治，姑看卿等伸救，從輕處了。今日葉繼美狂畜越奏，肆無忌憚，傍牽蔓引，瀆激朕怒。朕爲

①匡　明抄本也作"匡"。似應作"臣"。

②由　明抄本"由"下有"臣"字。通行本漏之。

③返　明抄本也作"返"。似當作"反"。

④逯　明抄本原作"逮"。通行本改"逯"，是也。

天子,一事尚不容處,其於禮義何在!今次且看卿等苦懇救解,譚一召、安希范姑免扭解來京究問,孫繼有等已有旨了。卿當以禮義國體爲重,可安心佐理,不必又來陳奏。吏部知道。"

萬曆
二十二年

萬曆二十二年正月庚辰，朔，大學士王錫爵等題："恭遇元旦令節，禮當慶賀，奉旨傳免。竊念臣等備員輔弼，受恩深厚，與在廷諸臣不同，犬馬私衷不能自已。臣等謹於本日恭詣會極門，行五拜三叩頭禮，稱祝聖壽，以少伸臣子慶忭之誠訖。謹具題以聞。"

以元旦令節，賜三輔臣上尊珍饌。

初二日辛已①，大學士王錫爵等題："臣等伏惟，今歲甲午為皇上萬萬年御曆之二十二年，乾坤清泰，日月恒升，臣等伏事禁幃，惠邀景福，不勝慶仰欣頌之至。至於南京三臣之處分，倏②而嚴霜震電，倏而甘雨和風，當此維新之歲序，以施不測之恩威，此正應《泰》爻'馮河''包荒'之象，而萬方臣庶之所拭目快睹者也。臣等尤不勝啣恩服義之至。謹具題恭賀並謝以聞。"

七日丙戌，以孟春時享太廟，遣公徐文璧恭代。

十日己丑，大學士王錫爵等題："為欽奉聖諭事。准禮部手本，該尚書羅萬化等題前事內一款，合用侍班、講讀、校書、侍書等官，行翰林院會同吏部及本部，預行推擇等因，節奉欽依，備由到閣。臣等敬惟皇長子殿下蒙養茲始，得人為先，必須擇其端良庶有裨於學問。臣等查得先朝舊例，凡講讀官員，俱係內閣會同吏部遴選以充。近日科臣亦有此議。如蒙③乞敕吏部堂上官，於本月十五日俱赴東閣，會④同臣等，於相應衙門官中，從公推舉學行端純、語音正當者，疏名上請，伏候簡用。臣等未敢擅便，謹題請旨。"奉旨："是。卿等揀好的用，不要多了。吏部知道。"

十五日甲午，大學士王錫爵等題："為欽奉聖諭事。昨該臣等因皇長子出閣屆期，題請照例會同吏部推舉侍班、講讀等官，奉聖旨：'是。卿等揀好的用，不要多了。欽此。'續該吏部題

① 已 "已"當作"巳"。

② 倏 明抄本作"條"。通行本改之，是也。

③ 蒙 疑"蒙"字下有漏文。

④ 會 明抄本作"與"。

同前事，奉聖旨：'是。內所引乃冊立陞補宮僚例，以後還查的確行。欽此。'臣等連日備查先年出閣事例，參以節次所奉明旨，除吏部所引嘉靖十八年陞改宮僚例，已經奉旨查明，臣等不敢再瀆外，惟是皇長子睿齡向長，視之小學蒙養之初，必須倍加課程，方有進益，執事官員亦必令其輪番足用，方免誤事。查得講讀官舊該用侍班官四員、校書官二員，皆以翰林院官充之，職雖親近，事實優閒，此則似可酌量裁減者。今臣等擬裁侍班官為二員，其校書官就併於講讀員內，通共止用翰林員[①]官八員、侍書官二員，以示仰遵諭旨、不可遽同東宮、亦不可下同親王之意。謹於本月十五日，會同吏部尚書陳有年、左侍郎趙參魯、右侍郎兼翰林院侍讀學士盛訥，推舉得禮部左侍郎兼翰林院侍讀學士范謙、司經局洗馬兼翰林院修撰李廷機，堪充侍班官，翰林院修撰唐文獻、焦竑、編修鄒德溥、郭正域、全天敘、檢討蕭雲舉六員，堪充講讀官，制敕房辦事鴻臚寺司儀署署丞范可愨、誥敕房辦事中書舍人茅聞詩堪充侍書官。合候命下，行令各官逐日供事，臣錫爵、臣志皋、臣位照例提調。緣係欽奉聖諭事理，未敢擅便開坐。謹題請旨。"奉旨："是。卿錫爵、志皋、位提調各官講讀。該部知道。"

十六日乙未，大學士王錫爵等題："昨該臣等題請選用皇長子講讀官，已蒙欽允，不勝欣戴。既而隨會各衙門官，尚有緊要文書日久候命未發者。如兵部之題補護衛，工部之題造儀仗，舊例皆在出閣一兩月之前預先整理，以免誤事，今已迫期在半月之內，難再遲延。況二部所擬員役事件，原與臣等商量裁減適中，不敢遽用東宮之例，似無可疑者。若聖意尚以為多，不妨發下臣等再行議裁停當而行。至於戶部所買合用珍寶之類，臣等亦嘗親問尚書楊俊民，已經進過十分之七，據此則諸事略辦，所不足者，該部亦已勉力應承，補進有日，而不當為之久稽大典也。伏乞聖裁，即賜批發施行。謹具題以聞。"

二十日己亥，大學士王錫爵等題："臣等伏惟，古者方春時

[①] 員　疑應改"員"字為"院"字。

和，則議賑貸，所以順月令而體天心、保國保民之要務也。即今中原一帶，荒亂異常，户部錢糧罄空無措，臣等欲再議蠲租放賑之旨，恐所司不能奉行皇言，徒爲反汗。惟念守令爲親民之官，撫按又爲督率守令之吏，如果能着實修舉政事，保障地方，治國如家，視民如子，水旱螽蝗，可以災而不害，寇賊奸宄可以伏而不作。乃今士大夫精神意氣，日馳騖於虛文議論之習，欲速進取之途，竟不知安静牧養爲何事，而望挽回和氣、消弭盜賊，難矣！臣等深爲此懼，謹擬敕諭一道，特敕吏部綜覈名實，分別用捨，而附以沿海擇官，爲汛防先事之備。蓋今時政之所急惟此，而朝廷力之所能爲亦惟此。伏惟聖明裁定施行。謹具題以聞。"

是日，敕諭吏部："昨歲各省災傷，山東、河南及徐淮近河之地爲尤甚，民間至有剥樹皮、屑草子而食，又至有割死屍、殺生人而食者。朕雖居深宫之中，念切恫瘝，不遑寢處。曾經屢旨蠲賑，不知有司曾否奉行？小民有無沾惠？况值此公私交絀之時，不知各該地方，除内帑漕糧或留或發之外，别有急救便宜措處方略否？其各處礦徒劫盜，嘯聚成羣，又不知果已安插歸農、防禦有備否？目今四方吏治，全不務講求荒政、牧養小民，止以搏擊風力爲名聲，交際趨承爲職業。費用侈於公庭，追呼徧於閭里。囂訟者不能禁止，流亡者不能招徠。遇有盜賊生發，則或互相隱匿，或故意縱捨，以避地方失事之咎。其各該撫按官亦祇知請賑請蠲，姑了目前之事，不知汰一苛吏、革一弊法、痛裁冗費、務省虛文，乃永遠便民之本。如此上下相蒙，釀成大亂，朕甚憂之。又如沿海地方備禦久疎，倭寇情形未定，一應城池器械練兵戰守之備，尤在所急。而近者將領之權既輕，不免責成於文吏，乃文吏又習爲飾虛取譽，首鼠避難，以兵馬錢穀之任爲劣處，以强力幹事之臣爲麤材，好議論而不好成功，信耳聞而不信目見，此尤當今第一弊風、最能誤事者。弭盜安民，得人爲本，以後巡撫官缺，你吏部務要選用老成敏練、曾經敷歷外任、著有成效之人，毋得專採虛望。其要害地方，非但司道當擇，即府州縣及江防海防同知等官，皆宜慎選

① 効 明抄本也作"効"。當爲"劾"字之誤。

優敍，毋得盡拘資格。如有前項不修實政、不飭兵防，縱有浮名小才，於地方百姓何補？若撫按官不亟行參効①，以失職連坐。你部裏若咨訪的確，亦不必待人奏聞，即便議更議調，以安地方。近來人心玩愒，朝廷詔令通不着實舉行，題覆紛然，竟歸兩可，科道官亦不用心參駁，成何法紀！自今日諭出之後，各務奉宣德意，嚴立標準，凡遇陞遷、行取、考察等項，一以安民弭盜實政爲撫按有司之黜陟。言簡必信，法簡必行。如有仍前玩視欺隱，定行重治不宥。故諭。"

二十二日辛丑，大學士王錫爵等題："適蒙皇上手札：'諭內閣：今日朕覽禮部擬皇長子出閣行預教儀，其告奉先殿、朝謁兩宮俱依議行。且皇長子未行冊立，如何遽行賀禮？況出講非冊立加冠，還着查東宮親王出講禮儀，酌議來看。卿等傳示禮部知道。欽此。'臣等仰見皇上因此出閣一事，酌量倫制之中，參合人己之見，可謂至精至詳，臣等更復何所容喙！已即傳部奉行矣。但聖諭中御門及皇長子受賀二禮，俱非該部撰出，蓋出講自有出講之賀，冊立加冠自有冊立加冠之賀。顧今天氣尚寒，聖體不便，臣錫爵今日正對郎中何喬遠言：若臨時皇上免賀，則百官無獨見皇長子之理，一切禮儀自應從權，而不必強拘舊事，徒聒聖聽也。今明旨既已罷行，則此外別無可酌擬者。除是儀仗侍衛無甚緊要，皇上可以自行裁減，而臣等亦無不可主張。至於皇長子既謁兩宮，則上位中宮母妃之前，豈得不謁？有如皇三子、皇五子幼冲未能行禮，則臨期或行或免，自在宮中，而該部亦不必於再擬也。其每日講讀儀注，則東宮與親王原無大異同，候禮部別有疏至，臣等亦自當定擬應講經書、及寫倣、對句等項課程上請，以少充提調之責，而不敢煩皇上勞神矣。爲此除御札尊藏閣中外，謹具揭回奏以聞。"

② 七 "七"下當有"日"字。

二十七②丙午，命翰林院編修董其昌、檢討區大相、周如砥、林堯俞編纂六曹章奏。

二十八日丁未，大學士王錫爵等題："爲纂修玉牒事。先該臣等題奉欽依，敕宗人府自隆慶元年起至萬曆十二年止，將各王府親郡王將軍中尉及男女新生等項送館，查取原題前纂修官所纂緝稿本照常纂修間，比恭睹舊牒，止有一總表，以太祖高皇帝列於德懿熙仁四祖之下，而別以成祖文皇帝冠帝系世表之首。該原任大學士申時行會同臣等反覆詳議，太祖開創萬世鴻基，乃不首冠帝系表中，事體未妥，輒於總表之前增纂一前表，恭載四祖及壽春等王，以崇所自出之尊，而以太祖改居帝系世表之首，庶尊崇得體，觀覽亦便。緣與舊本不合，不敢不題明。又照今次玉牒，宗支繁衍，事體重大，比之先朝不啻百倍，備奉欽依，比照史館事例開館增官，添設當該吏役，以期速完。隨查取原纂修官所纂稿本，督令收掌太僕①寺少卿兼司經局正字馬繼文等、校對官大理寺寺正包漸林等，俱各仔細稽查考校，制誥兩房謄錄官大理寺寺正趙應宿等、玉牒館謄錄官中書舍人周治隆等，俱各用心謄寫成帙，正副本總計各一百一十五冊。復題委少詹事兼翰林院侍讀學士今陞禮部右侍郎孫繼皋、及詹事府少詹事兼翰林院侍讀學士今陞南京禮部右侍郎劉楚先，詹事府少詹事兼翰林院侍讀學士曾朝節，充纂修官，重加詳校，裝潢完備，例該進呈。伏乞敕下禮部，照例擇日具儀。其効勞各官並供事書辦當該員役，容臣等另行酌擬具奏。臣等不②敢擅便，謹題請旨。"

是日，命翰林院編修吳道南、莊天合、檢討王圖管理文官誥敕。

二十九日戊申，大學士王錫爵等題："昨該禮部具題皇長子出閣儀注，今日蒙皇上欽定發下，臣等謹同部臣一一仰遵訖。惟就中一款，該內閣輔臣每日一員輪侍，此雖隆慶年間新例所有，亦臣等所願効勞。但既奉皇上明旨，一切禮儀酌量東宮親王之間，則閣臣侍班一節，亦有當酌議者。緣臣等俱係皇上左右親密之臣，而其職又在料理軍國重繁之務，今天顏尚不得時覲，而獨於皇長子進見頻數，似涉嫌疑。且在閣一面檢點文書，

① 僕 "僕"應作"僕"。

② 不 明抄本作"未"。

一面提調講讀，兩不相妨，亦不必每日侍班，然後爲盡職也。查得先朝原有舊例，閣臣侍班止於初講之時，連侍五日以後，每月三、八日一至，先行叩頭禮而出。合無容臣等仍照此例行，或更裁其禮，初講三日連侍，以後常講間十日一侍，定以每月初三、十三、二十三日爲期？庶常尊在皇上，於分義既少安，而專職在臣等於辦理亦能及矣。伏乞聖明即①賜裁定，以便遵行。未敢擅便，謹具題以聞。"奉旨："覽卿等奏，甚見明別義禮。初出講着連侍三日，以後每月初三、十三、二十三日輪侍，照舊儀行。"

是日，以聖母仁聖懿安康靜皇太后萬壽聖節，賜三輔臣上尊珍饌。

① 即　明抄本作"既"。通行本改"即"，是也。

二①月庚戌，朔。

二日辛亥，大學士王錫爵等題："爲日講事。先該臣等題：每年開講日期俱於正月上旬，今歲於祭祀之期有礙，節假以後即係下旬，容臣等於二月上旬另擇日恭請皇上開講，以後接續日講。奉聖旨：'是。欽此。'今將屆期，臣等謹擇二月十一日吉，恭請皇上臨御講筵，照常日講，伏乞聖裁。謹具題知。"奉旨："是。"

是日，大學士王錫爵等題："爲經筵事。臣等查得經筵講官，例用十六員，今缺八員，展書例用八員，今全缺，寫講章官例用八員，今缺一員，合當推補。臣等推得禮部左侍郎兼翰林院侍讀學士劉元震、禮部右侍郎兼翰林院侍讀學士孫繼皋、國子監祭酒陸可教、司經局洗馬兼翰林院修撰李廷機、翰林院編修吳道南、翰林院檢討王圖，俱堪補經筵講官。翰林院編修莊天合、董其昌、檢討區大相、周如砥、林堯俞，俱堪補展書官。通政使司經歷司經歷湯應龍，堪補寫講章官。合候命下，令各欽遵供事。臣等未敢擅便，謹題請旨。"

五日甲寅，以祭三皇於景惠殿收回祭設，頒賜輔臣等三卓。

八日丁已②，大學士王錫爵等題："仰惟皇上獨斷聖心，舉行大典，即令皇長子出閣，禮成，臣等連侍日期已滿。因伏思皇長子方當蒙養之初，而讀書成誦，作字有法，此得於皇上之家教者素也。又且儀度熟閑，舉止凝重，此得於皇上之身教者素也。臣等職在提調，無所裨益，但以聖君慈父在上，卜萬萬年有道之長，爲喜爲賀耳。既而思之，尤有大喜大賀、因感生情、不能無望於皇上者。蓋頃臣等每進文華殿門，遙瞻寶座，相與記憶其昔年列侍經筵，分日直講之所，當時君臣之間一何融融藹藹，而今何其疏闊也！殿庭之內一何濟濟蹌蹌，而今何其深閟也！臣等講幄舊臣，目之所觸、心之所感如此，焉得無動羹牆之思、而傾葵藿之仰乎？即今春講期近，萬乞皇上從此

萬曆二十二年

一一八九

① 二　明抄本"二"前有"萬曆二十二年"六字。

② 已　"已"當作"巳"。

勿惜須臾小勞，或經筵，或日講，不時臨御。庶在皇長子，日隨嚴父之後，身法家法爲之益親，在臣等，日觀聖人之光，啟心沃心皆獲自效矣。此所謂大喜大賀、而舉朝臣庶所共以爲祝者也。臣等不勝惓惓願望之至。謹具題以聞。"

九日戊午，大學士王錫爵等題："該臣等昨日出至朝房，有吏部尚書陳有年等來見，言數日前曾引皇上近日處分刑部司官之旨，因而爲原任文選司郎中今爲民王教題請查明免究，尚未發出，不知聖意如何？臣等應之曰：'此疏尚未見，何由得知皇上之意？'因細問王教得罪之由。據有年等回稱：'原係萬曆二十年間，偶以推陞不當上旨，致蒙該司都着爲民。彼時教適註籍在寓，並不與事，亦不列名，乃一概朦朧受譴以去。此正所謂未明旨意，與刑部司官之事相合。本部向不敢言，因有此列①又有此旨，乃敢據以具題，而初非突然冒昧市恩者也。'臣等退而詳思，若果如其言，則王教委應查豁。況不言於上怒之時，而言於怒解之後，其一念敬畏之忱，亦似應與刑部官一體矜宥者。但苦原人原奏俱不在前，無憑指證。合無行令收管章奏衙門，即將吏部原本查出？若果王教無名，因人累及，伏望皇上開天地之心，或即與復官，或量改別用，以廣德意，以信明旨。如其不然，則該部自合受重復欺罔之罪，而臣等更不能爲之曲解矣。再照近來各衙門留中章奏，不止吏部一疏，中間有獻規皇上及責備臣等者，原無大忤，似亦宜一體發出，以釋外間壅蔽之疑。未敢擅便，謹題請旨。"奉旨："覽卿等奏，朕知道了。"

十一日庚申，大學士王錫爵等題："今日蒙發下刑科給事中楊東明本，及所進《饑民圖說》，因而諭臣等：'朕今日覽文書房，見刑科給事中楊東明《饑民圖說》，朕心甚驚惶憂懼。卿等可傳與該部，可蠲可賑，作速看議來說。欽此。'臣等伏惟，今歲河南等處災傷，至父子夫妻相食，乃從來未有之變。即東明疏中，尚有諱而不忍盡言者。臣等日夜憂惶。因思自古天下變

① 列 明抄本也作"列"。似應作"例"。

亂，不在夷狄外患，而常在民窮盜起。已經連次擬旨擬諭，議賑議蠲，冀以少紓燃眉之急，暫安思亂之心。而特恐德意未必能宣，有司玩視如故，正展轉無措間。忽捧聖諭，怵目感心，憂深詞切，即古帝王之子惠困窮、視民如傷，不是過也。德音一布，度蟄虫腐草無不昭蘇，豈有天意不可回、人心不可定之理！當即傳示該科、該部，使皆知皇上惓惓旰食憂勤、側身儆戒之意，必將爲有司惜賦，必將爲天下惜財，於以先定在朝之人心，而後次第及於在野之人心，人心安則天意得矣。臣等不勝欣戴頌祝之至。除御札尊藏閣中、宣付史館外，謹擬票具題以聞。"

十三日壬戌，大學士王錫爵等題："今日發下文書内，有給事中黎道炤本，蒙御批：'黎道炤這畜，明白黨救同類，故引別事爲言，好生可惡！本當重治，姑且罰俸一年。張貞觀着降雜職、調外任用，不許朦朧推陞。趙完璧等還各罰俸一年。吏部知道。欽此。'臣等竊惟近者出閣之事，節該皇上親裁典禮，已經臣等傳部奉行，至爲停妥，小臣自可忘言。乃張貞觀先以職掌禮科，不得不隨部臣之後催請裁發，非別有所駁議也。乃皇上怒其多言，而罰俸以懲之，在貞觀已自歡然受譴。而今日道炤之疏復爾引及，臣等竊詳其疏，乃自爲條陳效忠，非主意在救貞觀等也。今因道炤一言而並罰趙完璧等，聖怒已爲不測，若貞觀又因道炤之累及而加重處分，則恐朝廷之上株連無已，又復如趙南星、孟化鯉、吳弘濟等故事，而小臣之中又將以臣等不能匡救，其紛紛激怒愈無已。臣等固甘心爲皇上任怨，其如聖威國體之褻何！大抵科道乃言官，雖有抵觸，與別衙門出位者不同，皇上不得不容，臣等不得不救。至於因後次救者之言，而愈重次①言者之罪，亦恐不可以爲常也。臣等叨備股肱，相關一體，不忍見皇上靜養中有此盛怒。除罰俸諸臣不敢再瀆外，謹昧死以張貞觀之重處爲請，伏惟天慈矜允寬宥。謹具題請旨。"奉旨："既卿等申救，張貞觀姑着降三級調用，不許朦朧推陞。其餘的已有旨了。吏部知道。"

① 次 明抄本"次"前有"前"字。通行本漏掉，應補之。

十六日乙丑，大學士王錫爵等題："今日文書官李浚口傳聖問：'如何初十日所進日講講章，與十五日進的前後互異？'臣等因此仰見皇上雖深居靜攝，而猶日對經史，留心講讀。近來批決政事，詳妥精明，此得於學問之益者多矣。至於聖諭問及講章前後互異之故，乃因先年閣臣偶見聖駕希出聽講，臣等無便納忠，爲此題奉欽依，一面將應講之書每日撰進講章，以便宮中不時披閱，又一面將未講之書，留待駕出之日接續進講，此講章前後互異之故也。今既承聖問，臣等不敢專主。合無仍照原題，將新舊講章各別進呈？或就將每日所撰講章隨進隨講？亦無不便，通候聖裁奉行。謹具題以聞。"

十九日戊辰，大學士王錫爵等題："臣等看得，四日前曾有給事中趙完璧一本，內稱大江以南，豪蕩之子暗相招號，包藏禍心。據其所言，雖未審虛實，然此事臣等頗亦聞之。緣撫臣朱鴻謨先有密書報臣等與戶兵二部，謂事體未確，正在審處，不敢造次奏聞，以上驚聖聽，下惑人心。臣等因亦以書答之，勸其仔細體訪，作速處分，不可姑息以養亂，亦不可支蔓以生擾。連日正與部臣竦聽後信，而完璧因聞外間籍籍有傳，度不可待撫臣之奏，故有此疏，無非欲早安地方，免遺後患耳。乃疏留御前，未見批下，或恐上意已動，將有嚴切處分，則使地方官張皇掣肘，愈難收拾。又或更累數日不下，則其事既形章奏，恐道路流傳者不測內意，將以玩忽蒙蔽之罪加之臣等，非所以定猶豫、而安反側也。臣等深爲此懼，謹亟擬票旨，祇令彼處查訪虛實具奏，寓鎮靜於督責之中。更望皇上特降一諭，使知科疏留中之故，止恐風聞不的，特示詳慎，庶使彼中可以從容料理、按壓人心。謹具題以聞。"

是日，大學士王錫爵等題："今日蒙皇上因臣等揭請，批發趙完璧本，隨降聖諭：'諭內閣：前者朕覽文書，見趙完璧本，欲與卿票旨。朕意此恐風聞，若一發行，必駭衆①，惑亂人心，故少待彼處撫按奏到乃實。今見卿等所奏揭帖，朕已批發。且朕深居九重之內，其外邊國事民情，難以週知，卿等若有所見

① 衆　明抄本"衆"下有"聽"字。通行本漏掉，應補。

聞的，即便具揭奏來。欽此。'臣等莊誦之餘，仰見皇上心懸四方，明見萬里，且神閑氣定，不先事以張皇，慮遠憂深，不驟發以滋惑，而又恐九重之內外，事有所未知，特令臣等不時揭奏。蓋片言之間，而帝王之盛德備矣。臣等不勝欽服，不勝感悚！先是江南之事，臣等所以微聞而未敢即奏，蓋其意亦恐駭衆惑人，與聖意合。而不意科臣已形章奏，則雖欲不發而不可得矣。然票旨祇平平查究虛實，原不失皇上持重慎密之意。惟是事在彼中，撫臣既無續報，而鄉里傳言不一，臣等終不放心。或言有首惡就擒，其事已解。或云尚在追究①，未知下落。伺去後有聞，再當密奏，不敢隱默誤事也。至於此外國事民情，目前最大者無過河南之荒亂，而戶部已前後發銀三十餘萬兩，帑藏一空，計臣竭盡心力，而言者尚恨其出納之吝，正不知當此多事，慮內慮外，千難萬難，臣等不得不稍為主張，伏乞聖明察之。又今日見處分張貞觀，事亦頗關國事民情。蓋貞觀先差閱邊，又差視河，皆重難差使，而其人又有清廉練達之名，即今閱視諸臣紛紛俱已超用，貞觀既不與其榮，而今日反以衆人累及，至於重處，此尤公道之所甚惜者也。科道官言雖煩瀆，然臣等適見其疏，皆和平婉曲之詞，又與抗辯游說者不同。伏望皇上曲為霽怒，仍賜寬處，庶大小臣工流議日息，而外間之奸徒亂民，亦紀綱之在朝廷，不敢更布妖言、謀為非望矣。臣等偶因皇上虛心下詢，輒附陳其密悃如此。不勝忠懇惓惓之至。謹具題以聞。"

二十二日辛未，大學士王錫爵等奏："為懇辭例外恩典以安愚分事。今日文書官李祿傳奉手敕：'敕吏部：茲纂修玉牒書成，內閣輔臣兼修②總裁，效有勤勞，茲特加恩。元輔錫爵加少傅兼太子太保、吏部尚書，進建極殿大學士，還蔭一子，與做中書舍人。次輔志皋加少保兼太子太保、戶部尚書。位加太子太保，尚書、大學士如故。各蔭一子入監讀書。還各給與應得誥命。如敕奉行。欽此。'臣等伏惟，皇上恩隆一本，誼篤宗盟，爰於玉牒之成，特降中旨，加恩大小執事諸臣，以示鄭重，

① 究　明抄本作"宄。通行本改"究"，是也。

② 修　"修"上似應有一"纂"字。

而又徑自下部發行，不關臣等，此無非欲臣等之必受耳。臣等心非木石，豈不知恩？豈不欲受命？但陞官蔭子，俱係非常之恩典，先年雖有書成敍勞故事，然自實錄而外，如重修《會典》，謄寫寶訓之類，其典已輕。先該臣錫爵備員內閣以來，曾經以此兩次陞蔭，並未敢承，此蓋爲朝廷惜名器，實非爲己市廉名也。至於玉牒書成之賞，其典更輕，祇以近來册籍之多，歷年之久，而各員役校對書寫之勞，比之先年十倍，以此遵奉聖諭，小爲敍錄。若臣等乃輔弼股肱之臣，所職者大，原不當以筆札敍勞，而況玉牒一書，止於磨勘宗支，檢點簿籍，各派有主行官吏，而其題請調度又在先任閣臣申時行等，臣等但拱手視成，亦不當與諸臣分勞。且不但臣等而已也，節經題補年深翰林官孫繼皋、劉楚先、曾朝節，臣等通不敍及，蓋爲翰林清重，亦不宜與中書等官瑣瑣程此尺寸之勞。觀臣等之待人如此，則其所以自待可知。觀臣錫爵先年力辭《會典》訓錄恩典如此，則今日玉牒例外加恩，臣等之必不敢受可知。皇上手足視臣等，但當使之心安分安，其恩勝於加官蔭子百倍也。先是閣臣普例蒙恩，或恐應辭、應受不同，所以各自具本。今則臣志皋、臣位皆合辭驚詫，以爲必無可受之理，屬臣錫爵連名懇辭，庶見公論。伏望皇上備查前此萬萬所無之例，俯念臣等萬萬不安之心，亟將成命收回。蓋此恩不惟臣等受之可愧，雖屢辭亦可愧。不惟吏部奉行爲臣等愧，即天下傳之亦無不爲臣等愧者。此臣等所以如負芒刺、而急於早祈恩免者，非辭榮、乃辭愧也。臨本不勝懇迫惶悚之至。謹具奏聞，伏候敕旨。”奉旨：“纂修玉牒，原係重典，卿等分猷，茂衍嘉績，垂範後世，先有恩命，卿屢屢懇辭，是以特頒新渥，用示眷酬。卿等宜遵成命，所辭不允。吏部知道。”

是日，大學士王錫爵等題：“爲遵旨查敍纂修玉牒効勞員役以昭激勸事。臣等於二月二十一日，率同纂修、中書等官，詣文華殿恭進玉牒訖。方擬查敍効勞員役具奏，今日文書官李祿傳奉聖諭：‘纂修玉牒効勞官員，卿等定擬來看。欽此。’臣等查得，先朝成化年間玉牒止是二册，正德年間四册，嘉靖九年八册，二十四年增至三十餘册，萬曆四年至七十册。當時止於別館帶修，後因宗支蕃衍，册籍愈繁，該臣等題請開局增官，添設當該吏役，一應供給俱照纂修實錄事例開支。經今十年，各官校對謄錄成帙，正副本總計各一百一十五册，比之萬曆初年多寡懸絶。各官吏効勞年久，自當量敍。及查先年監生喬承華校對三年，授試中書舍人，户部員外郎陳珩校對數月，陞禮部郎中，則向來原有敍勞事例，況勞之數倍於此者乎？兹蒙聖慈軫念供事員役微勞，在臣等敢不仰體？但名器不可濫假，功實不可混淆。今臣等就中擇其職任最專、年勞最多、而未經別敍者擬陞，止於四人，若此外雖有年深効勞，而或官品已尊，或敍陞未久，止擬量加服俸，及試職實授，酌量輕重頗爲得中。此外養病、奉差、丁憂，如右評事吳馳、許立綱、中書舍人李尚珍、試中書舍人汪一元、曾仕鑑、鴻臚寺署丞成九皋、劉尚賓、冠帶監生譚學閔、沈霖、吳澄時、所副宋鸞，通候痊病服滿之日，開敍上請。乞敕吏部查照施行。未敢擅便，謹題請旨。

   計　開

  收　掌　官

    正三品俸太僕寺少卿兼司經局正字　馬繼文

    四品服俸光祿寺少卿兼司經局正字　成楫

    四品俸光祿寺少卿管典籍事　吳果

    大理寺左寺左寺副管典籍事　王國棟

以上四員收掌効勞，並應優敍。但馬繼文、成楫已加四品官銜服俸，吳果、王國棟敍陞未久，難再加優。今擬止加馬繼文三品服色，成楫陞俸一級，吳果加四品服色，王國棟加五品服色，官銜各照舊。

  校　對　官

    五品俸大理寺左寺左寺正　包漸林

    中書舍人　鄒迪　張天秩

    翰林院孔目　呂興齊

以上四員内，包漸林、鄒迪、張天秩係在館朝夕効勞，相應優敍。包漸林擬陞員外郎，照舊陞俸一級。鄒迪、張天秩係舉人，中書資俸已深，原該推陞部屬，今止擬送吏部，查其應陞本等職銜，即與推補，不再加敍，仍同呂興齊各陞俸一級。

　　謄錄官

　　　　大理寺左寺左寺正　趙應宿

　　　　右寺正　孫說　汪民敬

　　　　通政使司知事　劉世隆

　　以上四員內，趙應宿、孫說、劉世隆雖係効勞年深，已經別敍，今止擬與汪民敬各加本等服色一級。

　　　　大理寺左寺左評事　章伯輝

　　　　右評事　孫胤奇

　　　　通政使司經歷司經歷　湯應龍　章如鋌　沈雲慶

　　　　中書舍人兼侍書　茅聞詩

　　　　中書舍人　周治隆

　　　　試中書舍人　楊俊臣　楊文裕　王益　周正謨　周秉忠　包文炯　秦焜

　　　　光祿寺署丞　張大繢　方崙

　　　　鴻臚寺主簿　丘登　徐可行　鮑佐

　　　　司賓署署丞　羅萬英　史鑑

　　　　司儀署署丞兼侍書　范可愕　李憲

　　　　司儀署①序班　吳子敬

　　以上二十四員年勞略同，已授實職者擬各陞俸一級，試職者擬實授。內王益、周治隆、湯應龍、吳子敬，俱係謄寫訓錄應敍之人，或以丁憂別故，或以實授在先，未霑恩典，今擬王益於實授外陞俸一級，周治隆、湯應龍各陞二級，吳子敬陞一級。楊俊臣、楊文裕亦該實授，但係舉人，中書原授試職以便應試，今止擬加俸一級。

　　一等効勞書辦官

　　　　工部營繕所所丞　楊大壯

　　　　供事縣丞　潘季㹫

　　　　書辦官　汪濟時　連有孚　柴欽　宋積誠

　　以上六員內，楊大壯書寫倍勞，擬陞所副，仍舊辦事。潘

① 司儀署　明抄本無"司儀署"三字。

季烶擬以縣丞量陞一級外職。汪濟時擬照本等資格量授京職，仍舊辦事。連有孚等擬各照本等資格授外職。

二等效勞當該吏

張宮　李培　張廷棟　沈時秀　潘熙文

以上五名，擬各扣當該滿日，免考除授。內張宮效勞獨多，合候授官之日，於本等資格上量加一級。

孫世輝　俞允言　王懋彬　程應祥　劉雅　張體壽　朱有光

以上七名，各擬扣當該日滿①，免考冠帶。"奉旨："是。吏部知道。"

二十五日甲戌，大學士王錫爵奏："爲揣分量功萬無敍②之理乞恩即賜俞免事。該臣昨與同官臣志皋、臣位連名具疏，辭免例外恩典，奉聖旨：'纂修玉牒，原係重典，卿等分猷，茂衍嘉績，垂範後世，先有恩命，卿屢屢懇辭，是以特頒新渥，用示眷酬。卿等宜遵成命，所辭不允。吏部知道。欽此。'臣伏誦溫旨，恭繹聖意，乃知專爲臣前此屢辭恩命，疑臣之矯激，以臣爲淹滯，而必欲別尋題目以處之，又恐復如舊例預傳內閣擬敕，則臣又得以預辭，而徑自宮中宣敕下部行之，蓋君父之用情至此，而臣真感泣慙汗③，欲言辭而不敢、且不忍已。顧臣乃閣臣，又首臣也，雖官階未極，天下不以此輕臣，而方責臣以至鉅至苦從古難任之事，何則？以臣之受知皇上深也！夫皇上苟深知臣，則亦當知臣今日之榮，原不以爵祿而重矣，又當知臣今日之苦，顧反以爵祿爲憂矣。雖積資平敍，臣猶逡巡避託者累歲月於茲，況殊典特恩，破二百年來④未有之例，攘諸執事已成之功，臣雖老悖，豈有不受於例內而反受於例外者哉！方今國計民生、士風吏治，種種關天下安危，而亦種種關臣之責任，使臣果能分猷衍績，則勞效當徵於此。而今何如也？臣且不暇遠引，即如昨日進呈講章，內有漢相薛宣坐小吏賦歛於民策免，由此觀之，臣之當策免者多矣。古小吏之罪且歸之大臣，今大臣之功反假之小吏，責⑤居衆後，賞在人前，而天下

① 日滿　明抄本作"滿日"。

② 敍　明抄本"敍"上有"受"字。通行本漏掉，應補。

③ 汗　明抄本作"汙"。通行本改"汗"，是也。

④ 來　明抄本無"來"字。

⑤ 責　明抄本無"責"字。通行本補之，可也。

其謂臣何？又如今日定擬効勞諸臣，本奉聖諭，所爭不過一階半級之間，而臣猶屑屑然靳且惜之，若厚求人以廉讓，薄自處於貪饕，而諸臣又謂臣何？抑臣又惟，朝廷之上但開一例，輒成故事。今之爲天潢繁衍、簡帙充棟、而略敍校寫員役之勞，此可爲故事者也，若館閣大臣與校寫員役分勞而敍，恩輕而體褻，此必不可爲故事者也。臣前疏固云不惟受恩可愧、即屢辭亦可愧。今屢辭矣，而臣又且獨辭矣。萬望皇上哀其誠，勿窮其詞，亟將成命收回，使臣慚面尚可以見人，餘福尚可以奉母。臣不勝感激祈懇惶懼迫切之至。謹昧死具奏以聞，伏候敕旨。"奉旨："覽卿所奏辭免恩蔭。朕查卿進閣年久，並無特加恩賚，從來輔臣所未有者。卿總理政務，忠勞茂著，加恩示酬，原不爲過。卿可勉從，勿得再辭。吏部知道。"

是日，大學士趙志皋奏："爲披瀝悃誠再懇天恩辭免新命事。昨以纂修玉牒成，荷蒙聖恩，特頒手敕，以閣臣總裁効有勤勞，各加恩典，臣即隨首臣王錫爵、臣張位上疏辭免。茲該文書官李浚復奉聖旨：'纂修玉牒，原係重典，卿等分猷，茂衍嘉績，垂範後世，先有恩命，卿屢屢懇辭，是以特頒新渥，用示眷酬。卿等宜遵成命，所辭不允。吏部知道。欽此。'臣恭捧綸音，益加惶懼。反覆思維，以爲人臣効勞，皆爲分義之當然，不敢妄有所希冀。矧茲玉牒，實無勞勩之可錄，何敢竊取夫寵榮！且先朝未有舉行，於今日合宜遵守。雖以歷年之久，冊籍之多，然皆各員役校對書寫之勞，而臣等惟司稽查考成之責，此而言功，則何事不可以言功？此而蒙恩，則何事不可以施①恩？非特臣受之而愧於心，將使人聞之而議其後矣。且少保爲官陛②之極榮，而褒蔭爲國家之重典，自慙薄劣，何敢祗承？又臣自寧夏討逆功成，荷蒙皇上因邊疆之平定，嘉帷幄之謨謀，承寵命之方新，忽殊榮之薦至，憂深跼蹐，慮切驚惶。切思臣尤與二臣不同，臣蒙皇上拔擢未及三年，而臣之官與首臣錫爵同，臣③位同受皇上簡任，而臣之官又在位之上，此臣日夜之所悚惕而不寧者。臣安敢不自揣量、而故蹈僭踰之罪哉？伏望皇上念臣懇誠，非有矯飾，收回成命，俾臣得以安其愚分，臣

① 以施　明抄本作"施以"。通行本改"以施"，是也。
② 陛　"陛"應改爲"階"。
③ 臣　明抄本"臣"下有"與"字。通行本刪之，誤也。

之所大幸也。無任懇切待命之至。爲此謹具本奏聞,伏候敕旨。"奉旨:"覽卿再疏懇辭,具見高讓。卿可勉從,勿得再辭。吏部知道。"

是日,大學士張位奏:"爲特披悃誠辭免非常恩命事。本月二十一日,因恭進玉牒奉敕加恩,該首臣錫爵具疏連名控辭,奉聖旨:'纂修玉牒,原係重典,卿等分猷,茂衍嘉績,垂範後世,先有恩命,卿屢屢懇辭,是以特頒新渥,用示眷酬。卿等宜遵成命,所辭不允①。吏部知道。欽此。'首臣在閣復與二臣共謀,兹温綸再下,雖感極厚之恩,但舊例無徵,萬無可受之理,相約各疏力辭,必期得請後已。臣惟明主之示寵也,非所施而施,雖曰重之,而反爲輕,人臣之蒙幸也,非所受而受,雖曰榮之,而反爲玷。昨見特恩下被,不關内閣而逕發吏部,聖意惟慮諸臣之預辭也。今日温旨重頒,親灑宸翰,而玉音鄭重,聖心惟欲諸臣之必受也。皇上之恩可謂至重,臣等之遇可謂極榮矣,寧不知感哉?但思密勿親臣,心膂殊眷,機務之委託重大,陞賚之禮數最優。若以筆札校閲之勞,同書翰胥役之叙,以舊典所無之事,濫異數破格之恩,寧不輕褻名器、而遺玷清議乎?此臣萬萬所不敢承也。方今邊腹荒亂,警懼劻勷待罪未遑,可承榮寵?且榮其身,未若用其言、而行其志。儻皇上於謹身節用之間、聽納用捨之際,凡閣臣前後所效愚忠,悉賜鑒允,見諸施行,即一歲九遷,終朝三錫,爲重爲榮、更倍萬千矣。伏望皇上俯察悃忱,初非矯飾,收回成命,俾安愚分。臣無任悚息懇祈之至。爲此謹具本奏聞,伏候敕旨。"奉旨:"覽卿再疏懇辭,具見高讓。卿可勉從,勿得再辭。吏部知道。"

二十八日丁丑,大學士王錫爵奏:"爲感恩至極愧苦難勝再瀝血誠懇辭事。該臣昨日又具本辭免陞蔭恩典,奉聖旨:'覽卿所奏辭免恩蔭。朕查卿進閣年久,並無特加恩賚,從來輔臣所未有者。卿總理政務,忠勞茂著,加恩示酬,原不爲過。卿可勉從,勿得再辭。吏部知道。欽此。'臣聞命自天,叩頭伏讀,仰見皇上惓惓於臣,始終但以屢辭恩命之故,以爲閣中故事所

① 允 明抄本漏"允"字。通行本補之,是也。

無,而聖心亦若自以爲積年一欠事者。不知皇上何取於臣,繾綣諄切之至此也!臣感極涕零,因再三伏而思之,受恩,人臣之大榮,違命,人臣之大罪,以大罪易大榮,又天下之大愚也。臣海上巢鳥,山中朽木,本出就列,已濡首榮進之塗,而至於今日,方復勤勤小讓,飾廉辭賞,抑豈非愚之又愚者哉!顧皇上所查者,以輔臣特恩爲故事,而臣之所守者,以玉牒不加恩爲故事。今爲臣等破特恩之故事,則不失爲知臣、重臣,爲臣等破不加恩之故事,則天下方以此嗤臣,後進將以作俑鄙臣,臣無措身所矣。皇上儻以臣屢辭爲矯激耶?請試查先年閣臣報工受恩,奏捷受恩,進書受恩,果載在何典?是臣分內否?又或以臣年久淹滯耶?請又查臣十年之間,曾進兩階、蔭兩子,功果酬恩、食果稱事否?今精誠之未格,謀計之未裨,九重之德美未光於上,四方之疾苦未蘇於下,而調燮輔理之臣猥借筆札細渺之事,以忠勞得褒賞,豈不羞朝廷、褻政體甚矣?大抵寵辱無常,視所宜受,如使分義少安,雖抱關一命亦有餘榮,如其不然,雖崇爵五等、匝歲九遷,猶之爲辱也。夫皇上豈欲辱臣者哉?而臣兩日對人面目無光,語言無味,蓋真愁不能以虛美而解,真苦不能以強食而甘。皇上儻不欲辱臣,則何不以恤臣淹滯之心,盡收天下之淹滯?以獎臣忠勞之旨,盡錄天下之忠勞?其爲榮籍①,勝加臣身。臣言至此,窮矣,極矣,煩矣,厭矣!惟皇上斷然哀而免之。臣不勝感恩懼罪悚息待命之至。爲此謹具本奏聞,伏候敕旨。"奉旨:"卿惓惓懇辭,具見忠貞。卿心勞瘁,朕豈不知?恩命示酬,亦係常典。卿屢疏懇切,特允所辭,以成卿美。吏部知道。"

是日,大學士趙志皋奏:"爲三辭恩命懇乞賜俞以安分義事。蒙皇上以纂修玉牒加恩,該臣再疏辭免,伏奉聖旨:'覽卿再疏懇辭,具見高讓。卿可勉從,勿得再辭。吏部知道。欽此。'臣恭捧莊誦,不勝駭愕,愈增惶悚。竊惟人臣以承命爲恭,何敢固執謙讓而以分義自守?又何敢自取貪欺?使玉牒之纂修先朝果有是典也,臣不敢辭,使今之纂修臣果得與其力也,臣亦不敢辭。今先朝既無是典,臣又無所與力,臣何敢自昧其

① 籍 明抄本作"藉"。

本心而冒此非常之典哉？夫恩賞者，皇上勵世之大權也，苟當其功，則受之可以爲榮，一過其實，則受之反以爲愧，況無功而可以濫受耶？皇上三錫其命，而臣三反之，中心惶惶，豈不以抗命爲懼？然錫予之隆既已過於望外，則控辭之瀆或可鑒於宸衷。且臣德福淺薄，而自皇上簡任以來，官階顯榮，褒蔭重疊，宸章赫燁，寵錫駢蕃，皇上所以厚臣者無所不至，方懼無福以勝之，敢膺非分以重其愆哉？此臣所以寧冒抗違之罪，而不敢復蹈僭踰之咎也。伏願俯鑒愚誠，少回天聽，不惟臣之微分得以少安，而於聖朝之大典可以常遵矣。臣無任悚懼待罪之至。爲此謹具本奏聞，伏候敕旨。"奉旨："覽卿數辭恩命，足見堅持之志，特允所辭，以成卿美。吏部知道。"

是日，大學士張位奏："爲三披悃誠辭免非常恩命事。臣昨因玉牒加恩，具疏再瀆天聽，奉聖旨：'覽卿再疏懇辭，具見高讓。卿可勉從，勿得再辭。吏部知道。欽此。'臣惟臣子之事君也，固以遵命爲敬，君父之待臣也，尤以曲體爲慈。遇玉牒頒恩，榮光橫潢①，皇上之加厚於臣等者，可謂至矣。溫旨屢傳，宸翰屢灑，聖意之諄諄於臣等者，可謂殷矣。人非草木，豈不知感？何苦矯廉讓之虛名，以犯違拂之大戾哉？顧冒濫之例啟於今日，廉恥之節墮於早生，濫賞遺譏，貪得蒙誚，何以端紳正笏而靦顏自立於朝也？三臣在閣，砥礪奉公，兢兢以重名器抑僥倖爲志，乃今貪榮冒寵，躬自蹈之，又何辭於天下而稱表率矣乎？即如首臣錫爵，應該考滿，久已過期，恒慮循例疏榮，遲廻停緩，在有名之典且思預避，況無故之加，孰敢虛承？若不肖如臣，絲髮無裨，勞績何有？祇增汗浹心慚而已！竊念輔弼之臣，身依日月，膏澤光華何所不被？或遇慶典大賚，何恩之不可承？奚必以此題目仰玷鴻私？是以不避斧鉞之誅，更爲再三之瀆也。伏望皇上俯覽下情萬非獲已，收回成命，俾臣等心安分安，實有餘榮。臣不勝惶恐戰慄之至。爲此謹具本奏聞，伏候敕旨。"奉旨："覽卿數辭恩命，足見堅持之志，特允所辭，以成卿美。吏部知道。"

① 潢　明抄本作"溢"，是也。通行本作"潢"，誤。

① 三 明抄本"三"前有"萬曆二十二年"六字。
② 卯 "卯"字下應有"朔"字。
③ 鷹 明抄本作"鴈"。
④ 捧 明抄本也作"捧"。當作"俸"。

三①月己卯②，大學士王錫爵等題："適文書官杜茂口傳聖旨，將河南巡按御史陳登雲封進饑民所食鷹③糞，示臣等觀。臣等不勝哀痛，不勝慘憺。竊念民窮至此，真從古未有之變，天時人事真十分可危。惟幸皇上憂勤之念上格皇天，惠鮮之澤下逮鰥寡，庶可以回和氣而收人心，不致釀成大亂耳。近者喜見雨澤連綿，又聞山東、河南等處俱已沾浹，此亦是麥秋佳兆，饑民可望全活。但目前難處，而戶部更難處。蓋先時饑荒或止一方，而今則各處告災，雖江南亦不全熟，米價皆湧，糴販爲難。此一苦也。先時各邊止有年例，今加以寧夏、朝鮮之變，例外費過三萬，內帑耗竭，勢不能無米而炊。此二苦也。先時荒而不亂，則發賑之外遂可坦然無虞。今羣盜四起，該部一面賑饑，又將一面爲軍興之備。此三苦也。先時戶部用詘，則太僕馬價可借，南京銀可借。今馬價已發盡，而借支於草糧，南銀又方備江南兵變，不可多發。此四苦也。先時各布政司府州縣各有贓罰等項餘積，今取解一空，有急盡靠內帑。此五苦也。先是民間殷富，事例一開，即奔走上納。今例既開盡，而大户多爲官吏刻削，無復餘財。此六苦也。六苦之外，又有別項河工、募兵等費，臣等倉卒不能悉舉，百姓雖窮，勢不可以國財盡耗於賑濟，卒有他變，干係不小。臣等查得，登雲之奏，尚未聞遣官放賑之先，則此時聖恩宣布，或恐別是一光景不可知。且俟鍾化民續有報來。儻彼中荒亂如故，則臣等更無他法，惟有盡辭俸薪以助貧民，而亦望皇上暨兩宮各院，量發內藏十分之一，分投布施，此急救生命，所以自積己福，而其功德勝於齋僧造寺萬萬者也。且此舉一倡，則中外百官萬民皆將興起好善之心，而捐捧④捐貲者不賞而勸矣。皇上儻以爲可，乞容臣等明上辭免俸薪之疏，其餘統候聖裁施行。謹具題以聞。"

是日晚，下諭內閣："覽卿等奏，朕知道了。昨者朕覽《饑民圖說》時，有皇貴妃在侍，因問說：'此是何圖？畫着死人，又有赴水的！'朕說：'此乃刑科給事中楊東明所進河南饑民之圖。今彼處甚是民饑荒亂，有吃樹皮的，有人相食的，故上此圖，欲上知饑民荒亂，速行蠲賑，以救危亡於旦夕。'皇貴妃聞説，自願出累年所賜用外之積，以布施救本地之民，奏朕："未知可否？"朕説："甚好！"且皇貴妃已進助賑銀五千兩。朕意甚①少，欲待再有助進，一併發出。今見卿等所奏，着明早發與該部，差官解彼賑用。其中宮等，朕傳着各出所積之貲，以助一時賑用。又卿等欲捐俸薪以救濟國用，甚見憂國爲民至意，且待鍾化民奏到，再作區處。今諭卿等知之。"

二日庚辰，大學士奏②："爲懇乞聖明實行愚論以維世道人心事。該臣前上《泰交》、《用人》二疏，並蒙皇上俯覽愚忠，溫旨批答，臣不勝受知受眷、刺心刻骨之感。乃連日以來引領以望舉行，而猶未也。臣伏而自疑，天下亦因而疑臣。臣初惟甘心受疑而已，既復思輔弼之職，當直引君事爲己事，又當直以己心格君心，譬之立表必見影，操券必取償，非僅僅以議論塞責、茹納示廣已也。今皇上有英明獨斷之聖德，而臣不能闡揚，有抑嚚止競之盛心，而臣不能宣布，甚至反累皇上，損威遷怒，重致紛紛。則臣股肱一體之謂何？而敢支吾推諉以負知眷乎？夫今之以御朝請、以用廢棄諸臣請者，非不累牘連章，然臣切恨其言之不詳，而發之太激。何者？皇上雖静攝累年，而朝無不閱之章奏，下情可謂達矣，惟是朝講之久輟也。蓋或以手批目覽即爲勵精，而垂裳數刻之雍雍，未必遽關紀綱之興廢耳。乃言者務別尋疑端，以怠政歸皇上，宜皇上之玩而不聽也。其廢棄諸臣之不即用也，蓋或以官充事辨，原無乏才，而草野數人之用捨，未必遽係天下之安危耳。乃言者務爲激詞，以拒言歸皇上，宜皇上之怒而不聽也。一不聽而疑者益疑，激者愈激，其始皆起於知皇上之不深。夫匹夫庶士尚可以知不知聽之人，是不是信之己，若天子而不見知於臣民，則舉凡發號施令與慶賞刑威之權，皆將日輕日褻，而又何所恃以制天下哉？今夫小民不畏上帝而畏有司，非有司之權加於上帝也，上帝之嚬笑難知，而有司之喜怒易知也。惟遠人故難知，惟近人故易知，皇上乃不從其近而從其遠，豈以齋宫決事有皇祖成法在乎？皇祖從民間繼統，早歲英聲睿斷已震懾於人之耳目，故晚年深

①甚　明抄本作"其"。

②奏　明抄本"奏"上有"王錫爵"三字。

① 罕 明抄本作"罜"。

② 蓋 明抄本"蓋"下有"益"字。

居大内，而人曉然無釜鬲之疑，今皇上雖天縱之資同符皇祖，而生長於深宮之中，出匣光芒已半爲張居正所掩蔽，迨居正事敗，朦朧之迹尚未分明，而已拱手稱神君矣，天下誰復知之？即其間聖問之周詳，御筆之炫爛，自臣等二三親臣之外，亦罕①能耳聞目見者，而天下又誰能信之？皇上縱自信其實未嘗怠荒，決不至叢脞，然以堯之至聖而尚有倦勤之時，禹之貽謀而尚有風愆之警，皇上能必臨御千萬年之後盡如今日？而千萬世之聖子神孫能盡如皇上乎？萬一勵精之念少弛，而以攝靜爲故事，則舉天下元元一綫之命脉，不免内寄於房帷之意向、近侍之喉舌。居常慮變，可爲寒心。今之言者動以隔絶旁落爲疑，夫今特其似耳。循此道而不變，後必漸至於真。方其似則人皆敢言，而及其真則人將不敢言。臣爲此慮，故於建言得罪諸臣每爲揭解，實非博休休好善之名，蓋常恐國家萬一有不敢言之時，而預養其敢言之氣。然則何不乘此泰運方隆之日，聯屬宮府，以杜絶禍源，必待真隔絶、真旁落，而後救也？且今天下之士風澆薄極矣，議論亦太多端矣。其始實以二、三君子久見廢棄，而人皆貪求廢棄以自附於君子，故有身當其事者，洞然無疑，恬然無怨，而旁人故爲離跂攘臂，以描寫異同之形，引繩批根，以搆合水火之釁，此其故可察也。今皇上察其影不察其形，徒知衆之所附者爲黨，而不知爲衆所附者之未必黨，徒知請用廢棄諸臣之爲黨，而不知用之正所以破其黨，徒知用之必借勢以爲援，而不知不用則反能借聲以爲援，徒知重處以明示多言之戒，而不知不處以默奪嗜言之利。蓋②囂止競各有時宜。譬如潢汗之水則塞之，而怒決之水則必疏之，爓炬之火則撲之，而蘊崇之火則必宣之。今一概目之爲黨，但有撲塞，更不疏宣，使不黨者坐真黨之累，真黨者反驅而入於不黨之交。此近來朝廷之上聚訟所以滋起，而吏道爲之益雜也。今天下東西交訌，南北並荒，財困民窮，兵疲食盡，實政有關，信非一端。顧此御朝、用人兩事，似於虛而不急，而天下之實政要皆待此而舉。不然則一令出，人爭以意伺之，一人用，人爭以説梗之，即黜虚崇實之諭，祇託空言，而臣亦萬萬無以佐末議矣。故今臣不憚饒舌，再請將臣《泰交》、《用人》二疏稍留神觀覽，斟酌施行，使百官庶府皆得與臣等共睹聖容，親聽①聖諭，則壅蔽之疑何自而生？使廢錮諸臣中類得以實行實政聽推擇於公論，有賢者進，有能者使，則同異之嫌何自而搆？又使天下之人知臣等進退得關其忠，諭說得行其志，不但以體貌見寵，爵祿見縻，則窺伺阻撓之隙何自而乘？有如皇上不欲循常朝之制，亦請間御便殿，召臣等與部院大臣從容咨詢，既彰聖德，亦可以揣知臣下之忠佞。又有如皇上不欲以雨露廢雷霆之威，則亦請罰如其人、人如其事而止，或偶觸盛怒，則怒過而徐思之，或本激人言，則言已而自用之。若乙代甲受譴，而譴因事增加，適示人以可測，而教之易犯耳。善用威者，宜不如是也。臣且不暇遠引，即皇祖季年，手札諭部院，論天下大事，不少於閣臣，又嘗命部中錄放罪謫諸臣，列名者百四十人，而報罷者六三②人耳，況罪之不至於謫者乎？皇上若永言法祖，則已事可考矣。臣身參帷幄，口熟監梅，所言實至委至詳至真至苦，與外之人疼痛不着矢口陳說者不同，其所請又皆至易至簡、量今日所能行，與外人之責難求備者不同。至就中用人一事，臣原主分別材品，憑皇上之取裁，與外臣之偏右建言者不同，皇上正不必以市恩植黨之說，先入於胸中，概疑臣等也。昨者玉牒報成，皇上特旨將臣加官蔭子，臣三疏懇辭，然後得免，因復念皇上天高地厚之恩，苟可以榮臣之身者，且不惜度越衆人，大破常格而與之，則何惜容臣之一見、行臣之一言？親病身衰子孫弱，功名之念已矣，與其以身受官，不若使之志行而業乎其官，與其推恩未成之子孫，籍③之報主，不若多舉天下已用未用之賢者，與之共報主。伏望皇上一聽臣言，行則實行，莫再以溫旨泛常批答了事，使臣不枉此一出，外臣亦不枉其責臣望臣之心。世道人心，在此一舉。臣不勝懇祈激切之至。爲此具奏以聞，伏候敕旨。"奉旨："覽卿奏，具見忠懇。今時事多艱，朕心方切憂惕，待火症稍愈，即出與卿等商議國事。其從前廢棄諸臣，朕久欲從卿言錄用，但因衆薦圖報激聒，該部市恩，陞用太驟，以此停寢。今卿又奏來，朕知道了。"

①聽 明抄本作"聆"，是也。

②三 《王文肅公文集》卷四八無"三"字。

③籍 明抄本作"藉"。

萬曆起居注

① 己 "己"當作"巳"。

② 瞻 "瞻"當作"贍"。

③ 謹 明抄本誤作"董"。

④ 將 明抄本作"支"。通行本改"將"，似可。

三日辛己①，大學士趙志皋奏："爲自揣衰庸分當止足懇乞天恩俯容休致以全晚節事。該臣於昨年兩上疏引年乞休，荷蒙皇上簡眷，不棄衰朽，兩奉明旨慰留，臣雖至愚，能不感激！因此勉力驅馳，靦顔就列。至今又一年矣。臣豈不知皇上天高地厚之恩，當竭鞠躬盡瘁之力？豈宜復有所陳乞？然臣切思之，人臣之事君，無所逃於天地之間者，分也，而其仕其止進退遲速而不可踰者，時也。古人既立強仕之年以詔其進，又立懸車之年以誡其退，其仕也有時，其止也有時，進無倖位，退無愆期，無敗名，無喪節，風紀立，而廉恥昭矣。臣於始進之日，正當強仕之時。立朝已幾三十年矣，中外坎坷備嘗，自愧毫無樹立。三年叨侍宸陛，何嘗一有建明？且念萬幾之繁劇，適當時事之艱難，既非綿力所能夾持，抑豈衰年所能協贊？大官瞻②養，常懷素餐之羞，鼎位曠居，益切負乘之懼。且臣經年以來，血氣浸衰，精神日耗，耳目漸塞，志慮就昏，以此當百職事之官猶且不可，況可居輔理承弼之任乎？此臣所以夙夜靡寧，而汲汲求去也。失今不去，恐年齒日增，昏耄益甚，上無以裨補夫國家，下無以保全夫名節，而臣之懼也滋甚矣。伏望皇上察臣悃誠，憐臣衰暮，容其解任，放其歸田，別選忠賢，以副倚毗。庶臣之行也既不妨賢於朝，又得投閒於野，出處進退皆有所據，晚節克終，而此生無負矣。孰非皇上之所賜哉？爲此冒昧陳情，無任悚惕待命之至。謹③具本奏聞，伏候敕旨。"奉旨："卿以端亮老成，簡任輔弼，國家多事，正資分理。況精力未衰，豈可復行引退！所辭不允。吏部知道。"

四日壬午，大學士王錫爵等題："昨日晚，蒙欽遣文書官李祿恭捧皇上手札一道，到臣私寓，當於香案前讀：'諭內閣：覽卿等奏，欲將④應支俸薪扣留助賑，足見卿等憂國憂民之心。且卿等欲捐俸薪，何以養廉？今中宮等聞知饑荒，各出銀若干，今發與該部，一面救濟，著鍾化民作速查來，若是不敷，著該部議處。諭卿等知。欽此。'臣叩頭讀訖，即傳與同官臣志皋、臣位同看，相與不勝欣戴，不勝鼓舞。仰惟皇上如傷好生之仁，軼堯駕舜，天語諄諄，至①篤如此，諭②一傳，天地祖宗知之，億兆蒼生知之。即如皇貴妃身處深宮，履茲寵盛，饑寒不切於身，恫瘝不經於目，而亦慨然脫簪遺珥以爲救荒之助，則皇仁之所感動可知。其自皇貴妃而上，兩宮聖母、皇上中宮任天下國家之重者，必有非常施舍，以救垂絶之民命，又可知。且賑銀縱發於外帑，人不過視爲救荒之故事，能活饑民，未必能盡弭亂民。今破格之賜出自宮闈，而重以手札親傳，藹然若慈母之保赤子，將見楊枝滴水可潤十萬，黍米一顆足當萬斛，而感恩之衆何邪念之不消？遠而聞風之民何妖言之敢興③？又將見和氣致祥，陰功造福，在天降甘雨和風，在地産嘉禾瑞麥，在人則爲四海之頌聲，以祝皇上聖母萬歲、皇貴妃千歲，而臣等左右之臣亦籍④有餘庥已。至於差去解官，既領有皇貴妃已發之銀，則亦當使少候御前續發之銀，一併領解，以免另差一官、地方多一官之擾，尤爲省事，尤爲便民。其臣等請辭俸薪，雖無濟於饑民萬分之一，但念君既與民爲一體，則臣何忍獨不與君爲一體⑤？宮中發銀在鍾化民未奏之前，則臣等捐俸又何必在化民已奏之後？合候命下，臣等就於今月今日爲始，將應支俸薪盡數扣留助賑，以俟麥秋成熟、荒亂稍寧，然後照舊開支，聊見臣等一念爲主同休戚、與衆共甘苦之心，而非敢以此區區市恩邀福也。爲此除原賜御札尊藏閣中、宣付史館外，謹⑥具揭回奏請旨。"

十一日己丑，大學士趙志皋奏："爲年力已衰輔理不逮再懇聖恩俯容休致事。臣以循例引年乞恩致仕，奉聖旨：'卿以端亮老成，簡任輔弼，國家多事，正資分理。況精力未衰，豈可復行引退！所辭不允。吏部知道。欽此。'臣再三捧誦，感激涕零。臣何似而蒙皇上寵念眷留也！合宜自誓捐軀，敢復飾情控訴！臣竊⑦惟人臣之事君也，審時而進，量力而退。不能審時，是爲違天之道，而殆辱生矣。不知量力，是失保身之哲，而危亡至矣。臣自皇上簡任之初，已自愧非其時，而今又踰及三年，正當止足之日。臣之所以冒昧陳乞於皇上之前者，蓋亦傚古人審時之哲，以求免於殆辱之懼耳。至於臣力之衰，更有甚於時之當止者，尚未敢以瀆天聽。茲者萬不得已，觸犯忌諱，爲皇上陳之。臣自父母受生以來，賦稟孱弱，體質尫羸，少年血氣已虧，稍長精神頓減。自驅馳二十餘年，費調攝常如一日。初年猶可勉強，嗣後漸覺離披，問醫無間，晨①昏藥裹不離左右。至今齒髮漸稀，形容日槁，事來不堪料理，事過輒易急忘。則臣之不能代天工以事皇上明矣。三事之修，固臣職之所當勉，而萬幾之弼，豈衰力之所能勝？踧踖趨朝，恐奔走之不逮，參陪有位，媿協贊之未能。且光陰如駛，知日月之幾何？南陌就荒，嘆首丘之未卜。昔先朝大學士丘濬，年七十而拜相，歲必上疏懇辭，乃②竟卒於京邸。風燭③之年，須臾不定，摧朽之質，早晚易凋。籲可畏哉！伏望皇上察臣悃誠，匪敢欺誑，憐其衰暮，放之生還，俾得抱骸骨以歸而終於牖下，則皇上之所以厚臣者，不惟榮其生，而且庇其死。感恩豈止臣一身，至子孫將世世戴之矣！臣無任激切仰荷之至。爲此謹具本奏聞，伏候敕旨。"奉旨："方今國家多艱，止④賴卿同心協贊，以匡治平，何可再奏引退？朕倚任老成，凡在廷乞歸者尚欲留用，況密勿輔理重臣，忍聽其辭？卿宜體此意，即出辦事，慰朕惓惓。吏部知道。"

十二日庚寅，大學士王錫爵等題："爲恭請聖明敕儒臣開書局纂修本朝正史以垂萬世事。准禮部手本：先該禮部尚書兼翰林院學士掌詹事府事陳于陛奏前事，奉聖旨：'覽奏有關國典，着禮部看議來説。欽此。'該本部覆稱：'宜允尚書陳于陛所請，發中祕之副錄，裒方內之僉聞，選擇文儒，假以歲月，輯爲正史，用以闡揚先烈，啟佑後昆。合候命下，容臣等轉達內閣，詳酌事宜'等因。萬曆二十一年九月二十三日奉聖旨：'依議行。欽此。欽遵。'手本到閣，臣等看議得，正史纂修，雖稱創議，粵稽先代，咸有舊章。如漢史成於馬、班二氏，宋史詳於真、仁二宗。凡皆以本朝之史，紀本朝之事，故聞見真而傳信遠也。明興二百餘年，治化蓁隆，遠超千古，正史未備，後嗣

---

① 晨　明抄本作"辰"。通行本改"晨"，是也。

② 以上二百九十三字（自"失保身之哲"至"歲必上疏懇辭，乃"）明抄本誤置於本月四日壬午條記事倒數第一百二十一字（"官"）之前。通行本已糾正。

③ 燭　明抄本作"獨"。通行本改"燭"，是也。

④ 止　明抄本作"正"。通行本作"止"，誤也。

何觀？切惟制書紀載之大者，無若累朝實錄、《大明會典》二書。顧實錄惟取編年，而事蹟不相聯貫，《會典》止載條例，而議論未及詳收，各有體裁，初非史法，即欲考一事之顛末，求一人之始終，浩瀚難周，搜尋不易。乃今①家乘野紀，勦途説而傳訛，名德嘉猷，散遺文而弗顯，誠爲闕典。據所請前項正史一節，委宜及時纂修，以垂不朽之傳，以彰右文之治。所有合行事宜，臣等謹酌議開列於後。其有未盡者，容陸續具題，伏乞聖明裁定施行。緣係議修本朝正史事理，未敢擅便，謹題請旨。

　　計　開
　一、議請敕

查得先年館閣遇有纂修書籍，常請特降敕諭，以重其事。況玆正史之纂，尤爲創起之規，必須裁自聖心，特頒明訓，庶臣等有所遵守，而各官亦思奮勵，可責功程。容臣等撰擬進呈，以俟聖裁施行。

　一、議開館

查得東西各館，原係史臣修書之處。今東館近上四所，係記注起居及編纂六曹章奏各官分直，無容別議外，合無將東西近下四所，令纂修正史各官在内供事？其總裁等官仍居舊修玉牒處所。待題定官員之後，禮部行欽天監擇日開館。其合用紙劄筆墨酒飯等項，俱照纂修舊例日給。

　一、議設官

查得先年纂修，其總裁用閣臣充之，其副總裁用翰林衙門學士以上等官，其纂修用庶子以下翰林等官，其謄錄正稿用史館中書等官，其抄寫草稿、收藏掌管，吏部選取吏員充役。今史冊浩繁，編摩難竟，設官宜備，求才宜廣。查得翰林各官給假守制在家期滿未來者尚多，宜令吏部行文催②取赴京。至於海内博雅洽聞之士，或官別署，或淹外寮，容臣等咨訪文行兼優者，不論品流員數，量改京銜入館供事。或有閑廢官員、山林隱逸，行義無虧，文學可取者，還令吏部訪薦，一體錄用。庶史才畢集，而編摩不患乏人矣。

①今　明抄本作"令"。通行本作"今"，誤也。

②催　明抄本作"摧"。通行本改"催"，是也。

一、議聚書

正史傳信，聞見宜博，書籍不備，考究何資？本朝制書，凡與史法相關、見佇內閣者，暫令各館取看。此外志記紀事等書，有欲備查考而無從借取者，待開館設官之後，容令備細開具款目，其制書行內府衙門印刷頒給，此外一切諸書，宜行禮部、都察院，移文兩京諸衙門及各巡按御史與題①學官，多方購求解進，以備查考採擇。

一、議分任

事有專任，則用志不分，人有分授，則勤怠易考。合依原奏所定，先修大志、大紀，年表次之，列傳又次之。分類列款，各授一事。庶條理不紊、而功敘可稽矣。

一、議責成

史以精覈爲主，固不貴速成，然非立爲程限，難責成功。合無將各官分授編纂者，視其繁簡，限以日月，各送總裁刪定？如志、紀、表、傳之類，依限驗完，逐件繕寫。再照自古編輯大書，常經一人之手，庶精神聯絡，首尾貫串。今宜專屬副總裁，不煩他務，畢力爲之。凡纂修等官，毋得輕易討差給假，即官有轉遷，無論遠近崇卑，俱要將原派纂修條款，一一撰完交送。又須責令各官謝卻人事，專攻職業，早成鉅典，庶可免頭白汗青之譏矣。"

奉旨："是。禮部知道。"

十三日辛卯，賜三輔臣鮮藕各三枝。

十六日甲午，大學士趙志皋奏："爲年衰已甚才智益昏三懇天恩乞賜罷斥以免辱國事。臣以引年再疏乞休，伏奉聖旨：'方今國事多艱，正賴卿同心協贊，以匡治平，何可再奏引退？朕倚任老成，凡在廷乞歸者尚欲留用，況密勿輔理重臣，忍聽其辭？卿宜體此意，即出辦事，慰朕惓惓。吏部知道。欽此。'臣分當奉命，亟趨入閣辦事。然臣二疏竭誠懇辭者，蓋以年之已邁，力之就衰，猶未及於才智之不足也。故未蒙皇上矜察，猶

①題 "題" 應作 "提"。

加慰留。臣今思之，使臣年邁力衰而才智猶可以集事，臣何敢矯情飾詐，冒犯至尊，而復陳於皇上之前耶？念臣性本魯鈍，學復空疎，無博聞以長其才猷，無多見以廣其智識，歷任凡①三十年，自媿才識疎淺而無所發明，行能簿劣而無所樹立，所恃以竭誠恭事主上者，惟矢心不欺以守樸忠、世塵無染以敦雅尚而已。自蒙皇上簡任備員內閣，凡②及三載。夫閣臣奉一人之命，爲百司之總，任至重而事至繁劇也，非德望之宏鉅，不足以鎮壓羣情，非才識之膚敏，不足以料理庶務。而臣以衰耄之年，當此繁劇之任，德望既輕，才識又闇，機務浩繁而病於裁決，綸綍頒布而短於敷宣，交修無啟沃之忠，開陳乏獻替之益，事關密勿不聞造膝之言，動係安危未進補牘之奏。況今國家多事之秋，正臣子効勞之日。四方水旱之疊奏，不聞調燮之功，各邊羽檄之交馳，未陳安攘之策。有臣如此，皇上何所利賴而用之？夫相臣關國家之重輕，繫中外之觀望，得其人則股肱良，庶事康，萬邦仰德而國體尊，非其人則股肱惰，萬事墮，百辟疑貳而國體褻。昔唐相楊綰，而劍南節度使輒爲損其臺館，宋相司馬光，而金人相戒不敢犯邊，賢相之有益於人國也如此！首輔王錫爵、次輔張位皆足以當之，而臣非其人也。此臣所以常懷辱國之懼、而汲汲以求退者也。且館閣諸臣，年富力強、才猷卓茂、足膺宰衡之選者不少，惟在遴選而簡任之耳。伏望皇上鑒臣愚衷，容臣休致，得安分義之常，自遂止足之願。臣無任懇恩待命之至。爲此謹③具本奏聞，伏候敕旨。"奉旨："朕眷倚老成，惟賴表率庶僚，咨謀大政。卿德望才識允稱重任，豈可固執謙退、屢疏懇辭？着鴻臚寺官宣諭，速出輔理。吏部知道。"

　　二十日戊戌，大學士王錫爵等題："昨戶部尚書楊俊民等會臣等於朝房，專爲廣西香草一事未奉明旨，欲臣等一催。臣等看得，此物專爲夏天禦暑用之，今已立夏，在廣西未奉旨無憑解到，在該部又恐後時不敢推諉，今自願承認辦買，或多或少惟皇上之所裁。蓋緣此物價直不多，而萬里盤送之費多於原價

①任凡　明抄本作"任几"。

②凡　明抄本作"几"。

③謹　明抄本誤作"董"。

數十倍，以此欲通融曲處，期於足皇上之用而已。原非重大錢糧，亦無盡求減免，在理無不可通，而在臣等亦無不可與言者。伏乞欽定斤數，即與批允施行。"

二十一日己亥，賜元輔臣王錫爵銀綵扇六把、銀釘鉸扇十把、硨磲扇二十把，次輔臣趙志皋、張位銀綵扇各五把、銀釘鉸扇各十把、硨磲各①十把，講官陳于陛等五員俱各照數分給。

二十二日庚子，大學士王錫爵等題："爲纂修本朝正史事。兹者欽奉敕諭，纂修前項書籍，命臣等充總裁官。除欽遵外，所有副總裁以下各官，合行題請，以候聖裁。臣等查得，見任掌詹事府事禮部尚書陳于陛、起用南京禮部尚書沈一貫、原任詹事府詹事兼翰林院侍讀學士②丁憂給假回籍馮琦，俱宜充副總裁官。內陳于陛日講、教習照舊，沈一貫量改禮部尚書、協理詹事府事，劉虞夔、馮琦俱行催取赴京。以上四員，令其日逐在館，專管纂修事務。又查得舊遇開館纂修，凡翰林院爲部堂及四品以上官，俱預其事，見任禮部尚書兼翰林院學士羅萬化、吏部右侍郎兼翰林院侍讀學士盛訥、禮部左侍郎兼翰林院侍讀學士范謙、禮部左侍郎兼翰林院侍讀學士孫繼皋、詹事府少詹事兼翰林院侍讀學士曾朝節、國子監祭酒陸可教，俱宜兼充副總裁官。以上七員，令其不妨原務、相與討論商確。其見任春坊翰林院左庶子等官余繼登等，俱應充纂修官，其別差者照舊兼理，有出差者催取速來，俱令一體入館供事。此外，丁憂者待滿日即便赴館供事，給假者盡數催取到京。其纂修③、收掌、謄錄各執事官員職名，謹列名開坐。其別衙門應堪改用等官，容臣等訪採的確，另行題請。再照官必敍勞，陛必論俸，此定規也。近來翰林官多請告自便，安坐待遷，以致勞逸不均，分義安在？合宜申飭在館供事諸臣，務要喜心職事，以俟分別勤怠。凡遇遷轉，一視勞俸以爲後先，庶官職修而功敍明，亦朝廷論辨綜覈之一端也。臣等未敢擅便，謹④題請旨。

計　開

纂修官①"

"②聖躬久在靜調,臣子之心以愛君爲重,不敢以常朝、日講數有煩瀆。惟是孟夏在邇,例該舉行大③廟時享之儀,誠恐臨期又行傳遣,此則宗廟事重,臣等不得不言。蓋先是臣錫爵之請假歸也,密條數事,首以廟祀不親爲規。夫郊、廟俱屬大禮,其在今日俱屬曠儀,乃臣芹曝願忠顧以親郊爲後者,以爲天地雖尊,猶爲衆生之公共父母,人人可以致敬,人人可以用誠,則亦有人人可以感格之理,皇上但自信此心原非無故而憚勞,則雖間一遣代,臣下亦自能成禮,而天地亦或有諒之者。至若祖宗列聖,皇上乃其親子親孫、一枝一葉,即今二百年來一統昇平之基是誰爲之開創?奕世綿長之祚是誰爲之佑啟?而使邈然異姓之人、執俎豆奉蒸嘗於前,氣脉精神何所聯絡?焄蒿悽愴何所感通?此甚非所以綏④神靈而迓福祐也。矧郊祀禮繁,又每行必以夜,而其設壇又遠在都門數里之外,皇上爲玉體珍調計,皆可以此爲辭。若廟禮止於須臾對越,原無郊壇陟降之勞,而今次夏享在寅,又無夜寒風靈⑤之苦,且廟廷咫⑥尺之地,一舉趾而可達,又非有警蹕清道之煩、侍衛關防之慮,皇上何憚而靳此一出哉?記前年臣等以祁雪未降,奉旨修省,會有光祿寺官來見於朝房,具稱皇上致齋之清淨,守戒之慼嚴,該寺所進魚肉葷菜之類盡數退出。臣等竊相與欣嘆,以爲聖誠如此,必無不感應之理,果三日齋滿,其夜雪降。又如近者河南等處災荒,皇上爲之親降德音,大發內帑,而時雨隨沛,所在歡洽。天人之間尚且有感必通如此,而況於祖宗父子之親乎?古人祭祀之詩曰'曾孫維主',而繼之曰'以介景福',又曰'天被爾祿',今主祭者非曾孫,則使何人受其福祿?此臣等一體股肱之臣,所以有懷願忠,而言之不得不切者也。伏望皇上永思先業之維艱,上畏明神之有赫,趂今享期數日之前,預養精神,斷在親臨行禮。庶幾神以類歆,祝史可以致辭,而祭則受福,臣工亦籍⑥其餘慶矣。臣等不勝顒望之至。謹⑦具題以聞。"

萬曆二十二年

一二一三

① 此下有缺文。
② 以上有缺文。
③ 大 明抄本作"太"。通行本作"大",誤。

④ 綏 明抄本"綏"下衍"神"字。通行本刪之,是也。
⑤ 靈 明抄本作"露"。通行本作"靈",誤。
⑥ 咫 明抄本作"只"。通行本改爲"咫",是也。

⑥ 籍 明抄本作"藉"。

⑦ 謹 明抄本誤作"菫"。

二十五日癸卯，特降敕諭大學士王錫爵等："朕每覽前史，觀其治亂得失之故，懼然興思，若親見當時行事。後之視今，猶今視昔，乃知史書傳信，其所關係於世教者最鉅且要矣。洪惟我聖祖開天垂統，貽謀超越千古，列聖相承，重熙累洽，太平之治赫垂二百餘年，其茂烈鴻功、典章法度，與夫名賢高節、渺論竑議①，有不可勝書。雖寶②錄鴻篇藏於金匱石室者炳如日星，然或體襲編年，或事存掌故，一代經綸實蹟尚多缺而未備，何以啟佑後人而昭垂千萬世哉？茲特命卿等俱充總裁官，查照該部題覆纂修本朝正史事理，擇日開館。博選儒臣，照依古史舊體，分類派撰，刻期完稿，具送卿等商訂裁酌。卿宜督率各官，悉心考究，編輯成書。務求概括不遺，議論至當，以成一代不刊之典，用副朕法祖右文至意。其副③總裁及纂修等官職名，併合行事宜，還陸續開具來聞。欽哉，故諭。"

二十九日丁未，大學士王錫爵奏："為忽感危疾懇恩急放生還事。臣錫爵仰承皇上知遇，扶病出山，非不欲以犬馬餘年驅馳報主，而自覺精神日衰一日，疾病日多一日。本年二、三月間，頭暈寒熱、胃脘刺痛之病，無三日不發，發則不時私自臥家，一面撐持外事，不敢率易上聞。乃者本月二十六日接敕之後，寒熱暴作，痰喘壅盛。猶以為偶然感冒，仍於次日勉強謝恩。拜起支離，幾不成禮，當即令人攙扶到家。猶恐病母驚惶，對之強飲茶湯數口，不意隨飲隨吐，吐至半夜方止，遂成虛脫。至次日，連暈三次，左臂左足麻木，不能屈伸。迨今水米不入口者三日矣。臣因自念，此番之病，植根甚深，見證甚惡，非如往年肢體未病、可以問醫兼治事者，又非如往年暴感之病，可暫請恩假調理，以冀痊可者。至此，則臣雖欲自捐其首丘之念、而戀帷蓋之恩，不可復得矣。皇天在上，豈敢有欺？臣之歸心蓄之誠久，實冀追陪廟享，一睹聖容，兼待東西邊議小定，始敢言去。乃今旦暮之人，身且不保，而復以何望哉？伏望皇上哀臣察臣，所以濡遲至今而忍於決絕者，委為迫切，委非本心，急放臣骸骨還鄉，庶尚有頂戴天地、沐浴恩光之日。病憒口占，意亂語澀。無任哀祈待命之至。為此謹④具題以聞。"

① 渺論竑議 明抄本作"眇論宏議"。通行本改"渺論竑議"，其中"渺"字為誤改，"竑"字可不改。
② 寶 明抄本作"寶"。
③ 副 明抄本作"付"。通行本改"副"，是也。
④ 謹 明抄本誤作"董"。通行本改為"謹"，是也。

四①月己酉，朔，大學士王錫爵奏："爲恭謝天恩事。適蒙聖恩以臣患病，特遣文書官李文輔齎捧御札一道，到臣臥榻之前，臣因病體沉重，先遣男衡恭代叩頭接諭，隨該臣親自啟封：'諭元輔：朕倏聞卿偶爾感疾，心甚憂念，特遣醫官往視。卿可慎加調理，寬心靜攝，當即痊愈，以慰朕懷。欽此。'當有太醫院使陸得元等，隨奉欽遣入診臣脉去訖。該臣以病劇今早具疏乞休，不踰時而遣醫慰問之旨即下。人有疾痛，呼天號父母，亦未有應之如此其速，而憂之如此其急者。臣草芥賤生，犬馬殘喘，本因受寵渝②涯爲鬼神所忌，而今又蒙皇上鄭重珍惜至此之極，此臣所以又驚又懼、不覺慟哭三臣之前、而三臣亦爲之流涕者也。今據得元等診脉，皆言血氣虛耗之甚，相顧錯愕，而臣外姑爲好言寬慰，謂臣尚可生還，賴皇上鴻慈，枯木朽株或尚有回榮之理。然非皇上曲賜哀憐，使之早解一日之職，早安一日之心，則鍼石恐不能施，而盧、扁望之而走矣。臣病憒中言不成章，略布感私如此。伏乞聖慈俯念籲天乞命之初誠，始終爲之造命。不勝感激哀懇之至。謹具本奉聞。"奉旨："覽卿奏謝，朕知道了。卿宜寬心調理，爲國保重，以副眷懷。禮部知道。"

是日，大學士王錫爵題："臣於去冬具揭，恭請聖斷添用閣臣一員，蒙皇上手札報聞，未見施行。臣等竊揣聖意，無非欲從容簡任，因此不敢再有催促。適者同官臣志皋以引年乞休未出，臣錫爵又偶以連發寒顫，扶病辦事，自度不前，因復再三思之，方今國事紛紛，勢不得不多用人。用人求新不如求舊，而舊臣之中臣亦不敢濫舉。惟有原任大學士王家屏，其年正在壯強，其才又甚敏練，而其望又大爲人情物論所歸。先年止以在閣未久，驟當事任，偶皇上一時聖怒，匆匆揭解，詞氣之間不暇委曲，致蒙切責，引罪而歸。昨秋，臣錫爵偶因進表官便，寄與一書，備道皇上天覆地載之量，日照月臨之明，真古帝王所不及。近來每事虛心咨訪，雖在盛怒之中，但有一言勸解，無不俯從。可見前日之事，皆外廷激而致然，公不得不任其責。家屏復書曰：'上真聖主，家屏亦願爲聖主一心一德之臣。前者

① 四 "四"上當有"萬曆二十二年"六字。

② 渝 "渝"當作"踰"。

萬曆起居注

偶以任事方新，未信而諫，以致奏牘繁多，情意阻隔。然上終不加深譴，而聽之善歸，眞父母再生之恩，而家屛眞天地間一罪人也！以今思之，即吞刀刺心、飮灰洗胃，亦復何及？惟有自怨艾、痛其負皇上、負此生耳！』此書見在臣所，二臣亦皆見之，但以草字不可上呈。臣錫爵竊觀目前待次諸臣，雖才具品格多有可用，而欲如家屛肫肫愛主之赤心、鑿鑿濟時之定見，則千百中眞不可得一二也。臣以此不避嫌疑，一力保舉。如蒙皇上盡捐前忤，即日遣官行取，家屛決爲終始不二心之臣，而皇上決可依①之鎭壓羣囂、主持國事者。臣不勝一念薦賢爲國之忠心。謹具密揭奏聞。有如家屛他日負臣所舉，臣甘連坐。伏乞聖裁、俯允，特降中旨施行。"

二日庚戌，大學士王錫爵奏："爲恭謝天恩事。今日伏蒙聖恩，以臣患病，再遣御前牌子李虎齎賜鮮豬一口、鮮羊一羫、白米二石、酒十瓶、甜醬瓜茄一罈，到臣私寓，臣恭設香案，仍令男衡代領叩頭訖。隨該李虎進臣臥內，面宣聖恩。臣感極涕零，當即就牀叩頭恭謝外，竊念臣自蒙恩拔擢以來，何年不病？每承皇上遣醫賜饌之命，尚能裹頭束帶，强起至堂中謝恩，而今不能矣，尚能口占數言具表稱謝，而今亦不能矣，尚能略嘗欽賜之品物，而今亦不能矣。臣之狼狽何至此極？惟有一息尚存，寸心不昧，知仰戴我皇上天地父母之恩，而竟不知何以爲報也！臣不勝感激慚悚之至。謹②具奏謝以聞。"奉旨："覽卿奏謝，知道了。禮部知道。"

四日壬子，大學士王錫爵奏："爲病體十分沉重再乞天恩俯賜骸骨早歸事。臣之疲癃不自將慎，以仰厪皇上憂懷繾綣，浹日之間使者相望於家，恩德厚已！昨又蒙手批乞休之旨，以寬心調攝慎用藥食慰臣之疾苦，以國家多事主張料理策臣之後功，是固臣枯朽回春之日，亦臣頂踵可捐之秋也。自非萬不得已，忍再有所乞陳哉？惟是老人之病，托於脾胃，今脾胃盡倒矣。雖欲愼用藥食，而藥食不得下矣。雖欲寬心調攝，而八十病母

① 依 明抄本作"仗"。

② 謹 明抄本誤作"董"。通行本改爲"謹"，是也。

見臣之形勢日急，且暮涕泣於臣前，容不得臣寬心矣。見臣虛火上衝，右目已成翳，濕痰下注，左足且漸痿，加以元神內耗，轉側驚怖，聞風鳥之聲而暈，聞開門搗藥之聲而暈，喘喘殘喘其餘有幾？而皇上尚責以主張料理國事，其將能乎？昨者同官臣志皋、臣位嘗一再就臣榻前看臣，非不飲泣相對哀臣之苦，然以拘攣閣中之故事，迴避同官之私嫌，無敢明白爲上陳請者。則臣之緩急死生，不獨於皇上之望而誰望哉？伏惟聖恩無窮，天命有限，皇上縱尚未忍捨臣，強留一月半月，不過牀褥間度日，而臣終不勝狼狽悒鬱以死，是皇上終恩之日也。爲此再瀝血誠，懇求早允。臣不勝萬分危苦哀號待命之至。謹①具奏以聞，伏候敕旨。"奉旨："朕昨遣醫問疾，知卿爲國事處分焦勞心思所致。但當凝神靜養，調以補劑，數日就可完復，何遽迫切求去？卿宜仰體朕心，安意慎攝，切勿再疏。吏部知道。"

　　七日乙卯，大學士王錫爵奏："爲恭謝天恩事。今日又蒙皇上特遣文書官劉宣，齎捧御札一道到臣榻前，伏枕開讀：'諭元輔：朕覽卿密帖②。朕近來不時火疾，比因國事多艱，北虜跳梁，東倭紛紛未已，卿忠碩重望，正賴卿與朕分憂，朕豈不知卿竭忠盡瘁致成此疾？卿宜寬假調攝，待病痊入閣辦事，以慰朕懷。欽此。'伏念臣以螻蟻至賤之命，而上遺皇上股肱之至憂，以葵藿至微之忠，而仰廑皇上腹心之至信，臣之至此，復有何言？惟有擲地呼天、痛哭感恩而已矣。顧惟明主能蓄無用之臣，而臣不能起已廢之疾。適該劉宣就③臣榻，見臣眼昏面青，聲嘶氣喘，亦爲之泣下，皇上可問而知也。'爲君爲國'、'純忠赤誠'，臣何敢當此盛獎？惟是父慈子不敢不孝，主憂臣不得不辱。昨所以密獻忠規、爲去後用人行政之助者，但望皇上存此於心，知臣遇主一場，無他報稱，止此公道二字耳。至於聖躬雖時欠調，而氣體本充，不過爲有餘之症，時事雖多可慮，而櫃柄在我，原不愁料理之難，臣敢保身去之後，皇上但行臣言，清心平怒以養聖躬，自然萬壽無疆，持重老成以定邊計，自然百全無慮也。臣於枕上占謝，至此語未終而氣已盡，

① 謹　明抄本誤作"董"。通行本改爲"謹"，是也。

② 帖　明抄本"帖"下有"卿之爲君爲國，純忠赤誠，至悉至慮，朕已知道了。且"二十字。

③ 就　明抄本"就"前有"親"字。

伏惟皇上哀之亮之。除原奉手札尊藏外，謹具奏恭謝以聞。"

八日丙辰，大學士王錫爵奏："爲病臣危苦至極頃刻難留三乞天恩即賜哀憫放還事。昨該臣再疏乞休，翹首以望恩允，而不意復接御批，眷留彌勤，憫臣之焦勞，戒臣以靜養，汲汲乎若盼其立愈，而惟恐其再辭者。自古人臣受知受憐於君，史册所載如此有幾？臣惟有感咽流涕、自痛①薄命以負皇上而已。既而思之，臣前此爲國焦勞，臣之職也，而皇上猶咨咨惜之，乃今臥榻死生之間頃刻難捱，其焦勞何啻百倍？而忍不爲之動心耶？且使臣焦勞於心，形體尚能支持，則亦何所逃命？今臣之右目盲矣，左目又昏翳矣，無論他疾，即此已成廢人。而一步難移，萬事俱已矣，況其職又在主領文書，文書至前，將瞑目而閱之耶？將使人誦而聽之耶？此又勢之必不可能者。昨日臣母手調粥湯飲臣，臣欲強慰其意，間進數口，而嘔暈復大作。羣醫滿前，以爲此氣血兩敗，非大補必不生，而補藥助火，又非盲人所宜用，遂至束手，臣惟有伏而待斃已耳。今聖諭尚尔惓惓，得無以閣臣告休無逐放故事耶？夫病有真僞，時有緩急。以臣之病，若再留少時，天氣益熱，舟中調理益難，而萬萬無生還之望矣。又得無以閣中無人而重於臣之一去乎？是則臣與同官皆念之，而曾兩揭以請矣。臣豈以身之必去而不願②弛擔之難？則請皇上一面放臣，一面付部院廷推、別簡賢才、與二臣共事，此又臣報主未了之忠、身雖去而神留者也。伏冀俯憐而少垂聽焉。臣今病困，意雖了了而不能自屬詞，每一番躊躇，輒增一番感動，是日必委頓倍常。皇上試覽此詞，必爲之惻然，而不待其辭之再矣。臣無任伏枕哀祈之至。爲此謹③具本奏聞，伏候敕旨。"奉旨："覽卿所奏，朕知道了。卿茲因邊方多事，煩言踵至，爲國焦勞，以致此疾，至苦至極。卿母調湯，賢淑可嘉。卿宜安心敬④養，勿得再辭。待疾痊愈，入閣視事。吏部知道。"

十日戊午，大學士王錫爵等題："今日早文書官李文輔口傳

① 痛　明抄本"痛"下有"自"字。通行本刪之，是也。

② 願　明抄本作"願"。通行本作"顧"，誤。

③ 謹　明抄本作"董"。通行本改"謹"，是也。

④ 敬　明抄本作"静"。

聖諭，'廟享重典，我本欲親行。奈火痰怔忡，又左肩上有熱毒，穿服不便，暫着遣官代行。傳與先生每知道'等因。孟夏廟祭在邇，具揭請皇上親行恭祀，茲奉聖諭，始知皇上聖體稍有違和，仍命遣官代祭，臣等雖有跂望之心，未遂瞻依之願。竊思時當初夏，炎氣方升，伏望皇上順時養靜，理性凝神，飲食起居更加調攝。臣等無任激切仰戴之至。謹①題以聞。"

是日，大學士臣王錫爵力疾奏："適該靈濟宮道官白昭忻齎捧保安齋意一道，到臣病榻之前，内稱：奉當今皇帝聖旨，以臣錫爵患病沉重，特發銀五十兩，於藥王廟開建醮場三日三夜，爲臣祈安。臣一聞此，不覺自投牀下，流涕成血。竊念臣本以寵致譴，遘此危疾，又累皇上如此費心費財，爲之默禱。且疏牒之上親書聖號，圓滿之期至於累日。考之史册，揆之分義，豈有君父反爲臣子祈福之理？而臣以無功無能至微至賤之命，驟然當之，使臣感而欲死，驚而欲死，慚愧隕越而欲死。是皇上欲祈臣之生，而反爲臣罪上添罪、苦中益苦也。明神在上，察臣之心，臣委實不敢承當。會聞醮場已啟，臣失於不知，不及預先控辭，祇得更具一疏投於神前，祈折盡小臣之福，以添皇上萬年之壽。其自今日以後，更望皇上早閉道場，少安愚分，免令喧傳外廷，使妬寵之夫得以籍②口，則臣庶幾一夕安枕，有再生之望矣。緣係非常恩眷，不敢露章陳謝，謹具密揭，隨令齋俸③道士奏聞。不勝悲感哽結之至。"

十四日壬戌④，大學士王錫爵再奏："昨聞皇上爲臣設醮保安，驚愧不能安枕，猶冀少減日期，免添罪業，今則三晝夜竟已圓滿，而臣心愈不自安矣。上徼皇上之福與明神之佑，偷生一日是一日之幸，而其奈天譴已重，廢病難起。所以汲汲再有此疏者，非止爲身。蓋因國家多事，閣臣須早夜料理，而臣之痊可杳不可期，若皇上反礙臣而不選閣臣，同官又礙臣而不盡其用，兩相擔閣，誤國不小。皇上再無爲臣計而自爲國事計，放臣不得不亟矣！皇上若不終棄臣，臣目僥倖復明，豈無再用之日？就使臣目雖廢，臣心未死，皇上但倣宋朝待文彥博、富

① 謹　明抄本作"董"。通行本改"謹"，是也。

② 籍　明抄本作"藉"。通行本作"籍"，誤。

③ 俸　明抄本也作"俸"。當作"捧"。

④ 戌　明抄本漏"戌"字。通行本補之，是也。

弼故事，國有大議，命該部以片紙問臣，臣亦能瞑目躊躇，悉慮以對，臣之去同於留也。伏幸皇上體察哀憐，臣受皇上非常寵恩，路人皆爲側目。此番不敢再辱御筆，但求皇上傳諭閣中擬旨放歸，勿復遣使絡繹，頒賜頻仍，則臣心安，而皇上念臣之心亦安矣。爲此再布密誠。不勝隕越待命之至。"

十六日甲子，大學士王錫爵奏："爲自傷薄命辜恩一疾遂廢四乞骸骨還鄉事。昨該臣三疏乞休，欽蒙手札慰諭，續又奉旨：'覽卿所奏，朕知道了。卿茲因邊方多事，煩言踵至，爲國焦勞，以致此疾，至苦至極。卿母調湯，賢淑可嘉。卿宜安心靜養，勿得再辭。待疾痊癒，入閣視事。吏部知道。欽此。'伏念臣塵芥微生，無足輕重，然以皇上愛惜珍重之至，不啻父母之保赤子。臣亦不敢以皇上父母所生之身，輕自暴殄，連日無醫不訪，無神不祈，且一意爲生死計，而敢遽言去留？蓋其心誠有不忍，而其義誠有所不安也。奈緣氣血敗甚，病且兼旬，日不進二盂之粥。問之羣醫，有謂目盲尚係外疾，而老人傷胃，必非旦夕可愈者。又有謂身疾尚可藥扶，而頭痛損目將來萬無復明者。臣則以爲，皇上所以留臣，爲理事也，非爲養疴也。養疴則身爲重，理事則目爲重。今臣目已盲矣，坐立不知朝著之位，票擬不識章奏之文。如此則雖生何益？而況未必生乎！雖能如聖諭安心靜養，未必有及，而況萬恩灼膓，萬責叢體，欲靜養而可得乎？今一放臣去，使之負擔弛而心安，使滿朝士大夫不爲臣驚寵而心安，如此則臣庶幾復見天日，得再國犬馬之報，不可知也。臣連日固感皇上父子之恩，目泣盡腫，此疏句句字字不敢欺心。伏惟皇上終始哀憐，以縻臣爵祿之心保臣之性命，以爲臣祈禱之心減臣之罪業，臣不敢望忠誠之獎，臣母亦不敢望賢淑之褒，但望母子各以天年、及聖恩未厭、而歸死於牖下耳。臣不勝困苦悽愴哀憐乞命之至。謹具奏以聞，伏候敕旨。"奉旨："覽卿奏，知目胃二疾未痊。朕豈不知體亮①？朕思病起驟感，必可調治而愈。但怡神一意靜攝，毋以朝事歸計掛心，寬假從容調理，以副朕懷。不必懇辭。吏部知道。"

① 亮　明抄本也作"亮"。而據下文本月二十六日條記事，當作"諒"。

萬曆二十二年

二十日戊辰，大學士趙志皋、張位題："竊見首輔王錫爵前因感疾，給假調理，已經浹月餘矣。荷蒙皇上遣醫診視，既又頒賜惠問，又欽發銀兩特為祈禱，御札傳宣至於再三，溫旨慰留有加無已。君父恩眷乃至於此，不特錫爵感激無地，即臣等亦無不矢心天日，誓圖捐糜為報也。臣等前詣錫爵臥榻問疾，見錫爵對臣等哽咽，自嘆主恩深厚，即父母之愛不加於此，但病勢日重，料無速愈之期，祇恐躭誤國事，朝夕展轉不安，八十老母在堂，日見苦楚，趣與同歸。因託臣等代為具奏，言訖淚如雨下。臣等再三勸解，欲其從容調理，勿得過為憂慮，反致增病。且日為訪醫問藥，望其速瘳。昨又造伊榻前詢問，見其氣息奄奄，自述頭痛目昏，脾肺兼病，飲食減少，羣醫束手，斷非旦夕可痊病，疏五上未蒙俞命。復趣臣等代為奏懇。又錫爵母在後堂，令家童傳語臣等曰："同寮患難，豈宜坐視？望以目擊情狀，直奏主上。聖心仁慈，必當哀憐。況天氣日就炎熱，老人病人路途難行也。'又凡翰林同衙門各官及錫爵同卿①仕京者，見錫爵病勢，皆責臣等義當代奏。臣等竊念，此時中外多故，議論日煩，國家之事全賴錫爵擔當，臣等日與同心報主，豈不願為國留賢、忍令其去？今實見其病勢沉重，留滯苦楚，若終避形迹，漠無一言，似非同寅休戚之情。於是臣等躊躇忖度，冒昧一言。蓋前此不敢遽言者，先國家之大義，今日不容不言者，尤寮寀之至情也。伏望皇上憐察錫爵病情果真，別無推諉，暫准給假回籍，安心調理，仍望欽定限期，責以痊可之日，作速赴京，主張國事，毋得借此一去，遷延不來。庶君恩臣義，終始兩全，而錫爵之感激圖報、終有不能自已者矣。臣等不勝竦息待命之至。謹②具題以聞。"

是日，奉聖旨："覽卿等所奏，為元輔感疾浹月，至今未見痊愈，特假回籍調理，足見卿等協恭分義，朕已悉知。但國家多事之秋，卿等朝夕為慮，元輔致成此疾，屢屢懇辭，朕以君臣大義，故以哀③情諭之。既卿等為元輔代奏，情詞可憫，朕知道了④。諭卿等知之。"

① 卿 明抄本作"鄉"。通行本作"卿"，誤。

② 謹 明抄本作"菫"。通行本改"謹"，是也。

③ 哀 明抄本、通行本皆作"哀"。應為"衷"。

④ 了 明抄本無"了"字。通行本補之，是也。

萬曆起居注

① 己 "己"當作"巳"。

二十一日己巳①，大學士王錫爵題："臣受皇上非常恩眷，兼以溫旨慰留無所不至，臣亦自爲皇上惜身，一意靜攝，不敢遽言去。乃今日復一日，目胃二疾杳無痊可之期。臣身已矣，獨念國家之事倚辦閣臣爲急，而在今日多事之時，則尤急之急者。諸臣中有一人不進閣，則廢一人之事，有一日不進閣，即廢一日之事。而今臣臥病且滿一月矣，過此以往所廢之事又不知其幾矣。皇上猶懸虛位以待，使臣高臥而領二臣之職，二臣奔走而代臣之勞，臣心其能安耶？且臣身猶閣中之身，則國家乃臣家之事。若以頃刻不可缺之事，而待歲月不能起之身，則閣務填委，將愈積愈重，臣自不免怫鬱急燥以死。但惜其死而有誤國之恨，故惓惓有請於皇上耳。伏望鑒臣爲國赤心，即付廷推，簡用一二人共理機務，庶臣可以從容調理，二臣亦不必每事待臣，而皇上爲臣造命之意亦可以曲全矣。適二臣視臣榻前，親見臣病勢狼狼，語及國事，亦與臣同憂，祇緣臣身在告，不可連署臣名，故臣先自具揭上請。不勝懇切待命之至。謹②具題以聞，伏候敕旨。"

② 謹 明抄本作"董"。通行本改"謹"，是也。

二十三日辛未，大學士王錫爵等題："今早文書官潘朝用口傳聖諭：慶府冊封着改日期，並於今歲舉行，令臣等擬票。臣等細思慶府原請初意，爲遭兵變之後，貧難缺乏，養瞻③不給，蒙皇上特恩，准給全祿，並許襲封慶王，後不爲例，此皆我皇上篤親之義，恤孤之仁，敢不仰體！今據禮部執奏，爲王子帥鋅尚有母妃之喪未闋，若遽封以王爵，恐於典制未協，欲先給之以祿，而且遲之以封。臣等竊惟，三年之孝，達於上下，傳於古今，諸藩遵守，罔敢違悖。且帥鋅之年止於八歲，未及冊封之期，預給祿養，已遂初請之願。況方妃臨難損生，凜凜大節，已蒙寵褒，使帥鋅稍長有知，必抱終天之恨，而又不得終愛④有虧子道，將來抱痛當何如也？伏望皇上不愛之以姑息，而示之以守禮，俯從禮官之請，將冊封吉典姑待明年，禮制人情兩無違礙。臣等僭擬票語，以俟聖裁。無任竦息待命之至。謹⑤具題以聞。"

③ 瞻 明抄本作"贍"。通行本作"瞻"，誤。

④ 愛 明抄本作"喪"。通行本作"愛"，誤。

⑤ 謹 明抄本作"董"。通行本改"謹"，是也。

二十六日甲戌，大學士王錫爵奏："爲廢臣萬痛萬苦情勢轉急五乞天恩俯賜骸骨還鄉事。昨該臣四疏乞歸，復奉聖旨：'覽卿奏，知目胃二疾未痊。朕豈可不知體諒？朕思病起驟感，必可調治而愈。但怡神一意靜攝，毋以朝事歸計掛心，寬假從容調理，以副朕懷。不必懇辭再疏。吏部知道。欽此。'臣伏讀前後綸音，仰見皇上本以國事留臣，而今反諭之以遺事，蓋已知真疾真苦，必無益於國家，而特恐其挹鬱牀席而死，委頓道路而死，則爲不得其所，以此多方慰籍①，務安其心耳。顧臣反復思之，皇上萬千恩眷，止不過望臣之生，而臣之萬千感激，亦止望留此生以報皇上。今左目已廢，右目又已漸盲，脾疾既深，肺疾又且增劇，醫藥頑然百無一效，此豈可復多望者？況病未即痊，觸境生念，國事歸計又決無兩忘之理。且如朝中爭倭議，遼中報虜警，臣一日未去，負擔一日未弛也。可遂忘之乎？不能忘，又不能理，若身又不得歸，則臣雖欲一刻安枕得乎？犬馬之身死則已矣，未死則尚有倖生之心。今骨立如柴，命懸如絲，而上念我皇上天高地厚之恩未報，下念父死未葬、母疾未歸，則臣萬千不了之事，皆係此旦夕之身，得不長號籲天、泣盡而繼之以血哉？蓋臣嘗自量自愧，祇以薄忠細廉結知明主，因毀而愈明，逑②退而反進，才識不能逮人而榮遇過之。今一疾眊廢，乃天所以開皇上，使博求賢碩以自輔也。萬一皇情再有繾綣，寮寀更無一言，使臣生爲妨賢誤國之人，死爲客寄游魂之鬼，榮名顯寵復以何及？臣言至此，亦悽愴困窮之甚而不暇擇音矣。伏望皇上哀而放臣，即此活命之恩勝於一歲九遷之榮萬萬矣。臣臨疏慟哭，不知所云。謹具奏以聞，伏候敕旨。"奉旨："覽卿所奏，情詞苦楚。朕豈不念卿憂勞過度，致鬱成疾？奈今國事多艱，見今狡倭未妥，東虜窺伺跳梁，正賴卿等與朕分憂，以代朕勞，卿乃屢屢堅辭。安忍言去？所辭不允。着鳴③臚寺官宣諭朕惓惓懇留至意，着安心調攝，痊可入閣，勿得再辭。吏部知道。"

二十八日丙子，大學士王錫爵奏："爲恭謝天恩事。該昨日

①籍　明抄本作"藉"，是也。

②逑　明抄本作"求"。通行本誤作"逑"。

③鳴　"鳴"當作"鴻"。

皇上復命鴻臚寺官張棟等齎捧御批，到臣寓所宣諭臣：'覽卿所奏，情詞苦楚。朕豈不念卿憂勞過度，致鬱成疾？奈今國事多艱，見今狡倭未妥，東虜窺伺跳梁，正賴卿等與朕分猷，以代朕勞，卿乃屢屢堅辭。安忍言去？所辭不允。着鴻臚寺官宣諭朕惓惓懇留至意，着安心調攝，痊可入閣，勿得再辭。吏部知道。欽此。'臣恭設香案，仍令臣男衡代迎至榻前，叩頭伏讀訖。隨又該同官傳聖諭一道：'覽卿等所奏，爲元輔感疾浹月，至今未見痊愈，特假回籍調理，足見卿等協恭分義，朕已悉知。但國家多事之秋，卿等朝夕爲慮，元輔致成此疾，屢屢懇辭，朕以君臣大義，故以衷情諭之。既卿等爲元輔代奏，情詞可憫，朕知道了。諭卿等知之。欽此。'伏念臣已臥病月餘，方初發時，臣亦不自意遂至於此之極，節經醫官所報聞，中使所目見，亦不能爲臣曲諱也。已而同官二臣相與如手足之不能離者，今亦避不得嫌疑而流涕爲臣苦請。臣之必不可復留，明矣。而皇上猶不忍捨臣，既手批慰留，仍遣官宣諭，又特札賜二臣，示以大義勉留，累百餘言。委曲繾綣一至於此。皇上自謂以君臣之義責臣，以臣思之，非但君臣，乃真父子也。君臣之義尚有離合淺深，乃若恩至父子，隆天重地，淪肌浹髓。臣之泣淚有盡，而感戀無涯，氣息雖微，而靈臺未昧，忍驟言去以傷聖懷哉？顧念皇上之所以留臣，爲國事也，臣病中之一息不忘者，亦此國事也。目前國事莫急於倭、虜，而臣與同官平日計議亦自有定着。倭非我叛臣，若真心向化，決無絕理。又非我孝子，若分外要求，決無許理。羈縻駕馭，即此兩端而決。若其他盈廷之議，勇至欲糜百萬之財，而怯不敢通一介之使，則非臣之所解。至東虜跳梁，雖起於乘虛伺隙，而其實皆由將不得人，兵不識將，有功者或以浮枉掛議，有罪者或以蒙蔽遣①誅，故闒茸之極，馴致於此。若識其敝而亟反之，可保無肩背之慮。此處倭、虜之大綱，即留臣，經年所守祇此數語。是臣所欲爲，皆二臣所優爲者也。至於羽書之絡繹，夷情之細委，必精明強幹者始能審詳，而臣已足不可移，目無所見，是二臣所能乃臣之所必不能②也。皇上復何所賴於臣哉？況臣請添閣臣之揭不

① 遣　明抄本作"遺"。通行本作"遣"，誤也。

② 能　據《王文肅公文集》卷五〇，"能"下有"者"字。

耷再三,而皇上終盼臣病起,邎①無一報,耽誤日久,恐積愛成罪,此臣所以感與懼併,不容不籲天呼父母、而叩頭流血者也。除遵旨調理數日候進止外,謹具奏申謝以聞。"奉旨:"覽奏知卿能體朕心,安意調攝,朕深喜慰。所陳倭虜事情,乃知料理素定,曲當機宜。方今議論紛紜,邊陲擾攘,正賴卿主持籌畫,馭倭退虜,以紓東顧之憂。社稷之身,天必護祐,毋得過爲憂慮,痊可即出視事。吏部知道。"

① 邎 疑應作"遽"。

五①月戊寅，朔。

初七日甲申，大學士王錫爵奏："爲廢疾杳無痊期舉朝知其難出六懇天恩放歸急救殘喘事。前該臣奉宣諭後，具疏申謝，兼陳愚悃，荷蒙皇上復降温旨，且憫且慰，且寬且責。臣命雖微，仰籍②皇上如天之庇，或旦暮可幸苟活。以此忍之又忍，專理生計，不爲歸計，脾目二疾且治其標，慢治其本，無非望目前早俞③，以寬聖懷而已。乃今靜養又復浹旬，不惟外疾盲廢、中腕噎膈一毫無減，而加又有至怪之證、不載方書者。卧不半時，倏然而寒，則重綿不暖，倏然而熱，則舉體如焚。如此一日凡十數次。而羣醫更端治之不效，或反有勸臣早休靜養者。則臣之危可知矣。而臣母且日夜持臣之踵，泣臣之前，今日問聖上有何寬旨，明日問同官有何代奏。此何等情景，而能安意調攝否也？先是臣雖病困，概絶外間書揭，至於倭、虜消息，猶不時咨訪閣部，臆決可否。而今神昏氣索，聞亦不能解，解亦不能思，閣門官猶以故事傳報旨意，臣非惟不能與聞，且亦不能盡閲矣。此何等精神、而能決策籌邊否也？皇上及今放④臣，臣心中無天涯生死之慮，萬一留得此身，再圖後報，亦未可知。若必謂臣老死在朝，而後可以盡臣之用，則臣之愚忠已盡於前《泰交》、《用人》三疏，臣之言何必臣行？而臣亦安能以朝夕不保之身自行其言也？且皇上於臣，亦既知其病之真矣，豈以爲未必至此甚耶？使臣有一字之不真，則臣乃欺天地、背父母、狼逆不祥之人，宜誅宜殛，不宜後⑤留。若臣果無一字之不真，則天地好生，父母愛子，何忍其拂鬱悲愁以死、而又毫無益於國也？臣言至此，其勢彌迫，其氣彌短，而舉朝大小諸臣，亦無一人不知臣之情真病錮、必難後⑥出者。生臣死臣，是在皇上、是在今日矣。臣不勝祈哀乞命之至。爲此謹具本奏聞，伏候敕旨。"奉旨："自卿抱疾月餘，朕日夜望卿痊癒、出理國事，乃卿汲汲以病真求去。卿疾非假託，朕豈不知？但時方炎暑，途中更難調攝，還宜安心靜養，疾勢自減。無得苦辭。吏部知道。"

---

① 五　明抄本"五"前有"萬曆二十二年"六字。

② 籍　明抄本作"藉"。

③ 俞　明抄本也作"俞"。似應作"癒"。

④ 放　明抄本作"於"。通行本改"放"，是也。

⑤ 後　明抄本也作"後"。似當爲"復"。

⑥ 後　明抄本也作"後"。似當爲"復"。

十二日己丑，大學士王錫爵等題："先該禮部題准，萬曆二十二年順天等府起送選貢生員共一千三拾①三名，開送翰林院考試。臣等會同左春坊左庶子兼翰林院侍讀署掌院事余繼登，出題彌封，嚴加考試，取中文理平通上卷一十六卷，文理亦通中卷一千一十七卷，俱應准貢。謹將各試卷進呈御覽，伏惟聖裁發下，臣等欽遵施行。謹題請旨。"

是日，大學士王錫爵等題："先該禮部題准，萬曆二十二年各處歲貢生員共三百九十四名。翰②林院侍讀署掌院事余繼登，出題彌封，嚴加考試，取中文理平通上卷六卷，文理亦通中卷三百八十八卷，俱應准貢。謹將各試卷進呈御覽，伏乞聖裁發下，臣等欽遵施行。謹題請旨。"

十四日辛卯，大學士趙志皋、張位題："今日在閣辦事，有文書官杜茂發下吏科都給事中林材一本爲乞慎明旨以重絲綸以一法守事，内奏本月初六日有薊遼總督顧養謙一本爲使臣貪縱辱命侮君懇乞聖明亟賜查勘以綏遠人以重國體事，又本月初九日有河南巡按李時華一本舉劾有司以昭勸懲以仰裨國計事，見得二票不對，參奏前來，發下到閣。臣等見之，不勝惶悚。爲照擬票，臣等之職，而夾票者，中書之事，雖本章浩瀚，日有萬機之繁，而王言如綸，豈容一字之誤？查得兩日俱係中書官趙應宿、章伯輝，寫票之時校對已真，偶於夾票之時點檢欠審，疎略之罪委不能避③。除將二本伏乞敕令該部改正題覆，其趙應宿等法應參究，以儆將來。伏乞聖明俯憐臣等愚昧，特從寬宥，將趙應宿量加罰治，或並賜矜原。統乞聖裁。臣等無任戰慄待罪之至。謹題請旨。"奉旨："閣務繁冗，卿等偶失詳審，原不爲過。已着改正行，趙應宿等姑免究。"

十五日壬辰，大學士王錫爵奏："爲廢疾已蒙見憐乞即放遣以終造命餘恩事。該臣乞骸之疏已六上矣，每奉溫旨，如赤子之見拊摩於父母，不惟至恩大義再難爲辭，即以臣之一身言之，目不能見物，手不能作字，亦豈不欲强忍斯須？而日夜經營口

① 拾　明抄本誤作"百"。通行本改正。

② 翰　明抄本"翰"上有"開送翰林院考試。臣等會同左春坊左庶子兼"十八字。

③ 避　明抄本作"逃"。通行本作"避"，似不如作"逃"更妥。

① 生，豈　明抄本作"春，何況喘喘餘息猶有九死一生之望，而忍更"。通行本改爲"生，豈"，誤。

② 棉　明抄本作"綿"。

占奏對之勞如此也！第念人情，至於危急存亡之際，哀痛慘怛之中，惟患君之不憐，既憐則造命之地雖已枯已朽者，尚可噓拂使之回生，豈①強聒爲嫌、自捐恩造哉？今皇上於臣之病，知之憐之如此其真且切矣，宜即時解懸拯溺惟恐其不亟矣，而顧猶謂京師可以靜攝，夏月難於舟行，未便放歸，不知臣一日未去，則偃息在牀之身猶爲居高位享厚祿之身，猶爲至尊虛席朝士大夫責備之身，猶爲應酬人事公私不了之身，一心盼歸又一心恐其不及歸，凡此皆無益之慚，無益之勞，無益之慮，勢必不能靜養，而徒以益疾者也。且臣初病發時眩暈之症幸已暫止，而前日偶於枕上微勞動火，其夜又發暈二次，合眼即寒栗作聲而覺，人所共聞。此時新雨之後，天氣頗涼，而臣病反劇，祇緣脾氣久困，元陽將絕，故畏寒而不畏暑。不然，則臣見今戶不通風，棉②衣覆體，使非虛羸至極，誰有能勉強忍受者？此豈復知途中觸熱之苦？而皇上正不必以此憐臣也。且目今倭款既已息議，閣寮又推有人，臣若不以此時乞其餘生以歸，則捨輿櫬客死之外無他望矣。皇上若不以此時放臣，則一向憐臣之疾，盼臣之生，初心謂何？而忍其竟以此結束哉？伏望皇上憫臣氣息將盡，言語不可多得，察臣事勢已窮，遲速同歸於去，即降俞旨，以成終給活命之恩，臣之銜草圖報，死生以之，必不敢負天地也。臣不勝窘迫祈哀涕洟待命之至。爲此謹具本奏聞，伏候敕旨。"奉旨："依卿奏閣臣已增二員，代卿暫理閣務，卿可安居靜室，攝心調理，稍待痊可即出視事。卿爲元輔，國事還要擔當，無得潔身固自求去。吏部知道。"

是日，大學士王錫爵奏："爲病中忽聞聖怒事起於臣謹代爲諸臣自陳受罪事。該臣臥病月餘，奉有明旨，令不以國事關心，凡閣中機務毫不敢與聞，獨請添閣臣一事發之自臣，故不免日夜在念。昨忽聞部疏發下，已點用二臣，方慶國家得人，不勝歡忭，而隨聞有旨切責吏部，重降該司，則臣又不勝跼蹐，即牀前盈尺之地，有若不能自容者。臣伏思吏部此番之罪，在於不能潛會皇上之意，而實非敢顯逆皇上之旨。皇上之不許拘泥資品，爲部院等衙門也，而該部誤以起用爲不拘。皇上所云堪任閣臣，爲待次翰林官也，而該部概以已任者並列。此其愚闇之罪固無所辭。然聖意深婉，苟徒以其辭而已，雖臣等亦不能測識者，而不可以專責該部也。至於部中後疏，臣尚未見，不知李世達因何列名，豈世達即前次所推，因奉皇上通寫來看之旨，不敢有所去取乎？此亦不知變通之過，而似非敢專擅也。乃今竟爲此發非常之怒，用不測之威，而聖心不安，同官二臣不能先事將順，而二臣不安，新進閣臣爰立之命與威命並下，而新進閣臣不安，尚書陳有年以病在告，聞屬官爲之得罪，而有年不安，都御史孫丕楊①嫌與李世達資品相同，而丕楊②不安，文選司官數年之中空曹以去者，至再至三，而以後之爲文選者皆不安，科道官因皇上責其不言，轉相驚擾，而科道官亦不安。凡此數不安者，其端皆始於臣請添閣臣之一言，臣身不能報主則亦已矣，而顧反以垂死垂去之語，干雷霆之怒，傷國家之體，貽縉紳之憂，此於初心謂何？而其不安又奚止百倍千倍於諸臣而已耶？止緣臣憒病顛倒，識慮不周，以致夢卜盛典震蕩驚虞一至於此，臣誠去有餘慚，死不塞責。且夕出國都不敢復望溫綸，請正臣始禍之罪，盡將臣官褫革，而薄吏部司官之罰，庶滿朝人心安而臣之心亦安矣。臣無任惶悚戰慄之至。爲此謹③具本奏聞，伏候敕旨。"奉旨："近來屬官自逞己意，不由堂官，朕是以震怒。朕正慮卿病中不安，吏部司官已有旨輕處了。着二輔傳示於卿，可寬心調理，卿不必介懷。吏部知道。"

是日，大學士陳于陛奏："爲披瀝悃誠辭免殊常恩命事。本年五月十四日准吏部咨，該本部題爲欽奉聖旨事，內開'將前二次及今所推堪補內閣諸臣通具上請，伏乞聖明於內特賜簡命，令其入閣辦事'等因，節奉聖旨：'陳于陛、沈一貫都着兼東閣大學士，在內閣④同王錫爵等辦事。欽此。'臣聞命自天，不勝感戴，不勝驚悚。伏念臣學本空疎，材非經濟，幸遭逢於聖主，獲侍從於講幄，徒有雍容勸誦之勞，殊乏卓犖建明之績。方以寵榮而爲懼，日謀止足以自安，顧緣史局宏開，偶採迂庸之末議，抑且編摩濫預，未伸引避之私情。屬聖明敞秘閣以延賢，

① 楊　明抄本也作"楊"。應作"揚"。

② 楊　明抄本也作"楊"。應作"揚"。

③ 謹　明抄本誤作"董"。通行本改"謹"，是也。

④ 閣　明抄本"閣"下有"於"字。通行本刪之，可也。似亦可改"與"字。

兼屢旨咨大廷而加慎，自揣分涯之過溢，敢期睠命之誤頒？惟是機衡密勿之司，實任腹心股肱之重，非雅量不足以鎮俗，必宿望乃可以服人，古已爲難，今尤匪易。一德於羣心交責，救時於任職不同，雖名世鉅儒尚懍懍懼艱於稱塞，豈孤蹤弱植可容容克副於簡求？且今政府英耆既足肩鼎台之重寄，若乃朝野鴻碩更多繫巖石之具瞻，即揚延已至於再三，其勝臣者何啻什伯？必欲捨棟梁而求榱桷之用，斯爲以羔裘而續狐白之裘。況雨露方需被於樗流，而威霆復迅及於銓屬，益重微臣妨賢之咎，殆非明廷選衆之公。臣若不自揆量，冒居寵利，豈獨力小任大，滋負乘之羞？猶恐福薄器盈，詒覆餗之誚。輒瀝兢危之慮，懇辭君父之前，片語涉欺，天日可鑒！伏望皇上俯察丹忱，匪繇矯飾，特收成命，改授名賢。容臣仍守舊官，畢力史事。庶政本以得人增重，而臣愚之分義獲安矣。臣無任激切懇祈之至。爲此具本親齎謹①具奏聞，伏候敕旨。"奉旨："卿性行端亮，學識宏深，政本重地，特兹簡任。宜殫竭忠猷，以贊化理。不允辭。吏部知道。"

十六日癸已②，大學士王錫爵奏："爲恭謝天恩事。昨日臣乞休第七疏下，奉聖旨：'依卿奏閣臣已增二員，代卿暫理閣務，卿可安居靜室，攝心調理，稍待痊可即出視事。卿爲元輔，國事還要担當，無得潔身固自求去。吏部知道。欽此。'臣正在彷徨感怍間，隨又蒙欽遣鴻臚寺官張棟等齎捧皇上手札一道，到臣寓所宣讀：'諭元輔：覽卿所奏。朕不知卿大③暑病苦。朕倚卿爲股肱之託，大小事務正賴卿主持。雖東倭浮言稍息，國事多艱。卿常言以忠報國，今閣臣已添，卿暫輟閣務，可安心靜攝，豈忍捨朕求退？還着④鴻臚寺官傳示朕意。欽此。'臣仍令男衡代於香案前接諭，隨捧至臣榻前再讀一徧。不覺失聲慟哭，投地叩頭。張棟等感臣之誠，見臣之狀，亦無不爲臣流涕者。臣伏惟皇上如此深體臣，如此重託臣，又如此爲臣而添閣臣，鴻臚寺宣而又宣，文書官看而又看，其惜臣真如掌上之珠，而保臣真如乳下之子。臣之前疏所謂至情大義不但真得一死，

① 謹　明抄本作"董"。通行本改"謹"，是也。

② 已　"已"當作"巳"。

③ 大　明抄本作"天"。

④ 着　明抄本無"着"字。通行本補之，可也。

而當此暑天煩此聖慮，以此萬千之負博此萬千之恩，慙足以死，罪足以死，窘足以死，鬼神忌之亦足以死。臣死之不遑恤矣，而忍言潔身？忍言捨皇上乎？今遵旨盡輟閣務，安居靜室，不復敢見一人、管一事。惟是昨日所上代爲銓臣受罪疏，其事本由臣發端，勢不得不關情，不得不饒舌。蓋臣身尚在朝，以皇上爲命，未有至尊焦煩於上而臣獨靜，舉朝危漂①於下而臣獨安者。惟望皇上推此勉臣安靜之心，處臣於可安可靜之地，是即所以全臣活臣也。臣今口不得道辭，手不能書感，伏枕循牀，自哀自痛而已。除原奉御札尊藏外，謹②具奏恭謝以聞。"奉旨："覽卿奏謝，朕已知道了。卿言安居靜養，朕心嘉悅。銓臣事已有旨從輕處了。"

十七日甲午，大學士趙志皋、張位題："臣等昨晚出閣，接得吏部會推閣臣一本，伏奉聖旨：'陳于陛、沈一貫都着兼東閣大學士，在內閣③同王錫爵等辦事。且昨有旨如何推掌院御史，這本內如何還寫李世達？爾該部將旨全不遵宣，好生專擅。又起召輔臣，乃上特旨，今次原着會推堪任閣臣，不曾着議起用閣臣，爾該部如何輒自開寫？況《祖訓》不許言大臣德政之戒，爾該部一意市恩，徇私壞公，本當依《訓》重治，且從輕，堂上官姑免究④，該司官着降雜職調用。欽此。'臣等仰見皇上英察之明，神武之斷，非但該部之臣無所辭其罪，而臣等亦無能爲之飾其非矣。然臣等伏思，閣臣自來原出特旨簡用，非由廷推，自萬曆十九年先任吏部尚書陸光祖，於⑤科道官同請會推，相因至今，遂以爲例，將都御史孫丕揚亦與會推之例。及奉旨'還將前次所推通寫來看'，又將原推李世達等舊稿一併寫上。此皆該部拘泥之過，檢點不周，非敢故違上命。至於會推閣臣，再列原任輔臣，誠爲非體，皇上責之何辭？然亦一時冒昧，念慮不及，非故違觸上意，伏望皇上開天地之心，宥諸臣之過，大發恩慈，收回成命，將該司重加罰治，俾得照舊供職。選司一司之官，已經三次罷斥，雖其自取，似亦可矜⑥。且皇上新簡輔臣，正望其掄選一時俊彥，而簡命初下，遂至降黜多官，

萬曆二十二年

—一二三—

① 漂 明抄本作"慓"，當爲"慄"之誤。通行本作"漂"，亦誤。

② 謹 明抄本作"董"。通行本改"謹"，是也。

③ 閣 明抄本"閣"下有"於"字。通行本刪之，可也。似亦可改"與"字。

④ 究 明抄本誤作"宄"。通行本改爲"究"，是也。

⑤ 於 明抄本也作"於"。似應改"與"。

⑥ 矜 明抄本作"矜"。通行本誤作"矜"。

寧無悚惕而不安乎？更望皇上垂察，赦其已往，伺其將來，天高地厚之恩，人人頌之無疆矣。臣等無任戰兢待命之至。謹題請旨。"奉旨："我祖宗累朝簡任閣臣，皆親自掄才委用。近來小人刁詰，妄逞議論，故陸光祖謀同科道，欲竊會推，徇私自用，此該部朋奸之弊。且本司屢屢市恩，以公濟私，未經重治，今次又輒專擅，曠《訓》違旨，量姑從輕處了。既卿等伸奏，該司官為首的降雜職調用，其餘姑各罰俸一年。內《祖訓》失誤抬頭中書官，姑且不究①。"

是日，大學士趙志皋等題："臣等於十四日因奉旨責降吏部文選司諸臣，次早清晨入閣具揭奏請，令中書官謄寫上進，今早文書官李浚發下臣奏原揭，伏奉聖旨：'我祖宗累朝簡任閣臣，皆親自掄才委用。近來小人刁詰，妄逞議論，故陸光祖謀同科道，欲竊會推，徇私自用，此該部朋奸之弊。且本司屢屢市恩，以公濟私，未經重治，今次又輒專擅，曠《訓》違旨，量姑從輕處了。既卿等伸奏，該司官為首的降雜職調用，其餘姑②罰俸一年。內《祖訓》失誤抬頭中書官，姑且不究。③'臣不勝欣躍，不勝惶懼。竊念司官為銓部小臣，已奉明旨謫降，乃因臣等之言改以罰治，此皇上浩蕩之恩不啻下及於庶官，而臣等左右之臣得荷信從之美，其為光寵更踰萬倍。惟揭內《祖訓》失誤抬頭，此雖中書官一時差錯，實由臣等失於檢點，均屬不敬，又荷洪慈寬宥不究，聖恩所以被及於臣者，蓋誠有加而無已矣。臣等無任激切感戴之至。謹具揭申謝以聞。"

十八日乙未，大學士王錫爵等題："頃者該吏部會推輔臣，伏蒙欽點閣臣二員，一見任詹事府掌府事禮部尚書陳于陛，一在籍詹事府協理府事禮部尚書沈一貫。看得舊例閣臣在籍點用者，差官行取到京，入閣辦事。今沈一貫尚在原籍，合應差人一員，並敕下吏部，移咨前去原籍行取，馳驛到京，同臣等入閣辦事。臣等未敢擅便，謹④題請旨。"奉旨："是。著便差官催取來京。"

① 究 明抄本誤作"宄"。通行本改為"究"，是也。

② 姑 據上文同月同日第一條記事，"姑"下應有一"各"字。
③ 據上文此處應有"欽此"二字。

④ 謹 明抄本作"董"。通行本改"謹"，是也。

十九日丙申，大學士陳于陛奏："爲再瀝衷悃懇辭新命伏乞聖明俯允以安愚分事。本月十五日該臣以吏部通具屢推閣臣上請，誤蒙簡用，隨即具疏控辭，奉聖旨：'卿性行端亮，學識宏深，政本重地，特兹簡任。宜殫竭忠猷，以贊化理。不允辭，吏部知道。欽此。'臣恭捧温綸，措躬無地。竊惟内閣之任，夙號樞①機，輔弼之臣，是稱心膂。我皇上以公論博咨之大廷，以簡命獨裁之淵鑒，瞻顧躊躇於三載之内，斟酌折衷於兩推之間，豈非帝王其難其慎之心、祖宗公聽並觀之意哉？顧必有非常特達之英，仰承異數，誠不意至愚極陋之質，亦玷旁求。皇上所以知臣用臣者，不過以臣講幃久侍，頗有獻納之勞，樸謹素持，粗識當官之誠爾。臣自量疎庸，靡堪寄任，由衷之辭業具前疏。然而俞旨未渙，寵獎有加，臣即愚昧，敢不祇承休命？但反覆思惟，實有踧踖不能自安者，謹再罄瀝以達微忱。臣材鮮片長，恩霑兩世，自先臣嘗叨備於政府，至微臣復篸迹於卿階，每受寵而若驚，敢越分而他覬？今一旦以本朝所稀覯者獨加於臣，遭際特奇，報稱不易，私門之忝竊既甚，公廷之責備彌多，竭臣之悃誠，不足酬聖朝殊尤之遇，罄臣之心力，不足成先臣未盡之忠。此臣心之不自安者一也。臣於春首兩疏乞歸，既緣偶抱於沉痾，兼亦自謀於止足。未蒙俞允，勉就班聯，猶謂拮据文史，庶少效其涓埃，即欲退偃丘樊，可嗣披其悃愊。若今不量屣羸而拜命，坐妨衆正之招延，匪但病體之莫勝，抑且初心之大謬。此臣心之不自安者二也。臣前日辭疏中亦嘗言及銓司譴責之事，續奉明旨已稍從寬貸，臣何敢再瀆？但自昔登賢常以人情，賢於夢卜，必使善類爲之彈冠。今臣誠至不肖，不敢強附賢者之列，然業已與②臣一貫同被宸簡，渙號治朝，而獨使司銓知名之士，尚未蒙回光之照。此臣心之不自安者三也。臣本駑鈍之人，素乏先容，自甘養拙，忽膺簡眷，出於非望，力微蚊蟻而任重丘山，既已逡巡不敢前矣，加以天威有赫，適與事會，内自循省，何能冒然承受？輒復不避煩瑣，仰瀆宸嚴，非敢睎難進之風，實以明可止之誼。伏望皇上鑒臣自知之審，非飾彌文，諒臣懇迫之情，非循故事，特收成命，俯容辭

① 樞　明抄本作"柜"。通行本改"樞"，是也。

② 與　明抄本作"於"。通行本改"與"，是也。

免，仍寬一銓郎之罰，以爲二臣之光，俾臣仍守舊官，當勉圖於稱塞，或即放歸田里，亦永載乎生成矣。臣無任懇切祈望之至。爲此具本親齎謹具奏聞，伏候敕旨。"奉旨："卿久侍講幃，忠勤茂著，密勿簡任，出自朕心。宜遵命入閣辦事，不必固懇。吏部知道。"

二十三日庚子，大學士王錫爵奏："爲八懇天恩俯憐病臣身廢心勞萬無全理亟放殘喘還鄉事。該臣昨又遵旨靜養旬日，不敢以閣中添用人多，貪於弛擔，驟言引去，蓋心體惓惓之聖懷，口誦諄諄之聖諭，臣雖鐵石爲腸，必無忍悍然不顧之理，此皇天厚土可以鑒臣之誠者也。第望皇上細考方書所載老人內外諸疾，有目已真盲，而尚得回光者乎？有脾虛寒顫，日夜不休，而尚可驟起者乎？聖諭今日曰靜養，明日曰寬假，而臣之忍死支吾，今日曰不管事，明日曰不見人。顧臣能閉門而不能閉耳，盲於目而不盲於心，閣中之事務可輟，而此身之憂責尚叢，則安得不愈苦愈煩且愈病也？且如近日吏部司官之事，臣已越俎饒舌，且託同官二臣代奏，而二臣亦已傳示諭旨爲臣寬處之故，臣知恩矣。然外間終謂臣力能盡得之皇上，而責臣愈備，乃臣亦自以其身之未去，而受責無辭。如此等事，無日不觸耳關心，如負芒棘，而謂臣能靜養得乎？頗聞皇上一向憐臣，以其爲主任謗任勞至於成疾，因此愈著疼痛。然則何不就臣病根而治之，使之粗全面皮，早辭憂責而去？則臣尚有生理，不然一面慰臣靜養，而一面處臣必不能靜之地，臣死不足惜，而可憐犬馬之身，業爲皇上減饍祈安一場，實不忍更自暴殄以絕後報之望耳！此疏通前共已八上，言詞愈短，氣力愈窮，從此恐遂至於不復能言，而皇上亦將追悔放臣之不早也。臣不勝窮迫哀苦貪生企命之至。謹①具奏以聞，伏候敕旨。"奉旨："朕之不逮有累於②卿。久知卿有去志，既屢屢懇辭，特准暫輟閣務，攜病扶親歸省，還加吏部尚書兼建極殿大學士，特賜路費銀二百兩、綵段六表裏，還着行人一員護送，馳驛去。待卿病稍瘳，着撫按官即時具奏召用。該部知道。"

① 謹　明抄本作"董"。通行本改"謹"，是也。

② 於　明抄本作"放"。通行本改"於"，是也。

是日，大學士王錫爵等題："照得原任掌詹事府事禮部尚書陳于陛，奉欽依內閣辦事，本月二十一日該本官於外廷行禮訖，今日恭遇免朝，本官尚未面見，不敢謝恩到任。查得近年陞任京堂官員未獲面見者，本衙門題請先令到任管事，後補面恩。本官係輔弼之臣，合照前例先行謝恩，到閣辦事，恭候皇上御門之日仍補面恩。謹題請旨。"奉聖旨："是。"

二十五日壬寅，大學士王錫爵奏："爲泣感再生恩眷控辭非分殊典懇乞聖慈俯爲病臣惜福以終餘造事。昨蒙皇上欽遣文書官潘朝用，將臣第八乞休疏發下，奉聖旨：'朕之不逮，有累於卿。久知卿有去志，既屢屢懇辭，特准暫輟閣務，攜病扶親歸省，還加吏部尚書兼建極殿大學士，特賜路費銀二百兩、綵段六表裏，還着行人一員護送，馳驛去。待卿病稍瘳，着撫按官即時具奏召用。該部知道。欽此。'臣恭設香案於榻前，令男衡跪讀，未竟，不覺以頭觸牀，放聲大哭，舉家老稚僮僕皆爲泣下。自古史册所載君臣相遇相成、終始完美如臣者，誰乎？一出再出、千負萬負、而又博異常之寵以去如臣者，又誰乎？烏鳥之私，臣向已累疏瀆聽，不敢復言。而皇上又爲之逆探其意於言表，明令扶母以歸，兼活二命如臣者，又誰乎？天地能覆載臣，而不能鞠育臣，父母能鞠育臣，而不能再生臣。茲皇上且再生臣矣，恩且加天地父母之上矣，而臣又何言以謝？何時何日以報也？至於聖諭首云'有累於卿'，尤切痛心。臣以至愚極陋之資，事至聖至神之主，中間粗心戇語不知經聖度多少包容，煩聖心多少裁答。甚至識淺望輕，外致紛紜，而反遺君父之調燮，此爲臣累君乎？君累臣乎？而皇上恩常上借、美復下推，此臣之所爲跼天踏地、不以感死、則必以愧死者也。夫皇上再生之恩爲重，則加銜進殿之恩較輕，臣負恩之愧爲重，則受寵不辭之愧較輕，而在他臣則可，在臣則必不可。臣之十疏九辭而偃蹇於未來，自來所未有也，臣之十日九病而瘝曠於在任，亦自來所未有也。犬馬有心，豈不知負？以故加恩不敢承，考滿不敢報。豈徒以全硜硜退讓之節？亦聊以補此嗛嗛未報之恩耳。乃今身去而官反加，報窮而恩愈厚，心之不安、又豈止百千倍於疇昔而已耶？至於別項恩典，除遣官、給驛不敢瀆辭，仍容另本具謝外，惟是路費過多，超越常格，亦望皇上併收成命，使臣卧榻餘生更無不安之念，庶幾餘福可徼，生理易還，而仰慰皇上遺簪敝履之愛者，未必不在於此也。臣不勝至感至悲惶恐踧踖之至。謹具奏聞，伏候敕旨。"奉旨："覽卿所奏，具見卿謙美至意，卿歷任已久，爲國忠勞，焦思致疾，朕心憫惻，進階示酬，出自朕心。又何負、何愧？卿宜遵明命，所辭不允。吏部知道。"

二十六日癸卯，大學士趙志皋等題："爲公務事。照得禮部尚書兼東閣大學士陳于陛，原係經筵日講官及正史副總裁，近奉欽命內閣辦事，例應同知經筵官，日侍講讀，並充正史總裁。理合題請，恭候命下，令其於①臣等一體供事。緣係公務事理，未敢擅便，謹題請旨。"

二十八日乙已②，大學士趙志皋等題："爲皇長子講讀事。先該禮部具題儀注，內開稱：輔臣侍班，照欽定日期，初出講連侍三日，以後每月初三、十三、二十三日輪侍，欽此。臣等除欽遵外，今臣陳于陛近奉欽命入閣辦事，合無於逢三日一體與臣等欽遵輪侍？臣等未敢擅便，謹題請旨。"奉聖旨："是。"

三十日丁未，大學士王錫爵題："爲哷恩遠離力疾恭陳辭悃事。該臣自蒙恩允放，於今數日，滿朝羨臣之榮遇，道路感臣之再生，臣亦沾沾自喜，以爲不幸而嬰此錮疾以負皇上，又幸而徼此寬恩以全母子，未暇思去離之悲也。乃今侰偬戒路，定於月之三十日啓行，咫尺瞻天，遂將萬里，而臣至是食不更咽，淚不勝彈矣。夫皇上以國士知臣，而臣豈以區區兒女子報皇上者哉？獨念自古人臣，以致位一品爲至榮，以歷事十年爲至久，以一心一德毀譽不淆爲至信，以全始全終進退以禮爲至美。數者臣皆兼之，而此猶外廷之所見也。至於硜硜暗室之守，朋友

① 於　明抄本也作"於"。似應作"與"。
② 己　"己"當作"巳"。

或不及知，而皇上不惟知之，且每形之褒獎，褰霪造膝之規，賢主或不能受，而皇上不惟受之，且多見之施行。甚者一家之中，自母及子無不蒙眷恤，一身之內自頂至踵無不蒙拊摩。又甚者爲之徹樂減膳，請命於天，而後知臣之真遭遇，真幸負也。祇今瀕行，恩典超①往軼來，不知皇情更何如其繾綣？臣獨何心，能無耿耿於羹牆之戀、寤寐之思哉？惟是疾已中於膏肓，命難期於朝露，闕門在望，瞻拜靡緣。臣別無可致情，祇得權創一禮，設香案於卧牀之前，臣力疾下牀，恭率滿家妻子僮僕，叩頭呼萬歲。事雖近褻，然亦見臣未死一息，形雖往而神未嘗不留，身侍母而心必不忍忘皇上也。去國孤臣，言盡於此。所望皇上慎起居以凝萬年之天眷，採芹曝以綿萬世之太平。而至如臣一介之有無生死，則幸以江湖鳧鴈視之，莫深繫懷，以重臣負也。謹②再陳辭悃，以代面恩。臣不勝回首依依一字一淚悲悵哽咽之至。謹具奏以聞，伏候勑旨。"奉聖旨："覽卿奏辭，朕知道了。炎暑長途，卿宜慎重調攝，以慰眷懷。該部知道。"

①超　明抄本作"起"。通行本改"超"，是也。

②謹　明抄本作"菫"。通行本改"謹"，是也。

①子 明抄本作"了"。通行本作"子",誤。
②陟 明抄本也作"陟"。似應作"黜"。

萬曆二十二年六月戊申,朔。大學士趙志皋等題:"昨蒙發下吏部陳有年一本爲通查待罪司屬員名遵諭恭請聖裁事,奉聖旨:'已有旨子①,如何又來瀆奏?姑且不究。欽此。'此事兩奉嚴旨,臣等分當祇承,敢復申救以瀆天聽?然臣等再三恭誦明旨,反覆思維,則有年之請,猶未深得皇上所以重譴諸臣之心。蓋皇上所以罪諸臣者,爲往日擅自推舉斥陟②之官,非爲今日會推閣臣之故,有年不知皇上之意,而漫爲之請,此所以不能釋然於皇上之疑也。夫朝廷行法,惟求其當而已,彼有心於冒犯者,固不可辭,若無干而誤及者,尤不可枉。今事關政體,臣等明知其誤且枉,儻隱忍含蓄而不爲具奏,是豈大臣忠直事主、愛惜人才之道哉?竊見四臣之中,惟黃縉署事爲頗久,而其餘三臣,若章嘉禎已陞稽勳司員外郎,不在選司,其王同休、黃中色俱調任未久,不與推陞之事。前蒙聖心明察,聖度優容,因臣等之請,旋即寬免,明旨一下,歡聲動地,真可以見人心之同矣。今若以前日推陞之事而概及之,臣子受君父之命,雪霜皆爲雨露,何敢言怨?第恐無以當其罪而服其心耳。況諸臣素行清謹,雅稱銓曹之選,見今四司員缺頗多,實患遴選之難,伏望皇上念黃縉已往之過,察三臣無辜之情,將黃縉重加罰治,王同休等仍照前旨罰治,免其降謫,則功罪明,賞罰當,而人心服矣。且首臣錫爵蒙予告暫歸,臣志皋、臣位當任事之初,臣于陛又當簡用之始,人心喁喁屬望,惟在皇上之於臣等信與不信而已。若皇上③虛心信之而行其言,豈惟臣民頌帝德於無窮,而臣等籍④被皇上之寵光,以立於百僚庶府之上,而所以收人心定國是者,未必不在此舉也,臣等之慶幸當何如哉?臣等冒瀆宸嚴,無任恐懼待命之至。爲此謹具題以聞。"奉旨"覽卿等所奏,悉合朕意。朕怒科道逢迎司官,朋黨部屬,玩旨欺君,故量行處耳。既卿等又來申救,章嘉⑤禎等姑降一級調外任用。黃縉已有旨了。吏部知道。"

③上 明抄本"上"下有一"肯"字。通行本漏之。
④籍 明抄本作"藉"。
⑤嘉 明抄本無"嘉"字。通行本補之,是也。

二日己酉,大學士趙志皋等題:"今日黎明時,臣等伏聞西華門樓火災,臣位、臣于陛急趨進朝,親詣歸極門,觀見勢甚猛烈，尚未止息。竊念地近宸宫，天心示警，不無驚動起居。伏望皇上少寬聖懷，慰安聖母。臣等下情不勝惓惓之至。謹①具題以聞。"

　　三日庚戌，大學士趙志皋奏："爲人言誣衊自省驚駭懇乞聖明賜察並放歸田以息②浮言以全晚節事。臣於數日間偶自失調，致發痢疾，三日不能進閣辦事。方擬今辰早進，忽於前晚籍籍③聞人言，陝西道御史趙文炳上疏論臣，臣即得其揭於臣位家見之，緣此待罪，復不敢進。是夜西華門災，震驚聖躬，臣亦不得隨二臣趨入禁內，恭候萬安，祇附名揭中，臣之罪也。臣細觀趙文炳之疏，首言國家論相當擇人，而臣之衰庸不堪爲相，更不堪爲首相。此臣之所日夜悚惕而不自寧者，而何待文炳言之？至於閣中票擬一時錯誤，誠或有之。然亦因閣中舊規，有應照常者，中書司之，選臣等類看。偶因一時本多，不及詳閱，或致錯誤。至於徇私謬票，則臣等決所不敢也，已蒙皇上洞悉，臣不敢深辯。張濤之疏，初以留中不下，亦不送揭，臣不敢辯。後因發抄，臣始得見，即草疏，擬於二十六日進上。二十五日即有首臣王錫爵予告命下，錫爵差人阻臣辯本，二臣亦以爲言，遂不敢上。而文炳以此爲臣若罔聞知，廉恥掃地，是不知留中之疏原不當發抄，原不當申辯，此尊君命之大義也。醫生汪九華，因用藥不效，久已疎遠，未嘗一薦之。家人祝四，自幼養育，用之跟隨，並不與事。袁長班一隨從之老役耳，有何腹心俾之過付？何不指其事而言之？臣起官南京國子監司業，喪妻未曾繼娶，安有建坊之事？六合，南北通衢，差人訪之自見。魏學曾奉旨械繫來京，此天威一時震發也，臣方驚駭，不能申救，何先事市恩於葉夢熊、而以督府爲奇貨耶？且葉夢熊與梅國楨相左，人皆知之，臣與葉夢熊之書何得爲梅國楨收執耶？張濤疏中已言，俞方策、盛有背④言梅國楨執有手書。是臣一人而有兩手書在梅國楨所矣。此試問之梅國楨、葉夢熊、俞方策自當立見。楊允恭，臣不知爲何如人，當倭入朝鮮，彼時聞有科部二臣薦之於朝，兵部題差募船，其銀原有差官押解

萬曆二十二年

一二三九

①謹　明抄本作"董"。通行本改"謹"，是也。

②息　明抄本作"悉"。通行本改"息"，是也。

③籍籍　明抄本作"藉藉。"

④背　"背"似當作"皆"。

前去，何爲有銀十二萬兩大半入於臣府也？麻貴被論聽勘時，臣尚在吏部，豈有兵部之將官、而通重賄於吏部左右堂哉？寧夏之變在臣入閣之後，兵部取貴用之，論功之時由御史劉芳譽敍之，本兵議覆，章疏歷歷可查，於臣何與？張傑陷入賊中，賊平方得脫出、推用，亦由兵部。此兩事俱係上年三月之事，非臣之所得與，況權由兵部，彼亦何故而重賄閣臣耶？皇上試召尚書石星問之，曾臣有一言及楊允恭與麻貴、張傑哉？傅國仁，亦不知其人，祁守清之理刑，自有主之者，鄭世華、鄭一麒見住京師，一貧如洗，何處得珠環首飾盃盤玉帶？此四人可訪而立見者也。至云前門賣茶之人得襲鎮撫，臣尤不知其故。李如柏、董一元於陞官始到朝房一見，陳汝忠、何良臣臣並未一睹其面，此皆兵部推用，不知何故撫拾而指及於臣？臣嘗言以事權歸各部，三年無囑託之書，四方乏金帛之餽，庭無履迹，門可張羅，此亦人人所共見者。臣有三子，次子鳳翀蒙恩新授後府都事，三子鳳威以例貢見任光祿寺署正，奉差還京，平素恪守家教，不敢妄爲。今因其前後繼到，便謂各處請託，沿途擾民，然不知在何衙門、何地方？以文炳之肯汙衊臣，乃不一一指而實之耶？臣歷仕①幾三十年，清操自守，雅尚益敦，今當懸車之年，確守在得之戒。家惟有數椽之屋，而郭外之田四十畝，此鄉人所共知者。豈居家如此，而居官反貪肆如文炳所言哉？文炳謂臣無尺寸之補，臣方自以爲愧。若謂臣心同穿窬，行同隴斷，以豐殖爲籌策，以排擠爲經濟，實不足以服臣之心。況皇上英明神斷，爲臣者方敬畏祇承之不暇，而文炳乃以嚴嵩、張居正例臣，何文炳之敢於無忌憚如此也？文炳係初入京，未諳臣之素履，而不知授意於何人而輒爲不稽之言以罥人。揣其意不過盛爲之辭以聳皇上之聽，且臣素性頗直，遇事不能容忍，炳爲此疏不過欲攻臣去，以快其心。而臣竊思之，國家建立言官，正欲其袪邪扶正以張公道，顧捏無影虛詞，謀害善類，恣行胸臆，混亂是非，雖有言責，如國是何？而臣爲世道懼矣。伏望皇上察臣之言，將臣之疏與文炳之疏、併前張濤之疏發下，問六部九卿堂上官，果有一事之實，臣願受斧鉞之誅，以爲大

① 仕　明抄本作"任"。通行本改"仕"，似可。

臣貪婪者之戒。而言官所言若虛，則自有世間之公道與朝廷之法紀在焉。但臣年已衰邁，自不當一日立於朝寧之上，以負皇上特達之知、簡任之意，伏望皇上察臣苦情，放歸田里，以謝人言，以全餘生，則所以厚臣者萬倍於留臣。使臣若不見幾早去，必有如張濤疏中所云，描畫者又將接踵而至如趙文炳者矣，臣將安所逃哉？臣無任恐懼待罪之至。爲此謹①具本奏聞，伏候敕旨。"奉旨："卿協贊政本，清慎素著。元輔初去，正賴卿殫忠匡弼，主張國事。浮言無端詆誣，朕心洞知，何必一一置辯？卿宜即出辦②事，以副眷懷。吏部知道。"

六日癸丑，大學士趙志皋奏："爲恭謝天恩事。臣德劣望輕，忝居輔任，因陝西道御史趙文炳肆言論列，臣懼無以自明，冒昧具疏引咎待罪，聽命處分。伏蒙皇上遣文書官劉宣，齎捧聖諭：'諭元輔：元輔告歸，正賴卿贊襄密務。卿清慎端謹③，持廉秉公，朕素鑒知。無根之言，朕已洞悉，豈可遽爾求退？宜即輔政，以副朕懷。故諭。欽此。'到臣私寓，臣即具香案，五拜三叩頭畢，恭捧展讀。臣不勝感激，不勝惶懼。臣竊思之，輔弼無狀，致被人言。據其指摘之事情，於法不止於罷斥，叨蒙矜察，遂荷優容。不惟譴責之不加，抑且褒嘉之濫及。既戒之以勿遽求退，又勉之以即出輔政。微臣何似，而荷皇上寬震疊之威，施浩蕩之恩如此也？臣因抱病未痊，不能躬叩闕下，謹具本恭謝外，所有原奉聖諭，謹尊藏臣家，以爲子孫世寶。臣無任惶悚兢惕之至。爲此具奏以聞。"奉旨："覽卿奏謝，朕知道了。卿宜遵諭旨即出視事，以慰眷懷。吏部知道。"

九日丙辰，大學士趙志皋奏："爲簿④劣招尤分宜引退懇乞天恩俯容休致以免恥辱以全名節事。臣因御史趙文炳論臣，臣以其疏內事情盡屬虛誣，忝居輔弼，可喪名節？因此上疏自明，兼求引去。伏奉聖旨：'卿協贊政本，清慎素著。元輔初去，正賴卿殫忠匡弼，主張國事。浮言無端詆誣，朕心洞知，何必一一置辯？宜即出辦⑤事，以副眷懷。吏部知道。欽此。'又蒙聖

① 謹　明抄本作"董"。通行本改"謹"，是也。

② 辦　明抄本也作"辨"。當爲"辦"之誤。

③ 謹　明抄本作"董"。通行本改"謹"，是也。

④ 簿　明抄本作"薄"。通行本作"簿"，誤。

⑤ 辦　明抄本也作"辨"。當爲"辦"之誤。

諭寵頒，溫綸懇到，既已諒其無他，復令即出聽政，分雖君臣，恩猶父子。微臣何似，而蒙皇上洞察隆眷如此也？臣數日病臥牀褥間，每欲興起鼓舞，不覺感激涕零，猶思報恩於萬一，而不知其有生死也。然一念或及於人言，則又不勝慚忿，若將無以自容者。念臣一生砥礪①，刻意矜持，爲臣思以效忠，守身期於免過，不意衰暮之年被人玷辱，得非臣平生素行猶未孚於人心？立朝大節猶未愜於衆志耶？臣念及此，深爲惶懼。反復思之，君恩高厚，等於天地，豈因人言輒忘大義？然臣子分義，同於冰霜，一有玷辱，豈可苟容？夫人臣，猶處子也，處子終其身而不汙，而晚節被誣，惟一死可以自明。人臣久於仕而不染，而晚年被論，惟一去可以自白。臣於今日祇有一去而已。然臣之所以不及時早去者，荷皇上天地之恩，未效涓埃之報，亦思以一竭忠貞，勉圖稱塞。至於今日而去，亦時②矣，使臣早能見幾，高飛遠引，豈彈射之所能及哉？年既衰邁，才復疎庸，機務重繁，邊烽交警，閣臣當任其責而又不能主張其事，他日之罪將安所歸？而臣懼其無所逃矣。伏望皇上鑒臣愚衷，匪由勉強，即賜骸骨而歸，以全始終，臣之所大幸也。臣無任瞻天仰籲之至。爲此謹具本奏聞，伏候敕旨。"奉旨："前有特諭，令卿即出輔政，如何又有此奏？卿素行砥礪，公論自明，今國事委託在卿，縱有浮言，朕終不爲搖惑。卿宜仰體眷懷，竭忠任事，毋得再辭。還着鴻臚寺官宣諭速出。吏部知道。"

十一日戊午，大學士趙志皋等題："今日蒙發下湖廣承天府守備太監孫政一本，參論鐘祥縣知縣李來命稽延進貢茶鮮事，奉聖旨：'李來命着錦衣衛便差的當官校，扭解來京問。今後解運上供品物，不許遲誤。曹恩着司禮監查究具奏定奪。該衙門知道。欽此。'臣等竊惟，上供起解之物，凡在地方有司官員，自當致謹承行。今知縣李來命遵奉不虔，據所參論，其罪何辭？切詳來命初時雖有違慢，後復親自押解，一念悔過畏法之意尚有可原。況今御用品物原未有留難損失，其罪猶似可宥也。蓋來命初任縣令，事體未諳，性氣輕率，則③有之，薄示懲創尚

① 礪 明抄本作"礪"，是也。

② 時 明抄本作"晚"。通行本作"時"，似誤。

③ 則 明抄本無"則"字。通行本補之，似可。

萬曆起居注

一二四二

可責成後效者。乃因一時之過差，致動九重之震怒，臣等反復思維，竊謂此事關係不大，以一縣令卑官，何難處置，豈必差官拏解、天威鄭重至此乎？臣等竊窺上意，或因近日人心怠玩，欲借此一施震疊，以肅朝綱。但事輕罰重，威恐褻而反不足以示懲，外廷煩言又將議及朝廷政令之失平，而臣等匡輔不效亦無所逃其責矣。伏望聖明曲垂寬宥，將李來命免行拏解，從重懲治，或下部議處，庶罪罰平允，而人心無不畏服矣。臣等冒瀆宸嚴，不勝悚息仰望之至。謹①具題以聞。"

十二日己未，大學士趙志皋等題："為印信事。照得詹事府掌府事禮部尚書兼翰林院學士臣陳于陛，近奉欽命內閣辦事，所有前項印信缺官管理。臣等推得原任禮部尚書兼翰林院學士守制回籍朱賡，服闋已久，堪補前缺。合無敕下吏部，行取本官前來掌管該府印信？臣等未敢擅便，謹②題請旨。"

十三日庚申，大學士趙志皋等題："昨該部覆薊遼總督顧養謙本，為遼東春間失事，係總兵楊紹勳等守禦不嚴，以致虜騎深入，殺掠數多，已奉明旨提問，待勘明之日具奏。撫道同在地方，合宜均任其責，但巡撫之責在於調度兵馬，兵道之責在於查覈功罪，而先期守備、臨事征戰，則皆總兵之事，非撫道所專責也。今楊紹勳止於提問，而以韓取善革任待勘，馮時太解京來問，固知皇上留神邊備，特重當事者之罰，以為後來者之懲。然罪輕罰重，非惟無以服二臣之心，且恐邊人因之必將玩視撫道，其武臣益放肆而不知戒警矣。臣等初奉嚴旨時，輒欲奏請，又恐聖怒方殷，未敢輕瀆。今總督具奏，兵部議覆，言詞懇切，情實具昭，似當依允。伏望皇上念邊政關係匪輕，邊臣功罪當審，俯俞兵部、督臣之請，俱從輕改議。馮時泰已械逮到京，乞如先年巡撫耿隨卿、御史沈汝梁故事，免其下鎮撫司打問，竟送法司擬罪。不惟二臣知懼知感，而邊圉將吏皆頌帝德之洪、王政之平矣。臣等豈敢故為是喋喋、以瀆天聽哉？臣等無任激切仰戴之至。"

①謹　明抄本作"董"。通行本改"謹"，是也。

②謹　明抄本作"董"。通行本改"謹"，是也。

萬曆起居注

① 辦　明抄本也作"辨"。應爲"辦"。
② 府　明抄本作"事府詹"，是也。
③ 謹　明抄本作"董"。通行本改"謹"，是也。
④ 諸龍光　此條明抄本與通行本所記，皆或作"諸光龍"，或作"諸龍光"。孰正孰誤，待考。

　　十六日癸亥，大學士趙志皋等題："爲纂修本朝正史事。茲者臣等欽奉敕諭纂修前項書籍，其各項纂修等官已經題奉欽依，除欽遵外，照得禮部尚書兼東閣大學士臣陳于陛、臣沈一貫，原係正史副總裁官，近奉欽命入閣辦①事，原任詹府②事劉虞夔，聽勘在籍，止有少詹事馮琦，給假未到。見今開館伊始，事體方啟，其副總裁事務缺官管理。臣等推得禮部左侍郎兼翰林院侍讀學士教習庶吉士范謙、日講官左春坊左庶子兼翰林院侍讀余繼登，俱堪充副總裁官。恭候命下，行令二臣，不妨日講侍班、教習各原務，欽遵赴館供事。其余繼登合量陞詹事府少詹事兼翰林院侍讀學士，仍暫署翰林院印信。乞敕吏部查照施行。臣等未敢擅便，謹③題請旨。"奉旨："是。吏部知道。"

　　十八日乙丑，大學士趙志皋等題："爲日講事。照得禮部尚書兼東閣大學士陳于陛，原係日講官，近奉欽命內閣辦事，所有員缺合當推補，臣等推得禮部左侍郎兼翰林院侍讀學士劉元震，原係日講官，堪補前缺。合候命下，令其與馮琦等一體經筵、日講供事。臣等未敢擅便，謹題請旨。"奉聖旨："是。"

　　是日，大學士趙志皋等題："臣等於十六日文書官劉宣發下刑部問過諸龍光④等罪情一本奉聖旨：'諸光龍、陳仲登都着錦衣衛用三百斤大枷枷號三個月，發烟瘴地面永遠充軍。欽此。'臣等竊念，諸龍光、陳仲登俱市井棍徒，因挾詐不遂，投謁謀官，肆逞刁風，皇上重加懲治，無非爲世道禁奸鋤惡至意，臣等又復何言？但念諸光龍等之刁惡，其情雖甚可惡，而其罪不至於死。當此炎蒸之時，枷以三百斤大枷，命不踰時斃可立待。臣等於三月二十六日循例奏請熱審，奉聖旨：'如今天氣暄熱，兩法司並錦衣衛見監罪囚，笞罪無干證的放了，徒流以下便減等擬罪發落，重囚情可矜疑並枷號的，都寫來看。欽此。'後因刑部覆本，奉聖旨：'各犯准免枷號，查照原擬發遣發配發落，史受着司禮監奏請發落。欽此。'此皇上念祖宗欽恤之典，大施浩蕩之恩，明旨昭然可頌也。乃今獨於諸龍光二人，因一時之霆怒，加必死之重刑，恐違皇上好生之心，而亦非王政之平也。

臣等謹因兵、刑二部各具疏奏請，待候俞旨，未敢輒瀆。今臣等偶同入朝進閣，見其兩家妻子蒲伏道旁，號咷痛哭，哀告求解，臣等至不忍聞，因此冒昧控訴。伏望皇上開天地之仁，施解網之德，俯俞兵、刑二部之請，免其枷號，或從遠戍，則皇上恩威先後不測，而天下稱蕩平之治矣。臣等忭幸當何如哉？誠無任激切仰籲之至。謹具題以聞，伏候敕旨。"

是日，諭內閣："覽卿等所奏申救諸光龍等，引例欲免枷號。朕怒這廝每潛注①京師，假稱山人、星術士名色，專一朋合顛倒是非，以無為有，紊亂國是，故以此處，以警刁徒，乃禁奸鋤惡之端故然。前雖有旨熱審恩免，今此輩與欽恤例不同。諭卿等知之。"

十九日丙寅，大學士趙志皋等題："為印信事。照得左春坊左庶子兼翰林院侍讀署院事余繼登，近奉欽依，陞詹事府少詹事兼翰林院侍讀學士、充正史館副總裁去訖，遺下印信，合照資次遞遷。臣等推得右春坊右諭德兼翰林院侍講簫②良有，堪掌左春坊印信，右春坊右中允兼翰林院編修劉應秋堪掌司經局印信。合無將簫③良有量陞左春坊左庶子兼翰林院侍讀，李廷機量陞右春坊右諭德兼翰林院侍講，劉應秋量陞司經局洗馬兼翰林院修撰，各掌管本坊局印信，經筵、日講侍班各照舊。遺下右中允員缺，推得國子監司業周應賓，資次相應，堪改右春坊右中允兼翰林院編修。伏乞敕下吏部查照施行。臣等未敢擅便，謹題請旨。"奉旨："是。吏部知道。"

二十二日己巳④，大學士趙志皋等題："我國家設六部以總攝兩京十三省大小政務，而命尚書一人以為之長，率屬奉職，以贊天子，任至重也。一部之事，惟尚書主之，雖有侍郎為之貳，不能干與，蓋事統⑤於專也。至於司屬，則惟奉行之而已。尚書臥病不出，司屬官每日必造私寓請命而後行，於事體殊為未便。事權之重輕，關一部之體統，尚書誠不可一日虛其位者。臣等曾為吏、禮二部侍郎，稔知其事。昔年皇上曾賜堂匾⑥曰：

萬曆二十二年

一二四五

①注　明抄本作"住"。通行本作"注"，誤也。

②簫　明抄本作"蕭"。

③簫　明抄本作"蕭"。

④己　"己"當作"巳"。

⑤統　明抄本作"統"，是也。

⑥匾　明抄本作"扁"。通行本改"匾"，是也。

'正己率屬'，所以董正尚書者誠重矣。乃今六部尚書至有四部請告，或經月餘，或淹數月，屢奉明旨，猶未即出。近日始有兵部尚書石星因遼東有警進部管事，而吏、户、禮三部各有所司，俱關國家重務，乃猶杜門而不出焉，臣竊惑之。夫身既在朝廷，自當以心體國，而不得顧其私。斯時何時也？國事惟艱，宇內多故，天變時警，邊鄙未寧，正協恭圖報之時，非潔身養志之日。且三臣者，又皆守正奉公，殫忠効力，政事畢舉，人望攸歸，有古大臣師師之風，乃各閉門杜迹以求去，恐非清朝之盛事。何以令遠近羣庶見也？伏望皇上念六部事權匪輕，大臣關係攸重，俯俞臣等之請，特頒諭札下吏部，宣示三臣，令其即出視事，毋得再託疾求去。庶朝廷之上，大臣雍雍於上以率其僚屬，小臣亦得濟濟於下以修其職業，而天下稱太平矣。臣等無任激切仰望之至。"

二十五日壬申，諭內閣："朕自入夏以來，常中暑濕，身體屢生熱毒，又頭眩軟弱，時享暫遣官代行。其各執事官務要嚴謹虔潔供事。卿等可傳示該部寺官知道。諭卿等知之。"

二十七日甲戌，大學士張位題："爲懇乞天恩俯賜卹典以光泉壤事。臣一介草茅，遭逢聖明知遇，贊襄密勿，圖報未遑。奈臣命薄，福過災生，臣妻誥封夫人曹氏，不幸於舊年閏十一月病故。比蒙恩賚優隆，存歿感激。竊念臣平生多病，素志淡薄，俯仰護落，嗣息艱難。幸賴臣妻曹氏，爲臣上事老母，日奉菽水之懽，下畜宜子，以圖宗祀之計，與臣調理藥餌，得保癃羸，勤儉拮据，不至窘乏。自臣結髮至今將四十年，隨臣居官者二十餘年，俾臣外無交讌，內無私顧，皆其力也。臣自喪妻室，真若失左右手矣。臣叨受天地之恩，身依日月之際，糟糠無祿，既不能同受其榮，時事多艱，又不敢請告言去。今臣妻停柩在京日久，意欲送歸安葬，奈宅兆未卜，且道路甚遙，孤襯旅魂，形影相吊，徬徨無措，晝夜不安。查得萬曆十一年大學士余有丁妻封淑人病故贈夫人水氏乞恩，伏蒙欽賜祭葬，與臣妻事體相同，而臣妻生前已封夫人，尤與例合。特具下情，含悲籲懇。伏乞聖慈矜①憐，特賜臣妻祭葬，以全臣夫婦情義，則殘荊賤布終始蒙雨露之施，而結草啣環死生圖高厚之報矣。臣不勝悚惕懇祈之至。爲此具本謹題奏聞，伏候敕旨。"奉聖旨："覽卿奏，朕已具悉。卿妻准照例與祭，差官造葬，還加祭一壇，以示優恤，仍給與夫船，應付回籍。該部知道。"

　　記 注 官
　　　　禮部左侍郎兼翰林院侍讀學士　臣劉元震
　　　　詹事府少詹事兼翰林院侍讀學士　臣馮琦
　　　　詹事府少詹事兼翰林院侍讀學士署院事　臣余繼登
　　　　左春坊左庶子兼翰林院侍讀　臣蕭良有
　　　　司經局洗馬兼翰林院修撰　臣劉應秋
　　謄 錄 官
　　　　中書舍人　臣周治隆
　　　　鴻臚寺主簿　臣鮑佐

① 矜　明抄本作"矜"。通行本誤作"矝"。

① 七　明抄本"七"前有"萬曆二十二年"六字。
② 己　"己"當作"巳"。
③ 簫　明抄本作"蕭"，是也。
④ 院　明抄本無"院"字。通行本補之，是也。

七①月丁丑，朔。

五日辛巳②，大學士趙志皋等題："爲科舉事。准禮部手本，該本部題，應天府例該於萬曆二十二年八月初九日開科鄉試，合用考試官二員，照例行翰林院定擬，上請差用。奉聖旨：'是。欽此。'欽遵備行到院。臣等推得堪任正考官二員、副考官二員，列名上請。伏乞各於内欽點一員，令其照例馳驛星夜前去，及期考試。臣等未敢擅便，謹題請旨。
　　計　開
堪任正考官二員
　　右春坊右諭德兼翰林院侍講　李廷機
　　左春坊左庶子兼翰林院侍講　簫③良有
堪任副考官二員
　　右春坊右中允兼翰林院④編修　周應賓
　　司經局洗馬兼翰林院修撰　劉應秋。"奉旨："是。着點了的去。"

十一日丁亥，大學士趙志皋奏："爲國事甚明人言誣詆乞賜罷斥以明心迹以昭國是事。臣昨日出閣到於私寓，接得南京浙江道御史柳佐揭帖爲政府簸弄天威妨賢妬諫懇乞聖明照察特賜庸鄙輔臣亟圖新政以回泰運事，首言臣因會推閣臣激怒皇上，盡逐一司之官，次言臣不能救盧明諏、逯中立二諫官，致皇上有逐諫臣之名，三言臣以陸光祖同科道請會推爲非，而欲汲引私人爲專擅地，四言臣不能力救黃縉，爲迎合上意。此四事皇上知之，廷臣知之，惟佐不能知之，臣亦不必深辯。使臣之所爲悉如佐之所論，是臣爲欺君誤國、妬賢忌能，豈但爲一時之奸臣，固萬世之罪人也！若佐之所言或得於一時之誤傳，或出於忌者之口給，而捉風影以言事，則臣當之者無媿心，而恐言者知之有赧色耳。至謂兵部尚書石星以片紙投臣，而臣唯唯以依聽，此蓋不知閣部之事體者。兵部關係軍務，與各部不同，每事必來面議，未的則復以小簡達之，而閣臣裁酌以行，此從來舊規，無非求事體之妥當，而乃謂營私背公耶？又何知所壞者果何邊事也？臣家族頗衆，當此大比之年，有由南北監中科舉者，彼自爲其功名，臣安得而禁之？而遂以爲邀游通賄則過矣。然佐亦爲風聞，而何遂形之奏章耶？至謂臣爲伴食，爲覆餗，自計已明，人心久棄，此切中之事情，當爲臣之鍼砭。若謂皇上因之而眩①惑，輔臣因之而效猶②，致使銓部之脂韋、言官之附勢如往昔故事，此臣以爲佐之過慮也。夫閣臣專擅事權，斯可以作威作福，今之閣臣非往昔比，皇上英明神斷，閣臣恐恐救過之不暇，雖無挽回之功，實無專擅之罪，而謂皇上因之而眩惑者，非也。三臣共在閣中，事同一體，每票必擬之而後書，每事必議之而後行，惟執筆批寫或有專主，而謂輔臣因之以效尤，亦非也。往時閣部事體相關，凡有推陞，必相擬議，而今則併其事而還之矣，而何俟於脂韋也？往時言官亦有爲閣臣之羽翼者，今則足迹不及閣臣之門矣，而何慮其附勢也？此臣因事自明，不得不辯，而實非臣之本意也。臣竊思之，國家立百司庶府以分理大小事務，雖職任各有所專，而事君則無二義。同心爲國，矢志奉公，大臣無以固寵爲私，小臣無以希榮爲念。論一事則惟其是，不必是己而非人，用一人則惟其賢，不必徇同而惡異。道義所在，願人臣同趨之，一趨於道義，則忠愛之心自生，靄然同志以相孚。勢利所在，願人臣同避之，一趨於勢利，則比昵之私頓起，侈然同欲以相比。方今聖明在上，正大小臣工相與協和之時，而乃各懷其私，各挾其意，分門植黨，別類生嫌，臣切恥之，臣切憂之。臣豈爲一身謀哉？爲國家慮，爲世道慮耳。漢、唐、宋之覆轍可鑒也。臣願皇上大擴聖衷，虛心馭下，盡捨成心，不留夙怨，仍諭大小臣工悉去偏辟之私心，大反公平之正道，視國如家，事君如父，而一切争功忌能妬人利己之意消融殆盡，一時君臣雍雍然游於太和宇宙間，豈不稱盛治哉？而天變可消、四夷可賓矣。若臣則老矣，無能爲矣。願皇上放之歸田，全其餘喘，優優林泉以觀太平之盛治，雖死有餘榮矣。臣無任激切仰望之至。爲此謹具本奏聞，伏候敕旨。"奉旨："今國事倚任於卿，凡浮言誣詆的，

① 眩　明抄本作"眩"。通行本作"貶"，誤也。

② 猶　明抄本作"尤"。通行本作"猶"，誤也。

朕俱置之不理，正以安卿之心。前卿因言辭避，已有諭旨慰留，如何又有此奏？卿公忠爲國，衆論自明。覽奏正大剴切，有關世道人心，朕知道了。宜即出視事，毋得更辭。吏部知道。"

十二日戊子，大學士趙志皋奏："爲傳示聖諭恭謝天恩事。臣因南京浙江道御史柳佐論臣，該臣具疏奏辯，伏奉明旨勉留，原本發科送部咨臣另謝外，又蒙渙發天語，親灑宸翰，諭次輔等傳示於臣。當該二臣親至臣寓，開緘捧讀聖諭：'朕見近來科道小臣不以國事爲重，專以挾私附和部屬，南北朋謀結黨，誣詆大臣，朕已洞悉，故每重治之念卿等又屢來申救，俱從薄罰了。柳佐狂畜，將朕獨斷故捏言掇拾，引救同類，朕欲加之以罪，猶恐元輔之心不安，故置之不問。元輔公忠自守，朕素知之，聞與卿等同心協理，朕心嘉悅。卿等可傳示元輔，不必疑阻，宜即出安心輔理，以副眷懷。諭卿等知之。欽此。'臣莊誦感激涕零，莫知所自。伏念皇上深居九重，明見萬里，悉羣情如指①掌，察朋謀如見其肺②肝。且嘉臣以公忠自守，又勉臣以即出輔理。念臣何幸，蒙皇上眷遇如此！臣自皇上簡任以來，三年於茲，雖未敢與乎事權，亦得竊聞乎朝政，樸忠自勵，清操益持，自愧衰庸，屢求罷斥，乃皇上復任之以國事焉，此正竭忠圖報之時也。不意世道澆漓，人心乖隔，任事未有月餘，謗書已至四及，若非皇上推誠置腹，臣何能靦顏立朝？本當即出赴闕謝恩，進閣辦事，祇因偶染微疾，不能趨走，伏望聖慈俯察。臣無任感激恐懼之至。爲此謹具本恭謝以聞。"奉旨："覽卿奏謝，朕知道了。卿宜即出視事，以慰眷懷。吏部知道。"

十五日辛卯，大學士沈一貫奏③："爲披瀝悃誠辭免殊常恩命以重政本以安愚分事。臣養病守制服闋在籍，本年正月十一日伏蒙聖恩起南京禮部尚書，四月十七日改禮部尚書，兼翰林院學士，協理詹事府事，充正史副總裁。起家再遷，大溢涯分。方具疏辭免伏候明旨間，續接邸報，節奉聖旨：'陳于陛、沈一貫都着兼東閣大學士，在內閣與同王錫爵等辦事。欽此，欽

① 指　明抄本"指"下有"諸"字。

② 肺　明抄本無"肺"字。

③ 據萬曆二十二年九月十六日記事，此本寫於萬曆二十二年六月十四日。

遵。'到臣私家。殊恩洊加,道路駭視。臣無奇才異能,而蒙此過超特異之命,捫心愧集,實難冒處。輒敢覼縷上陳,冀回淵聽。竊念臣性資偏陋,才術迂疎,偶以書生章句之學,誤蒙先帝作養,官之詞林。繼蒙皇上簡拔,置之講幄。由此侍燕閒承恩資者十有餘年,謹奉責難陳善之明訓,夙夜不敢不兢兢。而學無本源,不過牽綴往說,復習舊聞,曾微解頤之功,豈有沃心之益。其間周歷坊、局、詹、翰等衙門,左右吏、禮二部,典司教習纂裁之事,佐理禮樂銓衡之司,又皆碌碌因人,悠悠寄坐,靡所建豎,有忝生平。每謂朝廷若綜覈名實,大弊羣僚,如臣不才,所當首斥,雖天幸不至斥逐,豈可不自揣度而早引避乎?是以丁亥京察既竣,抗疏陳情乞身省侍,蓋自附於量力之義,而庶幾可戴面目於人間耳。自告以來,五載庭闈,三年苫塊,祗祈耕田鑿井、歌誦太平,以苟延其多病之軀,無他望矣。不謂今年春甫及禫除,再叨起召,臣之為心已切驚惶。何又拔臣於稠衆人中,徵臣於數千里外,而寄以輔弼極重之任?臣孤蹤去國,久違日月之光,野性宜山,永絶風雲之想,未審何自猶辱記存?豈非聖心至厚,不忘簪履之遺,聖學日新,猶念旂幝之舊,故雖疎逖,被此隆施!天地高厚,豈足喻深恩?父母顧復,豈堪比知遇?臣不勝感激,至於涕零,亦不勝震駭,至於服栗矣。蓋恩愈大則報愈艱,榮愈加則憂愈厚。他官不稱,其所妨廢有數,而憂責亦小,至於閣臣之職,豈可易言?豈徒看詳奏啟,評駮文章?至於參預機宜,典司政本。然則仰贊聖德,俯儀百寮,寄國安危,為時輕重,孰非憂責靡得而辭?臣居常傍觀,每為人難之,豈今謬及而能自信以為易耶?回視史事,相去無筭。史事尚憂其難辦,不敢苟承,此則天下第一難勝之職,宜用天下第一難得之人,臣何人斯,而敢拜殊命,將貽負乘之羞,而致覆餗之咎矣。夫形之所拘,雖尺寸不可展,力之所局,雖銖兩不能加,使駑駕車,駑固懲傷,車亦凌震。蓋自知不稱而受之,以至僨事者,誤也,知其不稱而使之,以至失人者,亦誤也。事惟求當,反汗何嫌?適足以見聖心之無我矣。伏顧皇上收回成命,容臣照舊在籍養病,別遴大賢,以充斯選，則美錦不壞於學製之人，良璞不傷於拙工之手，而臣則容貸之仁優於甄收，所以掩其素短全其晚節者，恩更萬也，歌舞頂戴，當世世無極矣。臣不勝踧踖待命之至。爲此，謹具本差義男沈安齋捧奏聞，伏候敕旨。"奉旨："卿性行端恪，學識淵醇，政本重地，特茲簡任。宜上緊起召，殫竭忠猷，以贊化理。不允辭。吏部知道。"

是日，大學士趙志皋奏："爲人言交謫雖誣自省合宜早避懇乞天恩仍容辭免以全臣節以存國體事。臣昨以南京浙江道御史柳佐論臣，臣方上疏自明，奉聖旨：'今國事倚任於卿，凡浮言誣詆的，朕俱置之不理，正以安卿之心。前卿因言辭避，已有諭旨慰留，如何又有此奏？卿公忠爲國，衆論自明。覽奏正大剴切，有關世道人心，朕知道了。宜即出視事，毋得再辭。吏部知道。欽此。'臣捧誦綸音，感愧交至，復何敢言！乃次日南京福建道御史章守誠之疏又至矣。守誠，臣同鄉人也。以後進而論先輩，其必以臣惡①顯過，爲鄉里所不容，攘臂爭先言之。及讀其疏，乃僅僅掇拾柳佐之餘②言，益以京中傳聞之數事，且許之以斷斷恂恂，鄉黨自好，則守臣之用心亦忠厚矣。臣于佐之疏以爲不必深辯，則于守誠又復何言？言之愈覺支離，且懼煩瀆聖聽。然臣當此之時，若欲息言者之口，無聒聖聽之聰，祇有一去可免耳。臣觀二臺臣之疏，其罵詈臣者皆謂庸鄙不足以當國事。夫庸人碌碌無奇，上之不足以建立功勳，下之不足以表率僚寀，國家何所賴於斯人而用之？至於鄙夫，又有患得患失之心，絕無憂國憂民之志，孔子所謂不可事君者也，而何使之居宰輔之位耶？昨蒙聖諭之頒，勃起忠君爲國之念，今接守誠之疏，復興逃名避世之心。夫人之樂與斯人爲徒者，以斯世斯民有三代之直道也。今人心不古如此，何樂與斯人爲徒而居之？且古人有言曰：'居高者必危，履盈者必傾。'又曰：'知止不殆，知足不辱。'今臣處高盈之勢，而昧傾危之幾，當止足之時，而忘殆辱之戒，此臣之所常以爲懼者，而何怪於人言之疊至哉？君命敢不欽承，人言殊爲可愕。《易》曰：'君子見機③而作，不俟終日。'貴知幾也。使臣於今日不去，而後復有

① 惡　明抄本於"惡"上有"有巨"二字。通行本漏掉。
② 餘　明抄本作"余"。通行本改"餘"，是也。
③ 機　明抄本作"幾"。通行本作"機"，誤。

繼守誠言者至焉，是臣昧見幾之哲，而蹈終日之悔矣，不其兩失之哉？伏望皇上察臣愚衷匪有矯飾，容臣休致以完名節，臣之所大幸也。臣無任激切待命之至。爲此謹①具本奏聞，伏候敕旨②。"奉旨："昨已有手札留卿，凡浮言誣搆的朕俱置之不理，何必一一與較？元輔身任國家重寄，若因人言輒欲引避，豈不有妨政務、致孤眷倚？忠君報國乃卿素志，宜仰體朕心惓惓，速出贊理。不允辭。吏部知道。"

是日，大學士趙志皋等題："先該吏部題准，願告教職歲貢生員行移翰林院考試官。臣等欽遵會同詹事府少詹事兼翰林院侍讀學士署掌院事余繼登，出題彌封嚴加考試，取中文理平通上卷六卷，文理亦通中卷三百四十二卷，俱堪授教職。臣等謹③將試卷封進，伏乞聖裁，發下開送該部，查照臣等先後題准事理施行。謹④題請旨。"奉旨："是。該部知道。"

是日，大學士趙志皋等題："臣昨日出閣至朝房，兵部尚書石星來見，言：錦衣衛缺掌印官已經三月，本部推舉該衛僉書都指揮⑤使李如禎二員請旨簡用，未蒙俞允，隨經三次催請，俱未蒙發下。且極言衛中事務繁劇，不可一日缺官。又極稱宋金老成、清謹⑥可用，非前掌衛事者之比。星懼煩瀆，不敢再奏，而託臣等代爲之請。臣等竊思，錦衣衛即古執金吾之官，爲皇上親近侍衛之臣，司分番護駕、直宿、守皇城四門禁地，而輦轂之下，四方人民雜居，盜賊奸宄叢集，若非時加巡緝，何以安戢地方？而督率之責任⑦於掌印官一人，印無掌管，則權無統攝，人心玩狎，有⑧事廢弛，衛中事體幾於不振，甚非所以肅紀法而尊朝廷也。臣等仰窺皇上之意，必欲選擇得人而後授之，此在皇上一加之意而已。願皇上即諭兵部，將前所推二員別再推二員，於四員之中擇其尤者而任用之，戒其舊習之汙，飭以維新之政，寧不感激思奮以稱任使職⑨！臣等見尚書石星詞意懇切，而臣等忝居輔弼，義有攸關，冒昧代請，伏惟聖裁。無任祈仰之至。"

二十五日辛丑，大學士趙志皋等題："本月二十一日，該太

①謹　明抄本作"董"。通行本改"謹"，是也。
②旨　明抄本漏"旨"字。
③謹　明抄本作"董"。通行本改"謹"，是也。
④謹　明抄本作"董"。通行本改"謹"，是也。
⑤揮　明抄本"揮"下有"僉事宋金、都指揮"七字。
⑥謹　明抄本作"董"。通行本改"謹"，是也。
⑦任　明抄本作"在"。通行本誤作"任"。
⑧有　明抄本作"百"。
⑨職　明抄本作"哉"。通行本誤爲"稱"。

萬曆起居注

常寺以孟秋時享屆期，恭請聖駕親祭，臣等謹①即擬票上請裁定。今早文書官劉宣到閣，傳奉聖諭：'朕自入夏以來，常中暑濕，身體屢生熱毒，又頭眩軟弱。時享暫遣官代行，其各執事官務要嚴謹虔潔供事。卿等可傳示該部寺官知道。諭卿等知之。欽此。'仰惟皇上孝格天親，禮嚴享祀，雖當法宮靜攝之時，無忘宗廟居歆之感，臣等捧讀綸音，相與讚頌不已。但自今歲以來，朝講久曠，警蹕希聞，一時在廷諸臣，靡不顒顒跂仰，冀因秉珪薦鬯之余，得遂就日瞻天之願，而臣等竊以伏熱未除，炎蒸尚鬱，因此照常擬票，不敢煩請。今奉傳諭，乃知聖體果中暑濕，偶爾違和，臣等犬馬下情倍切瞻戀。謹②即將聖諭傳示該部寺官，令嚴謹③虔潔，以仰體皇上假廟祗祀至意。伏願皇上慎加珍調，益臻康太。恭俟天氣涼爽，臣等另當齊心竭悃，懇請臨御朝堂，躬承大祀，以慰中外臣民之所切仰。除諭札尊藏閣中，謹④具題恭候萬安以聞。"

二十八日甲辰，大學士趙志皋等題："爲公務事。照得制敕房辦理一應典禮文章，事務浩繁，缺人辦理。臣等查得誥敕房辦事中書舍人茅聞詩，寫字端楷，堪補制敕房辦事。再照誥敕房書寫文官誥敕揭帖，亦屬缺人。查有起居注館辦事中書舍人周治隆、史館辦事鴻臚寺署丞吳子敬，俱堪補誥敕房辦事。恭候命下，令各欽遵供事。臣等未敢擅便，謹⑤題請旨。"

是日，大學士趙志皋等題："爲纂修本朝正史事。茲者欽奉敕諭，纂修前項書籍，其各項纂修等官已經題奉欽依。除欽遵外，見今始事開局，查有翰林院修撰翁正春、編修馮有經、史繼階⑥，俱堪充正史纂修官，中書舍人汪一元、原謄錄官中書舍人曾仕鑑，俱堪充催纂官，試中書舍人楊俊臣、楊文裕、翰林院孔目楊震楚，俱堪充牧掌官，史館冠帶監生沈霖，堪充謄錄。通候命下，令各欽遵赴館供事。所有各官生日給酒飯等項，合行各衙門照例一體支給。臣等未敢擅便，謹⑦題請旨。"奉旨："是。"

是日，大學士趙志皋等題："爲纂修本朝正史事。頃該臣等

---

① 謹　明抄本作"董"。通行本改"謹"，是也。

② 謹　明抄本作"董"。通行本改作"謹"，是也。

③ 謹　明抄本作"董"。通行本改作"謹"，是也。

④ 謹　明抄本作"董"。通行本改作"謹"，是也。

⑤ 謹　明抄本作"董"。通行本改作"謹"，是也。

⑥ 階　"階"當作"偕"。

⑦ 謹　明抄本作"董"。通行本改作"謹"，是也。

於本月二十四日具題，史事開局，查有翰林院修撰翁正春、編修馮有經、史繼階①，俱堪充正史館纂修官，試中書舍人汪一元、原謄錄官試中書舍人曾仕鑑，俱堪充催纂官，試中書舍人楊俊臣、楊文裕、翰林院孔目楊震楚，俱堪充牧掌官，史館冠帶監生沈霖，堪充謄錄。恭候命下，令各欽遵赴館供事。臣等已經具題，未蒙批發。切照修史重典，先該禮部行欽天監擇到八月初二日開館，前項各官未奉欽依，不敢趨事。今開館期逼，伏望速賜批發，以便各官供事。臣等未敢擅便，謹題請旨。"奉旨："已有旨了。"

　　記 注 官
　　　　禮部左侍郎兼翰林院侍讀學士　臣劉元震
　　　　詹事府少詹事兼翰林院侍讀學士掌院事　臣馮琦
　　　　詹事府少詹事兼翰林院侍讀學士署掌院事　臣余繼登
　　　　左春坊左庶子兼翰林院侍讀　臣蕭良有
　　　　司經局洗馬兼翰林院修撰　臣劉應秋
　　謄 錄 官
　　　　鴻臚寺主簿　臣鮑佐

① 階　"階"當作"偕"。

萬曆二十二年八月丙午，朔。

二日丁未，祭先師孔子遣大學士陳于陛行禮。

是日，大學士陳于陛題："爲祭祀事。萬曆二十二年八月初二日祭先師孔子，欽奉聖旨：'遣大學士陳于陛行禮，欽此。'臣謹欽遵恭詣行禮畢，例該於皇極門復命。是日奉旨暫免朝，謹具題以聞。"

是日，以纂修本朝正史，巳時開館。

四日己酉，文書房傳出聖諭："今日覽文書，內有南京兵科給事中盧大中救激馮時太，窺探上意，瀆奏市恩，好生可惡。馮時太前既向擬明白，着發極邊衞分充軍，即速僉發。盧大中姑罰俸半年。該部知道。"

五日庚戌，大學士趙志皋等題："臣等昨日出閣至夜分傳睹聖旨：'近來部屬缺人，往往推的都是黜陟科道，可見爾該部樹結黨類，好生可惡。何選革子①職爲民，堂上官姑免究，該司官都降雜職，調極邊用，還同何選不許朦朧陞用。這缺另推來。欽此。'臣等看得，何選係欽降官員，吏部冒昧陞轉，以致仰干天威，懲治何辭！臣等竊思，前此皇上屢旨降罰銓司者，或謂其矯抗而行私也，深罪言官者，或謂其黨護而忤觸也。若選司郎中馮生虞，任事未久，爲人醇篤謹愼，非偏私矯抗之徒，何選舊爲御史，臣等不記其所建白何事，似原未有過當觸忤之論。今奉明旨，並行重處，似乎譴責太過。夫選司所舉，不行則亦已矣，乃盡令降謫一空。降官推陞，不准則亦已矣，乃反加革職不敘。況何選先蒙欽降，懲創日久，原未奉有不許推陞之旨。又近日降斥官員陞轉部屬者，不止何選一人，俱蒙聖恩俯從，今獨於何選靳此一轉，又因選一人而譴及銓司諸臣，似非所以廣一視之仁，昭平明之體也。臣等竊見在廷小臣，屢經天威震肅，咸知凜凜畏法，安靜守職，私幸士風將有轉移之機，朝廷可臻寧謐之治。今又忽有此處分，則嚴旨屢降而反輕，天威愈

①子　明抄本作"了"，是。

重而反襃，不懼不足以示懲，而徒以傷善類之心，乖朝野之望。臣等輔弼失職，何能自安！伏望皇上擴天地之量，寬仁矜宥，將馮生虞重加罰治，員外等官量加罰治，免其降謫，何選仍留原職。更望敕下該部，今後凡遇欽降官員，不許朦朧陞轉，庶朝政平而人心欽悅，法令當而衆志恪遵矣。臣等不勝惶悚祈籲之至。謹具題請旨。"

諭內閣："聖諭：前者已有旨諭卿等，此輩羣小每當重處，屢有卿等申救，都姑從輕罰處。今該部公然欺玩不遵，好生巇視無禮。故激朕怒，是以處治。既卿等又來奏解，該司官爲首的姑降一級調外任用，其餘的各罰俸一年，何選着遵旨不許朦朧推用。卿等可傳示吏部知道。以後有旨處分一、二憸邪狂畜，卿等不必每來救激。諭卿等知之。"

六日辛亥，命左春坊左庶子兼翰林院侍讀蕭良有、司經局洗馬兼翰林院修撰劉應秋，爲順天府鄉試考官。"

八日癸丑，秋分，祭夜明於夕月壇，遣侯徐文煒行禮，尚書石星分獻，以註籍改遣尚書衷貞吉分獻。

是日，大學士趙志皋奏："爲病目給假事。臣自前首臣王錫爵予告而歸，皇上不以臣爲不肖，以次令臣當事，中心皇皇，惟以勿稱任使爲懼，旦夕馳驅，罔敢懈怠，勉副皇上委任之意。不意於本月初二日趨走入朝，偶感風熱，致觸兩目俱發紅腫。醫者以爲當避風日，因此三日未能進閣辦事。臣思國家多事之時，人心搖撼之際，自宜夙夜在公，祗承調護，而乃偃卧不出，深懷恐懼。又恐皇上不察，以臣爲晏安怠惰，罪益何辭。因此冒昧具陳，並乞假調理，稍待痊可，即出辦事。伏望皇上賜鑒。臣無任悚惕懇恩之至。爲此謹具本奏聞，伏候敕旨。"奉旨："卿偶有目疾，准暫給假調理，痊可即進閣辦事。吏部知道。"

十日乙卯，以萬壽聖節頒賜，三輔臣每金萬壽字二副，銀萬壽字二副，金篆字八個，金書符一道，銀書符一道，講官劉元震等四員各金萬壽字一副，金篆字三個，金書符一道，銀書符一道。

是日，以萬壽聖節頒賜，大學士趙志皋銀六十兩，綵段四表裏，張位、陳于陛每銀五十兩，綵段四表裏，講官劉元震等四員各銀二十兩，紵絲一表裏。

是日，大學士趙志皋奏："爲恭謝天恩事。臣因病目給假，伏蒙皇上欽遣御前牌子邢忠到臣寓所，頒賜臣鮮猪一口，鮮羊一羫，白米二石，甜醬瓜茄一罎，酒十瓶。臣因目疾未痊，尚畏風日，不能親自徒跣迎候，謹具香案於中堂，令臣第二子、後府都事趙鳳翀，代行五拜三叩首①禮，臣於私室同焚香衣冠叩首畢。因念臣以草茅賤軀，偶沾微恙，荷蒙聖慈匪頒珍惠，恩榮三錫，賜重百明②臣不勝感激天恩之至。爲此謹具本奏謝以聞。"奉旨："覽卿奏謝，朕知道了。禮部知道。"

十三日戊午，大學士趙志皋奏："爲恭謝天恩事。臣以給假在於私寓，伏蒙皇上以萬壽聖節，欽賞臣銀六十兩、綵段四表裏、金銀萬壽福祿字符，又以臣待罪首臣，寵賜特隆。自揣庸愚，昌能勝受。臣又以給假，不能同二臣隨班叩頭行禮。謹先具本恭謝，容臣開假之日，恭赴闕下叩頭謝恩。臣無任感激悚惕之至。爲此謹具本具③謝以聞。"奉旨："覽卿奏謝，朕知道了。禮部知道。"

十五日庚申，以中秋令節頒賜三輔臣上尊珍饌。

是日，又賜元輔趙志皋膳九品，秋露白酒三④缾，月餅五個，次輔張位、陳于陛每膳七品，秋露白酒三缾，月餅四個。

是日，大學士趙志皋奏："爲朋謀巧於飾非容臣據實申辯以昭國是更乞將臣罷免以謝人言事。臣接得陝西巡按御史林道楠揭帖爲輔臣謀國無當乞賜亟行議罷別簡吳才委任以重政本事，內言臣徇顧養謙之情，以孫鑛代爲總督，謂臣所用非所宜，不能建大謀、決大計。臣見之不勝駭愕。豈道楠不知顛末，而妄生議論耶？抑故知前事、而巧爲孫鑛粉飾耶？臣請爲皇上歷陳

①首　明抄本作"頭"。

②明　明抄本作"朋"，是。

③具　明抄本作"奏"，是。

④三　明抄本作"五"。

之。自皇上從廷臣之請，遣顧養謙總督薊遼，迨後養謙道①書於臣等，謂孫鑛遺書責其封貢失策，兼欲代其行事，並以鑛二書抄白遺臣等。及臣等至首臣王錫爵榻前，亦出養謙之書以示，三臣共相駭愕。今養謙與鑛書俱在臣等可證。一日，孫鑛到臣朝房，臣即以養謙書中之意語鑛，鑛直任不辭，且示那邊事體可做，又囑臣云：若總督請代本至，不須下部，竟②自擬票。及養謙請代疏至，臣以此復商之於錫爵，共言養謙到任未久，又無失事，何故奪其總督以與人？遂擬孫鑛代宋應昌管經略事，顧養謙照舊總督。而鑛不喜矣。次日，遂有科道三臣盧明諏等三疏連上，有爲留行而誦其臺呂之才者，有代請以總督兼經略者，有以本兵總督經略三人當同心共濟者。部議未復，孫鑛未行，乃養謙又以廷議異同、事多掣肘、而請代之疏又至矣，其詞更加迫切。臣等見養謙苦情，而鑛不欲爲經略，又奉皇上明旨：以遼左失事，革治撫道，別選才望，以飭邊務。於是臣等遂擬孫鑛以總督兼經略，請旨上裁，而鑛行矣。其事之始終情節蓋如此。始而欲代養謙爲總督者，鑛也，既而不得總督而不行者，亦鑛也。始而因鑛之求代而固讓者，養謙也，既而因鑛之不行而力請者，亦養謙也。始而擬孫鑛經略之票者，臣等之初議也，既而因鑛不欲經略而顧從養謙之讓總督者，臣等之萬不得已，而實非本心也。三臣之薦孫鑛者，爲當以總督歸之，而以養謙或改之他鎮，或取之還部。今道楠之論，則又以孫鑛才地不相宜，不當使之爲總督，而歸咎於臣。何數人之同心者而顧相矛盾如此即③？蓋前者欲鑛得總督之切，故極其薦揚，今者爲鑛掩求代之迹，故爲之粉飾，而不知其前調④之諛、後調⑤之遁、兩無當也。人心之明如觀火，人心之公如平衡，道楠將安逃哉！其譽鑛也，不足爲鑛加，其論臣也，不足爲臣損。惟是黨其⑥所憎，假朝廷之耳目而恣一己之私情，借言官之譏彈而淆人心之公道，臣不能不爲世道慮也。流言飛文譁於民間猶且不可，況朝寧之上而可顛倒黑白、變亂是非、以撓國政乎？惟是臣以庸劣之才，而濫竽輔弼之地，以衰朽之年而尚昧止足之義，此臣之所大愧也。然臣非貪祿位而固寵榮者，惟以素抱

① 道 "道"當作"遺"。

② 竞 明抄本作"竟"，是。

③ 即 明抄本作"耶"，是。

④ 調 明抄本作"詞"，是。

⑤ 調 明抄本作"詞"，是。

⑥ 其 明抄本在此字下有"所同而故伐其所異，附其所好而因毀其"十六字，是。

忠貞而當此簡任，未能效補袞寸絲之報，夙持耿介而遭此乖隔，未能篤同舟共濟之忠，猶有不了之願。而今亦已矣。當此世界，值此人情，雖周公且不免有流言之懼，而況今之人乎？臣不去則言不止，臣何足惜，恐辱國威，損國體，且以瀆天聽，臣心豈能安乎？夫三至之言，雖慈母不能不疑其子，而彈章之屢上，豈嚴君能信其臣乎？臣思至此益懼矣。伏望皇上俯鑒臣衷，放歸田里，無使人言再至。雖萬世之下自有公論，能無咎臣之早不見幾乎？然臣又思之，公是公非，原在天下，匪可得私。道楠之疏聞以①上數日矣，留中不下，無非爲閣臣惜體面，以便進閣辦事。然臣於今日進閣，明日彈章又至，辟如養癰者不決之潰，治水者不導之流，癰必爲患，水必爲害矣。伏望皇上將道楠之疏與臣之疏，並發下，吏部、都察院從公訪實，直陳是非，無使清明之朝亂言盈廷，以成蕩蕩平平之治。豈非世道之一大幸哉！臣豈不知，在廷之臣亦有懷忠耿而抱公憤者、而不敢言，當事者吞聲忍氣而不敢言、徒付之一嘆而已。臣爲世道人心敗壞之極，輒不辭狂妄而興言及此，伏惟皇上賜察。臣無任欣躍仰望之至。爲此謹具本奏聞，伏候敕旨。"奉旨："朕念遼左多事，以孫鑛夙負才望，特兹專遣，用捨大權，出自朝廷。前遣宋應昌，羣小朋謀阻撓，今日又阻孫鑛，好生欺君誤國。林道楠不幹地方正務，乃敢恣意妄言，淆亂軍國大計，姑着罰俸一年。覽奏事情明白，朕已洞知，卿即出辦事，以副眷懷。不允辭。吏部知道。"

十七日壬戌，皇上萬壽聖節，頒賜三輔臣上尊珍饌。

是日，又賜元輔趙志皋膳十一品，壽麵全，長春酒五瓶，次輔張位、陳于陛每膳九品，壽麵全，長春酒三瓶。

是日，大學士趙志皋等題："爲恭遇萬壽聖節，禮當慶賀，該鴻臚寺奉旨傳免。竊念臣等備員輔弼，受恩深厚，與在廷諸臣不同，犬馬私衷不能自已。臣等謹②於本日恭詣會極門，行五拜三叩頭禮，稱祝聖壽，以少伸臣子慶忭之誠訖。謹③具題知。"

二十日乙丑，兵部接出聖諭："昨者有旨，以東征復王京三戰之捷，着爾部及禮部便擇日告廟宜[①]，擬敍有功人員。如何許久不見奏來？好生欺玩不遵，顯然藐視不敬。着作速擇日定擬來看。"

二十三日戊辰，大學士趙志皋等題："臣等於本月十三日恭擬順妃謚號揭帖一本、並山西按察司僉事陳一簡敕稿揭帖二本進上，未蒙批發。查得禮部手本開稱：順妃焚黃禮，欽天監擇定於八月二十七日。今謚號不蒙欽點，不敢撰擬冊文。其陳一簡敕稿揭帖不蒙批發，不敢寫敕。二事俱當刻期遵行，有難遲誤者，伏望速賜欽點、批發，以便行事。臣等未敢擅便，謹[②]題請旨。"

二十七日壬申，大學士趙志皋奏："爲暮齒漸衰心疾復作懇乞天恩蚤賜罷免以遂生還事。臣因眼疾給假調理，奉聖旨：'卿偶有疾，准暫給假調理，痊可即進閣辦事。吏部知道。欽此。'荷蒙聖恩，當即請醫，用洗藥以袪外腫，湯藥以除內熱，而目疾稍愈。方期靜養數日即可入閣辦事，不意數日之內而怔忡之疾陡然大作。臣舊有此疾，蓋因生禀原薄，心血素虛，一有感觸，怔忡遂起，幸醫調治，兼以靜攝，不發者幾十餘年矣。乃近日因事偶觸，遂爾復作，又嘔血數口。往時或三四日而止，或五六日而止，今已踰十日矣。痛則如錐之刺骨，止則如石之墜腦，飲食少進，坐臥不安，氣血漸羸，形神俱敝。醫診視皆謂心之受傷，由來已非一日，必須假歲月之久，加靜養之功，謝去塵勞，獨居密室，必使神完氣充方可全愈。臣竊思之，年力既衰，心血就耗，即如醫者所言，猶恐未能取效，況臣膺國家之計，爲當事之臣，幾務浩繁，責任重大，此身一日不出，則此心一日不安，豈能優然臥病而玩視國事哉？且臣年已七旬，光陰有幾，家山萬里，極目爲遙，更切首丘之望耳。伏望皇上念臣迫切至情，非有矯飾，早放生還，臣之所大願也。臣無任激切懇祈之至。爲此謹[③]具本奏聞，伏候敕旨。"奉旨："覽卿

萬曆二十二年

－二六一

①宜　明抄本作"宣捷"，是。

②謹　明抄本作"董"。通行本改作"謹"，是也。

③謹　明抄本作"董"。通行本改作"謹"，是也。

疏，知目疾已愈。今國家多事，日望卿速出匡贊主張。卿精力素强，安得以偶疾遽①爾求去？宜仰體眷懷，便進閣辦事。還着鴻臚寺官宣諭朕意，不允所辭。吏部知道。"

是知②，大學士趙志皋等題："爲作養人才事。萬曆二十年六月內，該臣等題奉欽依，考選得進士王象節等十八名，改翰林院庶吉士，併一甲三名及前科庶吉士傅新德，俱在院教習讀書，及每月二次考試。外經今三年，臣等驗其所學，頗有成效。照得舊例，庶吉士教習有成，各授翰林院等官。隨查萬曆十九年八月內，該臣等照例題准，將庶吉士黃輝等考試授官訖。今次合無俯容臣等，查照前例，於本月二十八日，將見在庶吉士十五名從公考試，評品文字高下，擬開等第名次，封卷上進，恭候聖明裁定施行。緣係作養人才事理，未敢擅便，謹③題請旨。"奉旨"是。"

二十九日甲戌，以平壤奏捷祭告，南郊、遣定國公徐文璧，北郊、恭順侯吳繼爵，太廟、駙馬侯拱宸，各恭代。

是日，以奏捷祭告郊廟收回脯醢果酒，頒賜三輔臣三卓。

是日，大學士趙志皋奏："爲恭謝天恩事。臣因病患怔忡，調治不痊，不能進閣辦事，上疏乞伓④，伏蒙皇上欽賜諭札，遣文書官李文輔宣諭臣遵命即出，入閣輔理。臣扶病出中堂，焚香，行五拜三叩頭禮，領訖。又奉聖旨：'覽卿疏，知目疾已愈。今國家多事，日望卿速出匡贊主張。卿精力素强，安得以偶疾遽爾求去？宜仰體眷懷，便進閣辦事。還着鴻臚寺官宣諭朕意，不允所辭。吏部知道。欽此。'遣鴻臚寺官隨到臣寓宣讀，臣再焚香，行五拜三叩頭禮畢。臣思草芥餘生，衰殘朽質，蹇嬰心疾，仰叩天閽，帝眷洊加，臣心益懼，分宜匍匐趨朝，黽勉供事。因衰年心血已耗，恐一時病體難除，更乞天恩寬假數日，俟調治稍愈，即入閣辦事。祇恐臣一出而言者復至，溷瀆天聽，損傷國體，而臣益滋懼矣。臣無任感激愧悚之至。爲此謹具本奏謝以聞。"奉旨："覽卿奏，暫准給假數日，即入閣視事。若再有妄言的，朕自有處。密勿首臣，國事倚重，今後

① 遽　明抄本作"遽"。通行本作"遂"，誤。

② 知　明抄本作"日"。通行本作"知"，誤。

③ 謹　明抄本作"董"。通行本改作"謹"，是也。

④ 伓　"伓"應作"休"。

凡奏本未下，勿復據揭申辯，託辭不出，耽誤政事，致拂朕心。特諭遵守。吏部知道。"

是日，大學士趙志皋等題："本月二十五日，該臣等題稱：舊例庶吉士教習有成，應授翰林院等官，合無將見在庶吉士十五名，從公考試，評品文字高下，擬開等第名次，封卷上進，恭候聖明裁定等因。二十六日奉聖旨：'是，欽此。'臣等今日於東閣前糊名考試評品，得庶吉士上卷文理優長九卷，文理亦順六卷。謹封進呈御覽。伏乞欽定發下，臣等拆卷填名，查例上請銓除官職。其丁憂林應元、養病劉孔當、鄒廷彥，服滿病痊之日，另行題請。謹具題以聞。"奉旨："是。"

記注官

　　禮部左侍郎兼翰林院侍讀學士　臣劉元震

　　詹事府少詹事兼翰林院侍讀學士　臣馮琦

　　詹事府少詹事兼翰林院侍讀學士署院事　臣余繼登

　　左春坊左庶子兼翰林院侍讀　臣蕭良有

　　司經局洗馬兼翰林院修撰　臣劉應秋

謄① 錄官

　　鴻臚寺主薄②　臣鮑佐

　　中書舍人　臣周正謨

① 謄　明抄本亦作"謄"。應作"謄"。

② 薄　明抄本作"簿"，是也。

萬曆起居注

① 慎　明抄本作"填"，是。

② 概　明抄本作"慨"。通行本作"概"，誤。

萬曆二十二年九月丙子，朔。大學士趙志皋等題："爲作養人才事。本月二十八日，該臣等將見在庶吉士十五名糊名考試評品，得上卷九卷，中卷六卷，封進御覽，具題請乞裁定、發下，拆卷填名，查例上請銓除官職等因，奉聖旨：'是。欽此。'臣等查得舊例，庶吉士授官，上卷照依原中進廿甲第，銓注翰林院編修、檢討，其中卷量除科道官。臣等茲謹拆卷慎①名上請，伏乞敕下吏部查照施行。緣係作養人才事理，臣等未敢擅便，謹題請旨。

　　　計　開

銓註翰林院編修、檢討九名

王象節　沈漼　韓爌　高克正　楊繼禮　陳懿典　劉生中　李騰芳　傅新德

量授科道官六名

張同德　姚文蔚　陳繼春　何熊祥　趙之翰　馬文卿。"

是日，大學士趙志皋等題："近該都察院、吏科先後題稱科道乏人，乞要照例行取選用，恭候日久，未奉俞旨。臣等仰窺聖心無他，不過爲臺省要秩，不宜濫授非人，因此稍示遲難，務在慎重其選。此真用人如不得已之意，臣等雖至愚昧，敢不將順！但竊思國家設立臺諫，寄之耳目以糾飭百司，然其官誠甚安，但當慎簡以充，並其官曠缺不補，則非政體矣。行取之典以待中外勞閥茂著、治理超卓者，其事誠甚重，然但當精擇而取，若併其事久輟不行，則又非政體矣。今六科在任者僅十數人，各道御史亦稱差用不敷。夫風憲官員所管者，皆係要地，缺一人則滋一事之弊，遲一日則缺一方之望，所關非細。至如行取事，近經題奉欽依，每年一舉。今内而中書、行人、外而推官、知縣等官，多有積俸五年以上者。若復稍緩取用，目下朝覲事迫，必且遲至明年。遷延壅滯，於事體人情俱屬非便。是以近日在廷諸臣，每接見臣等，必以此爲言。又今吏部尚書孫丕揚新蒙簡命，受事方新，亦以此事難緩，首爲題請。若復停寢不發，恐無以慰大廷顒顒之望，作丕揚任事之忠也。臣等爲此，不避煩瀆，備述上聞。伏乞皇上鑒察，概②允吏部之請，仍下臣等擬票，務令博訪老成端重之士以充選任，不得濫取倖進，有負皇上爲官擇人至意。斯於政體有光，人情允愜。臣等不勝惓惓仰望之至。"奉旨……

五日庚辰，大學士趙志皋等題："先該臣等題爲印信事，照得掌詹事府事缺官已久，前項印信無人管理，臣等推得禮部左侍郎兼翰林院侍讀學士教習庶吉士范謙，見今庶吉士俱已散館授官，本官職事稍暇，合無敕下吏部，將范謙量改吏部左侍郎，兼官照舊，令其不妨正史副總裁及侍班原務，協理詹事府事，署掌印信等因。臣等已於八月三十日具題訖，未蒙批發。切照前項印信，難以久缺，況本官資序實係相應，伏乞聖明裁察，速賜批發，以便欽遵管理。臣等未敢擅便，謨①題請旨。"

六日辛己②，起居注館缺謄錄官，以史館辦事中書舍人周正謨改補。

八日癸未，命禮部左侍郎兼翰林院侍讀學士范謙，改吏部左侍郎，兼官照舊，不妨正史副總裁及侍班原務，掌詹事府印信。

九日甲申，重陽令郎③頒賜三輔臣上尊珍饌。

十一日丙戌，大學士趙志皋奏："爲人言踵至自分難留懇乞聖明即賜罷斥以全名節事。該福建道御史冀體爲衰庸輔臣虧名辱國懇乞聖明亟允致歸以重政本事，奉聖旨：'元輔公忠廉介，朕所素知。冀體這廝，肆言誣詆，掇詞攻擊，姻④生可惡。且裁決庶政，皆自上斷處，非臣下所尚擅。況我朝不置丞相，深爲於此。這憸邪羣畜，每每欲市恩結黨，故摘章句煩文，逞私排擠。這所奏必有指使之人，着使從實回將話來。欽此。'臣亦不敢多言以瀆天聽，謹據冀體疏中言臣之必可去者六、皇上之不可留臣者三，爲皇上陳之。冀體歷舉古之名臣賢相以責臣之

萬曆二十二年

一二六五

①謹 明抄本作"董"。通行本改作"謹"，是也。

②己 "己"當作"巳"。

③郎 明抄本作"節"，是。

④姻 明抄本作"奸"，是。

萬曆起居注

不能,是誠不能也,臣無容贅。至於以善則歸君、過則歸己,又以大臣被論,當靜聽處分,不宜抗辯,此臣之所不能無言者。閣臣司密勿之寄,以代王言,章奏發下,臣等議票以候聖裁,是擬議雖出於臣,而可者用之,不可者改之,是一字一言皆皇上主裁也,而何有於過之歸君、善之歸己也?公論出於臺諫,然非臺諫之所得私也。所言是,人共是之,所言非,人共非之,雖大臣體重、不宜屑屑爭辯①,而是非顛倒、其如世道何?此臣之所以不容於不辯,而在言官不當徒責之人也。臣不敢他舉,即如冀體②,所謂道路流言賄囑未遂,陷死營求之卓明卿,此舉朝所共知其人者,乃冀體獨不知、而加之於臣耶?餽果鮮於跋扈將軍之門以窺利借援,此稍有知識者不爲,而謂臣爲之,況臣爲皇上輔弼親信之臣,而何事於求援耶?史館因貼寫吏乏人,而取五人於考功司,此從來舊規也,而遂謂臣爲受賄耶?此關人之行檢名節,冀體借之以傾人,爲公論乎,非公論乎?而欲臣之無辯亦難矣。惟宰相係華夏之重望,而不能使疆場之無事,作天子之舟楫,而不能什③霄旰之深憂,沉溺寵榮而不能投疏以決去。以此三者謂皇上之必不可留臣,此則切中臣今日之情形,而當服之以決去就者也。臣亦不待冀體之言也,臣每疏未嘗不切切求去,祇以聖恩之隆重,聖諭之嚴切,難以重違,輒復靦顏就列,致有今日之譏彈,而臣悔亦晚矣。臣思之,致身爲國者,事君無已之心,見機④而作者,人臣守身之哲。臣以衰庸,進不能爲國匡襄,徒取負乘之誚,退又不能自審明決,致來衆口之譏,是進退兩無所據,而臣益無所容其身矣。伏望皇上察臣愚衷,容臣辭去,以息衆論,庶未死之餘生,得以苟全於盛世,而生平之名節,不致虧損於衰年,臣之所大幸也。臣方具疏上請,忽聞發下冀體回話,奉旨:'冀體降三級,調外任,不許朦朧推陞。'臣⑤不勝惶懼,而臣之罪益重矣。更望皇上少寬霆怒,免其降謫,庶臣之心得以稍安,而又可以免於衆口耳。臣無任激切仰籲之至。爲此謹具本奏聞,伏候敕旨。"奉旨:"朕總覽乾綱,事必親斷,羣小故作不知,借此肆行排擊,不但誣卿,明是誣朕。妄言的已有旨處分了。卿宜仰

① 辯 明抄本作"辨"。
② 體 明抄本在"體"後有"所言"二字,是。
③ 什 明抄本、通行本皆作"什"。疑應作"釋"。
④ 機 明抄本作"幾"。通行本改作"機",誤。
⑤ 臣 明抄本"臣"下有"益"字。

體朕心，即出任事，不必又爲救解。吏部知道。"

十二日丁亥，諭内閣："朕覽文書，見朝鮮國王一本，言東征將吏勞苦功績，一本欲定許其款貢，以保彼國社稷。可見前者阻撓東事的，專爲一己之私，壞亂國家大事，好生不忠。卿等可將此本票行來看，還作一諭，切責兵部畏難羣小，全無主張，有失其畏威來遠之意，致使彼國有懼暴之奏請，全無中國馭夷威德之策。諭卿等知之。"

十四日己丑，大學士趙志皋等題："本月十二日，該文書官劉宣傳出聖諭，以朝鮮國王奏爲倭夷請許款貢，令臣等擬諭，切責兵部不能主張大事，有失馭夷之策。臣等當即恭擬諭旨，已蒙裁定發行訖。昨又見兵部接出聖諭：'朕思東事阻撓壞亂，皆羣小朋謀指使附和，以致失策，此皆河南通①御史、今刑部山西司主事郭實首爲倡階，阻撓大事，以致羣小結黨附和，妄議煩興，造言惑衆，好生不忠可惡。本當拏問從重究治，姑且革了職爲民，不許朦朧推用。其餘兩京前後條議東倭事情的，爾兵部通查、寫職銜名字來議，内有阻封貢造言惑衆的，另寫來説。該部知道。欽此。'臣等竊惟東倭之事，喧争逾年，竟未結局。好議者隨聲附和，既未嘗灼見其情形，當事者首鼠依違，又不能堅執其籌畫。中外觀望，彼此推挨，久誤大計，仰煩主憂。臣等既相與歡服神謨睿斷，變出尋常，而又自念匡襄無術，豈勝悚仄。但邊務戎機，乃是本兵專職，實有不能諉其責者。蓋自倭退王京之後，今日請封，明日請貢，今日議許，明日議罷，一人倡之既守其成説而不移，衆人和之遂以爲公論而難犯。使秉樞管者真見其利害若何，果有定畫，縱有發言盈廷，自當毅然擔荷，乃一概畏徇，朝議夕更，道旁之室奚成？中流之柱何在？此誠本兵之責也。比奉旨停罷封貢，又已數月於此。若果倭夷悉遯，屬國無患，則前之議許者爲非，議罷者爲是，東方之事可置勿談已。乃據所聞守備胡澤之言，及朝鮮爲倭乞款之奏，則小西飛之在遼陽尚未還，羣倭之屯聚釜山尚未遯。請

① 通　明抄本作"道"。通行本作"通"，誤。

而不遂，禍必復中於朝鮮，議援議戰議兵議餉，爲憂方大。自非聖天子留心邊計，特發嚴諭，則昔之建議者皆默默無言，任事者復泄泄自處，國事安危將遂可託避晏然而已乎？此又本兵之責也。至於今日，仰遵聖明諄切之諭，俯揆時勢區畫之宜，則主斷固不可不決，而謀慮尤不可不審。蓋年來議論不同，有但言封者，有並言貢者，有言封貢俱不可者，有言可封不可貢者，必須通行經略大臣，偵探倭勢緩急，酌量聽許，既不可拂遠夷之情，又不可失天朝之體，務令計算萬全，然後恭請聖裁，方爲得策。若仰恃天威有赫，便謂人言靡撓，獨令明主自親其畫，而臣下反得借口避難，後來即有紛紜，咎將誰執？是問之謀而不斷，與今之斷而不能審其失，正相等，而本兵之責滋益大矣。伏乞皇上亟敕兵部，將屢次督責嚴旨，備行經略侍郎孫鑛，速探倭情的確，熟議上請，仍立限期，勿致耽誤。自今日始，在廷大小諸臣俱宜靜聽籌畫，不得出位妄談，多言亂聽。其以前條議倭事諸臣，迹雖涉於符同，中亦各有意見，宜令該部存其奏章，預備採擇，且不必列名上奏。惟我皇上恢弘聖度，諸凡異同之言，一切包涵，勿輕處分，以待事定之日處置得宜，異議者自當愧眼。其郭實雖曾建言，原與封貢事體無涉，今譴罰過重，似宜量從寬貸，庶幾國體人情兩無所傷，馭外安內，在兹一舉，顒望特垂省察，將臣等題揭批發下部，一併酌議施行。臣等不勝忠愛懇籲之至。"奉旨："覽卿等奏，甚見慮悉周詳。且條議東事，雖各盡①之見，實乃陰相附和，徇私撓亂，欲墮成功，阻壞大事，以致事無結局，又②造言辱國，惑衆欺君，朕是以怒。既卿等奏來，着該部分別請③議，内其中言有可用的，着該部採擇議行，其造言辱國逞臆煩言的，遵旨開寫來奏。且郭實阻於遣使授命之初，其罪難辭，姑量處治，原不爲過，着照前旨行。其餘戰守封貢事情，着該部便作速詳議來行，務保萬全，毋致後悔。該部知道。"

十六④辛卯，原任太子賓客吏部左侍郎兼翰林院侍讀學士陞禮部尚書兼翰林院學士今行取沈一貫奏："爲簡擇過踰揣量莫

① 盡 "盡"字下應有"一己"二字。參見下文本月二十一日記事。

② 又 "又"字之上應有"況"字，參見下文本月二十一日記事。

③ 請 明抄本作"諸"。

④ 六 明抄本"六"下有"日"，是。通行本"六"下無"日"字，誤。

稱再瀝衷悃俯容辭免恩命事。該吏部會推閣臣，特蒙皇上簡臣兼東閣大學士入閣辦事，隨差行人司行人沈時來，於七月十八日到臣私家傳旨，催促起程，馳驛赴京。臣望闕叩頭祗謝訖。先該臣於六月十四日具本爲披瀝悃誠辭免殊常恩命以重政本以安愚分事，差義男沈安赴通政司投上懇詞①，八月初七日接得邸報，内開：'奉聖旨：卿性行端恪，學識淵醇，政本重地，特茲簡任。宜上緊赴召，殫竭忠猷以贊化理，不允辭。吏部知道。欽此。'臣聞命自天，彌難啟處。夫以臣之庸劣孤蹤，遠居江海，瞻望天闕，如隔前生，而蒙淵衷簡記，有踰在廷，非常委寄，既極儒者之榮，遇②實褒揚，又侈王言之大，星使乘韶而傳命，候人續食以資行，即商宋③傳野之求，晉帝東山之起，何以遇此！而臣非其人也，是以且感且泣，且謝且辭，而控籲未回，愚誠尚鬱，展轉思維，終難冒昧，用茲再瀆敢冀慈俞。臣惟聖王用人，必以德高者居尊位，才大者享厚奉，自余則量能而授，度德而使已矣。臣之性能才器，自分無所短長於世，故薄取祿位，退而修匹夫之行於家，苟免譏誚，此生幸甚，臣之愚志也。乃皇上一旦拔臣於草茅之中，而置之樞機之地，豈以臣嘗周旋講幄、頗無失錯、爲可以驅策乎？顧臣何人而可任此？蓋密勿之任，與講讀不同。機務之來，一日有萬，上關君德，下係民隱，中及人才，旁至邊情。臣闇於朝綱，幸無練習之智，久抛世事，益鮮講求之功，蒲柳之質已望秋而先零，壯不如人，豈侵尋而能奮？雖不敢不竭致身之義，而才窮襪線，則徒義安所施？雖不敢不勉夙學之勤，而學止醯雞，則徒勤亦無用。明知無以道事君之能，終當附不可則止之義而已。與其輕進輕退而視廟堂如傳郵，孰苦難進易退而重君命於鼎呂？此臣之所以日夜悚懼而不敢當者也。伏願皇上特允臣奏，容臣辭免閣任，舍哺鼓腹以歌聖朝之治，則臣心安而臣分亦安矣。臣不勝仰瞻祈懇之至。爲此謹④具本差義男沈壽齋捧奏聞，伏候敕旨。"奉旨："卿久侍講幄，忠勤茂着⑤，密勿匡贊，簡自朕心。宜作速前來辦事，不必固辭。吏部知道。"

① 詞 明抄本、通行本皆作"詞"。疑應作"辭"。

② 遇 明抄本作"過"，是。通行本改作"遇"，誤。

③ 宋 明抄本作"宗"，是。

④ 謹 明抄本作"堇"。通行本改"謹"，是也。

⑤ 着 明抄本作"著"，是。

①己 "己"當作"巳"。

②謹 明抄本作"董"。通行本改作"謹",是也。

③母 明抄本作"毋",是。通行本作"母",誤。

十八日癸己①，大學士趙志皋奏："爲衰朽輔臣不堪佐理再懇天恩亟賜致政以全晚節事。臣因御史冀體論劾上疏求歸，奉聖旨：'朕總覽乾綱，事必親斷，羣小故作不知，借此肆行排擊，不但誣卿，明是誣朕。妄言的已有旨處分了。卿宜仰體朕心，即出任事，不必又爲救解。吏部知道。欽此。'臣捧讀再三，不覺涕淚泗下。以臣衰庸無似，誤蒙皇上簡用，比及三年，毫無補裨，屢經論列，俱賜優容，又將言官謫降，以示篤任大臣之意。臣復何言！臣豈不知君臣之分，無所逃於天地之間，而皇上之恩，實已出於高厚之外！捐軀以報恩，臣之分也，勉力以趨事，臣之職也。然臣反復思之，出處者，君子之大義，廉恥者，士人之美節。古人七十而致仕，今已渝一年矣。棲遲而不去，能逃貪位慕祿之譏乎？古人可殺而不可辱，今讒彈者不啻再三矣。隱忍而不行，能逃寡廉鮮恥之誚乎？孔子，大聖人也，而進以禮，退以義，得之不得曰有命。臣若依依而不忍捨去，是不知有義命也。禮曰：知止不殆，知足不辱。臣若戀戀而不能自決，甘自取其殆辱也。眷留之命，屢渙於宸章，衰庸之彈，疊形於奏牘，公論暫明於一時，而橫議流傳於後世，則臣之懼益甚矣。伏望皇上察臣之言匪有矯飾，容臣致政，放歸田里，雖進不能效古人戀樹夫勳庸，退亦可以自完夫名節，而臣有餘榮矣。臣無任激切仰籲之至。爲此謹②具本奏聞，伏候敕旨。"奉旨："前旨留卿，日望速出視事。如何又有此奏？朕眷倚方切，卿年力未衰，必當勉圖匡輔，豈可因浮言必欲求去？宜即遵旨進閣，母③得再辭。吏部知道。"

十九日甲午，鴻臚寺官接出諭元輔："朕昨覽卿所奏，情詞懇切。奈近來小臣不以國事爲重，逞臆肆言攻擊，以致卿心不安。見今倭虜狡猾，情形叵測，正賴卿等與朕分理，如何又有此奏？卿廉慎忠厚，朕所鑒知，況屢旨令卿速出視事，至今尚杜門不出，執意求去！妄言的已有旨了，卿不必介意。再着鴻臚寺官宣示朕意，可即入閣，贊襄國事，用副眷懷。"

是日，大學士趙志皋奏："爲恭謝天恩事。臣以衰庸，不孚衆望，致被人言，上疏乞休，荷蒙皇上涣發綸音，親灑宸翰，遣鴻臚寺官至臣寓所宣讀，諭元輔：'朕昨覽卿所奏，情詞懇切。奈近來小臣不以國事爲重，逞臆肆言攻擊，以致卿心不安。見今倭虜狡猾，情形叵測，正賴卿等與朕分理，如何又有此奏？卿廉慎忠厚，朕所鑒知，況屢旨令卿速出視事，至今尚杜門不出，執意求去，妄言的已有旨了，卿不必介意。再着鴻臚寺官宣示朕意，可即入閣，贊襄國事，用副眷懷。此欽。'臣具香案，行五拜三叩頭禮，謹①領訖。臣伏思之，臣以愚魯，兼復衰殘，屢被人言，自甘罷斥。皇上不即譴謫，已爲萬幸，更益褒嘉，復加勉勵。捧誦再三，曷勝悚惕！分當以不肖之身，恭候放歸之旨，伏念天語叮嚀，聖恩浩蕩，敢慮人言，故違君命！勉竭駑鈍，圖報涓埃，擬於次日蒲伏叩闕謝恩，即當入閣辦事。爲此謹②具奏謝以聞。"奉旨："覽卿奏謝，朕知道了。吏部知道。"

　　二十一日丙申，大學士趙志皋奏："爲俯賜包荒矜宥狂妄以安衆心以彰聖度事。臣莊誦先後諭旨，籌度東倭機宜，惓惓以全屬國爲念。九重之中，明見萬里，睿謀神斷，信非臣下所及。昨日同二臣具疏，又奉聖旨：'覽卿等奏，甚見慮悉周詳。且條議東事，雖各盡一己之見，實乃陰相附和，徇私撓亂，欲墮成功，阻壞大事，以致事無結局，況又造言辱國，惑衆欺君，朕是以怒。既卿等奏來，着該部分別諸議，內其中言有可用的，着該部採擇議行，其造言辱國逞臆煩言的，遵旨開寫來奏。且郭實阻於遣使授命之初，其罪難辭，姑量處治，原不爲過，着照前旨行。其餘戰守封貢事情，着該部便作速詳議來行，務保萬全，毋致後悔。該部知道。欽此。'臣捧誦再三，益仰見聖明不聽無稽之言，而採行可用之議，是即古帝王從諫轉圜、片言③必錄之意，臣不勝嘆服。自此東倭事可結局，遠夷畏威懷德，不致復廑宵旰之憂矣。但臣念初倭之入朝鮮也，人人思効，人人建言，無非以平倭爲念，而皇上一一發下議覆，汲汲採衆議以行之，用是大小臣工，競相奮勵，圖效涓埃。至封貢之議，

①謹　明抄本作"董"。通行本改作"謹"，是也。

②謹　明抄本作"董"。通行本改作"謹"，是也。

③言　明抄本作"善"。

雖其言間有當否，或至不識忌諱，蓋緣事關國家大體，華夷大防，且出於一時之創見，而身非履於戰陣，識又闇於機宜，事雖涉於風聞，言遂岐於失實，有職者因盡職以效忠，無職者亦出位以抗辯，此皆隨場喧鬧，自古聖明知而不較者也。今①兵部開寫，臣仰體皇上之意，不過欲懲其既往，以儆將來。但念事干人衆，況前旨嚴切，彼應自知畏懼，諒必不敢復恣阻撓。我皇上天高地厚之量，無所不容，若欲該部開寫，羣心搖搖，恐傷國體。以臣愚臆，不若更爲優容，置之勿問，益彰皇上寬仁之度。則後有建言者，知天威之不測，不敢造言以辱國，又感聖度之無涯，益將改過而盡忠矣。臣參輔弼，不得不冒陳上請。至若郭實，阻於遣使授命之初，嚴譴彼亦心服。今若因封貢而併削爲編氓，恐無以開其自新之路，而責之愈深，則諸臣之疑愈甚，而臣亦無以自解於言官之口矣。伏望皇上矜察，將造言諸臣寬貸，而郭實量行罰治，則恩威並並②行不悖，而廷臣益將感服矣。臣等不勝悚息懇祈之至。爲此，謹③具本奏聞，伏候敕旨。"奉旨："朕前因東事混爭，後復無言，見此輩原無爲國實意，故欲行查取，以儆懷私亂政之徒。今卿再爲解什④，姑准凡諸所條議內、職當所司、有責任的，姑侍東倭事完之日，開寫具奏定奪，其餘掇拾煩詞、沽名惑亂、及出位妄言的，遵旨還查寫來奏。郭實已有旨了。該部知道。"

二十四日己亥，頒賜三輔臣每鮮藕三枝。

二十五日庚子，大學士趙志皋等題："臣等在閣，接到吏部尚書孫丕揚揭帖，爲昨奉御札，因南京户科給事中任彥蘗⑤本，降處吏部司官黃緒、馮生虞等，特爲申請，專聽聖裁。臣等看詳疏詞，見其委曲忠愛，不爲激抗之論，真得事上之體。伏望皇上俯從其言，俾得盡力展布，朝廷幸甚。臣等前爲吏部推陞何選事，曾具揭冒昧奏解，伏蒙聖慈慨俞，將該司爲首者降調外用，其餘各罰俸一年，臣等方不勝光榮慶幸。乃今因彥蘗⑥之奏，復加降調之舉，是皇上洪恩竟未實布，而臣等微悃尚未

① 今　明抄本"今"字下有"令"字，是。

② 並　明抄本無此"並"字，是。

③ 謹　明抄本作"董"。通行本改作"謹"，是也。

④ 什　明抄本、通行本皆作"什"，應作"釋"。

⑤ 蘗　明抄本作"蘖"，誤。

⑥ 蘗　明抄本作"蘖"，誤。

允從。此臣等寧冒煩瀆之愆，而終冀寬仁之宥也。今吏部司屬缺人甚多，文選一司見在止三人，今日聞正郎劉學曾又報丁憂。若再行降調，是該司空無一人也。即尚書自能勵精，誰與共理哉？伏望皇上念尚書孫丕揚秉持公正，非曲護司官者比，見今吏部司官多謹①慎奉法，非播弄傾險之流，人才難得，尤當愛惜，且推陞各務皆係郎中，其在員外、主事無干，實爲連累，縱科臣所言未當，於諸臣何罪而加重乎？更乞聖恩，將臣等前所救司官馮養志等，仍加罰治，免其降調，黃縉、馮生虞降用，給事中任彥蘗②矜宥，俾中外臣工咸誦皇上有容之度、虛受之懷，而臣等寵籍光榮，更倍於前日萬萬也。臣等昨見任彥蘗③奏本，謂臣等於得罪諸臣，陽爲之救，而陰實排之，臣等抱此屈抑，聖心自明，何敢置辯？今乃復爲救解者，亦惟以國體所係，不敢不竭其誠耳。臣等干冒宸嚴，不勝悚息仰望之至。謹具題以聞。"奉旨："覽卿等申奏解釋，甚見懇切。馮養志等姑免降調，且各罰俸一年。馮生虞、黃縉、任彥蘗④俱已有旨了，着該部遵旨行。卿等還傳示孫丕揚等，着安心供職，不可心懷疑懼，又來救激，有負委任至意。"

二十六日辛丑，命翰林院編修楊繼禮、陳懿典、韓爌，檢討傅新德、劉生中、高克正、王象節、李騰芳，充正史纂修官。

① 謹　明抄本作"董"。通行本改作"謹"，是也。

② 蘗　"蘗"當作"蘗"。

③ 蘗　"蘗"當作"蘗"。

④ 蘗　"蘗"當作"蘗"。

萬曆起居注

一二七四

① 十 "十"字前應有"萬曆二十二年"六字。
② 己 "己"當作"巳"。

十①月乙己②，朔，以孟冬時享太廟，遣公徐文璧恭代。

是日，欽天監奏進萬曆二十三年大統曆日，於皇極門給賜百官，頒行天下。

是日，再頒賜三輔臣各曆日一百本，日講官劉元震等四員每五十本。

三日丁未，大學士趙志皋等題："臣惟急缺官員，該部院題請行取內外各官以備選用疏，凡幾上矣，未奉明旨，有礙行取。部院諸臣常至臣朝房詢問，又欲臣等代請。臣等思之，竊窺皇上所以不肯俯允部院之請者，蓋因近日行取諸臣好為議論，冒觸天顏，故欲於稽遲之中默寓裁抑之意，皇上之所以勵官常、慎言責者，蓋甚至矣。然妄言之罪，因所當懲，而言責之官，必不可缺，況內而巡視，外而巡按，差遣缺人，關係甚重，若因其言之煩瀆而遂稽留其行取，是因噎而廢食，懲羹而炊③虀也，臣等竊以為過矣。夫議論之煩多，誠無有過於此時者，然與其默示天下以意，不若明示天下以權，轉移之機，實惟皇上主之。臣願皇上俯從部院之請，又特諭部院，將中外資俸應行取之官，移文各處撫按，於平日薦舉外，再加咨訪，另行報部。實心惠民者取之，而無以搏擊為最，恬淡自守者取之，而無以矯廉為賢，平易近民者取之，而任性負氣者勿取，悃幅無華者取之，而務外好高者勿取。及至行取到京之日，再敕部院諸臣更加咨訪，務求得實，秉公考選。於其言語文字之內察其存主心術之微，議論純正、識見練達者，列之上考，議論險怪、識見頗僻者，置之下考。夫取之政事，以觀其設施，取之議論，以卜其心術，則其他日所為違白委任者，庶可得其概矣。至於既取而授之官，其違白果當，委任果稱，願皇上因之嘉納，以鼓其進，其建白弗當，委任弗稱，願皇上因之懲創，以警其餘。是在皇上一轉移之間，而蹇諤者皆得以獻其忠，邪佞者不得以肆其辯，言責不廢，言路可清，而險薄之風潛消，議論之繁漸省，師師濟盈於朝寧，而世道人心翕然一變，豈不成羹④盛之至治哉！臣等待罪輔臣，義難終默，冒昧上請，伏望俯俞。無

③ 炊 明抄本、通行本皆作"炊"，誤，應作"吹"。

④ 羹 "羹"當作"美"。

任激切瞻跂之至。謹具題以聞。"

四日戊申，中宮千秋令節，頒賜三輔臣上尊珍饌。

十一日乙卯，大學士趙志皋等題："近因行取選用科道一事，屢經部院懇請，臣等亦曾兩次具揭，尚未奉明旨允行，昨晚吏部三臣會臣等於朝房，云此事勢難再緩，又復具疏催請矣。臣等竊思，科道乃朝廷耳目之官，非可久缺而不補者，行取乃二百年來重大之典，非可遂輟而不行者。此皆聖心所洞知也。見今六科人少，差用、侍班等項已稱不敷，而御史員缺尤多，外而巡按等差，必須依期遣代，內而在京諸差，往往數事兼攝。若再復延緩，則官以缺人而虛，事以缺人而廢，揆之事體，委屬窒礙難行。況今掌吏部、都察院二臣，蒙皇上簡用方新，選取之事，繫其職掌，若此事一日不舉行，則中外責望之心必日甚一日，二臣雖欲緘默不言，勢必不可。且不獨二臣而已，即臣等叨在政府，人每相見，必以此事責備，亦無辭以應之。為此不避煩瀆，具揭上懇。伏望聖明俯察微忱，將部疏早賜批發，特允施行，免致所司瀆請無已，臣等不勝大幸。謹具題以聞。"奉旨："朕覽卿等所奏，懇請行取風憲官。知道了。該部院知道。"

是日，命南京翰林院掌院事右諭德馮夢禎，陞左春坊左庶子，兼翰林院侍讀，充正史館副總裁，及皇長子講筵侍班官。

十六日庚申，大學士趙志皋等題："昨早文書官盧受發下票本四本，係吏部會推總督，並南北各部侍郎。內三本俱蒙俞允，點正推官三員，惟會推刑部侍郎一本，點陪推官一員。臣等俱遵依擬票進上。午間，文書官劉宣發下紅本，內點正推三本俱蒙發下，惟點陪推朱鴻謨一本尚留中未發。及臣出閣，吏部尚書孫丕揚來見，詢臣以不發刑部一本之故，臣對以御筆已點陪推朱鴻謨，未下。丕揚因言，沈思孝居官有大節，二次會推不用，豈得默然無言。即擬上本再請，又促臣等揭奏。臣思吏部會同九卿會推部院大臣，既酌其才品，又計其資俸，擬議相同，方敢上請。今沈思孝與朱鴻謨俱有時望，而沈思孝之資俸又在朱鴻謨之上，以此吏部會推以思孝爲正，鴻謨爲陪，一時廷臣俱以爲當。皇上捨思孝而用鴻謨，此示以恩威不測，操用捨予奪之權於上，臣復何言！但思孝前已推陞兵部，未蒙點用，今推刑部，又未蒙點，不惟思孝之心深懷危懼，而會推諸臣亦且疑慮矣。伏望皇上念思孝之可用，從九卿之公推，仍以思孝用之刑部，而鴻謨再令別推。若以御點爲不可改，則鴻謨奉旨取用，而工部尚有缺未補，即命吏部推補思孝，亦無不可者。此大臣用捨，關係國體，冒昧瀆請，伏惟聖裁。無任激切仰望之至。謹具題以聞。"奉旨："覽卿等所奏，朕知道了。況各部侍郎與大理卿，職皆三品，且思孝前者擬奏郝金等詐傳懿旨定罪本内、駁擬罪詞甚當，今若點用彼部，亦是屬官，朕故未點用。今既卿等所奏，朕知道了。"

十九日癸亥，吏部接出聖諭："朝廷設立撫按官，專爲保障一方，惠養黎庶，除奸革弊。爾吏部既掌銓衡之任，甄別賢否，如何委用匪人，擾害地方，殃及師儒，好生有負委任，大傷國體。姑且不究，今後務在遴選真才、實心惠民者，方可推委，不可以浮妄之徒，濫行選用。如再有徇私不遵的，着該科參來，一併治罪不宥。故諭。"

是日，諭禮部："端嬪周氏，冊封爲端妃，未封李氏爲敬妃。爾禮部便擇日具儀來行。"

二十日甲子，大學士趙志皋等題："先該禮部題請皇長子出閣講讀儀注内開稱，隆冬盛暑日，俱暫停講讀寫字。今年五月初旬，臣等因見天氣漸及炎暑，已曾具揭，乞照部題暫免出閣講讀，未蒙允發。仰惟皇上宮庭嚴訓，愛不忘勞，似欲令學問緝熙、功夫無間之意，已即遵奉。自從暑月以來，接續進講，未當①一日間斷。但思禁幃高敞②，當夏月中清晨甫出，暑氣尚微，猶不覺炎蒸之苦，臣等是以未敢再請輟講。見今朔令嚴寒，

①當　明抄本作"嘗"，是。
②敞　明抄本作"敝"。通行本改作"敞"，是也。

風雪凛烈，睿齡冲幼薄弱，出入衝冒，恐非所堪。臣等職司提調，於勸勉學業，固當日效其愚忱，而保護睿躬，實亦時關於念慮。伏乞皇上准照禮部原題，自十一月初旬起，至明年正月下旬止，暫免講讀，仍於宮中温習經書，併寫字一幅，送臣圈註進覽。儻以停輟不宜太久，亦望聖明裁斷，或以五日，或以三日，出講一次，以待春和之日逐日講讀如舊，則進修之功與攝養之宜，庶幾爲兼盡矣。臣等不勝惓惓。謹具題以聞。"

　　二十二日丙寅，大學士趙志皋等題："今日文書官李浚，發下刑科都給事中喬胤①等一本，奉聖旨：'撫按官貪暴異常，爾等不行參劾，且前有旨會看，玩視挨遲，爾等亦無一言。職任何在？及至奉旨處分，喬胤②等這厮③，輒來黨救瀆擾，好生可惡。喬胤④着降一級調外任用，不許朦朧推陞。李先芳等姑且各罰俸一年。吏部知道。欽此。'竊惟皇上近因原任祭酒范應期妻吳氏具疏伸寃，特降明旨，將浙江撫按等官革任逮問，天威有赫，一時在廷諸臣皆震悚懾服之不暇，惟科臣喬胤⑤等因見械繫御史，譴罰太重，以職掌所關，輕率有言。臣等昨接其揭帖，酌量情法，詞氣頗平，似非敢爲矯激黨護以抗君父者，殆未可深罪也。除李先芳等已經量罰外，其喬胤⑥降處一節，臣等再四審酌，似屬太過，輒敢不避煩瀆，冐⑦爲伸救。伏望皇上俯賜寬宥，免其降調，但同李先芳等一體罰治，庶處置得平，而人情允協矣。臣等無任悚惕懇祈之至。謹具題以聞。"奉旨："覽奏，朕知道了。"

　　二十四日戊辰，大學士趙志皋等題："今日皇長子講讀，臣位當以次序輪該侍班，親見皇長子怯弱畏風，寒疾未愈，讀書寫字勉强難支。臣等前日揭奏，請照禮部原題，隆寒暫停講讀，止⑧爲此意。伏望皇上宣旨，令暫停講讀數日，稍待病體平復，天氣晴和，仍出講讀，事體爲便。臣等叨與提調之責，目所親睹，不敢不言。伏乞聖裁，傳示施行。謹題請旨。"奉旨："朕前屢旨言，皇長子原禀質弱，本無疾恙，且進修琢磨，正在冲

① 胤　明抄本作"偤"，誤。
② 胤　明抄本作"偤"，誤。
③ 厮　明抄本作"廝"，是。
④ 胤　明抄本作"偤"，誤。
⑤ 胤　明抄本作"偤"，誤。
⑥ 胤　明抄本作"偤"，誤。
⑦ 冐　"冐"應作"冒"。
⑧ 止　明抄本作"正"。通行本作"止"，誤。

年，豈可暫輟。"

二十六日庚午，司禮監太監張誠傳奉聖旨："萬曆二十二年十月二十五日亥時，朕第六子生。禮部知道。"

是日，大學士趙志皋等題："臣等昨日出朝，接到遼東塘報，云：本月十五日，遼東總兵董一元在鎮武地方與虜賊大戰，得勝，斬首五百餘級，駱駝、達馬各近千數。此近日非常捷音也。遼左士馬凋耗，強虜糾衆乘虛而入，廣寧之間擄掠殘破，我兵衆寡不敵，方以為憂。乃今得此捷報，是可以振中華之氣，寒氈裘之膽矣。蓋虜經大創，則不敢再犯，從此遼左可稍息肩。謹據實奏知，以慰聖懷。又報捷人口述，董總兵督率將士扼險待虜，露宿野地五日五夜，及臨陣對敵，自朝至午砍殺奮旁①齊心，方得此功。是皆皇上神武布昭，我國家洪福，而巡撫李化龍調度有方，總兵董一元忠勇効力，其勞有足嘉也。伏望敕諭兵部，馬上差人傳宣聖旨，慰勞該鎮文武將吏，及行巡按御史，作速查勘有功人員，仍立限具奏，即行陞賞，庶邊臣戰士聞之，咸感動踴躍，並②思報効，以盡死力於疆埸矣。臣等謹具奏聞，伏候敕旨。"奉旨："朕聞遼東殘破已久，盡③夜憂思。忽覽卿等所奏，朕心嘉悅。其中未知真偽，還着巡按御史查勘的確來説。"

是日，兵部接出聖諭："昨內閣揭奏，虜賊入犯遼東，總兵官董一元等督率將士扼險，露宿野地，臨陣奮勇對敵，斬首五百餘級，駝馬夷器過千。是皆仰伏④祖宗威靈，神武布昭，撫鎮効勞，勳可加尚。爾部裏便馬上差人傳示該鎮文武，同心僇力，慎加防禦，速將有功人員，即便查報，先行慰勞。還急行巡按御史，上緊查勘奏聞。還立限與他。故諭。"

二十七日辛未，以皇上第六子誕生告奉先殿，收回脯醢果酒，賜三輔臣三卓。

二十九日癸酉，皇上第六子誕生，賜元輔趙志皋大紅雲紵

①旁　明抄本作"勇"。通行本作"旁"，誤。

②並　明抄本作"益"。通行本作"並"，誤。

③盡　明抄本作"晝"。通行本作"盡"，誤。

④伏　明抄本及通行本皆作"伏"。應作"仗"。

絲二疋、金脚花二枝，次輔張位、陳于陛每大紅雲紵絲二疋、銀抹金脚花二枝，及講官劉元震等四員各大紅雲紵絲一疋、銀脚花一枝。

萬曆二十二年十一月乙亥，朔。

四日戊寅，册封端妃，皇帝制曰："朕纂承天統，思穆人倫。王化肇基，寔始中閫之近，坤儀協贊，允資内職之良。匪懋徽音，曷孚顯命。咨爾端嬪周氏，德全純懿，性稟柔嘉。翟第承恩，班序已陞於九御，熊羆葉兆，禎祥丕應於百男。宜錫崇褒，以彰優渥。兹特遣使持節，進封爾爲端妃，錫之册命。於戲南嚮而治，朕每思窈窕之賢，東方則明，爾尚謹盈昌之戒，益揚芬於彤管，永迓寵於紫宸。欽哉！"敬妃，皇帝制曰："朕惟天極四星式昭垂於妃象，皇宫六寢特崇備於壺儀。匪徒魚貫之得人，將賴鷄鳴之多助。睠兹寵數，允屬芳徽。咨爾李氏，秉德静莊，禔身淑慎，肅肅衾裯之度，奉夙夜以無愆，兢兢圖史之規，飭佩環而有翌。吉兆已徵於蘭夢，褒稱宜播於椒闈。兹特遣使持節，封爾爲敬妃，錫之册命。於戲，九御以妃爲崇，寵副軒龍之列，四德惟敬勿失，祗承褘翟之華，尚念嘉名，用綏茂祉。欽哉！"祭告奉先殿，遣駙馬侯拱宸恭代。册封正使公徐文璧、侯吴維爵，副使大學士趙志皋、張位，各行禮。祭告奉先殿收回脯醢果酒，頒賜三輔臣三卓。

六日庚辰，大學士臣趙志皋、臣張位、臣陳于陛題："前日文書官發下工科給事中張濤等一本，奉聖旨：'且各處皆朕親見年久頹壞，故着該監行文該部，暫爲修葺。張濤等這廝，輒來煩瀆奏擾，好生可惡。張濤姑着降一級調外任用，不許朦朧推陞。黎道炤且罰俸一年。吏部知道。欽此。'臣等看得養心殿等工，皆係切近宸居，爲皇上朝夕游息之所，年久頹壞，自應修理。而濤等不識禁中事體，冒有此奏，其中言詞不無激。然皆本科職掌，非敢出位妄言，且不敢復查已成之工作，惟求勿滋後日之弊端，其情亦似有可原者。皇上重加罰治，以示懲創，彼亦自知警省。乃兹降級調外，似覺太過。又濤曾上疏論臣志皋，已蒙皇上留中不下，今若處之太過，外廷未免生疑，臣志皋愈無以自明矣。伏望皇上稍霽天威，俯俞臣等所請，收回成命，免其降調，從重罰治，則在廷諸臣無不感仰聖德，臣等俱當欣戴聖慈，而臣志皋復得以自解於羣疑矣。無任仰望之至。謹具題以聞。"奉旨："昨處分張濤等，爲其狂妄瀆擾，原不爲過，又何疑之有？卿可安心輔理，不可自生疑畏。所奏朕知道了。"

是日，文書官傳出聖諭："前者有旨，湖廣例進魚鮓内醬子鮓，改折鱘魚鮓進用。昨者該省進到魚鮓内，如何還是照舊樣數解進？顯然該省官玩視不遵，好生可惡。該布政司官都着降三級調極邊方用，不許朦朧推諉。撫按官也各罰俸二個月。其例進魚鮓，着遵新旨樣數，解進①用爲例。該部知道。"

十日甲申，以祭三皇於景惠殿收回祭品，頒賜三輔臣三卓。

十一日乙酉，以冬至大祀於圜丘，遣公徐文璧恭代，侯吳繼爵、徐文煒、大學士趙志皋、陳于陛各分獻。

十二日丙戌，大學士臣趙志皋、臣張位、臣陳于陛題："恭遇長至令節，禮當慶賀，該鴻臚寺奉旨傳免。竊念臣等備員輔弼，受恩深厚，與在廷諸臣不同，犬馬私衷不能自已。臣等謹於本日，恭詣會極門，行五拜三叩頭禮，稱祝聖壽，以少伸臣子慶忭之誠乞②。謹具題知。"

十六日庚寅，以聖母慈聖宣文明肅皇太后萬壽聖節，頒賜三輔臣每金萬壽字二副、銀萬壽字二副、金篆字八個、金書黃符一道、金書紅符一道，及講官劉元震等四員各金萬壽字一副、金篆字三個、黃符一道、紅符一道。

十八日壬辰，大學士臣趙志皋、臣張位、臣陳于陛題："十九日恭遇聖母慈聖宣文明肅皇太后萬壽聖節，臣等備員輔弼，仰戴隆恩，比之恒情倍切忭忭。謹照例於是日同百官致詞稱賀之後，仍恭詣隆宗門，行叩頭禮，以少伸臣子慶祝之誠。謹具

① 進 明抄本"進"下有"應"字，是。

② 乞 明抄本、通行本皆作"乞"。應作"訖"。

題知。"

十九日癸己①,以聖母慈聖宣文明肅皇太后萬壽聖節,上御皇極門,受百官朝賀。禮畢,命中使宣召輔臣志皋等至暖閣前,行叩頭禮。上面諭曰:"卿等爲朝廷宣力分猷,朕心嘉悅。"志皋奏:"久不奉睹天顔,今日仰瞻聖容和晬,臣等不勝慶幸。"上曰:"久不接見卿等。知道了。"志皋又奏:"國家多事,臣等奉職無狀,致勞聖心。每有奏詣,皆賴皇上主持,臣等得以遵行,不勝感激。"又奏:"封倭一事,仰荷皇上主張,東方可保無事。"上曰:"還要卿等贊襄。"又奏:"遼東近有大捷,實皇上威靈遠被。"上曰:"此乃祖宗威靈、内外文武將吏協力所致。"又奏:"今祇有西邊套虜每圖報復,各邊臣已調兵集餉,料無大患。"上曰:"還説與兵部行文申飭,督撫官同心整理。"又奏:"臣志皋不才,屢被論列,荷蒙皇上寬宥,更賜褒嘉,臣不勝感激。"上曰:"卿公忠廉介,朕所素知,宜安心輔政。"又奏:"臣志皋才庸年邁,不堪重任,懇乞聖恩,放臣早歸,實爲萬幸。"上曰:"朝廷正要用老成人。"臣志皋叩頭謝。臣于陛以簡任内閣尚未面恩,是日補致詞、叩頭謝恩,上曰:"知道了。"三臣又同叩頭。上曰:"卿等可同心輔理。"又承旨叩頭而退。輔臣趙志皋等恭詣慈寧宫門,行叩頭禮。

是日,大學士趙志皋等題:"今日百官朝賀後,蒙聖恩賜召臣等於暖閣前,臣等叩頭稱頌謝恩畢,仰見天顔和晬,聖度冲融,真千載有道之聖人,萬年太平之天子也。臣等曷勝慶忭!又荷面賜溫綸,嘉臣等以宣力分猷,勉臣等以贊襄輔理,上歸功於祖宗之威靈,下軫念乎將吏之効力。天語敷宣,臣心警惕,而在廷諸臣亦莫不歡欣動色,頌聲盈廷。臣等無任踴躍感戴之至。謹具謝以聞。"

二十四日戊戌,大學士趙志皋等題:"近日文書官發下吏部尚書孫丕揚本,奉聖旨:'魚鮓既先起解,旨意雖是後到,該地方官亦當開寫日期,具本星馳奏知。如何以先後起到,公然不

①己 "己"當作"巳"。

行奏知？顯是全無敬慎。着遵旨行。欽此。'臣等莊誦深思，皇上之所以責該地方官者，蓋誠無所辭其罪矣。然臣等又伏思之，情有輕重，罪有大小。若明旨之到地方在於未起解之先，而猶然不遵新令①、不行改添者，此慢上不敬，是謂故犯，罪在不貸者也。今明旨之到地方，在於已起解之後，改添無及，失於奏知者，特一時思慮不及，希待來年解進，非敢故於遠慢，其情有可原也。且布政司總轄一方，凡事皆屬於左布政一人，自右布政以至參政、參議，各有專職，或理清軍，或督糧儲，或分守地方，而湖廣幅員極廣，駐劄之地離省城遠者千里，近者不下二三百里，其於本司之事俱不相關涉，亦不相知會，而文移出入，惟經歷司一人司之。臣等昨於禮科查布政司進貢魚鮓原本，年月日之下填寫職名，惟左布政武尚耕、經歷王文運二人，蓋以其有專掌也。夫職既有所專，罪似不宜概及。若以為同一布政司之官而併加之罪，似非用法之平。且以貢獻方物一事而譴罰多人，亦非所以令衆庶觀也。伏願皇上虛心察情，忘怒觀理，將左布政使武尚耕、經歷王文運，或重加罰治，或輕賜降調，以警不恪。其餘諸臣俯從寬宥，或稍加罰治，俾得在任供職，以修守藩之業。則皇上之喜怒，即如天道之慘舒，雷霆之餘，霽之皎日，霜雪之後，煦以和風，臣民知畏知感，而天下仰蕩平之治矣。臣等忝居股肱，豈無將順之心！職在輔弼，敢昧匡救之責！且外廷諸臣，無不以是責望於臣等，若皇上復以臣等之言為非而終拒之，臣等將安所逃罪哉！因此冒瀆天顏，無任懇切惶懼之至。謹具題以聞，伏候敕旨。"奉旨："既卿等又具奏分解伸救，將奏本內武尚耕、王文運遵前旨行，其餘的姑免降調。旨意'開'字錯寫'并'字，中書官姑且不究，着改正行。吏部知道。"

二十六日庚子，大學士趙志皋等奏："為匡輔無狀懇恩同賜罷免以釋疑謗事。本月二十三日臣等出閣，接得南京大理寺評事龍起雷揭帖為時事寒心相臣不職亟懇簡擇忠良以挽回國運事，內稱先任在任諸閣臣俱不稱職，而於臣等三人責備尤甚。臣等

① 令 明抄本作"命"，通行本作"令"。

見之，不勝慚悚。竊思起雷邈在南方，與臣等素無嫌怨，偶懷意見，率爾敷陳，且其稱引古誼，皆足爲臣等藥石，何必屑屑與之置辯？但念四五年來，內閣之爲怨府，閣臣之爲射的，其亦久矣。往者無論，即以臣錫爵之夙負時望，特被主知，乃當事年餘，衆口交攻，迨今未已。其何有於臣等！頃自錫爵去國後，臣等相與，早夜淬勵，同心協力，辦理閣事。百凡政務悉奉宸斷主持，不敢毫髮專擅，惟是處分從中，間有一二過當者，又不敢不隨事匡正，即未能一一得詣，然仰荷鑒察允從者，往往十居六七。臣等方自謂遭逢明聖，可幸無罪，而不虞人言苛責，猶至於此。若年來譴斥諸臣，擯落草野，沉淹下僚，久未舉用，委於人心未愜，政體有關，臣等每欲瀝悃款之愚，効推挽之力，而誠意未孚，機會尚阻，責臣等以不能薦賢爲國，誠亦難辭。至於臣等忝居密勿，蒙皇上寄以心膂，其庸劣不任之狀，自莫逃於天鑒。捫心揣分，委當引退，以避時賢。伏望皇上垂察起雷所言，俯容臣等辭免，別簡忠良，以光輔佐重任。仍將趙南星等早爲起用，以快羣情。但使正路得人，賢途大闢，臣等雖伏處林壑，亦有餘榮矣。臣等無任悚息懇祈之至。謹具奏聞。"奉旨："朕昨覽南京大理寺評事龍起雷誣謗前任二輔及卿等，朕已洞知。必是奸黨所使。且趙南星貪贓壞法，曾經科道論劾罷斥，如何擅自舉薦？朕欲重處此畜，猶恐卿等心不自安，姑置之不問。況朕前已面諭卿等，雖東事稍寧，北虜尚在跳梁，正賴卿等協心匡贊，豈可因羣小狂妄疑畏？卿等宜安心佐理。再有妄言的，一體重治不饒。所辭不允。吏部知道。"

萬曆二十二年十二月甲辰，朔。

六日己酉，大學士①趙志臯、臣張位、臣陳于陛謹題："伏蒙聖恩，以皇子誕生，頒賜臣志臯銀一百兩、紵絲四表裏，臣位、臣于陛每銀八十兩、紵絲四表裏，臣等頓首祗領，及講官劉元震等四員，俱各照數分給訖。臣等不勝感戴天恩之至，除赴鴻臚寺報名廷謝外，謹具題謝恩。"

七日庚戌，大學士趙志臯等題："爲纂修本朝正史，以右春坊右中允兼翰林院編修周應賓、翰林院編修袁宗道，俱堪充正史館纂修官，謹題請旨。"

九日壬子，大學士臣趙志臯、臣張位、臣陳于陛謹題："照得新陞禮部尚書兼東閣大學士沈一貫，欽蒙聖恩，差官行取來京、入閣辦事，本月初六日該本官見朝，初七日謝恩訖，今日例該面恩，適遇免朝，本官尚未面見，不敢到任。查得近年陞任京堂官員未獲面見者，本衙門題請先令到任管事，後補面恩。本官係輔弼之臣，合照前例，先行謝恩，到閣辦事。恭候皇上御門之日，仍補面恩。謹題請旨。"

十日癸丑，大學士臣趙志臯、臣張位、臣陳于陛謹題："伏蒙聖恩，以册封端妃、敬妃恭視寫册，頒賜臣志臯銀三十兩、紵絲一表裏，臣②等頓首祗領，及中書官馬繼文等十二員每銀三兩，俱各照數分給訖。臣等不勝感戴天恩之至。謹具題謝恩。"

是日，大學士臣趙志臯、臣張位謹題："伏蒙聖恩，以册封端妃、敬妃捧册，欽賞臣等二員，每銀三十兩、紵絲一表裏、羅一表裏、原封鈔三千貫，臣等頓首祗領。不勝感戴天恩之至。除赴鴻臚寺報名廷謝外，謹具題謝恩。"

是日，大學士臣趙志臯、臣張位、臣陳于陛謹題："伏蒙聖恩，以册封端妃、敬妃禮成，欽賞臣志臯銀三十兩、紵絲二表

萬曆二十二年

一二八五

① 士 明抄本"士"下有"臣"字，是。

② 臣 明抄本"臣"下有"位、臣于陛每銀二十兩，紵絲一表裏，臣"十五字，是。

裏、羅二表裏、原封鈔三千貫，臣位、臣于陛每銀二十兩、紵絲一表裏、羅一表裏、原封鈔二千貫，臣等頓首祗領，及中書官馬繼文等十八員，每員銀十兩、羅一表裏、原封鈔一千貫，俱各照數分給訖。臣等不勝感戴天恩之至。除赴鴻臚寺報名廷謝外，謹具題謝恩。"

是日，大學士臣趙志臯、臣張位、臣陳于陛謹題："今日文書官李浚口傳聖旨：'講章講了幾本？與内閣說，開寫來看。欽此。'仰惟皇上覃精經史，注意篇章，雖當法宮清燕之時，不忘帝學緝熙之益，臣等恭承聖問，不勝欣戴。謹查得見今講書三項。《易經》於萬曆十九年三月內進講章，自《周易》上經起，至今年十二月終，進至繫辭序卦傳止，六本將完。《詩經》於萬曆二十一年五月内進講章，自《國風》起，至今年十二月終，進至《小雅》瓠葉章止，計四本半未完。《通鑑纂要》於萬曆十七年七月内進講章，自太昊帝起，至今年十二月終，進至東漢光武建武八年止，計十本半未完。除《詩經》、《通鑑纂要》二項所餘本數陸續進講外，其《易經》待開春講完，臣①另擬當講書籍，恭候聖明欽定遵行。茲先將進講過本數，遂一開寫。謹具題以聞。"

十一日甲寅，大學士臣趙志臯、臣張位、臣陳于陛謹題："昨該兵部尚書石星等奏稱，倭使小西飛於本月十三日見朝，請皇上御門，百官侍班，俾海邦夷裔獲瞻天表等因，奉聖旨：'是。知道了。欽此。'臣等仰惟皇上恩全與國，威服遠夷，輸誠懷德，遣使乞封，此二百年來僅見之盛事也。臣等亦以爲島夷慕義遠來，似與屬夷常貢者不同，與之以封，所以懷其心，臨之以威，所以肅其志。今使重譯航海之夷，一旦快睹天子穆穆之容，中國衣冠文物之盛，畏憚自生，款順益切，其所關係誠爲不小。伏望皇上於是日御門，凡侍班奏事，一如常儀。鴻臚寺官引倭使朝見，咫尺天顏，臨之在上，而百官舞蹈趨蹌，甲士傳宣衛列，體統肅而朝廷尊，遠夷之慴服將勝於百萬之甲兵，而東海自此可澄清矣。臣等無任仰祈之至。謹具題以聞。"

① 臣　明抄本"臣"下有"等"字，是。

"朕①覽卿等所開條款，譯審倭使之言，及倭使回稱之詞，猶未詳確。遠夷請封，必須盡得其情。平秀吉爲何以兵侵掠朝鮮？及至戰敗，尚拒釜山不退，今又差使上表乞封，豈可輕率不細加詳審誠僞？着該部詳議封名。先遣二官，一諭彼行長，不許留住釜山，倭夷盡②數退還本國，一人不許留住，巢穴房屋盡行燒燬。一諭朝鮮，待彼倭夷盡數退回，奏來。卿等可與內閣，將小西飛還在左闕，會同文武及科道等官，令通曉夷語通事，當面研加詰問，譯審情僞，訂盟永無他變來説。"

十二日乙卯，禮部尚書兼東閣大學士臣沈一貫奏："爲感激隆恩恭陳謝悃事。臣於本月初六日見朝，初九日恭候面恩，適遇免朝，隨該內閣照例題請到任，奉聖旨：'是。着即入閣辦事。欽此。'謹於十一日，午門前謝恩，即到任辦事訖。伏念臣本無學術，幸有遭逢，曩蒙皇上拔侍經幃，日賜光華之盼，聽歸子舍，時疏駢渥之恩。方慙頂踵之無酬，更荷腹心之見寄，播明廷而渙號，馳即③使以趨行。若此隆施，真踰愚分，將圖報稱，敢不拜承。恭惟皇上，躬乾剛天運之資，御豐亨日中之曆，四方多事，獨廑淵渟展轉之思，衆正彙征，未睹明良喜起之効。此固臣子分憂分事、任怨任勞之日也。伏望皇上主張於上，容臣等宣効於下，合精神意氣之交，以通隔礙，布公平正大之體，以定紛披，以深思遠慮靖諸邊，以廣愛深慈安百姓，庶幾竭臣等區區之願，副皇上眷眷之懷。若止爲身名之私謀，則莫逃天日之臨照。臣無任感激仰戴之至。爲此具本，親齎陳謝以聞。"奉旨："覽卿奏謝，朕知道了。禮部知道。"

十四日丁己④，大學士臣趙志皋、臣張位、臣陳于陛謹題："爲公務事。照得禮部尚書兼東閣大學士沈一貫，先奉欽依充正史副總裁，今奉欽命到閣辦事。所有同知經筵，日侍講讀，併充正史總裁，及皇長子講筵侍班，理合題請，恭候命下，令其與臣等一體供事。緣係公務事理，未敢擅便，謹題請旨。"

① 朕 此"朕"字上似有漏文。

② 盡 明抄本作"進"。通行本改作"盡"，是也。

③ 即 明抄本作"節"，通行本作"即"。應作"節"。

④ 己 "己"當作"巳"。

① 楊　明抄本、通行本皆作"楊"，誤。應作"揚"。

十六日己未，大學士臣趙志皋、臣張位、臣陳于陛、臣沈一貫謹題："今日接錦衣衛鎮撫司揭帖，稱奉旨差官校拏解原任浙江巡按御史彭應參已到京。隨查近日吏部尚書孫丕楊①等論救應參疏，奉有明旨：待拏來自有定奪。仰見聖心似已俯允所請，欲從寬貸。臣等當恭候宸斷處分，不宜再爲瀆救。但念應參係朝廷耳目之官，按治一方，體貌素重，今逮繫三千餘里，杻械道路，懲創已甚，若復加以拷訊，恐摧辱太過，揆之政體，不無少損。查得先年御史沈汝梁、今年遼東副使馮時泰，拏解到京，俱蒙天恩寬宥，免其打問，徑送法司。伏望皇上曲霈洪慈，俯從臣等所請，將應參照前二臣例，送法司問擬，具奏定奪，或姑容革職，令其回籍聽勘。不但應參感戴浩蕩之恩出於望外，而在朝之臣，亦皆與有光榮矣。爲此不避煩瀆，冒昧上請，伏乞聖裁施行。臣等無任懇祈之至。謹具題以聞。"奉聖旨："覽卿奏，知道了。已有旨了。"

十八日辛酉，大學士臣趙志皋、臣張位、臣陳于陛、臣沈一貫謹題："今日文書官劉宣傳出聖諭一道到閣，仰見皇上雖深居九重之中，而軫念邊計、周悉夷情、一至於此，真所謂大聖人之明見萬里者。臣等捧誦，不勝悚服。竊思前日兵部及臣等譯審倭使之言，委實未及詳盡。蓋緣遠夷語音不通，倉卒引見，臣等懼褻天朝之體，不敢輕易發問，其夷使亦畏憚天朝之威，未能盡吐情實，非有所疎慢而忽略也。至於封事，原係尚書石星一力擔當，臣等協心贊助，舉朝莫不知之。其前日發問時，必先述許封出自天恩者，乃是臣子不敢居功、一念善則歸君之微忠，非有所推諉而規避也。適奉諭後，即邀尚書石星至東閣，以諭旨傳示訖，仍與商議，將諭中大意擬定條款，另日會官譯審夷使，務要宣布朝廷恩威，細加詰責，俾其情詞盡吐，研究詳確，方敢具實奏聞。臣等伏思封倭一事，年來聚訟盈庭。有謂倭夷狡詐、不可輕信者，有謂其殘破朝鮮、抗拒天兵、請封非誠者，有謂其屯住釜山、以兵要挾、不當與封者，有謂其得封之後、恐復犯朝鮮者，有謂其既封必復求貢、將來懼開釁端者。此等情況①，廷臣言之甚詳，臣等亦備知之。但近因倭衆未退，朝鮮國王懼其侵犯，具奏請兵，且有與封羈縻之說。皇上特諭臣等傳示該部，仍許倭封。臣等又細訪倭情，屯兵釜山專爲求封一事，若不許其封，必然侵犯朝鮮，既犯朝鮮，必然又來請兵救援，既請救援，勢不得不爲發兵。前此東征雖有兩戰勝之捷，而所損兵馬甚多，所用錢糧幾至二百萬，遼東一鎮已稱疲極難支。儻今仍復用兵，不知又調各鎮兵馬幾何，又費太倉錢糧幾何，將邊鎮益困，國計益絀，遼左益危，而畿輔重地他變且作，天下事有不可知者矣。臣等是以仰奉明旨，與本兵詳議已經數月，欲且以一封完目前之事，其戰守機宜不妨隨事整理，即他日有釁，又可因時補救。實臣等一念爲國赤忠，非有毫髮欺誑。今倭使已至，議論將定，乃諭旨復頒，竊恐廷臣不能仰窺聖明周悉慎重之意，便謂不許倭封，必將各出意見，以阻其事。臣等固不足惜，其如國家大事何？如主上命令不信何？臣等再回籌度，謹將今日諭旨收藏閣中，另擬上諭兵部諭旨一道，伏乞裁定發行。又今早尚書石星向臣等言：恐皇上於遠夷之情未能深信，欲自請親往釜山體勘。臣等謂：本兵大臣，未可輕出。星又云：須遣知兵文武重臣二人前去，庶可備得夷情，以紓皇上東顧之憂。於事體似屬可行。臣等未敢擅便，再乞聖鑒裁定。謹一併具題以聞。"

　　二十日癸亥，大學士臣趙志皋、臣張位、臣陳于陛、臣沈一貫謹題："伏蒙皇上以年節頒賜臣志皋銀五十兩、綵段四表裏，臣位、臣于陛、臣一貫每銀四十兩、綵段二表裏，臣等頓首祗領，及講官劉元震等五員，俱各照數分給訖。臣等不勝感戴天恩之至，除赴鴻臚寺報名廷謝外，謹具題謝恩。"

　　二十三日丙寅，大學士臣趙志皋、臣張位、臣陳于陛、臣沈一貫謹題："先該臣等題稱，每年終將講過經書講章，類寫進呈，以備皇上溫習觀覽，仍另書發司禮監接續刊板，已奉欽依，節次進呈訖。今查萬曆二十一年至今所撰講章《易經》《豫》卦

① 況　明抄本作"狀"，通行本作"況"。

萬曆起居注

至《離》卦一本，《咸》卦至《益》卦一本，《詩經》《國風·周南·關雎》至《豳風·狼跋》一本，《小雅·鹿鳴》至《我行其野》一本，《禮記》《祭統》一本，《經解》、《哀公問》、《仲尼燕居》、《孔子閒居》一本，《坊記》、《表記》一本，《緇衣》、《儒行》一本，《通鑑纂要》秦二世至沛公入武關一本，沛公至霸上至楚與漢約中分天下一本，孝①文帝元年至大旱蝗詔弛利省費以振民一本，類寫裝潢進呈。伏望皇上萬幾之暇，時加觀覽，以求溫故知新之益。臣等不勝惓惓效忠之誠。謹具題以聞。"

是日，大學士臣趙志皋、臣張位、臣陳于陛、臣沈一貫謹題："照得本年十二月二十四日起，該放除夕假，連年節、上元假，至新年正月二十日方滿。先奉欽依，於正月上旬先擇吉開講一次，仍暫輟講，至二十日以後照常日講。臣等查得上旬吉日，於祭祀之期有礙，節假以後即係下旬，容臣等於二月上旬另擇日恭請皇上開講，以後接續日講。謹具題知。"

二十四日丁卯，大學士臣趙志皋、臣張位、臣陳于陛、臣沈一貫謹題："伏蒙皇上以正旦令節，頒賜臣等每員二樣吊屏二對、大門神二對、判子二對、招財利市二對、福祿獅子二對、箋紙葫蘆三對，臣等頓首祗領，及講官劉元震等五員，俱各照數分給訖。臣等不勝感戴天恩之至。謹具題謝恩。"

二十六日己巳②，大學士趙③志皋、臣張位、臣陳于陛、臣沈一貫謹題："爲纂修正史事。目今歲暮，所有官吏人等例於二十八日放假，至明年正月初四日赴館供事。其起居注館官吏人等，亦合照例遵行。臣等未敢擅便，謹題請旨。"

二十七日庚午，大學士臣趙志皋、臣張位、臣陳于陛、臣沈一貫謹題："伏蒙皇上以立春令節，頒賜上尊珍饌，臣等頓首祗領。不勝感戴天恩之至。謹具題謝恩。"

① 孝　明抄本"孝"字上有"漢高帝五年至諸大臣迎立代王恒一本，"一句，凡十六字。通行本漏掉此句。

② 巳　"已"當作"巳"。

③ 趙　"趙"字上應有"臣"字。明抄本、通行本皆漏抄。